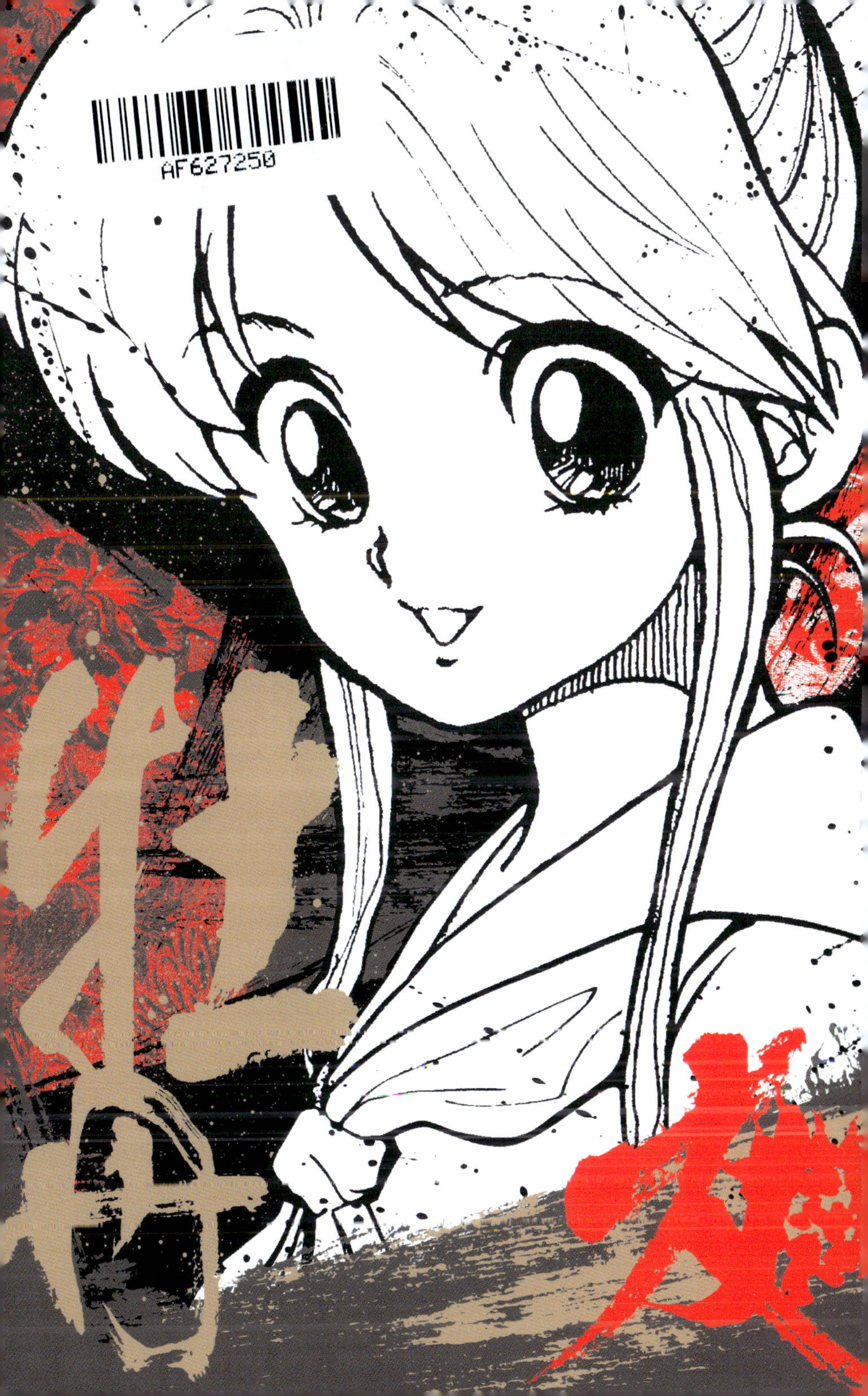

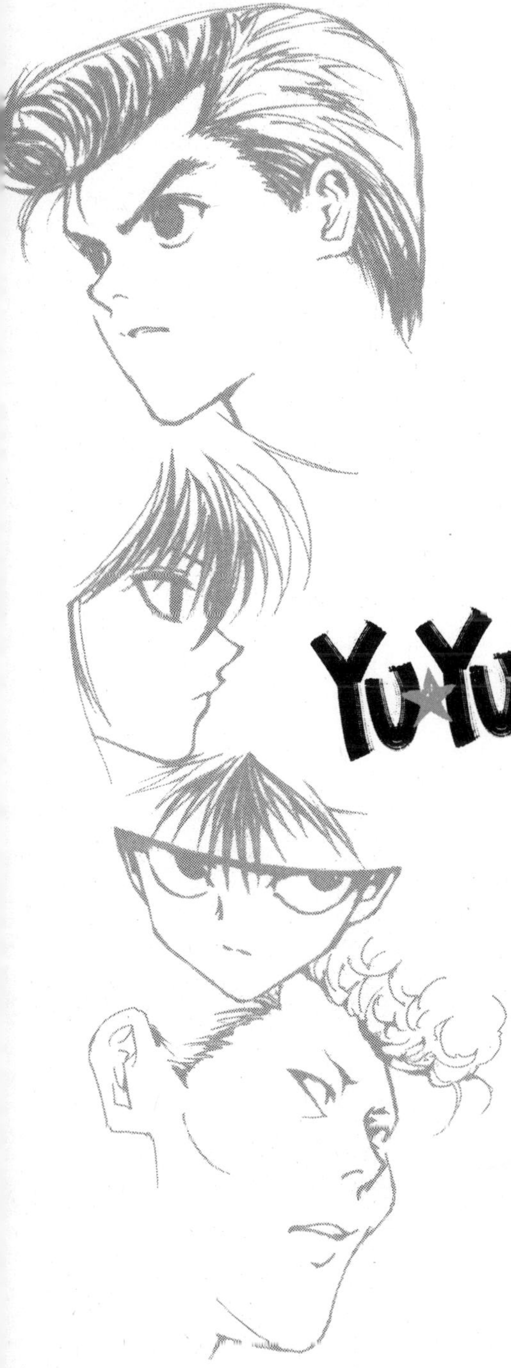

3

Yoshihiro
Togashi

YuYu Hakusho

Inhalt

YuYu Hakusho

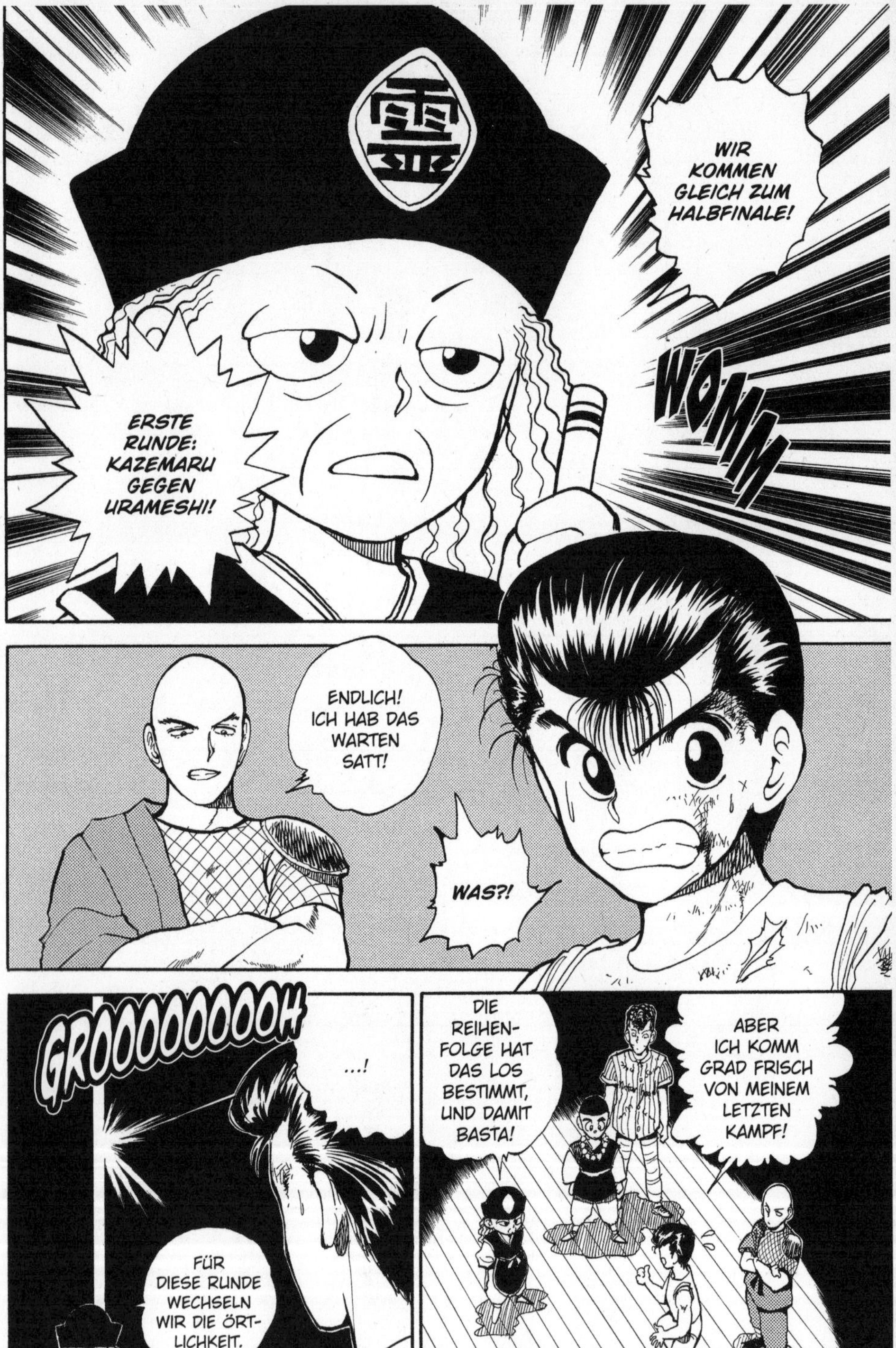

Kapitel 29 Der Ninja Kazemaru!

Kapitel 29 Der Ninja Kazemaru!

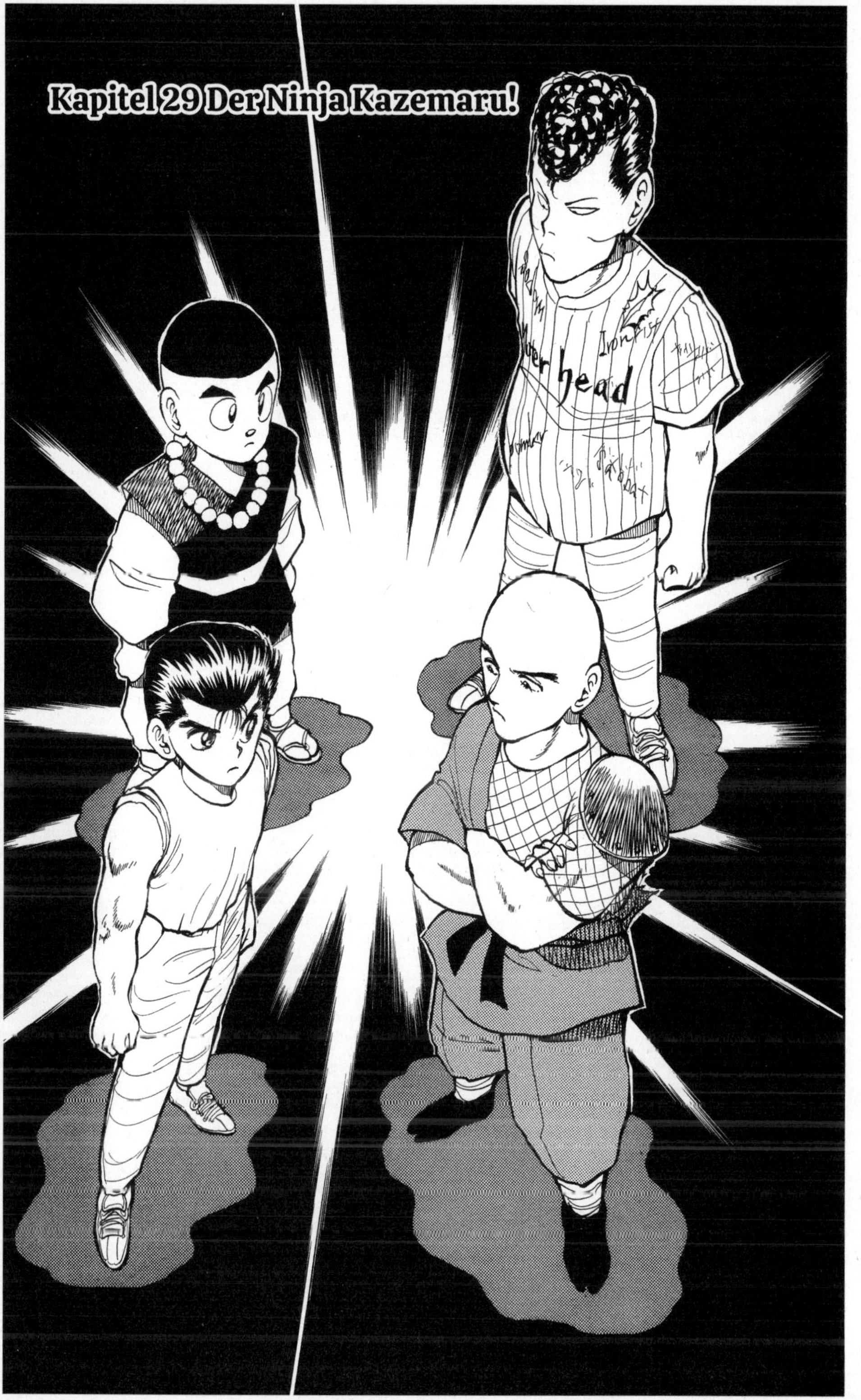

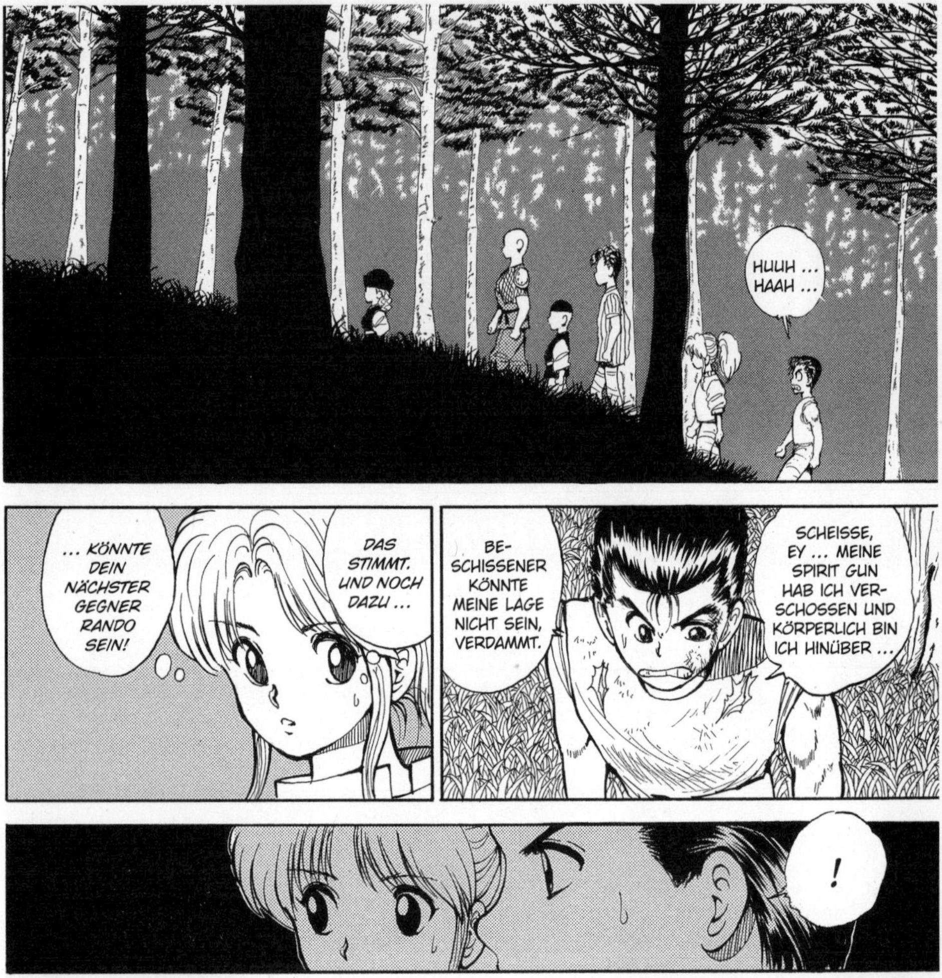
HUUH … HAAH …
SCHEISSE, EY … MEINE SPIRIT GUN HAB ICH VERSCHOSSEN UND KÖRPERLICH BIN ICH HINÜBER …
BESCHISSENER KÖNNTE MEINE LAGE NICHT SEIN, VERDAMMT.
DAS STIMMT. UND NOCH DAZU …
… KÖNNTE DEIN NÄCHSTER GEGNER RANDO SEIN!
!
STIMMT JA … KUWABARA UND ICH FALLEN RAUS, ALSO BLEIBEN NUR NOCH DIE ZWEI DA.
SO, DA WÄREN WIR.

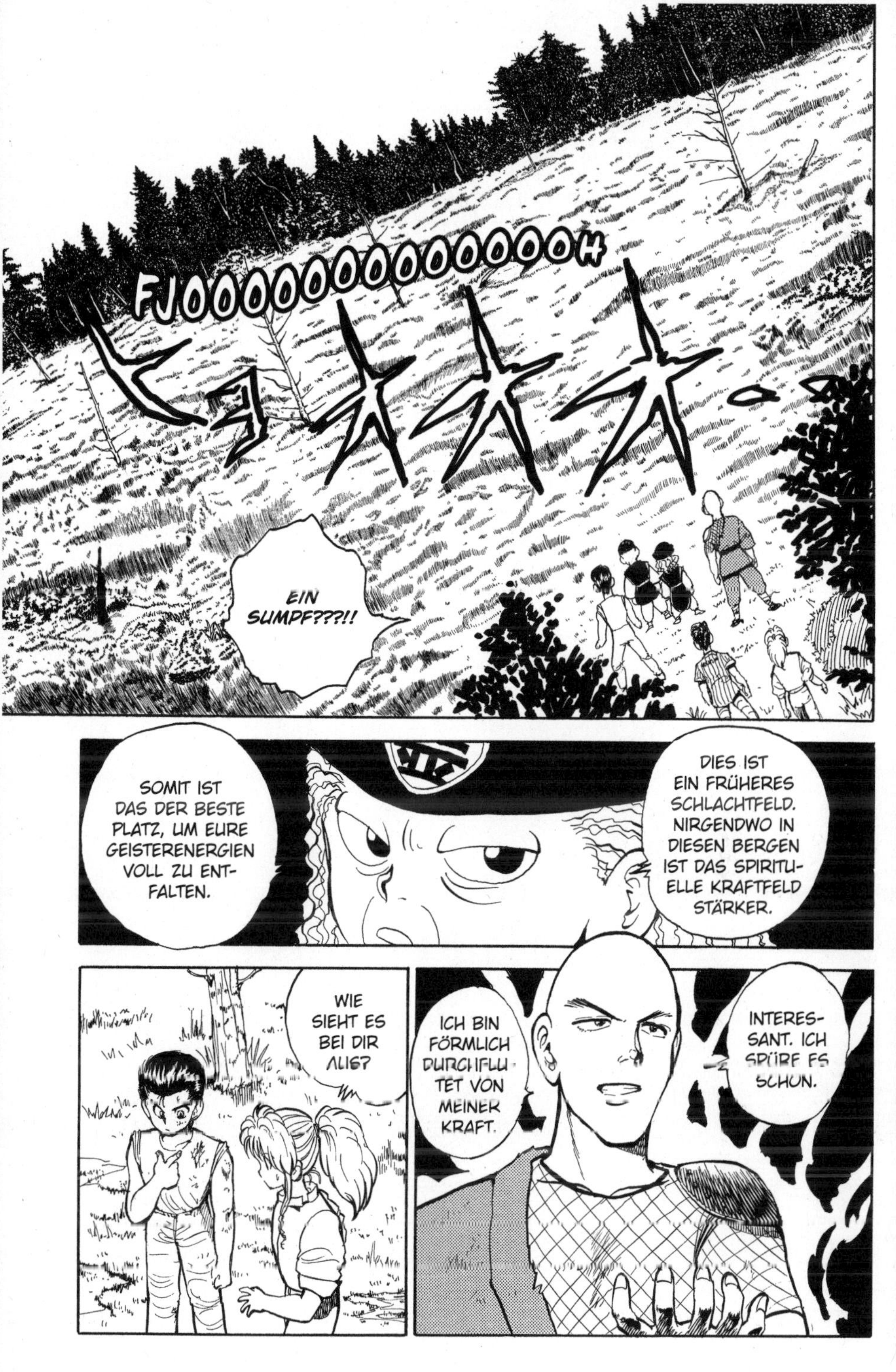
FJOOOOOOOOOOOOOOH
EIN SUMPF???!!
DIES IST EIN FRÜHERES SCHLACHTFELD. NIRGENDWO IN DIESEN BERGEN IST DAS SPIRITU-ELLE KRAFTFELD STÄRKER.
SOMIT IST DAS DER BESTE PLATZ, UM EURE GEISTERENERGIEN VOLL ZU ENT-FALTEN.
INTERES-SANT. ICH SPÜRE ES SCHON.
ICH BIN FÖRMLICH DURCHFLU-TET VON MEINER KRAFT.
WIE SIEHT ES BEI DIR AUS?

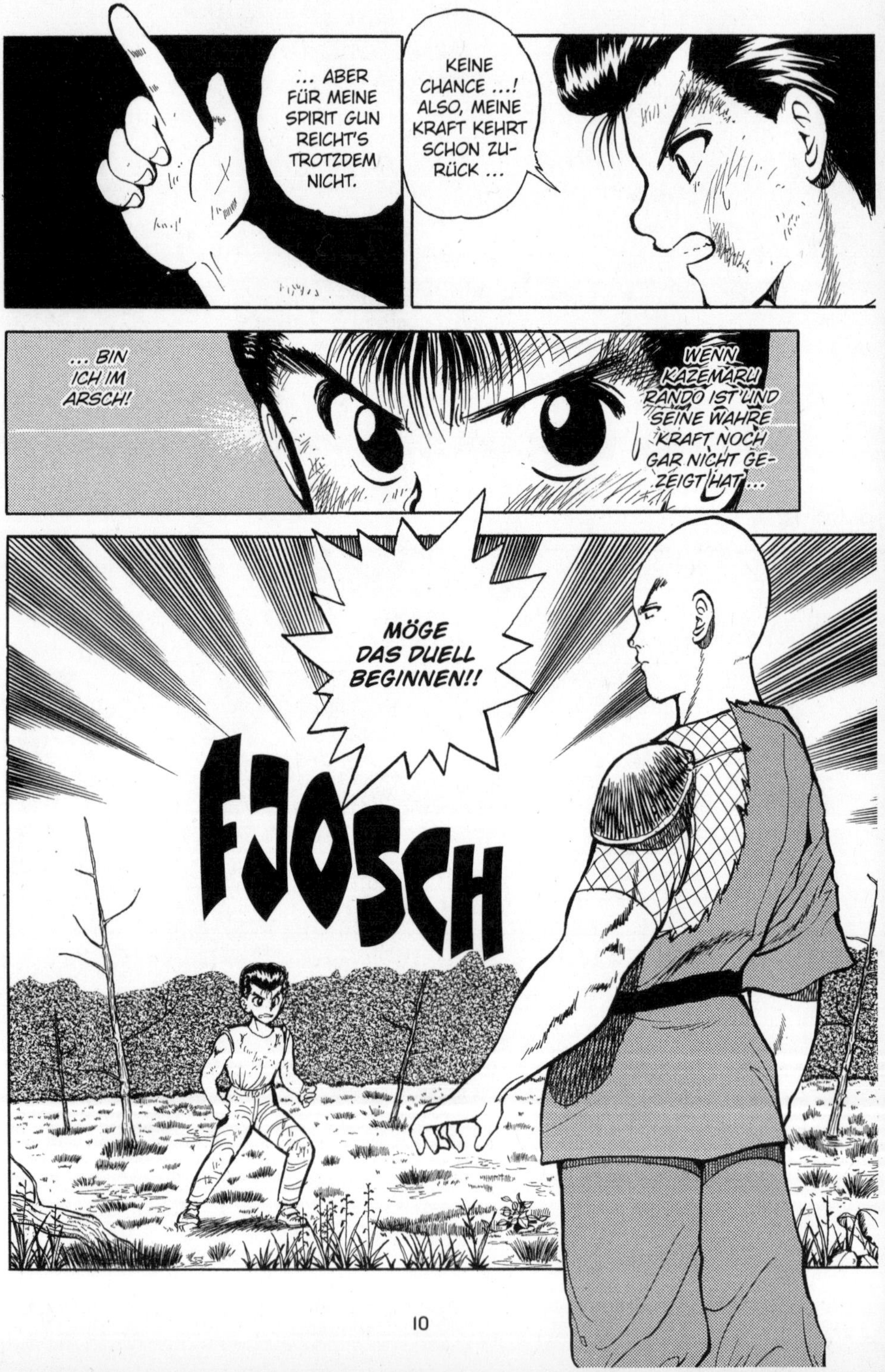
KEINE CHANCE …! ALSO, MEINE KRAFT KEHRT SCHON ZURÜCK …
… ABER FÜR MEINE SPIRIT GUN REICHT'S TROTZDEM NICHT.
WENN KAZEMARU RANDO IST UND SEINE WAHRE KRAFT NOCH GAR NICHT GEZEIGT HAT …
… BIN ICH IM ARSCH!
MÖGE DAS DUELL BEGINNEN!!
FJOSCH

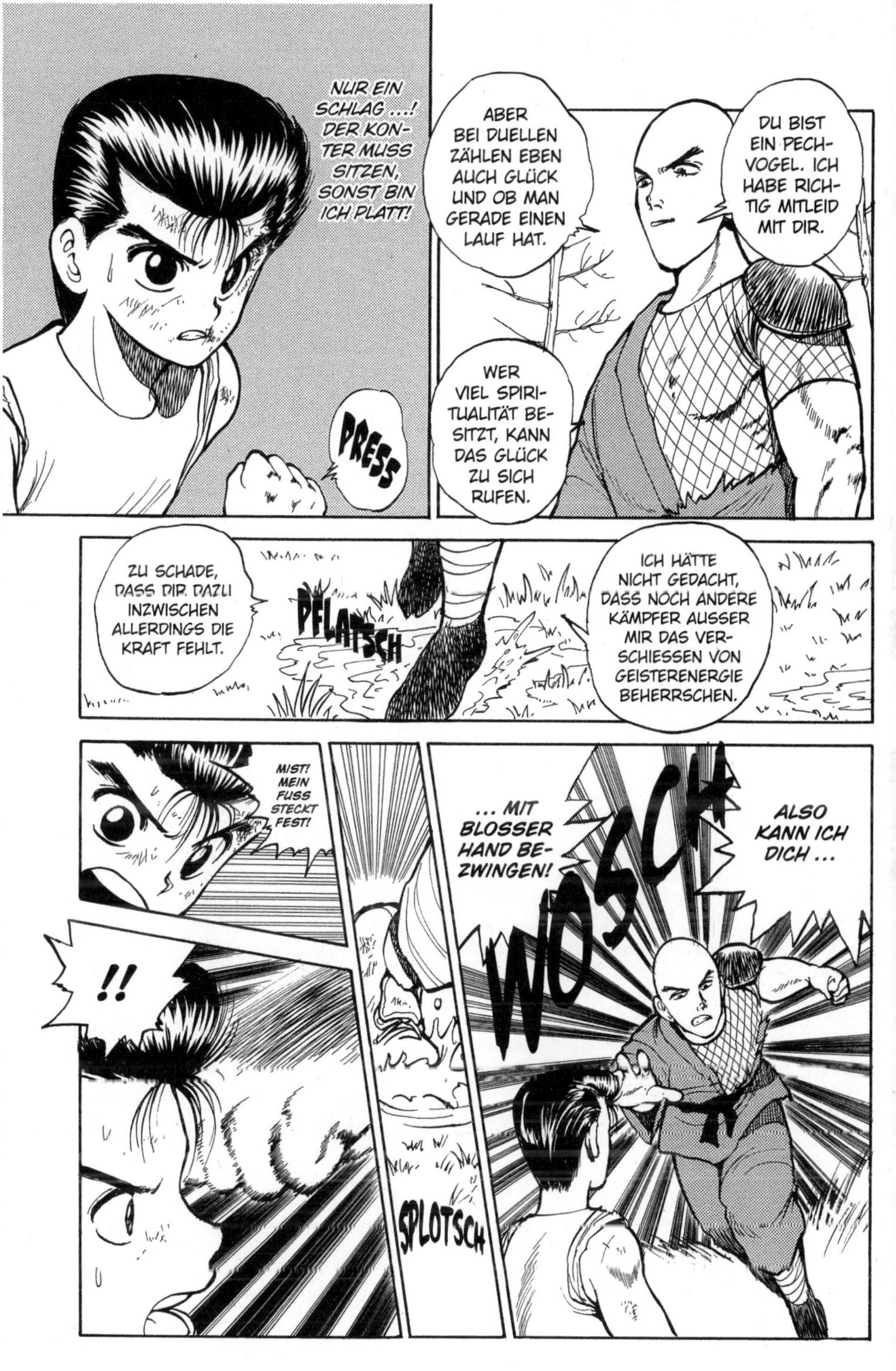

DU BIST EIN PECH-VOGEL. ICH HABE RICH-TIG MITLEID MIT DIR.
ABER BEI DUELLEN ZÄHLEN EBEN AUCH GLÜCK UND OB MAN GERADE EINEN LAUF HAT.
WER VIEL SPIRI-TUALITÄT BE-SITZT, KANN DAS GLÜCK ZU SICH RUFEN.
NUR EIN SCHLAG ...! DER KON-TER MUSS SITZEN, SONST BIN ICH PLATT!
PRESS
ICH HÄTTE NICHT GEDACHT, DASS NOCH ANDERE KÄMPFER AUSSER MIR DAS VER-SCHIESSEN VON GEISTERENERGIE BEHERRSCHEN.
PFLATSCH
ZU SCHADE, DASS DIR DAZU INZWISCHEN ALLERDINGS DIE KRAFT FEHLT.
ALSO KANN ICH DICH ...
WOSCH
... MIT BLOSSER HAND BE-ZWINGEN!
SPLOTSCH
MIST! MEIN FUSS STECKT FEST!
!!

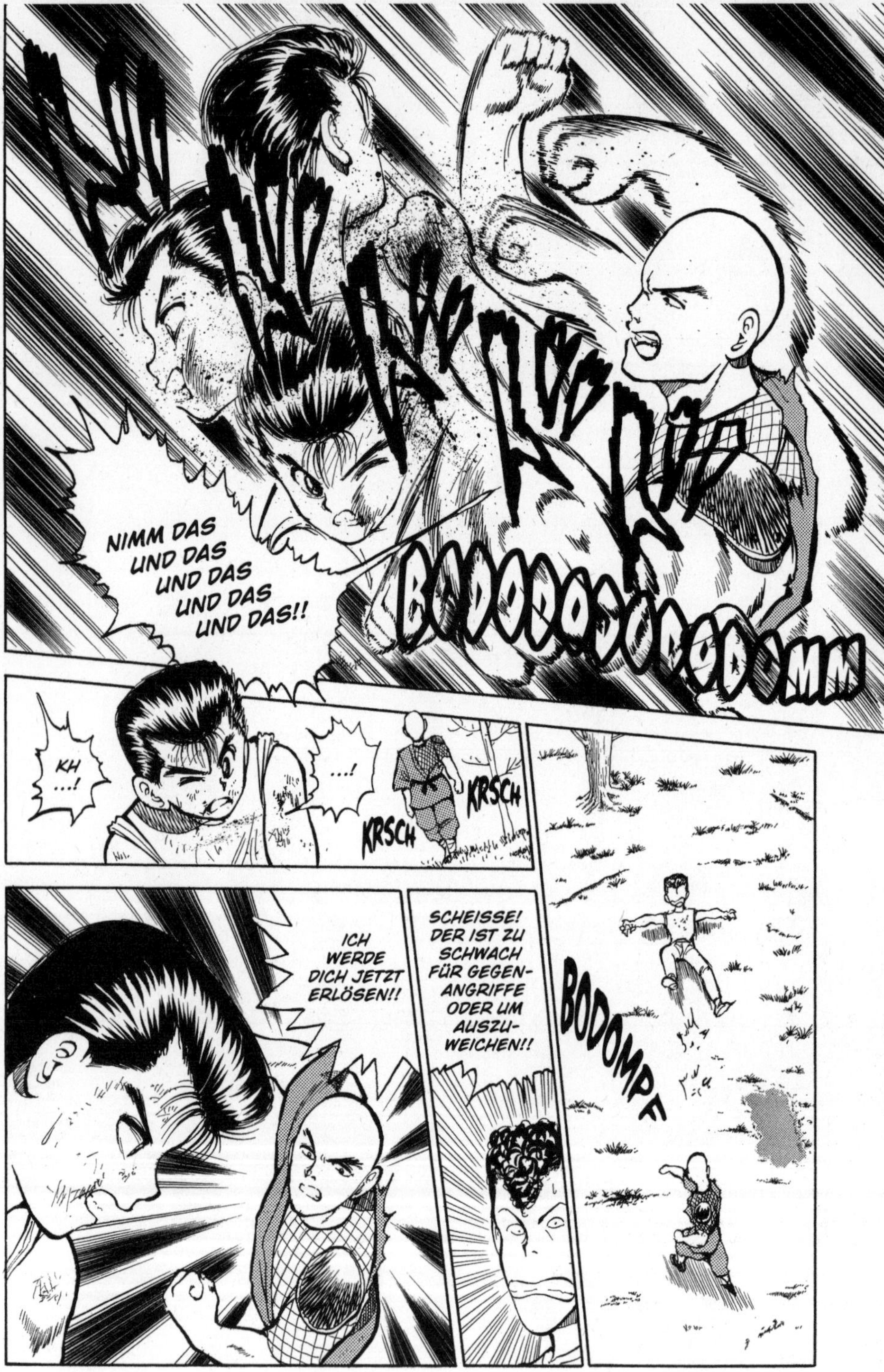

NIMM DAS UND DAS UND DAS UND DAS UND DAS!!
BODODODODODOMM
...!
KRSCH
KRSCH
KH ...!
BODOMPF
SCHEISSE! DER IST ZU SCHWACH FÜR GEGEN-ANGRIFFE ODER UM AUSZU-WEICHEN!!
ICH WERDE DICH JETZT ERLÖSEN!!

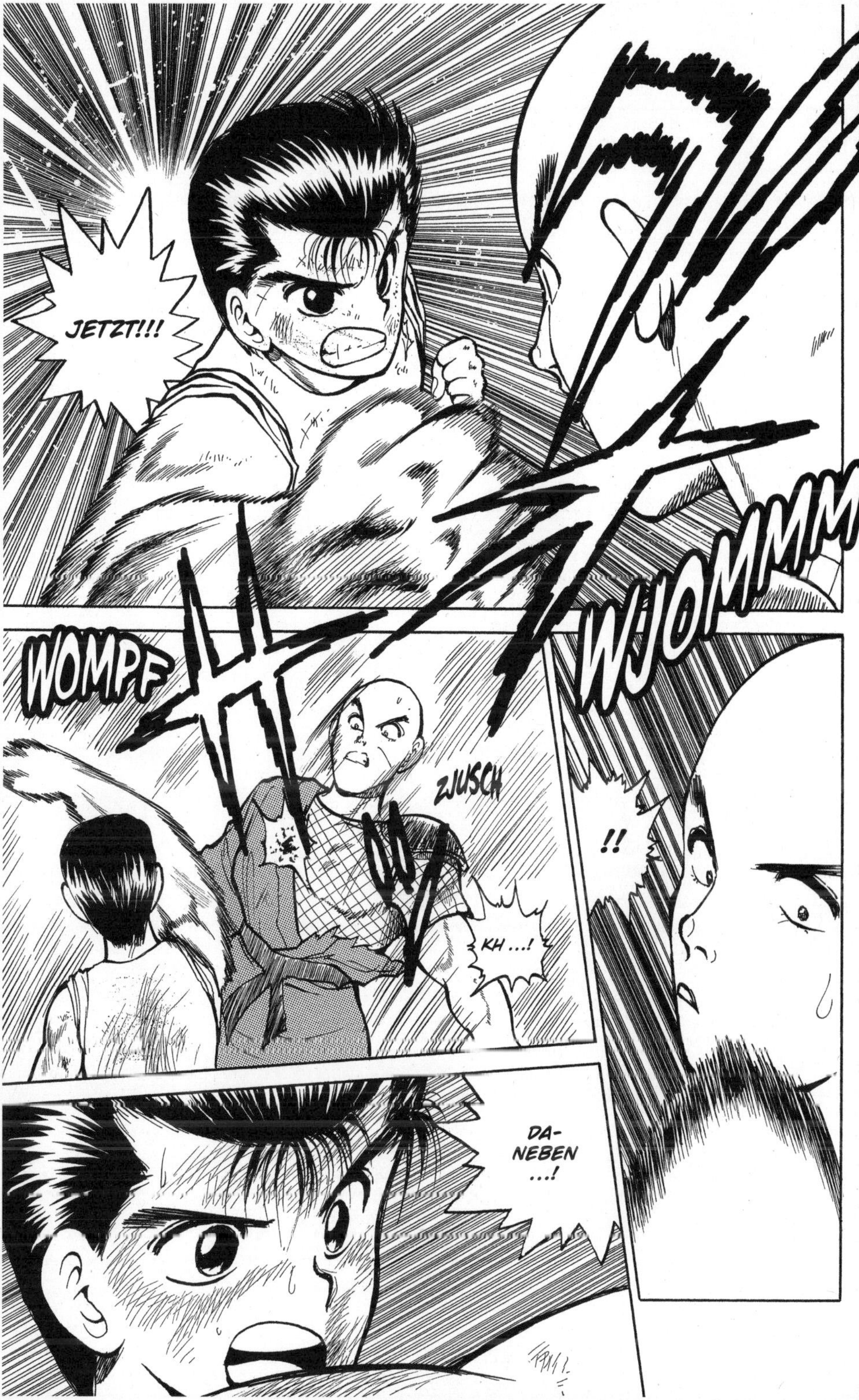
JETZT!!!
WJOMMM
WOMPF
!!
ZJUSCH
KH ...!
DA-
NEBEN
...!

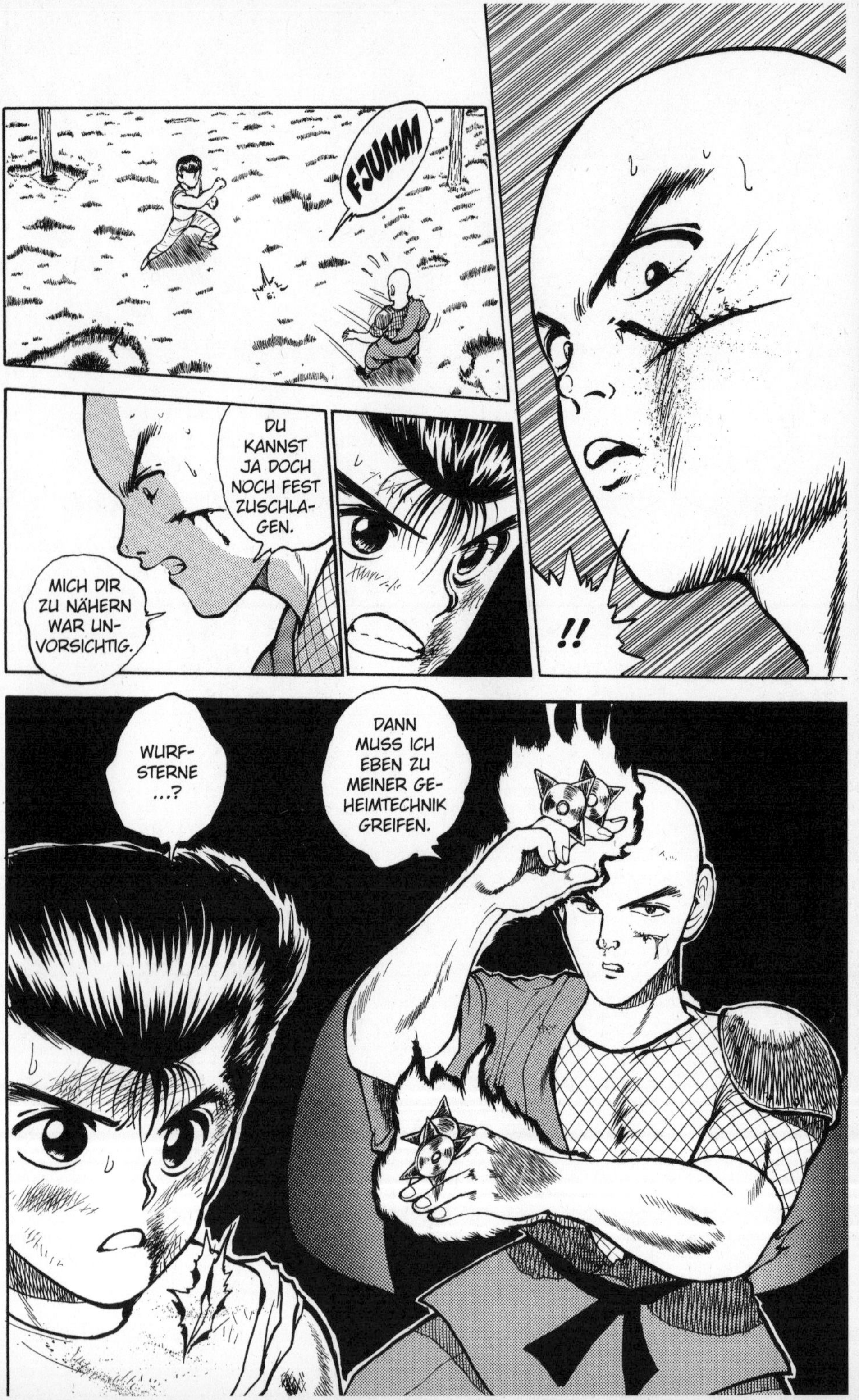
!!
FJUMM
DU KANNST JA DOCH NOCH FEST ZUSCHLAGEN.
MICH DIR ZU NÄHERN WAR UNVORSICHTIG.
DANN MUSS ICH EBEN ZU MEINER GEHEIMTECHNIK GREIFEN.
WURFSTERNE ...?

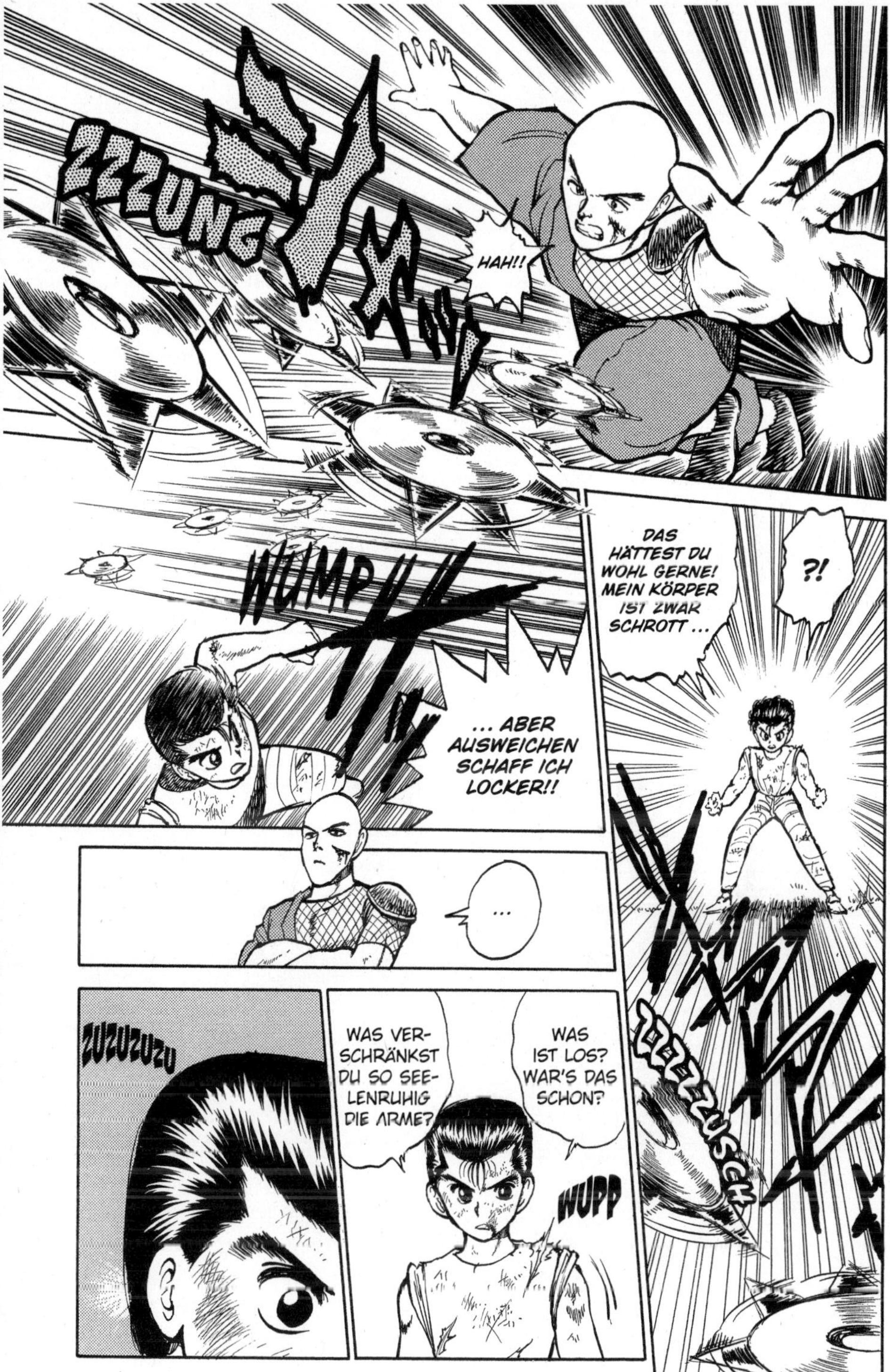
ZZZUNG
HAH!!
?!
DAS HÄTTEST DU WOHL GERNE! MEIN KÖRPER IST ZWAR SCHROTT ...
ZZZZZUSCH
WUMP
... ABER AUSWEICHEN SCHAFF ICH LOCKER!!
...
WAS IST LOS? WAR'S DAS SCHON?
WAS VER-SCHRÄNKST DU SO SEE-LENRUHIG DIE ARME?
WUPP
ZUZUZUZU

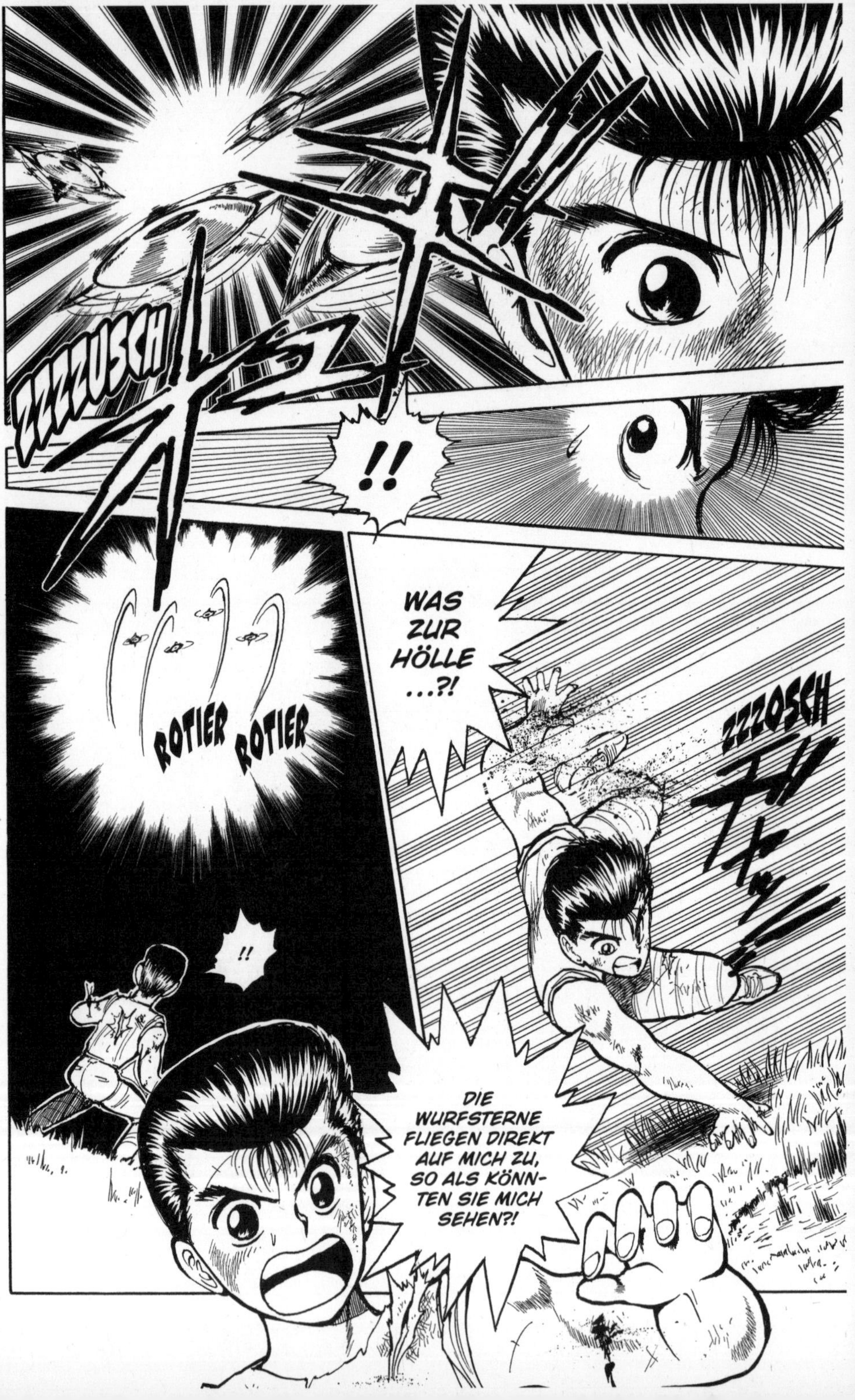
ZZZZUSCH
!!
WAS ZUR HÖLLE ...?!
ZZZOSCH
ROTIER ROTIER
!!
DIE WURFSTERNE FLIEGEN DIREKT AUF MICH ZU, SO ALS KÖNNTEN SIE MICH SEHEN?!

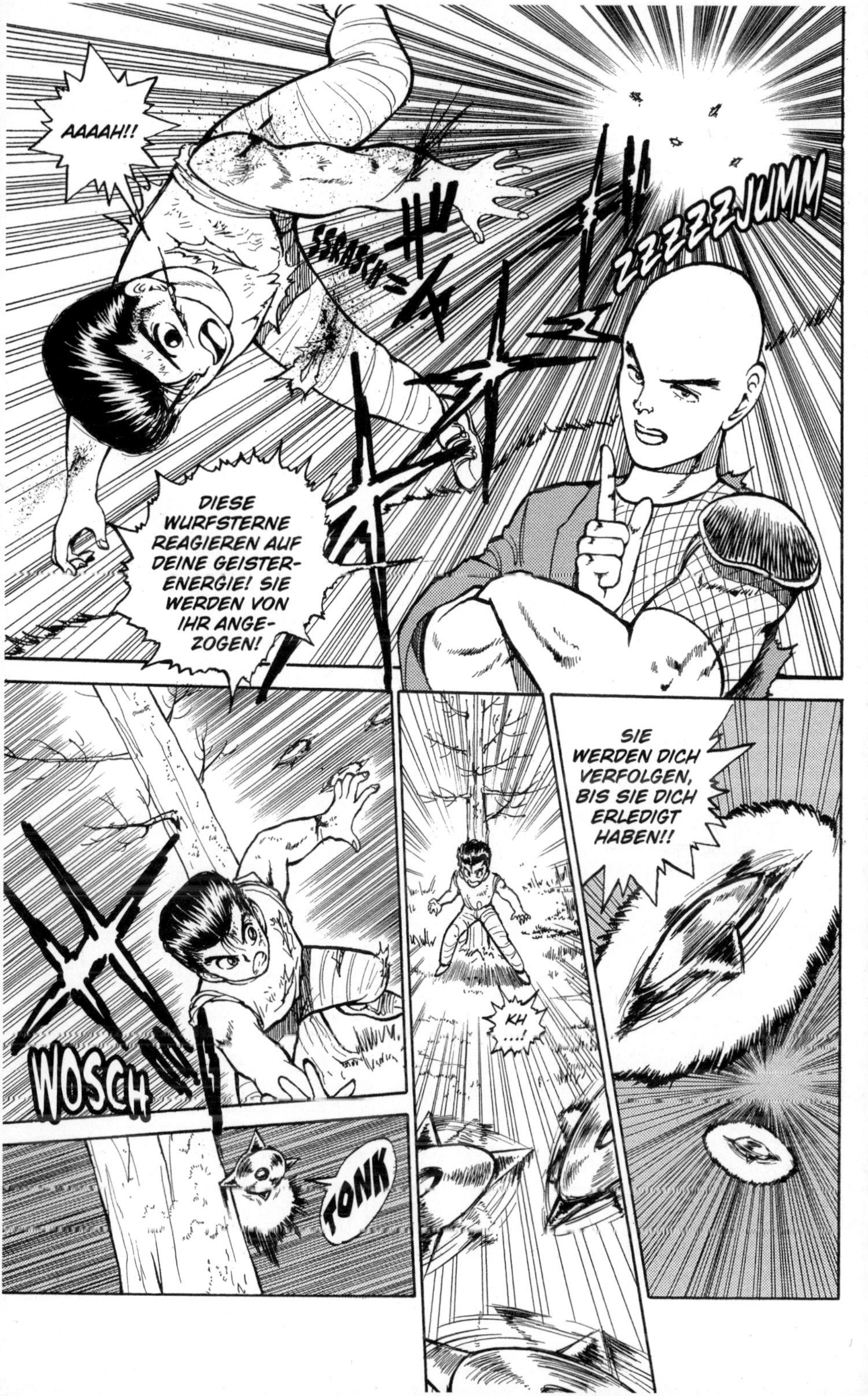
ZZZZZZJUMM
SSRASCH
AAAAH!!
DIESE WURFSTERNE REAGIEREN AUF DEINE GEISTER-ENERGIE! SIE WERDEN VON IHR ANGE-ZOGEN!
SIE WERDEN DICH VERFOLGEN, BIS SIE DICH ERLEDIGT HABEN!!
KH ...!
WOSCH
TONK

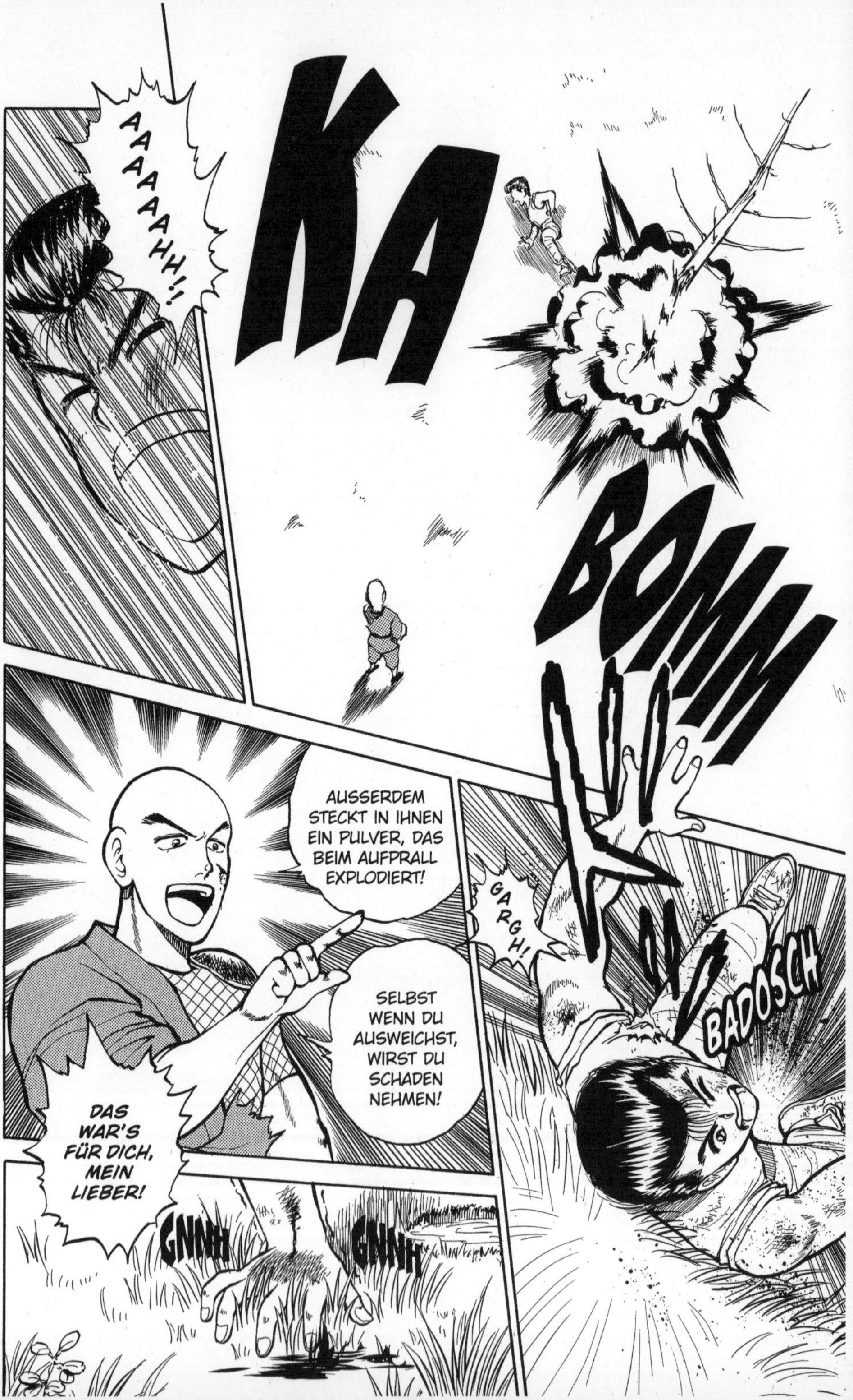
AAAAAAAHH!!
KA
BOMM
AUSSERDEM STECKT IN IHNEN EIN PULVER, DAS BEIM AUFPRALL EXPLODIERT!
SELBST WENN DU AUSWEICHST, WIRST DU SCHADEN NEHMEN!
GARGH!
BADOSCH
DAS WAR'S FÜR DICH, MEIN LIEBER!
GNNH
GNNH

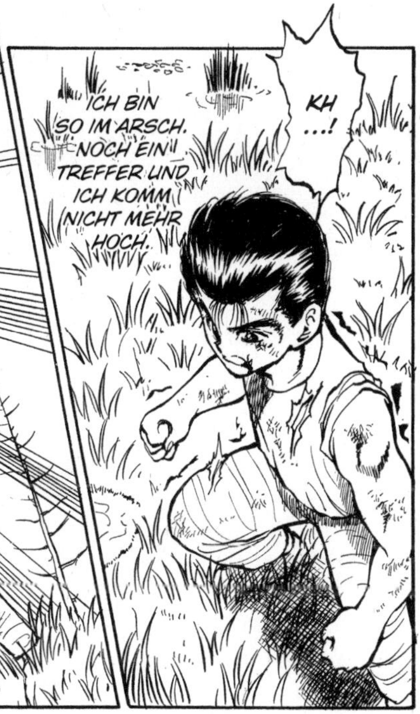

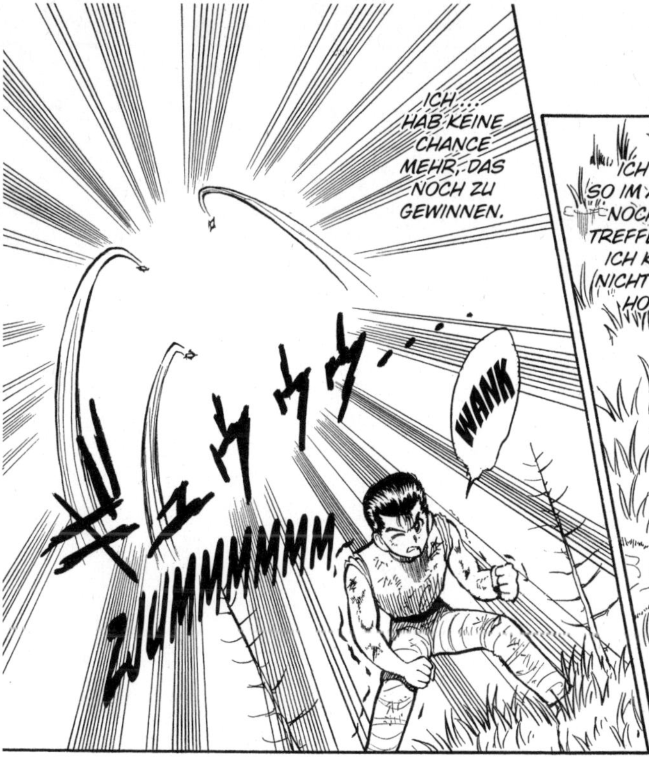

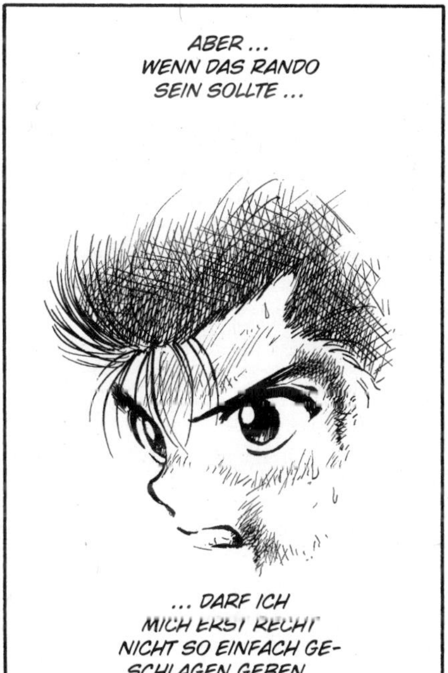

YuYu Hakusho

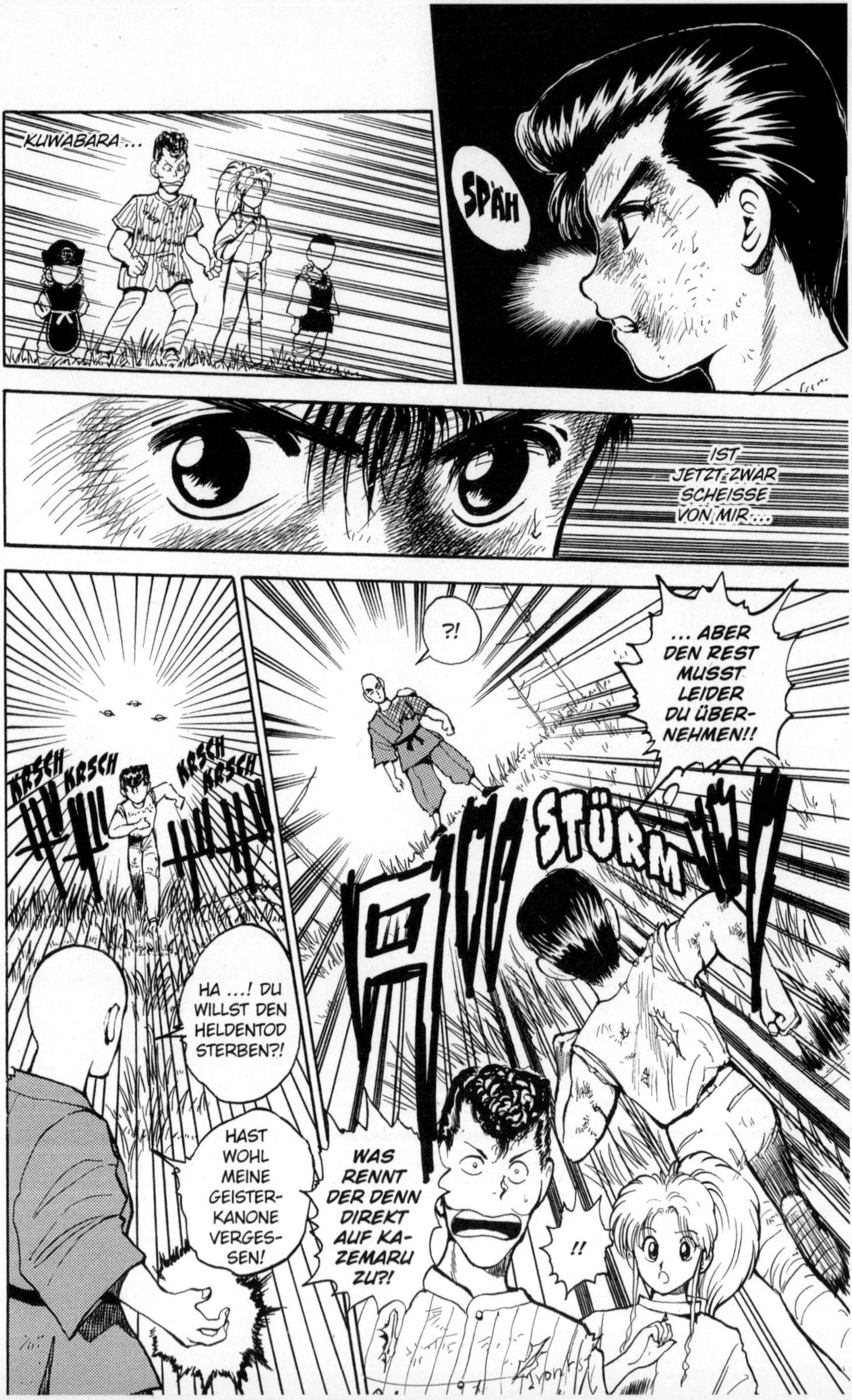
SPÄH
KUWABARA ...
IST JETZT ZWAR SCHEISSE VON MIR ...
... ABER DEN REST MUSST LEIDER DU ÜBERNEHMEN!!
?!
STÜRM
KRSCH KRSCH
KRSCH KRSCH
WAS RENNT DER DENN DIREKT AUF KAZEMARU ZU?!
!!
HA ...! DU WILLST DEN HELDENTOD STERBEN?!
HAST WOHL MEINE GEISTERKANONE VERGESSEN!

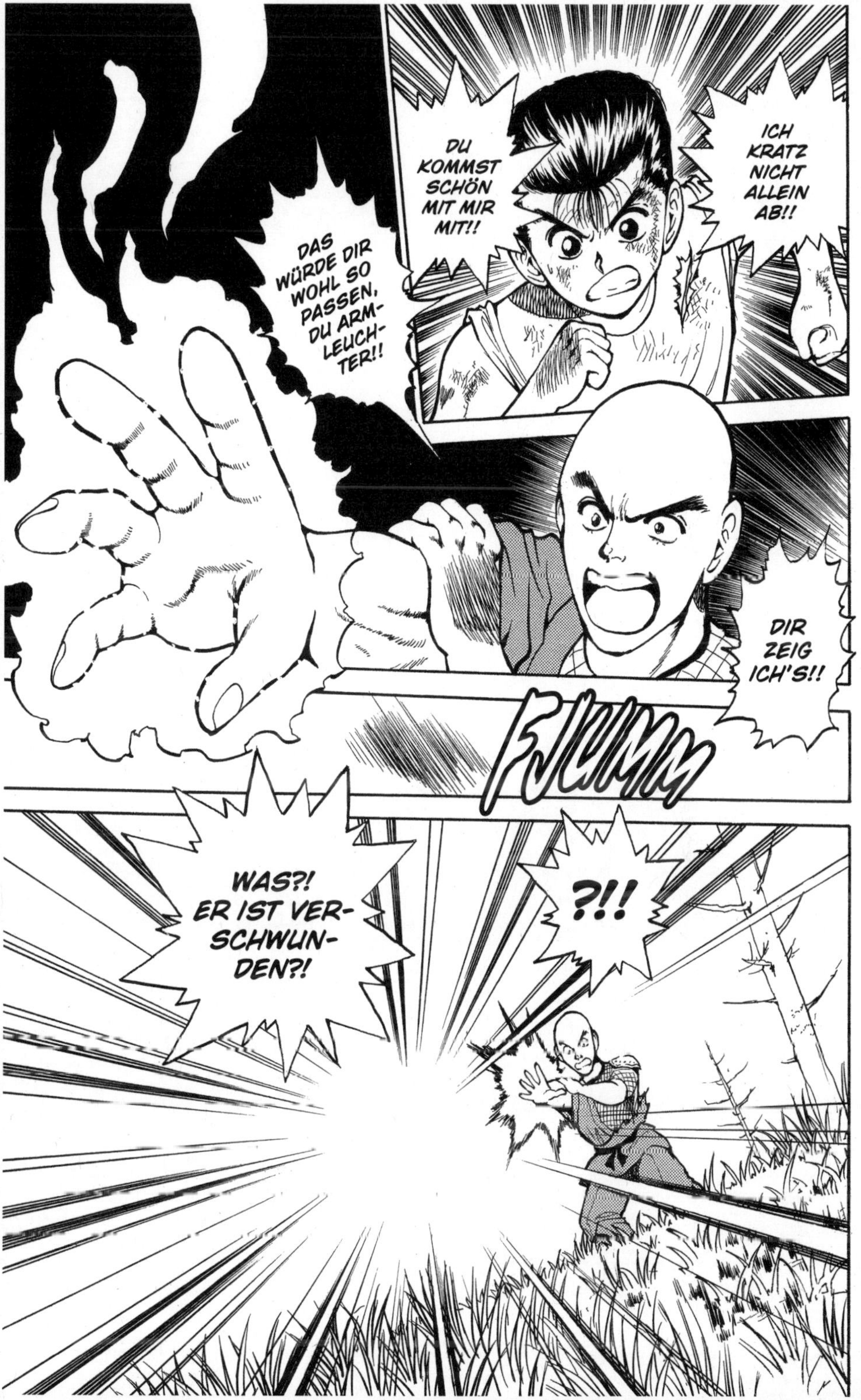
ICH KRATZ NICHT ALLEIN AB!!
DU KOMMST SCHÖN MIT MIR MIT!!
DAS WÜRDE DIR WOHL SO PASSEN, DU ARMLEUCHTER!!
DIR ZEIG ICH'S!!
FJUMM
?!!
WAS?! ER IST VERSCHWUNDEN?!

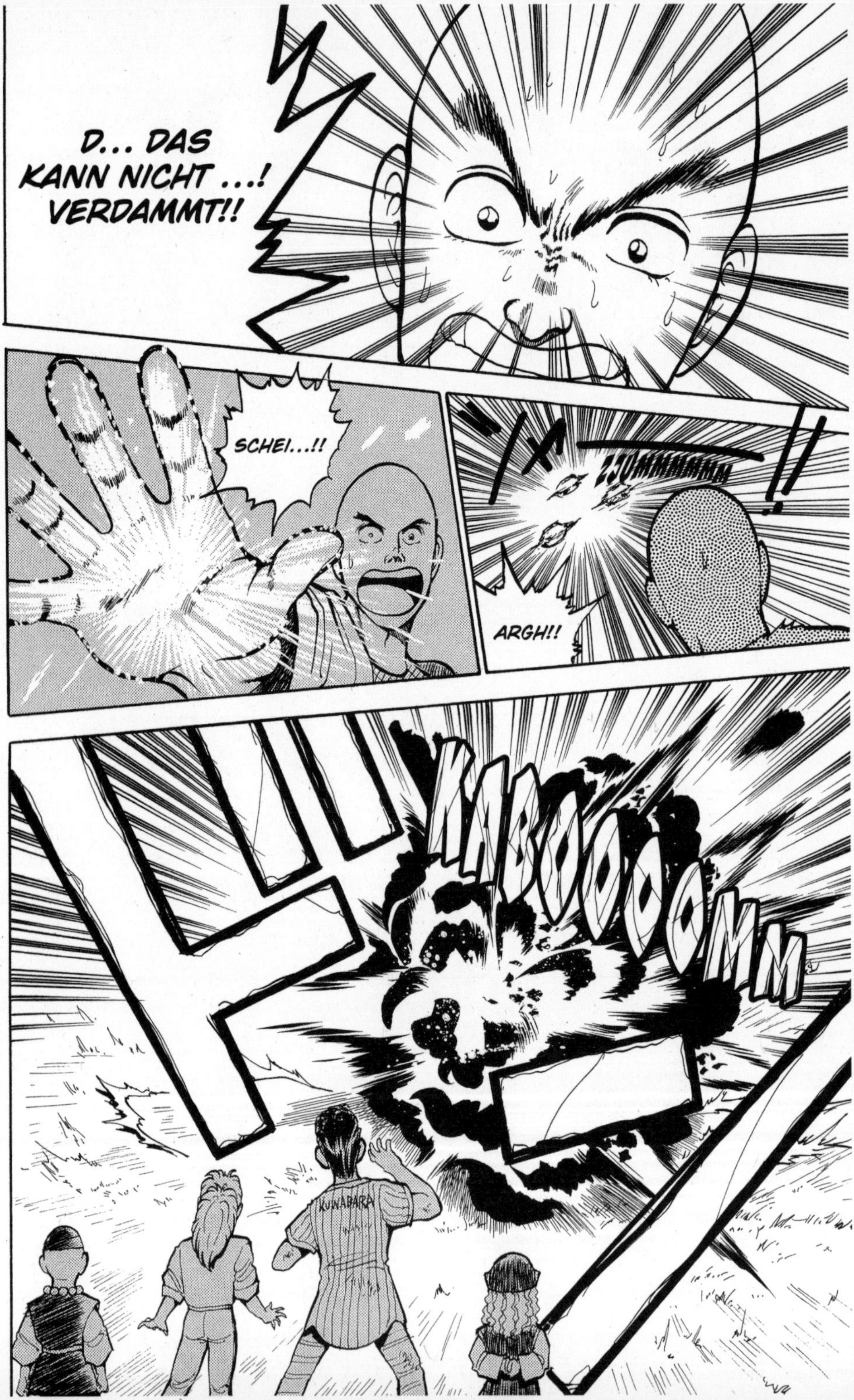
D... DAS
KANN NICHT ...!
VERDAMMT!!
SCHEI...!!
ARGH!!
KABOOOOMM
KUWABARA

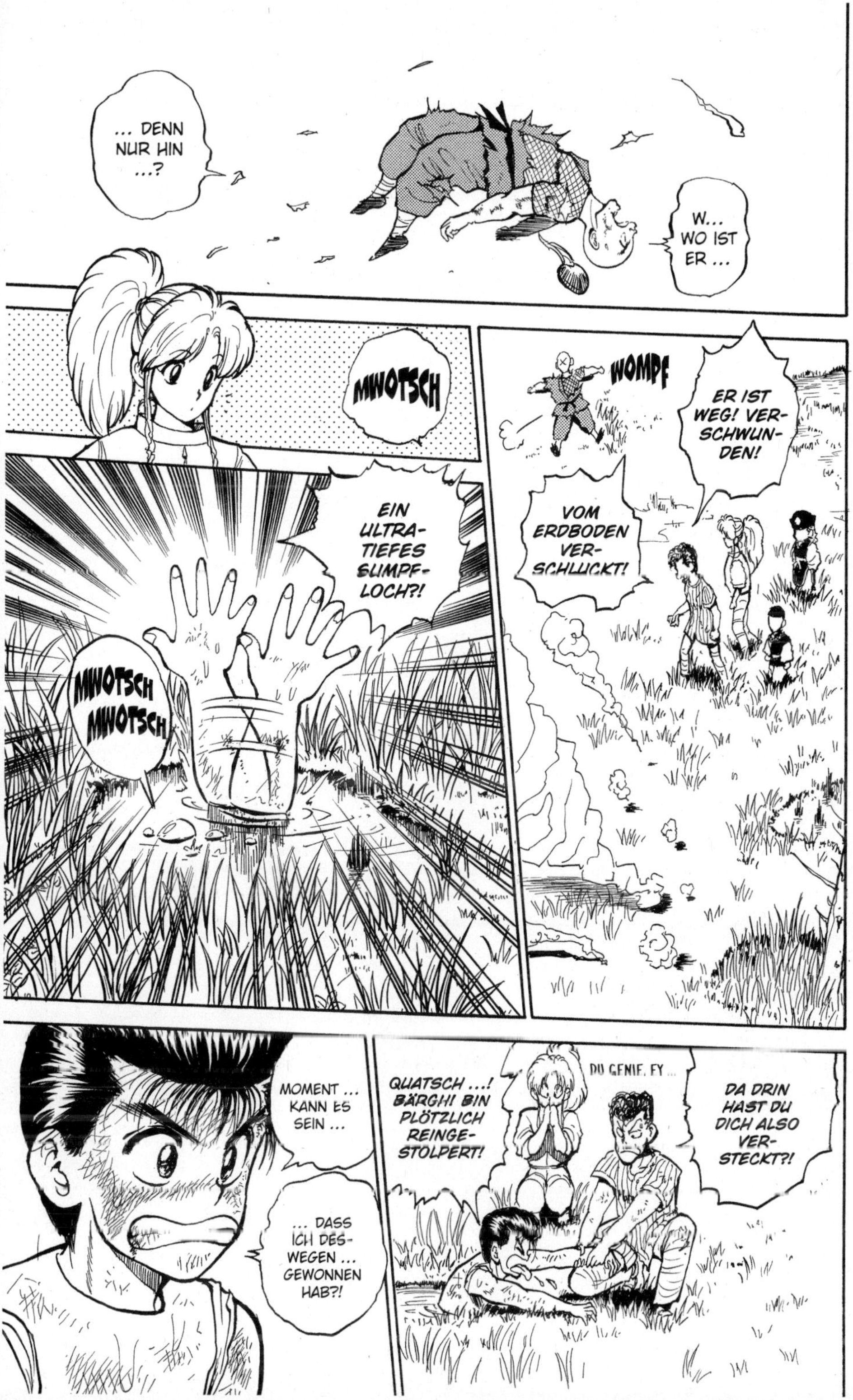
W... WO IST ER ...
... DENN NUR HIN ...?
WOMPF
ER IST WEG! VERSCHWUNDEN!
VOM ERDBODEN VERSCHLUCKT!
MWOTSCH
EIN ULTRATIEFES SUMPFLOCH?!
MWOTSCH MWOTSCH
DA DRIN HAST DU DICH ALSO VERSTECKT?!
DU GENIE, EY ...
QUATSCH ...! BÄRGH! BIN PLÖTZLICH REINGESTOLPERT!
MOMENT ... KANN ES SEIN ...
... DASS ICH DESWEGEN ... GEWONNEN HAB?!

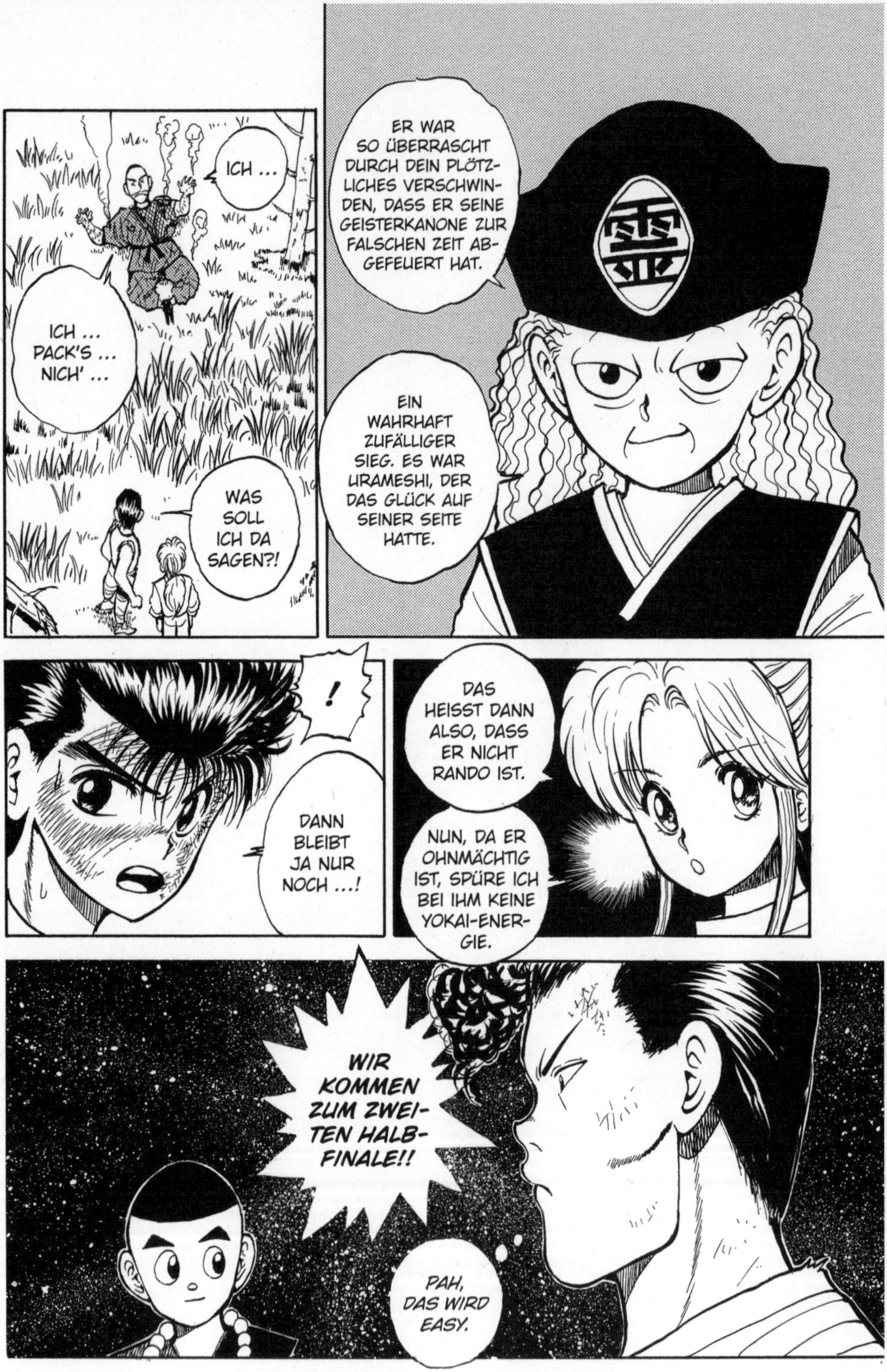
ER WAR SO ÜBERRASCHT DURCH DEIN PLÖTZLICHES VERSCHWINDEN, DASS ER SEINE GEISTERKANONE ZUR FALSCHEN ZEIT ABGEFEUERT HAT.
EIN WAHRHAFT ZUFÄLLIGER SIEG. ES WAR URAMESHI, DER DAS GLÜCK AUF SEINER SEITE HATTE.
ICH …
ICH … PACK'S … NICH' …
WAS SOLL ICH DA SAGEN?!
DAS HEISST DANN ALSO, DASS ER NICHT RANDO IST.
NUN, DA ER OHNMÄCHTIG IST, SPÜRE ICH BEI IHM KEINE YOKAI-ENERGIE.
!
DANN BLEIBT JA NUR NOCH …!
WIR KOMMEN ZUM ZWEITEN HALBFINALE!!
PAH, DAS WIRD EASY.

Kapitel 30 Shaolin = Rando?!

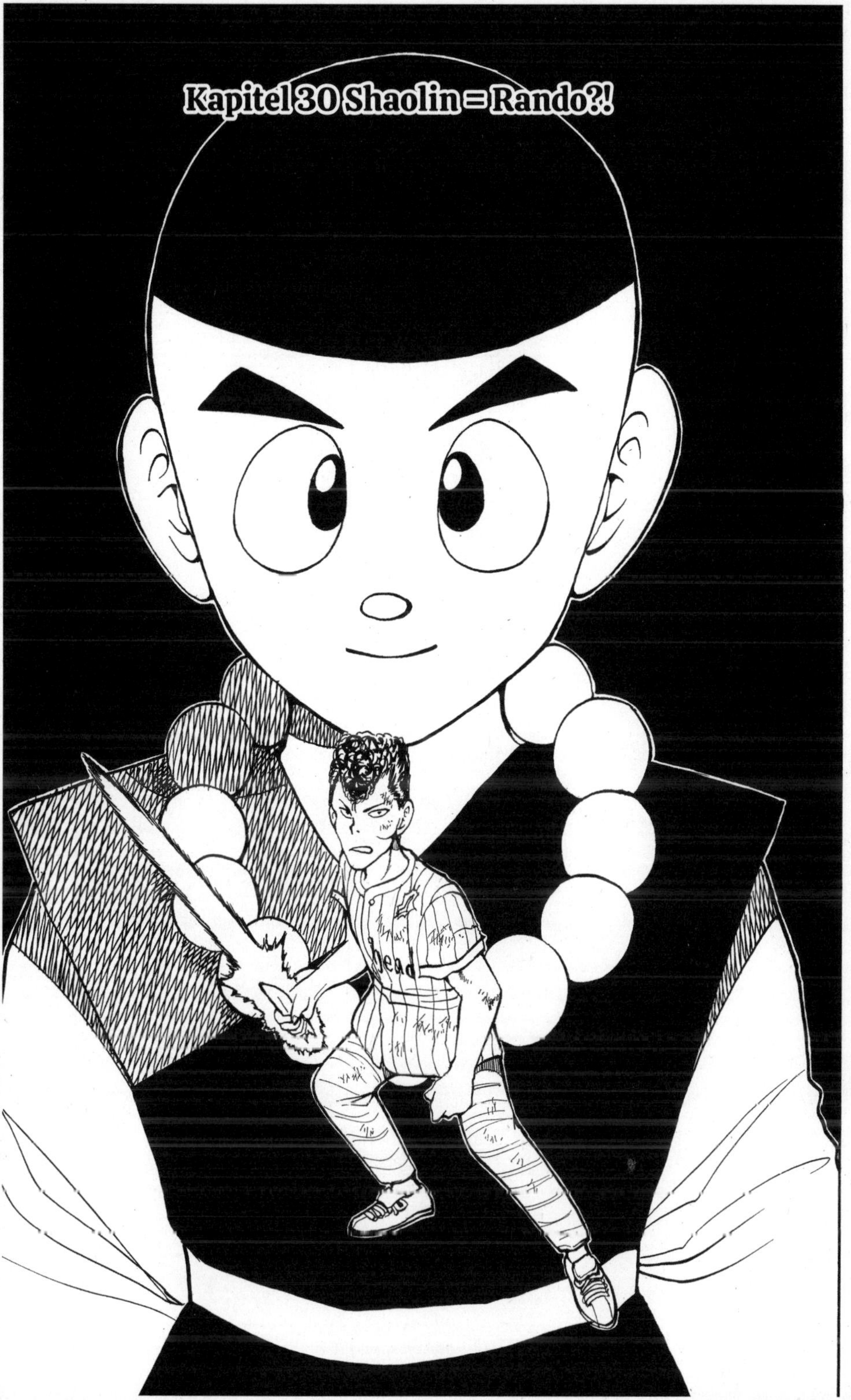

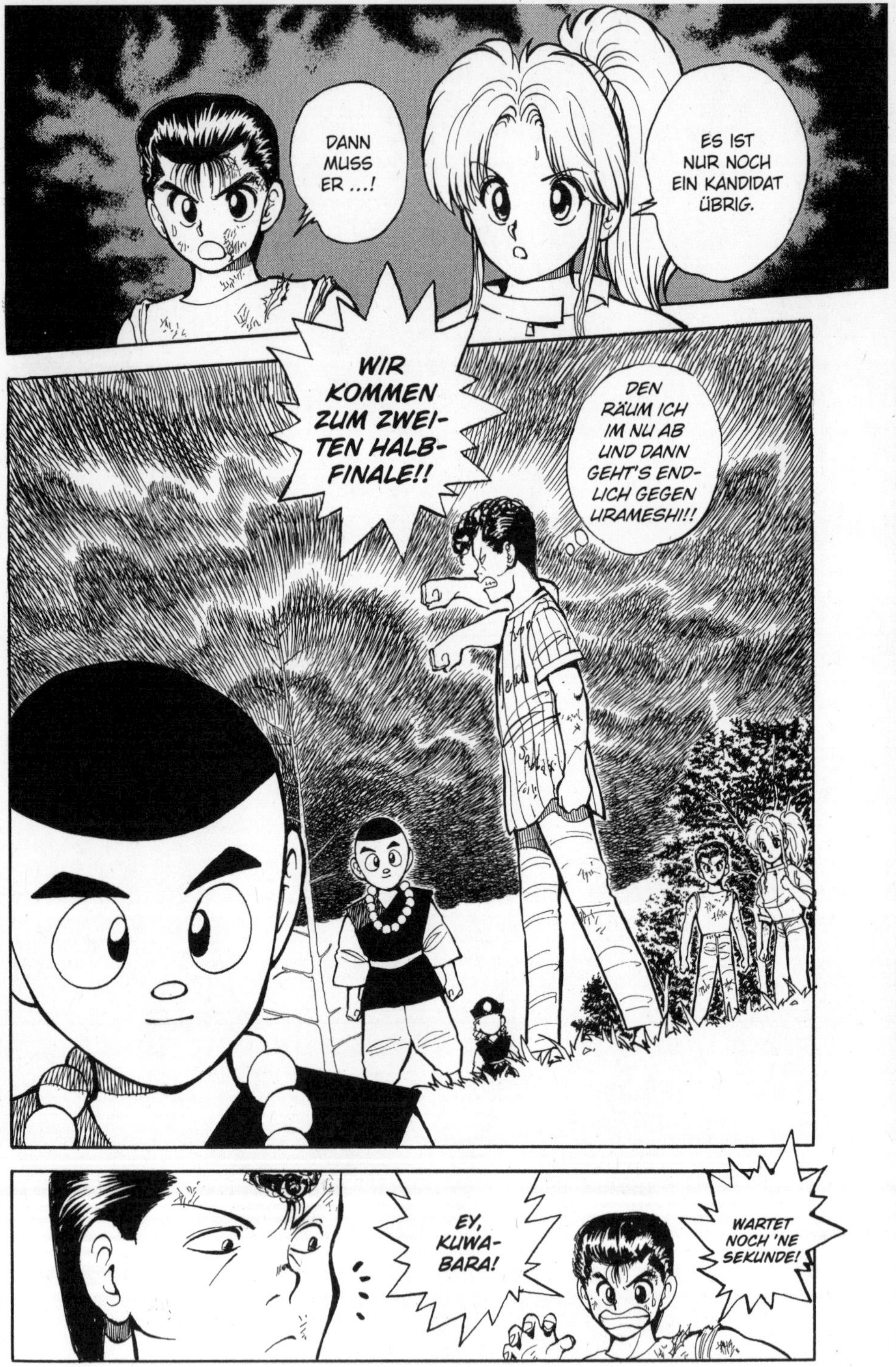
ES IST NUR NOCH EIN KANDIDAT ÜBRIG.
DANN MUSS ER ...!
WIR KOMMEN ZUM ZWEI-TEN HALB-FINALE!!
DEN RÄUM ICH IM NU AB UND DANN GEHT'S END-LICH GEGEN URAMESHI!!
WARTET NOCH 'NE SEKUNDE!
EY, KUWA-BARA!
...

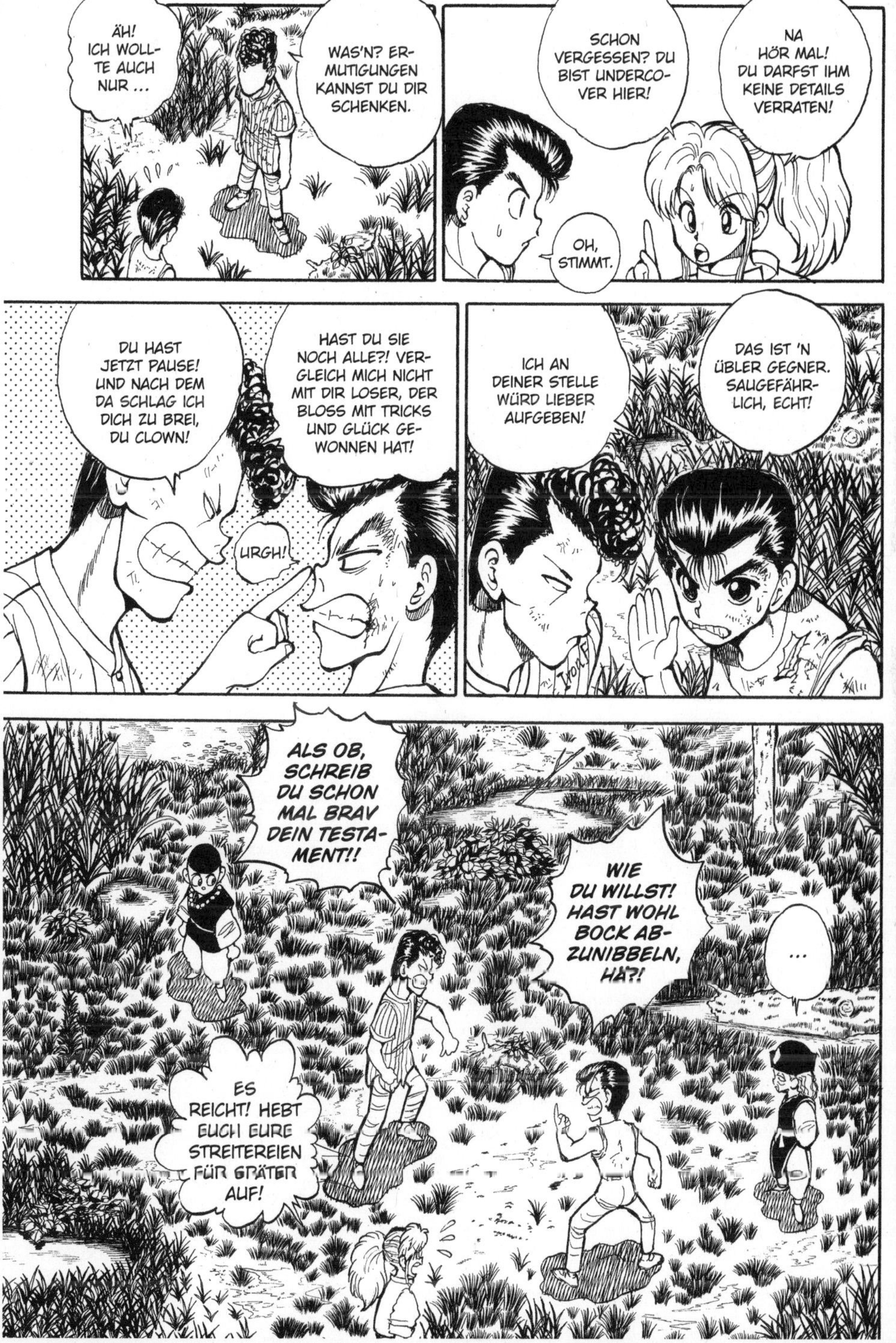
NA HÖR MAL! DU DARFST IHM KEINE DETAILS VERRATEN!
SCHON VERGESSEN? DU BIST UNDERCOVER HIER!
OH, STIMMT.
WAS'N? ERMUTIGUNGEN KANNST DU DIR SCHENKEN.
ÄH! ICH WOLLTE AUCH NUR …
DAS IST 'N ÜBLER GEGNER. SAUGEFÄHRLICH, ECHT!
ICH AN DEINER STELLE WÜRD LIEBER AUFGEBEN!
HAST DU SIE NOCH ALLE?! VERGLEICH MICH NICHT MIT DIR LOSER, DER BLOSS MIT TRICKS UND GLÜCK GEWONNEN HAT!
URGH!
DU HAST JETZT PAUSE! UND NACH DEM DA SCHLAG ICH DICH ZU BREI, DU CLOWN!
…
WIE DU WILLST! HAST WOHL BOCK ABZUNIBBELN, HÄ?!
ALS OB, SCHREIB DU SCHON MAL BRAV DEIN TESTAMENT!!
ES REICHT! HEBT EUCH EURE STREITEREIEN FÜR SPÄTER AUF!

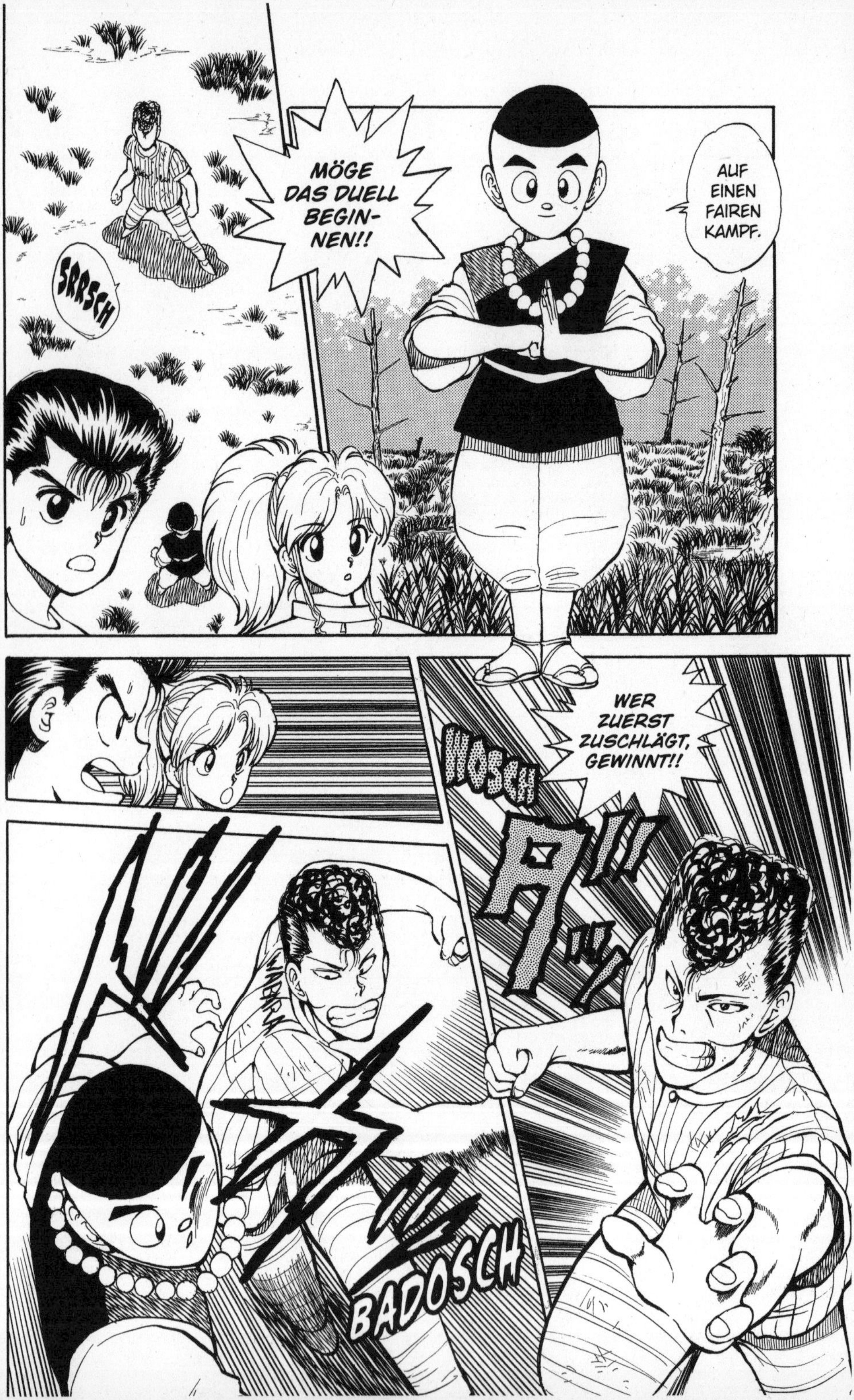
AUF EINEN FAIREN KAMPF.
MÖGE DAS DUELL BEGIN-NEN!!
SRRSCH
WER ZUERST ZUSCHLÄGT, GEWINNT!!
WOSCH
BADOSCH

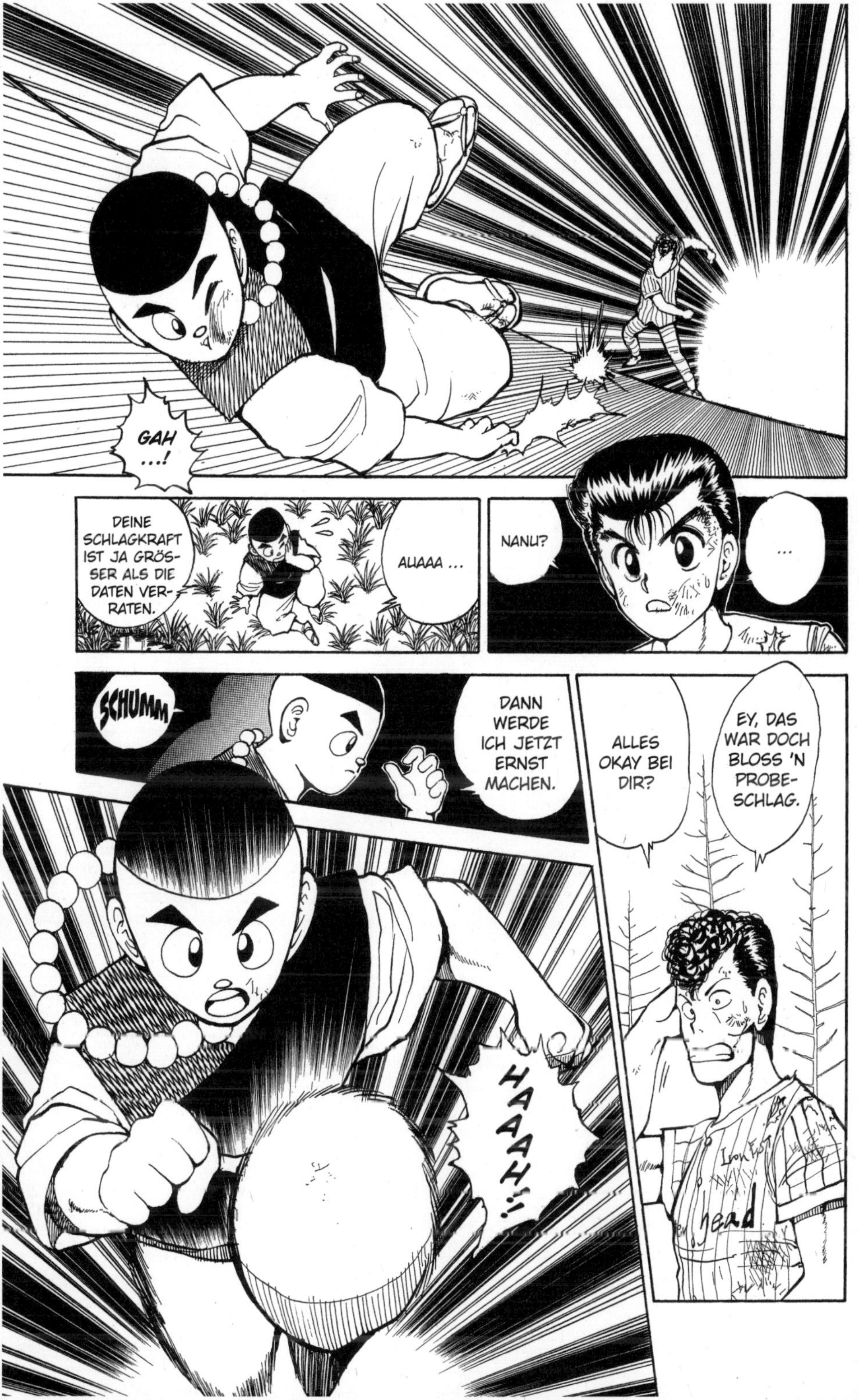
GAH ...!
...
NANU?
AUAAA ...
DEINE SCHLAGKRAFT IST JA GRÖSSER ALS DIE DATEN VERRATEN.
EY, DAS WAR DOCH BLOSS 'N PROBESCHLAG.
ALLES OKAY BEI DIR?
DANN WERDE ICH JETZT ERNST MACHEN.
SCHUMM
HAAAAH!!

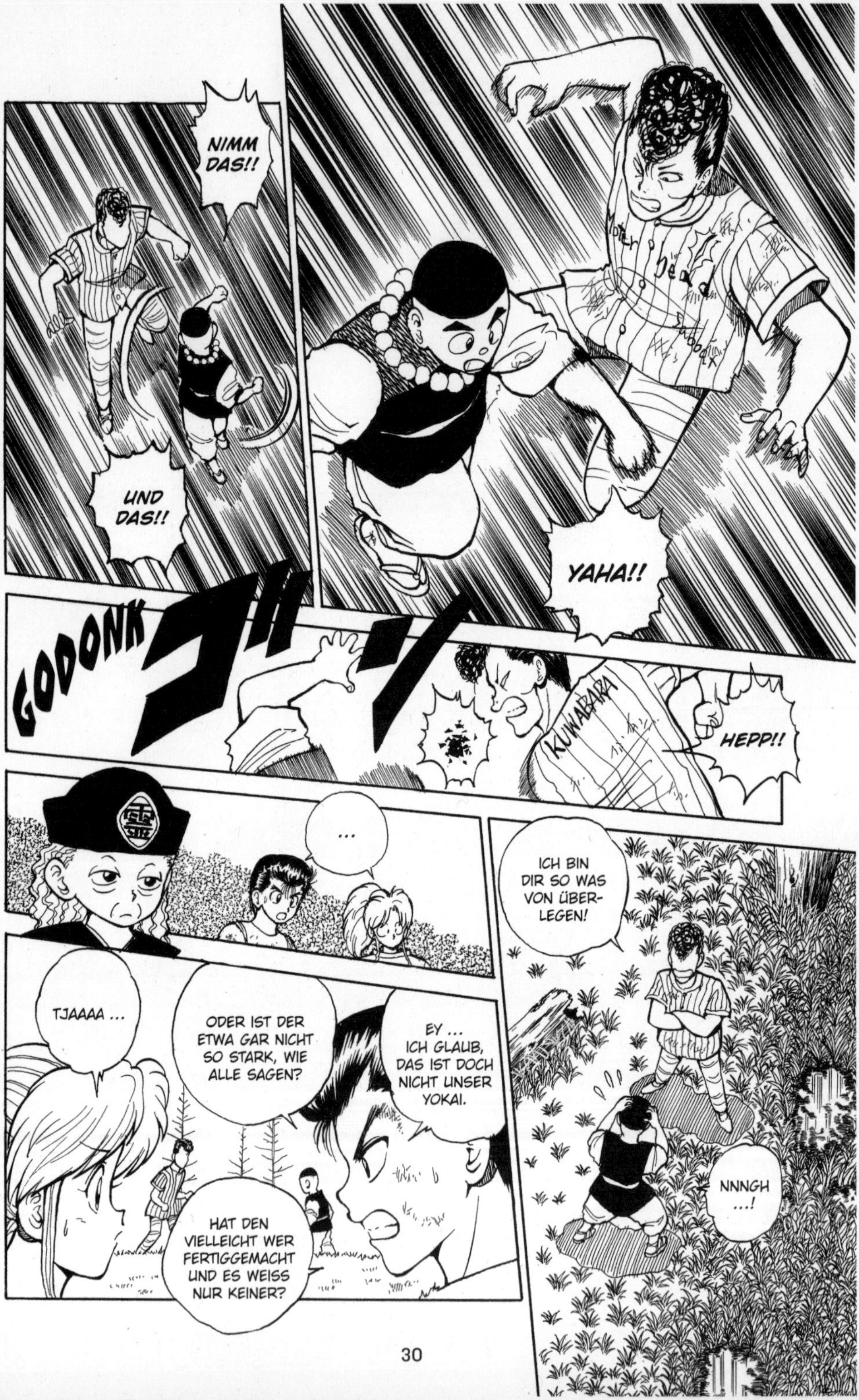

YAHA!!
NIMM DAS!!
UND DAS!!
HEPP!!
KUWABARA
GODONK
ICH BIN DIR SO WAS VON ÜBER-LEGEN!
NNNGH ...!
...
EY ... ICH GLAUB, DAS IST DOCH NICHT UNSER YOKAI.
ODER IST DER ETWA GAR NICHT SO STARK, WIE ALLE SAGEN?
TJAAAA ...
HAT DEN VIELLEICHT WER FERTIGGEMACHT UND ES WEISS NUR KEINER?

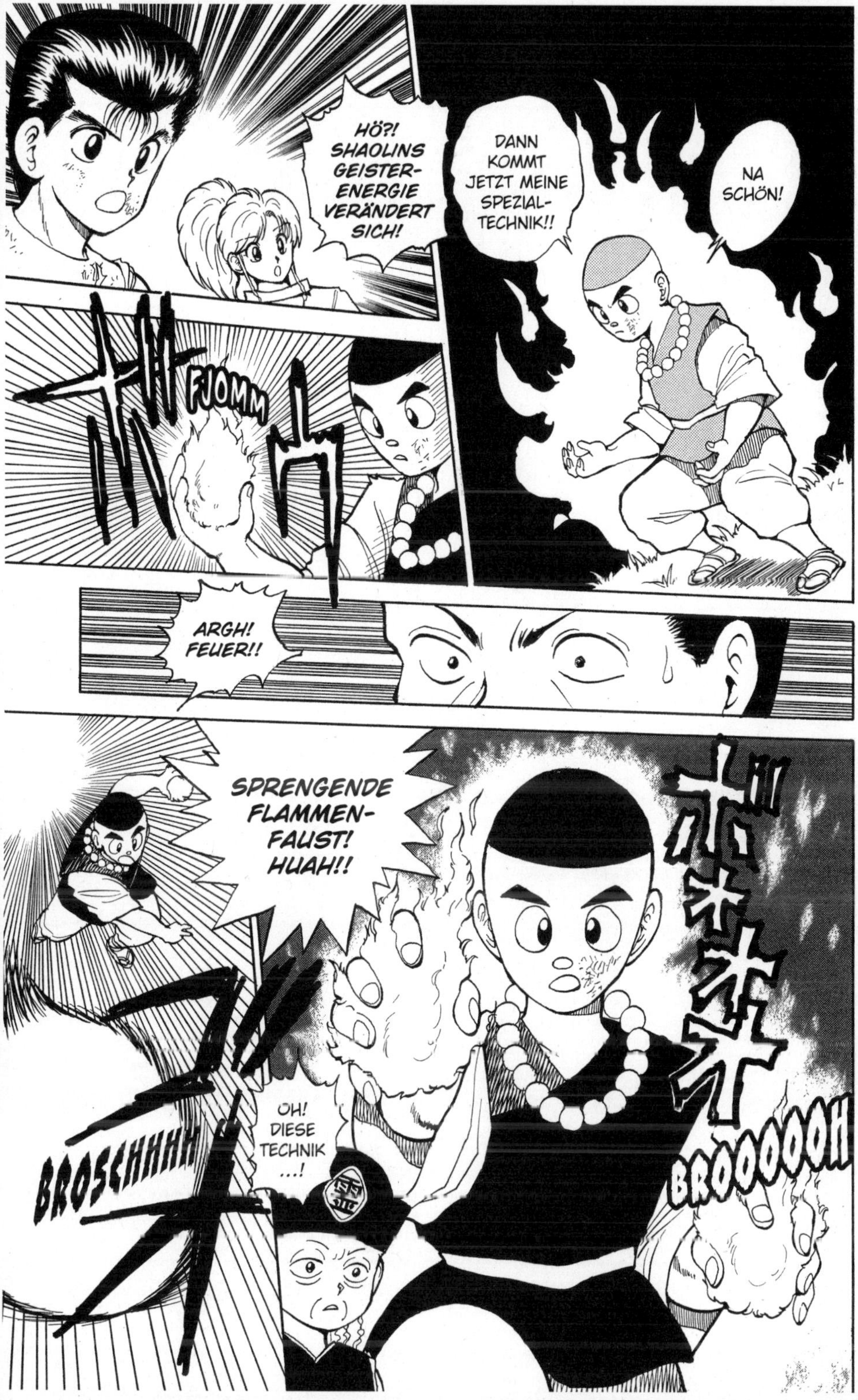
NA SCHÖN!
DANN KOMMT JETZT MEINE SPEZIAL-TECHNIK!!
HÖ?! SHAOLINS GEISTER-ENERGIE VERÄNDERT SICH!
FJOMM
ARGH! FEUER!!
BROOOOOH
SPRENGENDE FLAMMEN-FAUST! HUAH!!
OH! DIESE TECHNIK ...!
BROSCHHHH

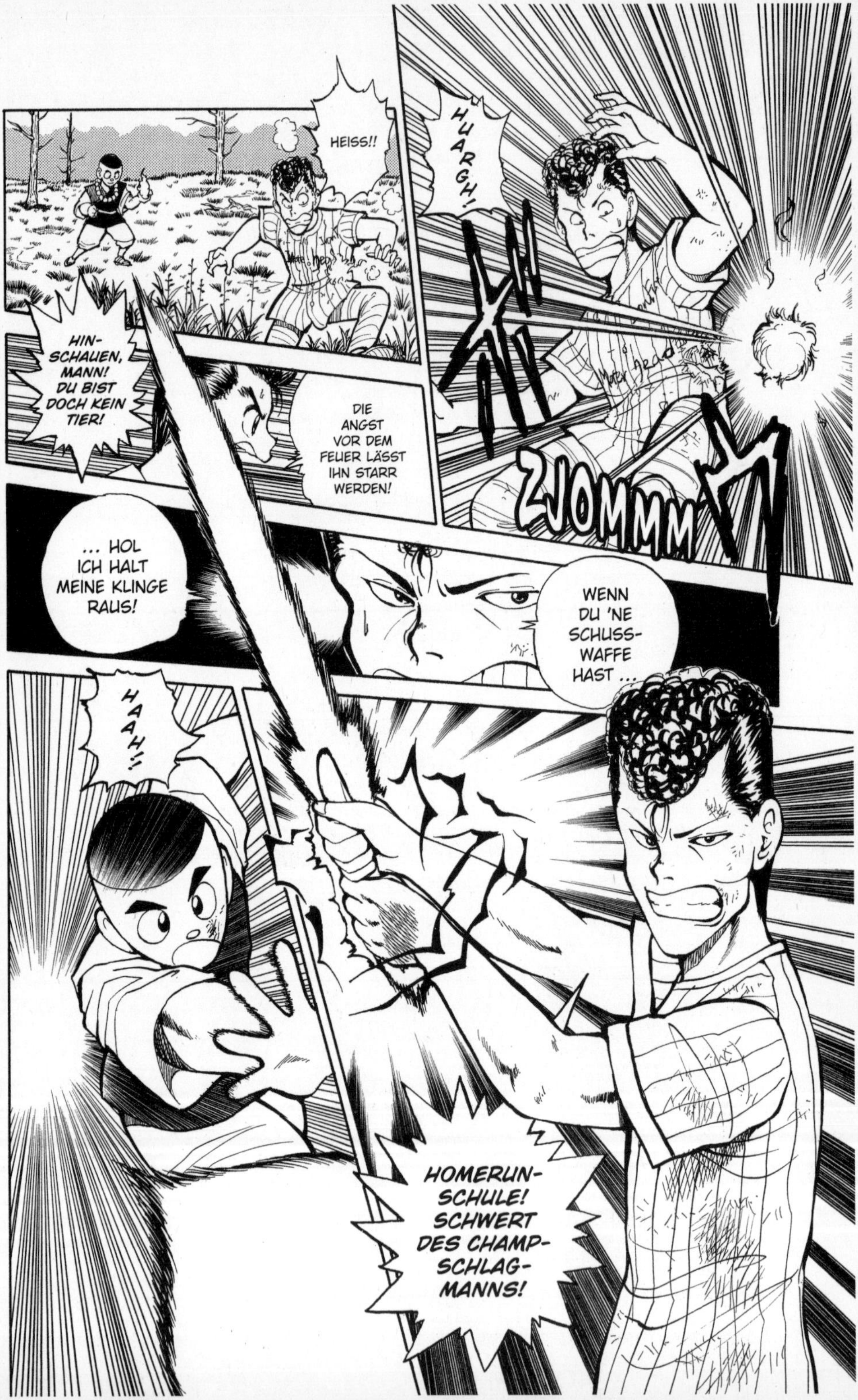
HUARGH!
HEISS!!
ZJOMMM
HIN-SCHAUEN, MANN! DU BIST DOCH KEIN TIER!
DIE ANGST VOR DEM FEUER LÄSST IHN STARR WERDEN!
WENN DU 'NE SCHUSS-WAFFE HAST ...
... HOL ICH HALT MEINE KLINGE RAUS!
HAAH!!
HOMERUN-SCHULE! SCHWERT DES CHAMP-SCHLAG-MANNS!

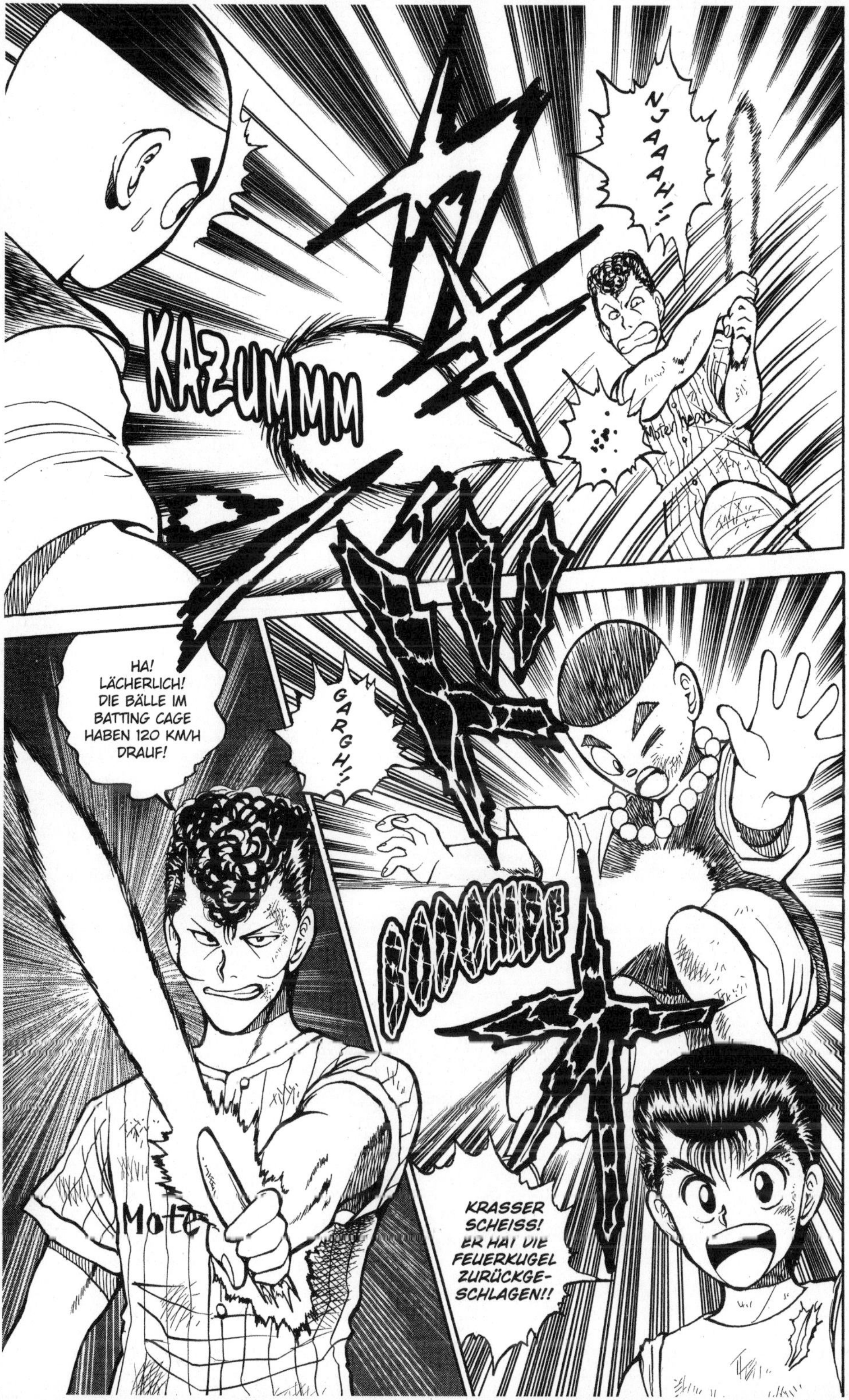

NJAAAAH!!
KAZUMMMM
GARGH!!
HA! LÄCHERLICH! DIE BÄLLE IM BATTING CAGE HABEN 120 KM/H DRAUF!
KRASSER SCHEISS! ER HAT DIE FEUERKUGEL ZURÜCKGE-SCHLAGEN!!

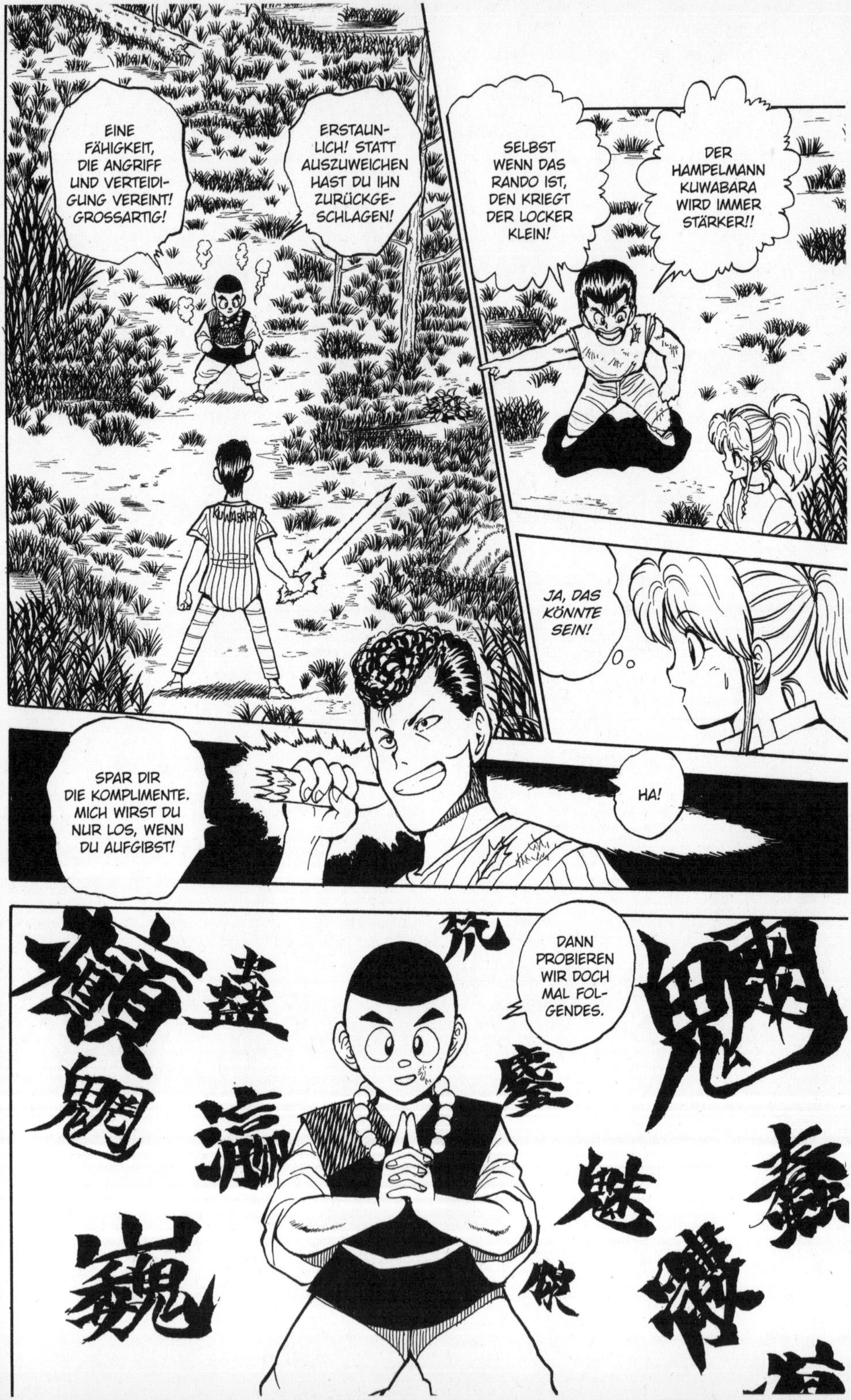
DER HAMPELMANN KUWABARA WIRD IMMER STÄRKER!!
SELBST WENN DAS RANDO IST, DEN KRIEGT DER LOCKER KLEIN!
ERSTAUN-LICH! STATT AUSZUWEICHEN HAST DU IHN ZURÜCKGE-SCHLAGEN!
EINE FÄHIGKEIT, DIE ANGRIFF UND VERTEIDI-GUNG VEREINT! GROSSARTIG!
KUWABARA
JA, DAS KÖNNTE SEIN!
HA!
SPAR DIR DIE KOMPLIMENTE. MICH WIRST DU NUR LOS, WENN DU AUFGIBST!
DANN PROBIEREN WIR DOCH MAL FOL-GENDES.

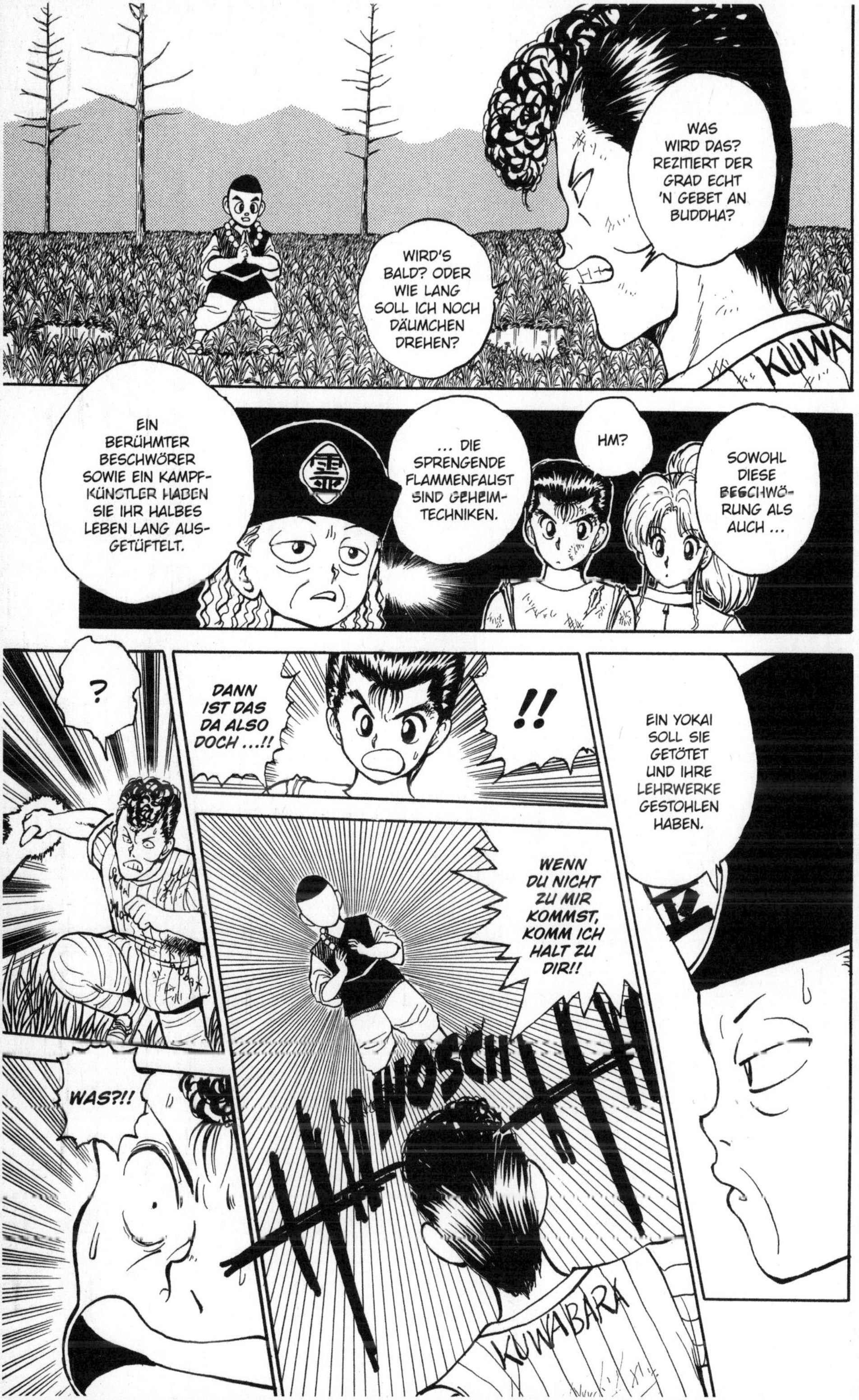
WAS WIRD DAS? REZITIERT DER GRAD ECHT 'N GEBET AN BUDDHA?
WIRD'S BALD? ODER WIE LANG SOLL ICH NOCH DÄUMCHEN DREHEN?
KUWA
SOWOHL DIESE BESCHWÖRUNG ALS AUCH …
HM?
… DIE SPRENGENDE FLAMMENFAUST SIND GEHEIMTECHNIKEN.
EIN BERÜHMTER BESCHWÖRER SOWIE EIN KAMPFKÜNSTLER HABEN SIE IHR HALBES LEBEN LANG AUSGETÜFTELT.
EIN YOKAI SOLL SIE GETÖTET UND IHRE LEHRWERKE GESTOHLEN HABEN.
!!
DANN IST DAS DA ALSO DOCH …!!
?
WENN DU NICHT ZU MIR KOMMST, KOMM ICH HALT ZU DIR!!
WOSCH
WAS?!!
KUWABARA

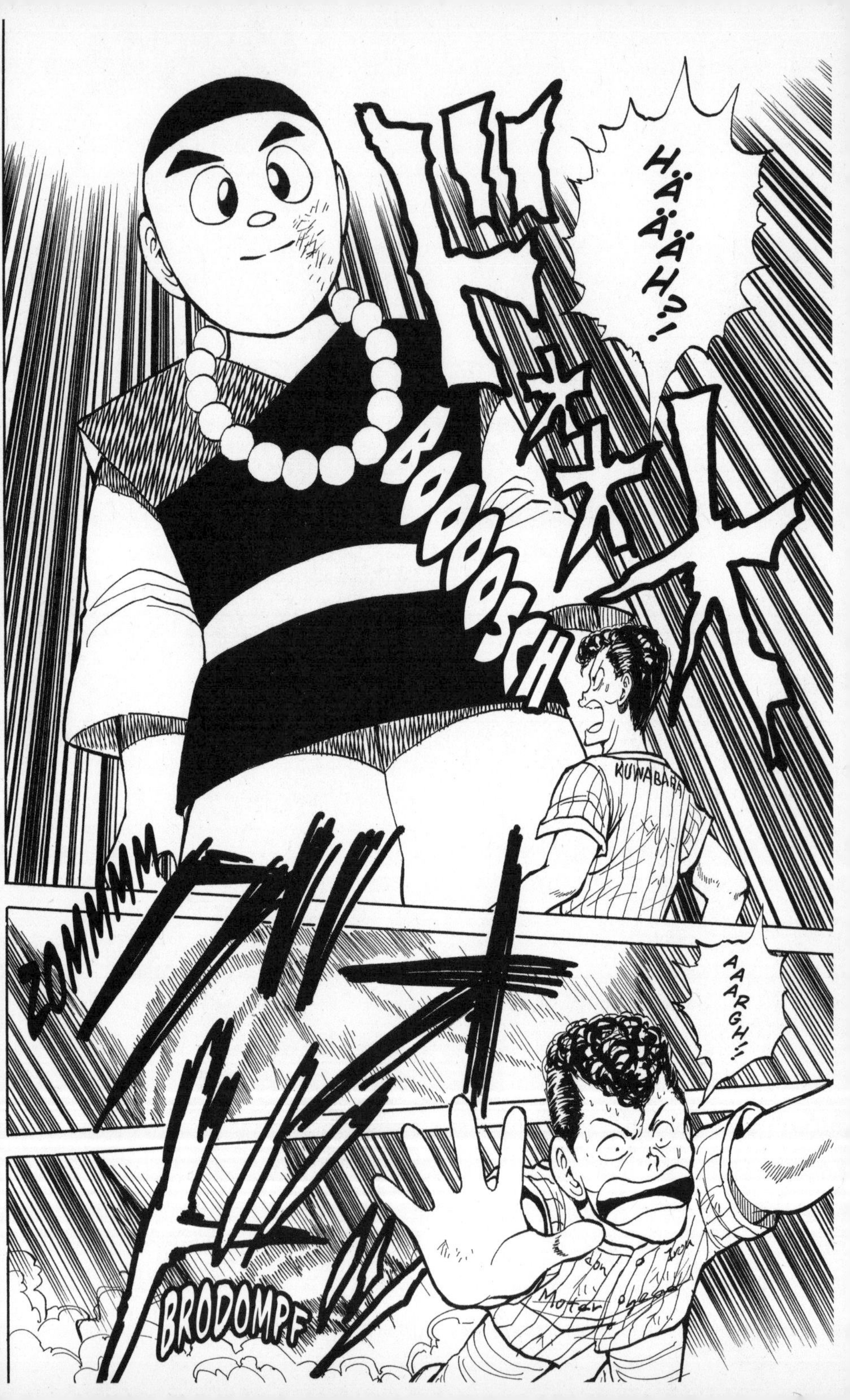
HÄÄÄH?!
BOOOOSCH
KUWABARA
ZOMMMM
AAARGH!!
BRODOMPF

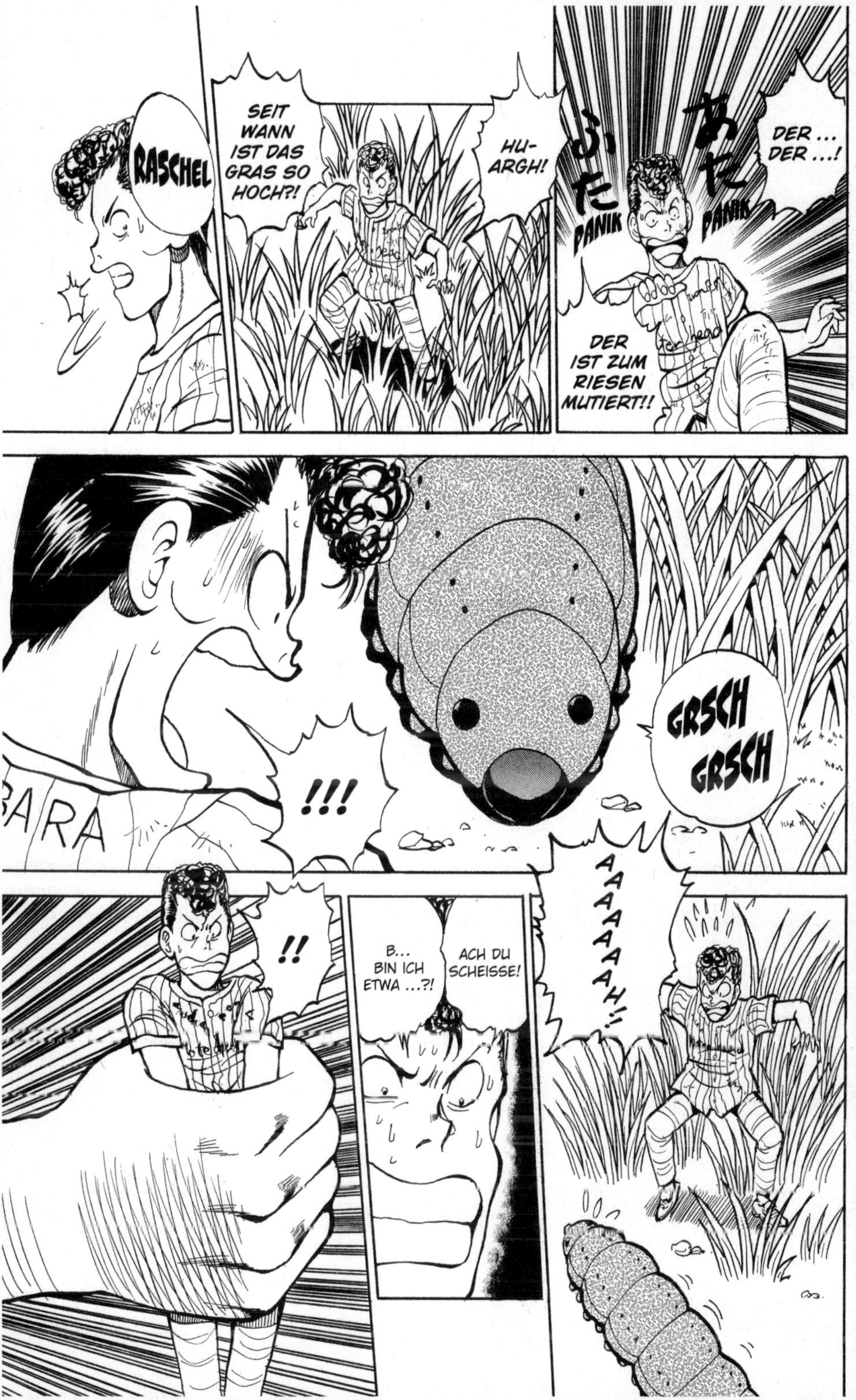

DER ... DER ...!
ふた
あた
PANIK
PANIK
DER IST ZUM RIESEN MUTIERT!!
HU-ARGH!
SEIT WANN IST DAS GRAS SO HOCH?!
RASCHEL
GRSCH GRSCH
!!!
AAAAAAH!!
ACH DU SCHEISSE!
B... BIN ICH ETWA ...?!
!!

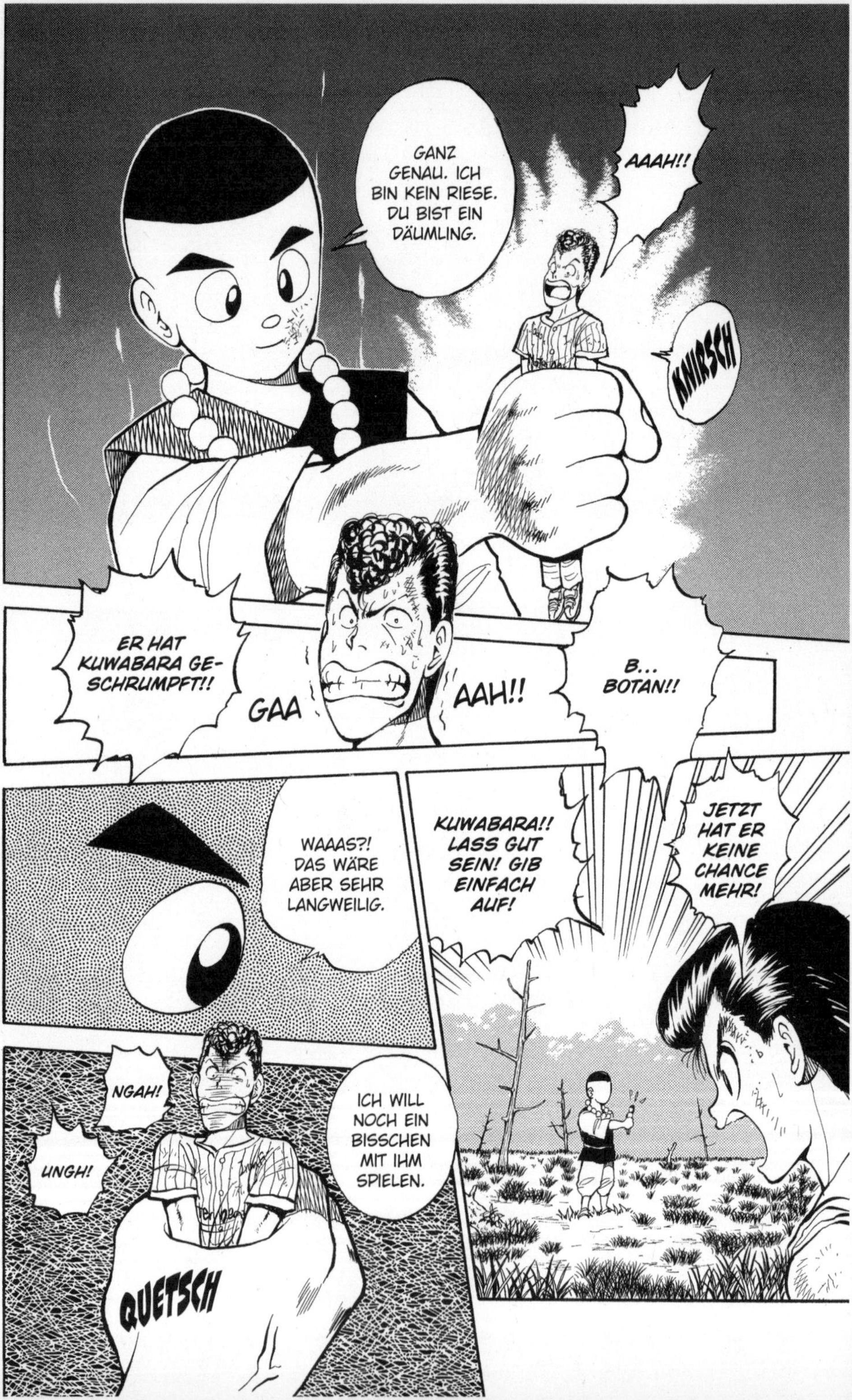
AAAH!!
GANZ GENAU. ICH BIN KEIN RIESE. DU BIST EIN DÄUMLING.
KNIRSCH
B... BOTAN!!
GAA AAH!!
ER HAT KUWABARA GE-SCHRUMPFT!!
JETZT HAT ER KEINE CHANCE MEHR!
KUWABARA!! LASS GUT SEIN! GIB EINFACH AUF!
WAAAS?! DAS WÄRE ABER SEHR LANGWEILIG.
ICH WILL NOCH EIN BISSCHEN MIT IHM SPIELEN.
NGAH!
UNGH!
QUETSCH

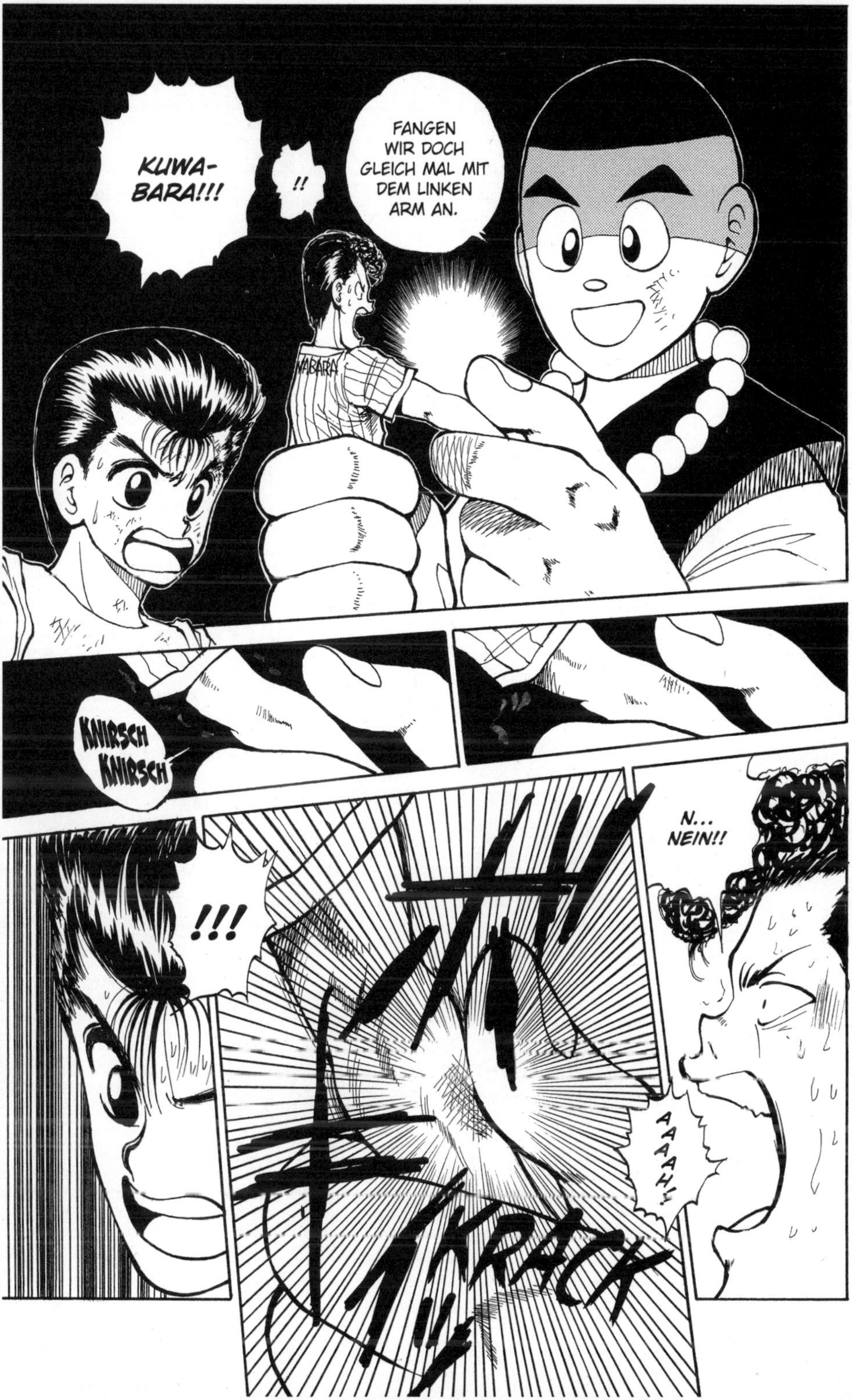
FANGEN WIR DOCH GLEICH MAL MIT DEM LINKEN ARM AN.
!!
KUWA-BARA!!!
KNIRSCH KNIRSCH
N... NEIN!!
AAAAH!
KRACK
!!!

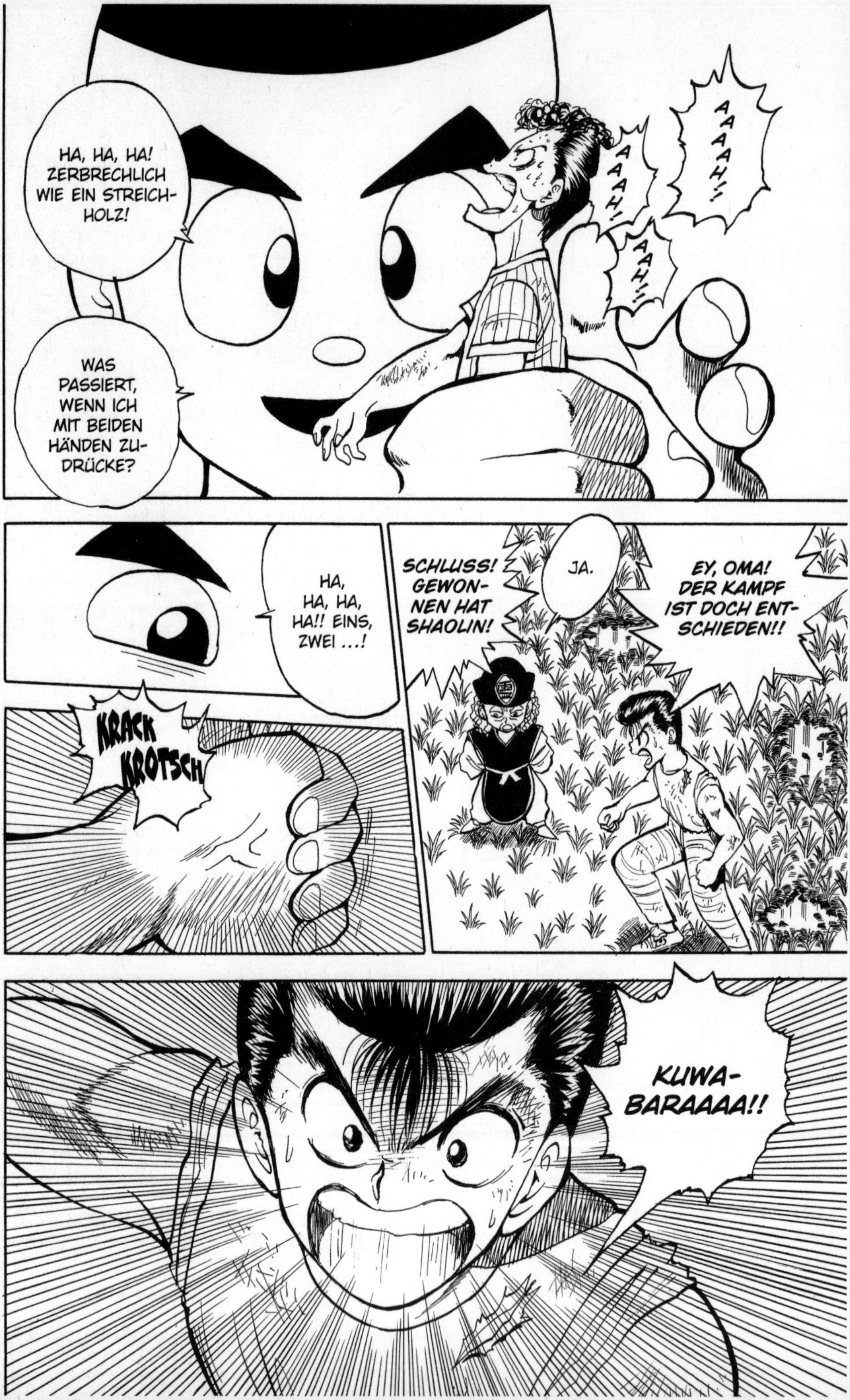
AAAAH!?!
AAAAH!?!
AAAH!?!
HA, HA, HA! ZERBRECHLICH WIE EIN STREICH-HOLZ!
WAS PASSIERT, WENN ICH MIT BEIDEN HÄNDEN ZU-DRÜCKE?
EY, OMA! DER KAMPF IST DOCH ENT-SCHIEDEN!!
JA.
SCHLUSS! GEWON-NEN HAT SHAOLIN!
HA, HA, HA, HA!! EINS, ZWEI ...!
KRACK KROTSCH
KUWA-BARAAAA!!

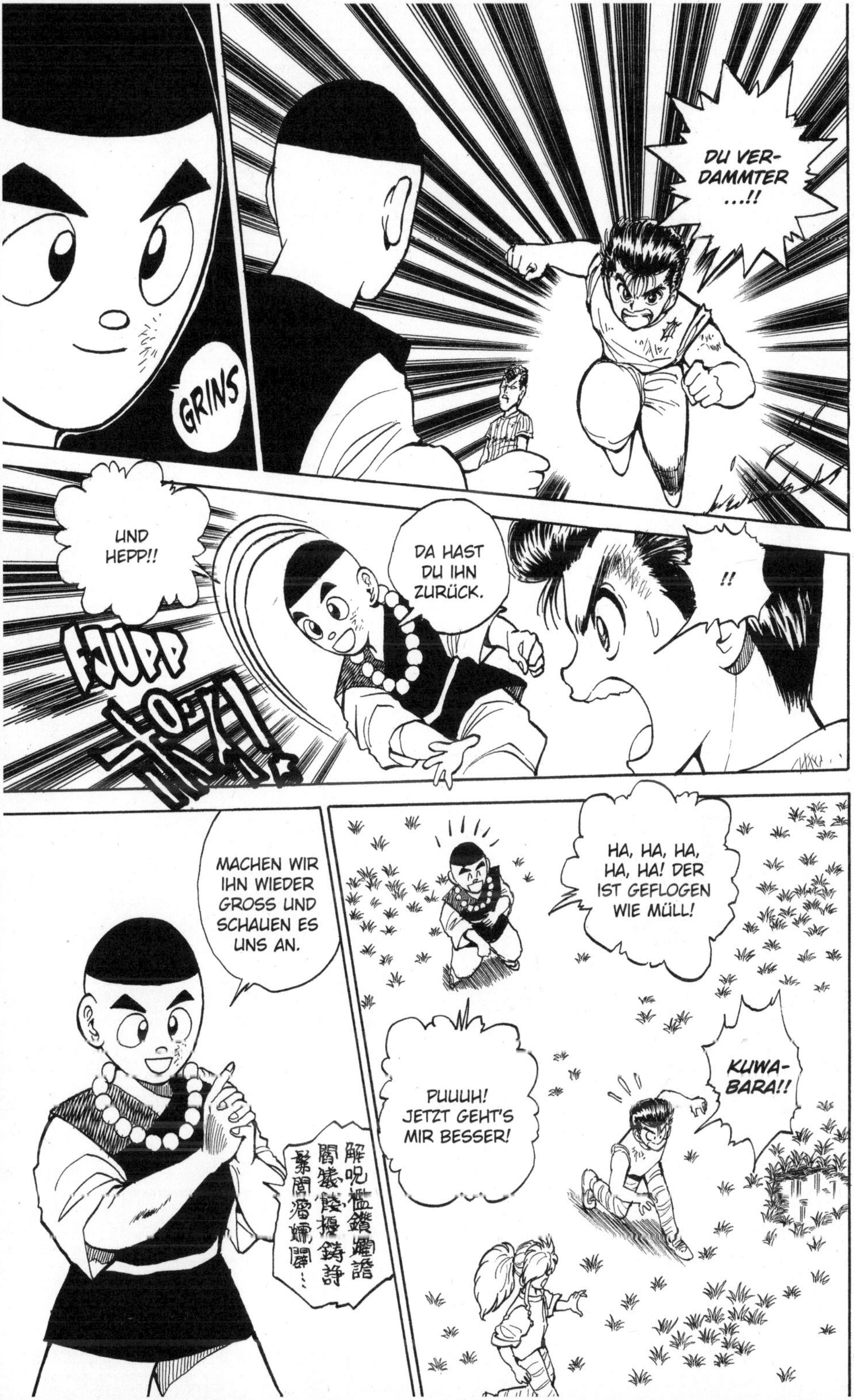
DU VER-DAMMTER ...!!
GRINS
!!
DA HAST DU IHN ZURÜCK.
UND HEPP!!
FJUPP
HA, HA, HA, HA, HA! DER IST GEFLOGEN WIE MÜLL!
MACHEN WIR IHN WIEDER GROSS UND SCHAUEN ES UNS AN.
KUWA-BARA!!
PUUUH! JETZT GEHT'S MIR BESSER!

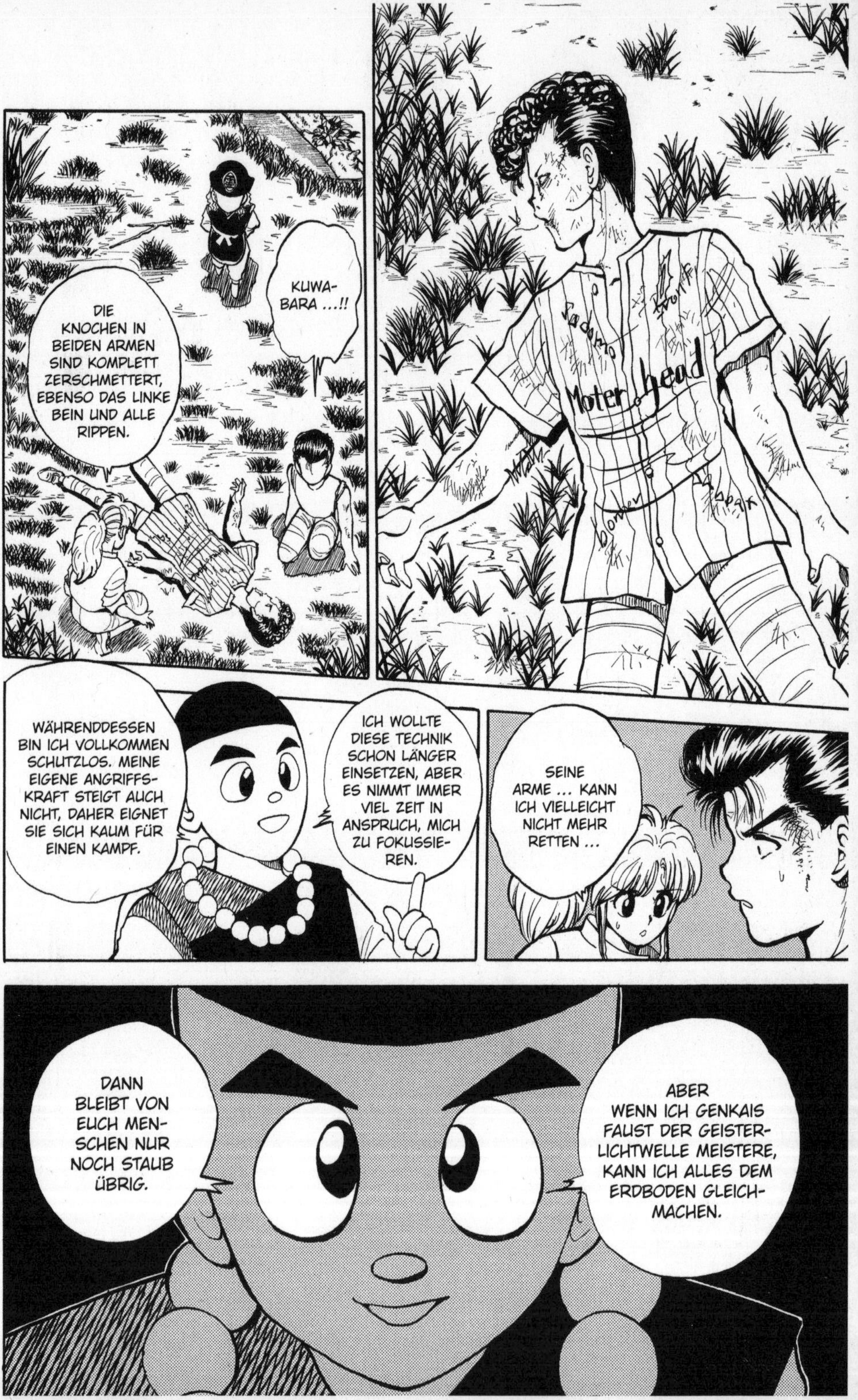
KUWA-BARA ...!!
DIE KNOCHEN IN BEIDEN ARMEN SIND KOMPLETT ZERSCHMETTERT, EBENSO DAS LINKE BEIN UND ALLE RIPPEN.
Moter head
SEINE ARME ... KANN ICH VIELLEICHT NICHT MEHR RETTEN ...
ICH WOLLTE DIESE TECHNIK SCHON LÄNGER EINSETZEN, ABER ES NIMMT IMMER VIEL ZEIT IN ANSPRUCH, MICH ZU FOKUSSIE-REN.
WÄHRENDDESSEN BIN ICH VOLLKOMMEN SCHUTZLOS. MEINE EIGENE ANGRIFFS-KRAFT STEIGT AUCH NICHT, DAHER EIGNET SIE SICH KAUM FÜR EINEN KAMPF.
ABER WENN ICH GENKAIS FAUST DER GEISTER-LICHTWELLE MEISTERE, KANN ICH ALLES DEM ERDBODEN GLEICH-MACHEN.
DANN BLEIBT VON EUCH MEN-SCHEN NUR NOCH STAUB ÜBRIG.

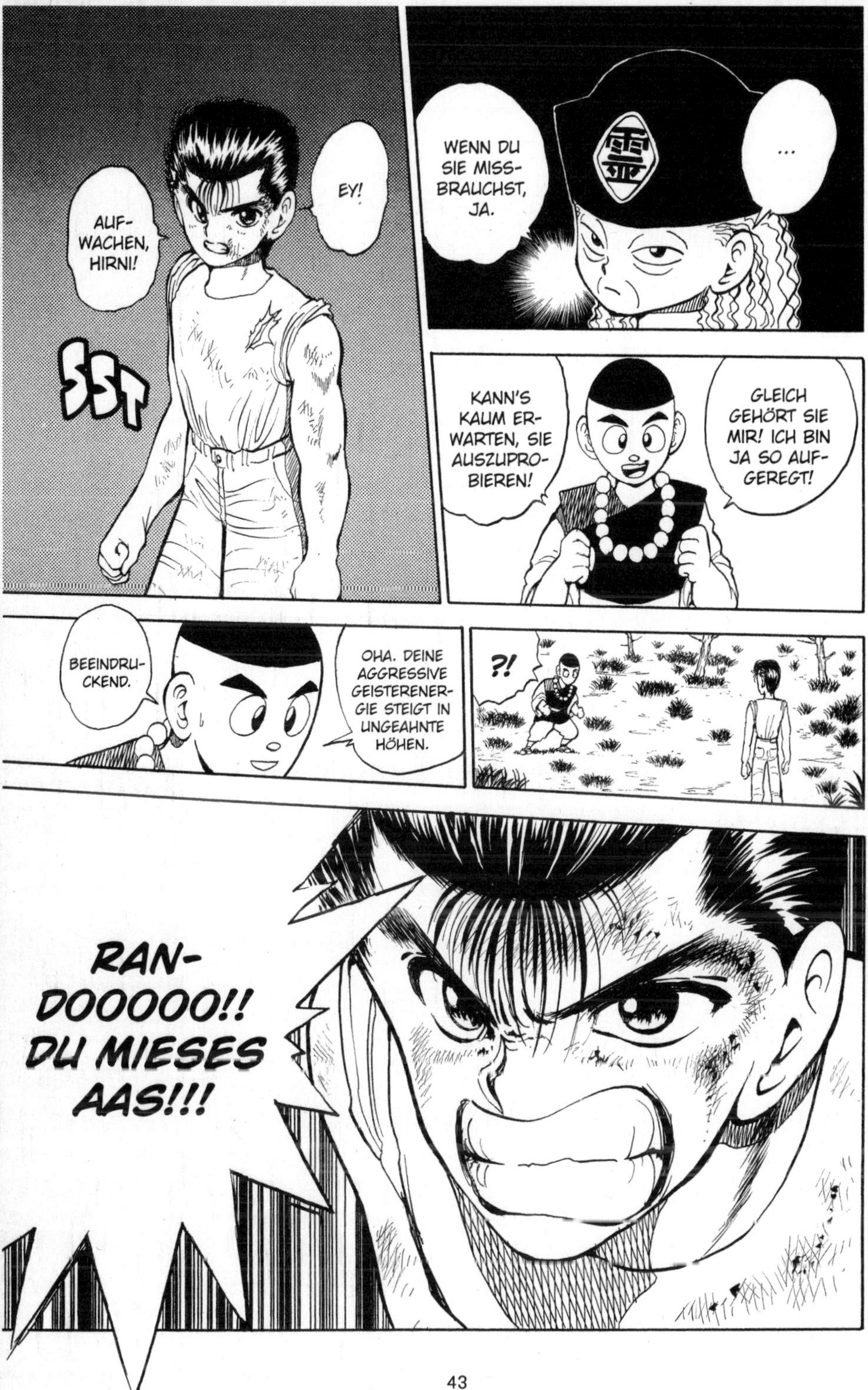
...
WENN DU SIE MISS-BRAUCHST, JA.
GLEICH GEHÖRT SIE MIR! ICH BIN JA SO AUF-GEREGT!
KANN'S KAUM ER-WARTEN, SIE AUSZUPRO-BIEREN!
EY!
AUF-WACHEN, HIRNI!
SST
?!
OHA. DEINE AGGRESSIVE GEISTERENER-GIE STEIGT IN UNGEAHNTE HÖHEN.
BEEINDRU-CKEND.
RAN-DOOOOO!! DU MIESES AAS!!!

YuYu Hakusho

Kapitel 31 Die Fäuste der Wut!

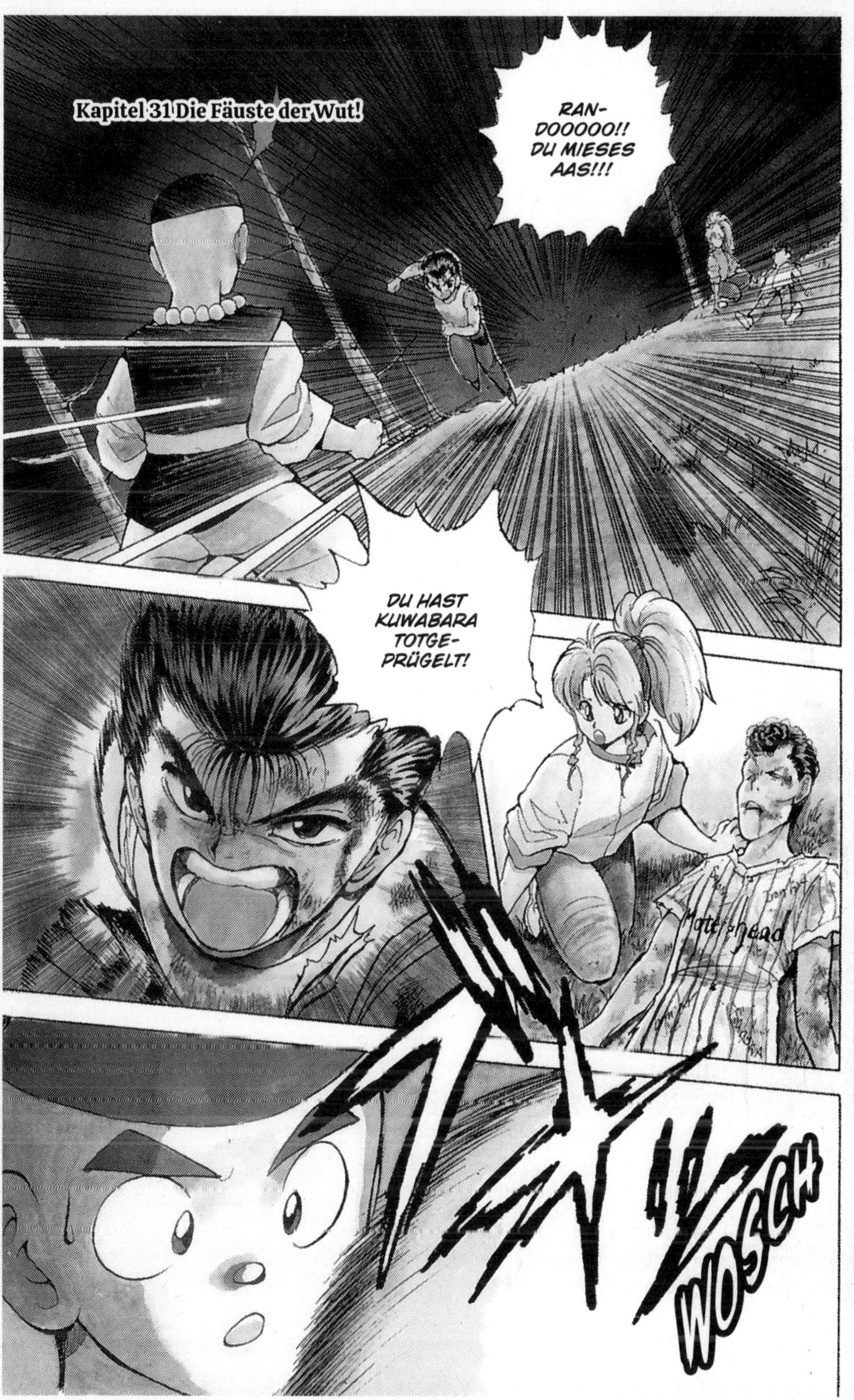

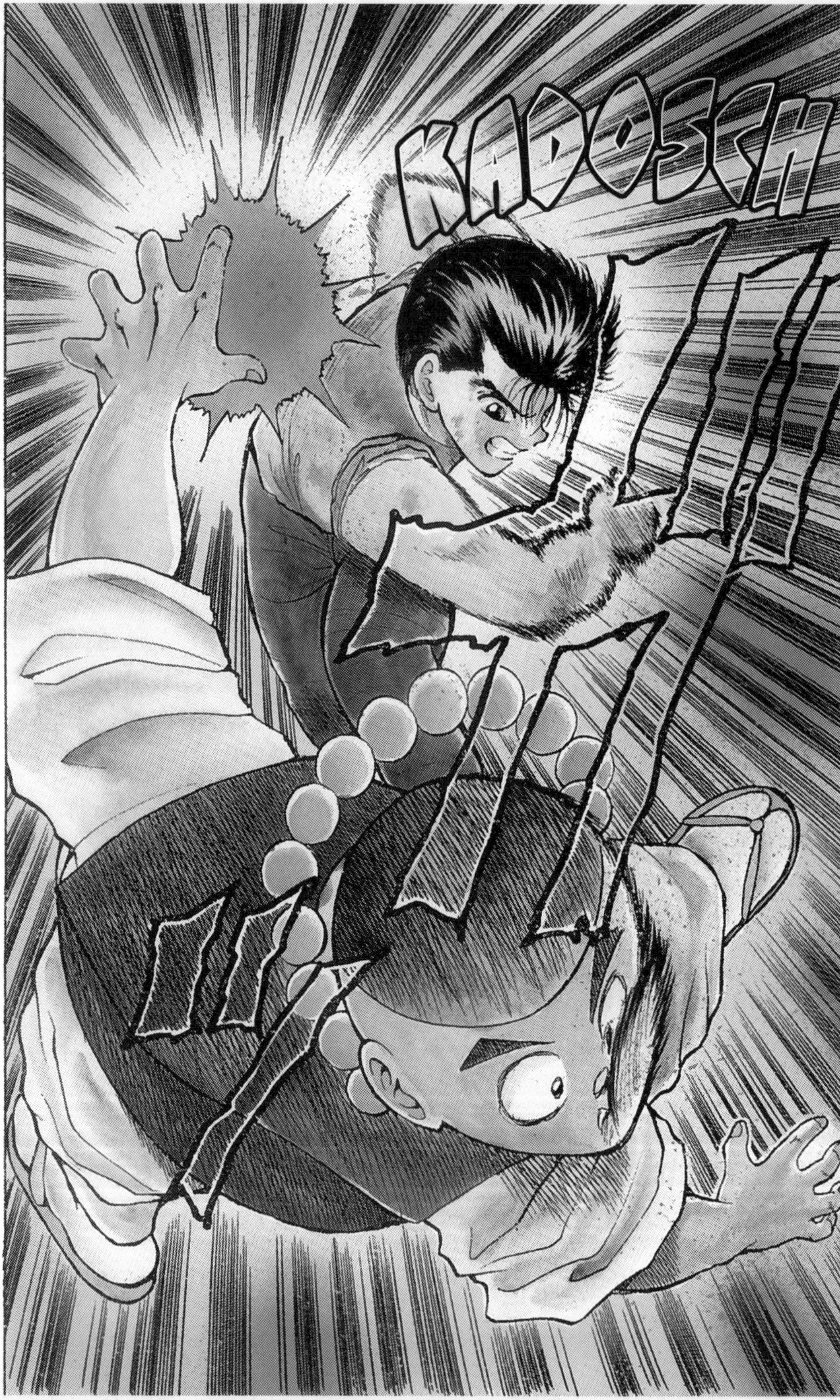
KADOSCH

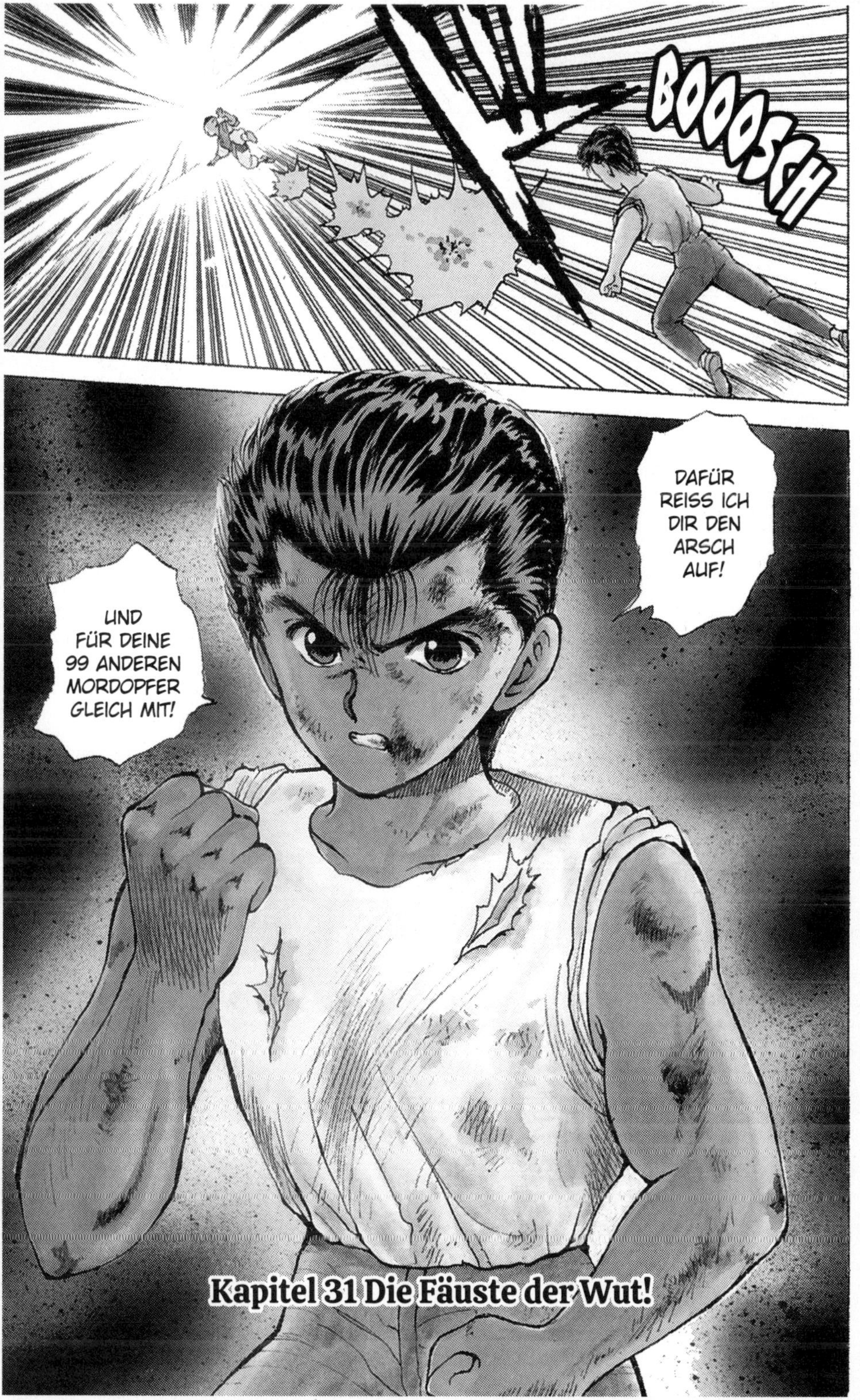
BOOOSCH
DAFÜR REISS ICH DIR DEN ARSCH AUF!
UND FÜR DEINE 99 ANDEREN MORDOPFER GLEICH MIT!
Kapitel 31 Die Fäuste der Wut!

YuYu Hakusho

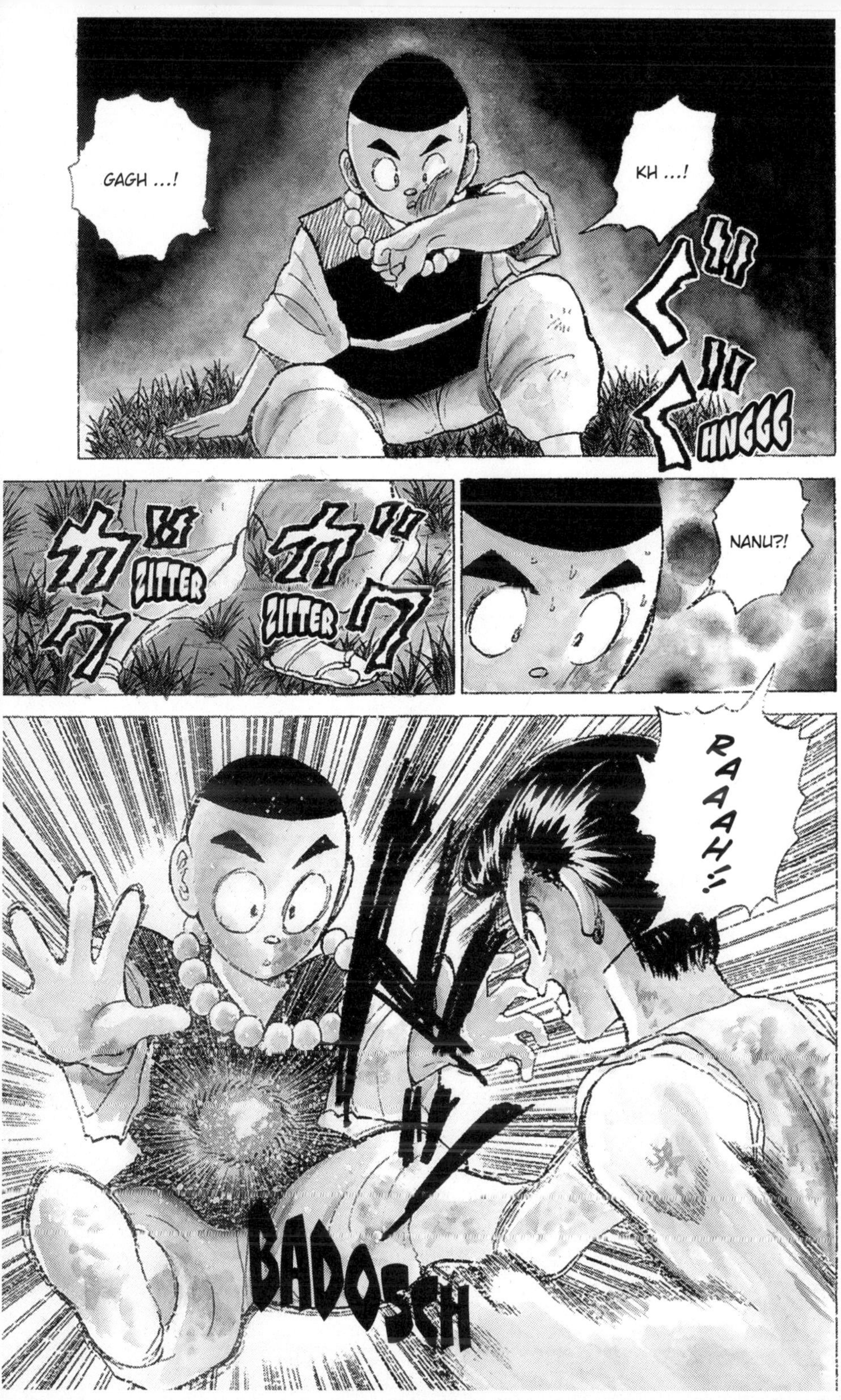
KH ...!
GAGH ...!
HNGGG
NANU?!
ZITTER
ZITTER
RAAAH!!
BADOSCH

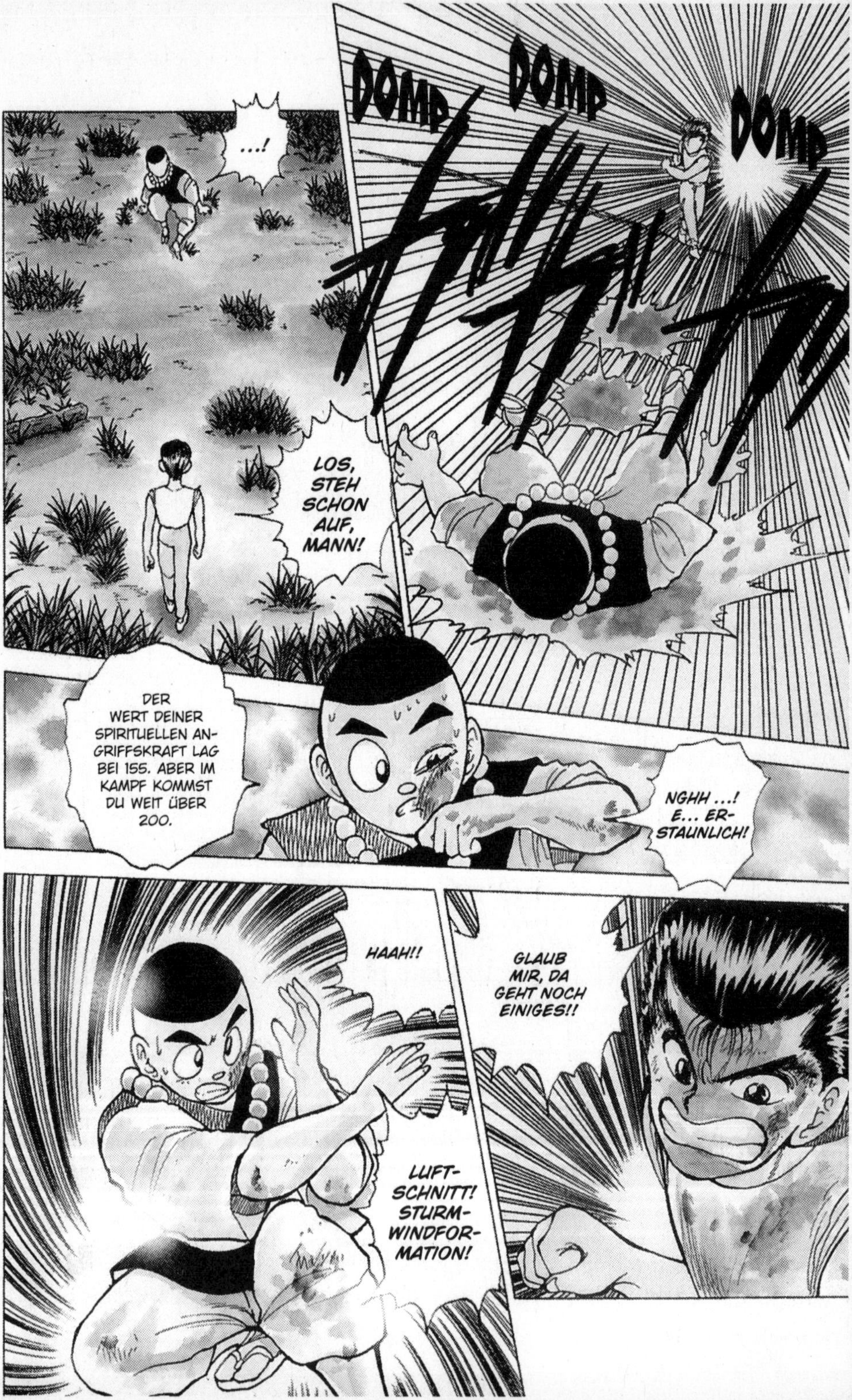
DOMP
DOMP
DOMP
...!
LOS, STEH SCHON AUF, MANN!
NGHH ...! E... ER-STAUNLICH!
DER WERT DEINER SPIRITUELLEN AN-GRIFFSKRAFT LAG BEI 155. ABER IM KAMPF KOMMST DU WEIT ÜBER 200.
GLAUB MIR, DA GEHT NOCH EINIGES!!
HAAH!!
LUFT-SCHNITT! STURM-WINDFOR-MATION!

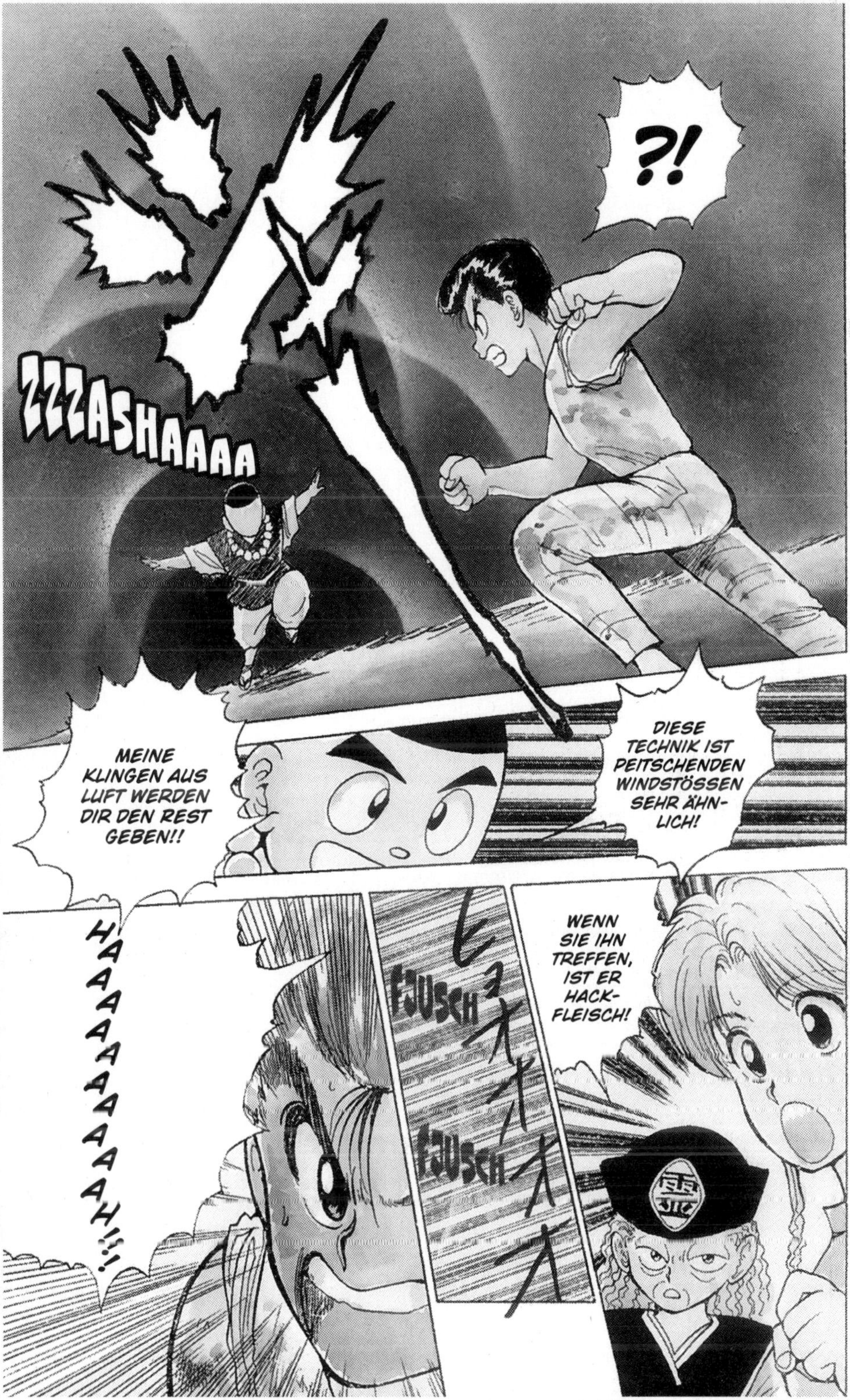
?!
ZZZASHAAAAA
DIESE TECHNIK IST PEITSCHENDEN WINDSTÖSSEN SEHR ÄHN-LICH!
MEINE KLINGEN AUS LUFT WERDEN DIR DEN REST GEBEN!!
WENN SIE IHN TREFFEN, IST ER HACK-FLEISCH!
FAUSCH
FAUSCH
HAAAAAAAAAAAH!!!

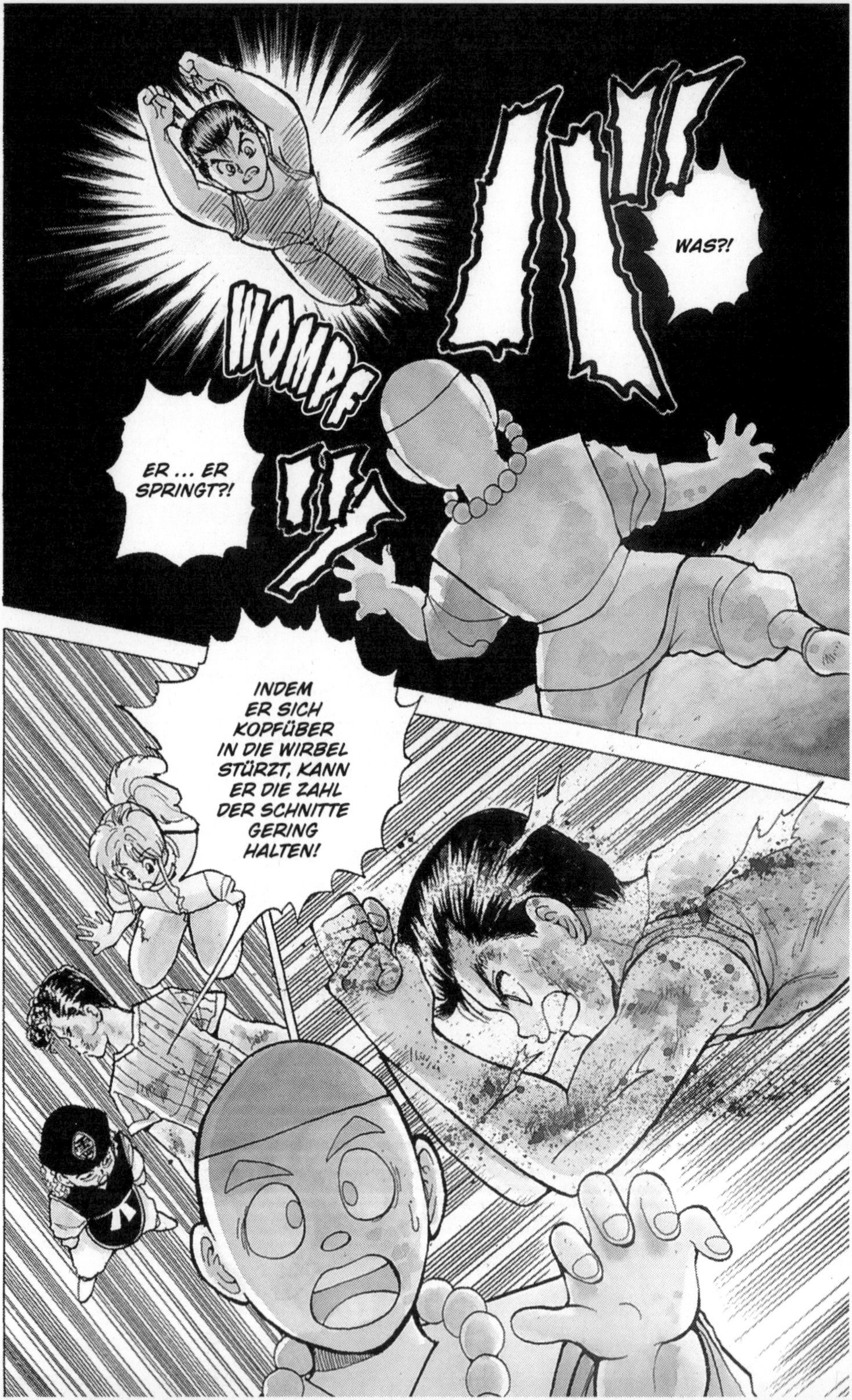
WAS?!
WOMPF
ER ... ER SPRINGT?!
INDEM ER SICH KOPFÜBER IN DIE WIRBEL STÜRZT, KANN ER DIE ZAHL DER SCHNITTE GERING HALTEN!

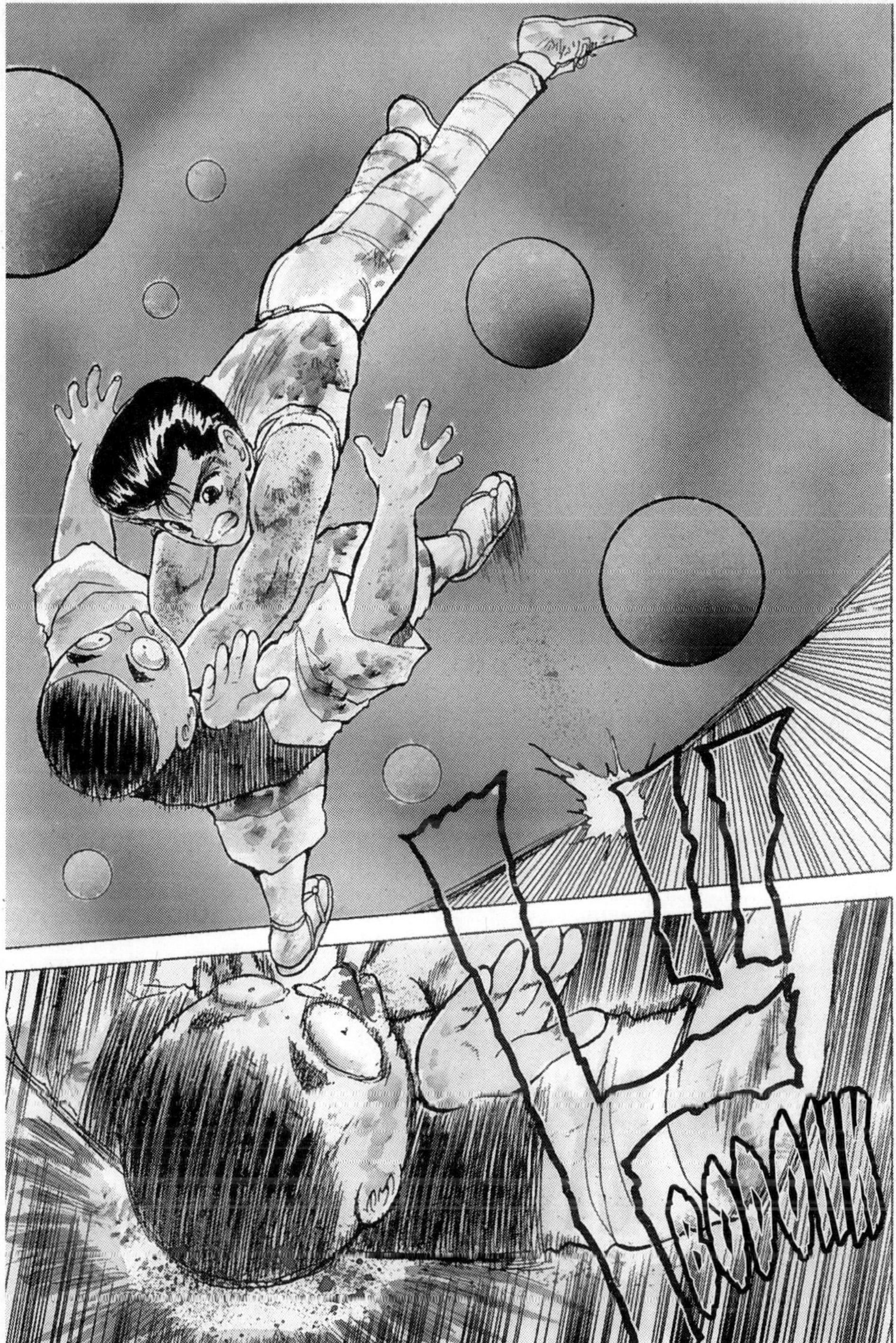
BODONK

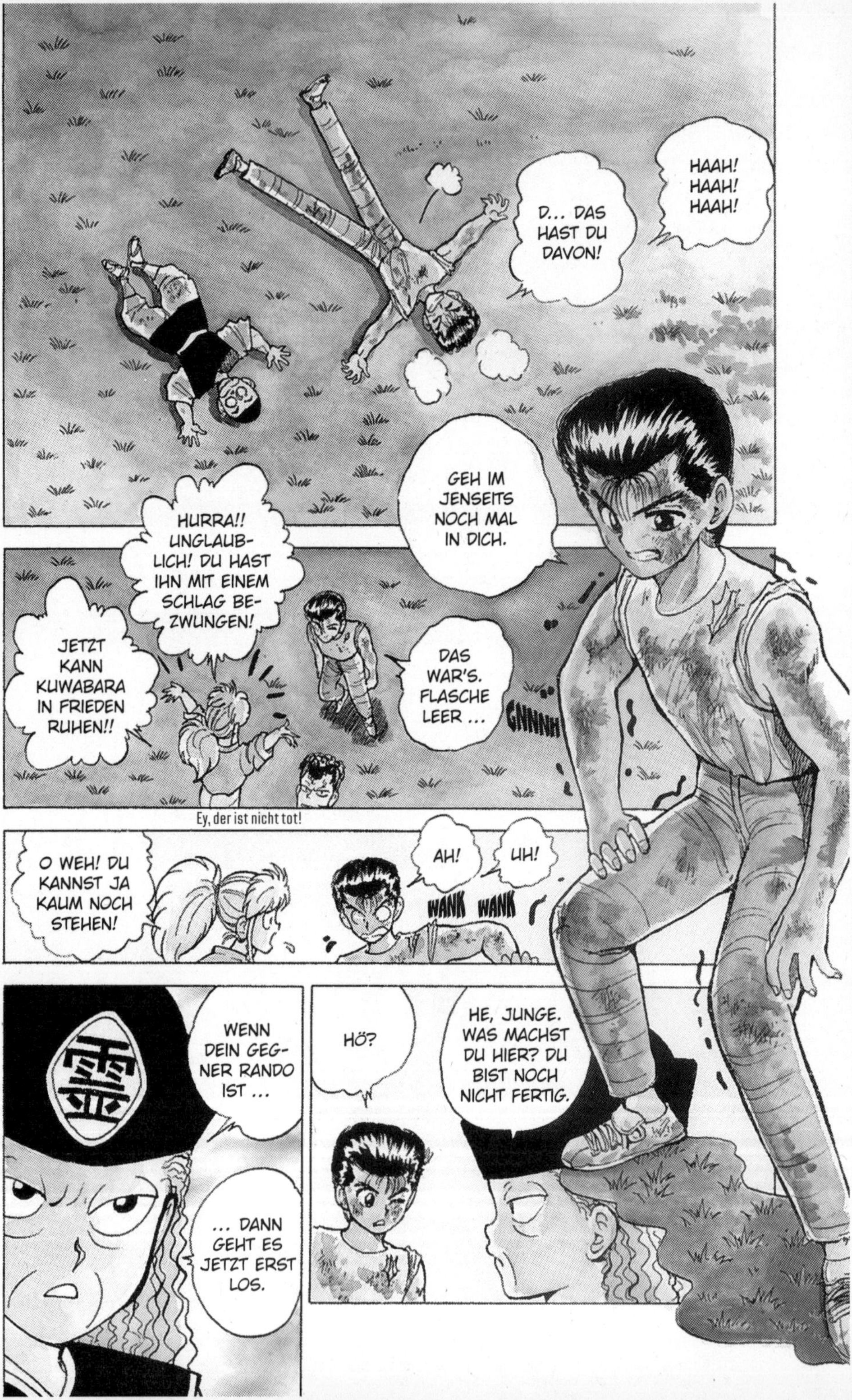
D… DAS HAST DU DAVON!
HAAH! HAAH! HAAH!
GEH IM JENSEITS NOCH MAL IN DICH.
JETZT KANN KUWABARA IN FRIEDEN RUHEN!!
HURRA!! UNGLAUB-LICH! DU HAST IHN MIT EINEM SCHLAG BE-ZWUNGEN!
DAS WAR'S. FLASCHE LEER …
GNNNH
Ey, der ist nicht tot!
O WEH! DU KANNST JA KAUM NOCH STEHEN!
AH!
UH!
WANK WANK
WENN DEIN GEG-NER RANDO IST …
… DANN GEHT ES JETZT ERST LOS.
HÖ?
HE, JUNGE. WAS MACHST DU HIER? DU BIST NOCH NICHT FERTIG.

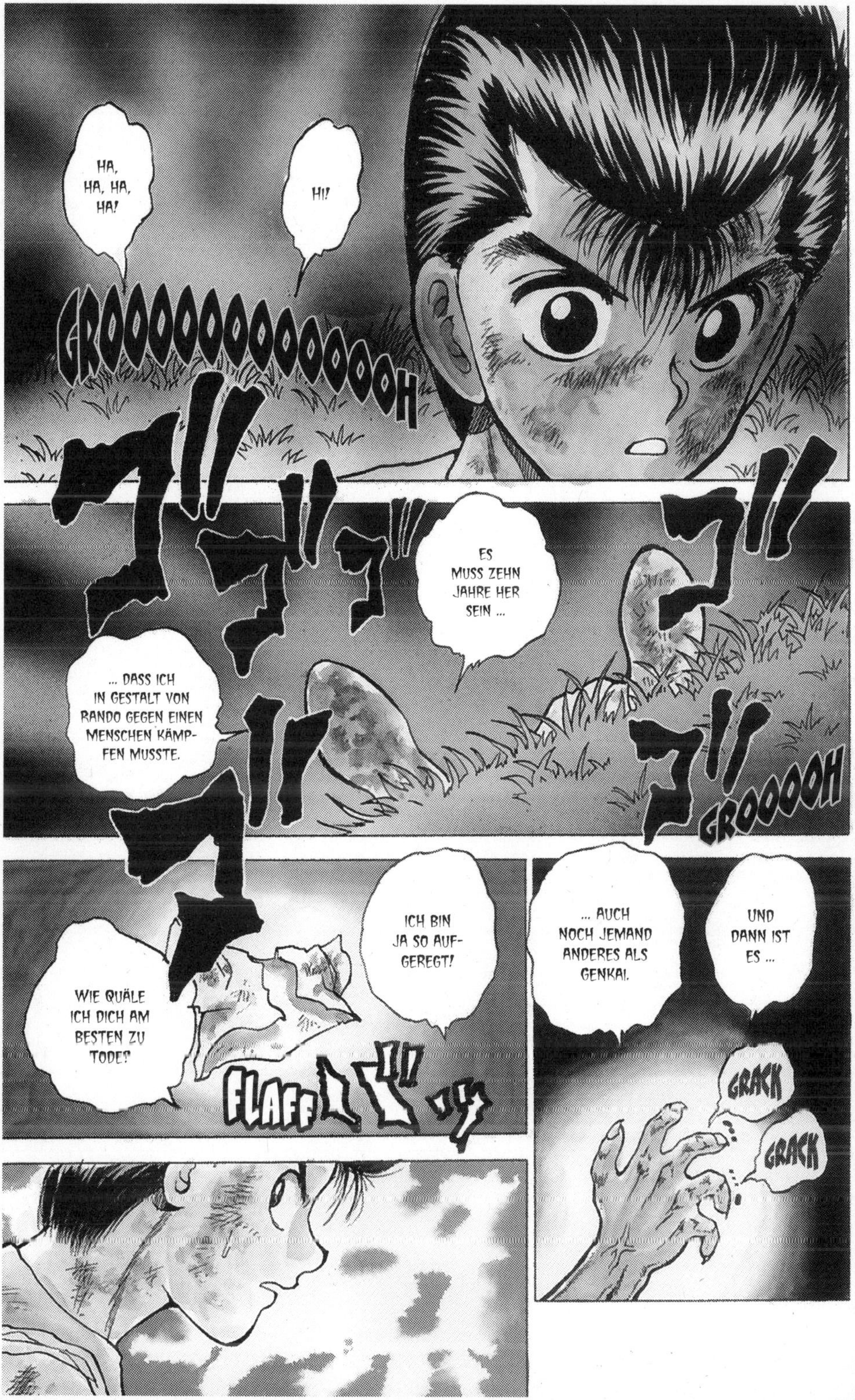
HI!
HA, HA, HA, HA!
GROOOOOOOOOOOOH
ES MUSS ZEHN JAHRE HER SEIN ...
... DASS ICH IN GESTALT VON RANDO GEGEN EINEN MENSCHEN KÄMPFEN MUSSTE.
GROOOOH
UND DANN IST ES ...
... AUCH NOCH JEMAND ANDERES ALS GENKAI.
GRACK
GRACK
ICH BIN JA SO AUFGEREGT!
WIE QUÄLE ICH DICH AM BESTEN ZU TODE?
FLAFF

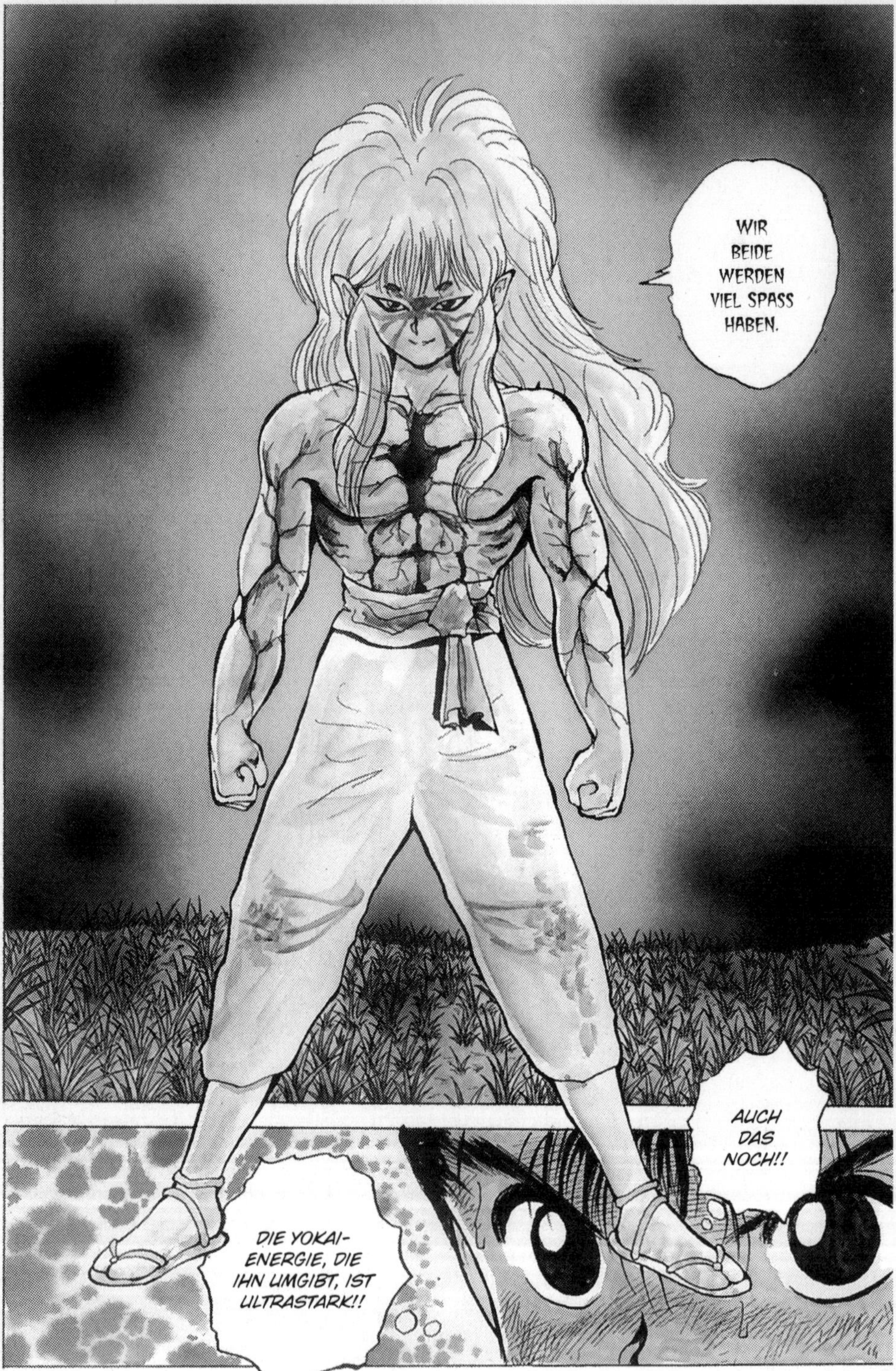
WIR BEIDE WERDEN VIEL SPASS HABEN.
AUCH DAS NOCH!!
DIE YOKAI-ENERGIE, DIE IHN UMGIBT, IST ULTRASTARK!!

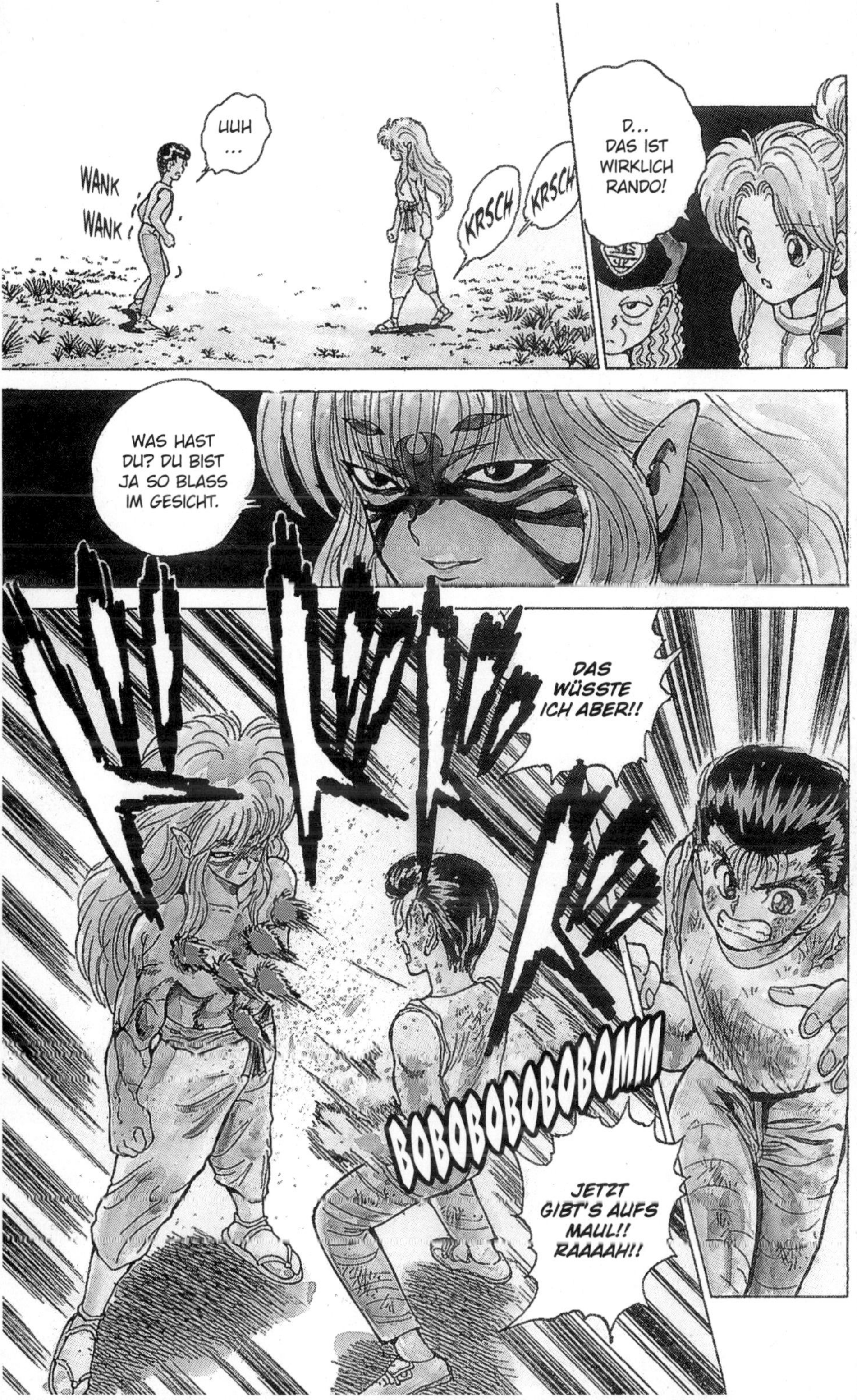
D...
DAS IST
WIRKLICH
RANDO!
KRSCH
KRSCH
UUH
...
WANK
WANK
WAS HAST
DU? DU BIST
JA SO BLASS
IM GESICHT.
DAS
WÜSSTE
ICH ABER!!
BOBOBOBOBOBOMM
JETZT
GIBT'S AUFS
MAUL!!
RAAAAH!!

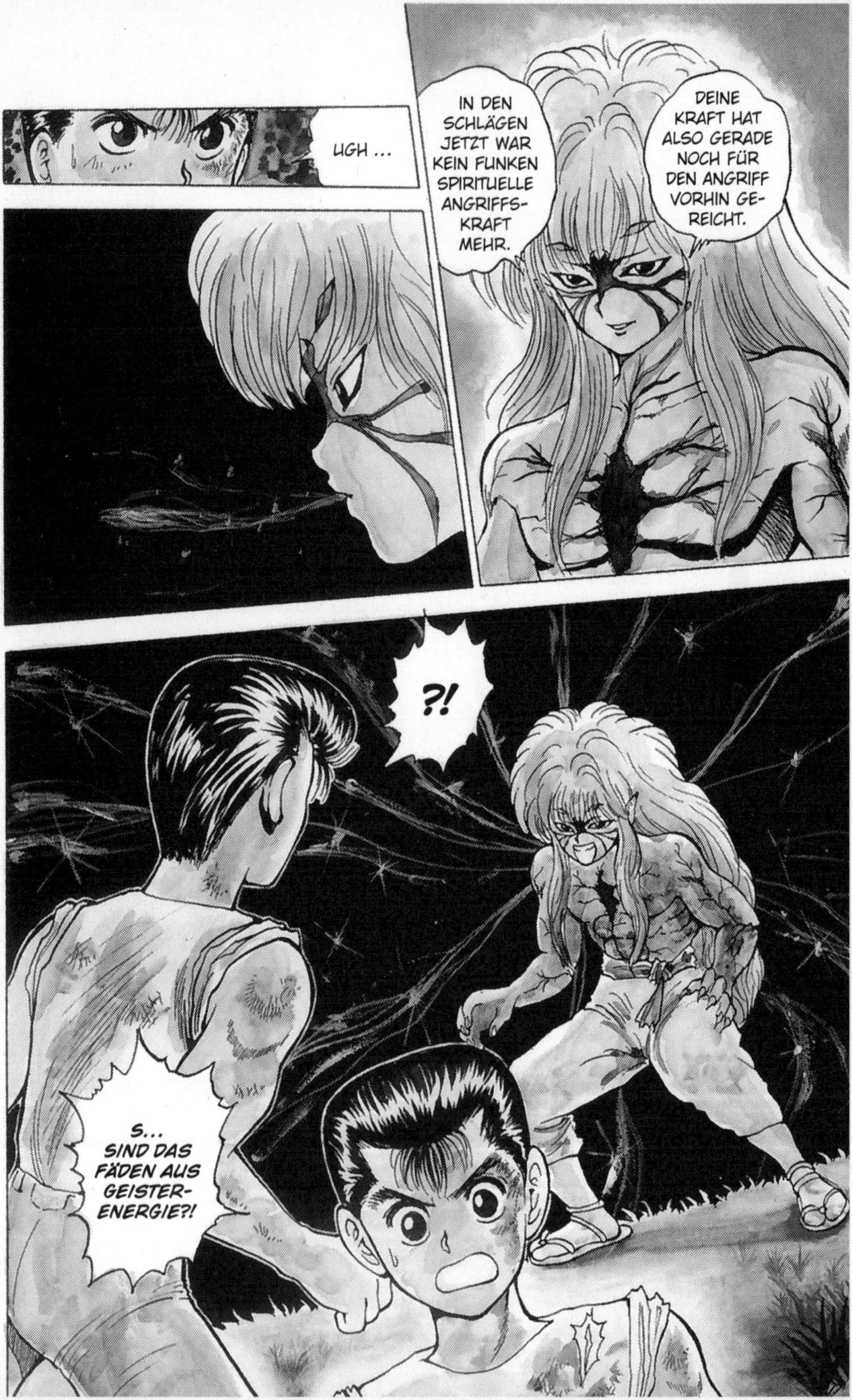
UGH ...
DEINE KRAFT HAT ALSO GERADE NOCH FÜR DEN ANGRIFF VORHIN GE-REICHT.
IN DEN SCHLÄGEN JETZT WAR KEIN FUNKEN SPIRITUELLE ANGRIFFS-KRAFT MEHR.
?!
S... SIND DAS FÄDEN AUS GEISTER-ENERGIE?!

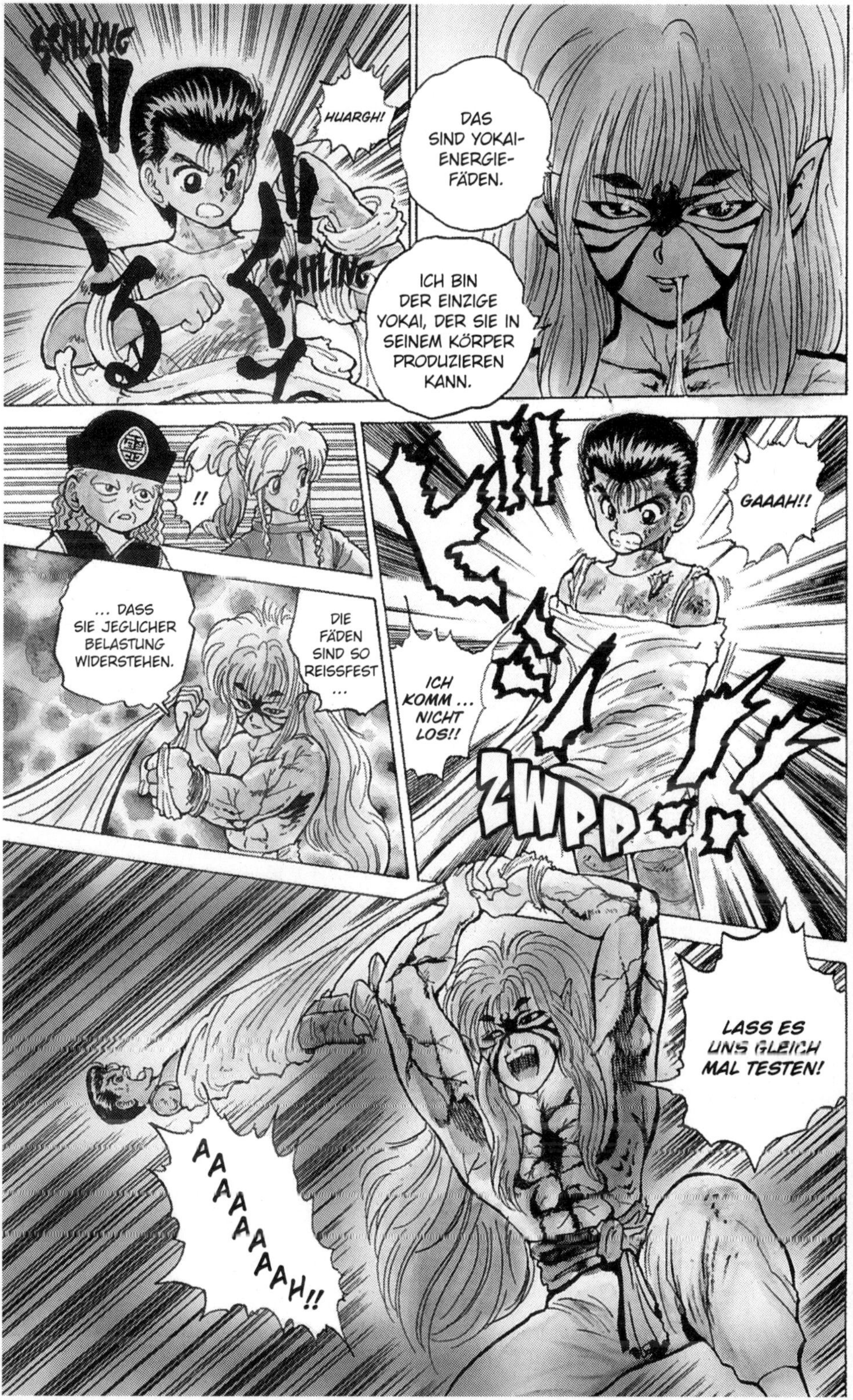
DAS SIND YOKAI-ENERGIE-FÄDEN.
ICH BIN DER EINZIGE YOKAI, DER SIE IN SEINEM KÖRPER PRODUZIEREN KANN.
SCHLING
HUARGH!
SCHLING
GAAAH!!
ICH KOMM ... NICHT LOS!!
ZWPP
!!
DIE FÄDEN SIND SO REISSFEST ...
... DASS SIE JEGLICHER BELASTUNG WIDERSTEHEN.
LASS ES UNS GLEICH MAL TESTEN!
AAAAAAAAAAH!!

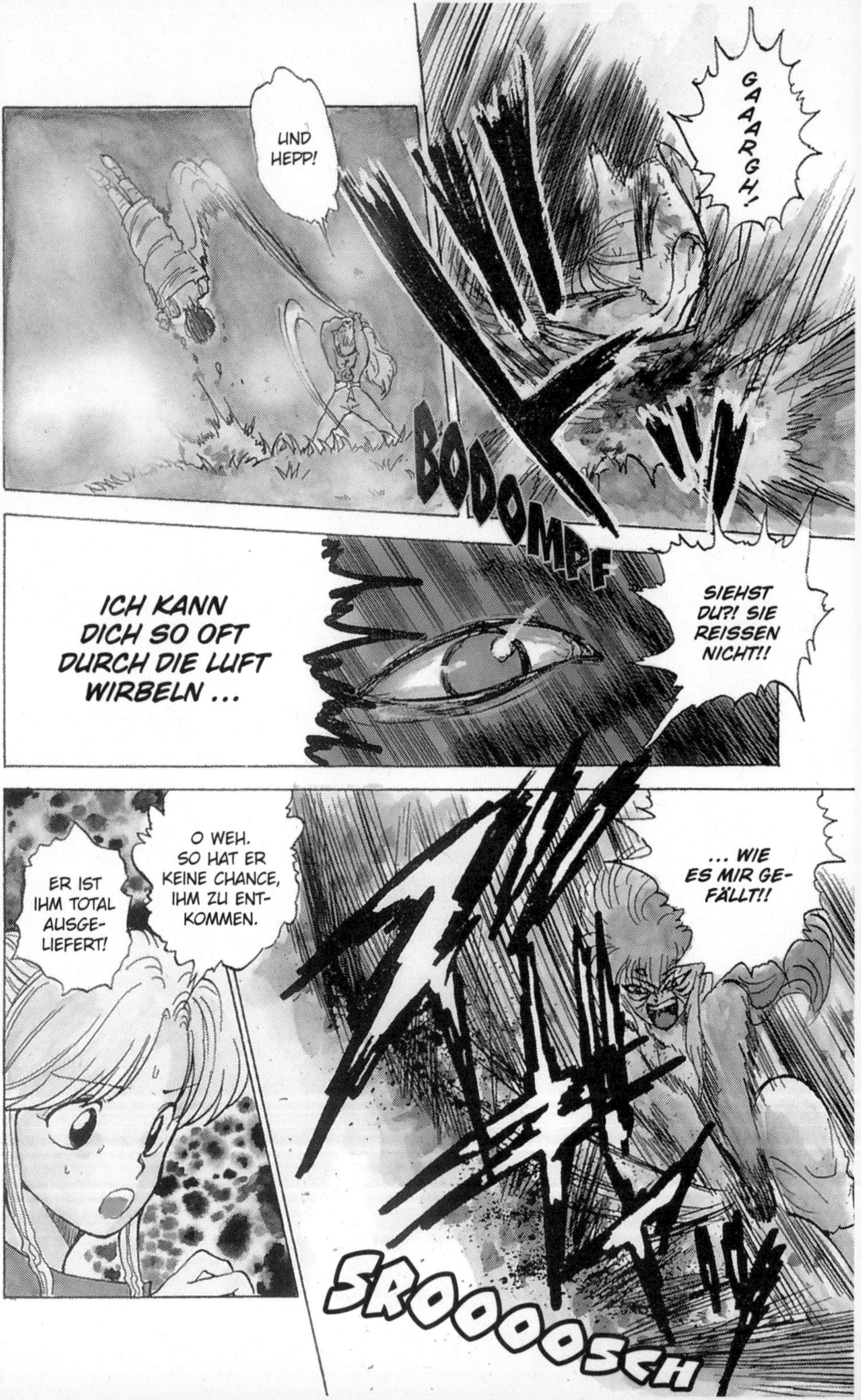
GAAARGH!
UND HEPP!
BODOMPF
SIEHST DU?! SIE REISSEN NICHT!!
ICH KANN DICH SO OFT DURCH DIE LUFT WIRBELN ...
... WIE ES MIR GEFÄLLT!!
O WEH. SO HAT ER KEINE CHANCE, IHM ZU ENTKOMMEN.
ER IST IHM TOTAL AUSGELIEFERT!
SROOOOOSCH

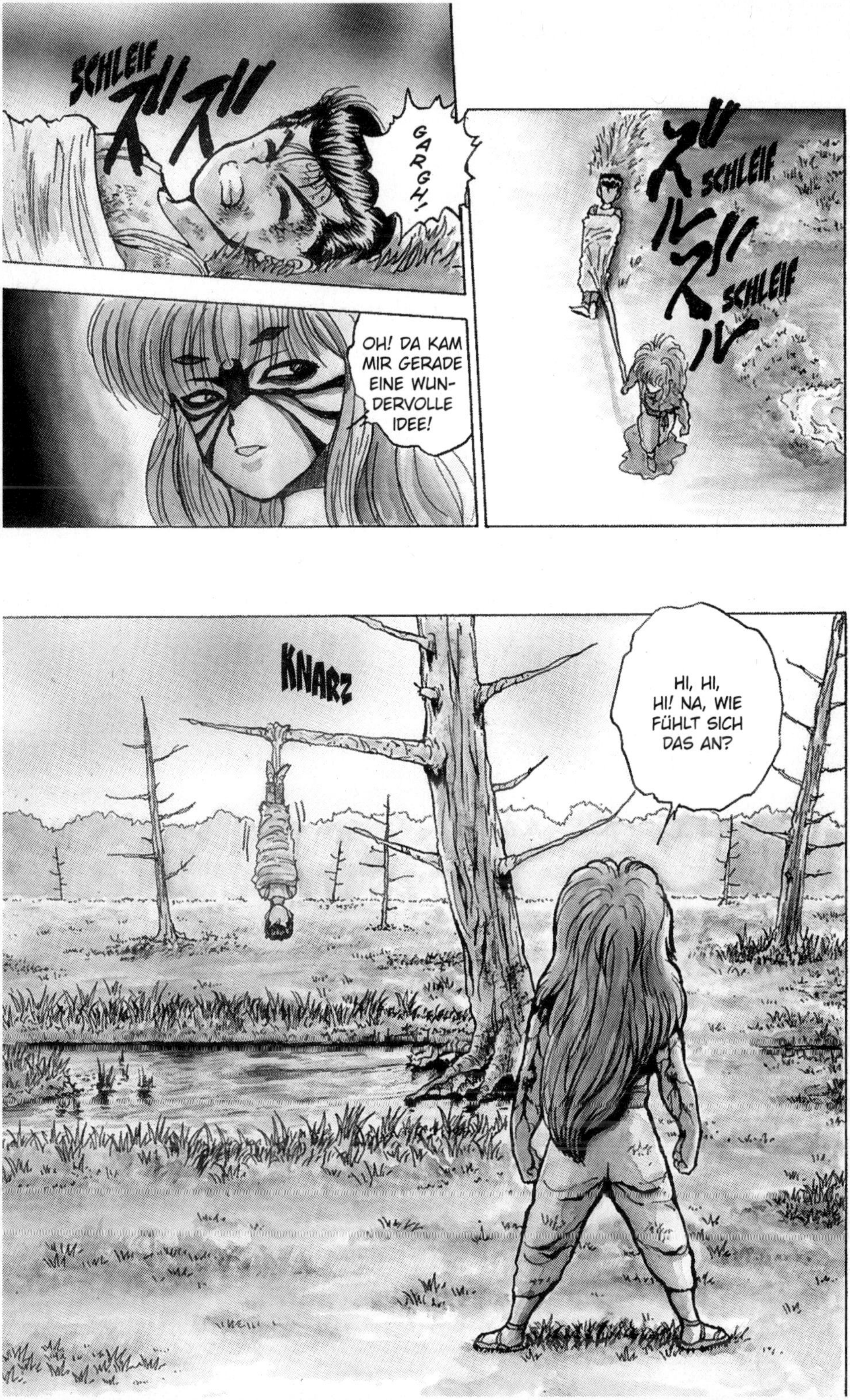
SCHLEIF
SCHLEIF
SCHLEIF
GARGH!
OH! DA KAM MIR GERADE EINE WUNDERVOLLE IDEE!
KNARZ
HI, HI, HI! NA, WIE FÜHLT SICH DAS AN?

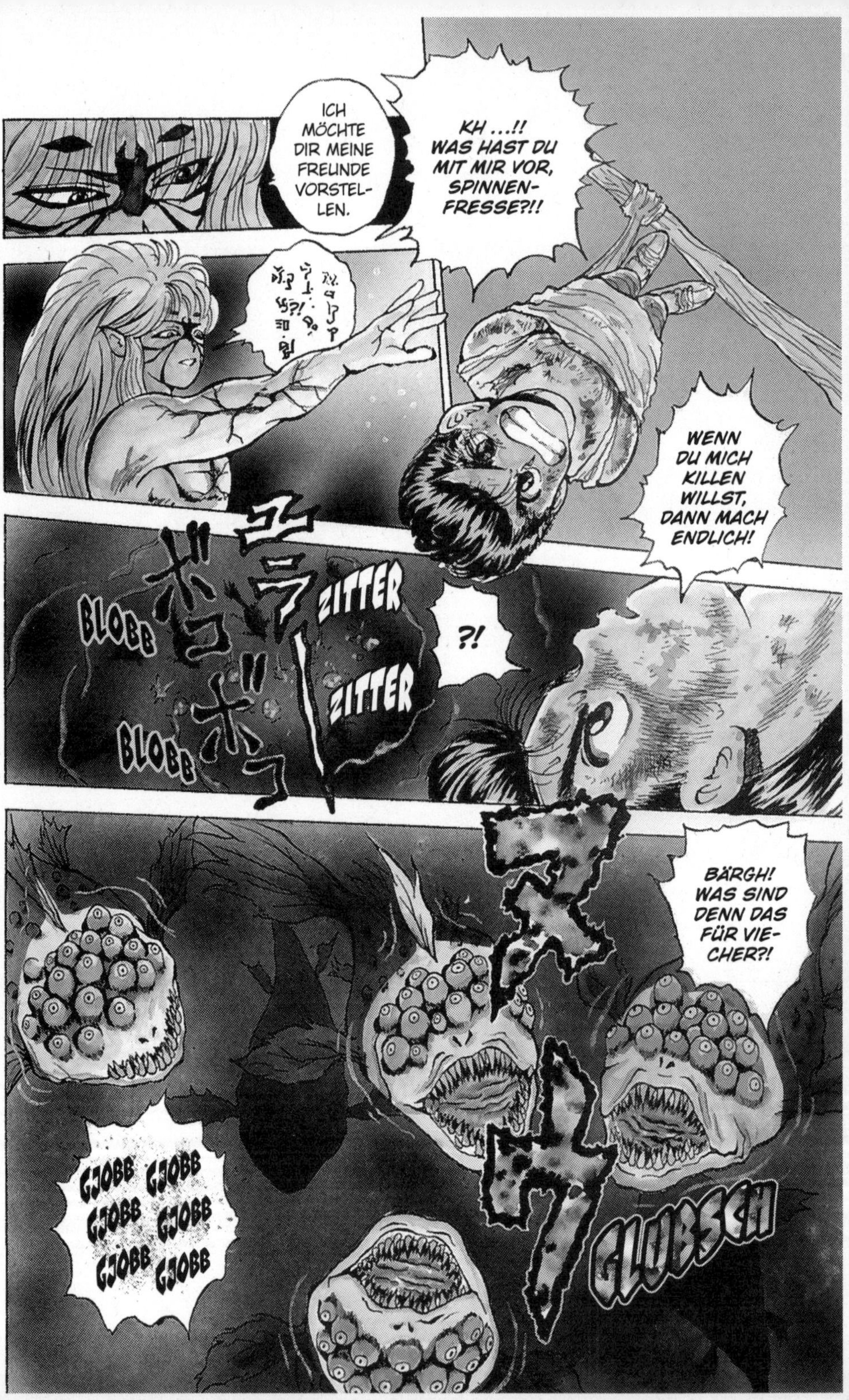

KH ...!! WAS HAST DU MIT MIR VOR, SPINNEN-FRESSE?!!
ICH MÖCHTE DIR MEINE FREUNDE VORSTEL-LEN.
WENN DU MICH KILLEN WILLST, DANN MACH ENDLICH!
?!
ZITTER
ZITTER
BLOBB
BLOBB
BÄRGH! WAS SIND DENN DAS FÜR VIE-CHER?!
GLUBSCH
GJOBB GJOBB
GJOBB GJOBB
GJOBB GJOBB

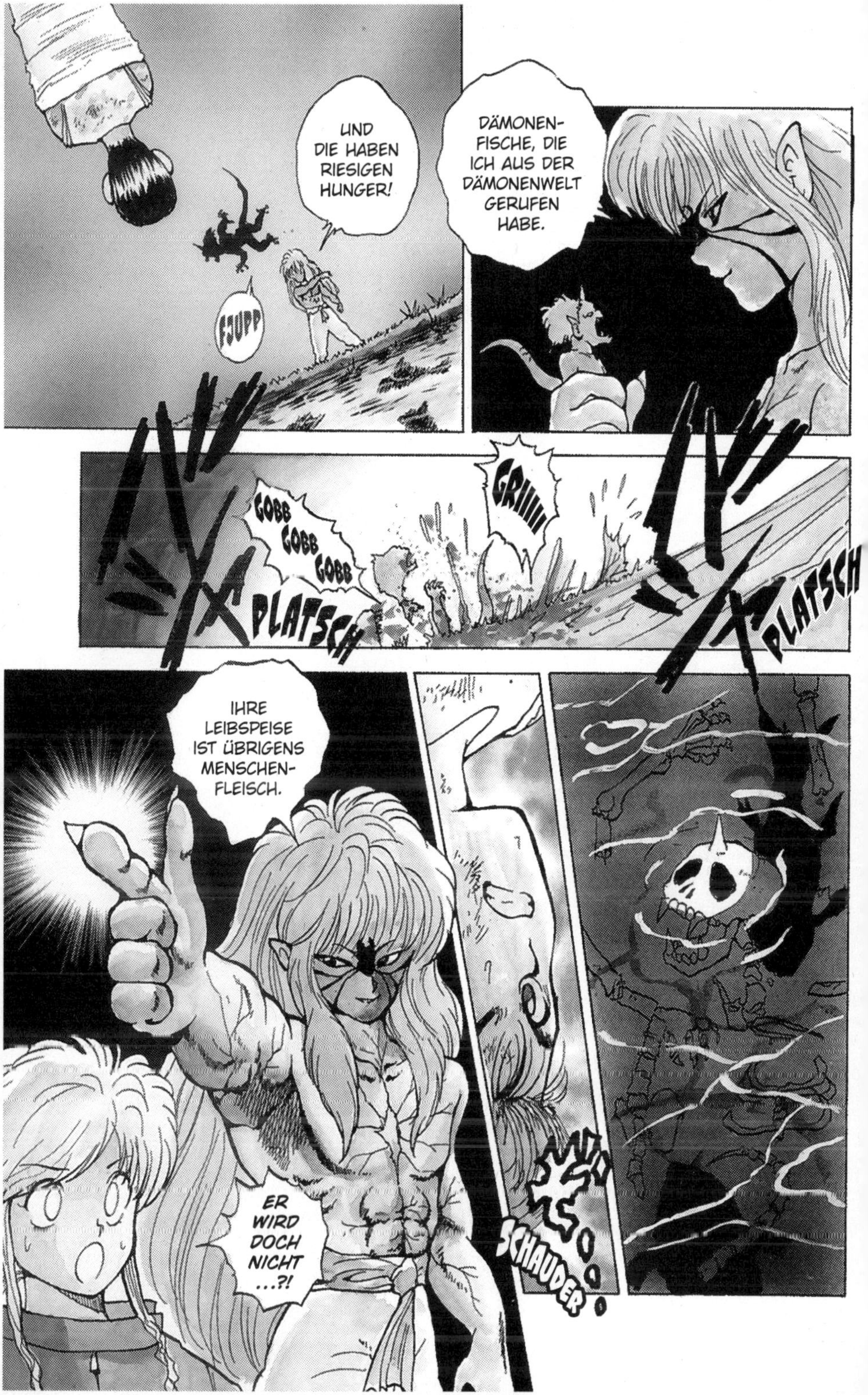
DÄMONEN-FISCHE, DIE ICH AUS DER DÄMONENWELT GERUFEN HABE.
UND DIE HABEN RIESIGEN HUNGER!
FJUPP
GRIIIII
GOBB GOBB GOBB
PLATSCH
PLATSCH
IHRE LEIBSPEISE IST ÜBRIGENS MENSCHEN-FLEISCH.
SCHAUDER
ER WIRD DOCH NICHT ...?!

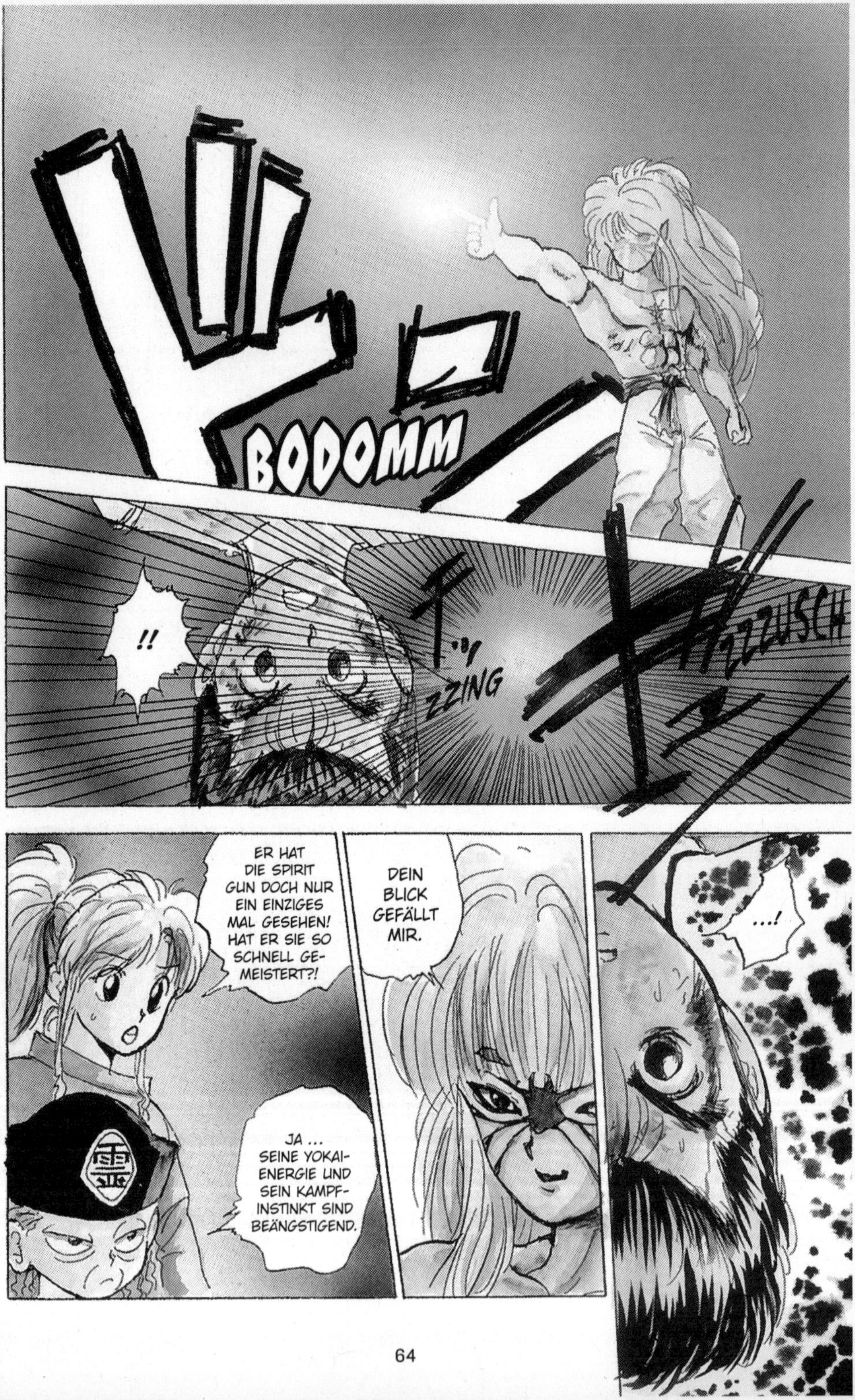
BODOMM
!!
ZZZUSCH
ZZING
...!
DEIN BLICK GEFÄLLT MIR.
ER HAT DIE SPIRIT GUN DOCH NUR EIN EINZIGES MAL GESEHEN! HAT ER SIE SO SCHNELL GEMEISTERT?!
JA ... SEINE YOKAI-ENERGIE UND SEIN KAMPFINSTINKT SIND BEÄNGSTIGEND.

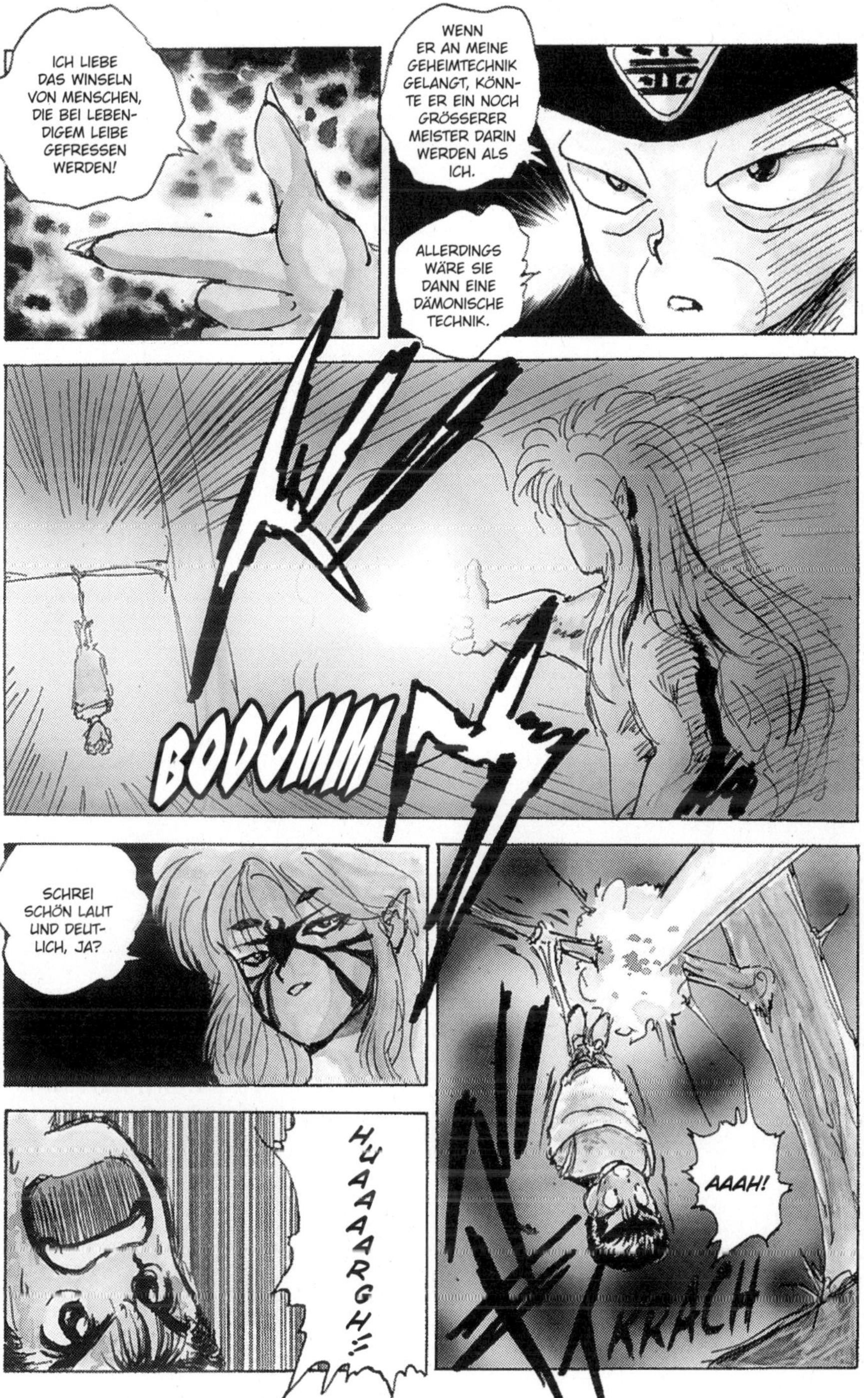
WENN ER AN MEINE GEHEIMTECHNIK GELANGT, KÖNNTE ER EIN NOCH GRÖSSERER MEISTER DARIN WERDEN ALS ICH.
ALLERDINGS WÄRE SIE DANN EINE DÄMONISCHE TECHNIK.
ICH LIEBE DAS WINSELN VON MENSCHEN, DIE BEI LEBENDIGEM LEIBE GEFRESSEN WERDEN!
BODOMM
SCHREI SCHÖN LAUT UND DEUTLICH, JA?
AAAH!
KRACH
HÜAAAAARGH!!

YuYu Hakusho

Kapitel 32 Entscheidung um den Erben der Geheimtechnik!

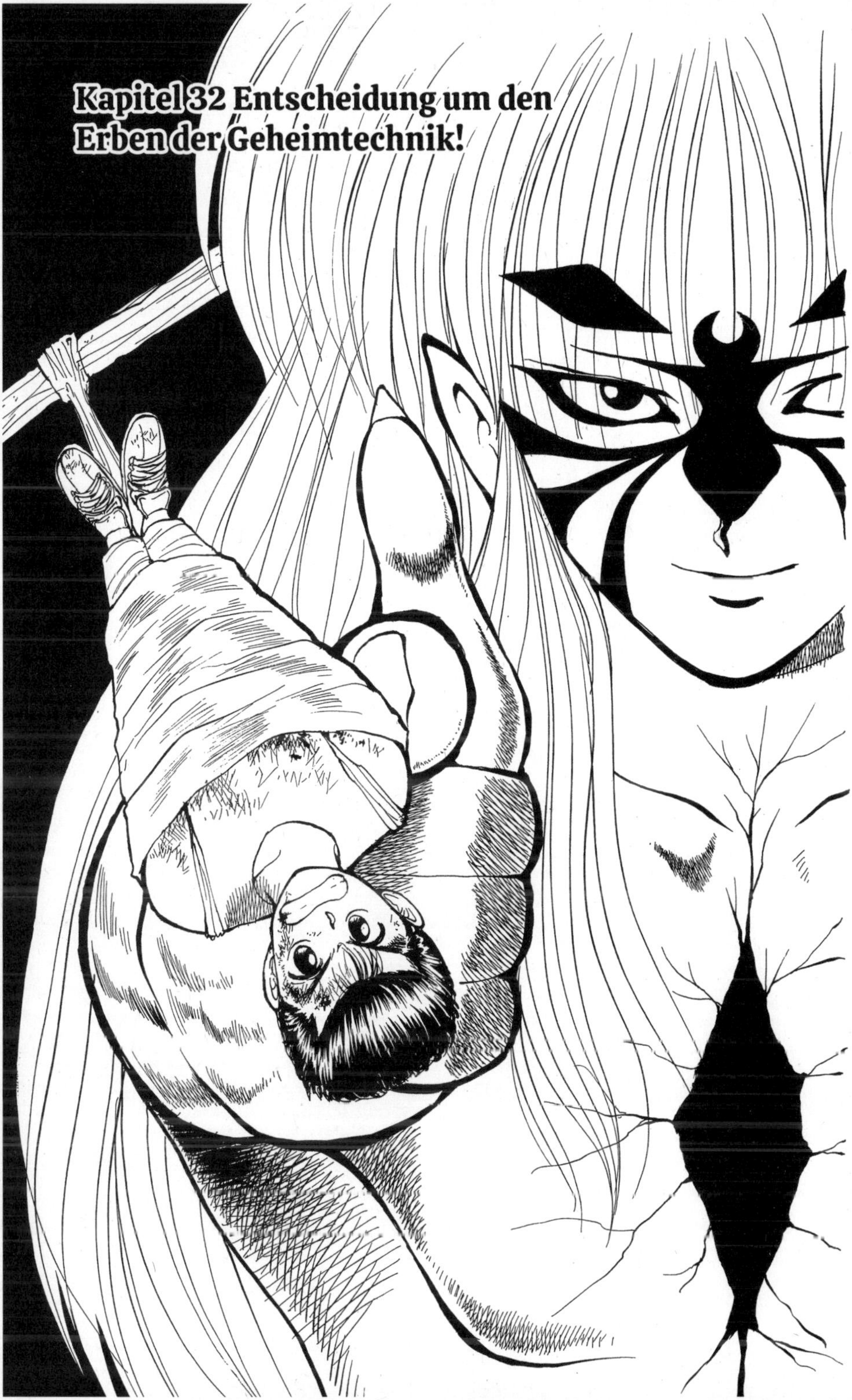

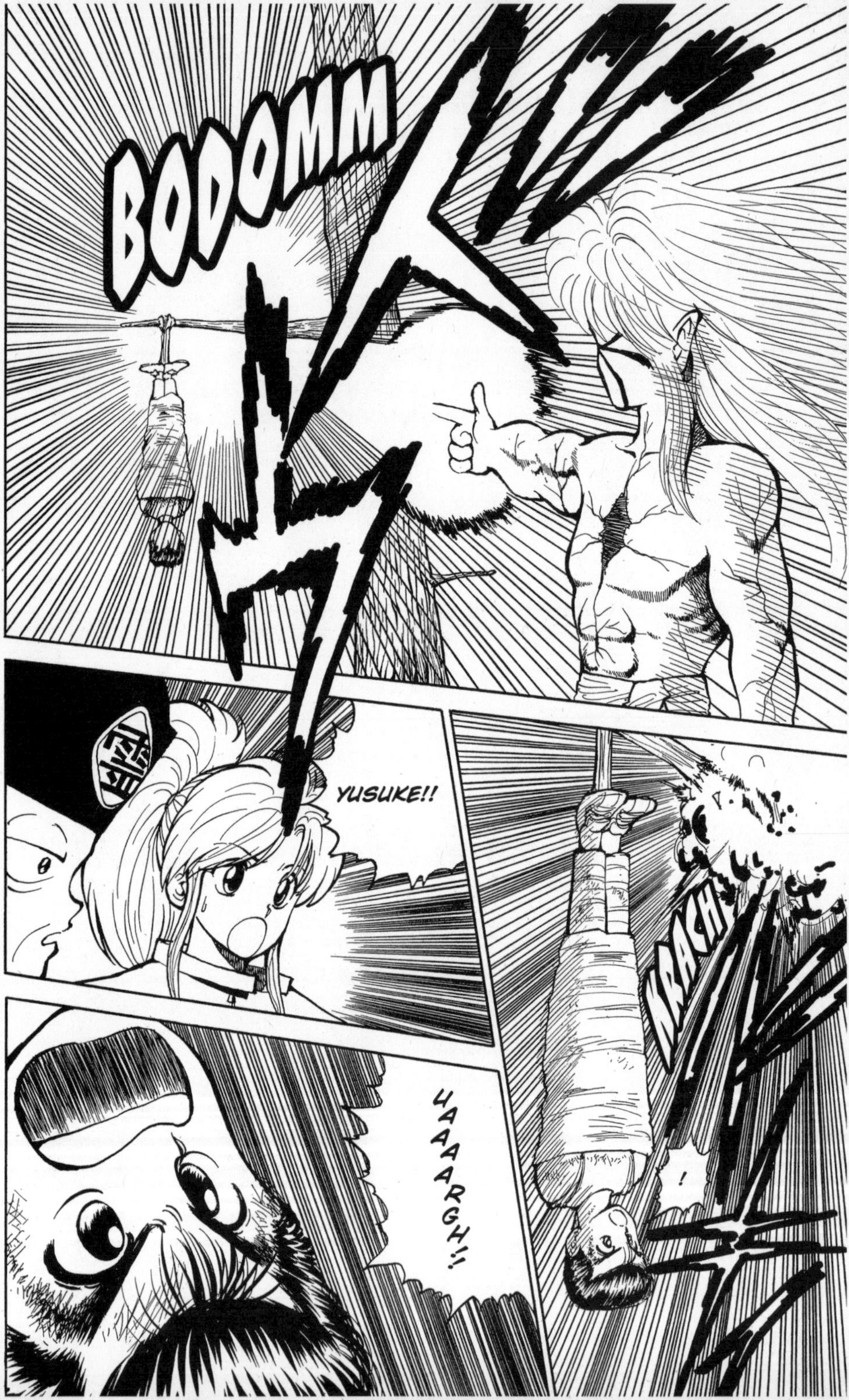
BODOMM
YUSUKE!!
KRACH
UAAAAARGH!!

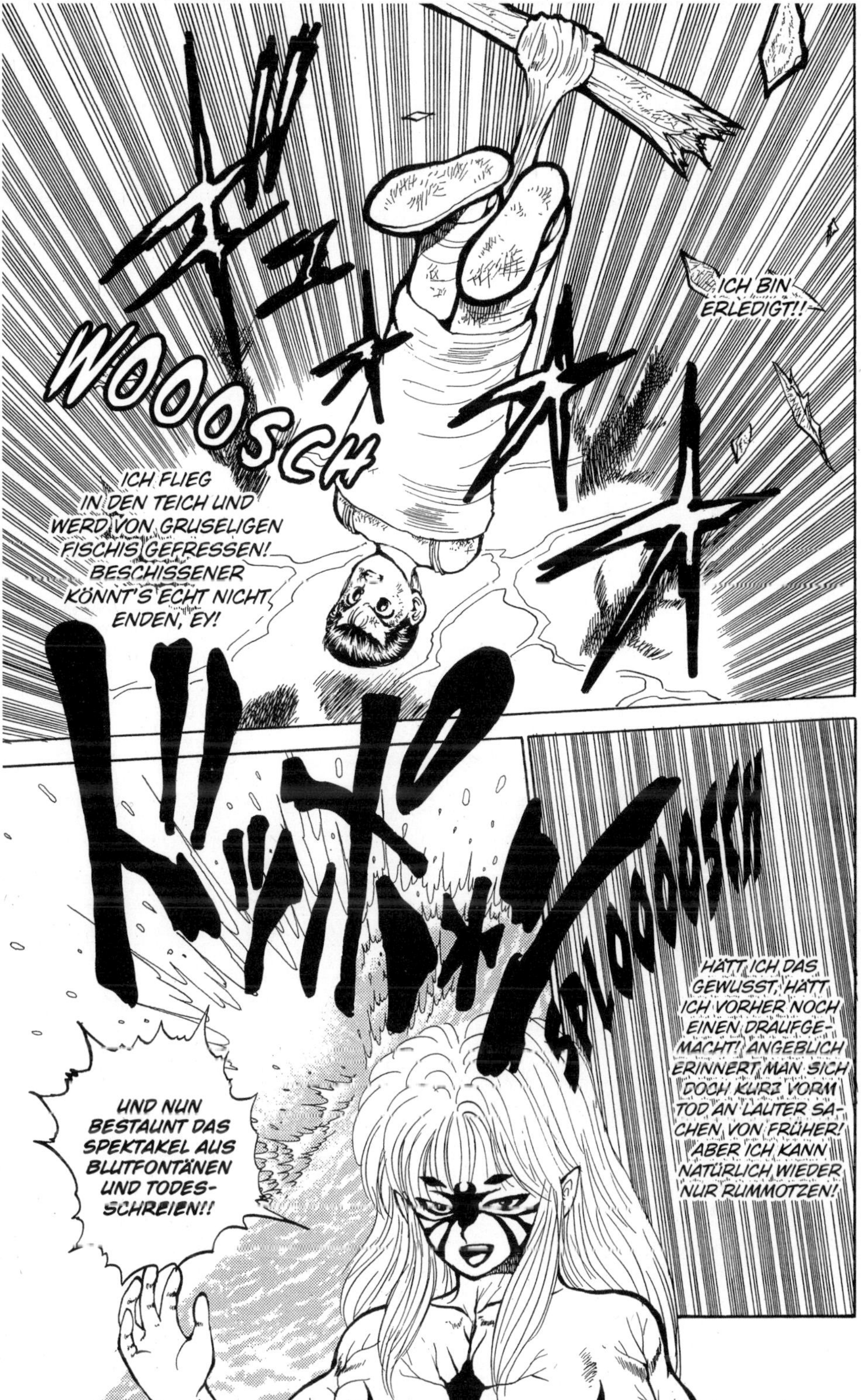
ICH BIN ERLEDIGT!!
WOOOSCH
ICH FLIEG IN DEN TEICH UND WERD VON GRUSELIGEN FISCHIS GEFRESSEN! BESCHISSENER KÖNNT'S ECHT NICHT ENDEN, EY!
SPLOOOOSCH
HÄTT ICH DAS GEWUSST, HÄTT ICH VORHER NOCH EINEN DRAUFGE-MACHT! ANGEBLICH ERINNERT MAN SICH DOCH KURZ VORM TOD AN LAUTER SA-CHEN VON FRÜHER! ABER ICH KANN NATÜRLICH WIEDER NUR RUMMOTZEN!
UND NUN BESTAUNT DAS SPEKTAKEL AUS BLUTFONTÄNEN UND TODES-SCHREIEN!!

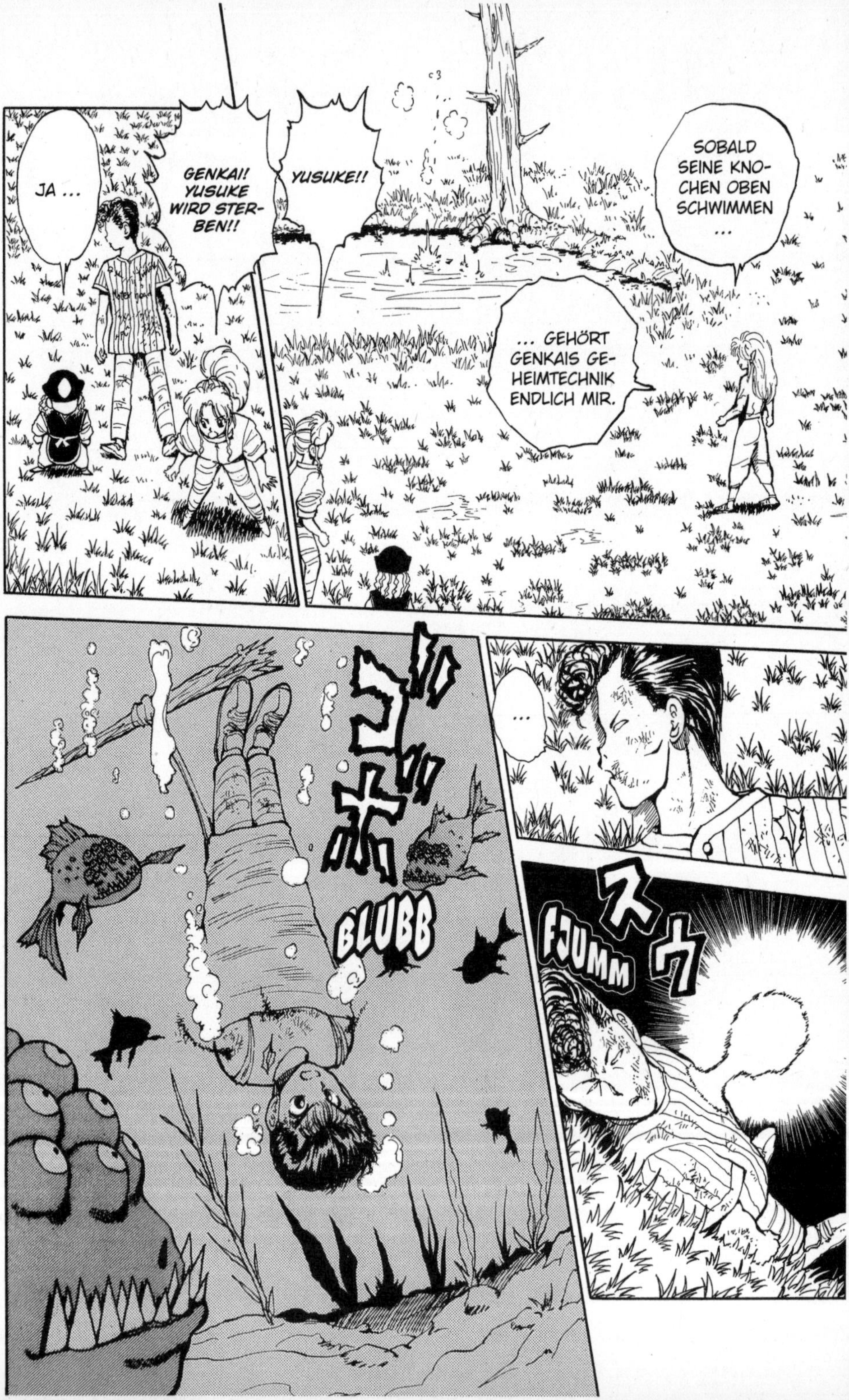

SOBALD SEINE KNOCHEN OBEN SCHWIMMEN ...
... GEHÖRT GENKAIS GEHEIMTECHNIK ENDLICH MIR.
YUSUKE!!
GENKAI! YUSUKE WIRD STERBEN!!
JA ...
...
スウ
FJUMM
BLUBB

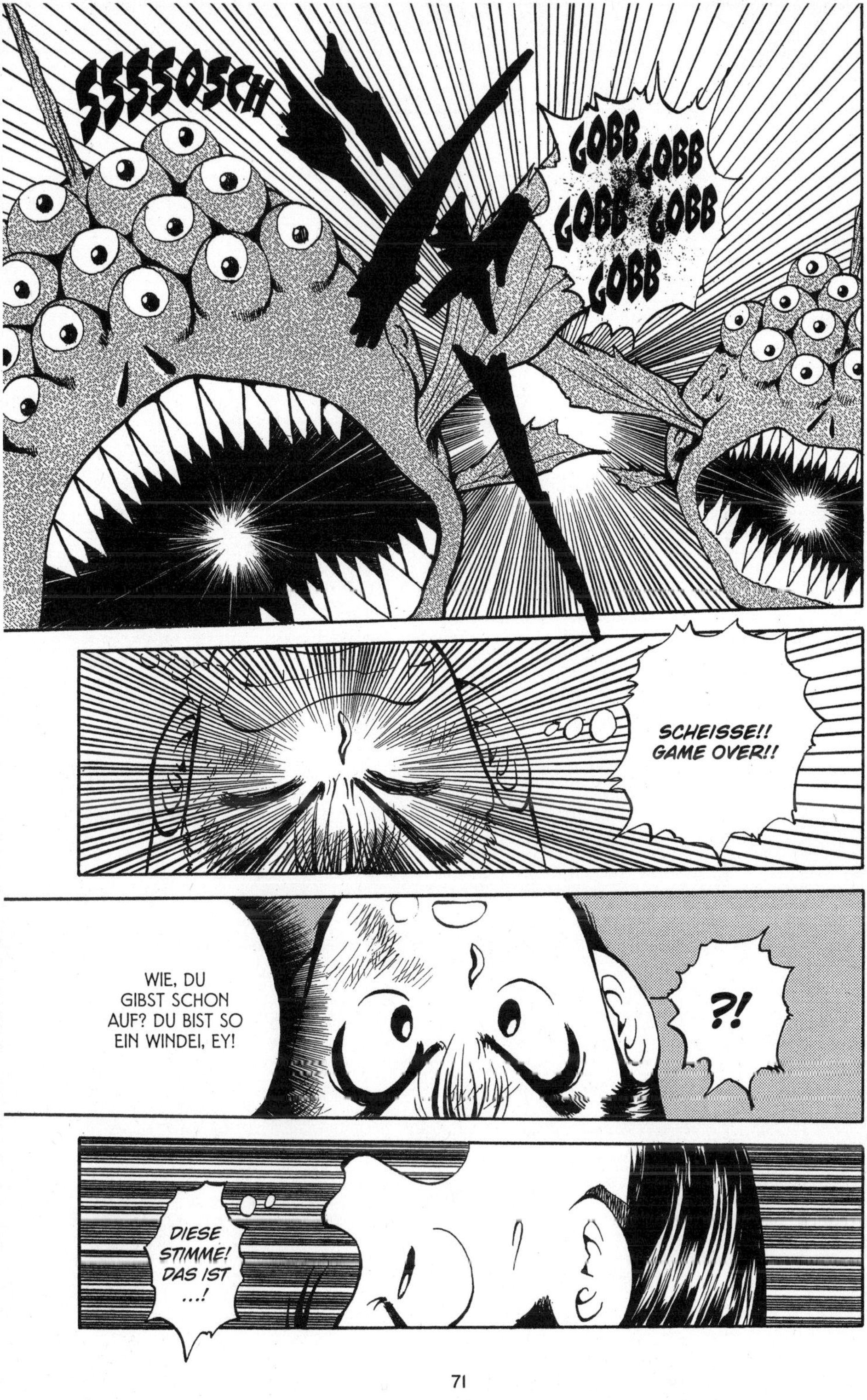
GOBB GOBB GOBB GOBB GOBB
SSSSOSCH
SCHEISSE!! GAME OVER!!
?!
WIE, DU GIBST SCHON AUF? DU BIST SO EIN WINDEI, EY!
DIESE STIMME! DAS IST ...!

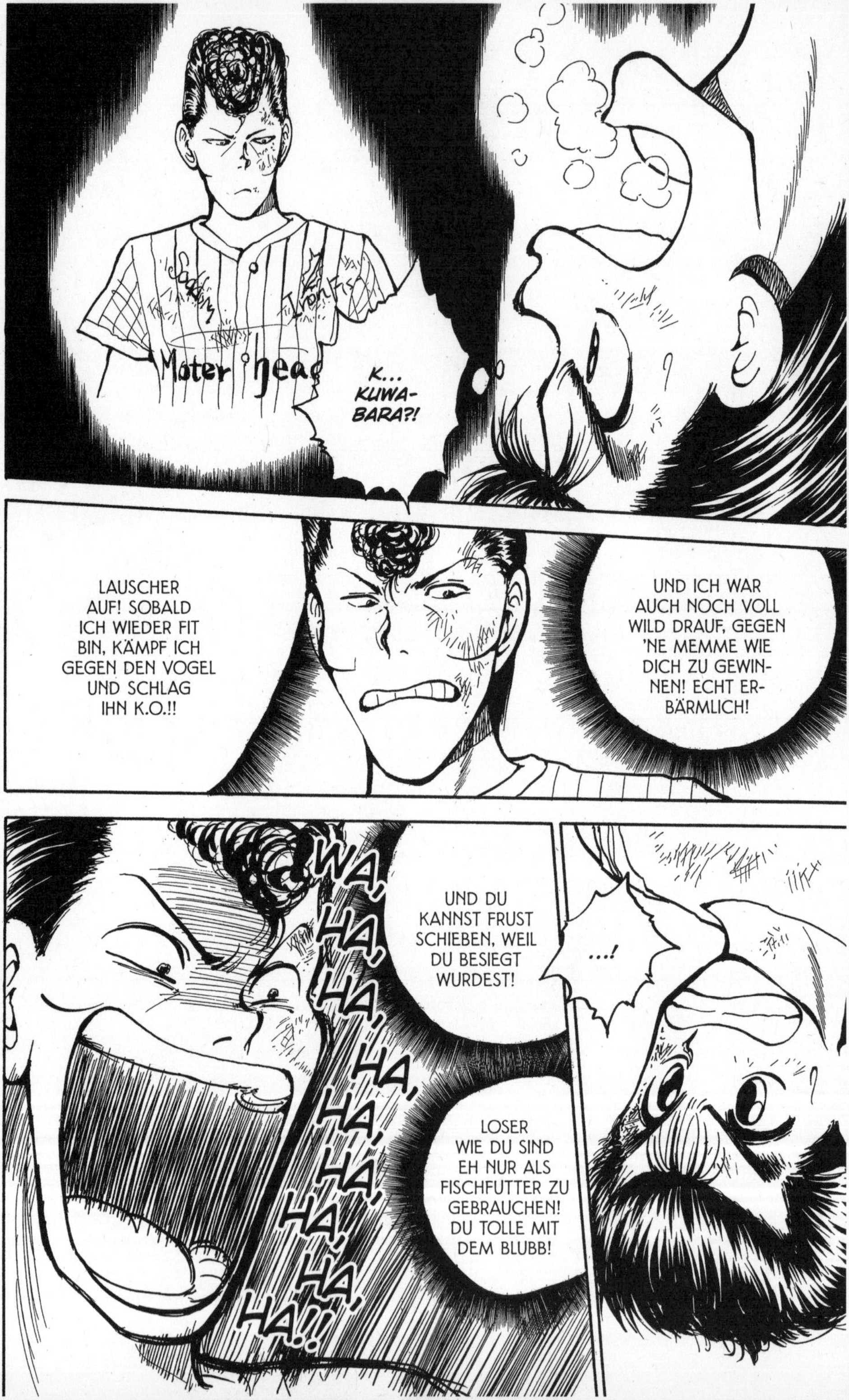
K... KUWA-BARA?!
UND ICH WAR AUCH NOCH VOLL WILD DRAUF, GEGEN 'NE MEMME WIE DICH ZU GEWINNEN! ECHT ERBÄRMLICH!
LAUSCHER AUF! SOBALD ICH WIEDER FIT BIN, KÄMPF ICH GEGEN DEN VOGEL UND SCHLAG IHN K.O.!!
...!
UND DU KANNST FRUST SCHIEBEN, WEIL DU BESIEGT WURDEST!
LOSER WIE DU SIND EH NUR ALS FISCHFUTTER ZU GEBRAUCHEN! DU TOLLE MIT DEM BLUBB!
WA, HA, HA, HA, HA, HA, HA, HA, HA!!

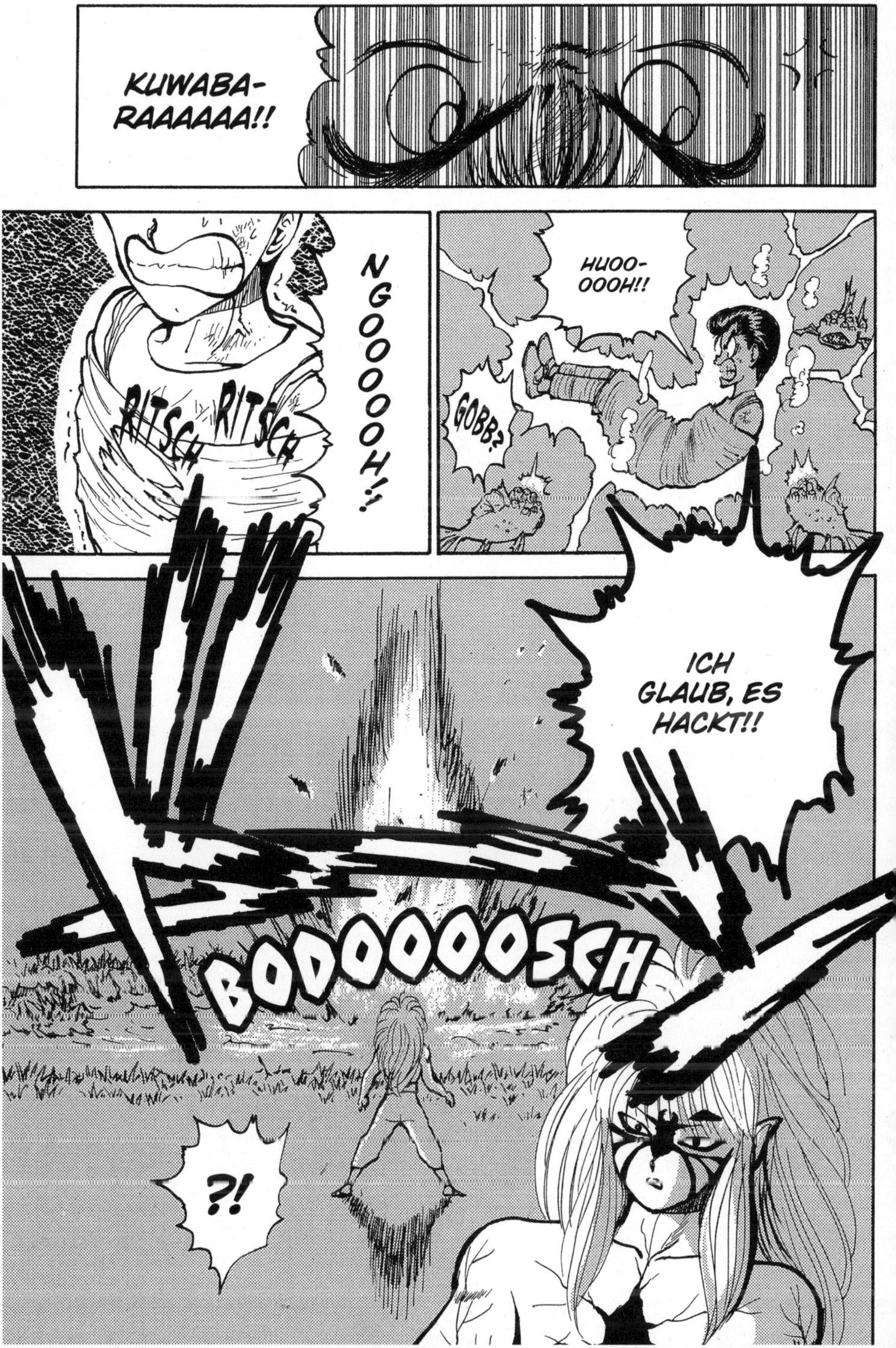
KUWABA-
RAAAAAA!!
HUOO-
OOOH!!
GOBB?
NGOOOOOOH!!
RITSCH RITSCH
ICH GLAUB, ES HACKT!!
BODOOOOSCH
?!

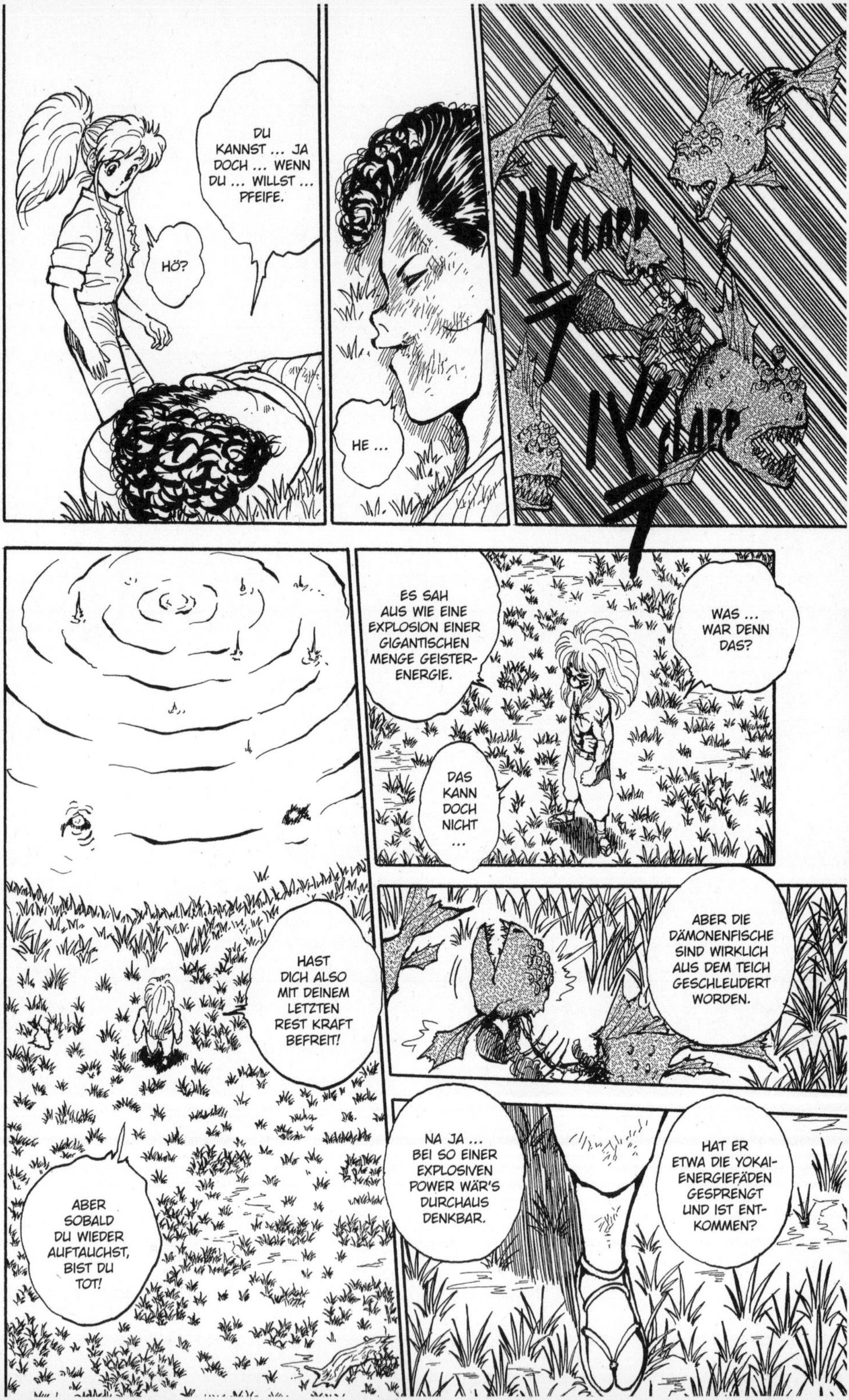
FLAPP
FLAPP
HE ...
DU KANNST ... JA DOCH ... WENN DU ... WILLST ... PFEIFE.
HÖ?
WAS ... WAR DENN DAS?
ES SAH AUS WIE EINE EXPLOSION EINER GIGANTISCHEN MENGE GEISTER-ENERGIE.
DAS KANN DOCH NICHT ...
ABER DIE DÄMONENFISCHE SIND WIRKLICH AUS DEM TEICH GESCHLEUDERT WORDEN.
HAT ER ETWA DIE YOKAI-ENERGIEFÄDEN GESPRENGT UND IST ENT-KOMMEN?
NA JA ... BEI SO EINER EXPLOSIVEN POWER WÄR'S DURCHAUS DENKBAR.
HAST DICH ALSO MIT DEINEM LETZTEN REST KRAFT BEFREIT!
ABER SOBALD DU WIEDER AUFTAUCHST, BIST DU TOT!

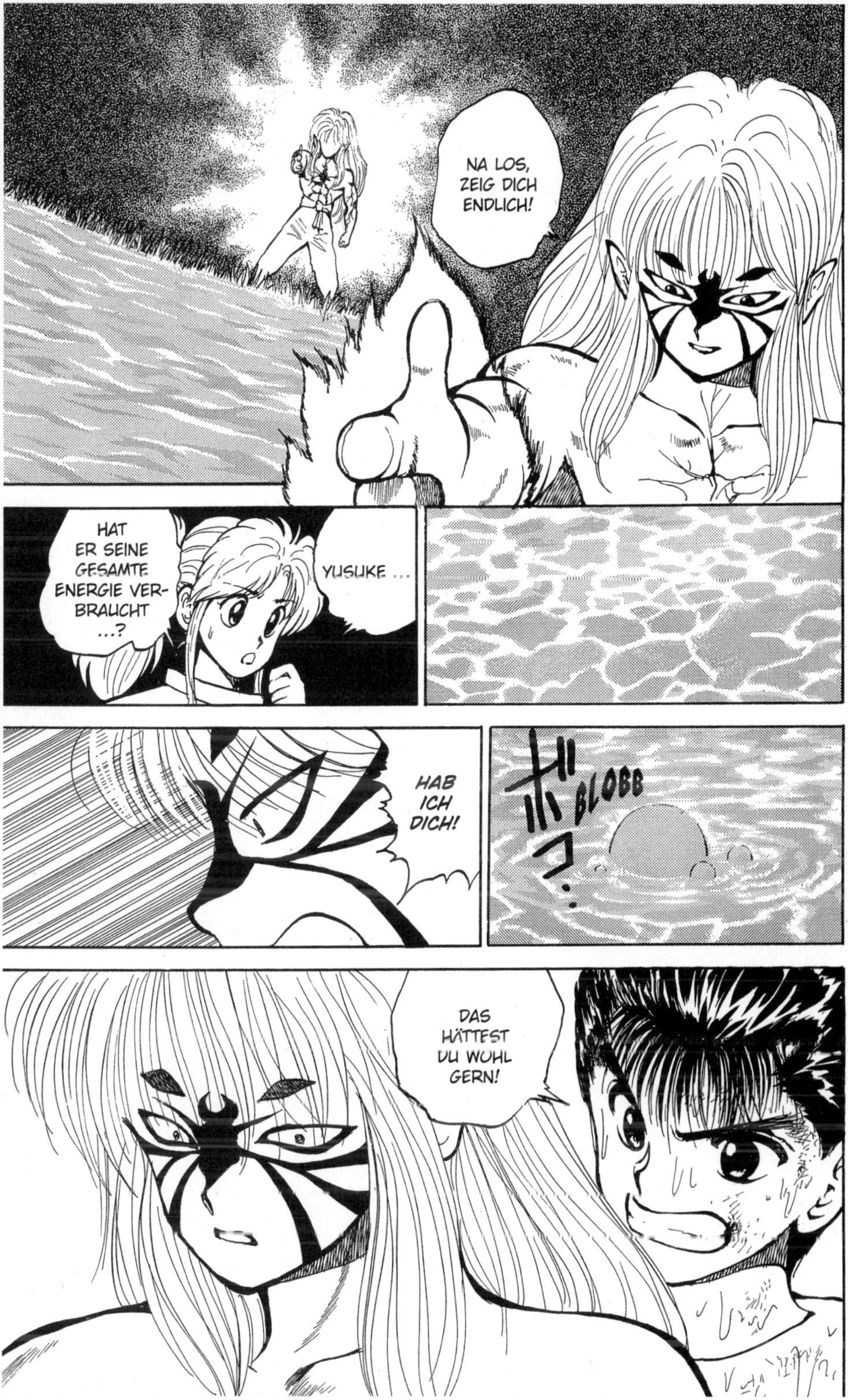
NA LOS, ZEIG DICH ENDLICH!
YUSUKE ...
HAT ER SEINE GESAMTE ENERGIE VERBRAUCHT ...?
BLOBB
HAB ICH DICH!
DAS HÄTTEST DU WOHL GERN!

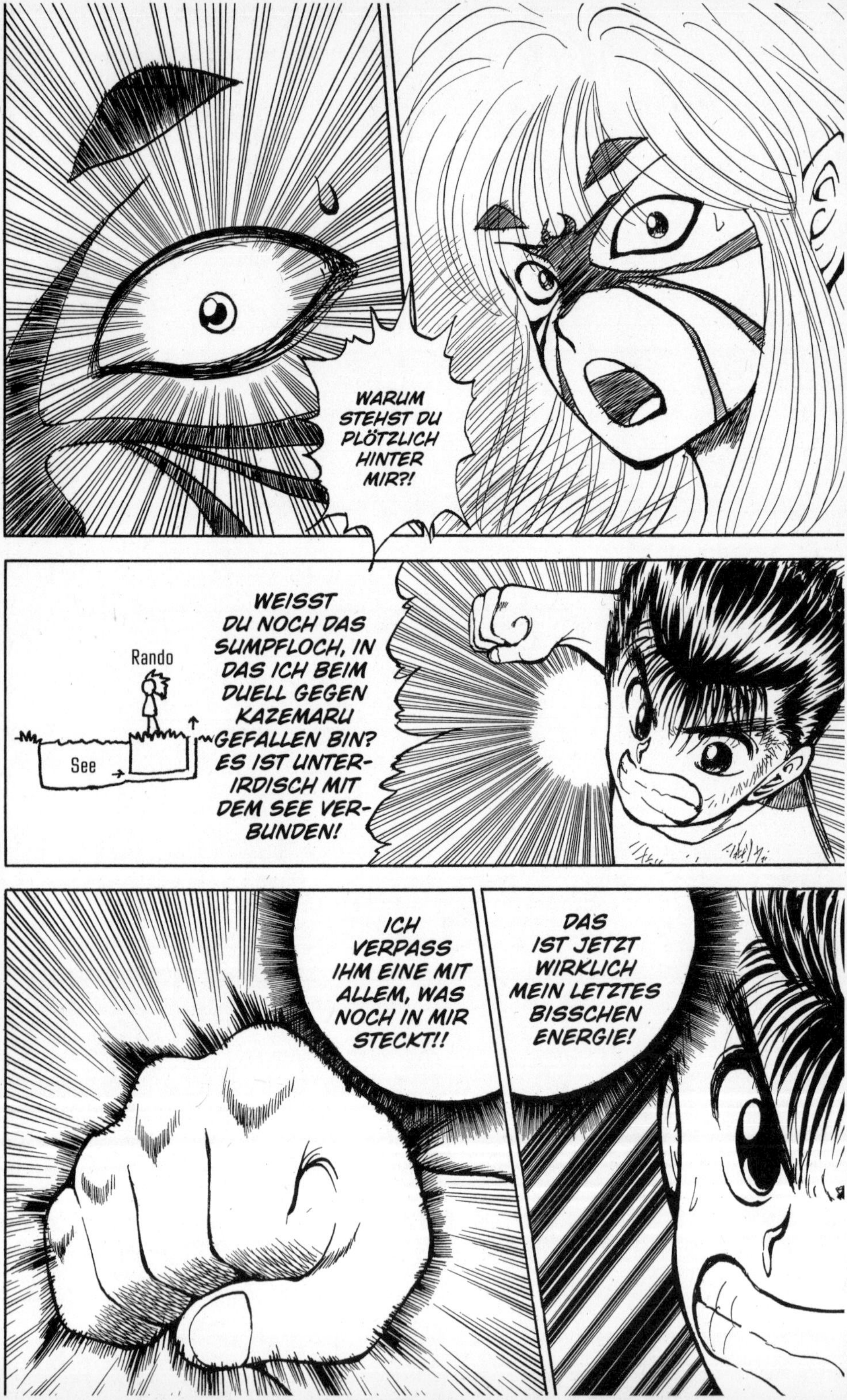
WARUM STEHST DU PLÖTZLICH HINTER MIR?!
WEISST DU NOCH DAS SUMPFLOCH, IN DAS ICH BEIM DUELL GEGEN KAZEMARU GEFALLEN BIN? ES IST UNTERIRDISCH MIT DEM SEE VERBUNDEN!
Rando
See
DAS IST JETZT WIRKLICH MEIN LETZTES BISSCHEN ENERGIE!
ICH VERPASS IHM EINE MIT ALLEM, WAS NOCH IN MIR STECKT!!

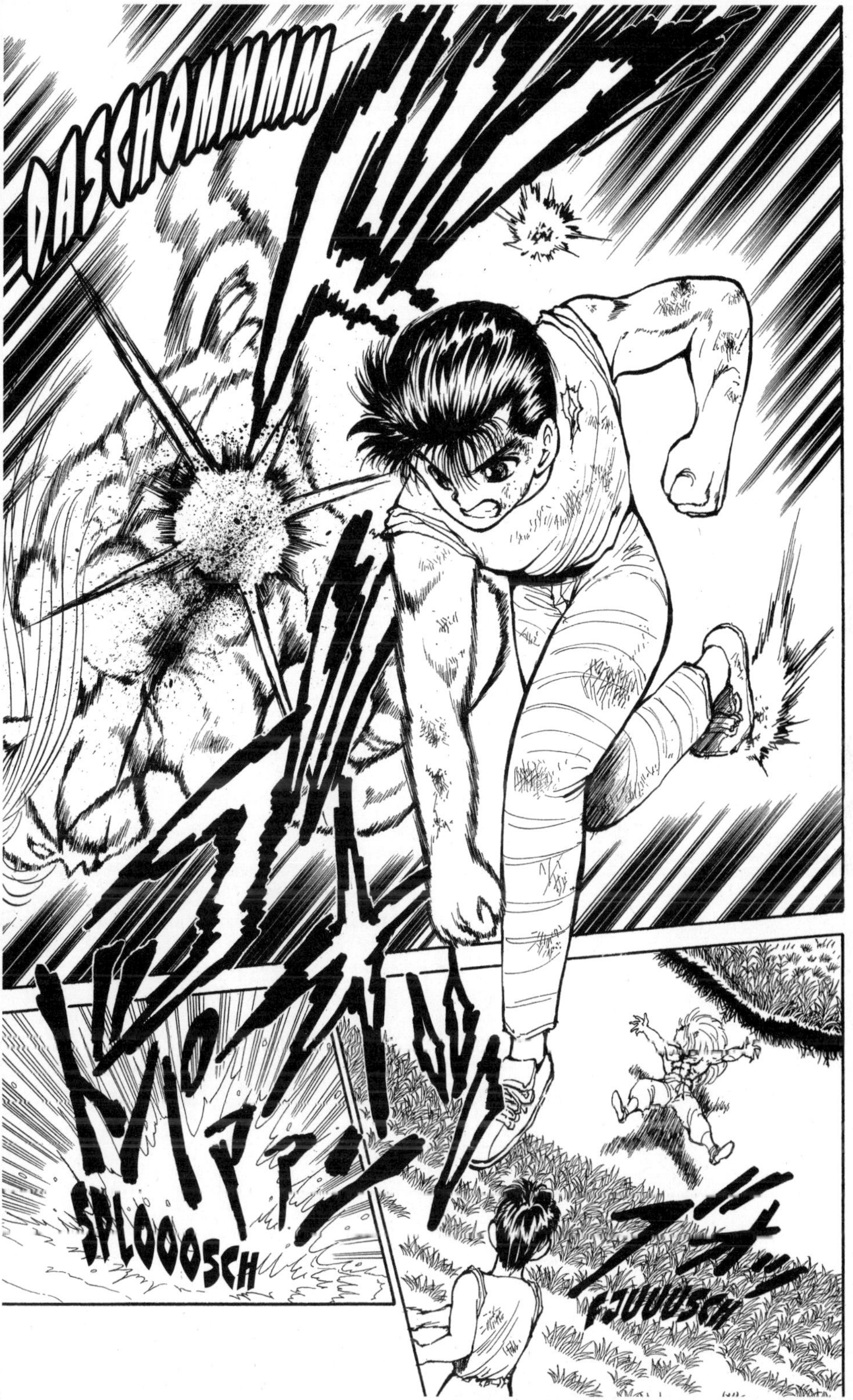
DASCHOMMMMM
SPLOOOSCH
FJUUUSCH

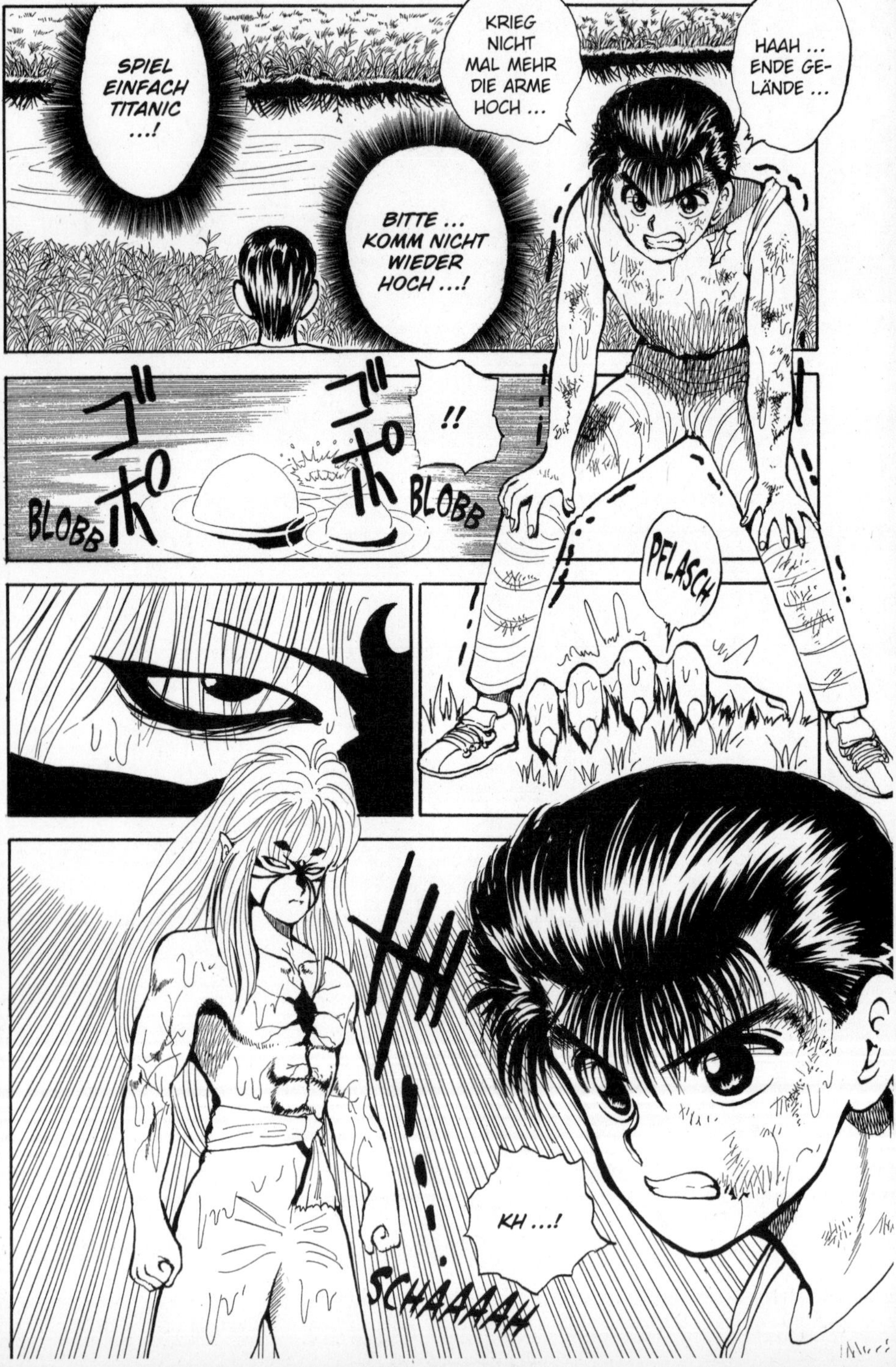
HAAH ... ENDE GE-LÄNDE ...
KRIEG NICHT MAL MEHR DIE ARME HOCH ...
SPIEL EINFACH TITANIC ...!
BITTE ... KOMM NICHT WIEDER HOCH ...!
!!
ゴポ BLOBB
ゴポ BLOBB
PFLASCH
KH ...!
SCHAAAAH

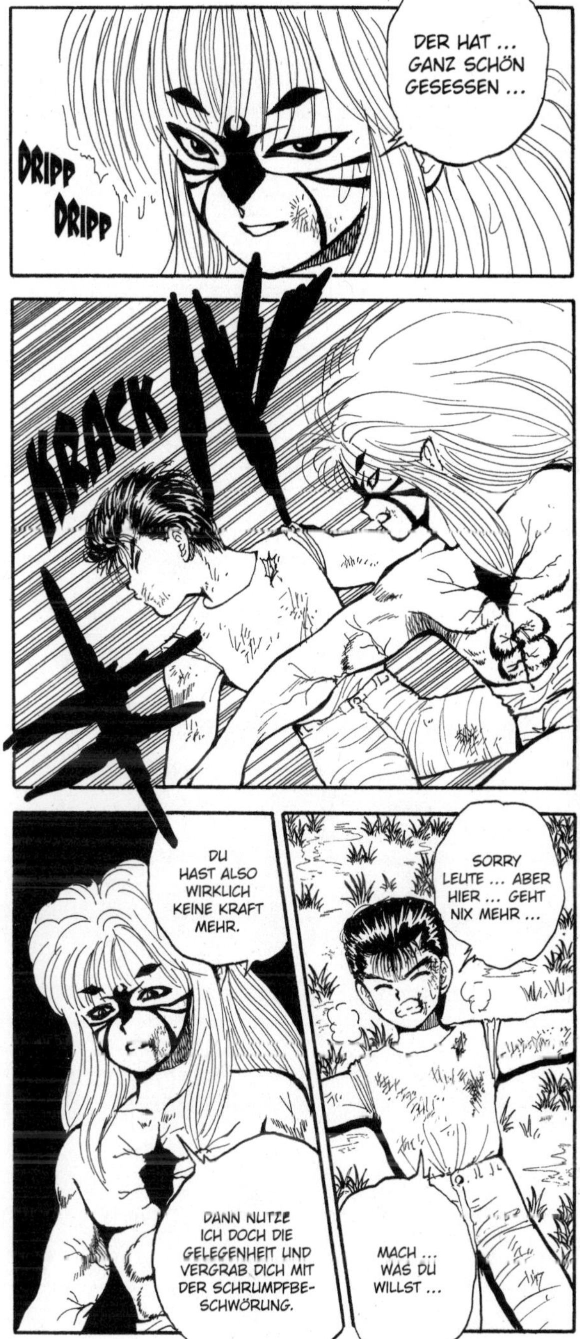

YuYu Hakusho

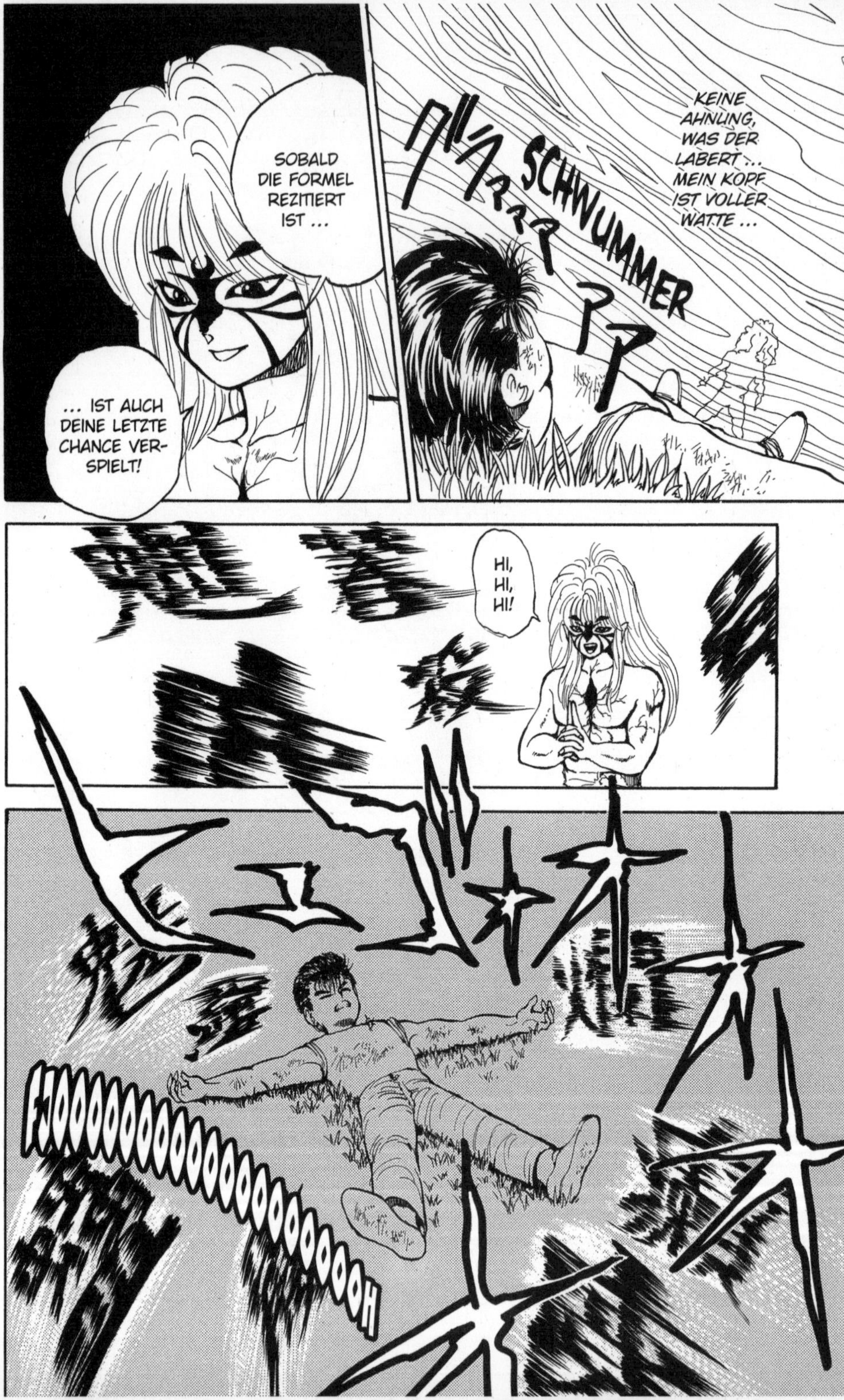

KEINE AHNUNG, WAS DER LABERT … MEIN KOPF IST VOLLER WATTE …
SCHWUMMER
SOBALD DIE FORMEL REZITIERT IST …
… IST AUCH DEINE LETZTE CHANCE VER-SPIELT!
HI, HI, HI!
FJOOOOOOOOOOOOOOOOOOOH

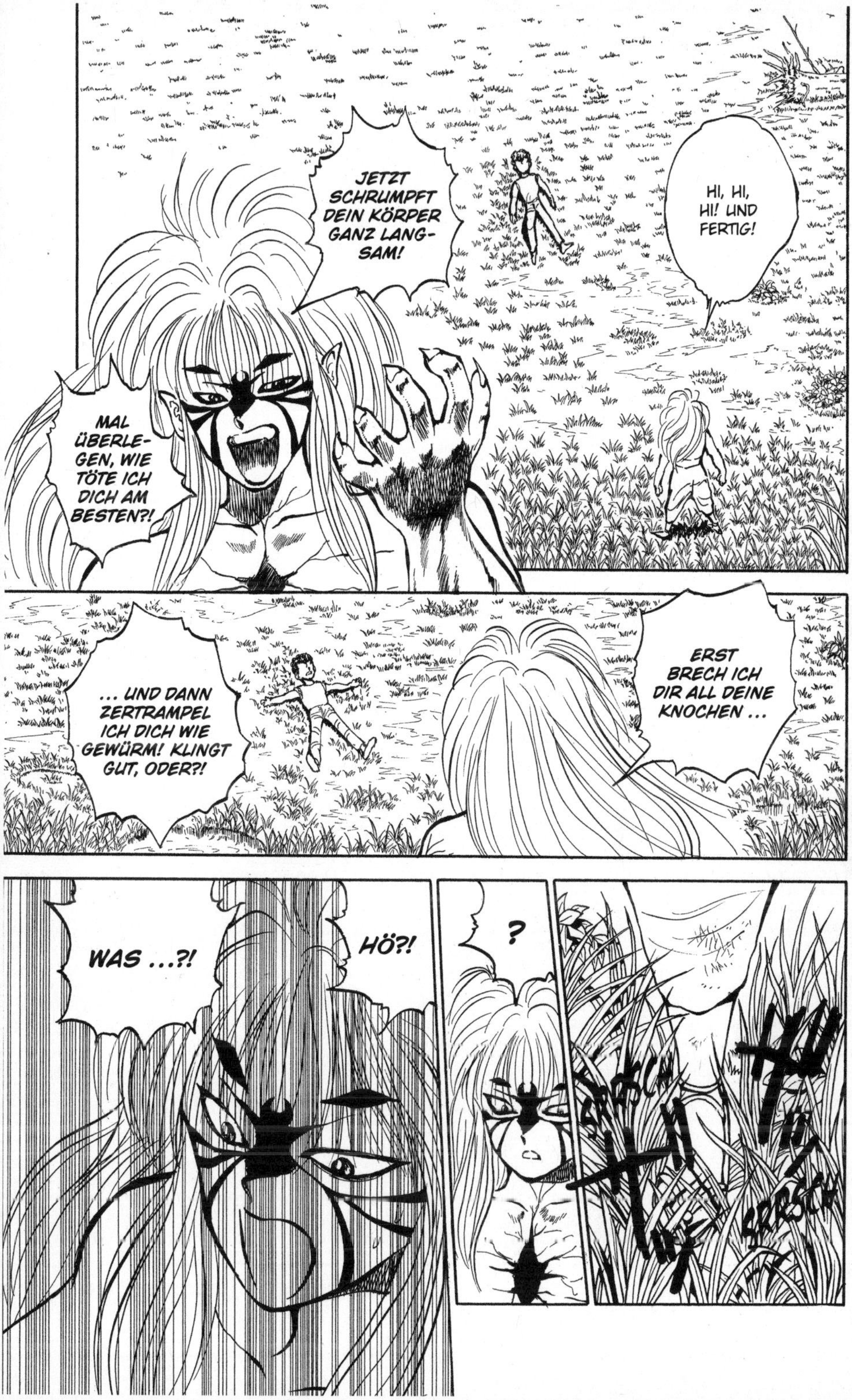
HI, HI, HI! UND FERTIG!
JETZT SCHRUMPFT DEIN KÖRPER GANZ LANG-SAM!
MAL ÜBERLE-GEN, WIE TÖTE ICH DICH AM BESTEN?!
ERST BRECH ICH DIR ALL DEINE KNOCHEN …
… UND DANN ZERTRAMPEL ICH DICH WIE GEWÜRM! KLINGT GUT, ODER?!
?
HÖ?!
WAS …?!

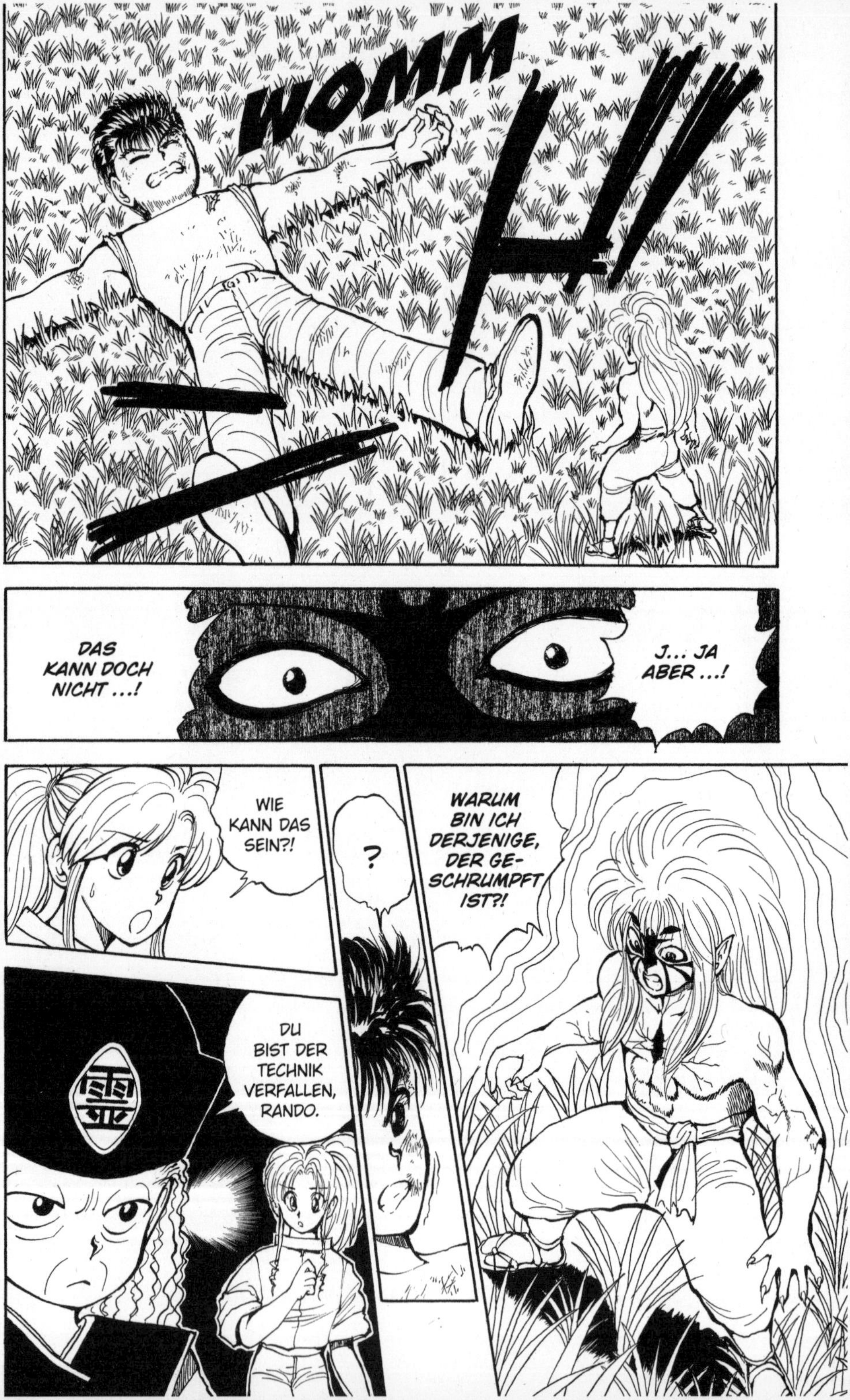
WOMM
J... JA ABER ...!
DAS KANN DOCH NICHT ...!
WARUM BIN ICH DERJENIGE, DER GESCHRUMPFT IST?!
?
WIE KANN DAS SEIN?!
DU BIST DER TECHNIK VERFALLEN, RANDO.

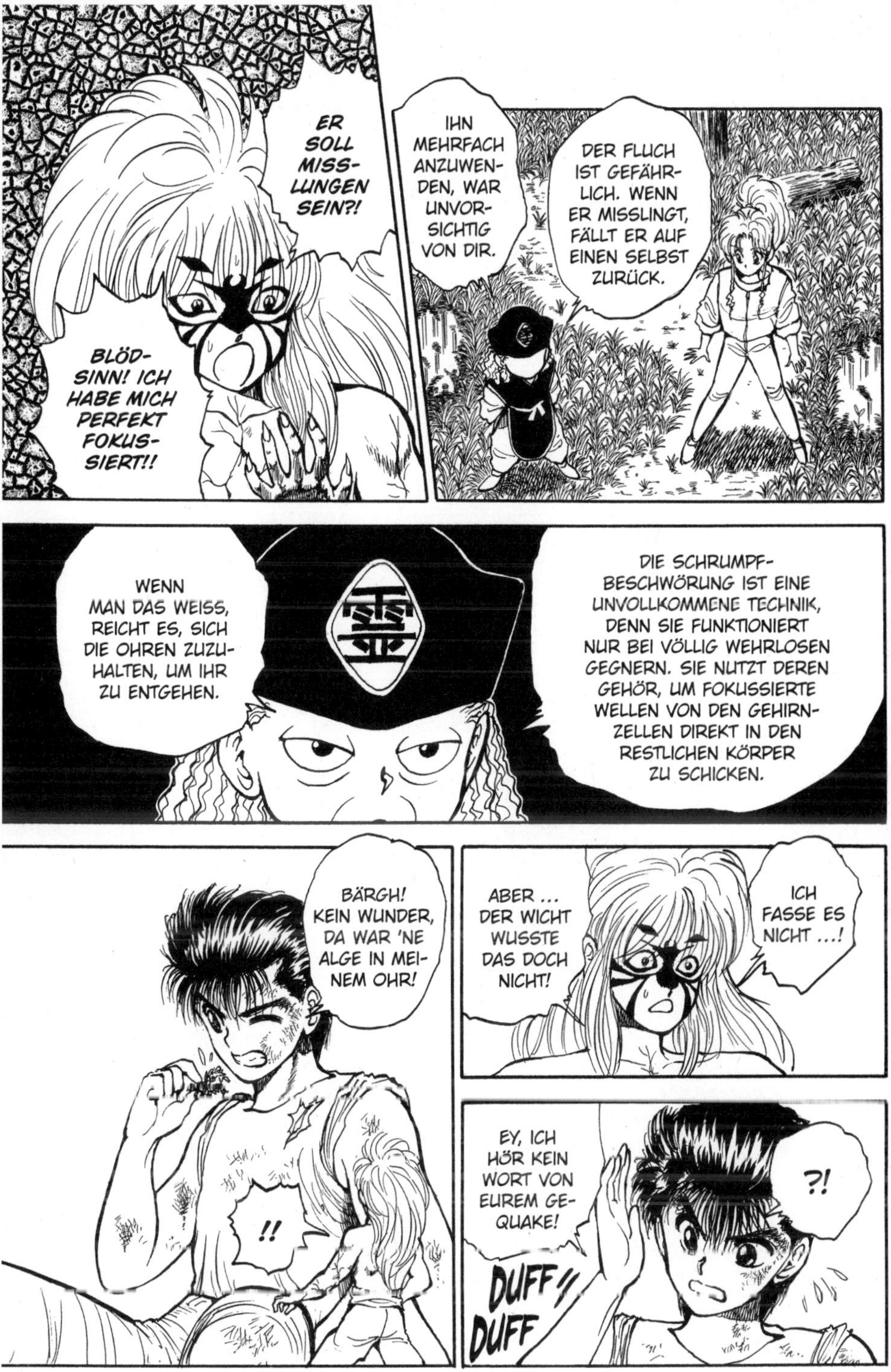
DER FLUCH IST GEFÄHRLICH. WENN ER MISSLINGT, FÄLLT ER AUF EINEN SELBST ZURÜCK.
IHN MEHRFACH ANZUWENDEN, WAR UNVORSICHTIG VON DIR.
ER SOLL MISSLUNGEN SEIN?!
BLÖDSINN! ICH HABE MICH PERFEKT FOKUSSIERT!!
DIE SCHRUMPF-BESCHWÖRUNG IST EINE UNVOLLKOMMENE TECHNIK, DENN SIE FUNKTIONIERT NUR BEI VÖLLIG WEHRLOSEN GEGNERN. SIE NUTZT DEREN GEHÖR, UM FOKUSSIERTE WELLEN VON DEN GEHIRNZELLEN DIREKT IN DEN RESTLICHEN KÖRPER ZU SCHICKEN.
WENN MAN DAS WEISS, REICHT ES, SICH DIE OHREN ZUZUHALTEN, UM IHR ZU ENTGEHEN.
ICH FASSE ES NICHT ...!
ABER ... DER WICHT WUSSTE DAS DOCH NICHT!
?!
EY, ICH HÖR KEIN WORT VON EUREM GEQUAKE!
DUFF DUFF
BÄRGH! KEIN WUNDER, DA WAR 'NE ALGE IN MEINEM OHR!
!!

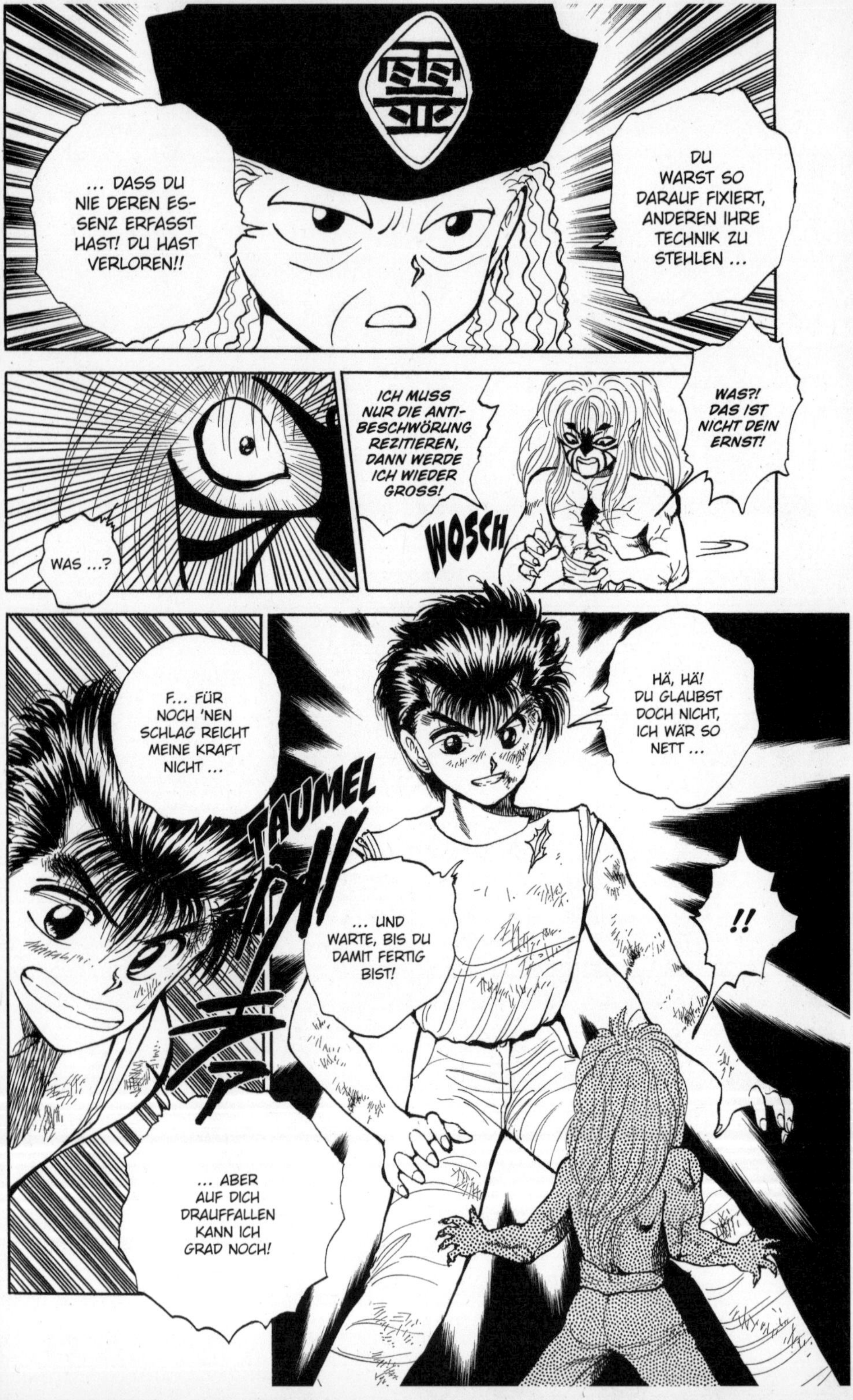
DU WARST SO DARAUF FIXIERT, ANDEREN IHRE TECHNIK ZU STEHLEN …
… DASS DU NIE DEREN ESSENZ ERFASST HAST! DU HAST VERLOREN!!
WAS?! DAS IST NICHT DEIN ERNST!
ICH MUSS NUR DIE ANTI-BESCHWÖRUNG REZITIEREN, DANN WERDE ICH WIEDER GROSS!
WOSCH
WAS …?
HÄ, HÄ! DU GLAUBST DOCH NICHT, ICH WÄR SO NETT …
… UND WARTE, BIS DU DAMIT FERTIG BIST!
!!
F… FÜR NOCH 'NEN SCHLAG REICHT MEINE KRAFT NICHT …
TAUMEL
… ABER AUF DICH DRAUFFALLEN KANN ICH GRAD NOCH!

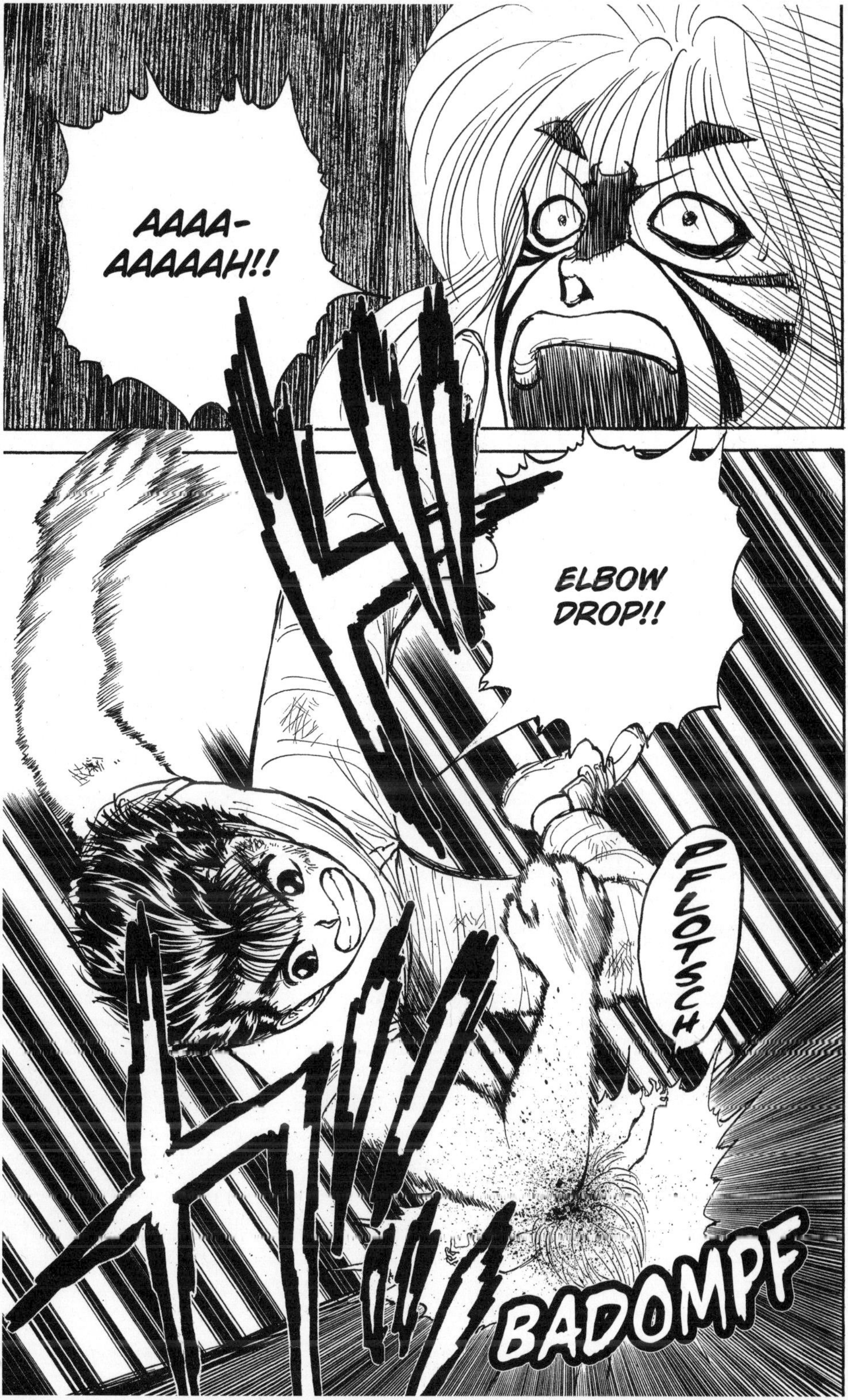
AAAA-
AAAAAH!!
ELBOW
DROP!!
PFLOTSCH
BADOMPF

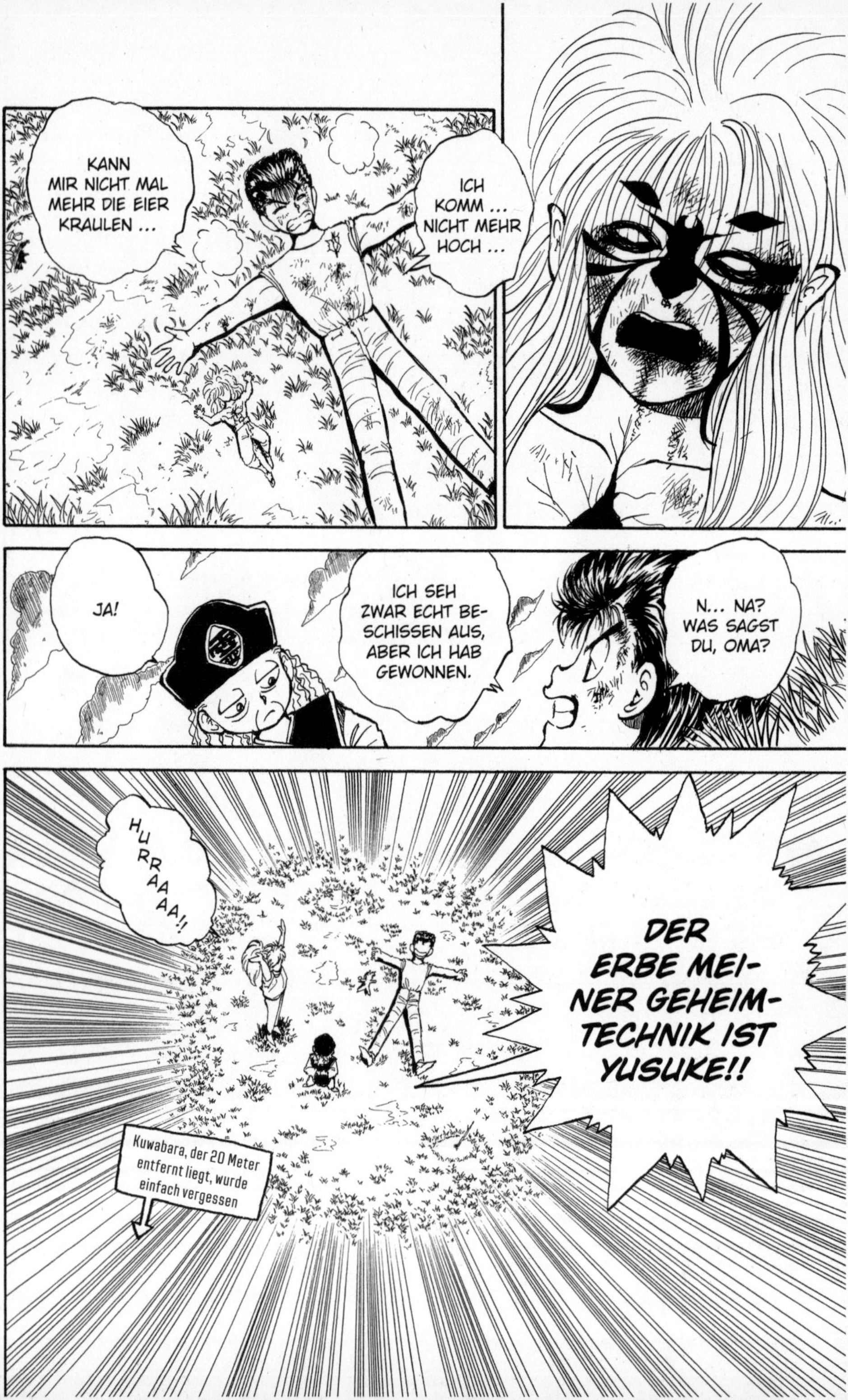
ICH KOMM … NICHT MEHR HOCH …
KANN MIR NICHT MAL MEHR DIE EIER KRAULEN …
N… NA? WAS SAGST DU, OMA?
ICH SEH ZWAR ECHT BESCHISSEN AUS, ABER ICH HAB GEWONNEN.
JA!
DER ERBE MEINER GEHEIMTECHNIK IST YUSUKE!!
HURRAAAA!!
Kuwabara, der 20 Meter entfernt liegt, wurde einfach vergessen

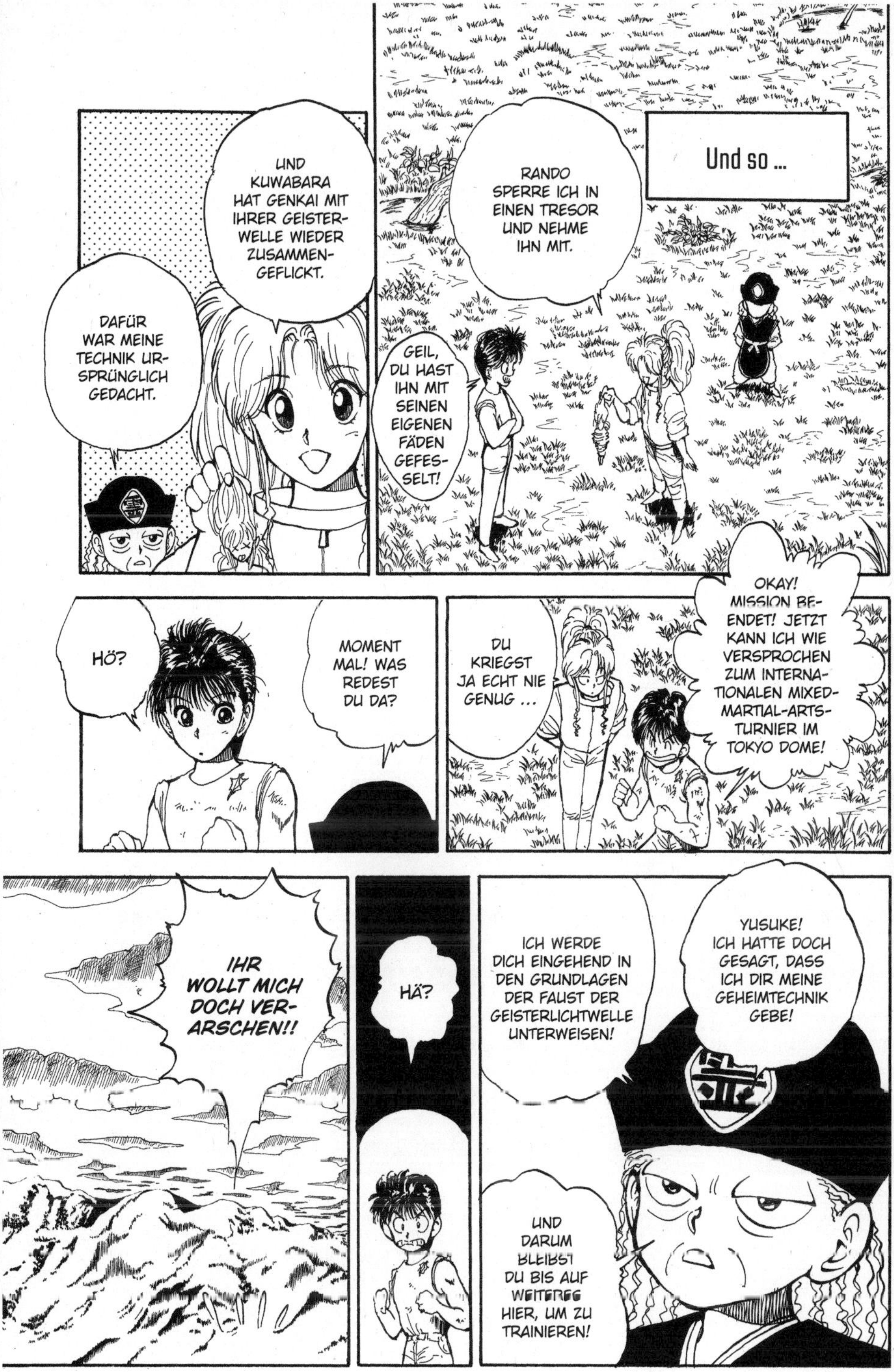
Und so ...
RANDO SPERRE ICH IN EINEN TRESOR UND NEHME IHN MIT.
GEIL, DU HAST IHN MIT SEINEN EIGENEN FÄDEN GEFES-SELT!
UND KUWABARA HAT GENKAI MIT IHRER GEISTER-WELLE WIEDER ZUSAMMEN-GEFLICKT.
DAFÜR WAR MEINE TECHNIK UR-SPRÜNGLICH GEDACHT.
OKAY! MISSION BE-ENDET! JETZT KANN ICH WIE VERSPROCHEN ZUM INTERNA-TIONALEN MIXED-MARTIAL-ARTS-TURNIER IM TOKYO DOME!
DU KRIEGST JA ECHT NIE GENUG ...
MOMENT MAL! WAS REDEST DU DA?
HÖ?
YUSUKE! ICH HATTE DOCH GESAGT, DASS ICH DIR MEINE GEHEIMTECHNIK GEBE!
ICH WERDE DICH EINGEHEND IN DEN GRUNDLAGEN DER FAUST DER GEISTERLICHTWELLE UNTERWEISEN!
UND DARUM BLEIBST DU BIS AUF WEITERES HIER, UM ZU TRAINIEREN!
HÄ?
IHR WOLLT MICH DOCH VER-ARSCHEN!!

Kapitel 33 Kampfansage aus der Stadt der Yokai!

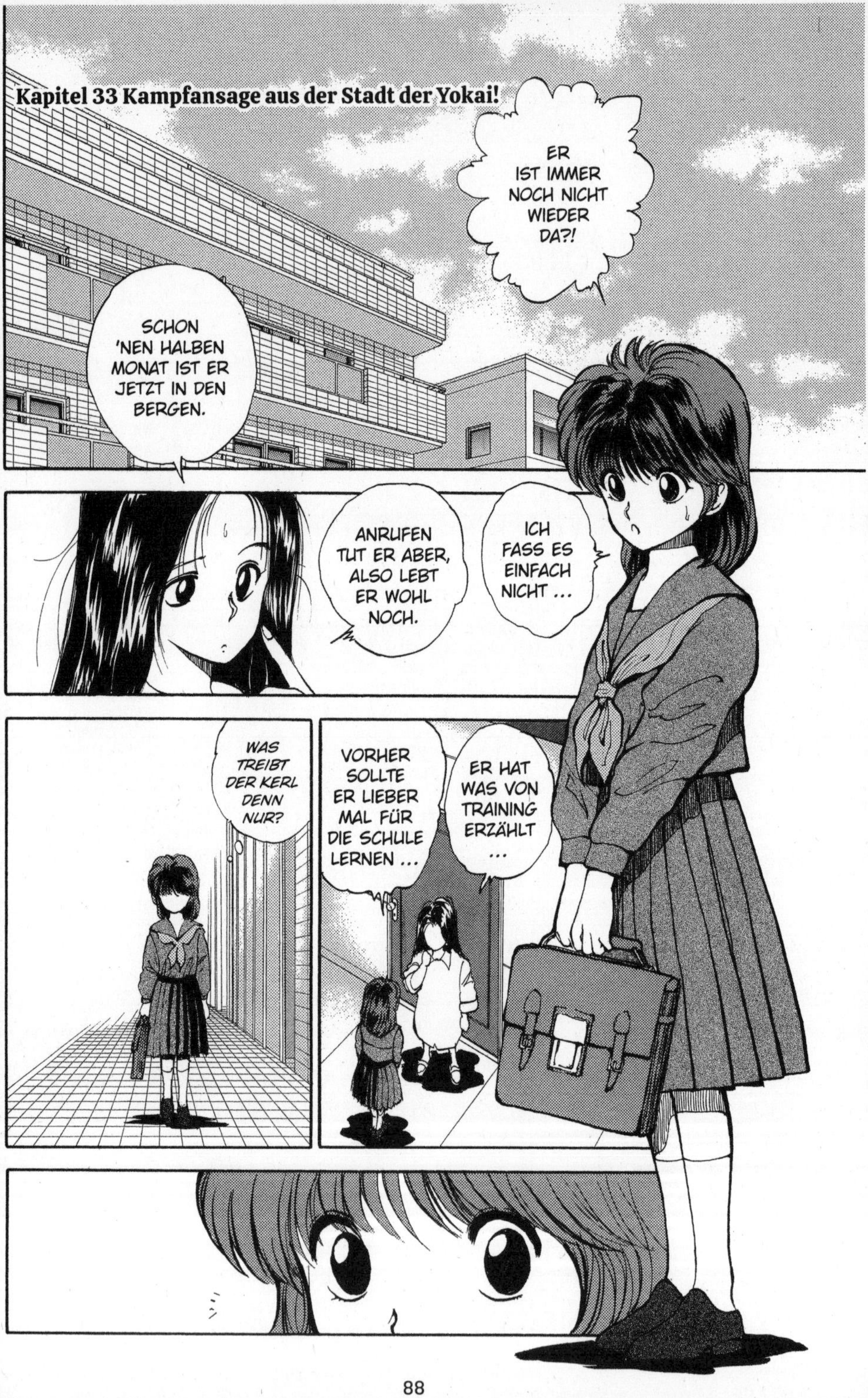

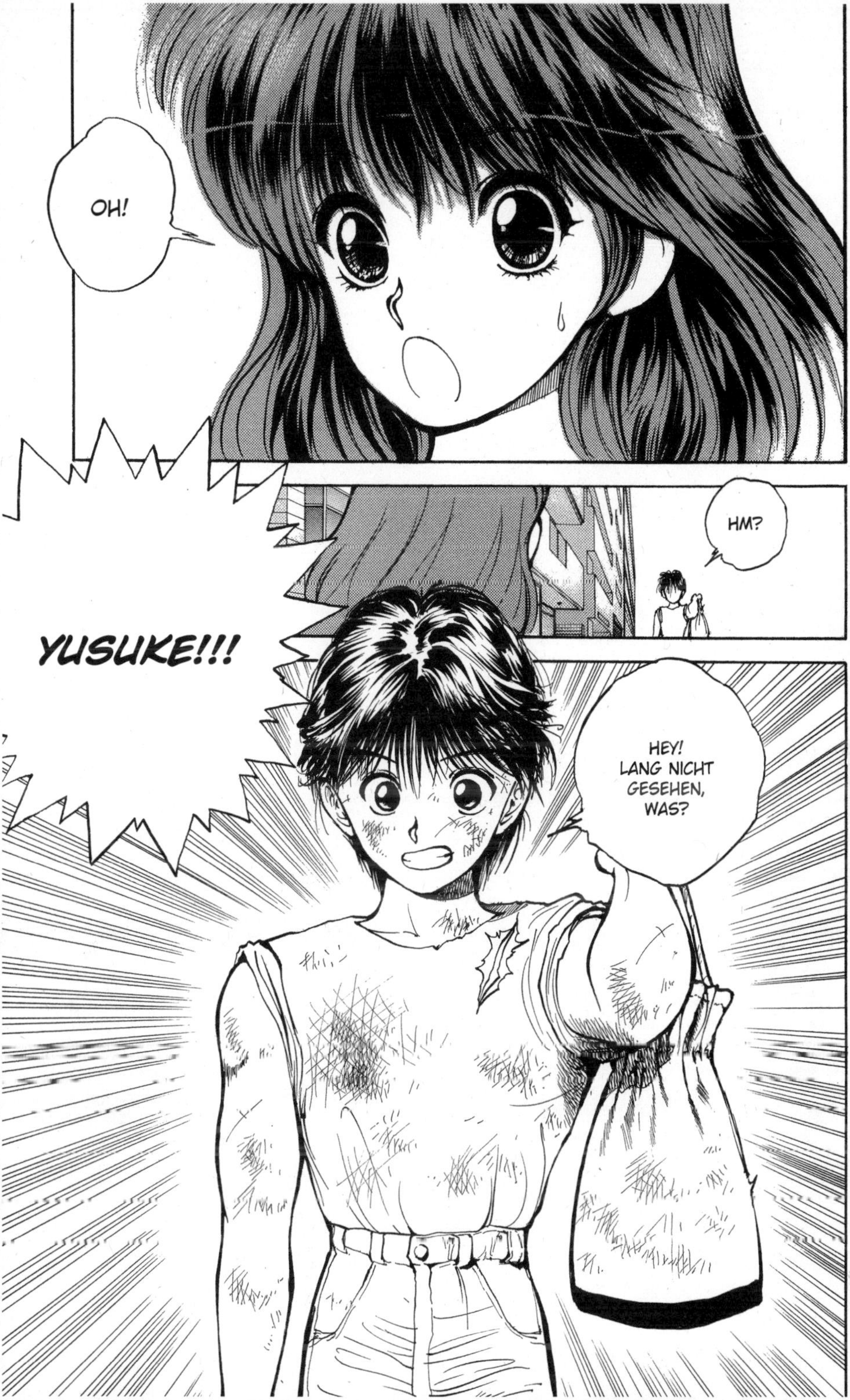
OH!
HM?
YUSUKE!!!
HEY! LANG NICHT GESEHEN, WAS?

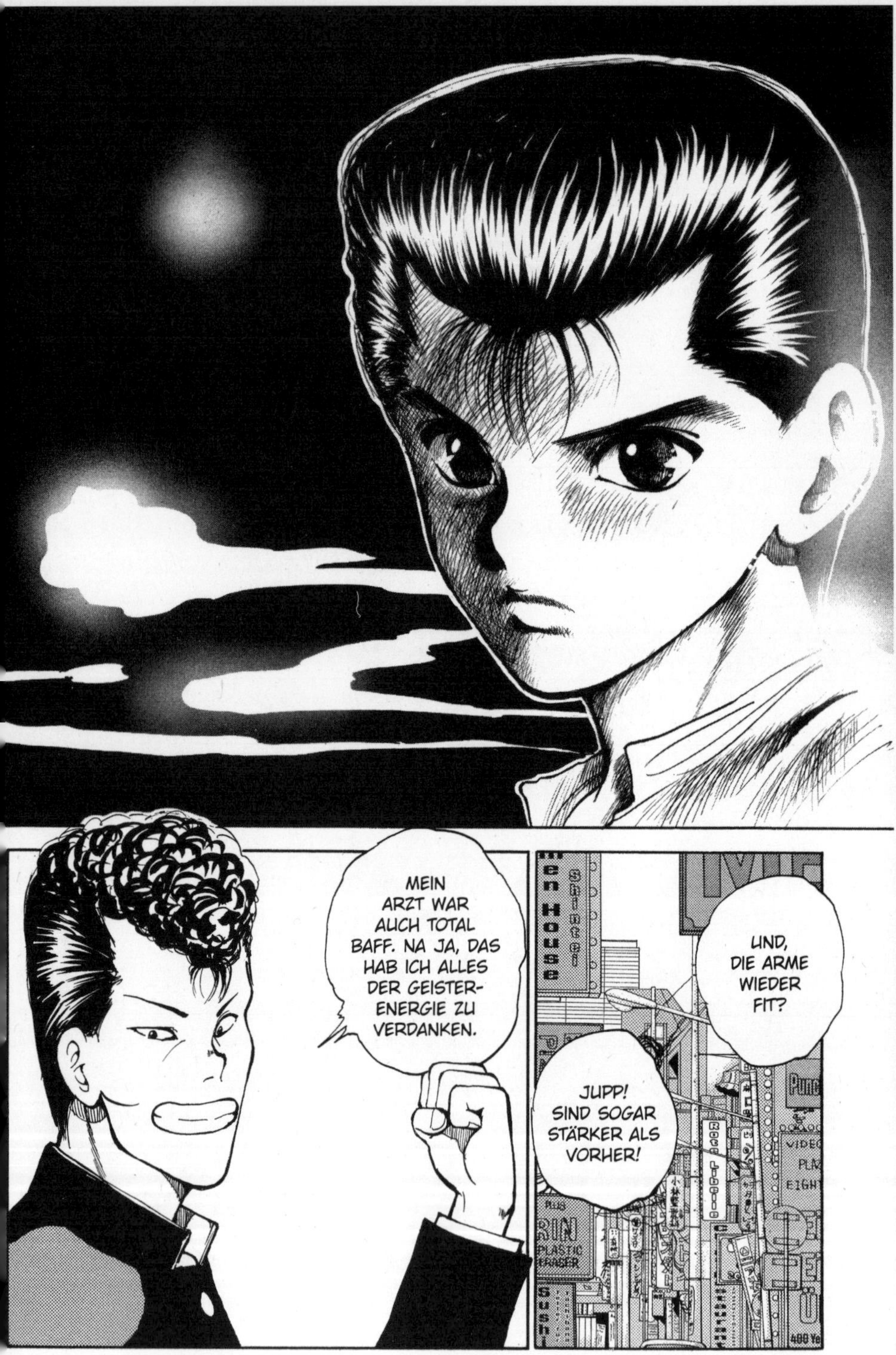
UND, DIE ARME WIEDER FIT?
JUPP! SIND SOGAR STÄRKER ALS VORHER!
MEIN ARZT WAR AUCH TOTAL BAFF. NA JA, DAS HAB ICH ALLES DER GEISTER-ENERGIE ZU VERDANKEN.

Kapitel 33 Kampfansage aus der Stadt der Yokai!

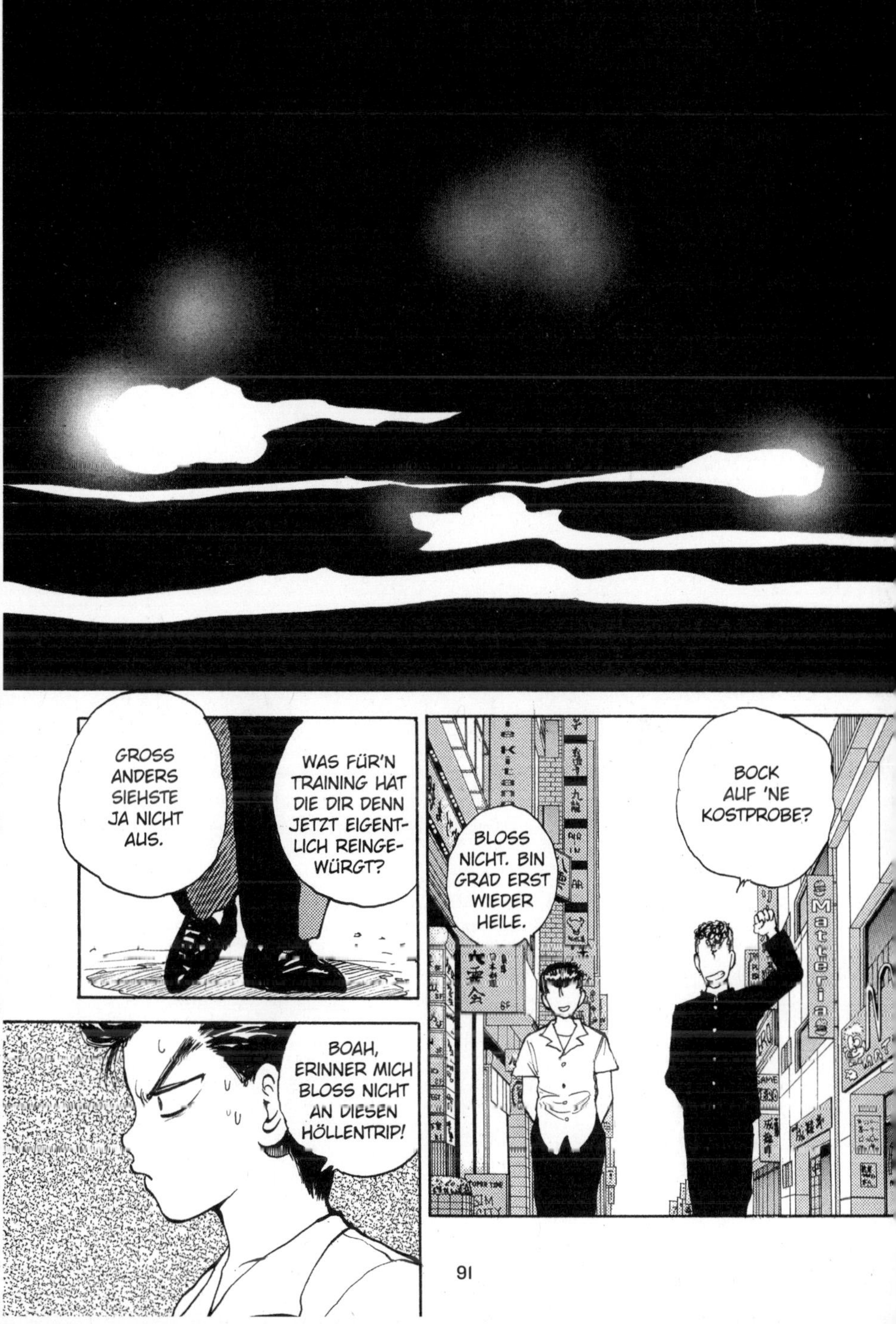

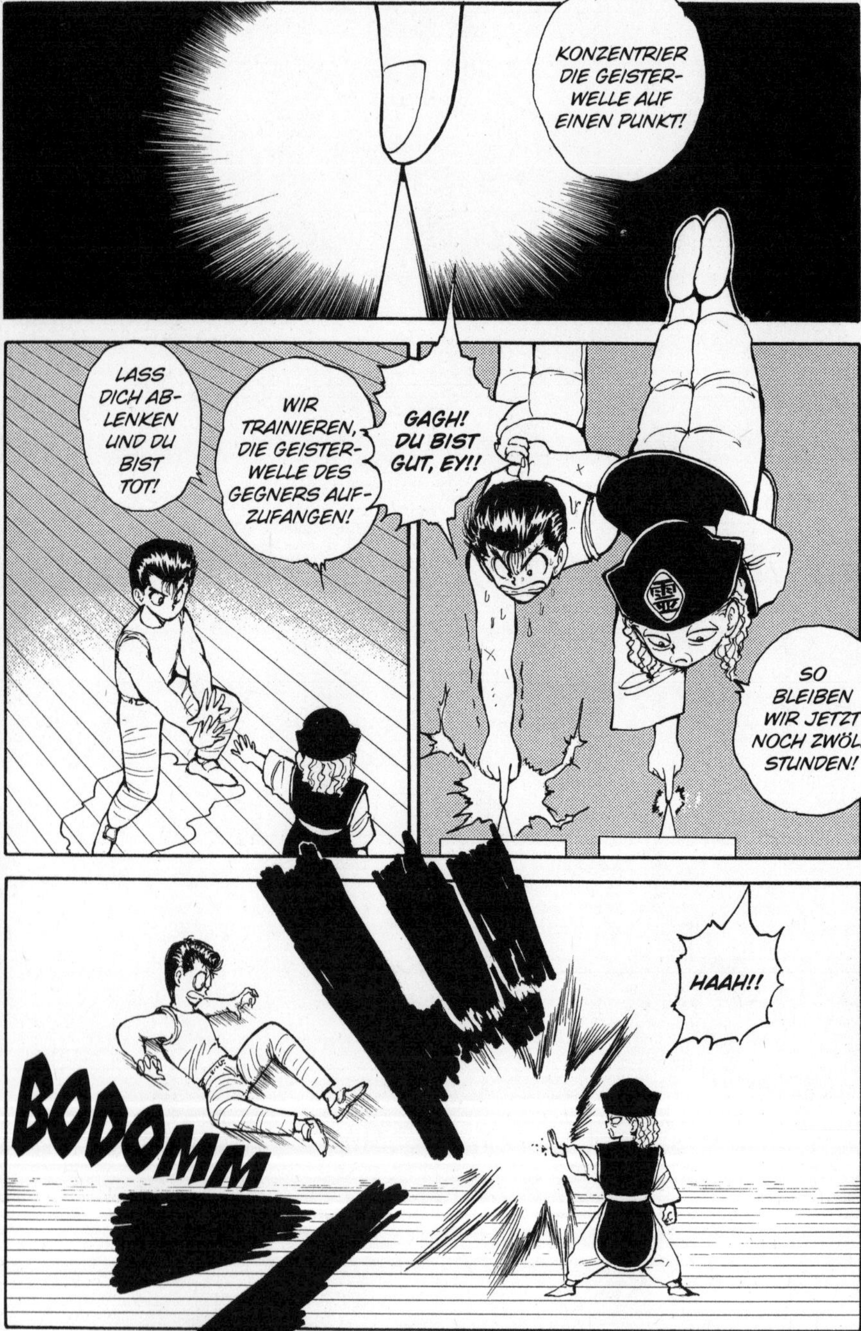
KONZENTRIER DIE GEISTERWELLE AUF EINEN PUNKT!
GAGH! DU BIST GUT, EY!!
SO BLEIBEN WIR JETZT NOCH ZWÖLF STUNDEN!
WIR TRAINIEREN, DIE GEISTERWELLE DES GEGNERS AUFZUFANGEN!
LASS DICH ABLENKEN UND DU BIST TOT!
HAAH!!
BODOMM

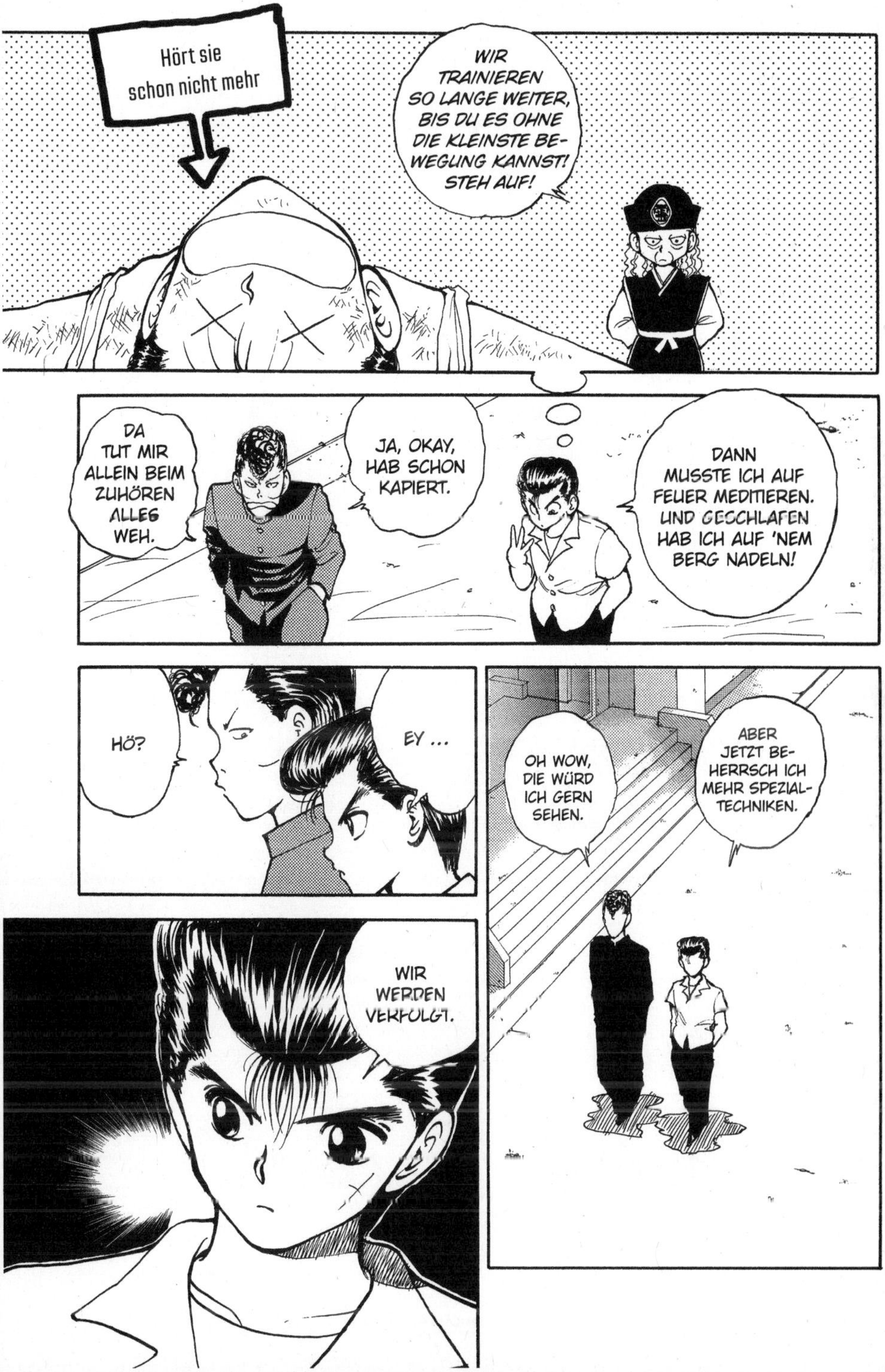
WIR TRAINIEREN SO LANGE WEITER, BIS DU ES OHNE DIE KLEINSTE BE-WEGUNG KANNST! STEH AUF!
Hört sie schon nicht mehr
DANN MUSSTE ICH AUF FEUER MEDITIEREN. UND GESCHLAFEN HAB ICH AUF 'NEM BERG NADELN!
JA, OKAY, HAB SCHON KAPIERT.
DA TUT MIR ALLEIN BEIM ZUHÖREN ALLES WEH.
ABER JETZT BE-HERRSCH ICH MEHR SPEZIAL-TECHNIKEN.
OH WOW, DIE WÜRD ICH GERN SEHEN.
EY ...
HÖ?
WIR WERDEN VERFOLGT.

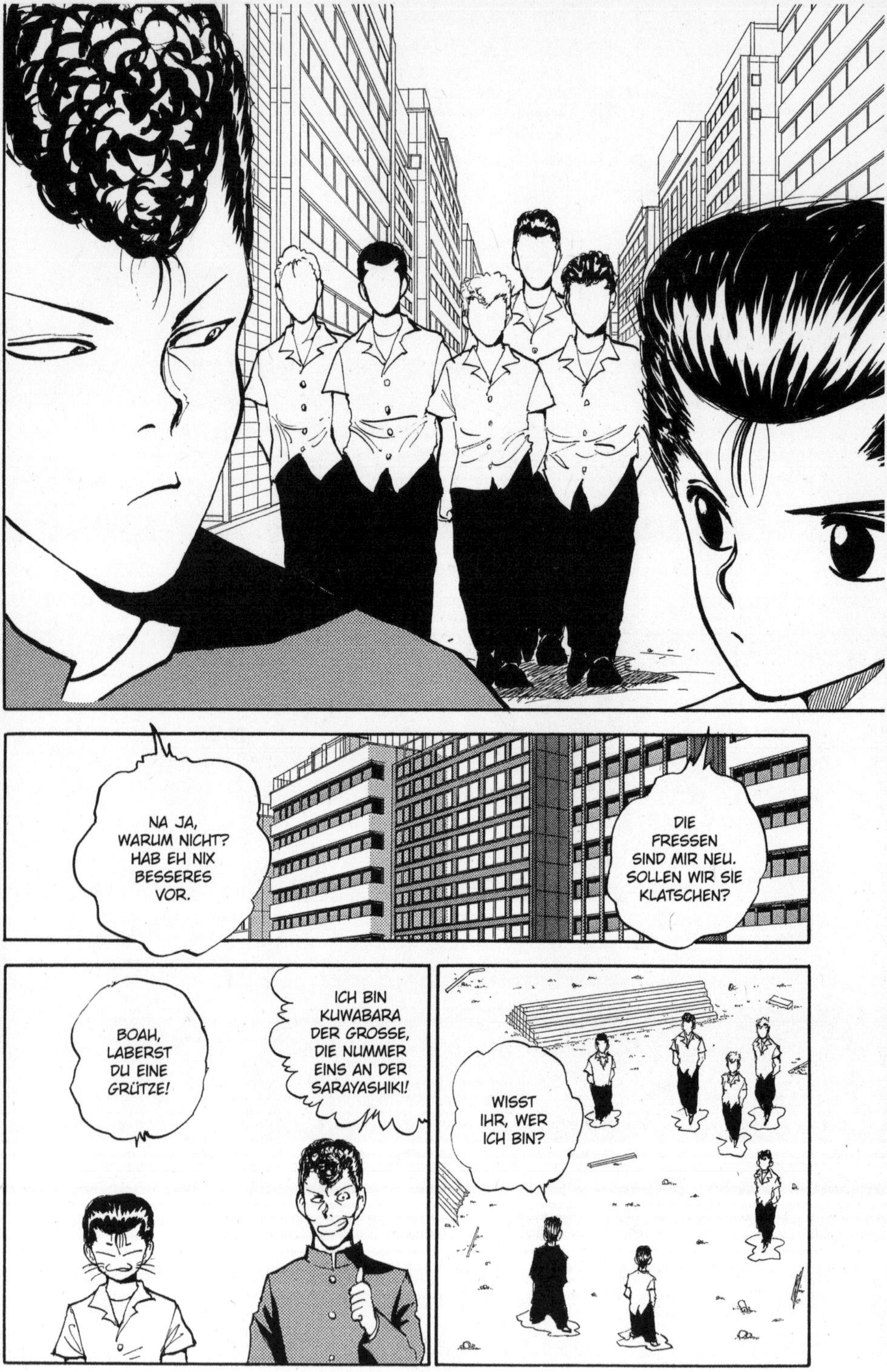
DIE FRESSEN SIND MIR NEU. SOLLEN WIR SIE KLATSCHEN?
NA JA, WARUM NICHT? HAB EH NIX BESSERES VOR.
WISST IHR, WER ICH BIN?
ICH BIN KUWABARA DER GROSSE, DIE NUMMER EINS AN DER SARAYASHIKI!
BOAH, LABERST DU EINE GRÜTZE!

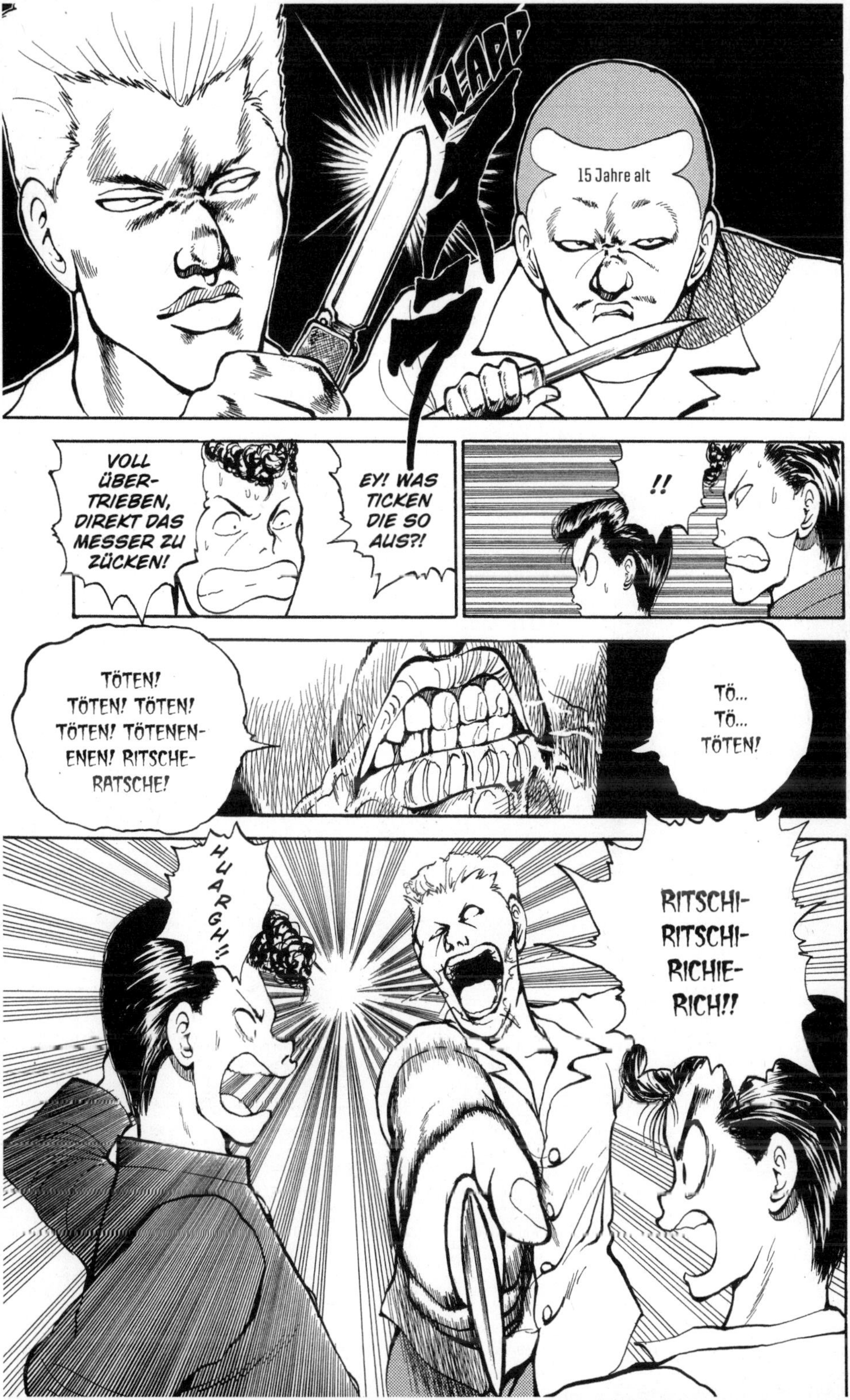
KLAPP
15 Jahre alt
EY! WAS TICKEN DIE SO AUS?!
VOLL ÜBER-TRIEBEN, DIREKT DAS MESSER ZU ZÜCKEN!
!!
TÖ... TÖ... TÖTEN!
TÖTEN! TÖTEN! TÖTEN! TÖTEN! TÖTENENENEN! RITSCHE-RATSCHE!
RITSCHI-RITSCHI-RICHIE-RICH!!
HUARGH!!

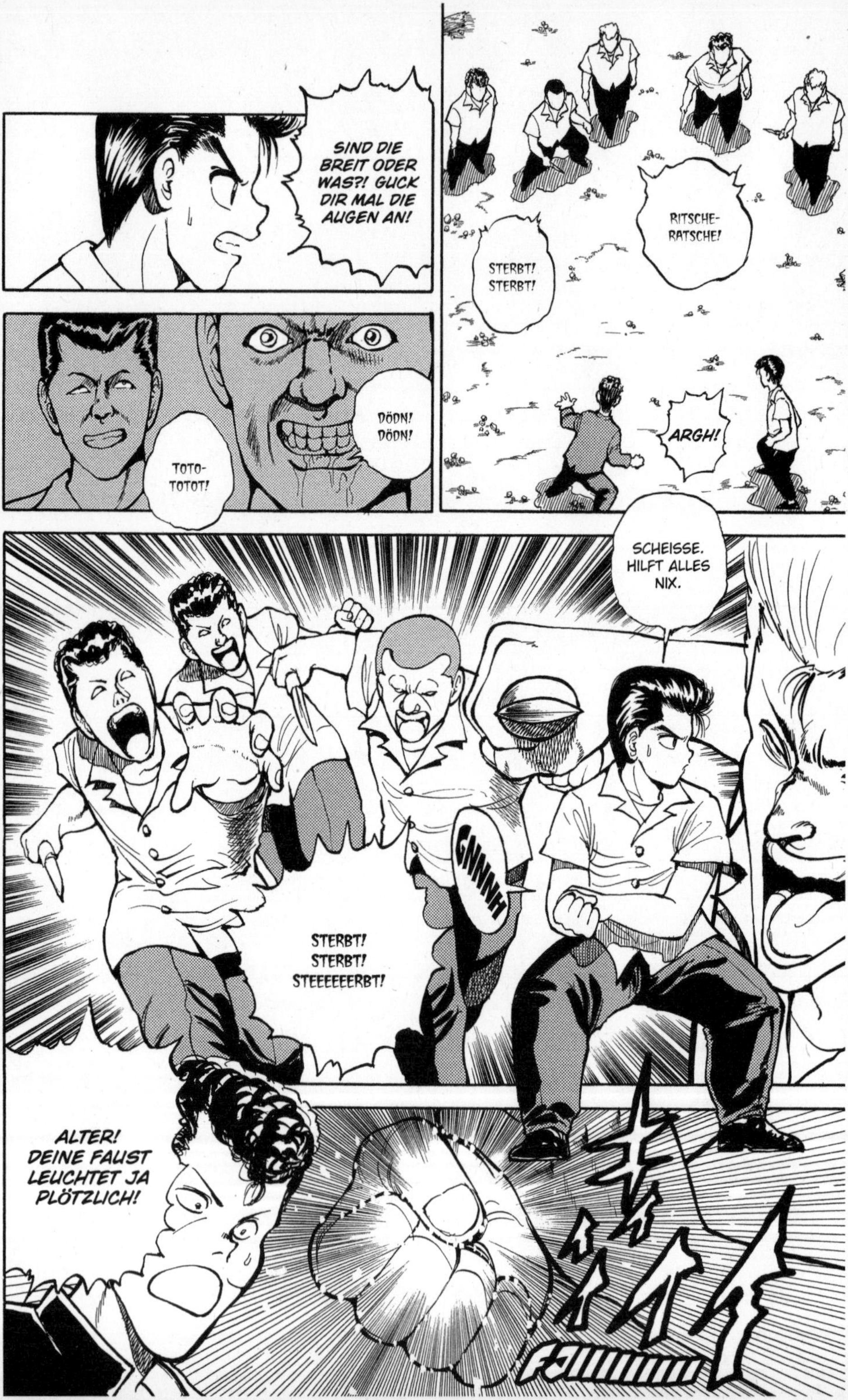
RITSCHE-RATSCHE!
STERBT! STERBT!
ARGH!
SIND DIE BREIT ODER WAS?! GUCK DIR MAL DIE AUGEN AN!
DÖDN! DÖDN!
TOTO-TOTOT!
SCHEISSE. HILFT ALLES NIX.
GNNNH
STERBT! STERBT! STEEEEEERBT!
ALTER! DEINE FAUST LEUCHTET JA PLÖTZLICH!

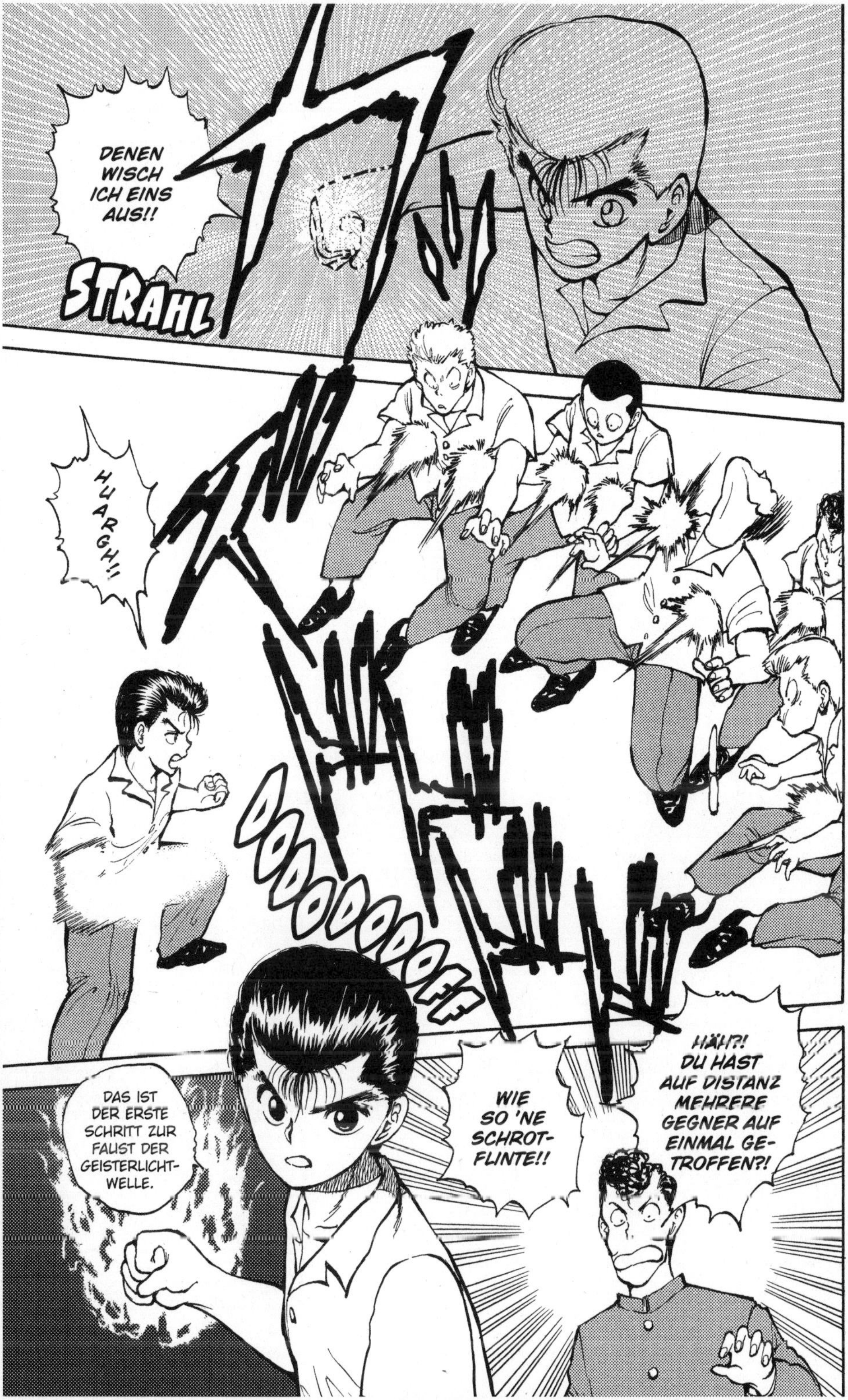
DENEN WISCH ICH EINS AUS!!
STRAHL
HUARGH!!
DODODODOFF
HÄH?! DU HAST AUF DISTANZ MEHRERE GEGNER AUF EINMAL GETROFFEN?!
WIE SO 'NE SCHROTFLINTE!!
DAS IST DER ERSTE SCHRITT ZUR FAUST DER GEISTERLICHTWELLE.

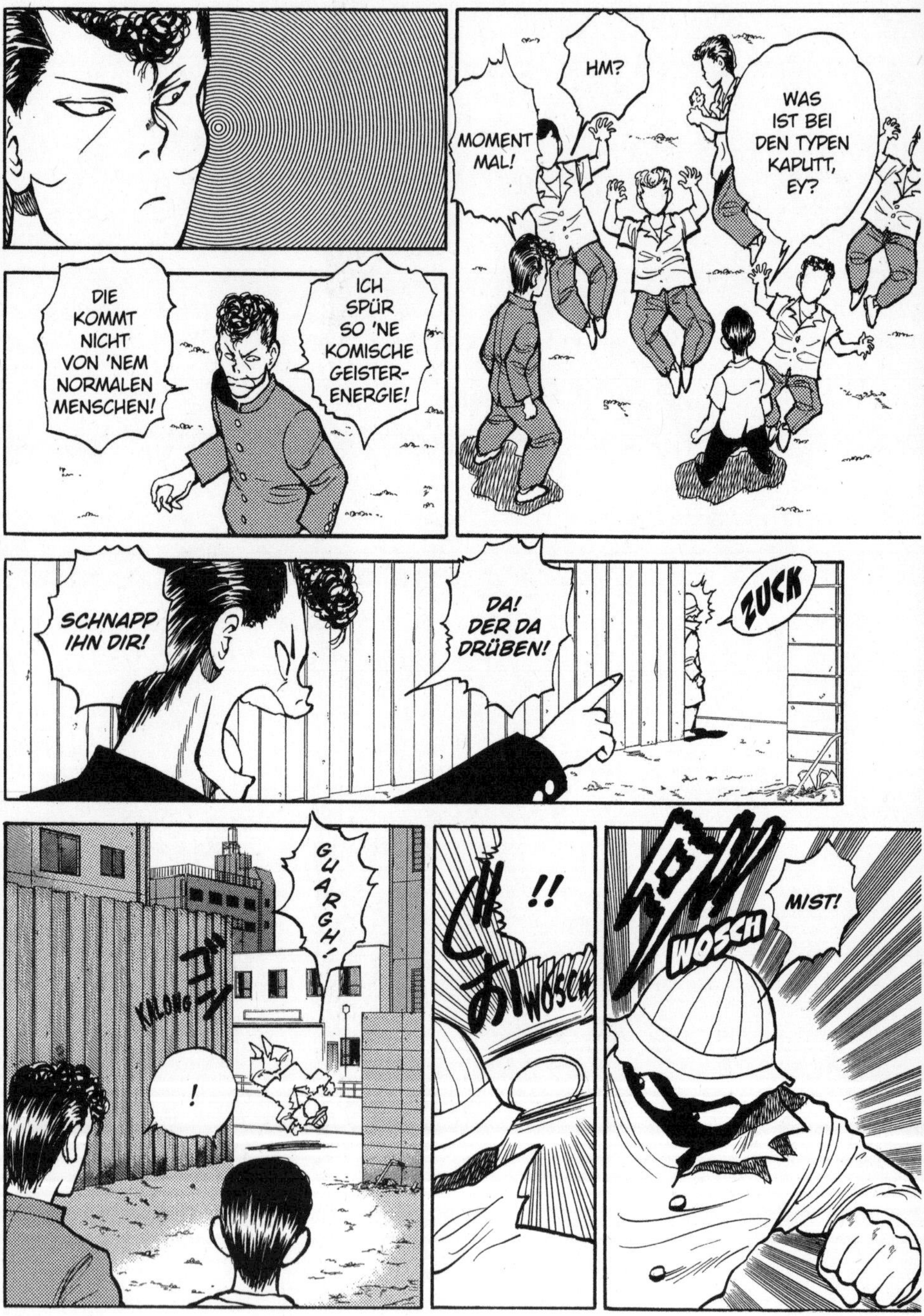
WAS IST BEI DEN TYPEN KAPUTT, EY?
HM?
MOMENT MAL!
ICH SPÜR SO 'NE KOMISCHE GEISTER-ENERGIE!
DIE KOMMT NICHT VON 'NEM NORMALEN MENSCHEN!
ZUCK
DA! DER DA DRÜBEN!
SCHNAPP IHN DIR!
MIST!
WOSCH
!!
WOSCH
GUARGH!
KRLONG
!

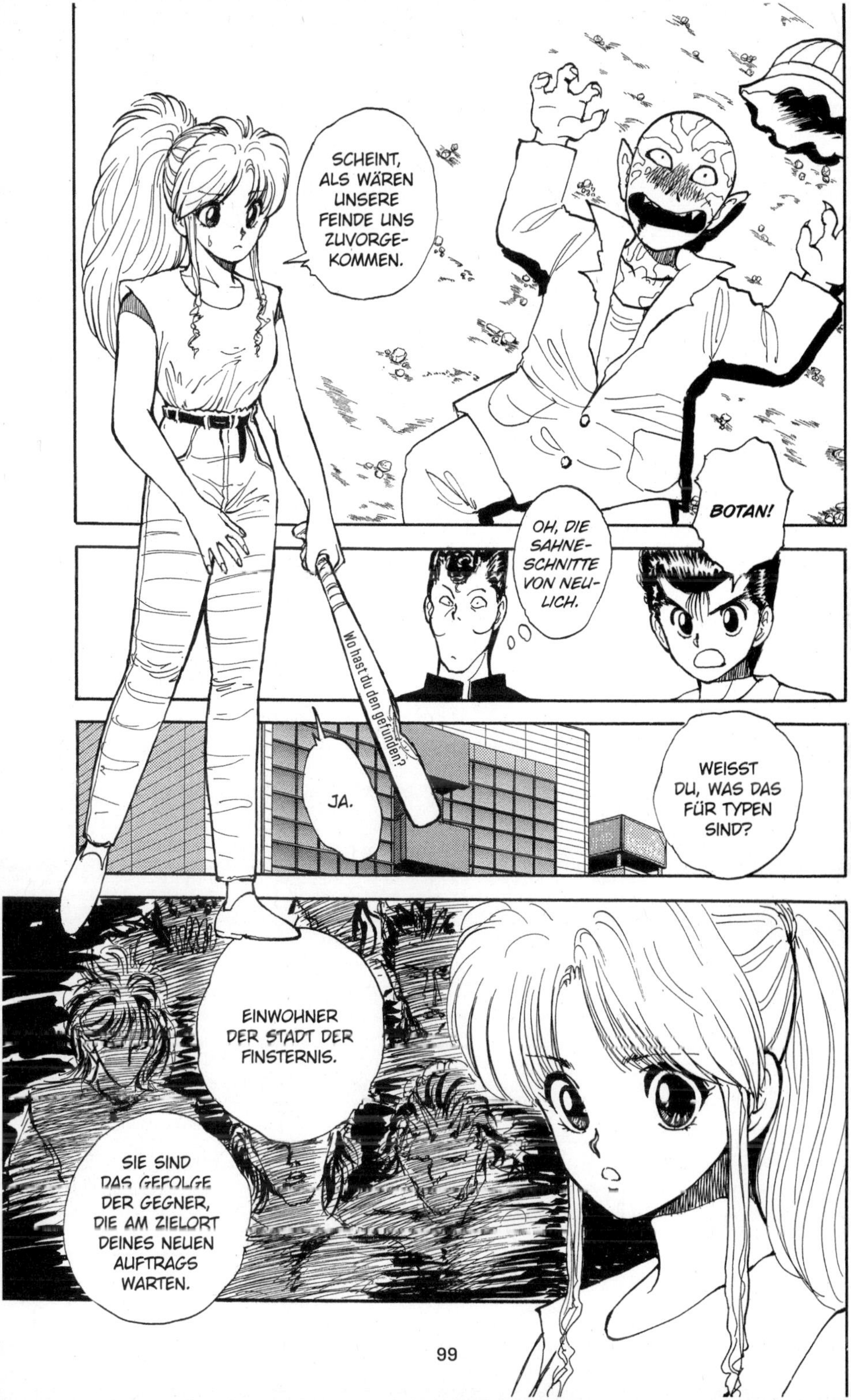
SCHEINT, ALS WÄREN UNSERE FEINDE UNS ZUVORGE-KOMMEN.
BOTAN!
OH, DIE SAHNE-SCHNITTE VON NEU-LICH.
Wo hast du den gefunden?
WEISST DU, WAS DAS FÜR TYPEN SIND?
JA.
EINWOHNER DER STADT DER FINSTERNIS.
SIE SIND DAS GEFOLGE DER GEGNER, DIE AM ZIELORT DEINES NEUEN AUFTRAGS WARTEN.

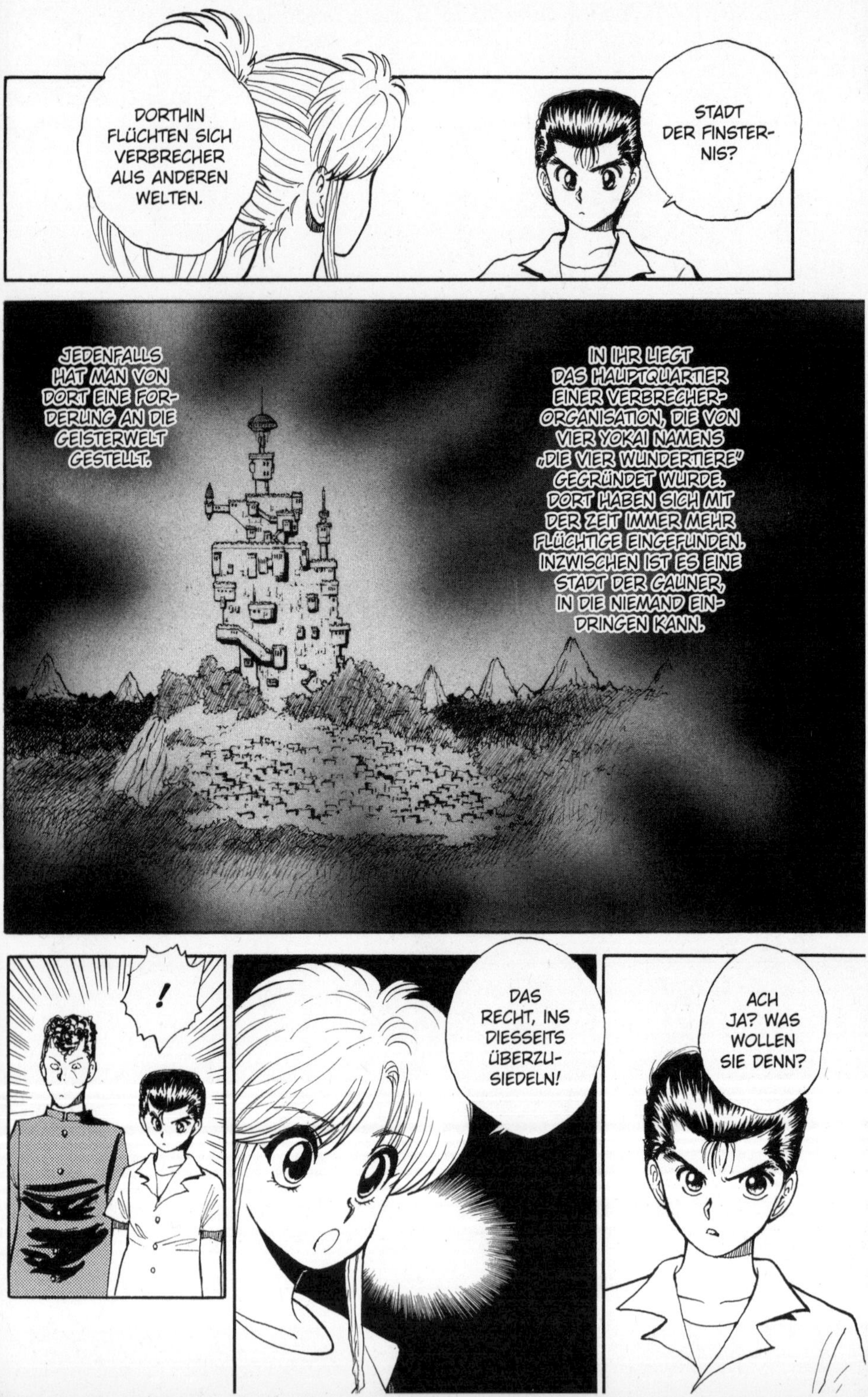
STADT DER FINSTERNIS?
DORTHIN FLÜCHTEN SICH VERBRECHER AUS ANDEREN WELTEN.
IN IHR LIEGT DAS HAUPTQUARTIER EINER VERBRECHERORGANISATION, DIE VON VIER YOKAI NAMENS „DIE VIER WUNDERTIERE" GEGRÜNDET WURDE. DORT HABEN SICH MIT DER ZEIT IMMER MEHR FLÜCHTIGE EINGEFUNDEN. INZWISCHEN IST ES EINE STADT DER GAUNER, IN DIE NIEMAND EINDRINGEN KANN.
JEDENFALLS HAT MAN VON DORT EINE FORDERUNG AN DIE GEISTERWELT GESTELLT.
ACH JA? WAS WOLLEN SIE DENN?
DAS RECHT, INS DIESSEITS ÜBERZUSIEDELN!
!

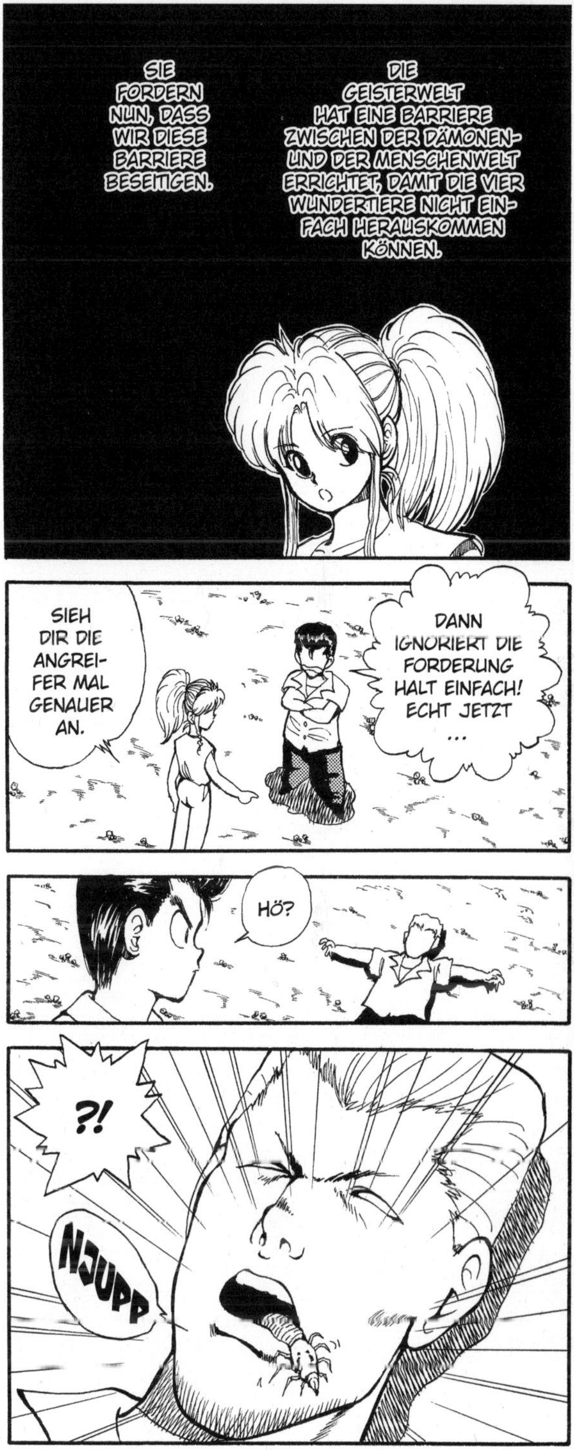

YuYu Hakusho

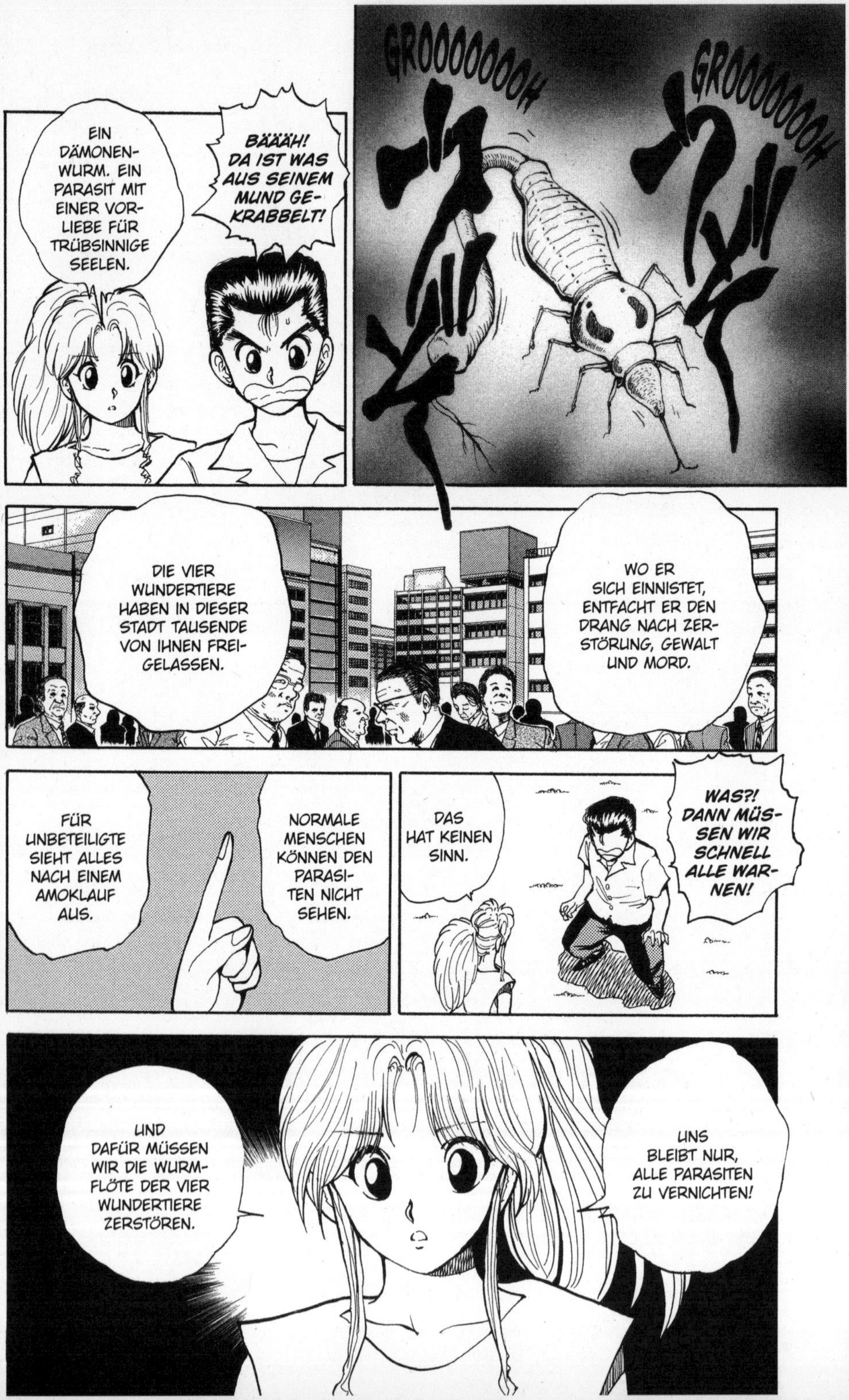
GROOOOOOOH
GROOOOOOOH
BÄÄÄH! DA IST WAS AUS SEINEM MUND GE- KRABBELT!
EIN DÄMONEN- WURM. EIN PARASIT MIT EINER VOR- LIEBE FÜR TRÜBSINNIGE SEELEN.
WO ER SICH EINNISTET, ENTFACHT ER DEN DRANG NACH ZER- STÖRUNG, GEWALT UND MORD.
DIE VIER WUNDERTIERE HABEN IN DIESER STADT TAUSENDE VON IHNEN FREI- GELASSEN.
WAS?! DANN MÜS- SEN WIR SCHNELL ALLE WAR- NEN!
DAS HAT KEINEN SINN.
NORMALE MENSCHEN KÖNNEN DEN PARASI- TEN NICHT SEHEN.
FÜR UNBETEILIGTE SIEHT ALLES NACH EINEM AMOKLAUF AUS.
UNS BLEIBT NUR, ALLE PARASITEN ZU VERNICHTEN!
UND DAFÜR MÜSSEN WIR DIE WURM- FLÖTE DER VIER WUNDERTIERE ZERSTÖREN.

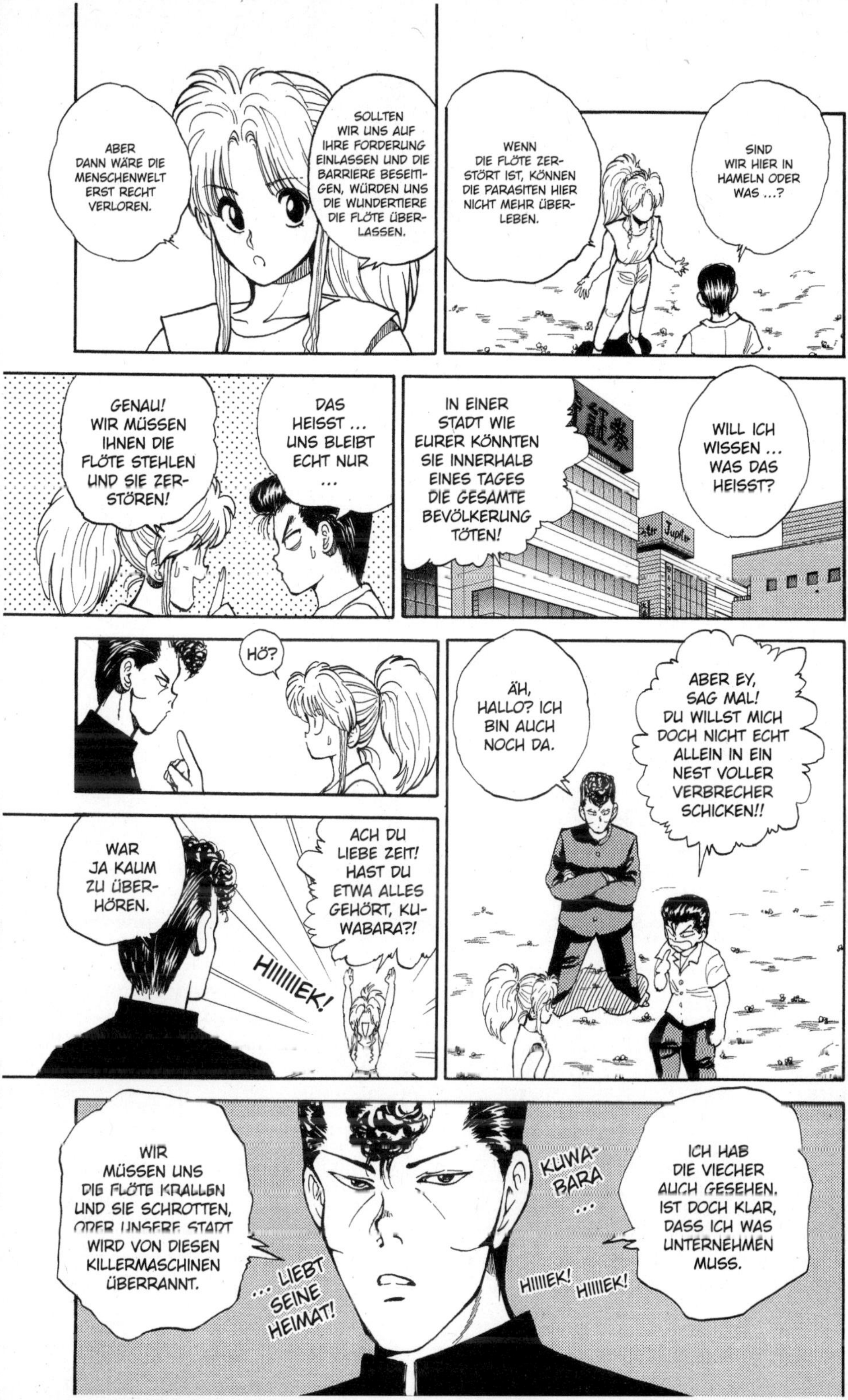

SOLLTEN WIR UNS AUF IHRE FORDERUNG EINLASSEN UND DIE BARRIERE BESEITIGEN, WÜRDEN UNS DIE WUNDERTIERE DIE FLÖTE ÜBERLASSEN.
ABER DANN WÄRE DIE MENSCHENWELT ERST RECHT VERLOREN.
WENN DIE FLÖTE ZERSTÖRT IST, KÖNNEN DIE PARASITEN HIER NICHT MEHR ÜBERLEBEN.
SIND WIR HIER IN HAMELN ODER WAS …?
DAS HEISST … UNS BLEIBT ECHT NUR …
GENAU! WIR MÜSSEN IHNEN DIE FLÖTE STEHLEN UND SIE ZERSTÖREN!
IN EINER STADT WIE EURER KÖNNTEN SIE INNERHALB EINES TAGES DIE GESAMTE BEVÖLKERUNG TÖTEN!
WILL ICH WISSEN … WAS DAS HEISST?
ABER EY, SAG MAL! DU WILLST MICH DOCH NICHT ECHT ALLEIN IN EIN NEST VOLLER VERBRECHER SCHICKEN!!
HÖ?
ÄH, HALLO? ICH BIN AUCH NOCH DA.
ACH DU LIEBE ZEIT! HAST DU ETWA ALLES GEHÖRT, KUWABARA?!
HIIIIIEK!
WAR JA KAUM ZU ÜBERHÖREN.
KUWABARA …
ICH HAB DIE VIECHER AUCH GESEHEN. IST DOCH KLAR, DASS ICH WAS UNTERNEHMEN MUSS.
WIR MÜSSEN UNS DIE FLÖTE KRALLEN UND SIE SCHROTTEN, ODER UNSERE STADT WIRD VON DIESEN KILLERMASCHINEN ÜBERRANNT.
… LIEBT SEINE HEIMAT!
HIIIIEK! HIIIIEK!

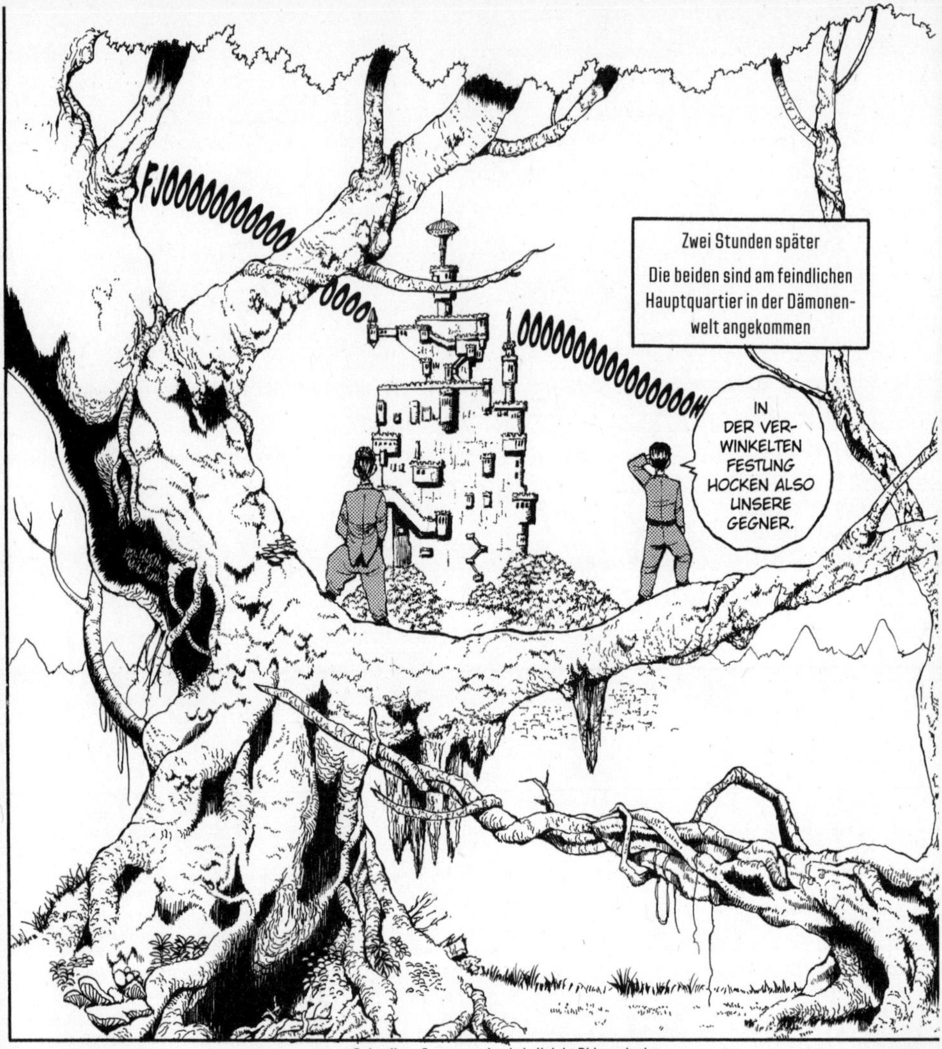

Schnellere Szenenwechsel als Knight Rider erlaubt

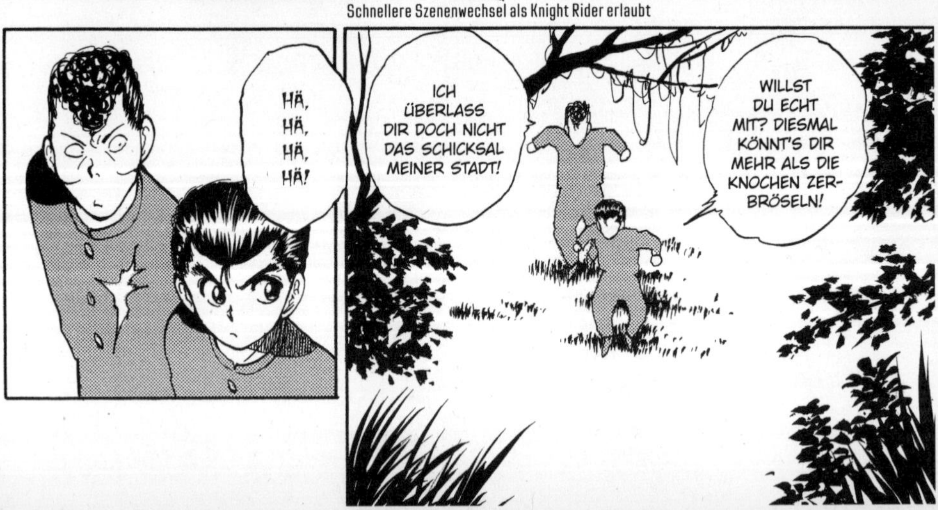

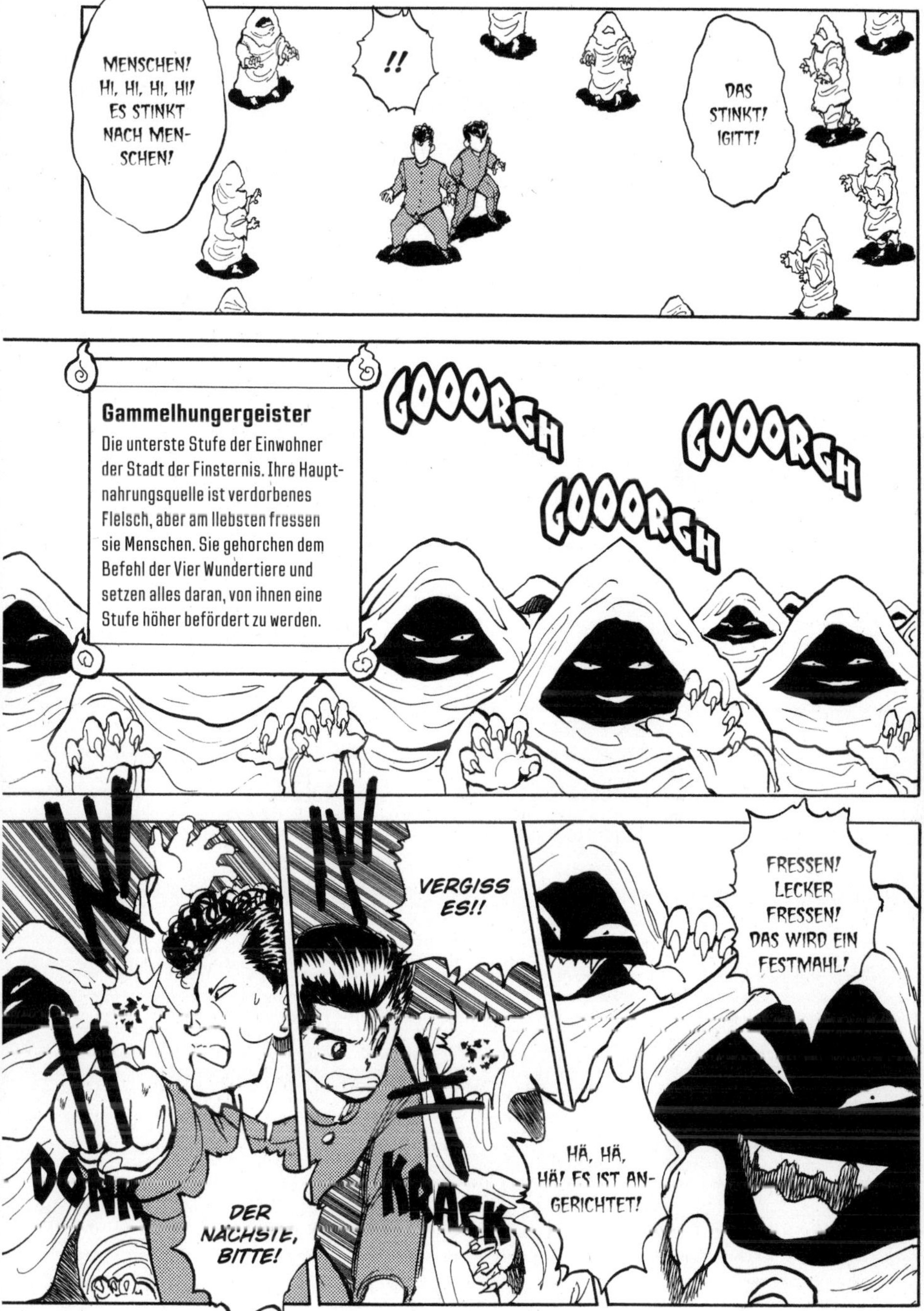
DAS STINKT! IGITT!
!!
MENSCHEN! HI, HI, HI, HI! ES STINKT NACH MENSCHEN!
Gammelhungergeister
Die unterste Stufe der Einwohner der Stadt der Finsternis. Ihre Hauptnahrungsquelle ist verdorbenes Fleisch, aber am liebsten fressen sie Menschen. Sie gehorchen dem Befehl der Vier Wundertiere und setzen alles daran, von ihnen eine Stufe höher befördert zu werden.
GOOORGH
GOOORGH
GOOORGH
FRESSEN! LECKER FRESSEN! DAS WIRD EIN FESTMAHL!
HÄ, HÄ, HÄ! ES IST ANGERICHTET!
VERGISS ES!!
KRACK
DER NÄCHSTE, BITTE!
DONK

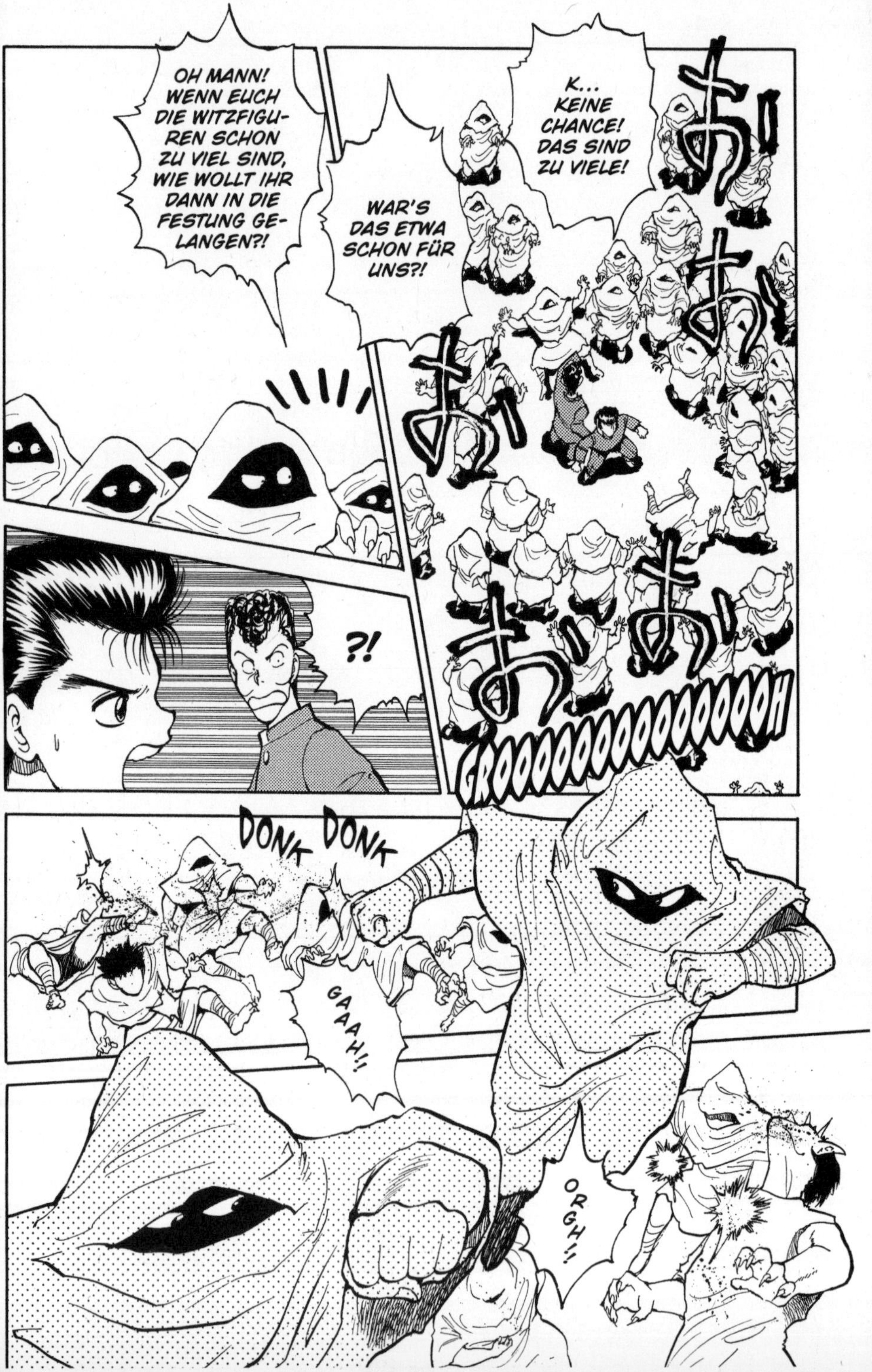
K... KEINE CHANCE! DAS SIND ZU VIELE!
あ！あ！
WAR'S DAS ETWA SCHON FÜR UNS?!
OH MANN! WENN EUCH DIE WITZFIGUREN SCHON ZU VIEL SIND, WIE WOLLT IHR DANN IN DIE FESTUNG GELANGEN?!
おおおお
GROOOOOOOOOOOOOOH
?!
DONK DONK
GAAAH!!
ORGH!!

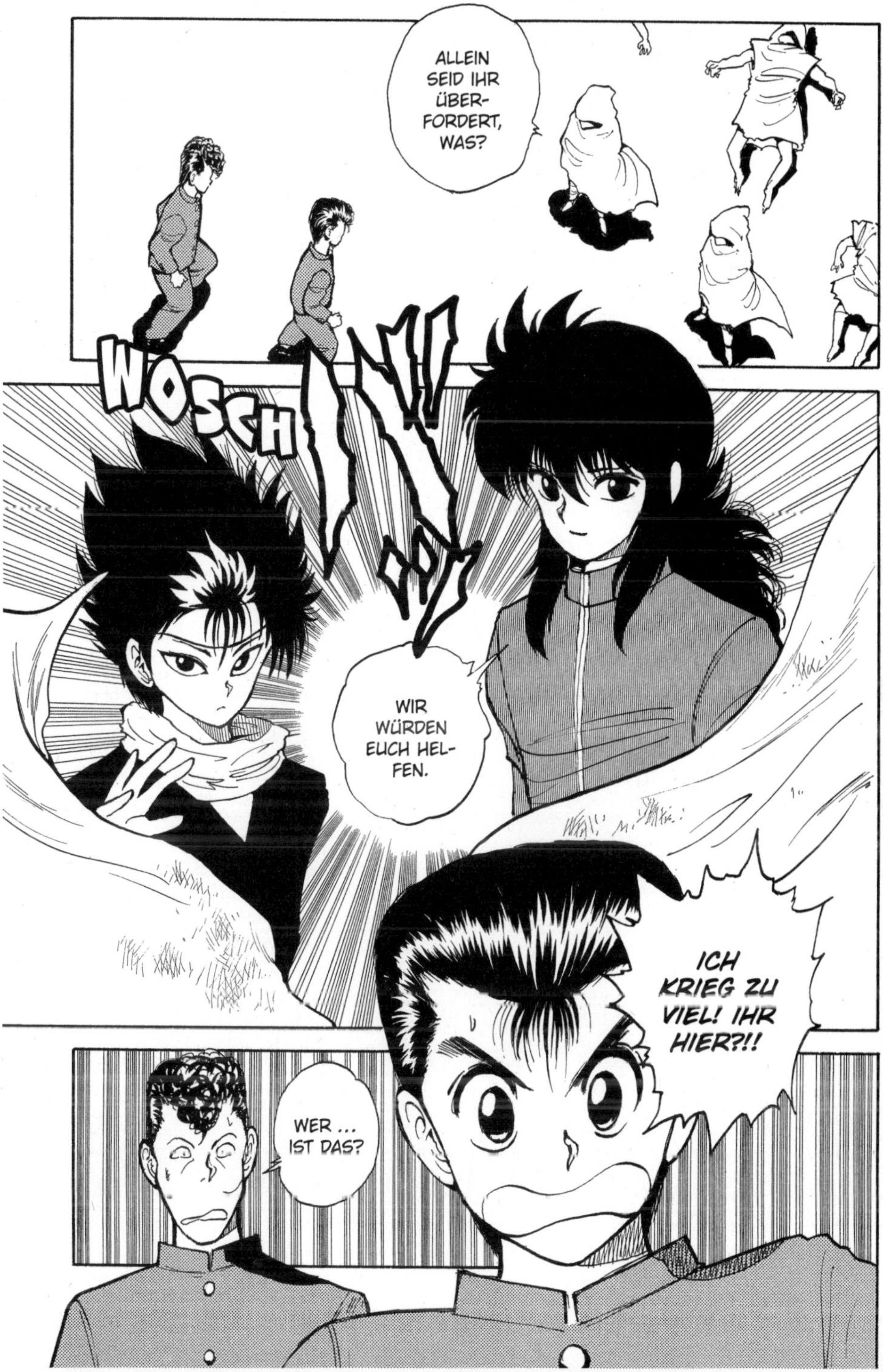
ALLEIN SEID IHR ÜBER-FORDERT, WAS?
WOSCH
WIR WÜRDEN EUCH HEL-FEN.
ICH KRIEG ZU VIEL! IHR HIER?!!
WER ... IST DAS?

YuYuHakusho

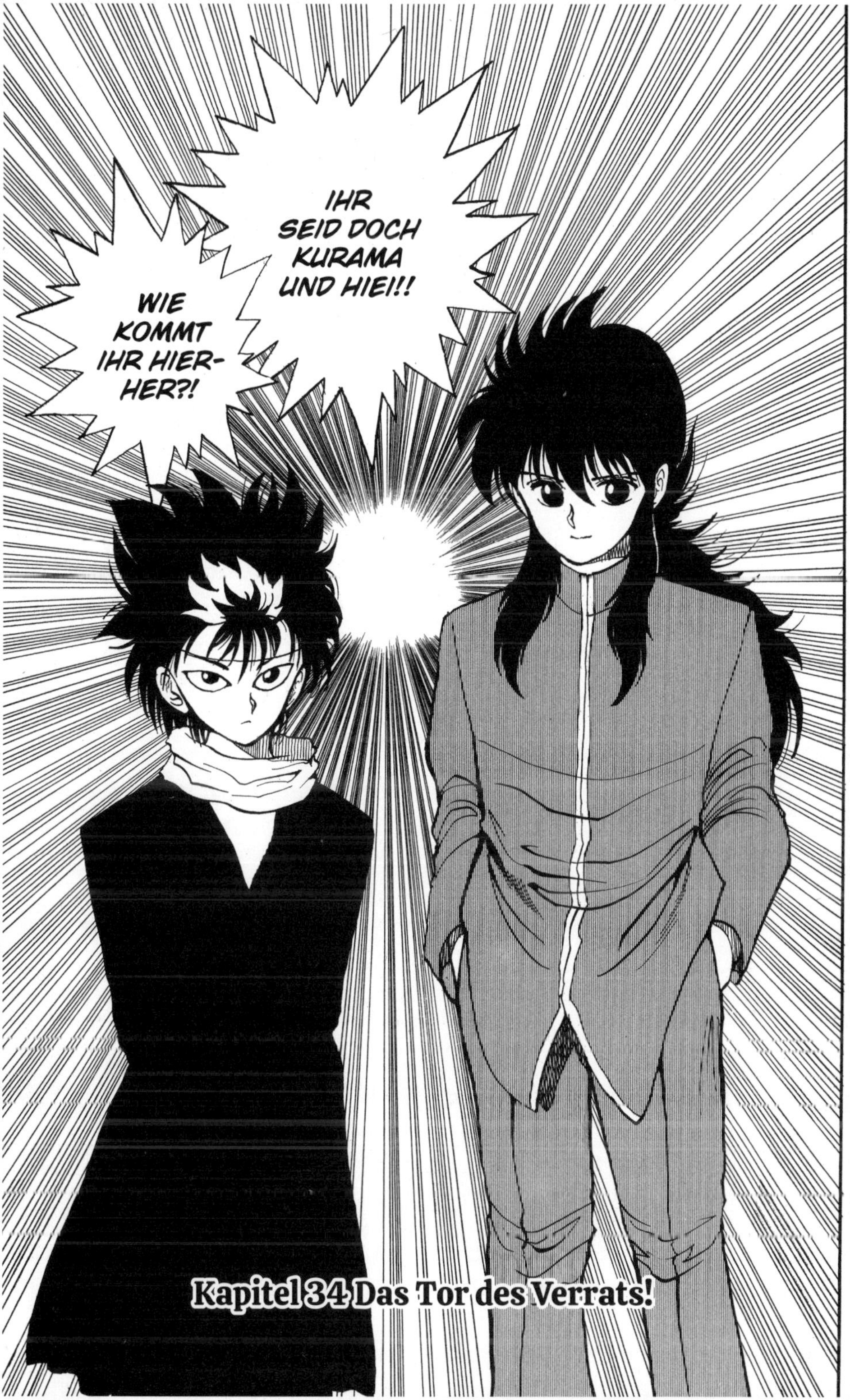

Kapitel 34 Das Tor des Verrats!

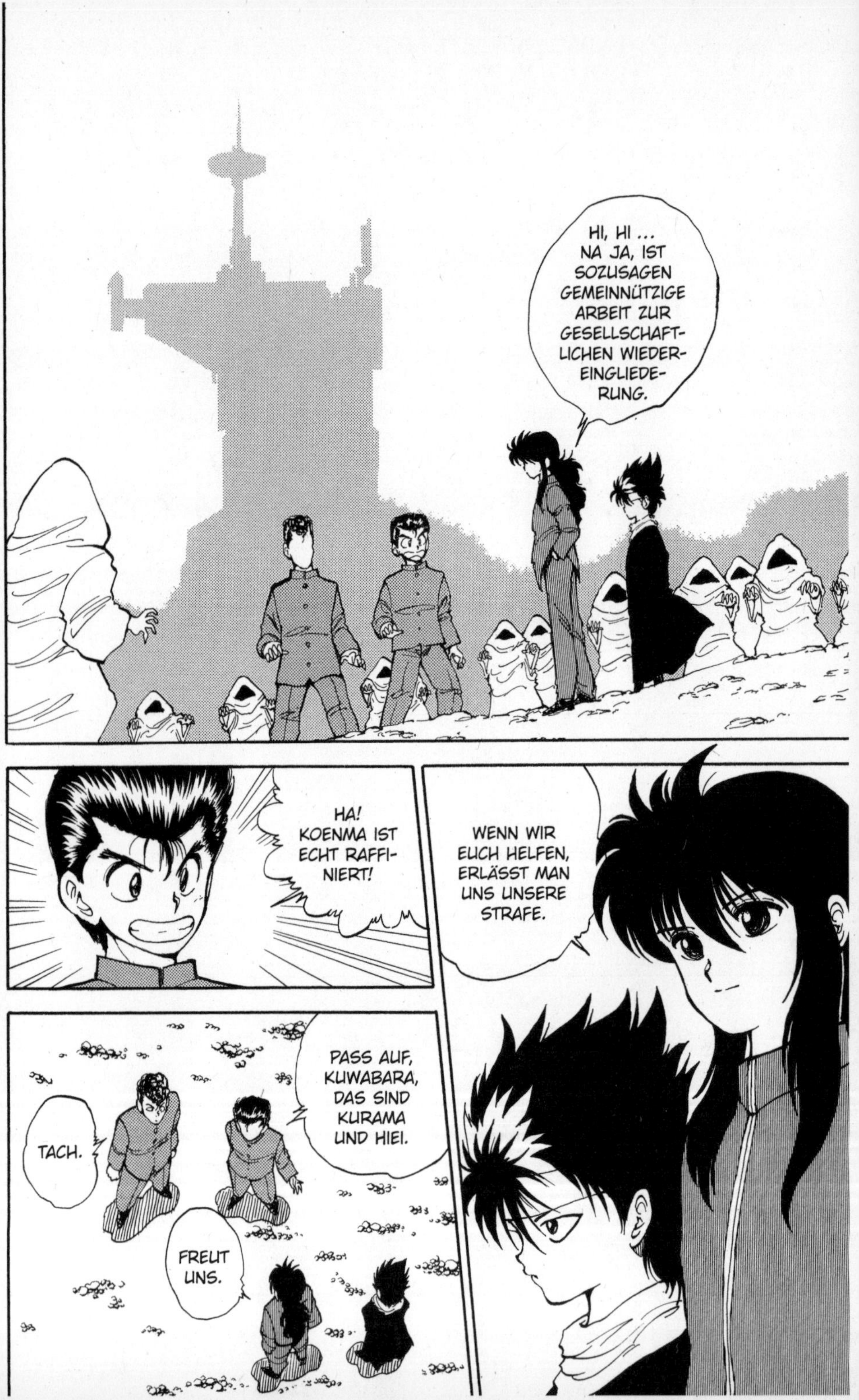
HI, HI ... NA JA, IST SOZUSAGEN GEMEINNÜTZIGE ARBEIT ZUR GESELLSCHAFT-LICHEN WIEDER-EINGLIEDE-RUNG.
WENN WIR EUCH HELFEN, ERLÄSST MAN UNS UNSERE STRAFE.
HA! KOENMA IST ECHT RAFFI-NIERT!
PASS AUF, KUWABARA, DAS SIND KURAMA UND HIEI.
TACH.
FREUT UNS.

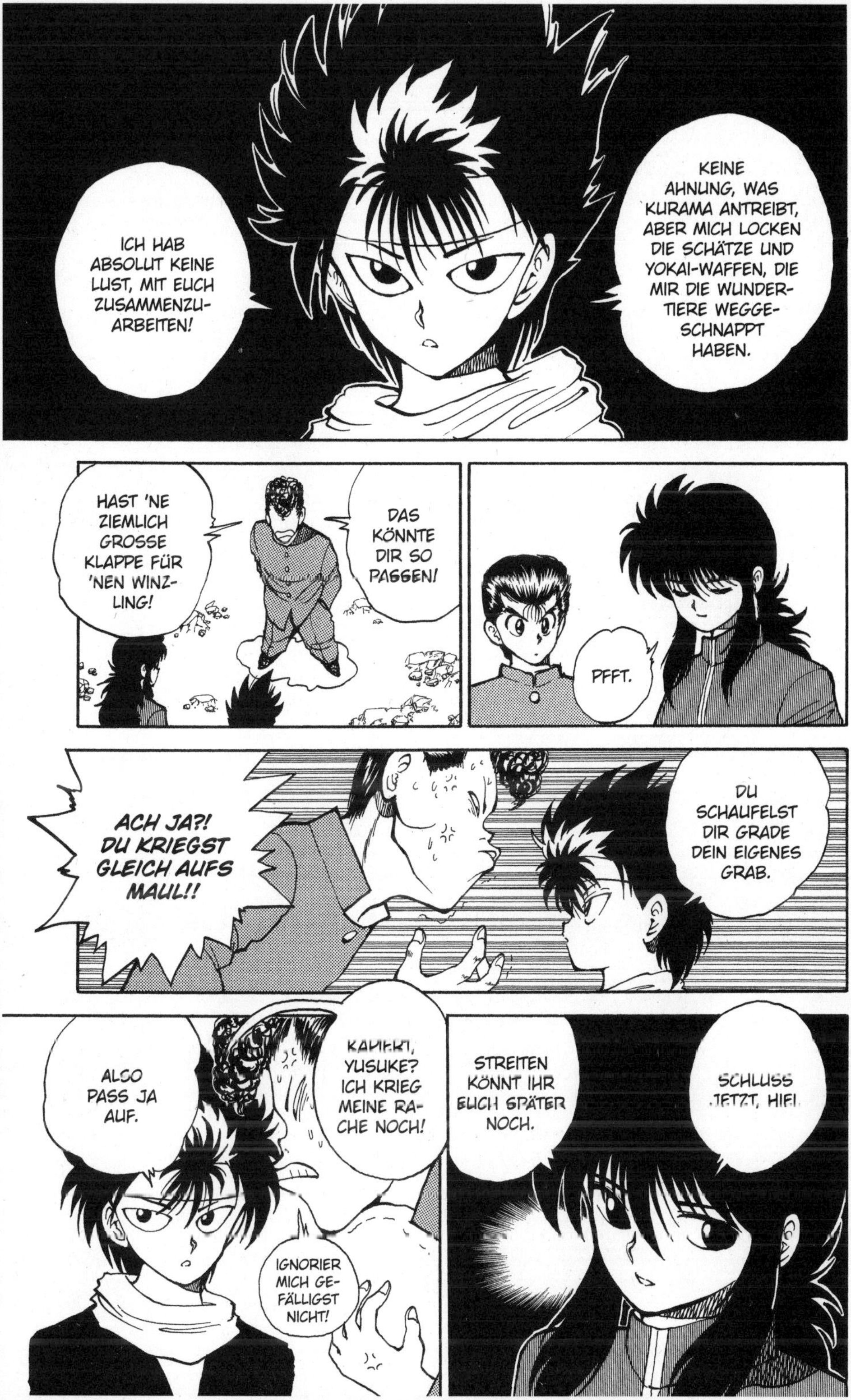
KEINE AHNUNG, WAS KURAMA ANTREIBT, ABER MICH LOCKEN DIE SCHÄTZE UND YOKAI-WAFFEN, DIE MIR DIE WUNDERTIERE WEGGESCHNAPPT HABEN.
ICH HAB ABSOLUT KEINE LUST, MIT EUCH ZUSAMMENZUARBEITEN!
PFFT.
DAS KÖNNTE DIR SO PASSEN!
HAST 'NE ZIEMLICH GROSSE KLAPPE FÜR 'NEN WINZLING!
DU SCHAUFELST DIR GRADE DEIN EIGENES GRAB.
ACH JA?! DU KRIEGST GLEICH AUFS MAUL!!
SCHLUSS JETZT, HIEI.
STREITEN KÖNNT IHR EUCH SPÄTER NOCH.
KAPIERT, YUSUKE? ICH KRIEG MEINE RACHE NOCH!
ALSO PASS JA AUF.
IGNORIER MICH GEFÄLLIGST NICHT!

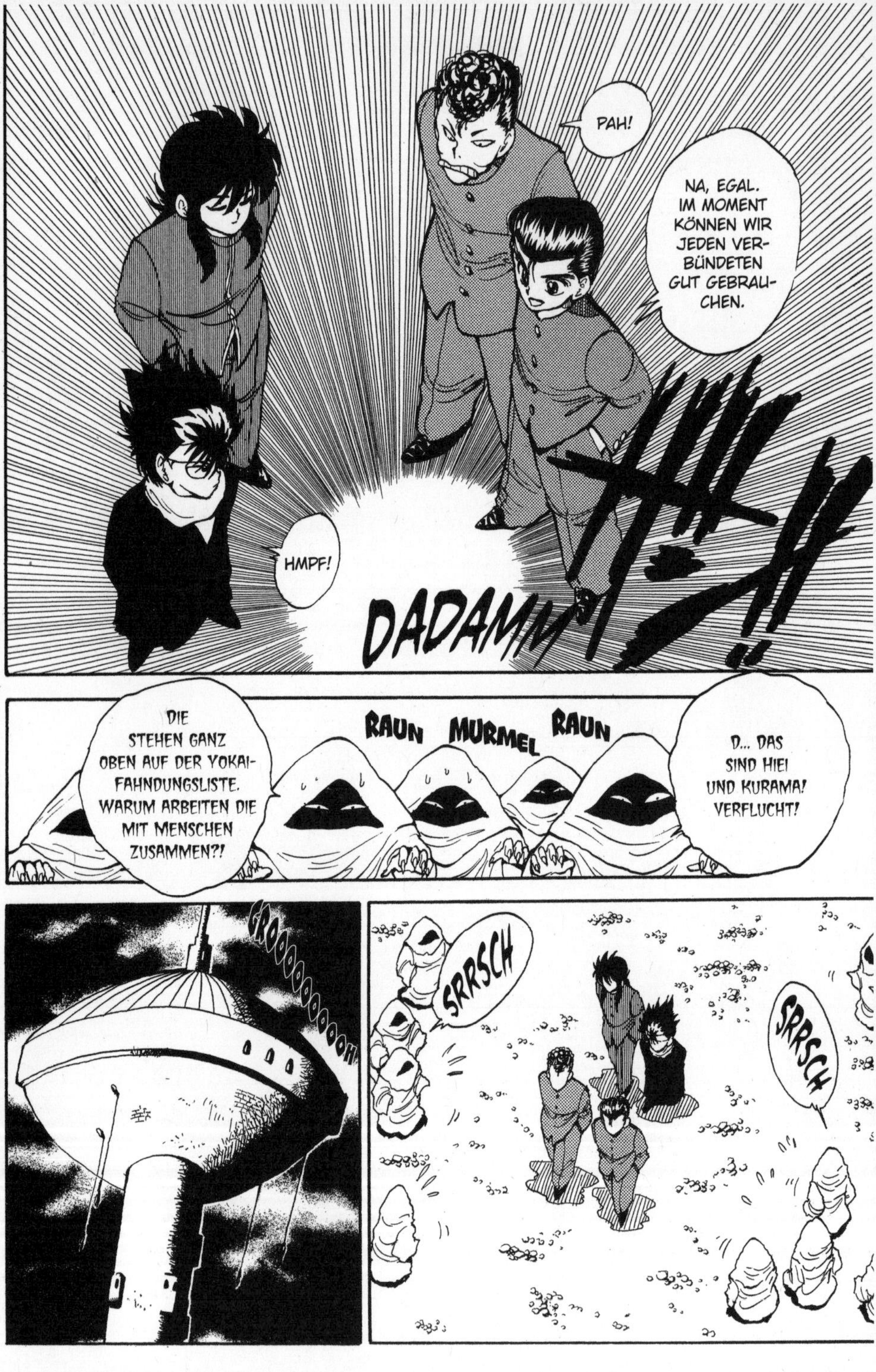
PAH!
NA, EGAL. IM MOMENT KÖNNEN WIR JEDEN VER-BÜNDETEN GUT GEBRAU-CHEN.
HMPF!
DADAMM!!
D... DAS SIND HIEI UND KURAMA! VERFLUCHT!
RAUN
MURMEL
RAUN
DIE STEHEN GANZ OBEN AUF DER YOKAI-FAHNDUNGSLISTE. WARUM ARBEITEN DIE MIT MENSCHEN ZUSAMMEN?!
SRRSCH
SRRSCH
GROOOOOOOOOOOH!

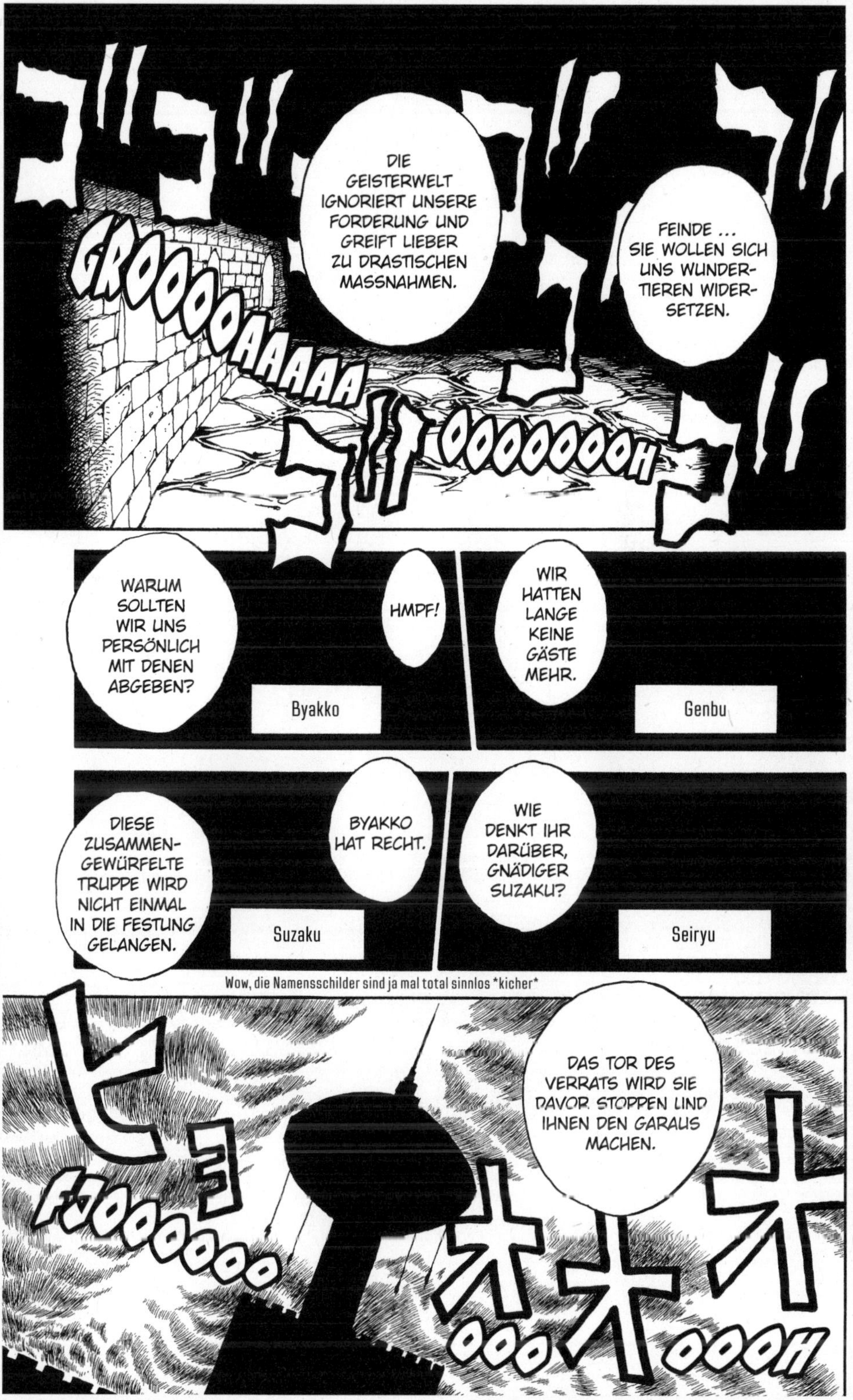
FEINDE … SIE WOLLEN SICH UNS WUNDERTIEREN WIDERSETZEN.
DIE GEISTERWELT IGNORIERT UNSERE FORDERUNG UND GREIFT LIEBER ZU DRASTISCHEN MASSNAHMEN.
GROOOOAAAAAA
OOOOOOOOH
WIR HATTEN LANGE KEINE GÄSTE MEHR.
Genbu
HMPF!
WARUM SOLLTEN WIR UNS PERSÖNLICH MIT DENEN ABGEBEN?
Byakko
WIE DENKT IHR DARÜBER, GNÄDIGER SUZAKU?
Seiryu
BYAKKO HAT RECHT.
DIESE ZUSAMMENGEWÜRFELTE TRUPPE WIRD NICHT EINMAL IN DIE FESTUNG GELANGEN.
Suzaku
Wow, die Namensschilder sind ja mal total sinnlos *kicher*
DAS TOR DES VERRATS WIRD SIE DAVOR STOPPEN UND IHNEN DEN GARAUS MACHEN.
FJOOOOOOO
OOOOOOH

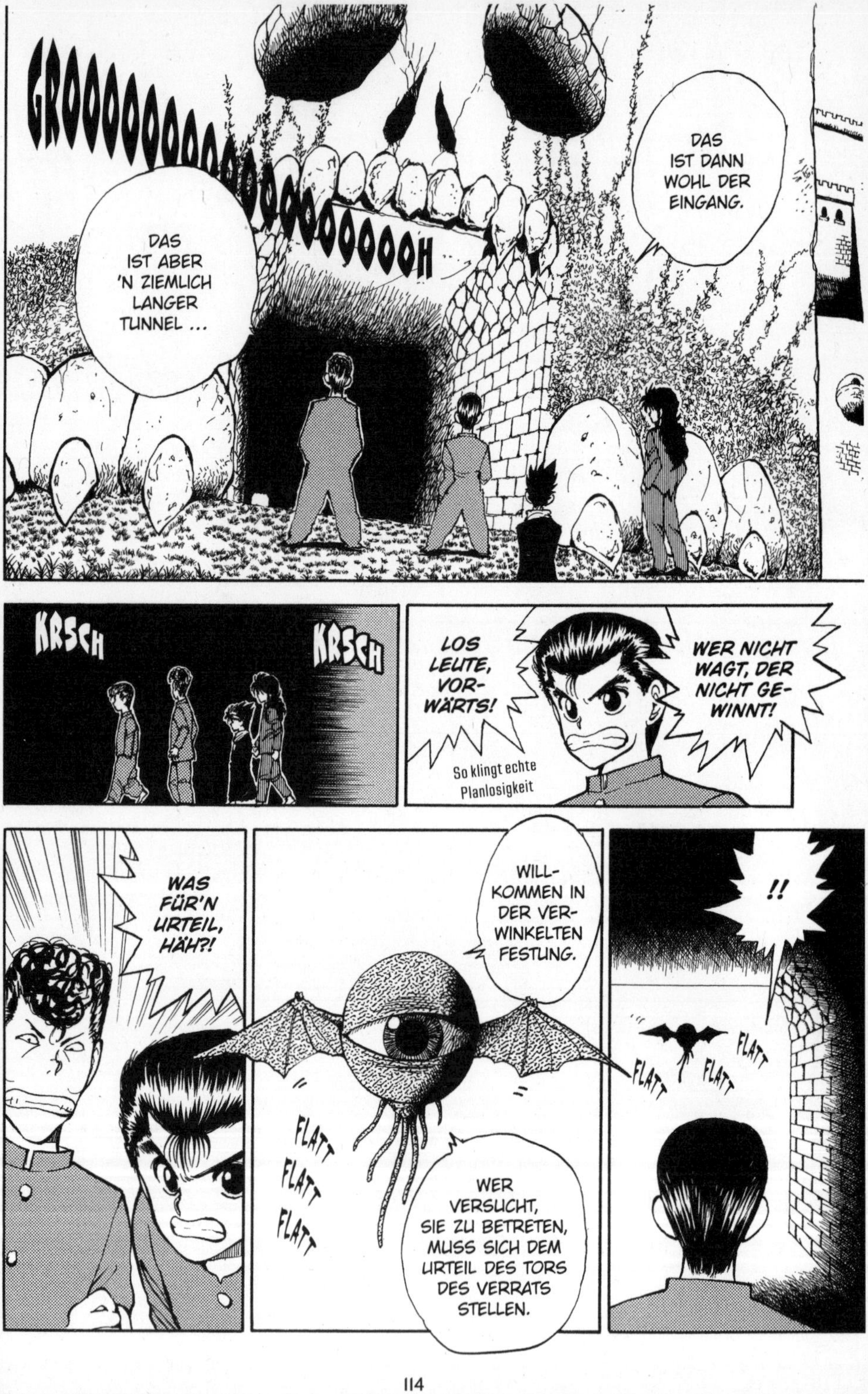
GROOOOOOOOOOOOOOOOOOOOOOH
DAS IST DANN WOHL DER EINGANG.
DAS IST ABER 'N ZIEMLICH LANGER TUNNEL ...
KRSCH
KRSCH
LOS LEUTE, VOR- WÄRTS!
WER NICHT WAGT, DER NICHT GE- WINNT!
So klingt echte Planlosigkeit
WAS FÜR'N URTEIL, HÄH?!
WILL- KOMMEN IN DER VER- WINKELTEN FESTUNG.
FLATT FLATT FLATT
WER VERSUCHT, SIE ZU BETRETEN, MUSS SICH DEM URTEIL DES TORS DES VERRATS STELLEN.
!!
FLATT FLATT FLATT

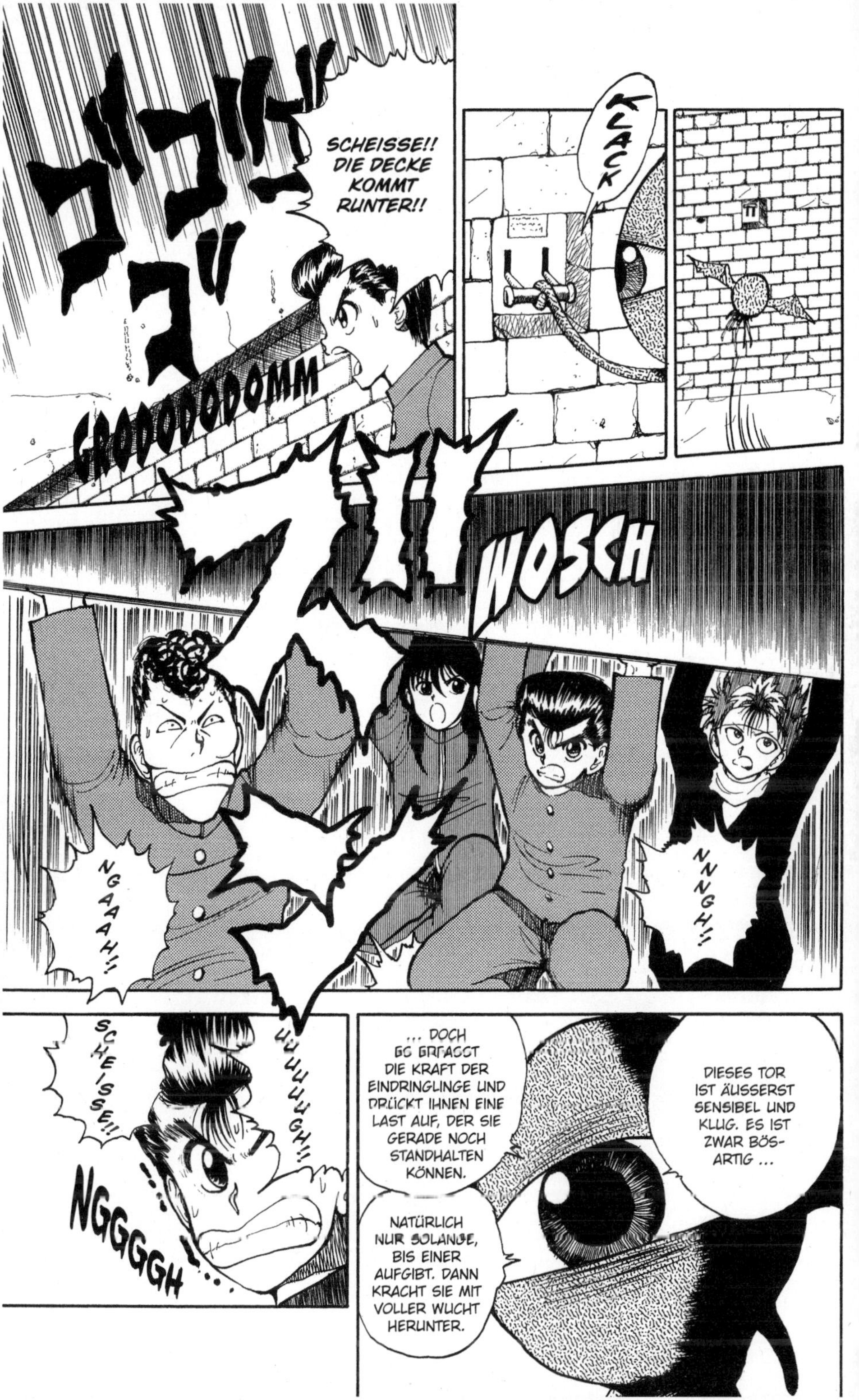
KLACK
SCHEISSE!! DIE DECKE KOMMT RUNTER!!
GRODODODOMM
WOSCH
NNNGH!!
NGAAAAH!!
DIESES TOR IST ÄUSSERST SENSIBEL UND KLUG. ES IST ZWAR BÖS-ARTIG …
… DOCH ES ERFASST DIE KRAFT DER EINDRINGLINGE UND DRÜCKT IHNEN EINE LAST AUF, DER SIE GERADE NOCH STANDHALTEN KÖNNEN.
NATÜRLICH NUR SOLANGE, BIS EINER AUFGIBT. DANN KRACHT SIE MIT VOLLER WUCHT HERUNTER.
UUUUUGH!!
SCHEISSE!!
NGGGGH

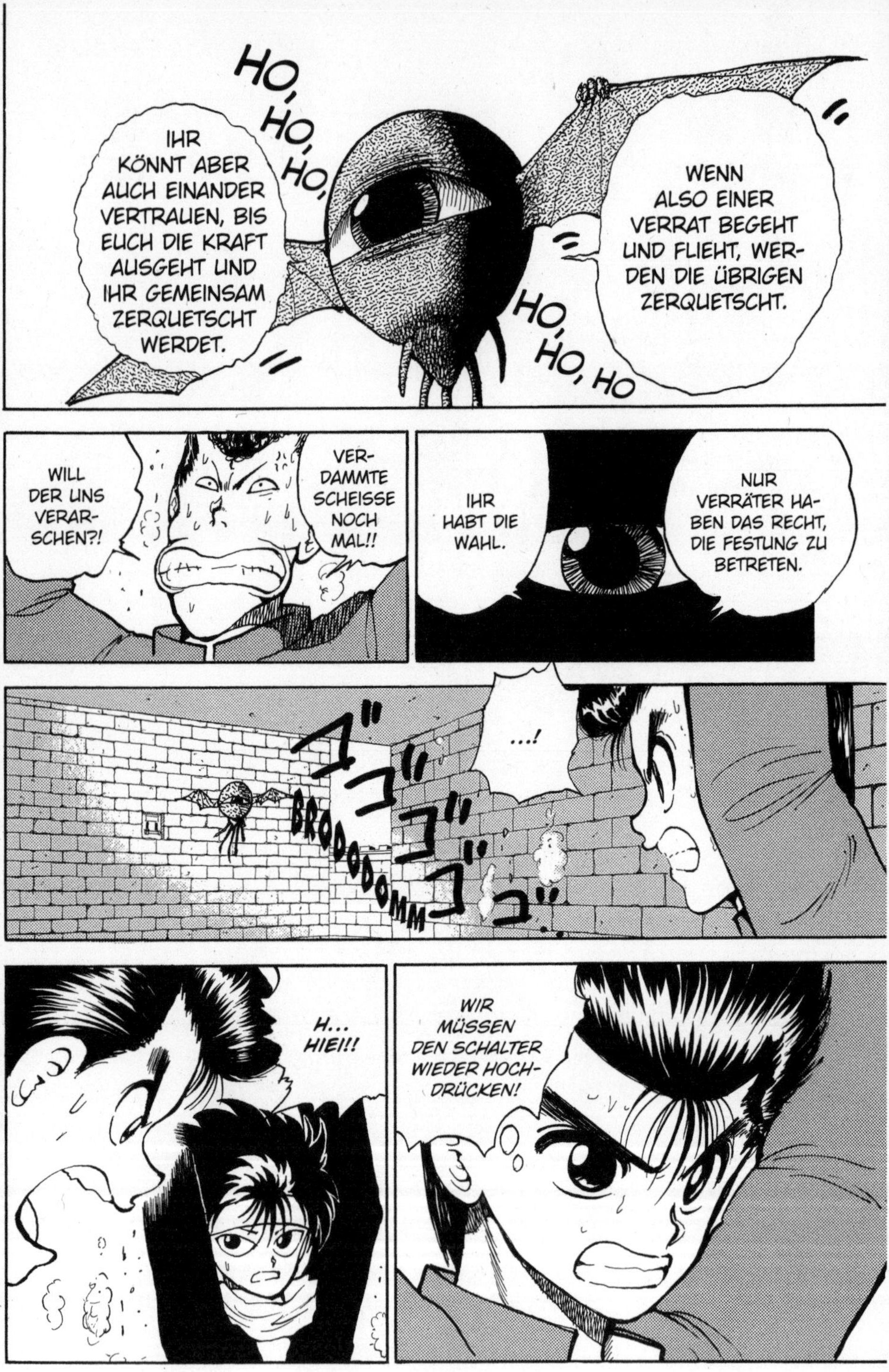
WENN ALSO EINER VERRAT BEGEHT UND FLIEHT, WERDEN DIE ÜBRIGEN ZERQUETSCHT.
HO, HO, HO
IHR KÖNNT ABER AUCH EINANDER VERTRAUEN, BIS EUCH DIE KRAFT AUSGEHT UND IHR GEMEINSAM ZERQUETSCHT WERDET.
HO, HO, HO,
NUR VERRÄTER HABEN DAS RECHT, DIE FESTUNG ZU BETRETEN.
IHR HABT DIE WAHL.
VERDAMMTE SCHEISSE NOCH MAL!!
WILL DER UNS VERARSCHEN?!
...!
BRODODOMM
WIR MÜSSEN DEN SCHALTER WIEDER HOCHDRÜCKEN!
H... HIEI!!

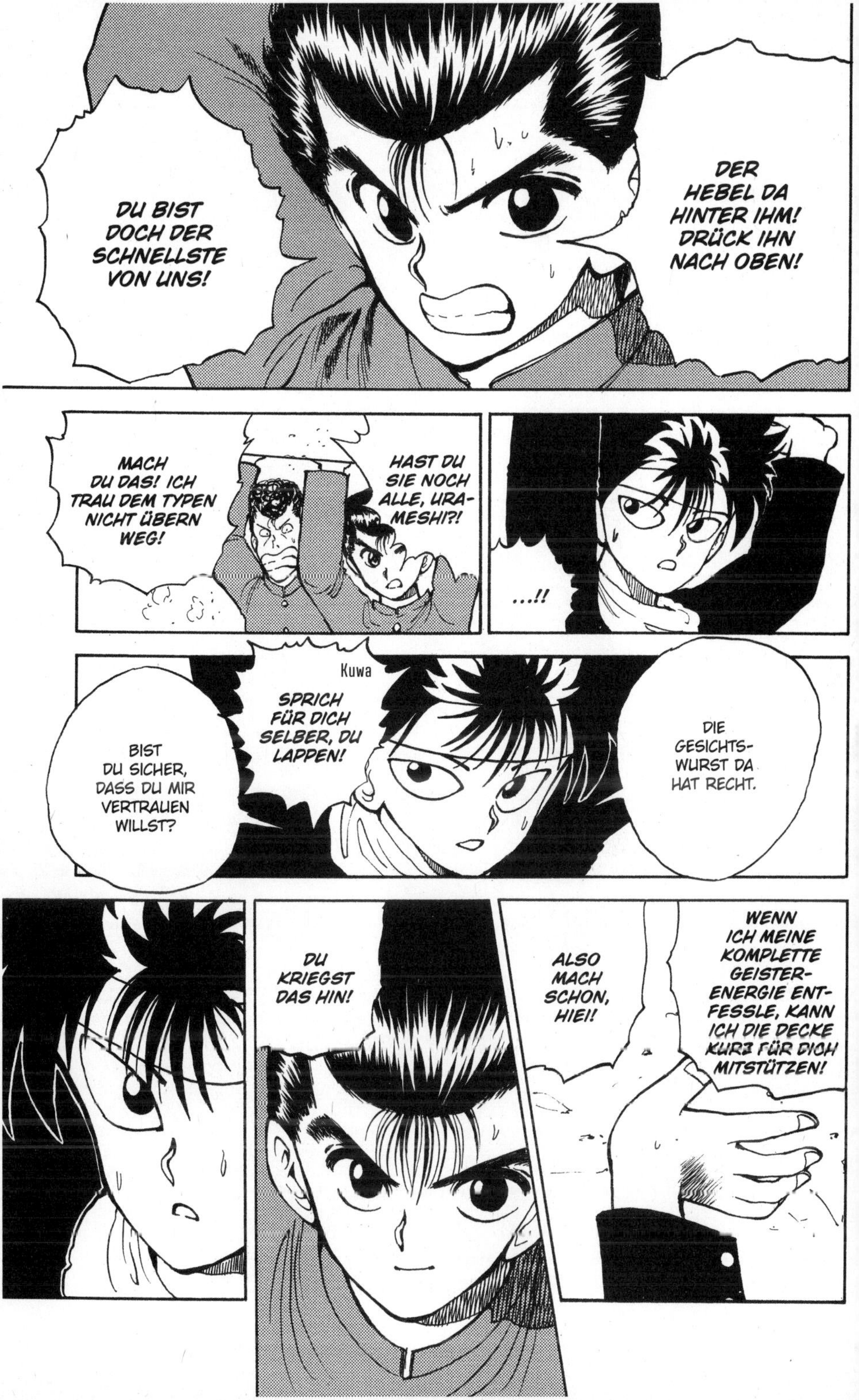
DER HEBEL DA HINTER IHM! DRÜCK IHN NACH OBEN!
DU BIST DOCH DER SCHNELLSTE VON UNS!
...!!
HAST DU SIE NOCH ALLE, URAMESHI?!
MACH DU DAS! ICH TRAU DEM TYPEN NICHT ÜBERN WEG!
DIE GESICHTSWURST DA HAT RECHT.
Kuwa
SPRICH FÜR DICH SELBER, DU LAPPEN!
BIST DU SICHER, DASS DU MIR VERTRAUEN WILLST?
WENN ICH MEINE KOMPLETTE GEISTERENERGIE ENTFESSLE, KANN ICH DIE DECKE KURZ FÜR DICH MITSTÜTZEN!
ALSO MACH SCHON, HIEI!
DU KRIEGST DAS HIN!

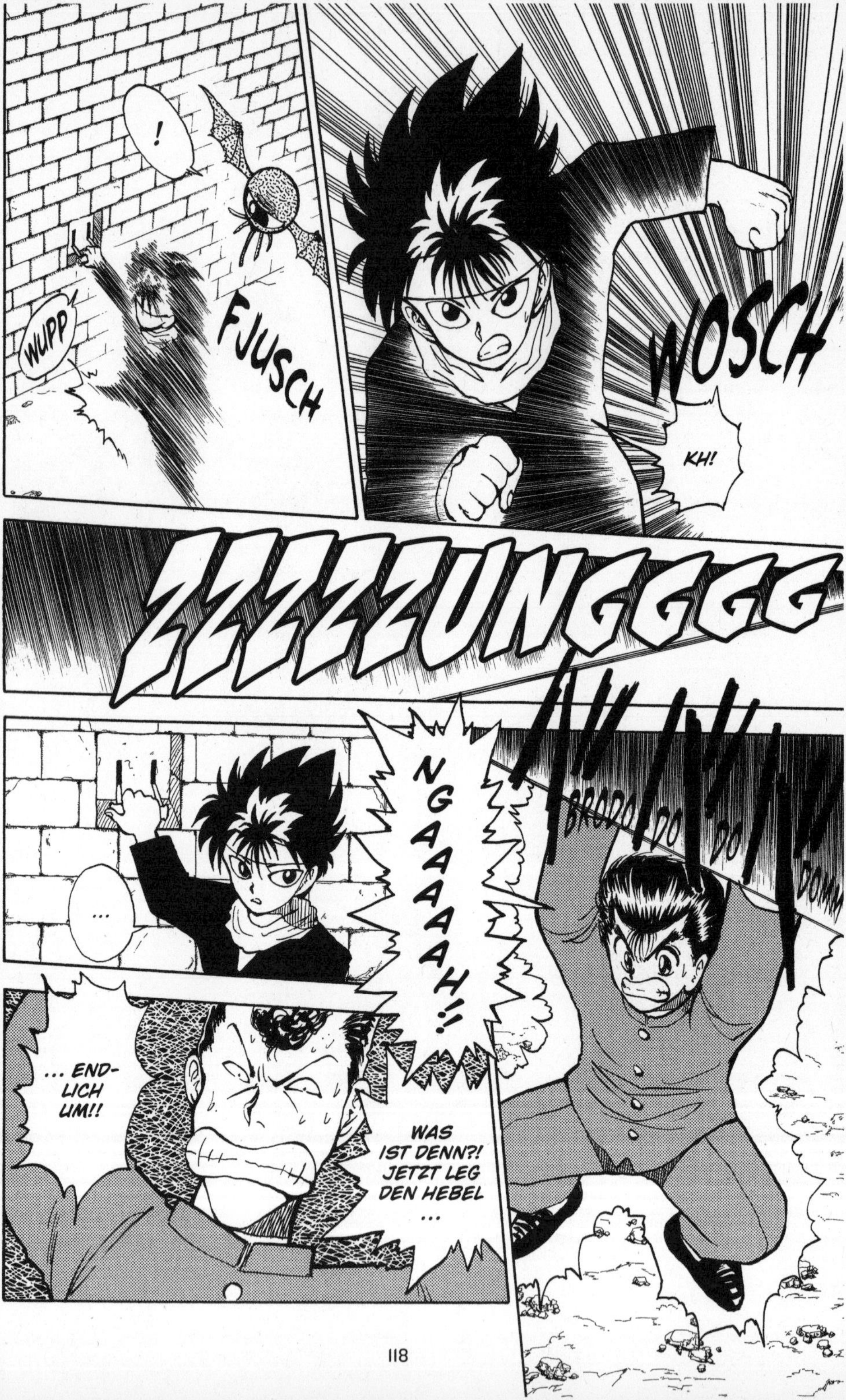

WOSCH
KH!
!
FJUSCH
WUPP
ZZZZZUNGGGGG
BRODO DO DO DOMM
NGAAAAAAH!!
...
WAS IST DENN?! JETZT LEG DEN HEBEL ...
... END-LICH UM!!

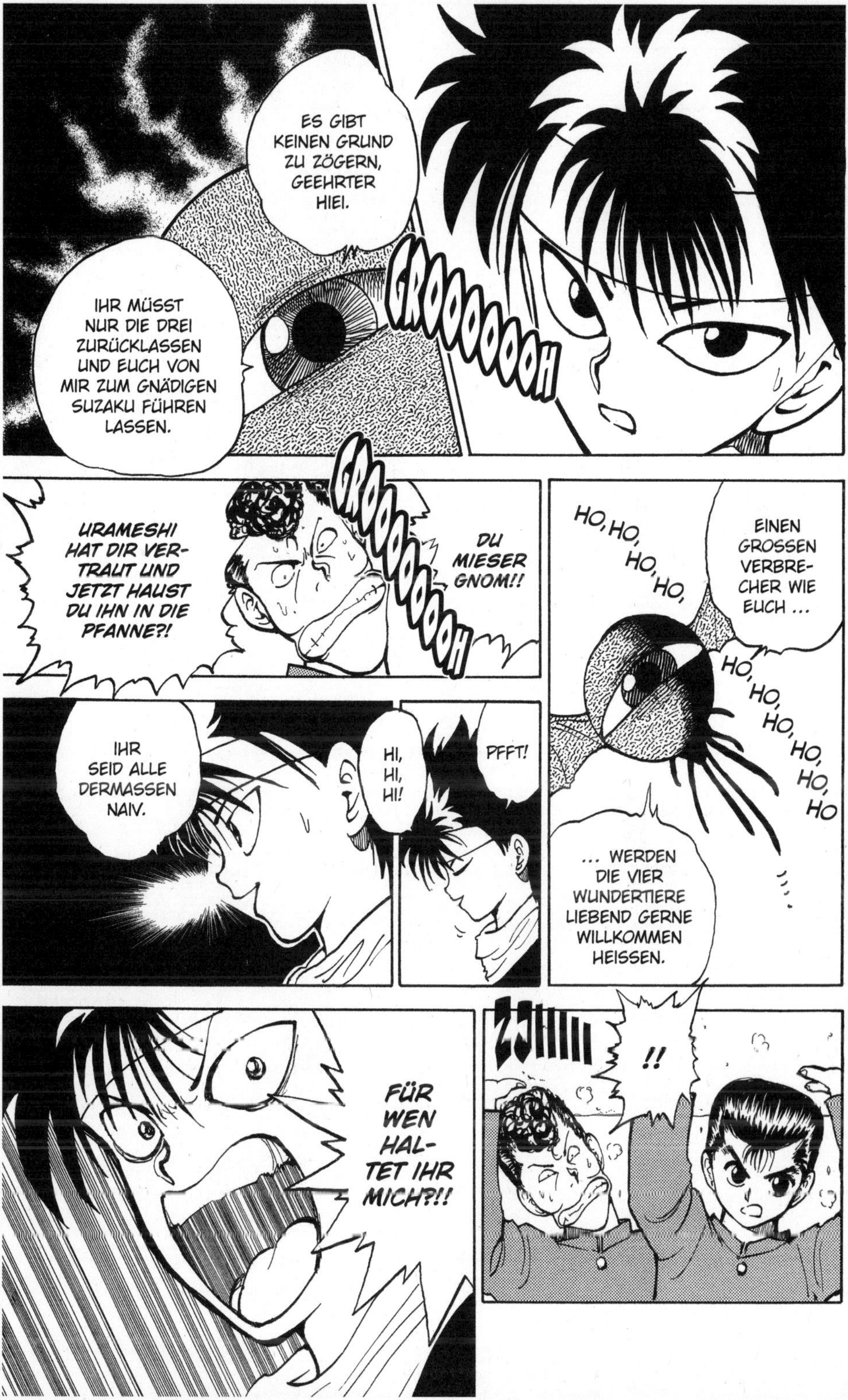
ES GIBT KEINEN GRUND ZU ZÖGERN, GEEHRTER HIEI.
IHR MÜSST NUR DIE DREI ZURÜCKLASSEN UND EUCH VON MIR ZUM GNÄDIGEN SUZAKU FÜHREN LASSEN.
GROOOOOOOH
HO, HO, HO, HO, HO,
EINEN GROSSEN VERBRE-CHER WIE EUCH ...
HO, HO, HO, HO, HO, HO, HO
... WERDEN DIE VIER WUNDERTIERE LIEBEND GERNE WILLKOMMEN HEISSEN.
DU MIESER GNOM!!
URAMESHI HAT DIR VER-TRAUT UND JETZT HAUST DU IHN IN DIE PFANNE?!
GROOOOOOOOOH
PFFT!
HI, HI, HI!
IHR SEID ALLE DERMASSEN NAIV.
!!
FÜR WEN HAL-TET IHR MICH?!!

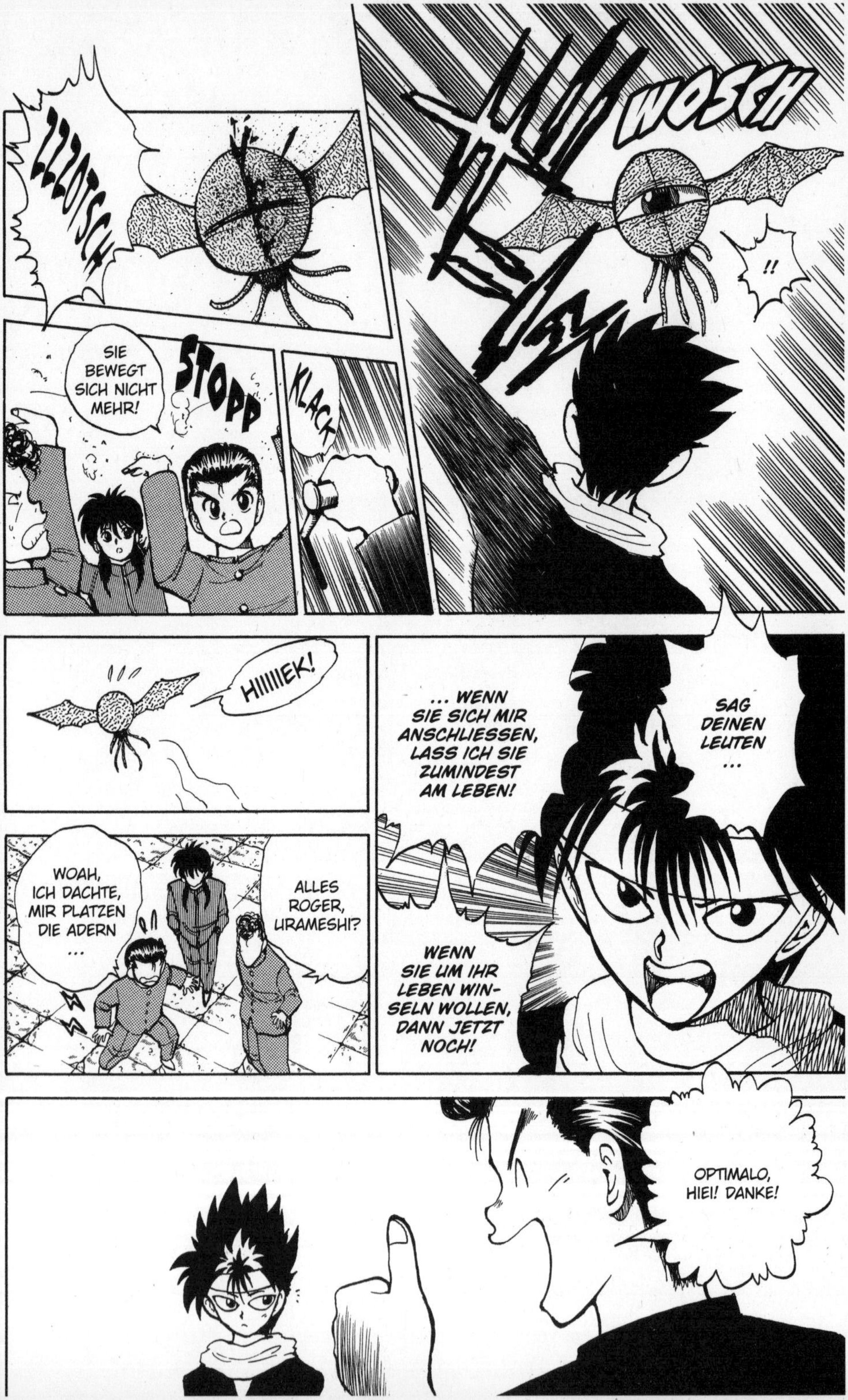
WOSCH
!!
ZZZOTSCH
KLACK
STOPP
SIE BEWEGT SICH NICHT MEHR!
SAG DEINEN LEUTEN …
… WENN SIE SICH MIR ANSCHLIESSEN, LASS ICH SIE ZUMINDEST AM LEBEN!
WENN SIE UM IHR LEBEN WINSELN WOLLEN, DANN JETZT NOCH!
HIIIIEK!
ALLES ROGER, URAMESHI?
WOAH, ICH DACHTE, MIR PLATZEN DIE ADERN …
OPTIMALO, HIEI! DANKE!

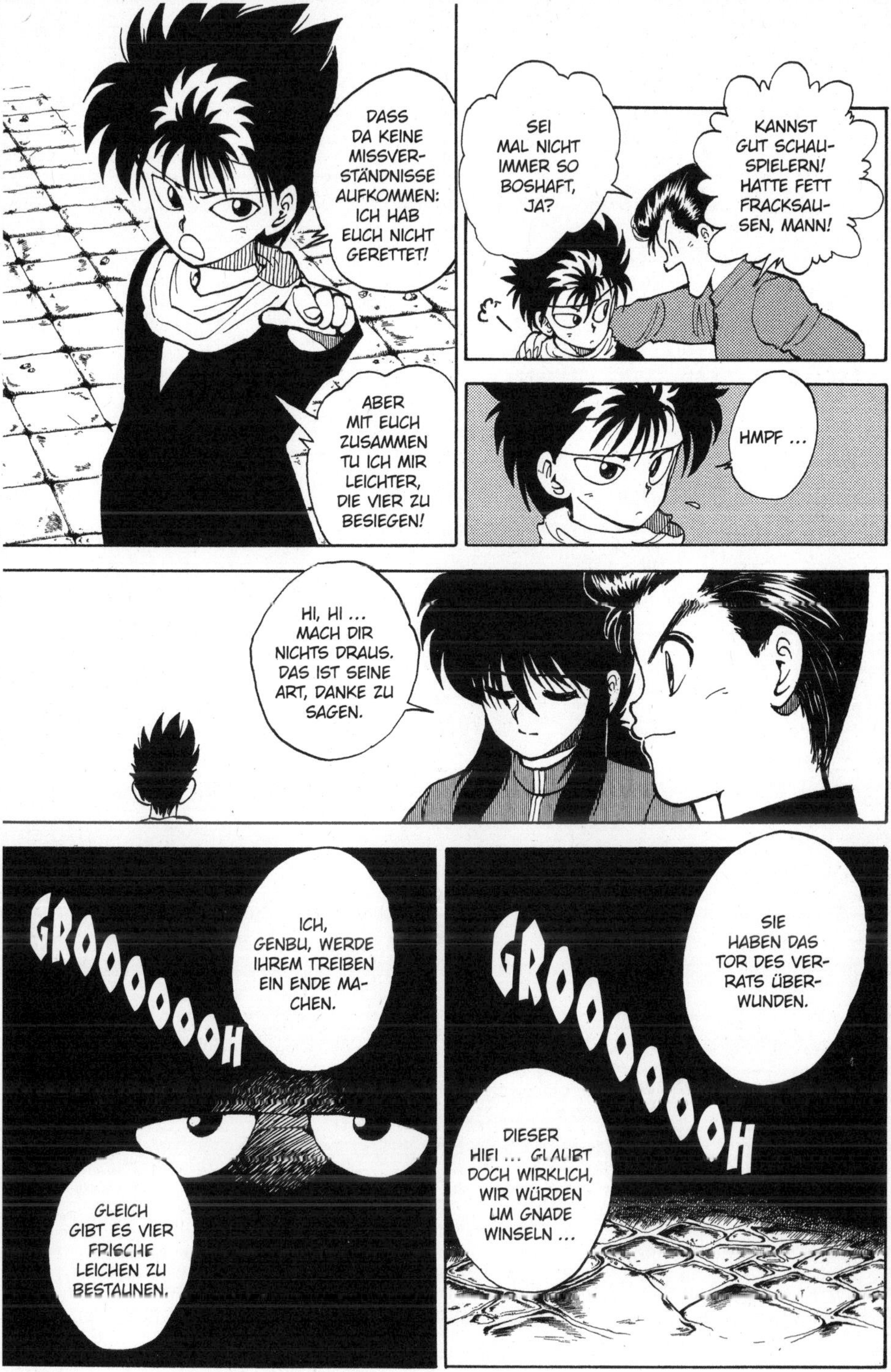
DASS DA KEINE MISSVERSTÄNDNISSE AUFKOMMEN: ICH HAB EUCH NICHT GERETTET!
ABER MIT EUCH ZUSAMMEN TU ICH MIR LEICHTER, DIE VIER ZU BESIEGEN!
SEI MAL NICHT IMMER SO BOSHAFT, JA?
KANNST GUT SCHAUSPIELERN! HATTE FETT FRACKSAUSEN, MANN!
HMPF ...
HI, HI ... MACH DIR NICHTS DRAUS. DAS IST SEINE ART, DANKE ZU SAGEN.
GROOOOOOH
ICH, GENBU, WERDE IHREM TREIBEN EIN ENDE MACHEN.
GLEICH GIBT ES VIER FRISCHE LEICHEN ZU BESTAUNEN.
GROOOOOOOH
SIE HABEN DAS TOR DES VERRATS ÜBERWUNDEN.
DIESER HIEI ... GLAUBT DOCH WIRKLICH, WIR WÜRDEN UM GNADE WINSELN ...

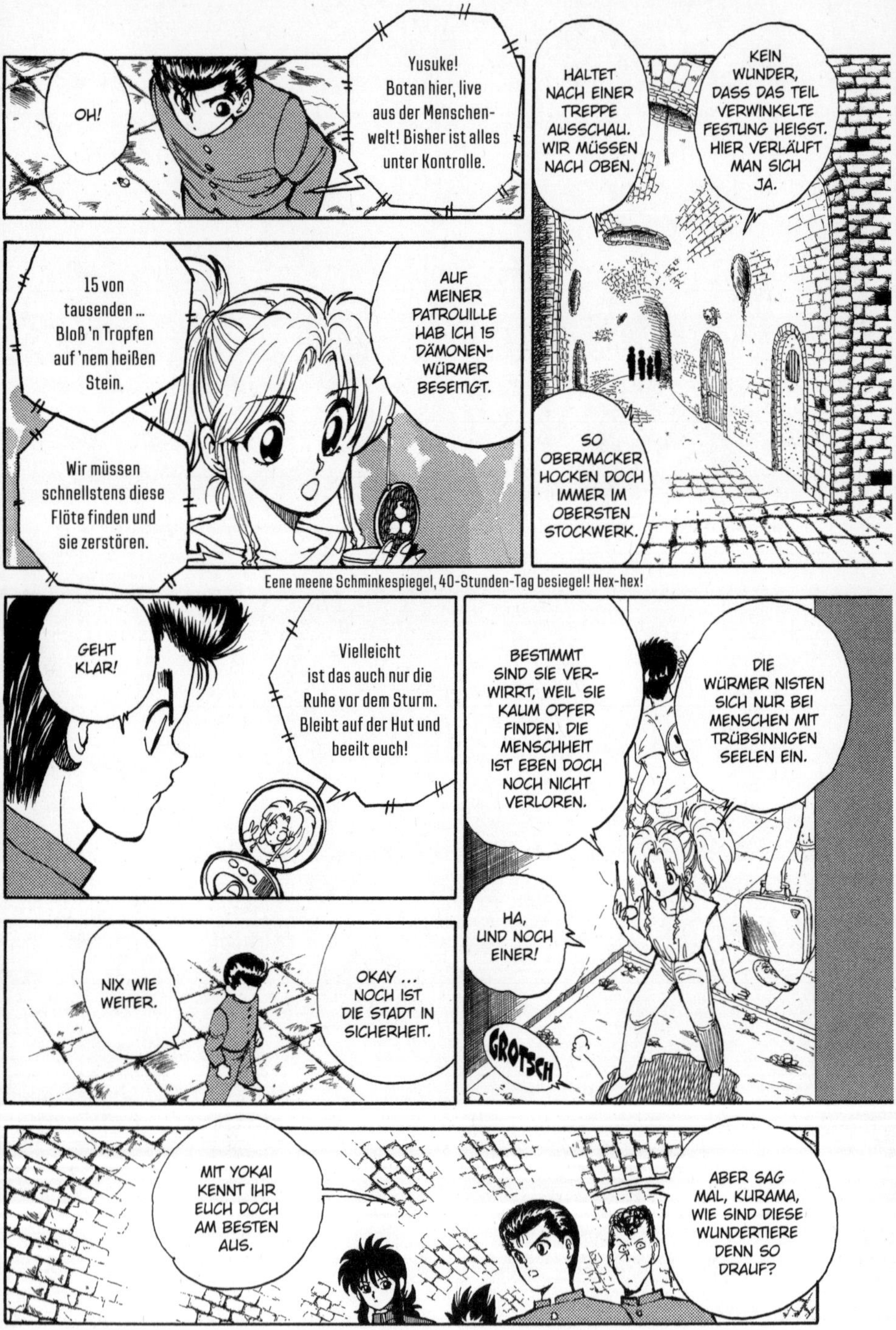

KEIN WUNDER, DASS DAS TEIL VERWINKELTE FESTUNG HEISST. HIER VERLÄUFT MAN SICH JA.
HALTET NACH EINER TREPPE AUSSCHAU. WIR MÜSSEN NACH OBEN.
SO OBERMACKER HOCKEN DOCH IMMER IM OBERSTEN STOCKWERK.
Yusuke! Botan hier, live aus der Menschenwelt! Bisher ist alles unter Kontrolle.
OH!
AUF MEINER PATROUILLE HAB ICH 15 DÄMONENWÜRMER BESEITIGT.
15 von tausenden ... Bloß 'n Tropfen auf 'nem heißen Stein.
Wir müssen schnellstens diese Flöte finden und sie zerstören.
Eene meene Schminkespiegel, 40-Stunden-Tag besiegel! Hex-hex!
DIE WÜRMER NISTEN SICH NUR BEI MENSCHEN MIT TRÜBSINNIGEN SEELEN EIN.
BESTIMMT SIND SIE VERWIRRT, WEIL SIE KAUM OPFER FINDEN. DIE MENSCHHEIT IST EBEN DOCH NOCH NICHT VERLOREN.
HA, UND NOCH EINER!
GROTSCH
Vielleicht ist das auch nur die Ruhe vor dem Sturm. Bleibt auf der Hut und beeilt euch!
GEHT KLAR!
OKAY ... NOCH IST DIE STADT IN SICHERHEIT.
NIX WIE WEITER.
ABER SAG MAL, KURAMA, WIE SIND DIESE WUNDERTIERE DENN SO DRAUF?
MIT YOKAI KENNT IHR EUCH DOCH AM BESTEN AUS.

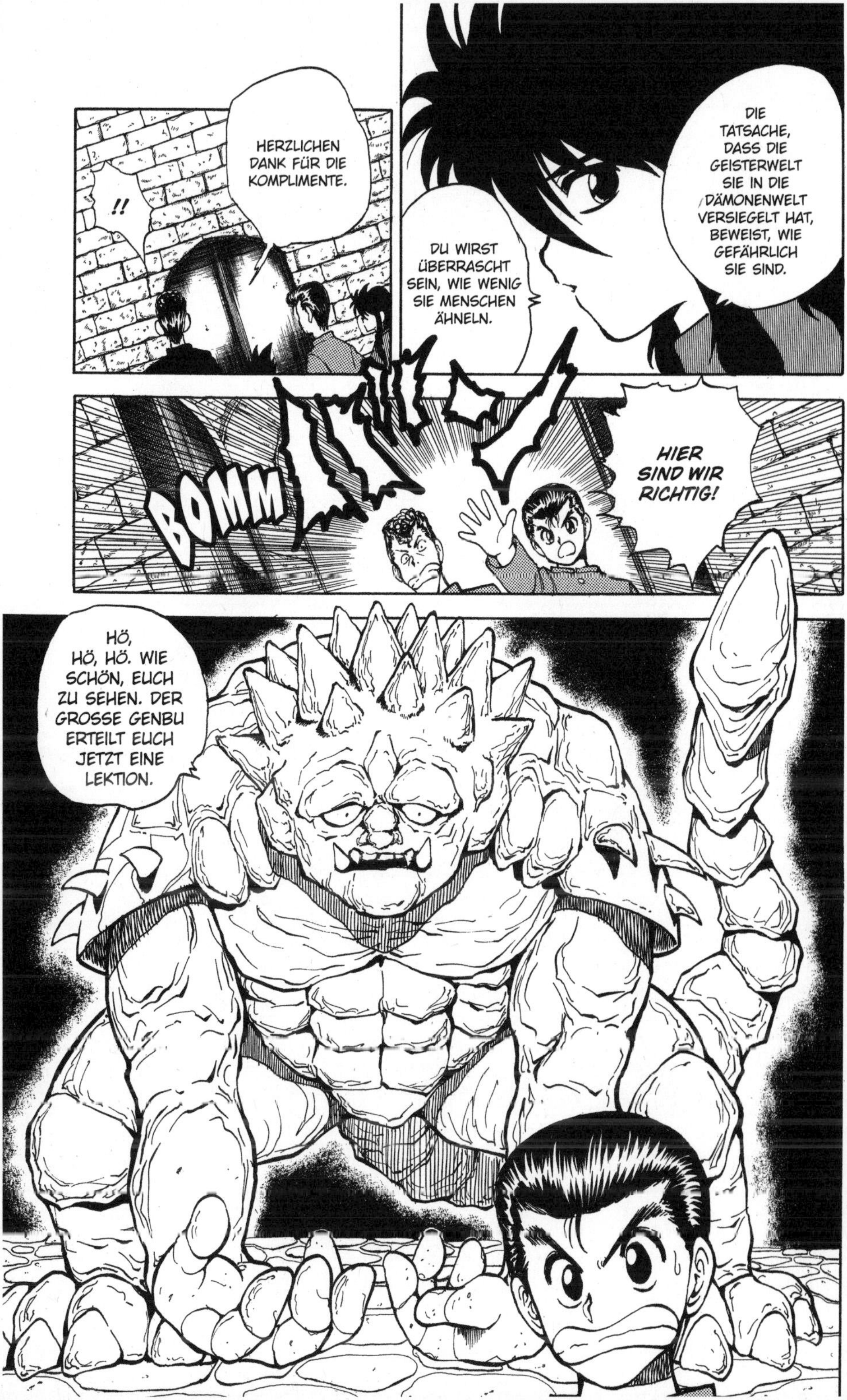
DIE TATSACHE, DASS DIE GEISTERWELT SIE IN DIE DÄMONENWELT VERSIEGELT HAT, BEWEIST, WIE GEFÄHRLICH SIE SIND.
DU WIRST ÜBERRASCHT SEIN, WIE WENIG SIE MENSCHEN ÄHNELN.
HERZLICHEN DANK FÜR DIE KOMPLIMENTE.
!!
HIER SIND WIR RICHTIG!
BOMM
HÖ, HÖ, HÖ. WIE SCHÖN, EUCH ZU SEHEN. DER GROSSE GENBU ERTEILT EUCH JETZT EINE LEKTION.

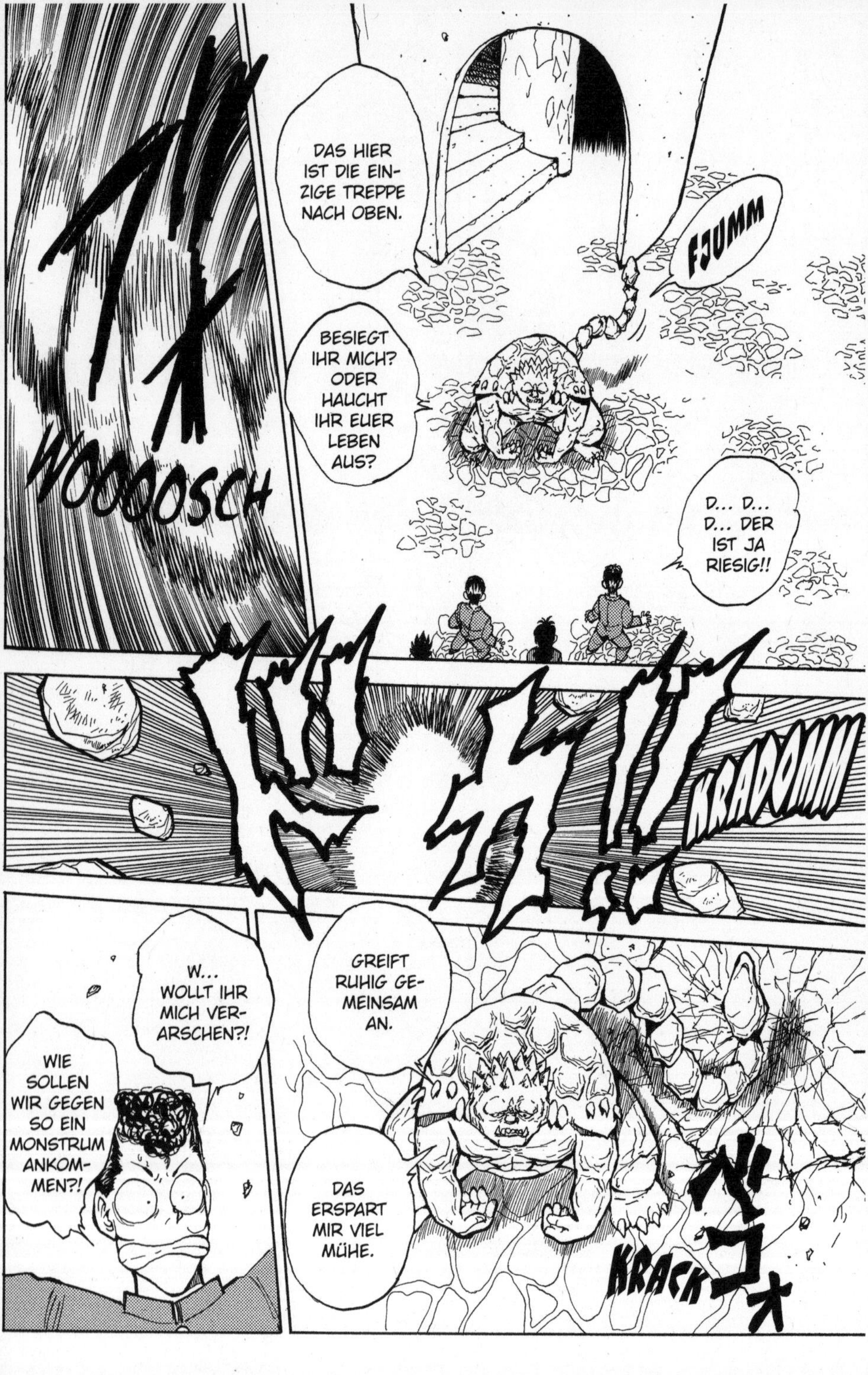
DAS HIER IST DIE EIN-ZIGE TREPPE NACH OBEN.
FJUMM
BESIEGT IHR MICH? ODER HAUCHT IHR EUER LEBEN AUS?
D... D... D... DER IST JA RIESIG!!
WOOOOSCH
KRADOMM
GREIFT RUHIG GE-MEINSAM AN.
DAS ERSPART MIR VIEL MÜHE.
KRACK
W... WOLLT IHR MICH VER-ARSCHEN?!
WIE SOLLEN WIR GEGEN SO EIN MONSTRUM ANKOM-MEN?!

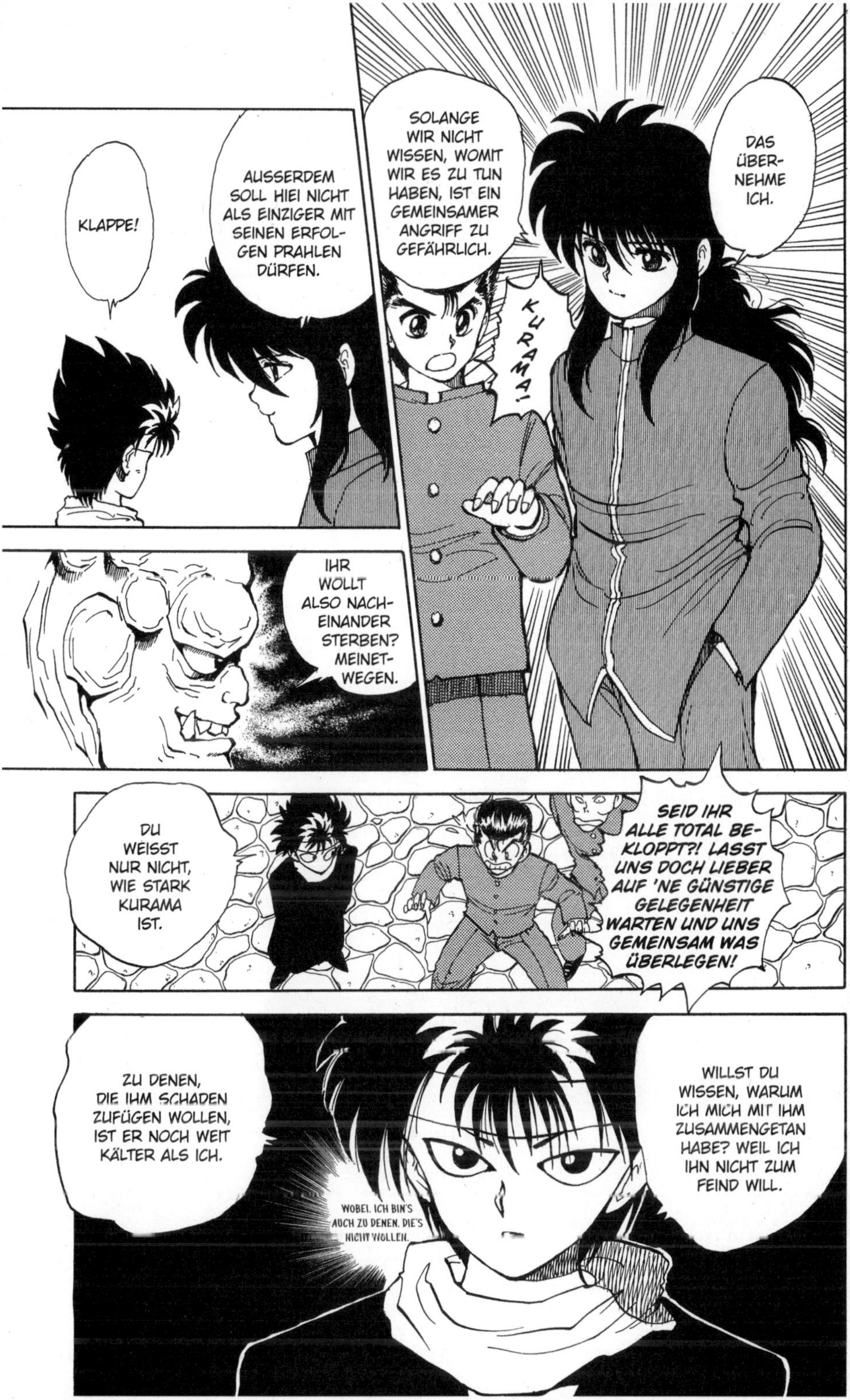

DAS ÜBERNEHME ICH.
KURAMA!
SOLANGE WIR NICHT WISSEN, WOMIT WIR ES ZU TUN HABEN, IST EIN GEMEINSAMER ANGRIFF ZU GEFÄHRLICH.
AUSSERDEM SOLL HIEI NICHT ALS EINZIGER MIT SEINEN ERFOLGEN PRAHLEN DÜRFEN.
KLAPPE!
IHR WOLLT ALSO NACHEINANDER STERBEN? MEINETWEGEN.
SEID IHR ALLE TOTAL BEKLOPPT?! LASST UNS DOCH LIEBER AUF 'NE GÜNSTIGE GELEGENHEIT WARTEN UND UNS GEMEINSAM WAS ÜBERLEGEN!
DU WEISST NUR NICHT, WIE STARK KURAMA IST.
WILLST DU WISSEN, WARUM ICH MICH MIT IHM ZUSAMMENGETAN HABE? WEIL ICH IHN NICHT ZUM FEIND WILL.
WOBEI, ICH BIN'S AUCH ZU DENEN, DIE'S NICHT WOLLEN.
ZU DENEN, DIE IHM SCHADEN ZUFÜGEN WOLLEN, IST ER NOCH WEIT KÄLTER ALS ICH.

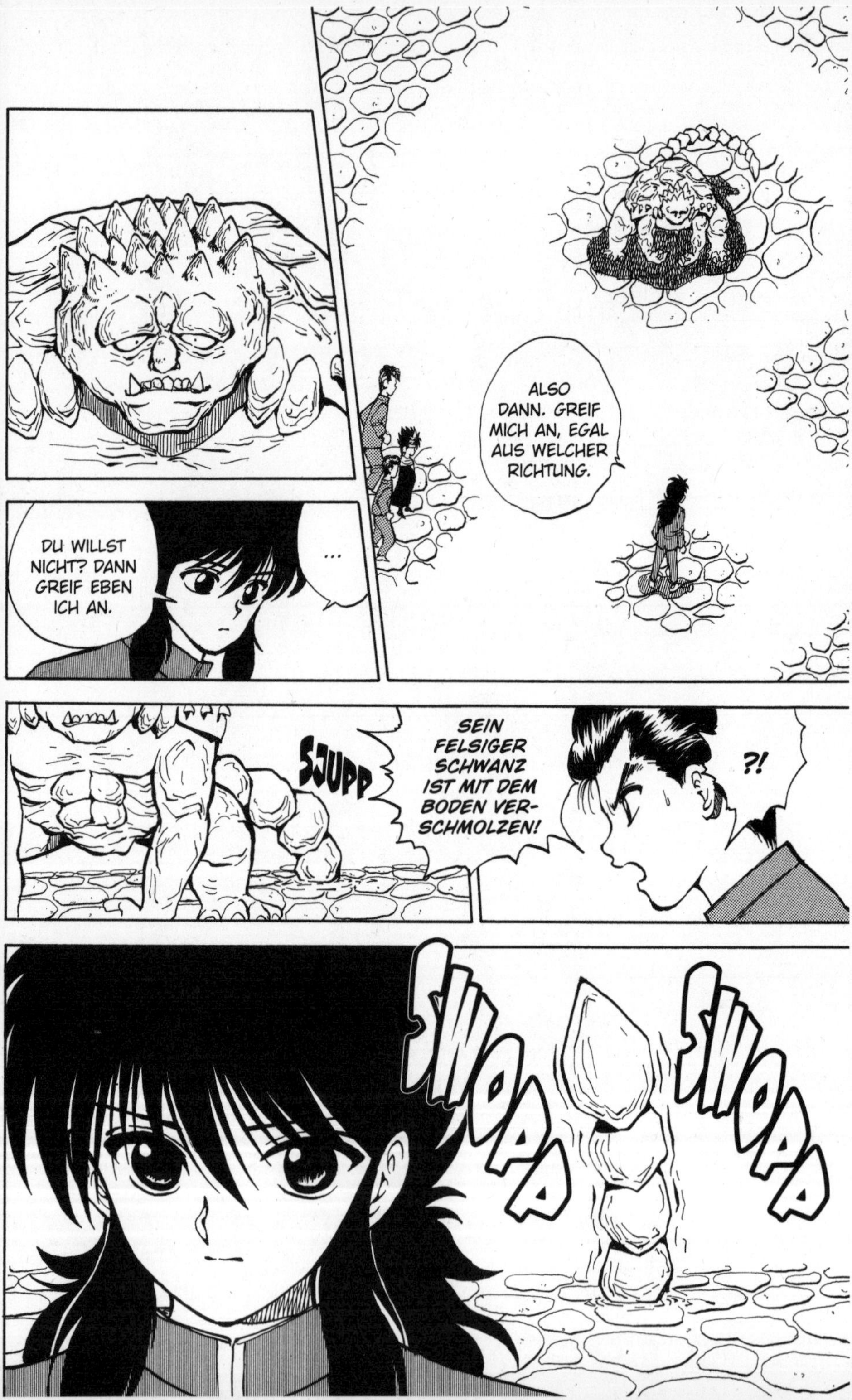

ALSO DANN. GREIF MICH AN, EGAL AUS WELCHER RICHTUNG.
...
DU WILLST NICHT? DANN GREIF EBEN ICH AN.
?!
SEIN FELSIGER SCHWANZ IST MIT DEM BODEN VER-SCHMOLZEN!
SJUPP
SWOPP
SWOPP

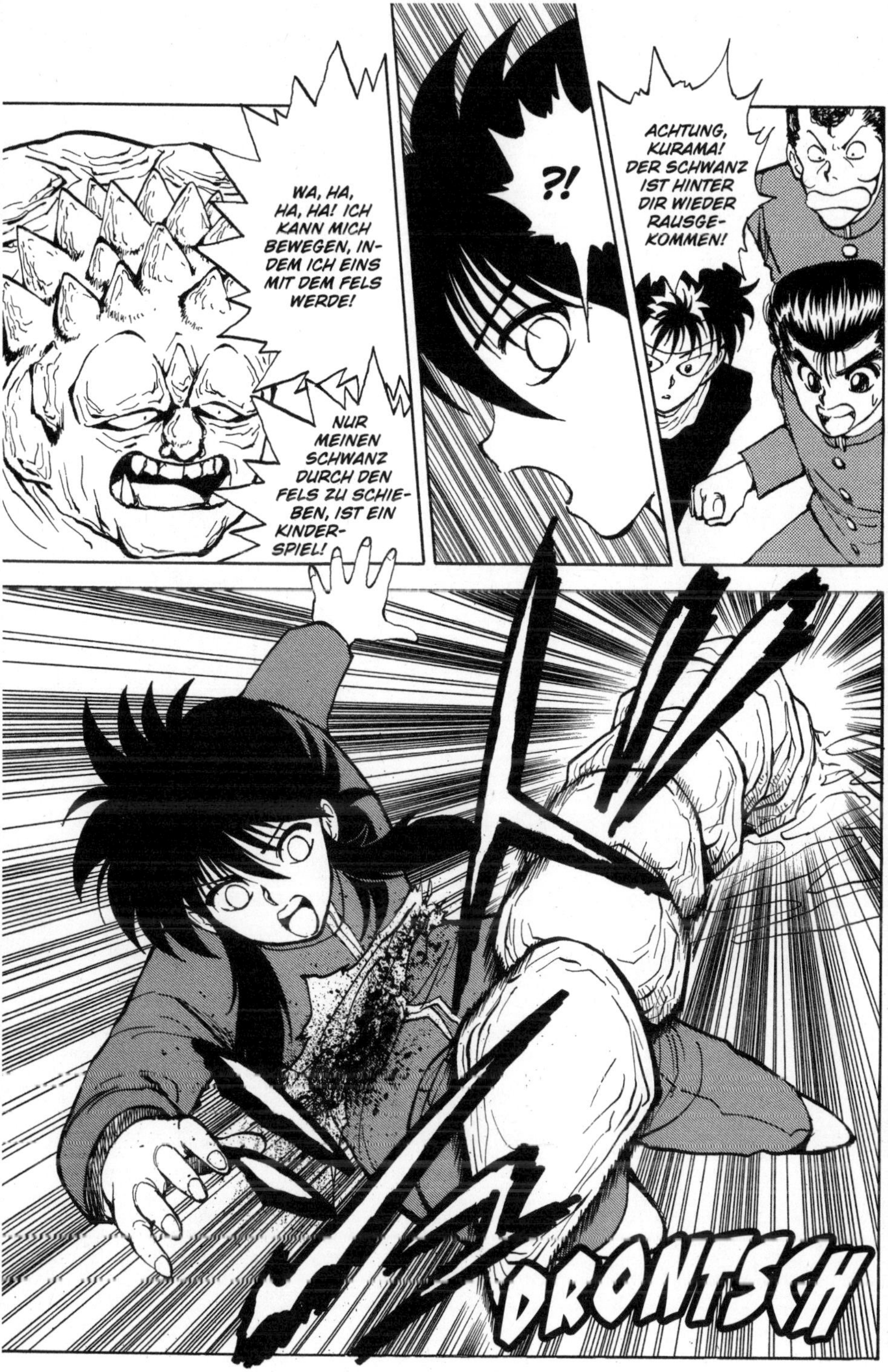
ACHTUNG, KURAMA! DER SCHWANZ IST HINTER DIR WIEDER RAUSGE-KOMMEN!
?!
WA, HA, HA, HA! ICH KANN MICH BEWEGEN, IN-DEM ICH EINS MIT DEM FELS WERDE!
NUR MEINEN SCHWANZ DURCH DEN FELS ZU SCHIE-BEN, IST EIN KINDER-SPIEL!
DRONTSCH

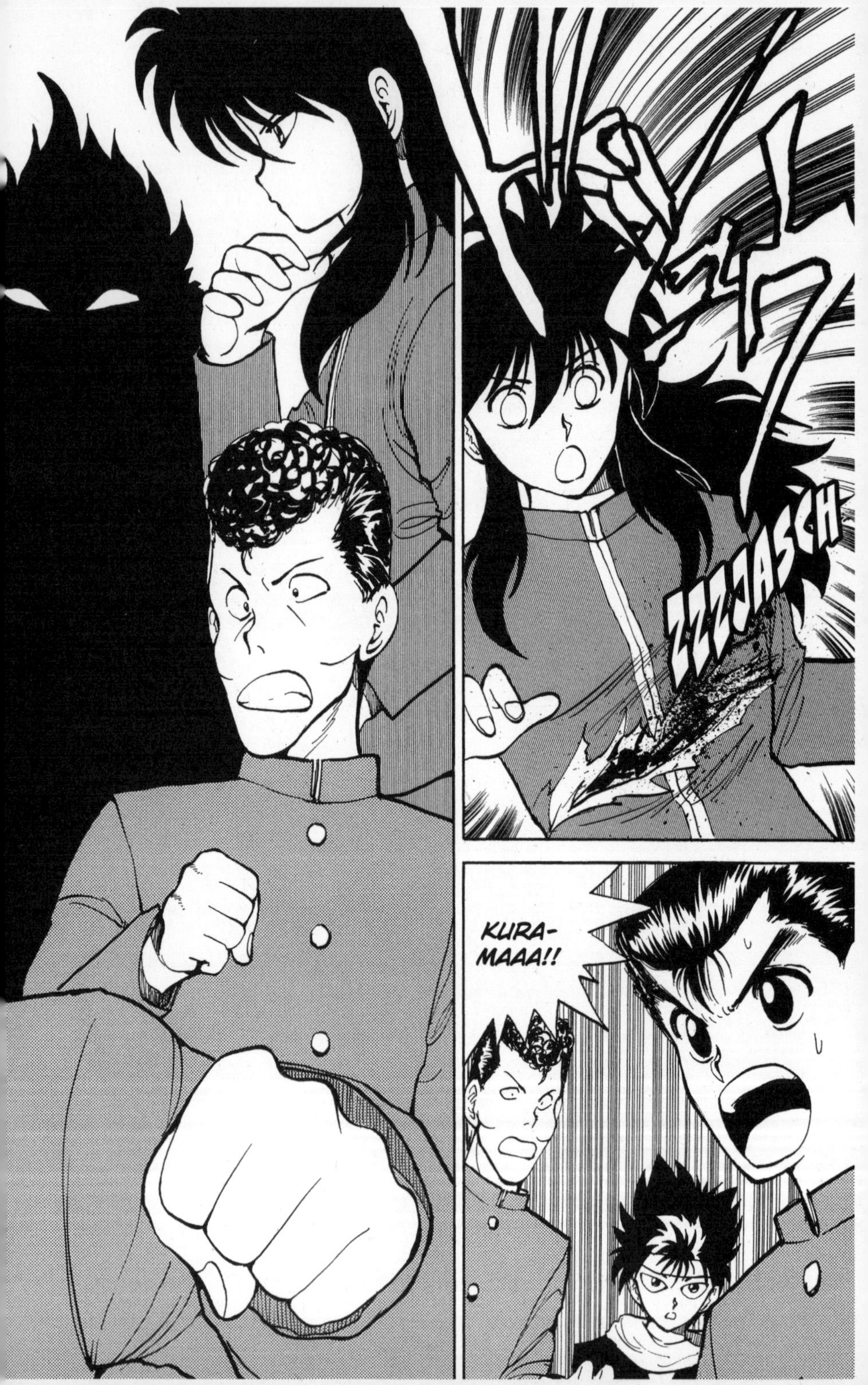
ZZZJASCH
KURA-
MAAA!!

Kapitel 35 Genbu, der Felsenmann!

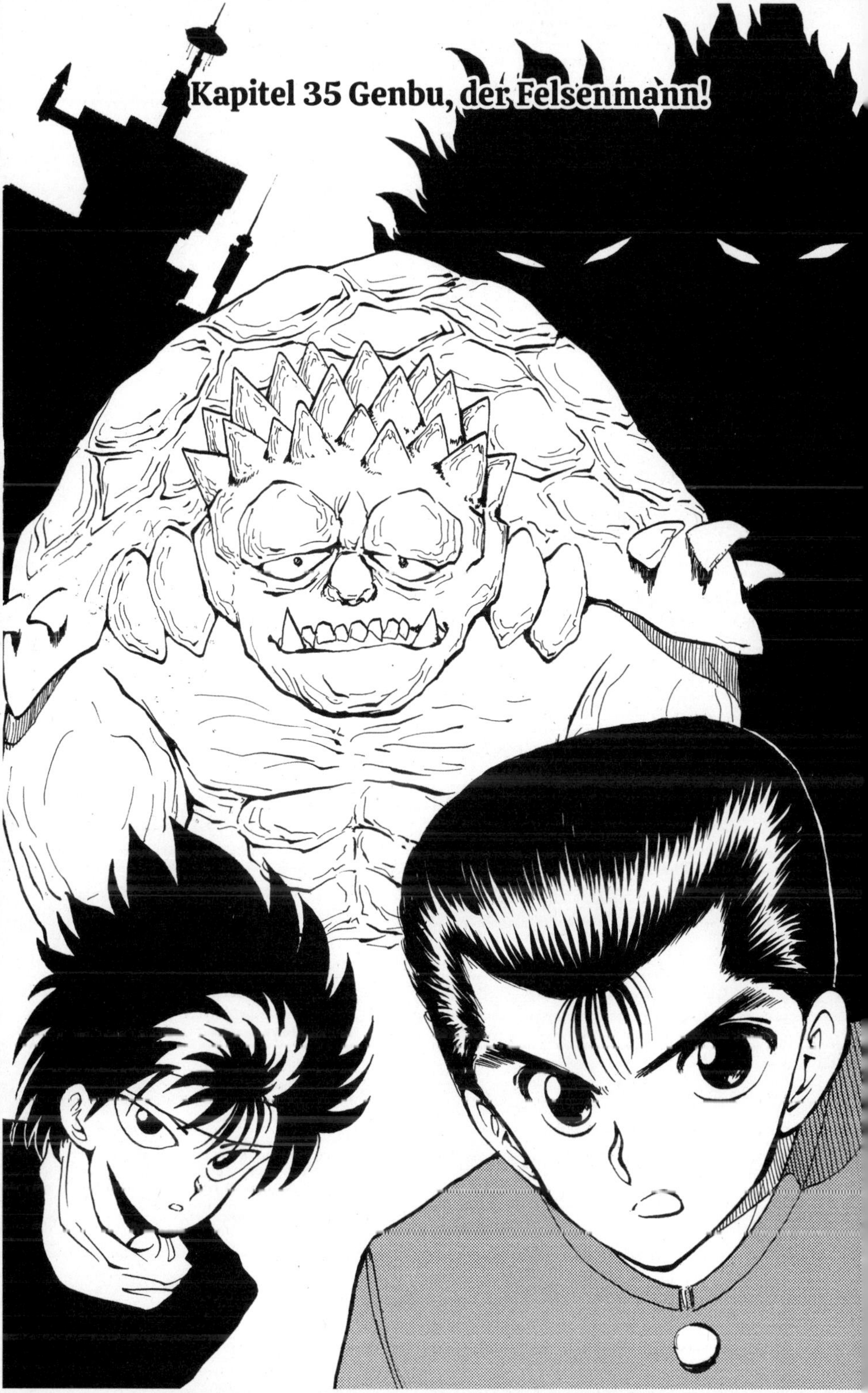

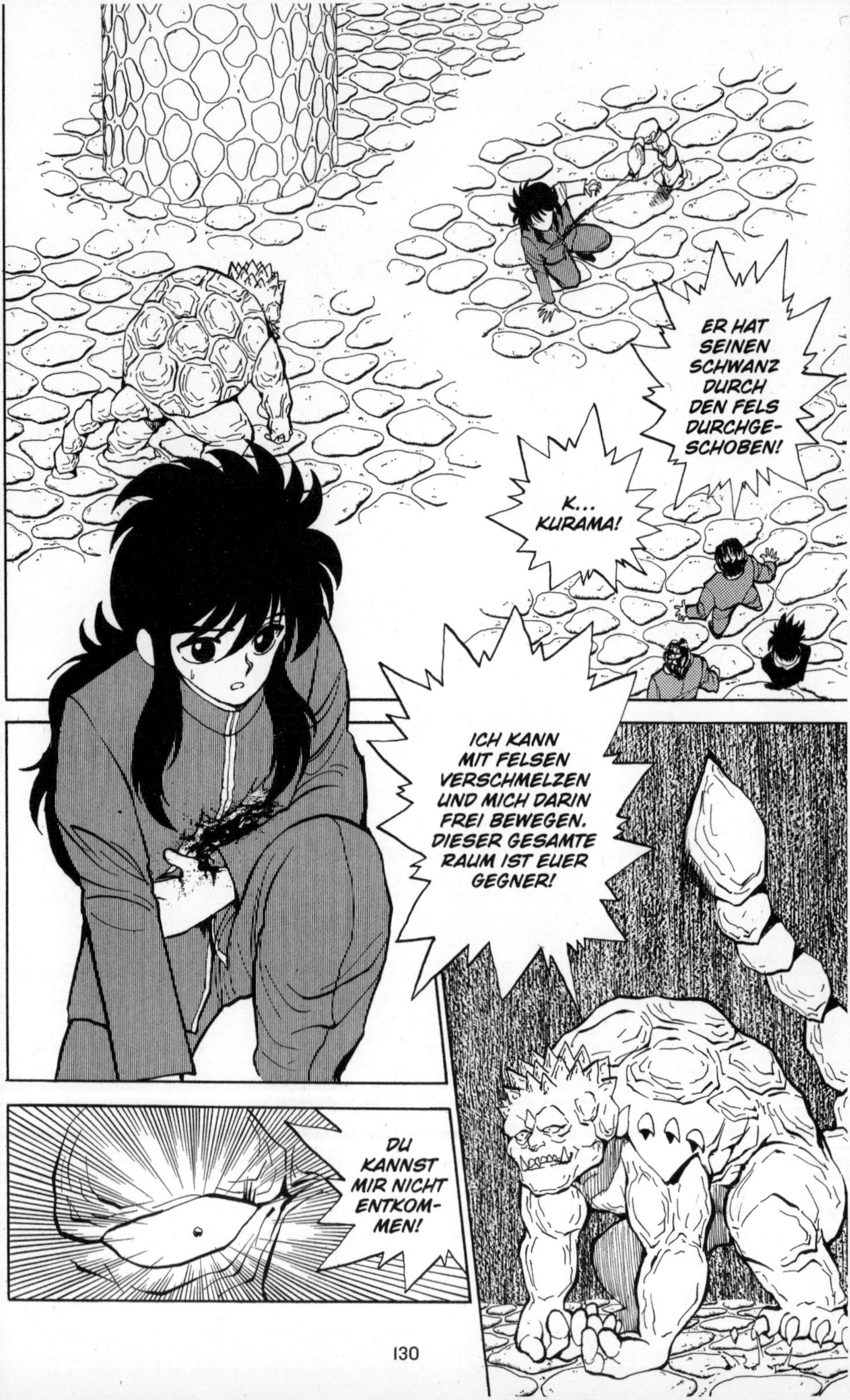
ER HAT SEINEN SCHWANZ DURCH DEN FELS DURCHGE-SCHOBEN!
K... KURAMA!
ICH KANN MIT FELSEN VERSCHMELZEN UND MICH DARIN FREI BEWEGEN. DIESER GESAMTE RAUM IST EUER GEGNER!
DU KANNST MIR NICHT ENTKOM-MEN!

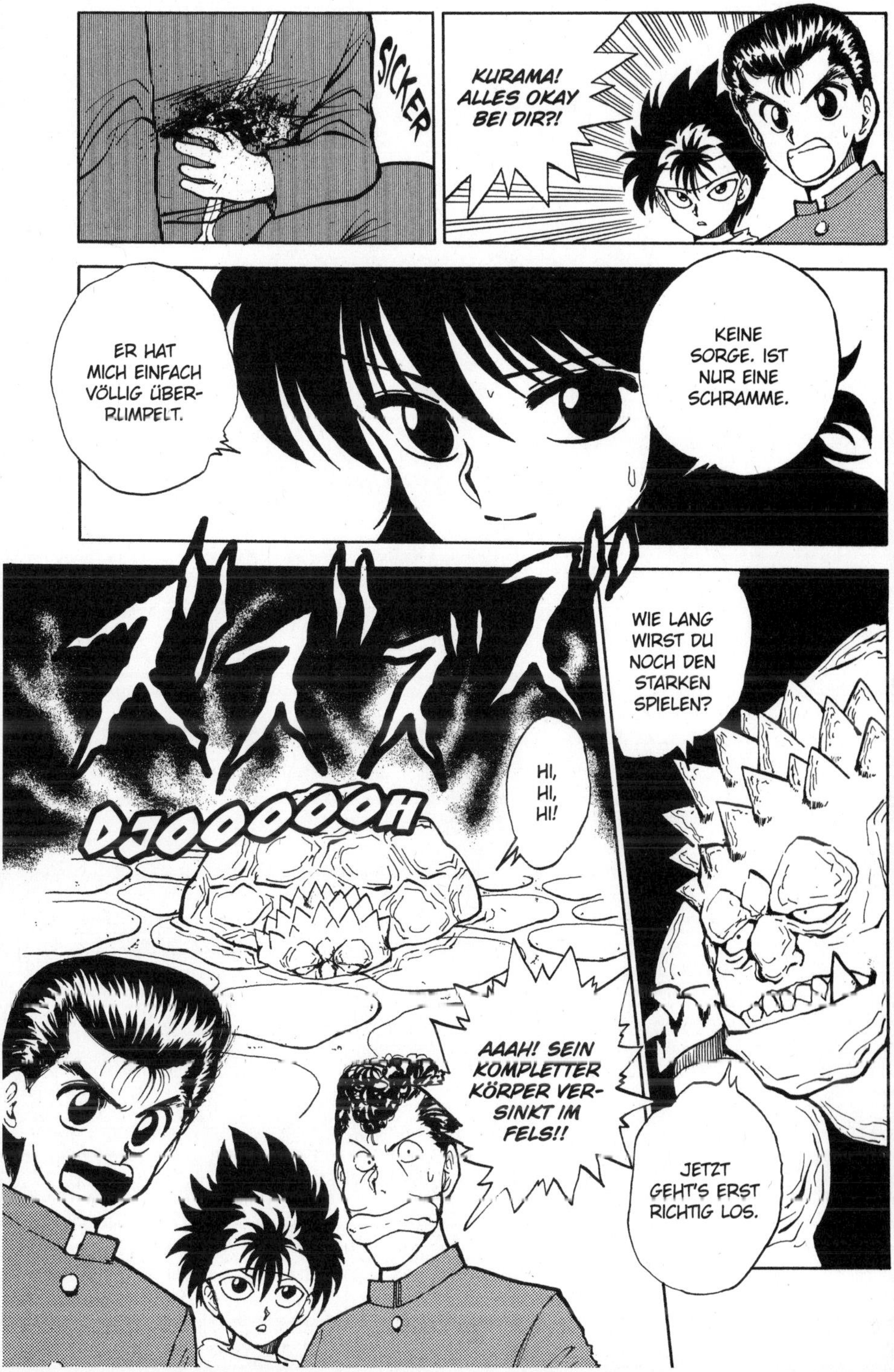
KURAMA! ALLES OKAY BEI DIR?!
SICKER
KEINE SORGE. IST NUR EINE SCHRAMME.
ER HAT MICH EINFACH VÖLLIG ÜBER-RUMPELT.
WIE LANG WIRST DU NOCH DEN STARKEN SPIELEN?
HI, HI, HI!
DJOOOOOOOH
JETZT GEHT'S ERST RICHTIG LOS.
AAAH! SEIN KOMPLETTER KÖRPER VER-SINKT IM FELS!!

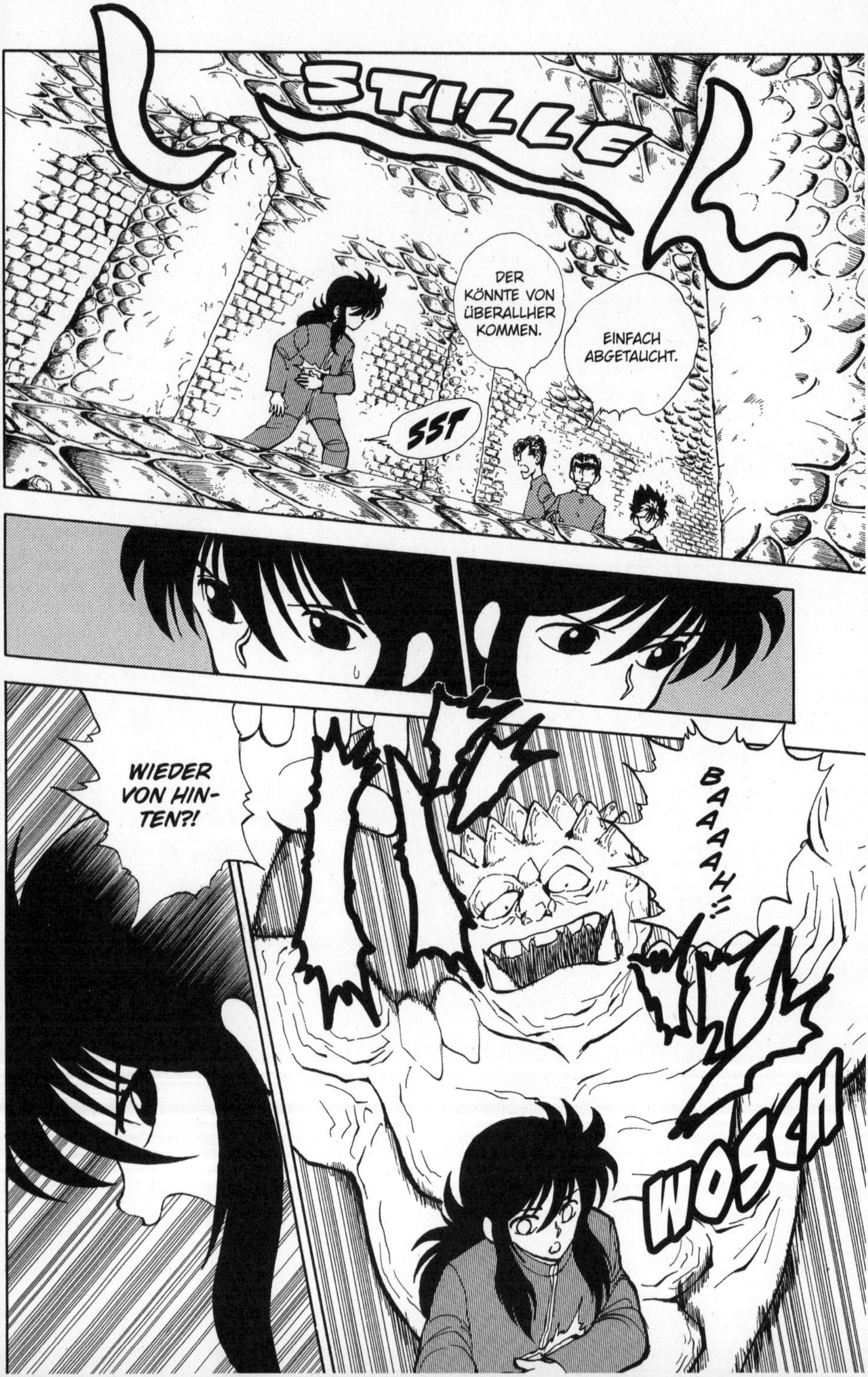
STILLE
EINFACH ABGETAUCHT.
DER KÖNNTE VON ÜBERALLHER KOMMEN.
SST
BAAAAH!!
WIEDER VON HIN-TEN?!
WOSCH

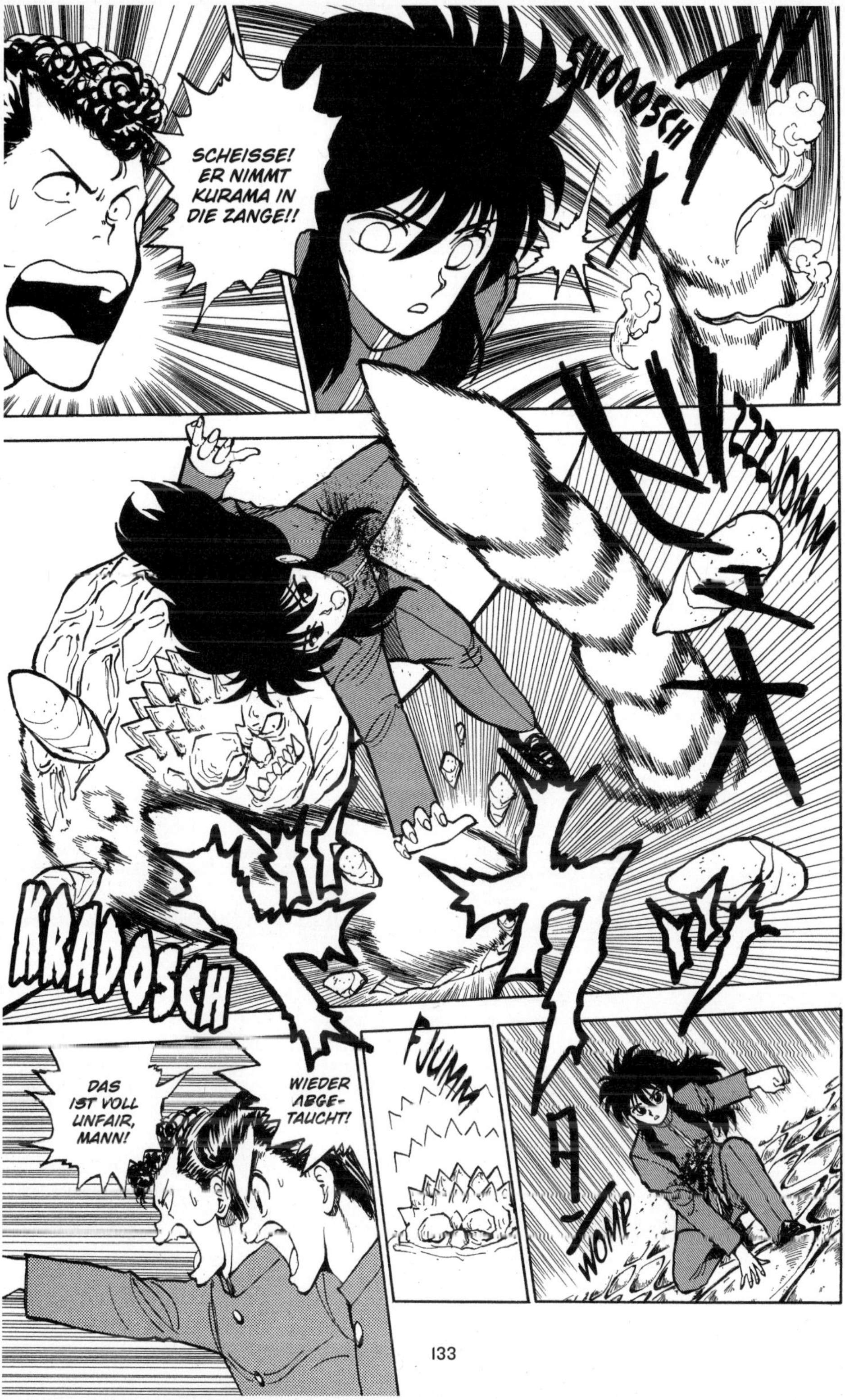
SWOOOSCH
SCHEISSE! ER NIMMT KURAMA IN DIE ZANGE!!
ZZZJOMM
KRADOSCH
WOMP
FJUMM
WIEDER ABGE-TAUCHT!
DAS IST VOLL UNFAIR, MANN!

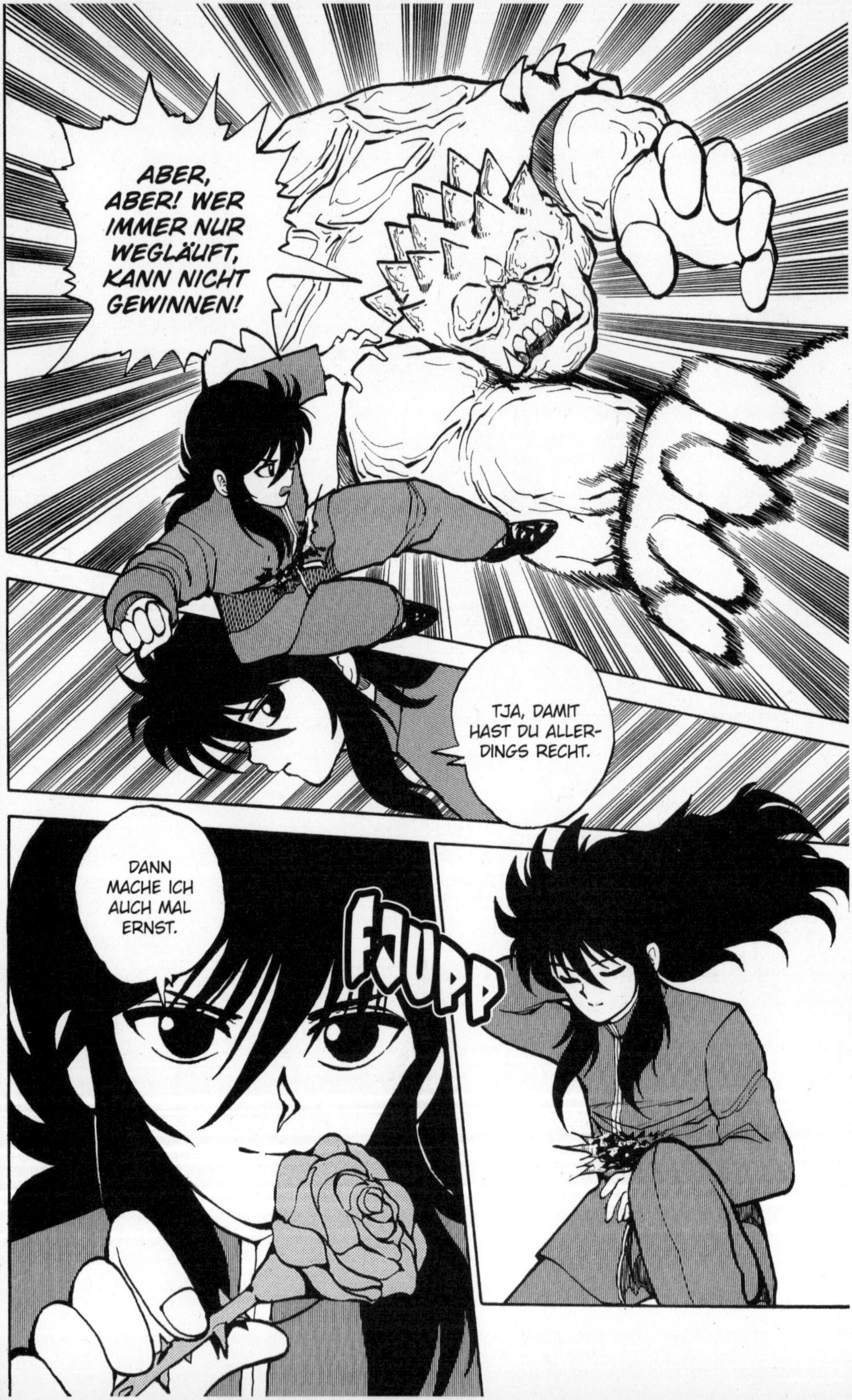
ABER, ABER! WER IMMER NUR WEGLÄUFT, KANN NICHT GEWINNEN!
TJA, DAMIT HAST DU ALLERDINGS RECHT.
DANN MACHE ICH AUCH MAL ERNST.
FJUPP

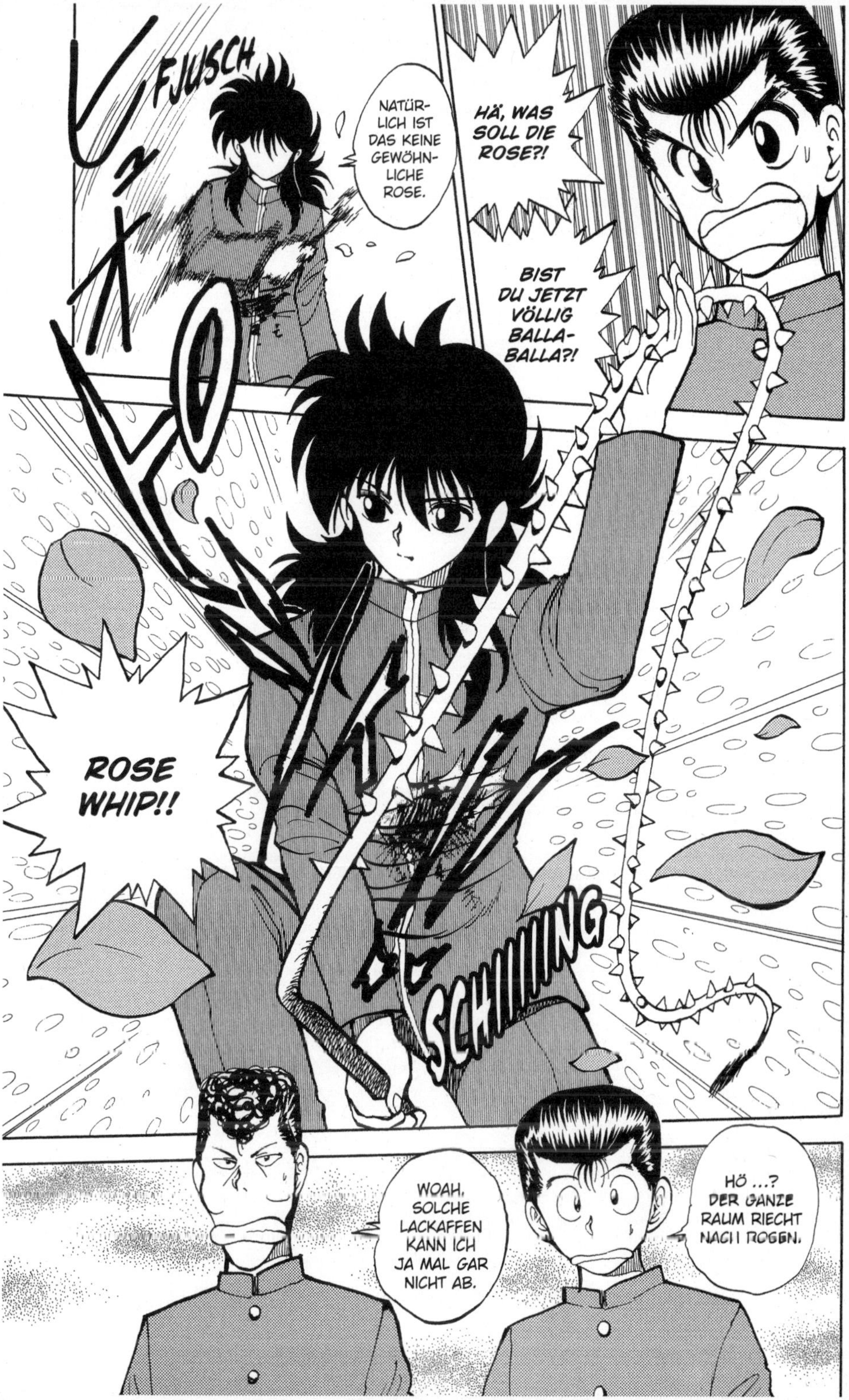

HÄ, WAS SOLL DIE ROSE?!
BIST DU JETZT VÖLLIG BALLA-BALLA?!
NATÜR-LICH IST DAS KEINE GEWÖHN-LICHE ROSE.
FJUSCH
ROSE WHIP!!
SCHIIIIING
HÖ ...? DER GANZE RAUM RIECHT NACH ROSEN.
WOAH, SOLCHE LACKAFFEN KANN ICH JA MAL GAR NICHT AB.

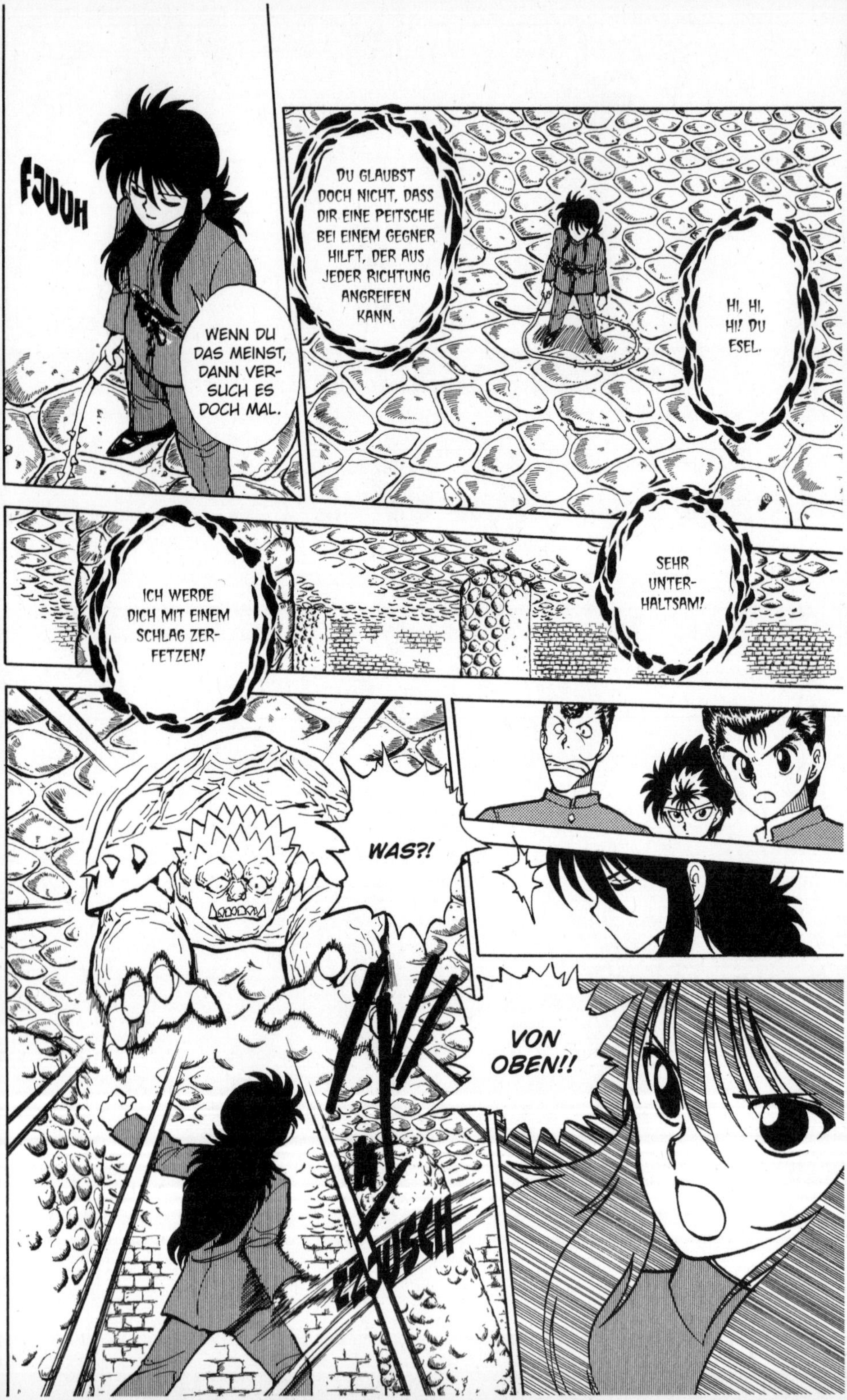
HI, HI, HI! DU ESEL.
DU GLAUBST DOCH NICHT, DASS DIR EINE PEITSCHE BEI EINEM GEGNER HILFT, DER AUS JEDER RICHTUNG ANGREIFEN KANN.
WENN DU DAS MEINST, DANN VERSUCH ES DOCH MAL.
FJUUH
SEHR UNTERHALTSAM!
ICH WERDE DICH MIT EINEM SCHLAG ZERFETZEN!
WAS?!
VON OBEN!!
ZZUSCH

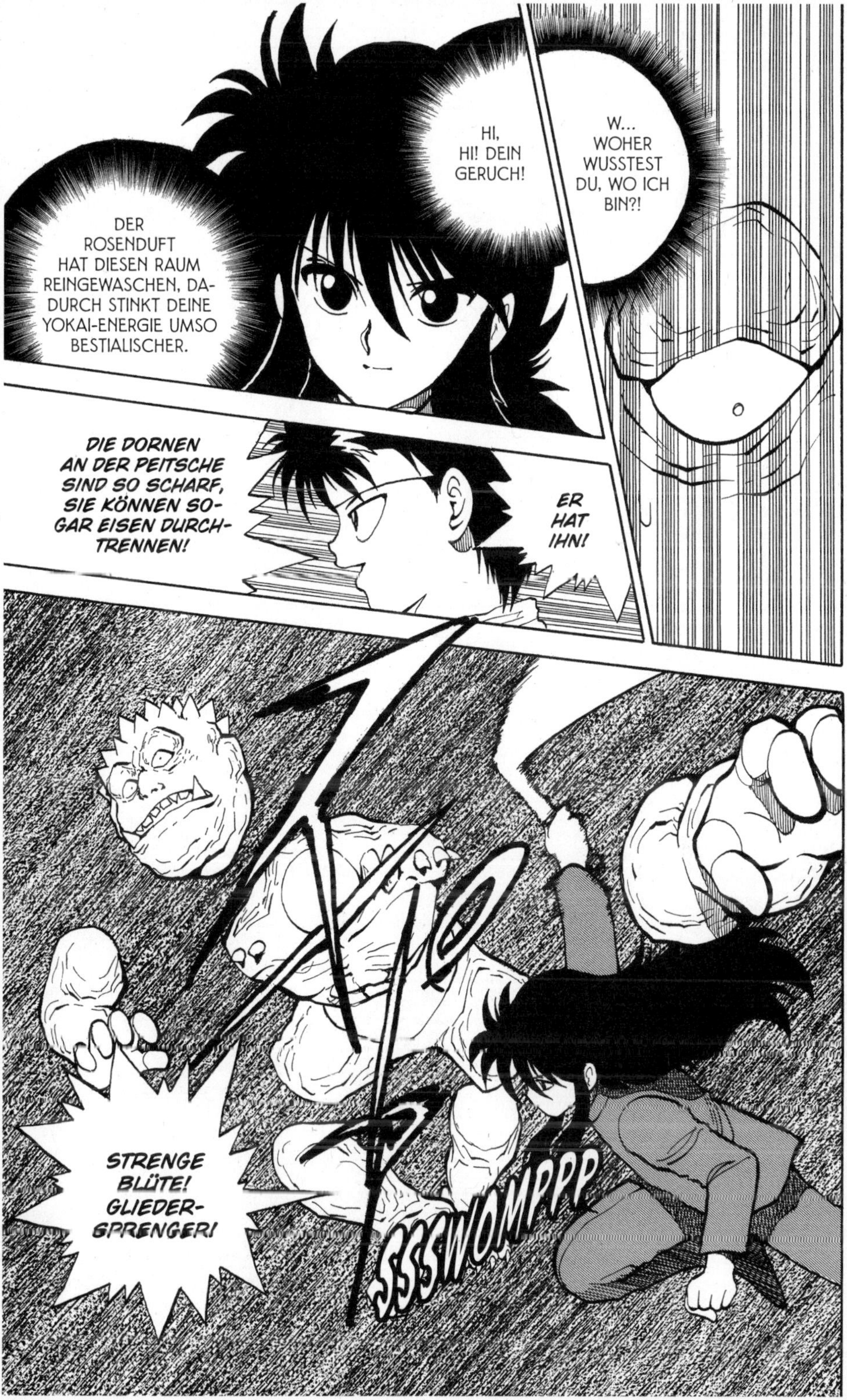

W... WOHER WUSSTEST DU, WO ICH BIN?!
HI, HI! DEIN GERUCH!
DER ROSENDUFT HAT DIESEN RAUM REINGEWASCHEN, DADURCH STINKT DEINE YOKAI-ENERGIE UMSO BESTIALISCHER.
ER HAT IHN!
DIE DORNEN AN DER PEITSCHE SIND SO SCHARF, SIE KÖNNEN SOGAR EISEN DURCHTRENNEN!
STRENGE BLÜTE! GLIEDERSPRENGER!
SSSWOMPPP

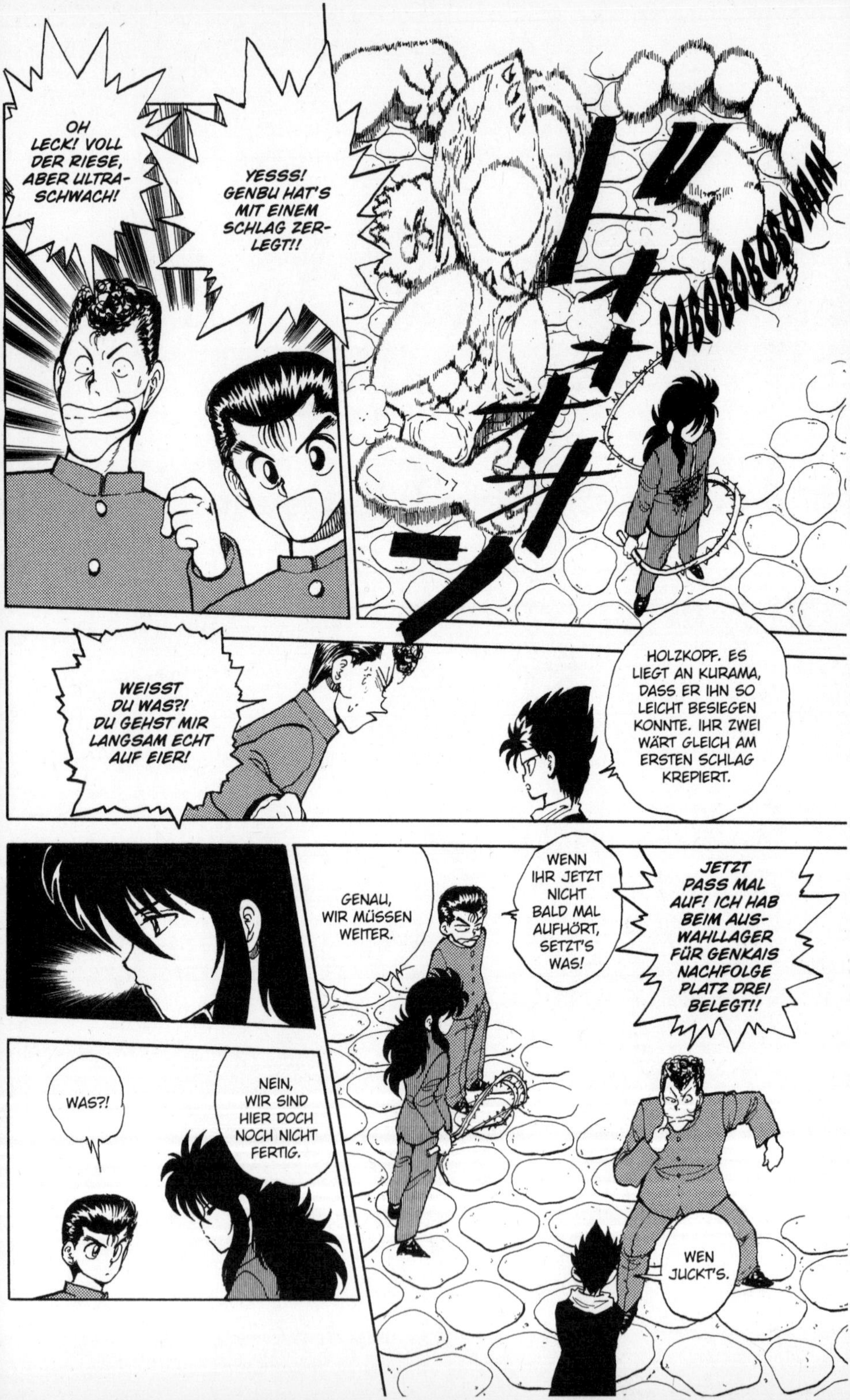
BOBOBOBOMM
YESSS! GENBU HAT'S MIT EINEM SCHLAG ZERLEGT!!
OH LECK! VOLL DER RIESE, ABER ULTRA-SCHWACH!
HOLZKOPF. ES LIEGT AN KURAMA, DASS ER IHN SO LEICHT BESIEGEN KONNTE. IHR ZWEI WÄRT GLEICH AM ERSTEN SCHLAG KREPIERT.
WEISST DU WAS?! DU GEHST MIR LANGSAM ECHT AUF EIER!
JETZT PASS MAL AUF! ICH HAB BEIM AUSWAHLLAGER FÜR GENKAIS NACHFOLGE PLATZ DREI BELEGT!!
WEN JUCKT'S.
WENN IHR JETZT NICHT BALD MAL AUFHÖRT, SETZT'S WAS!
GENAU, WIR MÜSSEN WEITER.
NEIN, WIR SIND HIER DOCH NOCH NICHT FERTIG.
WAS?!

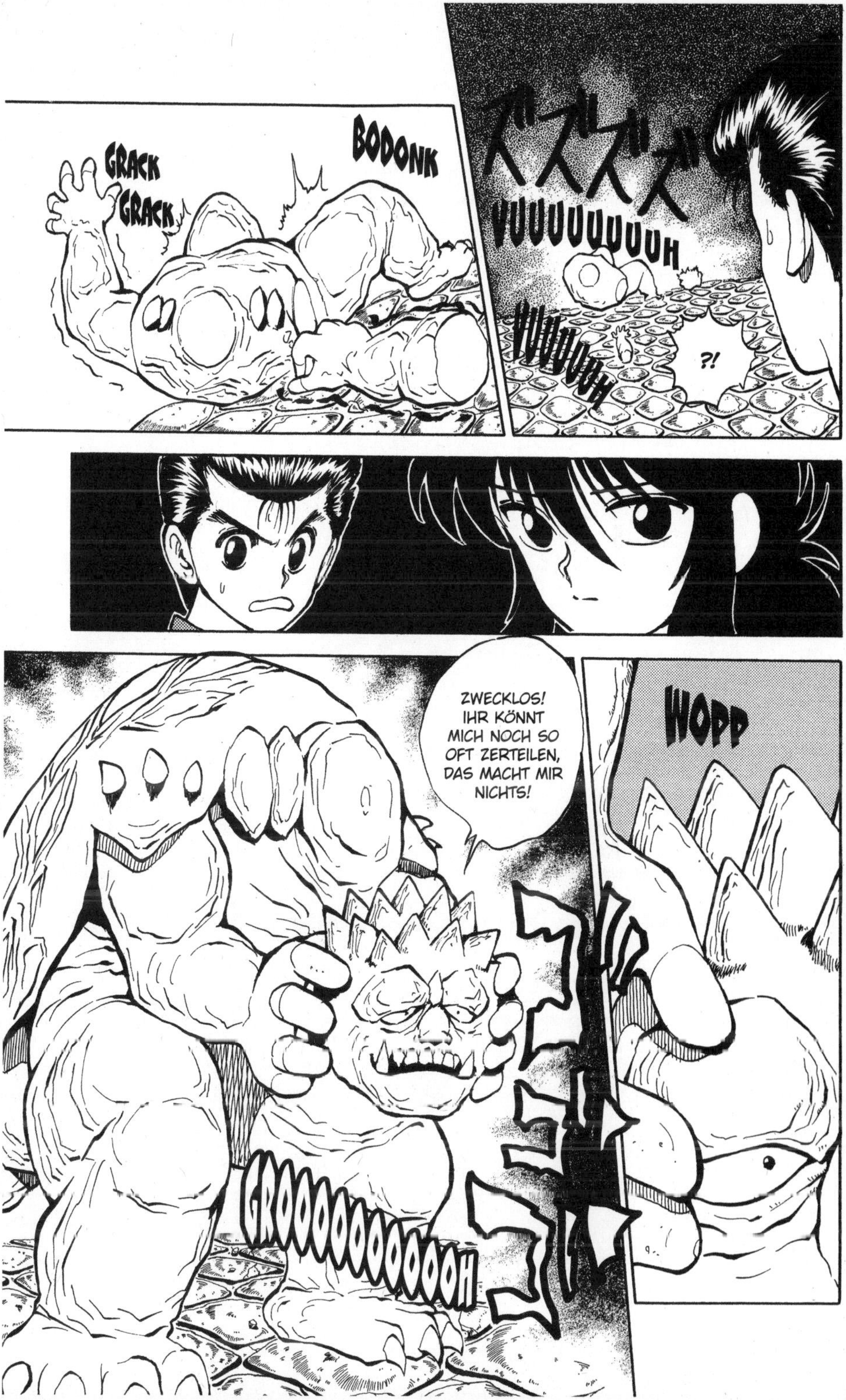
VUUUUUUUUUH
VUUUUUUH
?!
BODONK
GRACK
GRACK
WOPP
ZWECKLOS! IHR KÖNNT MICH NOCH SO OFT ZERTEILEN, DAS MACHT MIR NICHTS!
GROOOOOOOOOOH

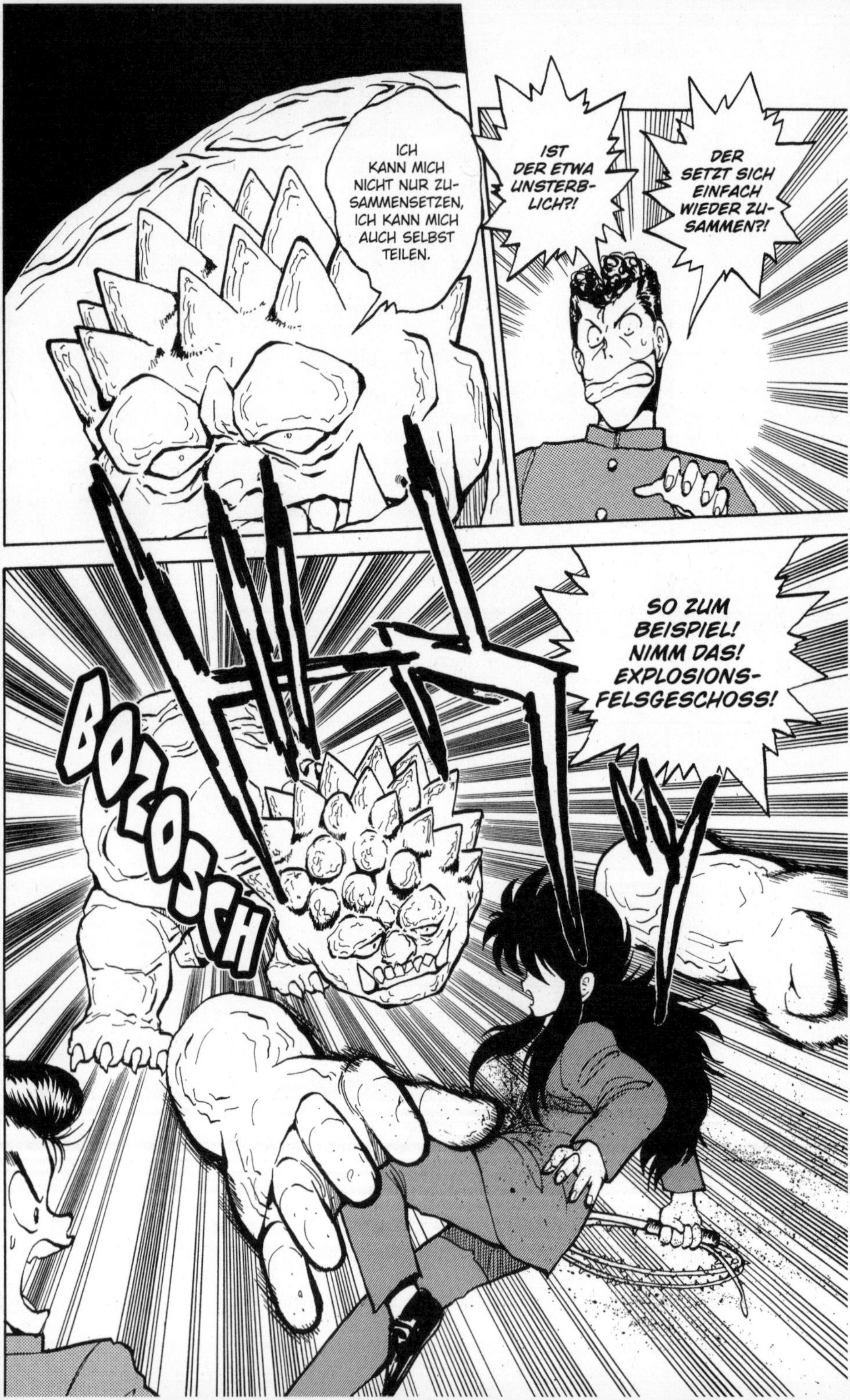
DER SETZT SICH EINFACH WIEDER ZUSAMMEN?!
IST DER ETWA UNSTERBLICH?!
ICH KANN MICH NICHT NUR ZUSAMMENSETZEN, ICH KANN MICH AUCH SELBST TEILEN.
SO ZUM BEISPIEL! NIMM DAS! EXPLOSIONS-FELSGESCHOSS!
BOZOSCH

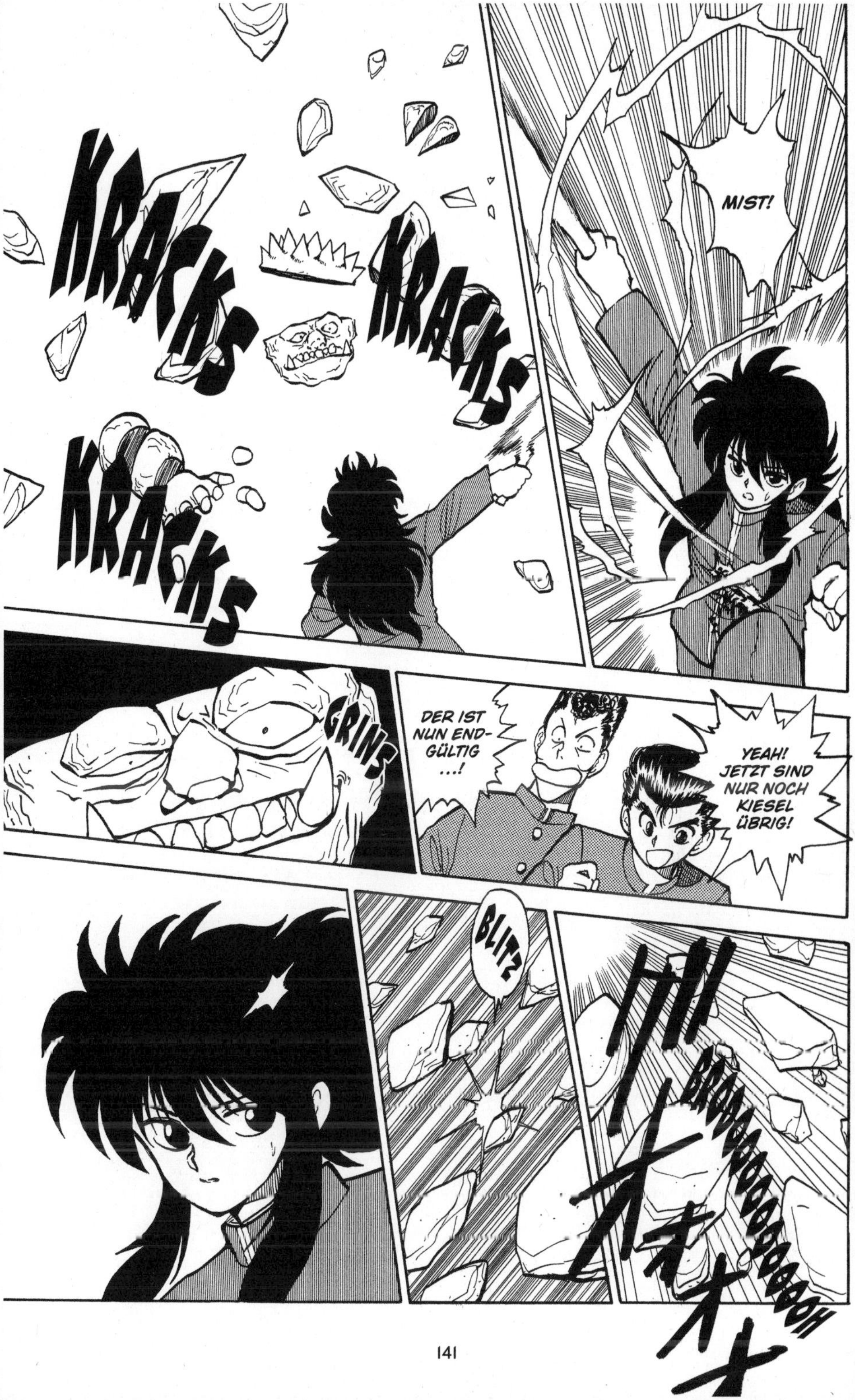
MIST!
KRACKS
KRACKS
KRACKS
GRINS
YEAH! JETZT SIND NUR NOCH KIESEL ÜBRIG!
DER IST NUN END-GÜLTIG ...!
BLITZ
BROOOOOOOOOOOOOOH

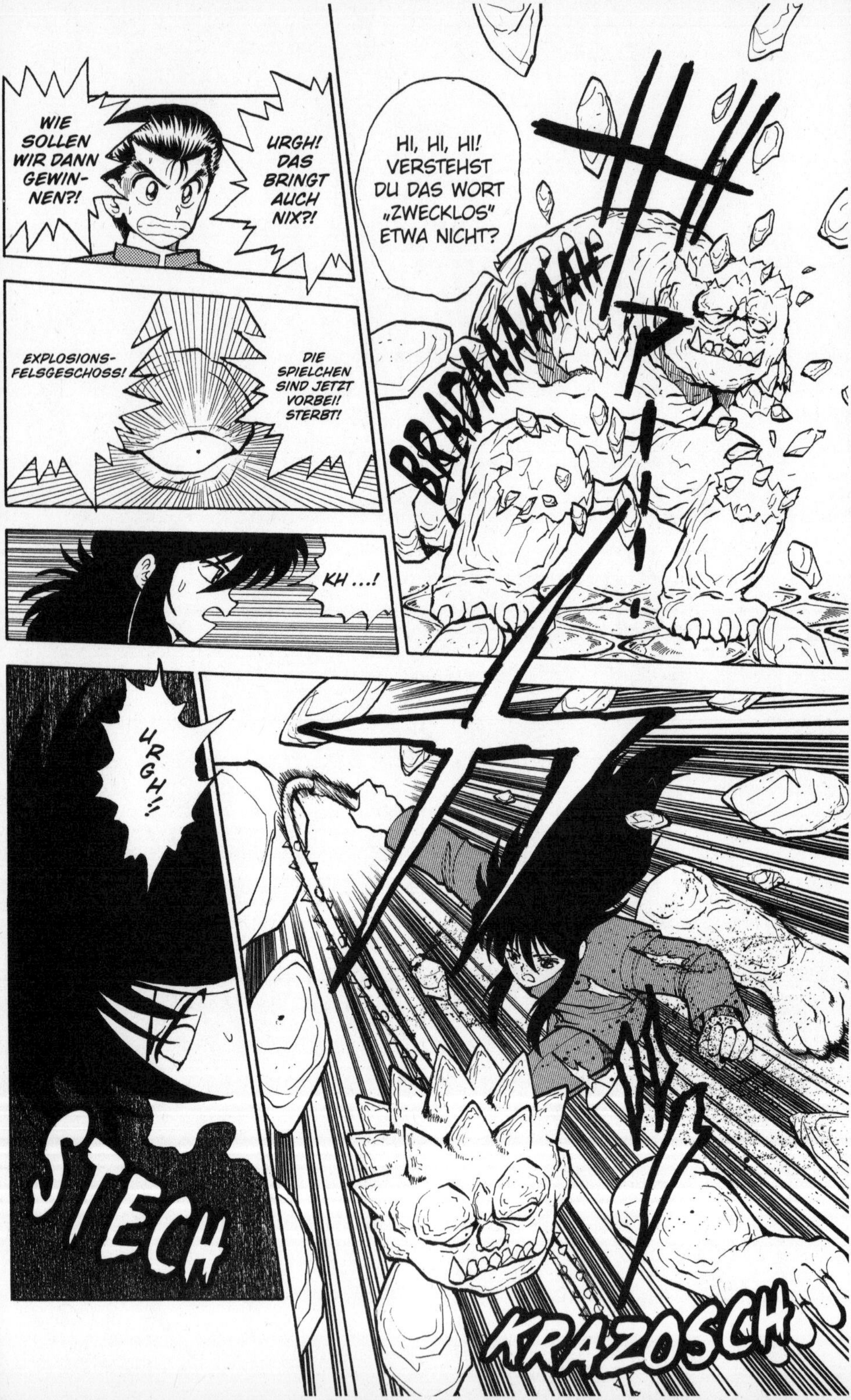

HI, HI, HI! VERSTEHST DU DAS WORT „ZWECKLOS" ETWA NICHT?
BRADAAAAAAH
URGH! DAS BRINGT AUCH NIX?!
WIE SOLLEN WIR DANN GEWINNEN?!
DIE SPIELCHEN SIND JETZT VORBEI! STERBT!
EXPLOSIONS-FELSGESCHOSS!
KH …!
KRAZOSCH
URGH?!
STECH

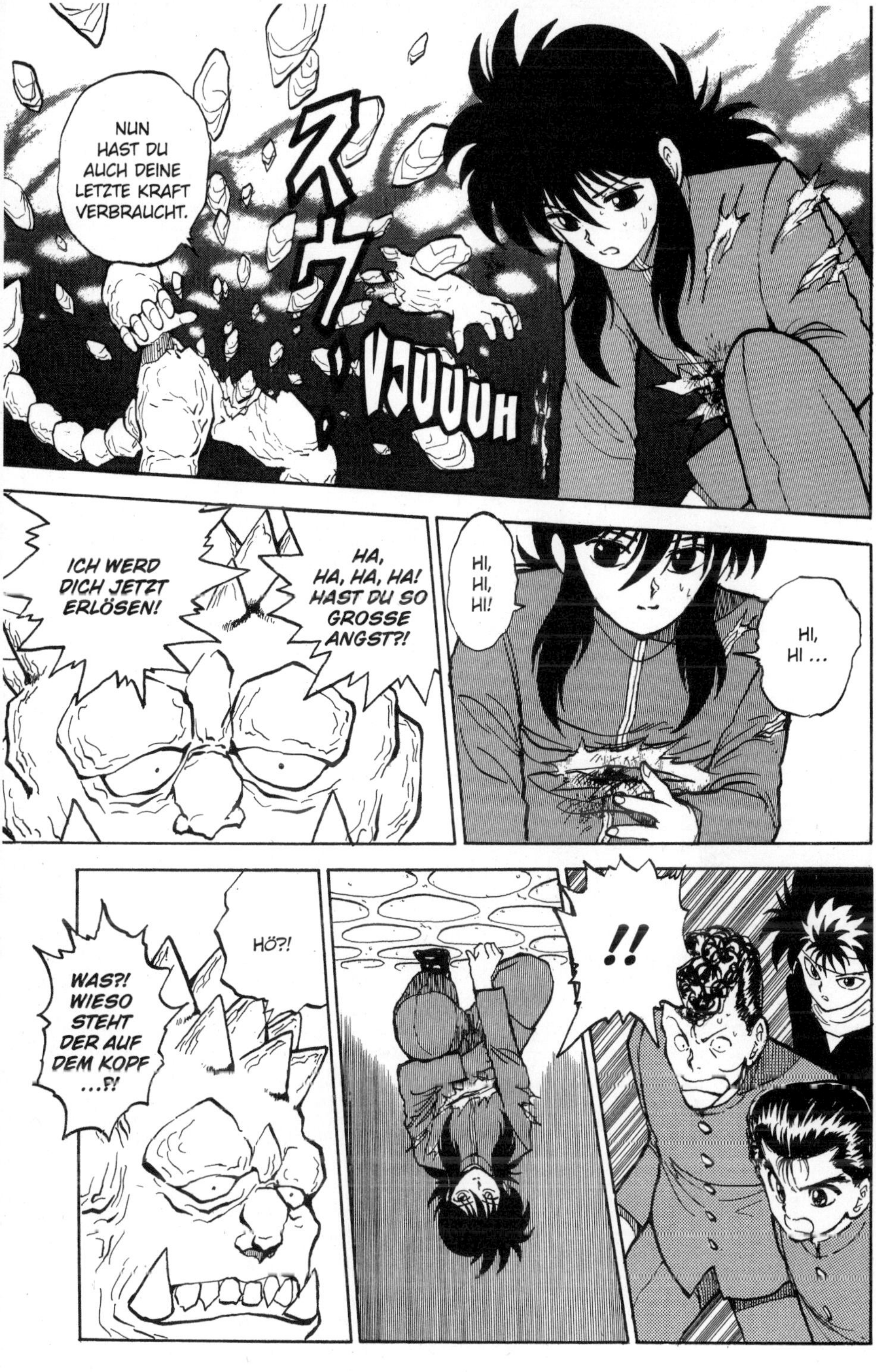
NUN HAST DU AUCH DEINE LETZTE KRAFT VERBRAUCHT.
HI, HI ...
HI, HI, HI!
HA, HA, HA, HA! HAST DU SO GROSSE ANGST?!
ICH WERD DICH JETZT ERLÖSEN!
!!
HÖ?!
WAS?! WIESO STEHT DER AUF DEM KOPF ...?!

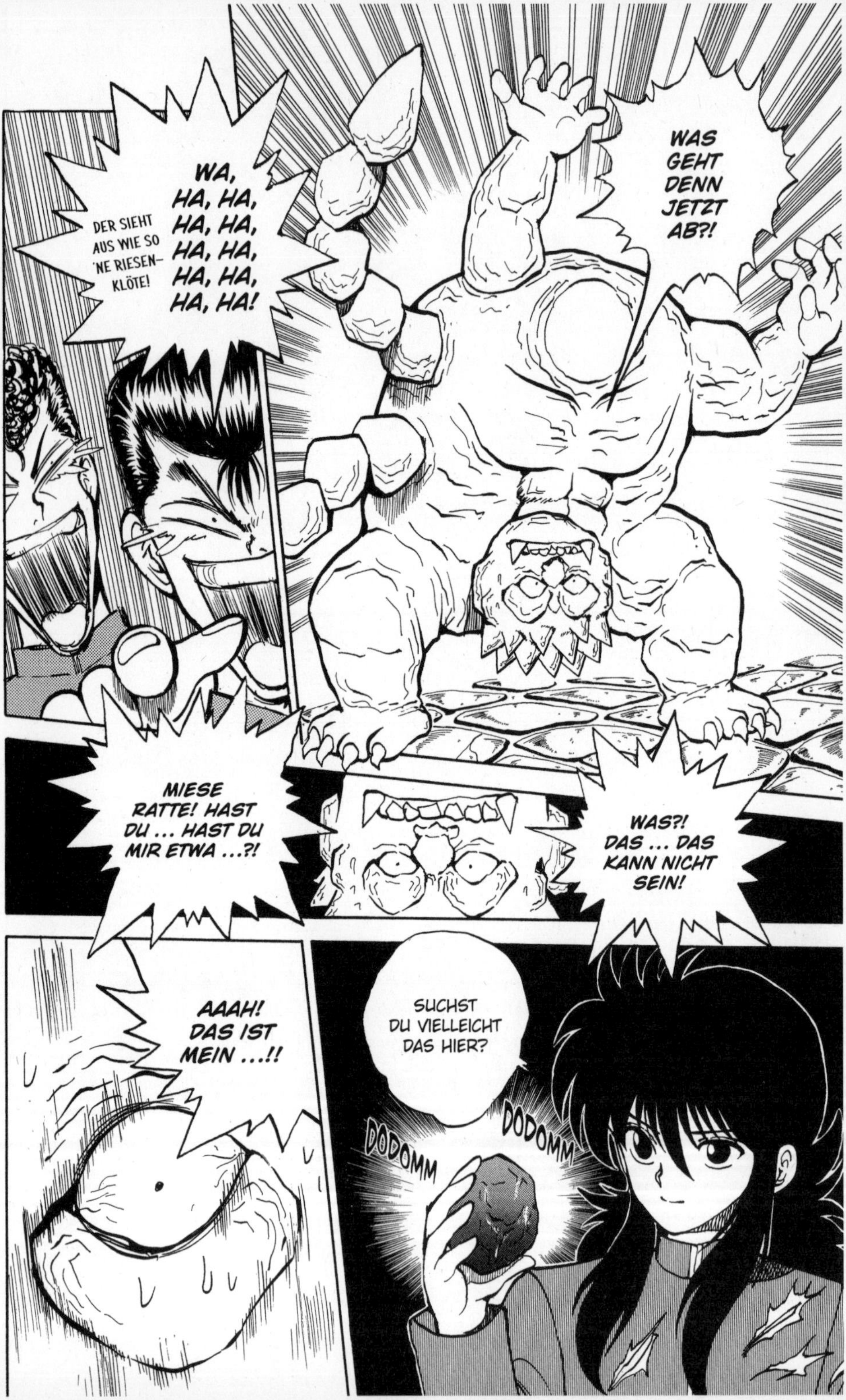
WAS GEHT DENN JETZT AB?!
WA, HA, HA, HA, HA, HA, HA, HA, HA, HA, HA!
DER SIEHT AUS WIE SO 'NE RIESEN-KLÖTE!
WAS?! DAS ... DAS KANN NICHT SEIN!
MIESE RATTE! HAST DU ... HAST DU MIR ETWA ...?!
SUCHST DU VIELLEICHT DAS HIER?
DODOMM
DODOMM
AAAH! DAS IST MEIN ...!!

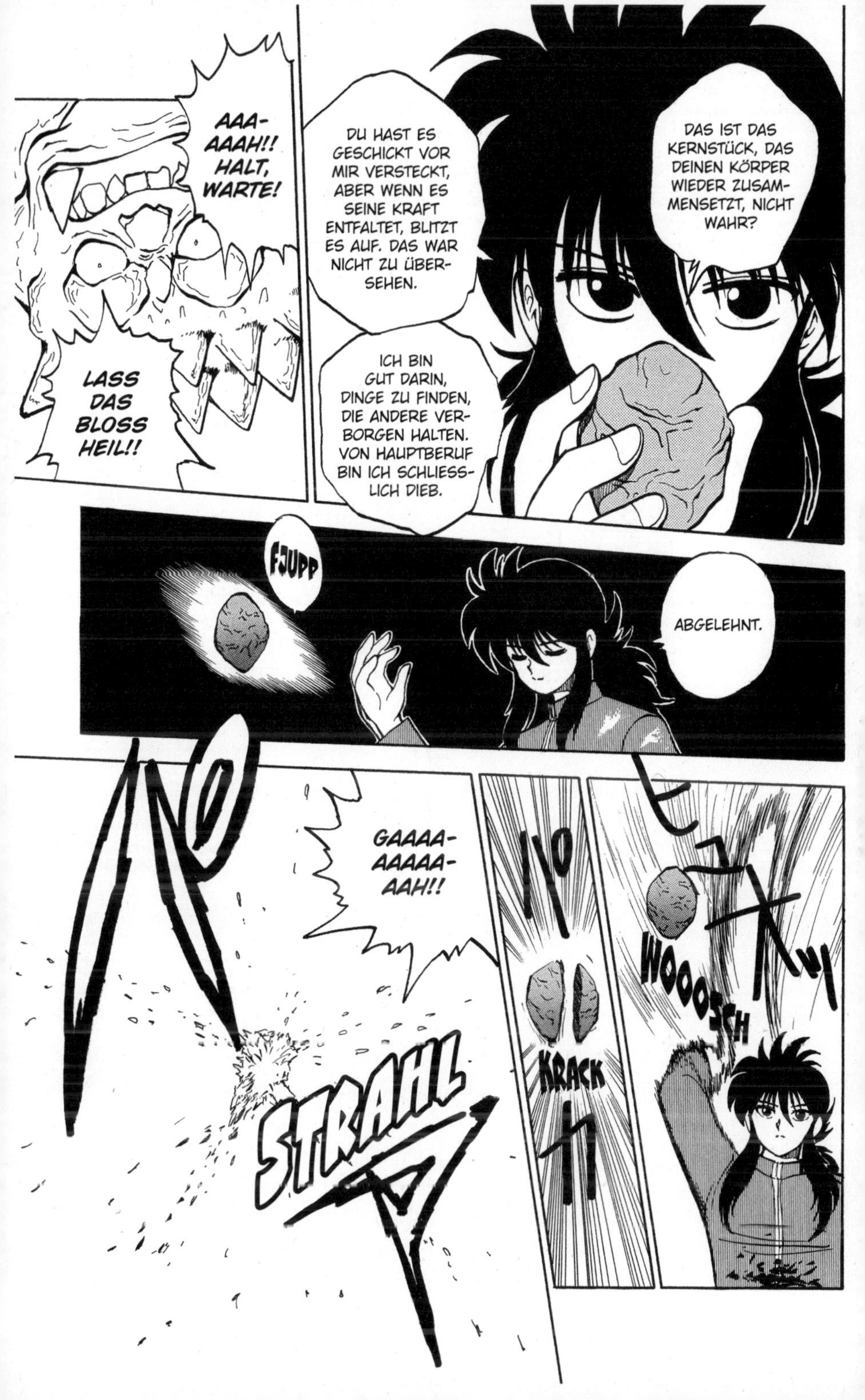
DAS IST DAS KERNSTÜCK, DAS DEINEN KÖRPER WIEDER ZUSAMMENSETZT, NICHT WAHR?
DU HAST ES GESCHICKT VOR MIR VERSTECKT, ABER WENN ES SEINE KRAFT ENTFALTET, BLITZT ES AUF. DAS WAR NICHT ZU ÜBERSEHEN.
ICH BIN GUT DARIN, DINGE ZU FINDEN, DIE ANDERE VERBORGEN HALTEN. VON HAUPTBERUF BIN ICH SCHLIESSLICH DIEB.
AAA-AAAH!! HALT, WARTE!
LASS DAS BLOSS HEIL!!
ABGELEHNT.
FJUPP
WOOOSCH
KRACK
GAAAA-AAAAA-AAH!!
STRAHL

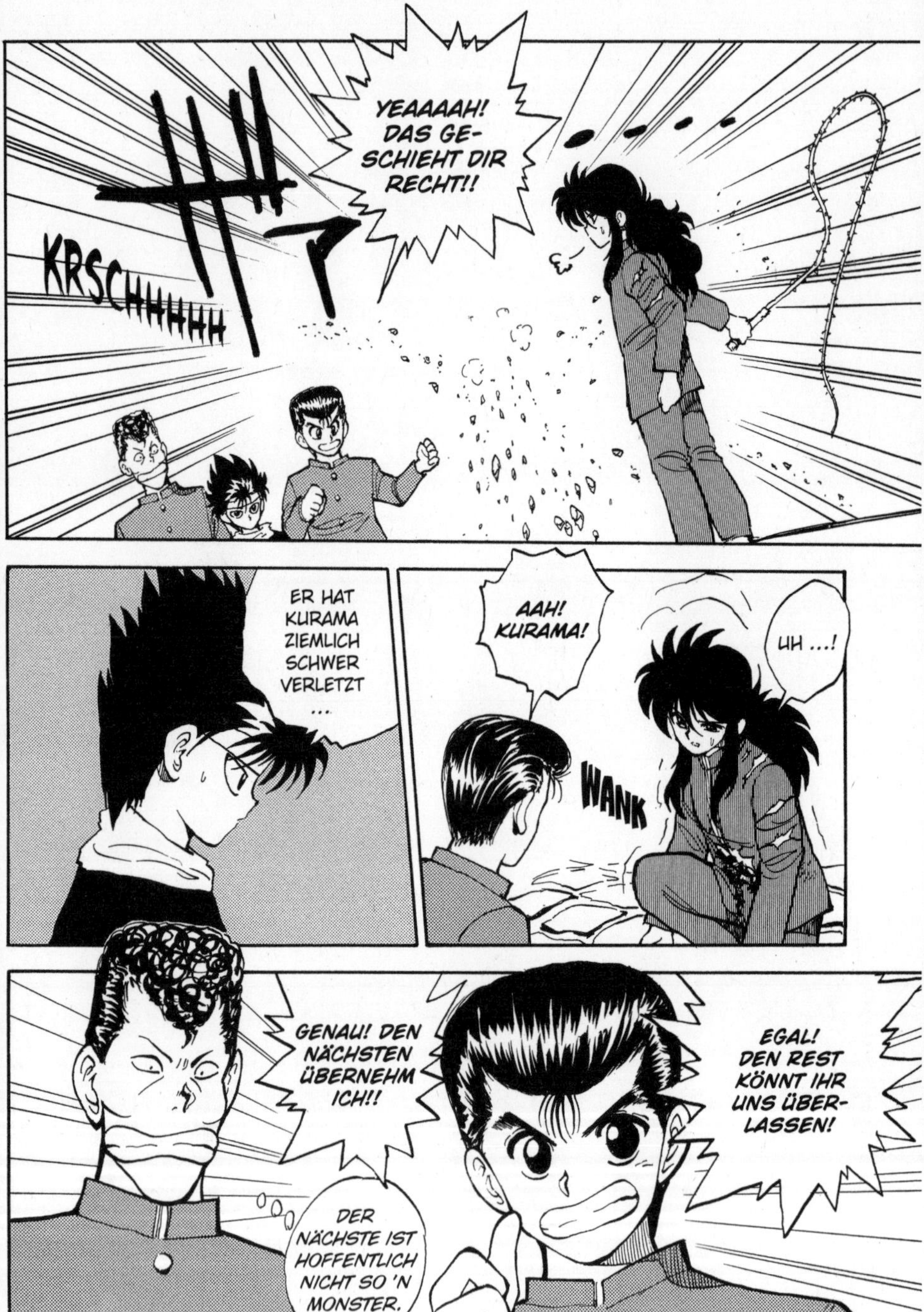
KRSCHHHHH
YEAAAAH! DAS GESCHIEHT DIR RECHT!!
ER HAT KURAMA ZIEMLICH SCHWER VERLETZT ...
AAH! KURAMA!
UH ...!
WANK
EGAL! DEN REST KÖNNT IHR UNS ÜBERLASSEN!
GENAU! DEN NÄCHSTEN ÜBERNEHM ICH!!
DER NÄCHSTE IST HOFFENTLICH NICHT SO 'N MONSTER.

Kapitel 36 Byakkos Kampfschrei!

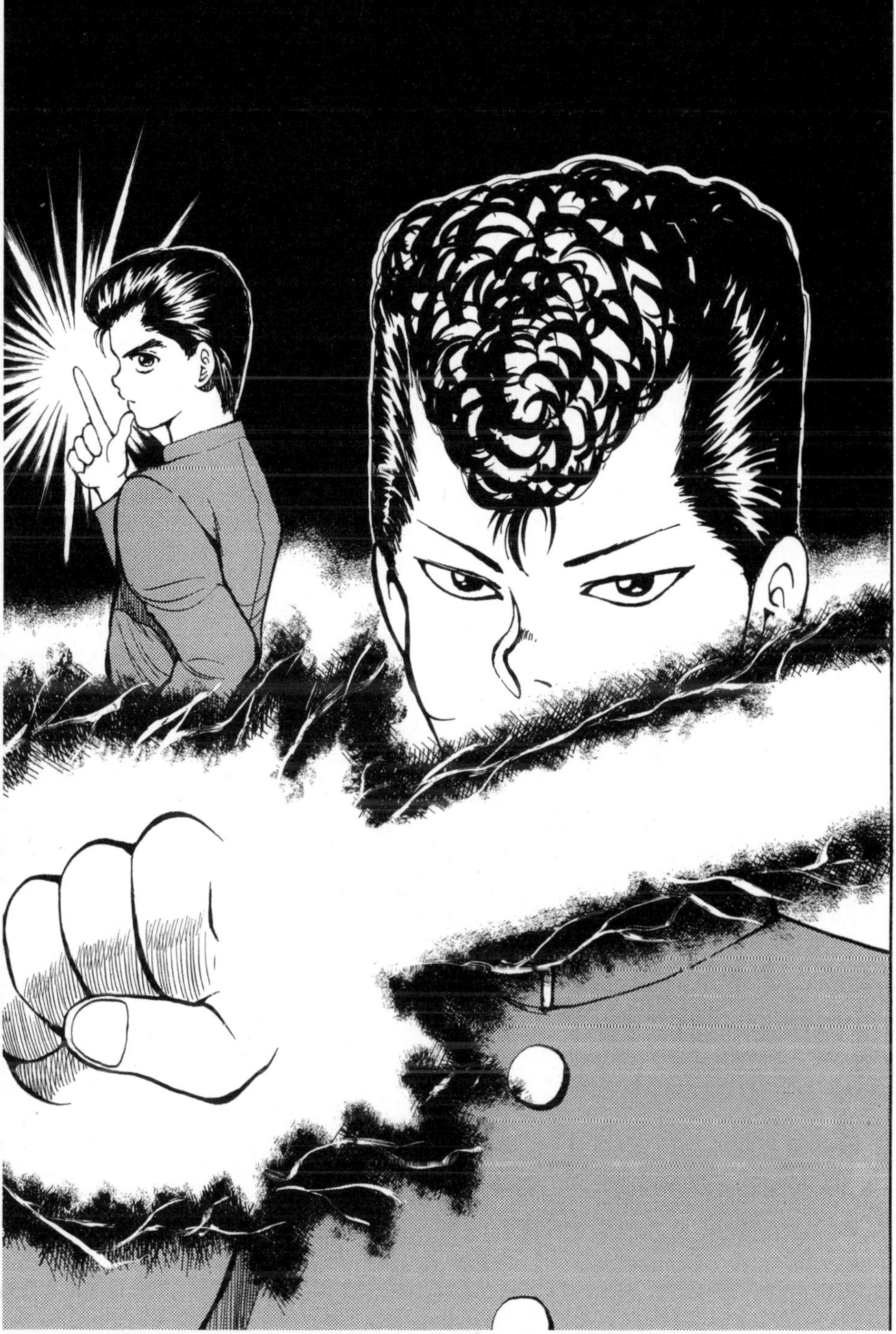

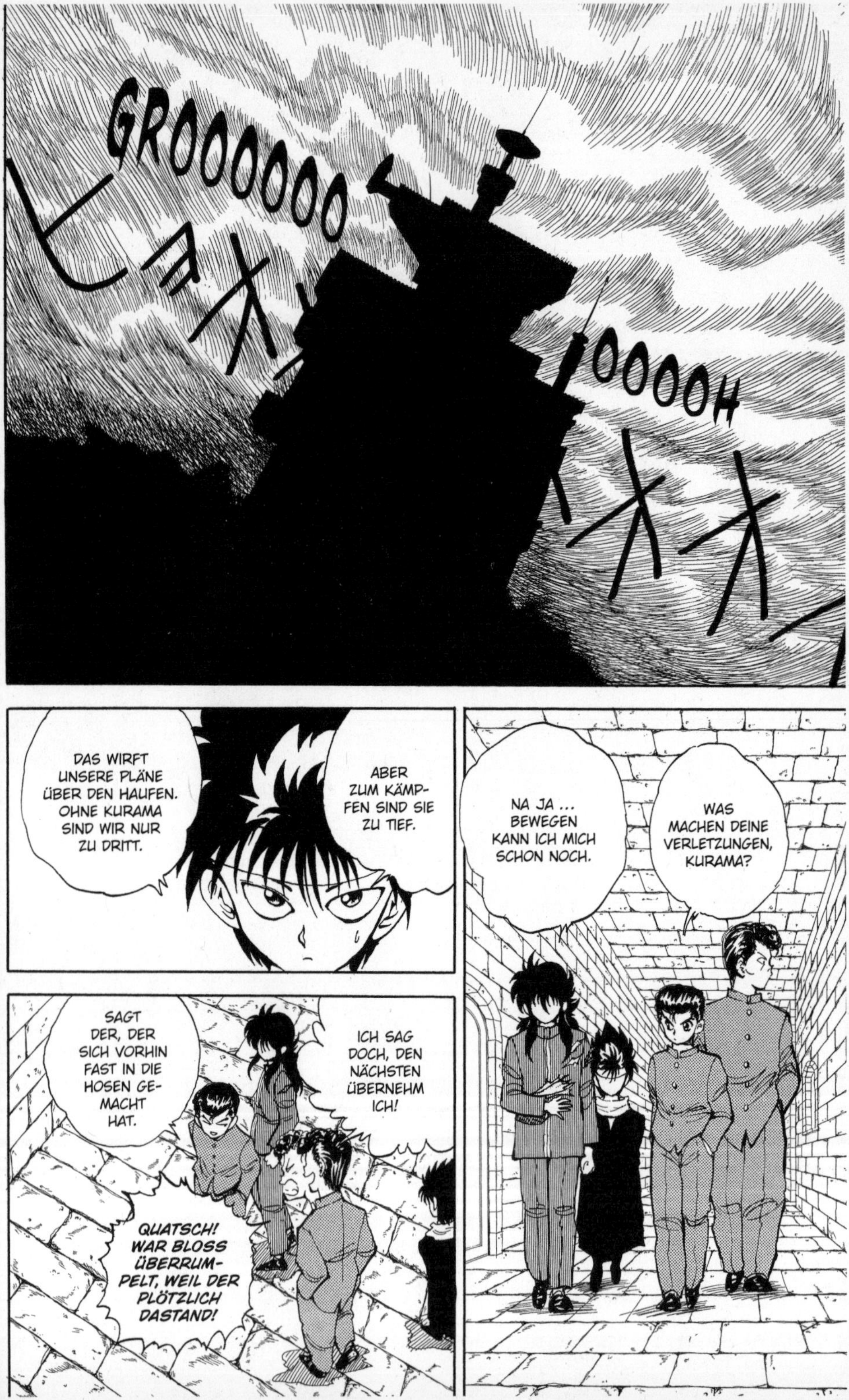
GROOOOOO
OOOOOH
WAS MACHEN DEINE VERLETZUNGEN, KURAMA?
NA JA ... BEWEGEN KANN ICH MICH SCHON NOCH.
ABER ZUM KÄMP-FEN SIND SIE ZU TIEF.
DAS WIRFT UNSERE PLÄNE ÜBER DEN HAUFEN. OHNE KURAMA SIND WIR NUR ZU DRITT.
ICH SAG DOCH, DEN NÄCHSTEN ÜBERNEHM ICH!
SAGT DER, DER SICH VORHIN FAST IN DIE HOSEN GE-MACHT HAT.
QUATSCH! WAR BLOSS ÜBERRUM-PELT, WEIL DER PLÖTZLICH DASTAND!

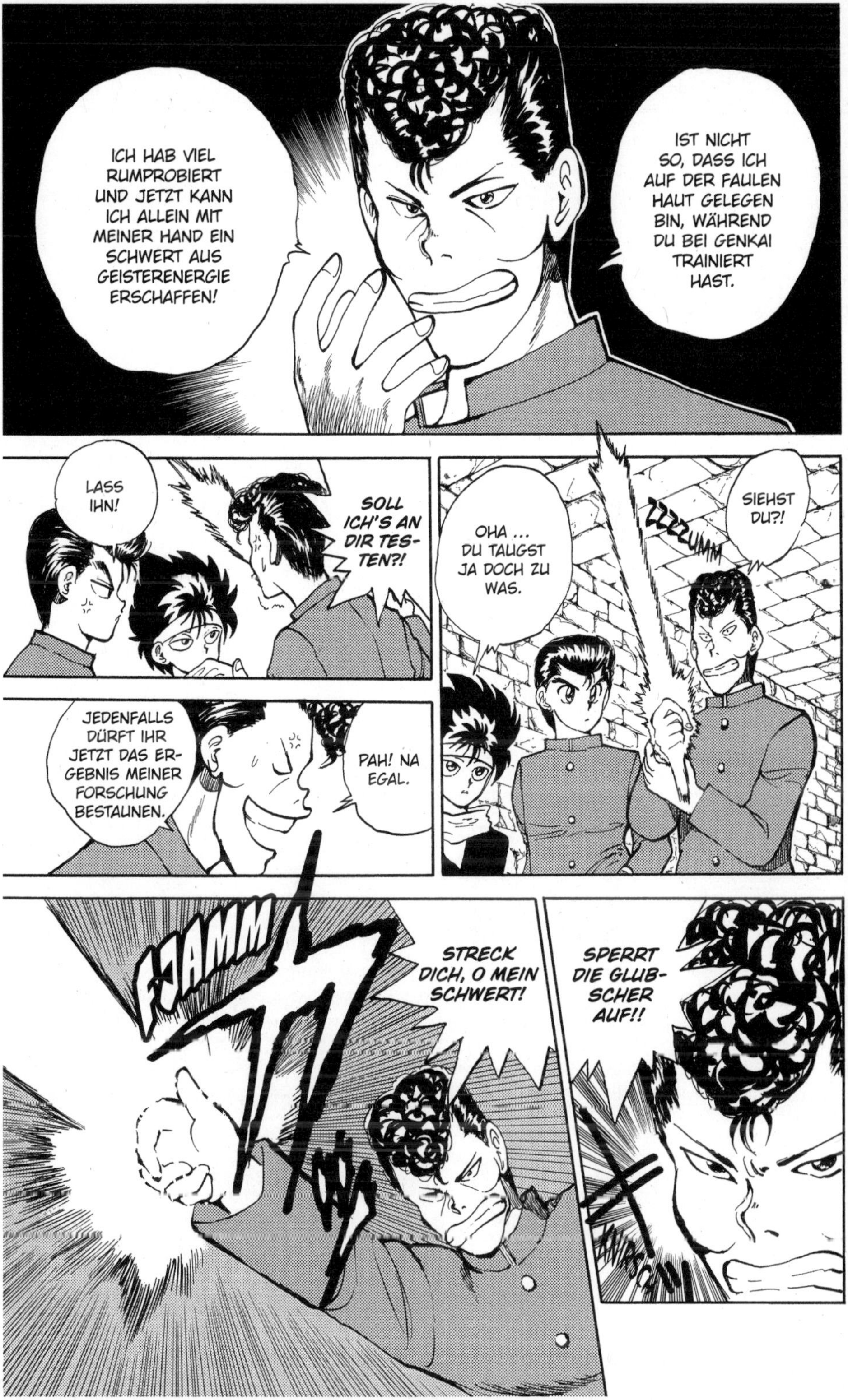
IST NICHT SO, DASS ICH AUF DER FAULEN HAUT GELEGEN BIN, WÄHREND DU BEI GENKAI TRAINIERT HAST.
ICH HAB VIEL RUMPROBIERT UND JETZT KANN ICH ALLEIN MIT MEINER HAND EIN SCHWERT AUS GEISTERENERGIE ERSCHAFFEN!
SIEHST DU?!
ZZZZUMM
OHA ... DU TAUGST JA DOCH ZU WAS.
SOLL ICH'S AN DIR TESTEN?!
LASS IHN!
PAH! NA EGAL.
JEDENFALLS DÜRFT IHR JETZT DAS ERGEBNIS MEINER FORSCHUNG BESTAUNEN.
SPERRT DIE GLUBSCHER AUF!!
STRECK DICH, O MEIN SCHWERT!
FJAMM

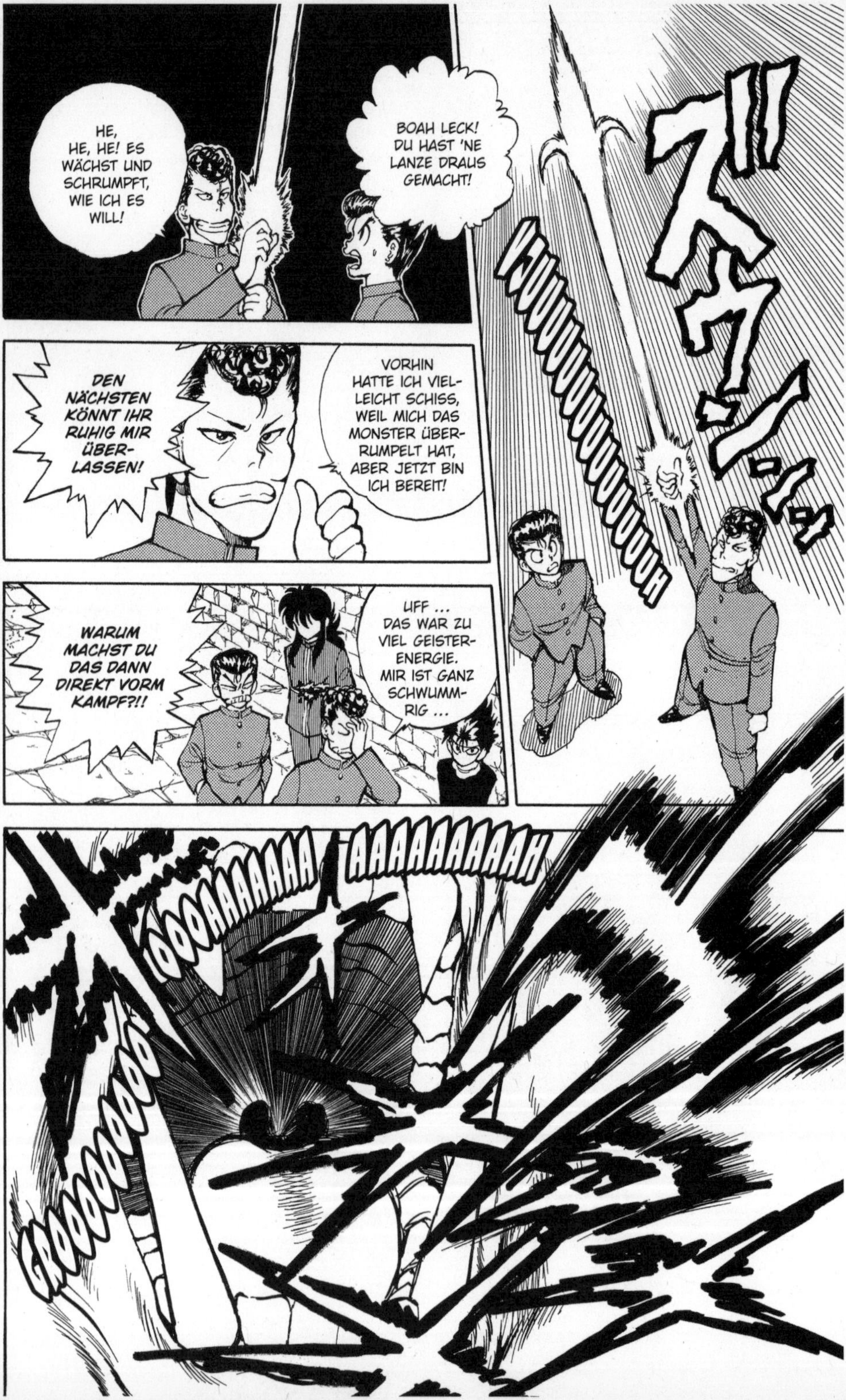
VUUUUUUUUUUUUUUUH
BOAH LECK! DU HAST 'NE LANZE DRAUS GEMACHT!
HE, HE, HE! ES WÄCHST UND SCHRUMPFT, WIE ICH ES WILL!
VORHIN HATTE ICH VIEL-LEICHT SCHISS, WEIL MICH DAS MONSTER ÜBER-RUMPELT HAT, ABER JETZT BIN ICH BEREIT!
DEN NÄCHSTEN KÖNNT IHR RUHIG MIR ÜBER-LASSEN!
UFF ... DAS WAR ZU VIEL GEISTER-ENERGIE. MIR IST GANZ SCHWUMM-RIG ...
WARUM MACHST DU DAS DANN DIREKT VORM KAMPF?!!
GROOOOOOOOOOOAAAAAAAAA AAAAAAAAAH

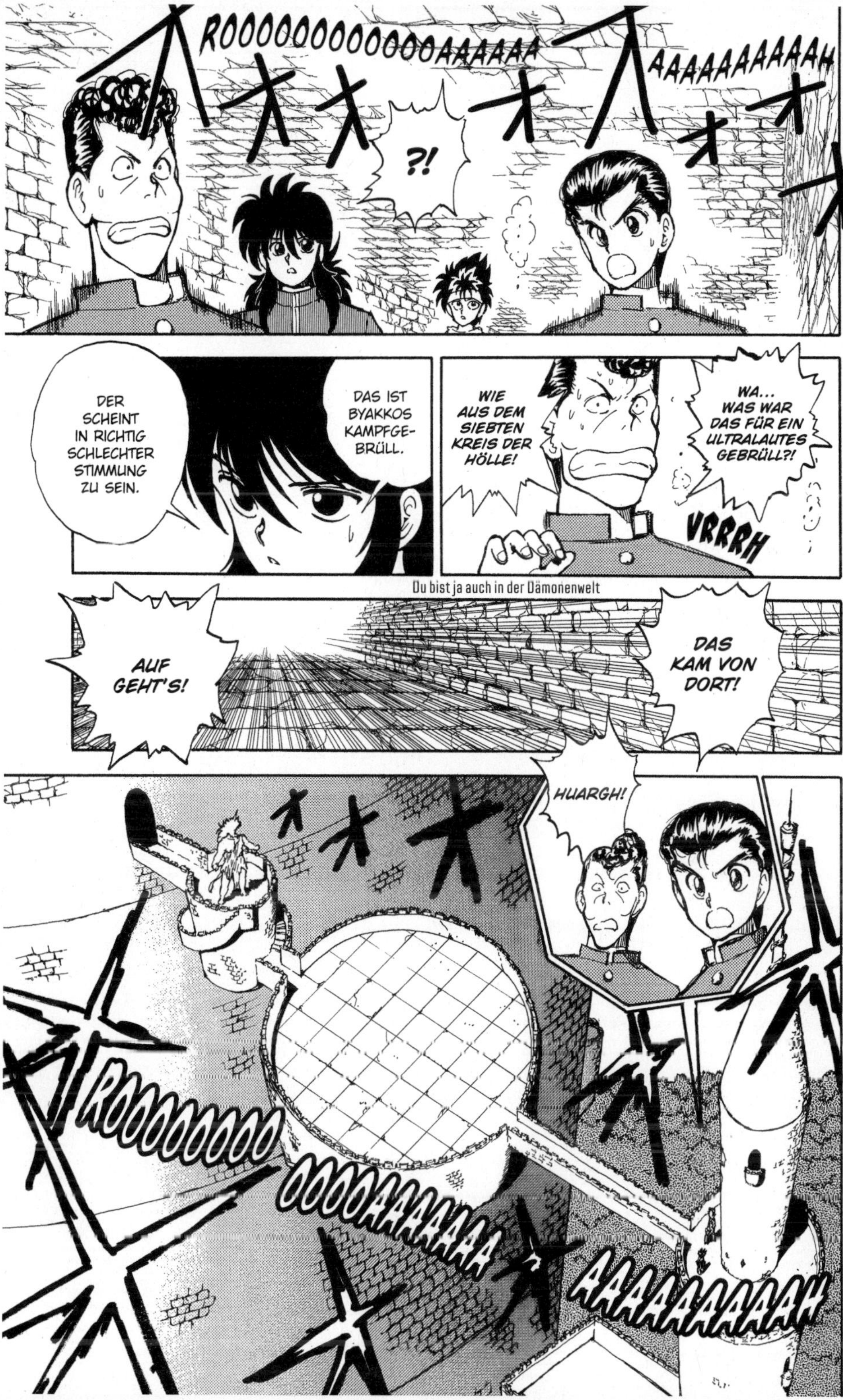

ROOOOOOOOOOOOOAAAAAAAAAAAAAAAAH
?!
WA... WAS WAR DAS FÜR EIN ULTRALAUTES GEBRÜLL?!
VRRRH
WIE AUS DEM SIEBTEN KREIS DER HÖLLE!
Du bist ja auch in der Dämonenwelt
DAS IST BYAKKOS KAMPFGE-BRÜLL.
DER SCHEINT IN RICHTIG SCHLECHTER STIMMUNG ZU SEIN.
DAS KAM VON DORT!
AUF GEHT'S!
HUARGH!
ROOOOOOOOOOOOOAAAAAAAAAAAAAAAAAH

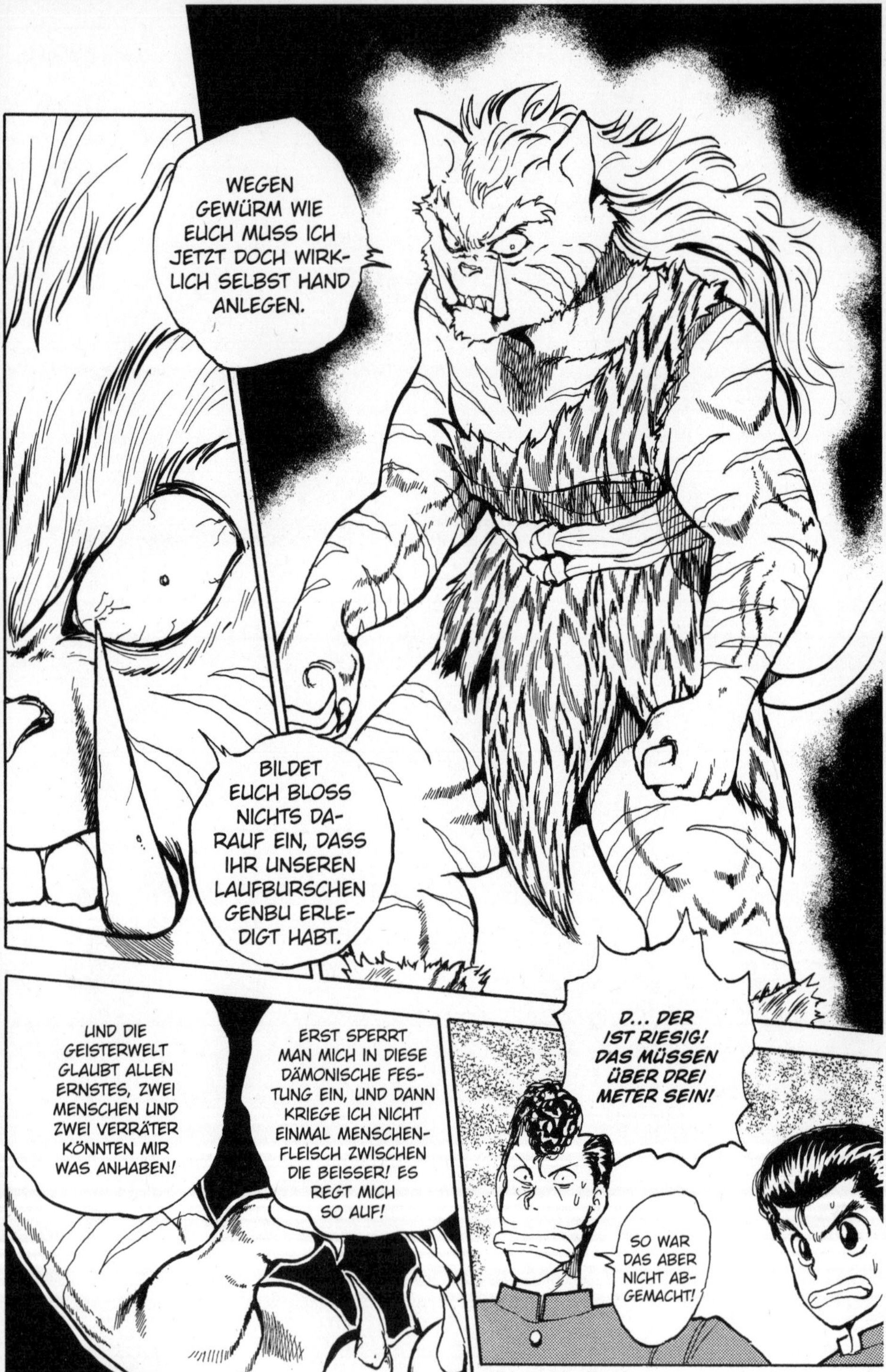

Wir hatten keine Abmachung

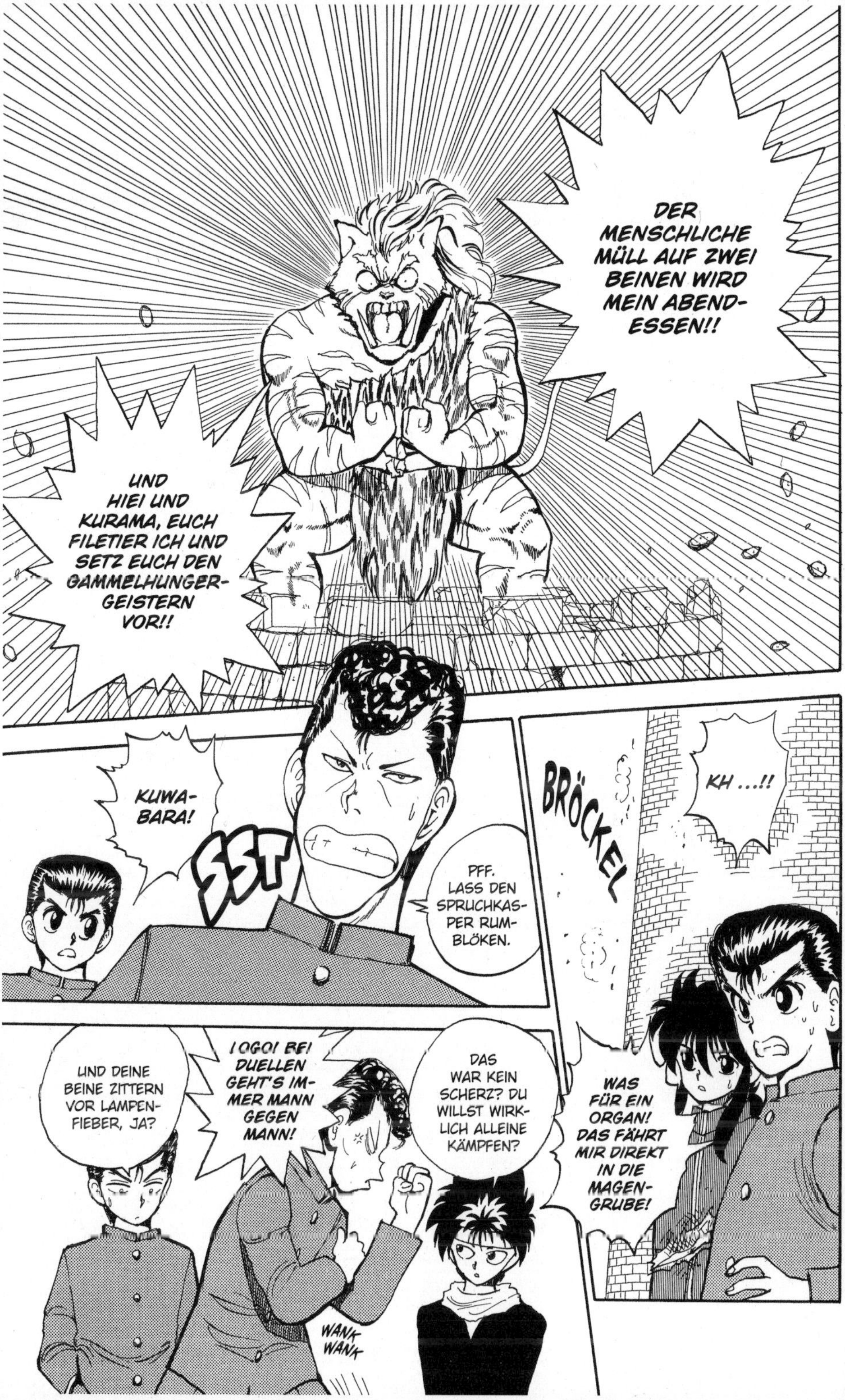
DER MENSCHLICHE MÜLL AUF ZWEI BEINEN WIRD MEIN ABEND-ESSEN!!
UND HIEI UND KURAMA, EUCH FILETIER ICH UND SETZ EUCH DEN GAMMELHUNGER-GEISTERN VOR!!
BRÖCKEL
KH ...!!
KUWA-BARA!
SST
PFF. LASS DEN SPRUCHKAS-PER RUM-BLÖKEN.
WAS FÜR EIN ORGAN! DAS FÄHRT MIR DIREKT IN DIE MAGEN-GRUBE!
DAS WAR KEIN SCHERZ? DU WILLST WIRK-LICH ALLEINE KÄMPFEN?
LOGO! BEI DUELLEN GEHT'S IM-MER MANN GEGEN MANN!
UND DEINE BEINE ZITTERN VOR LAMPEN-FIEBER, JA?
WANK WANK

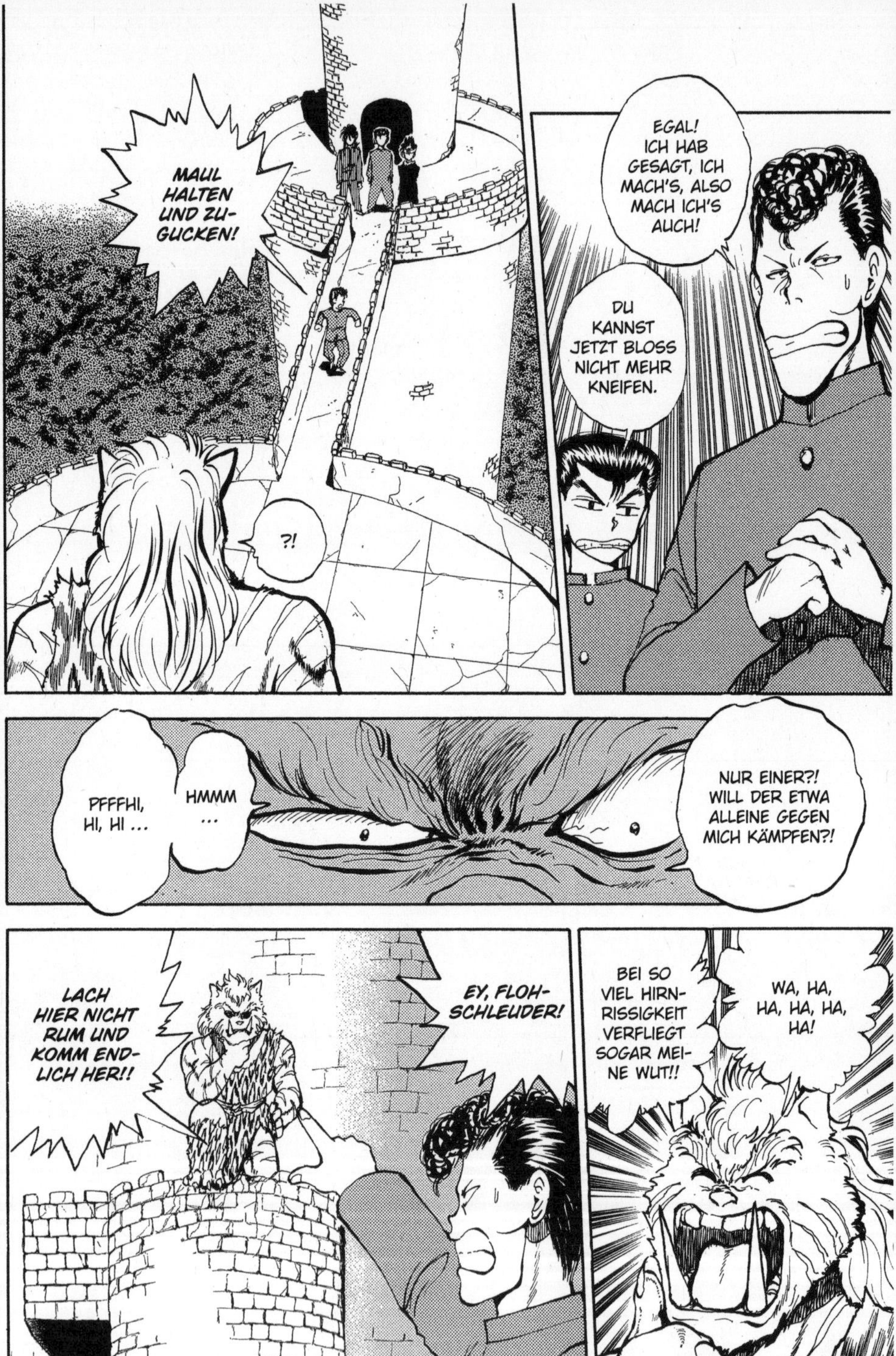
EGAL! ICH HAB GESAGT, ICH MACH'S, ALSO MACH ICH'S AUCH!
DU KANNST JETZT BLOSS NICHT MEHR KNEIFEN.
MAUL HALTEN UND ZU-GUCKEN!
?!
NUR EINER?! WILL DER ETWA ALLEINE GEGEN MICH KÄMPFEN?!
HMMM …
PFFFHI, HI, HI …
WA, HA, HA, HA, HA, HA!
BEI SO VIEL HIRN-RISSIGKEIT VERFLIEGT SOGAR MEI-NE WUT!!
EY, FLOH-SCHLEUDER!
LACH HIER NICHT RUM UND KOMM END-LICH HER!!

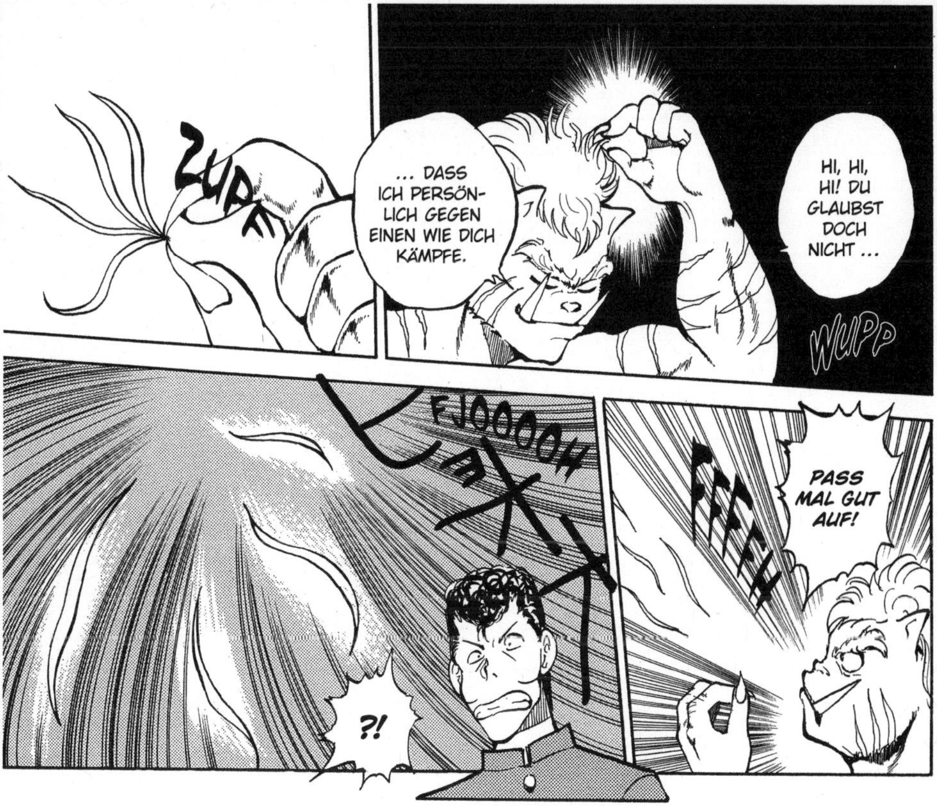
HI, HI, HI! DU GLAUBST DOCH NICHT …
WUPP
… DASS ICH PERSÖNLICH GEGEN EINEN WIE DICH KÄMPFE.
ZUPF
PASS MAL GUT AUF!
FFFFH
FJOOOOH
?!

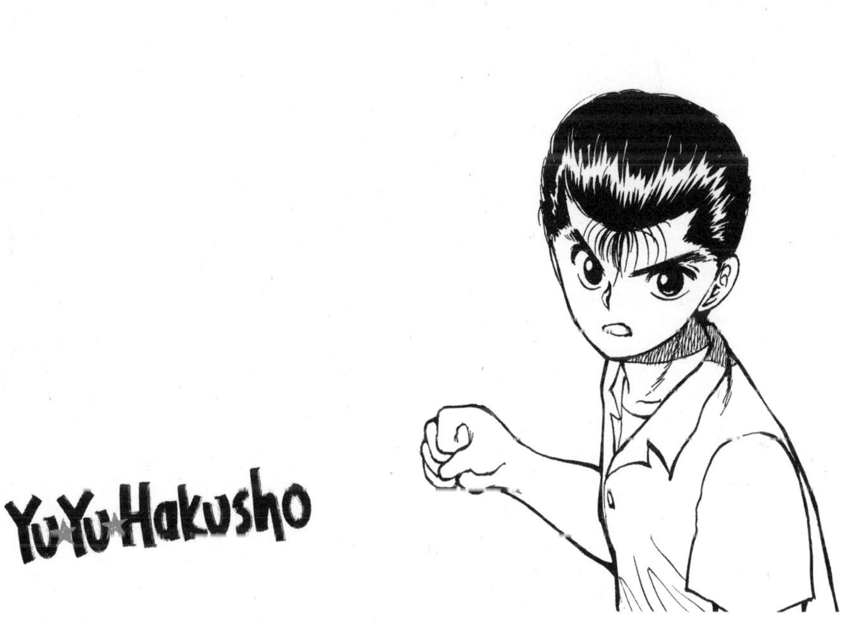
YuYu Hakusho

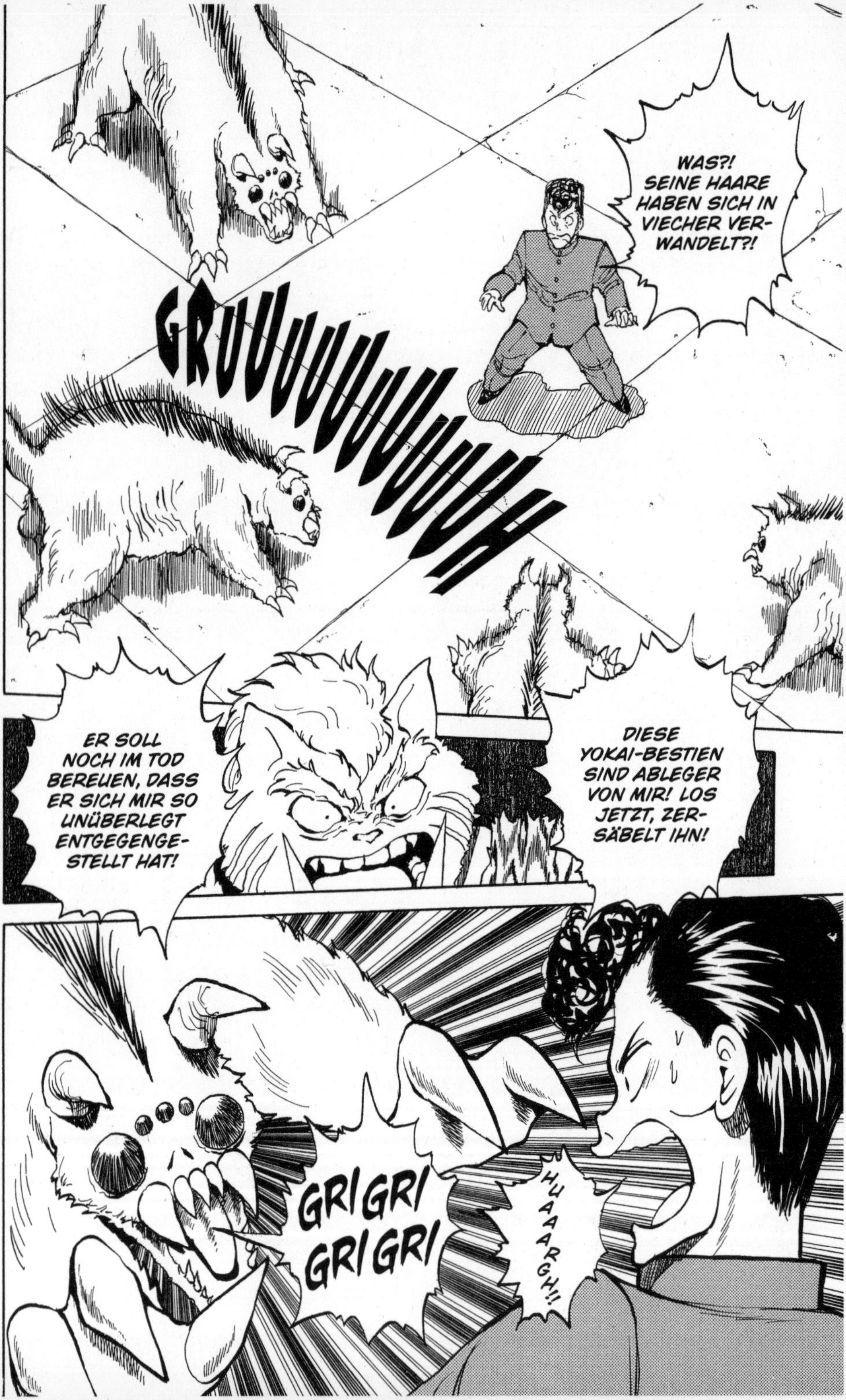
WAS?! SEINE HAARE HABEN SICH IN VIECHER VERWANDELT?!
GRUUUUUUUUUUUUH
DIESE YOKAI-BESTIEN SIND ABLEGER VON MIR! LOS JETZT, ZERSÄBELT IHN!
ER SOLL NOCH IM TOD BEREUEN, DASS ER SICH MIR SO UNÜBERLEGT ENTGEGENGESTELLT HAT!
HUAAARGH!!
GRI GRI GRI GRI

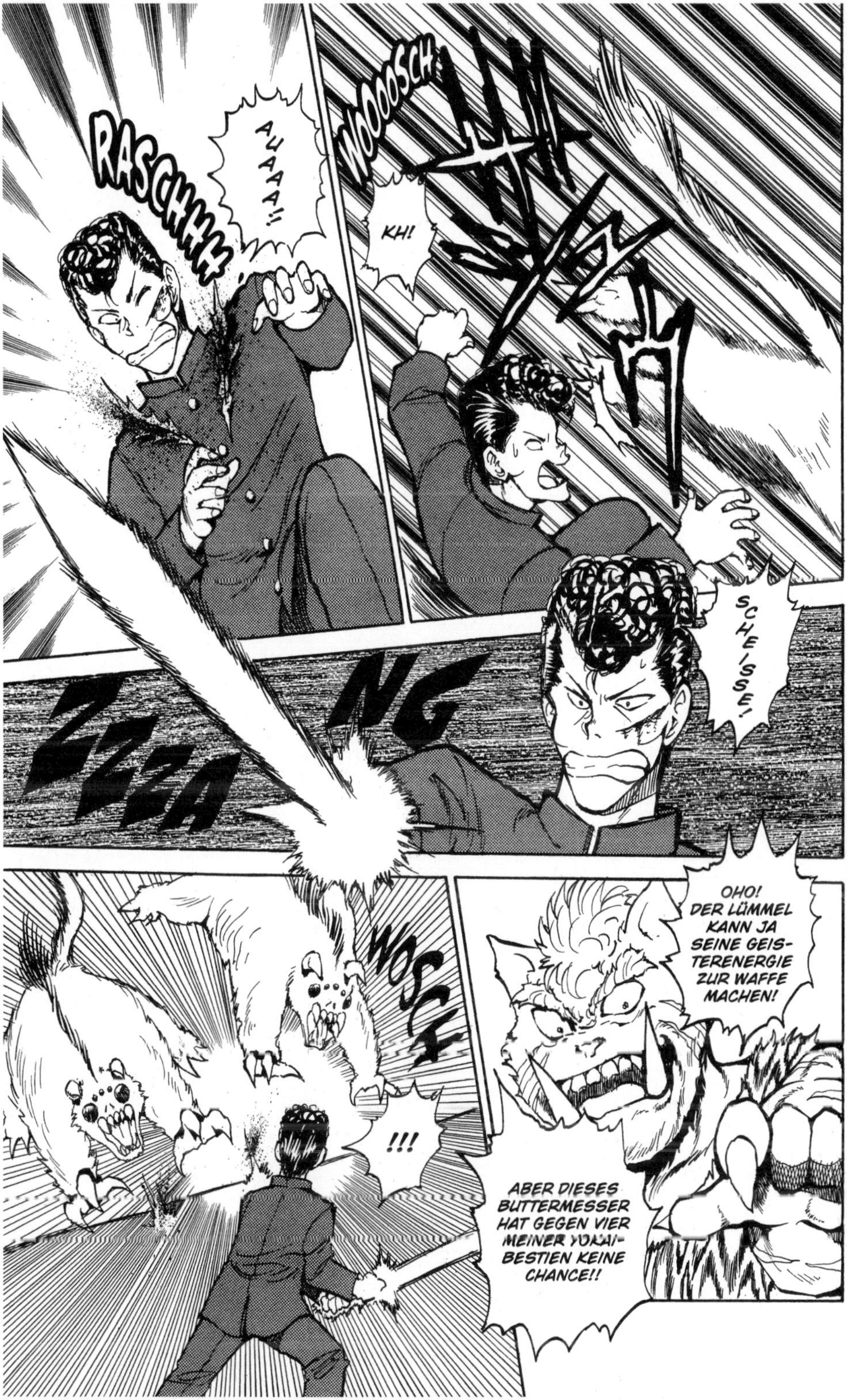
WOOOOSCH
KH!
RASCHHH
AUAAAA!!
SCHEISSE!
ZZZA
NG
OHO! DER LÜMMEL KANN JA SEINE GEISTERENERGIE ZUR WAFFE MACHEN!
ABER DIESES BUTTERMESSER HAT GEGEN VIER MEINER YOKAI-BESTIEN KEINE CHANCE!!
WOSCH
!!!

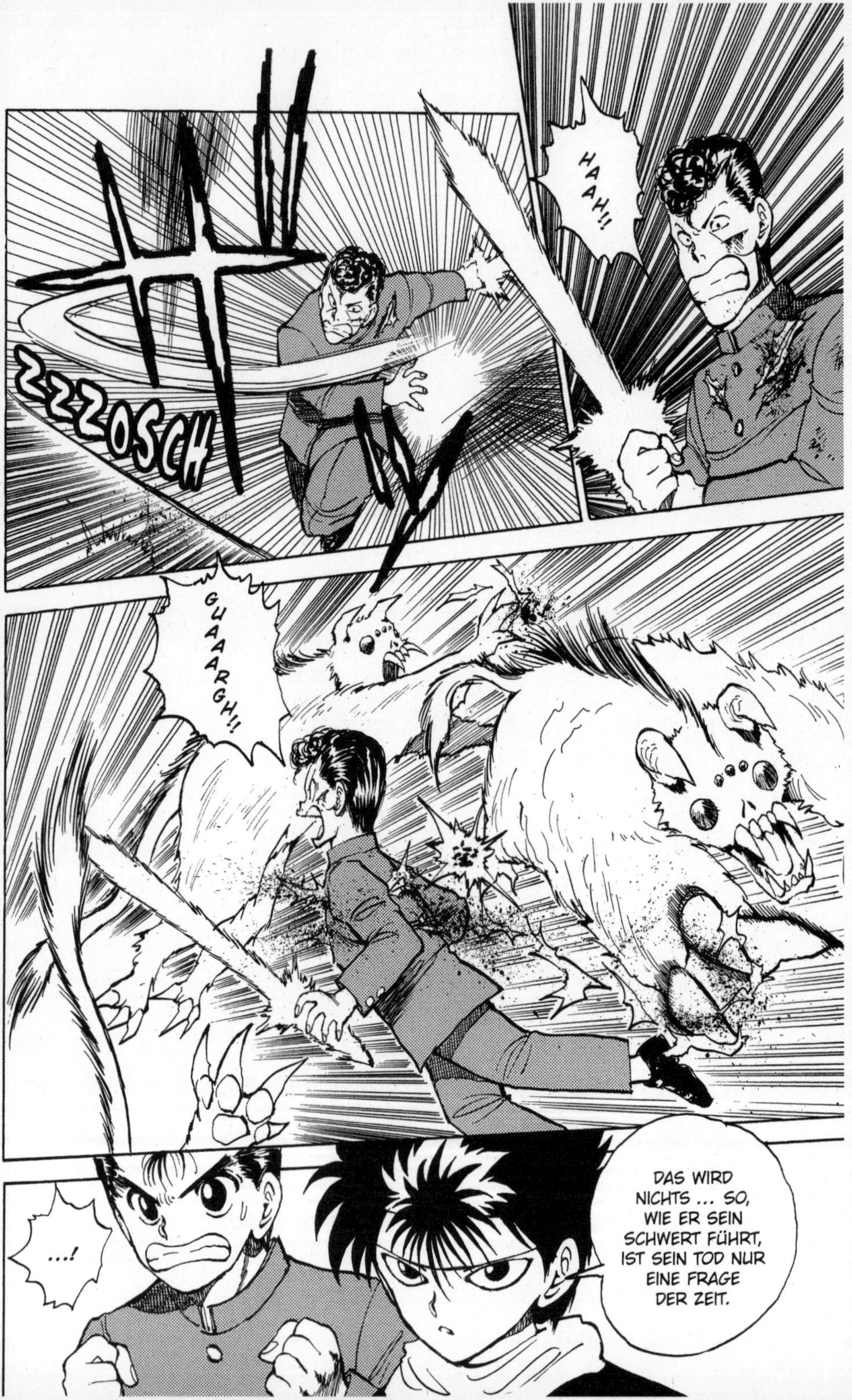
HAAAH!!
ZZZOSCH
GUAAAARGH!!
...!
DAS WIRD NICHTS ... SO, WIE ER SEIN SCHWERT FÜHRT, IST SEIN TOD NUR EINE FRAGE DER ZEIT.

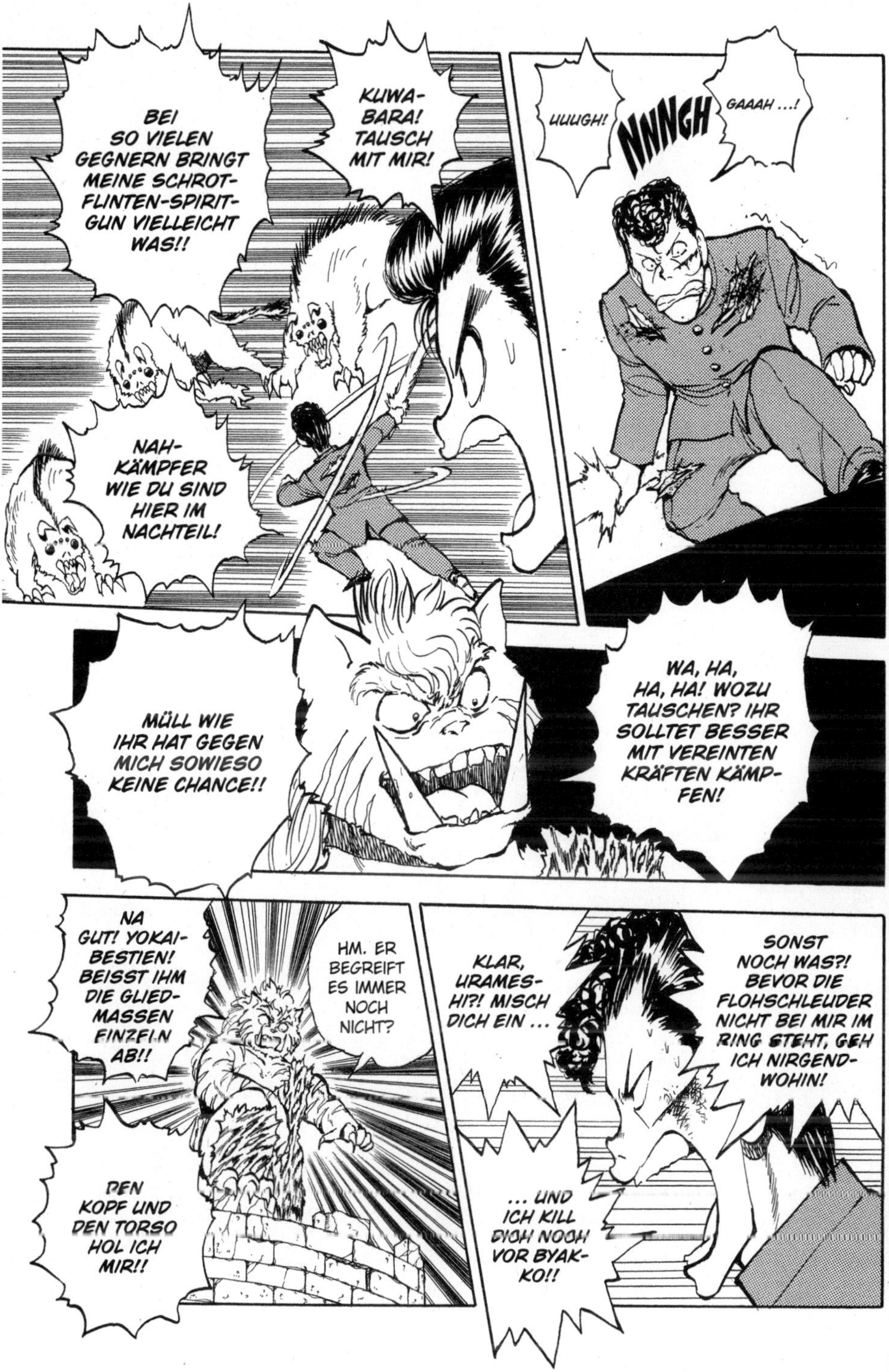
UUUGH!
NNNGH
GAAAH …!
KUWABARA! TAUSCH MIT MIR!
BEI SO VIELEN GEGNERN BRINGT MEINE SCHROTFLINTEN-SPIRIT-GUN VIELLEICHT WAS!!
NAHKÄMPFER WIE DU SIND HIER IM NACHTEIL!
WA, HA, HA, HA! WOZU TAUSCHEN? IHR SOLLTET BESSER MIT VEREINTEN KRÄFTEN KÄMPFEN!
MÜLL WIE IHR HAT GEGEN MICH SOWIESO KEINE CHANCE!!
SONST NOCH WAS?! BEVOR DIE FLOHSCHLEUDER NICHT BEI MIR IM RING STEHT, GEH ICH NIRGENDWOHIN!
KLAR, URAMESHI?! MISCH DICH EIN …
… UND ICH KILL DICH NOCH VOR BYAKKO!!
HM. ER BEGREIFT ES IMMER NOCH NICHT?
NA GUT! YOKAI-BESTIEN! BEISST IHM DIE GLIEDMASSEN EINZELN AB!!
DEN KOPF UND DEN TORSO HOL ICH MIR!!

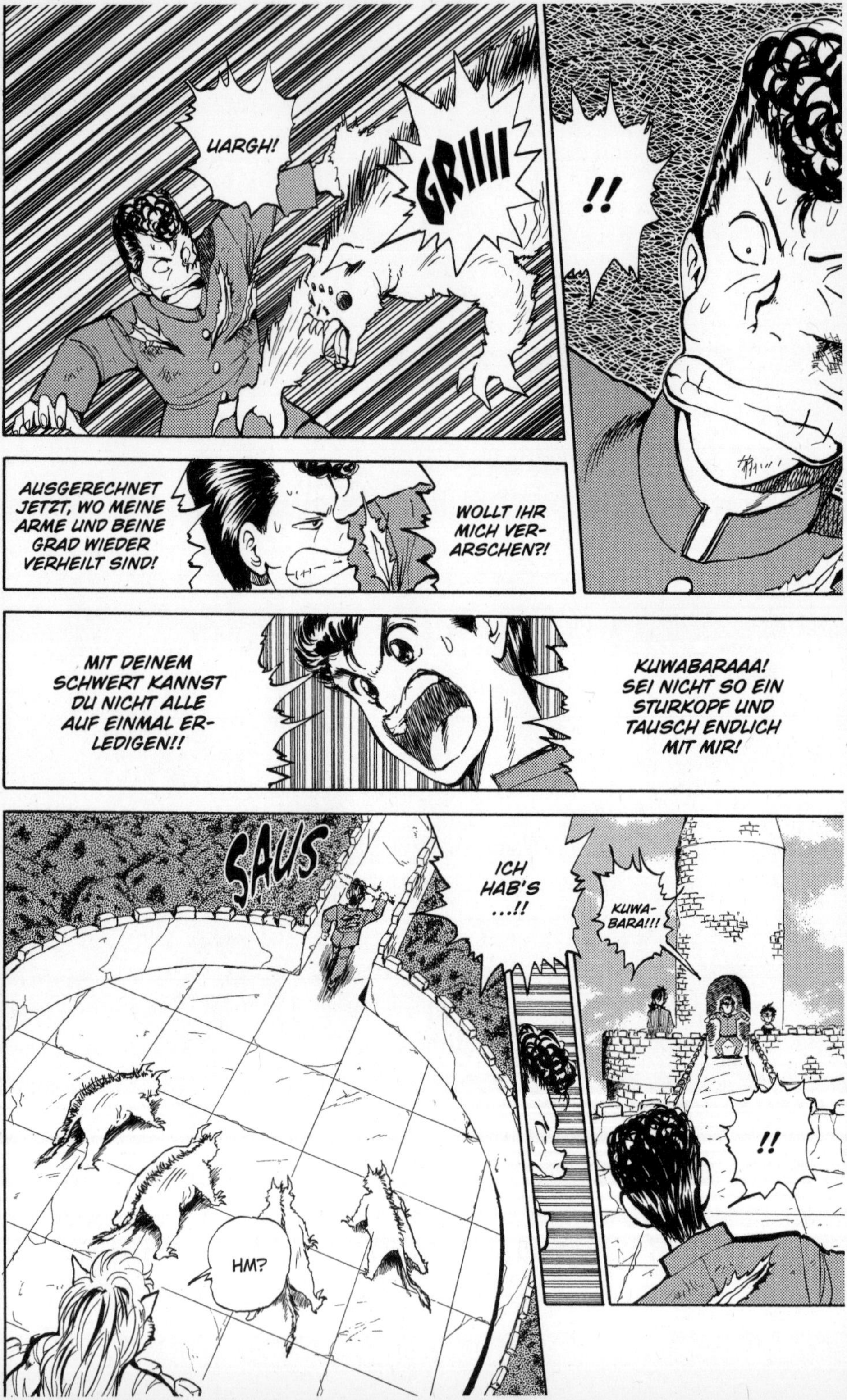
!!
UARGH!
GRIIII
WOLLT IHR MICH VERARSCHEN?!
AUSGERECHNET JETZT, WO MEINE ARME UND BEINE GRAD WIEDER VERHEILT SIND!
KUWABARAAA! SEI NICHT SO EIN STURKOPF UND TAUSCH ENDLICH MIT MIR!
MIT DEINEM SCHWERT KANNST DU NICHT ALLE AUF EINMAL ERLEDIGEN!!
!!
KUWABARA!!!
ICH HAB'S ...!!
SAUS
HM?

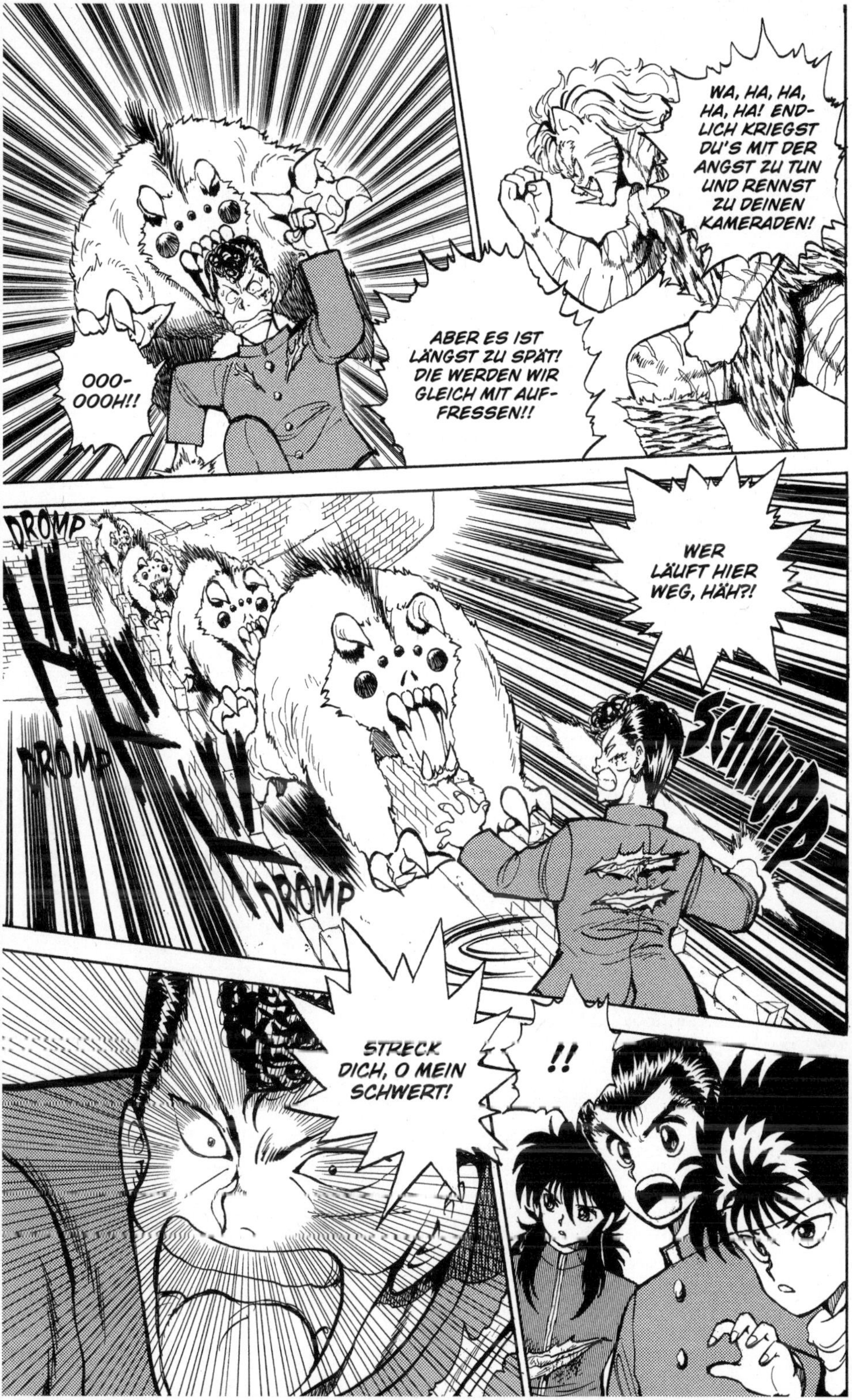
WA, HA, HA, HA, HA! ENDLICH KRIEGST DU'S MIT DER ANGST ZU TUN UND RENNST ZU DEINEN KAMERADEN!
ABER ES IST LÄNGST ZU SPÄT! DIE WERDEN WIR GLEICH MIT AUFFRESSEN!!
OOO-OOOH!!
WER LÄUFT HIER WEG, HÄH?!
SCHWUPP
DROMP
DROMP
DROMP
!!
STRECK DICH, O MEIN SCHWERT!

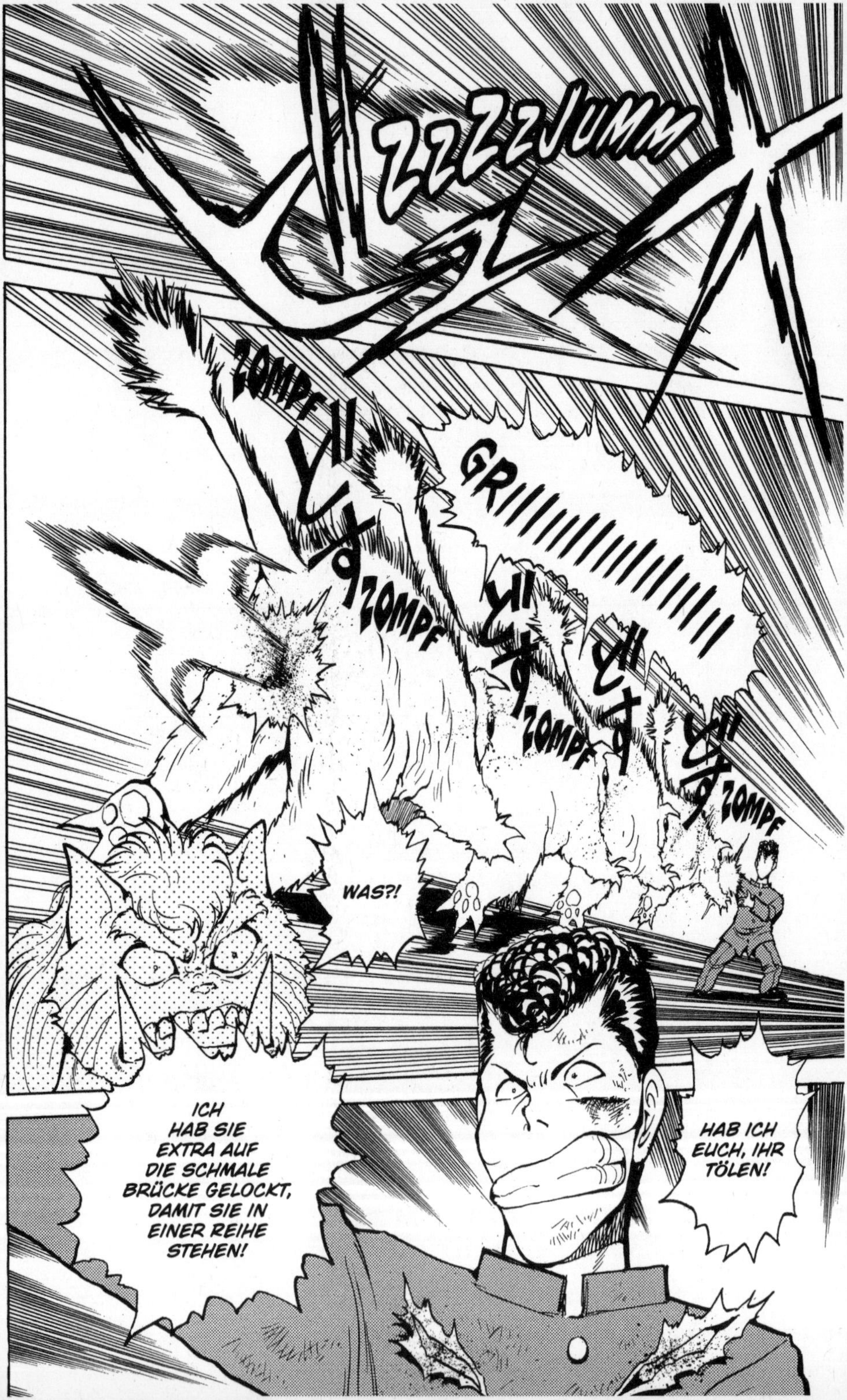
ZZZZZJUMM
ZOMPF
GRIIIIIIIIIIIIIIIIIII
ZOMPF
ZOMPF
ZOMPF
ZOMPF
WAS?!
HAB ICH EUCH, IHR TÖLEN!
ICH HAB SIE EXTRA AUF DIE SCHMALE BRÜCKE GELOCKT, DAMIT SIE IN EINER REIHE STEHEN!

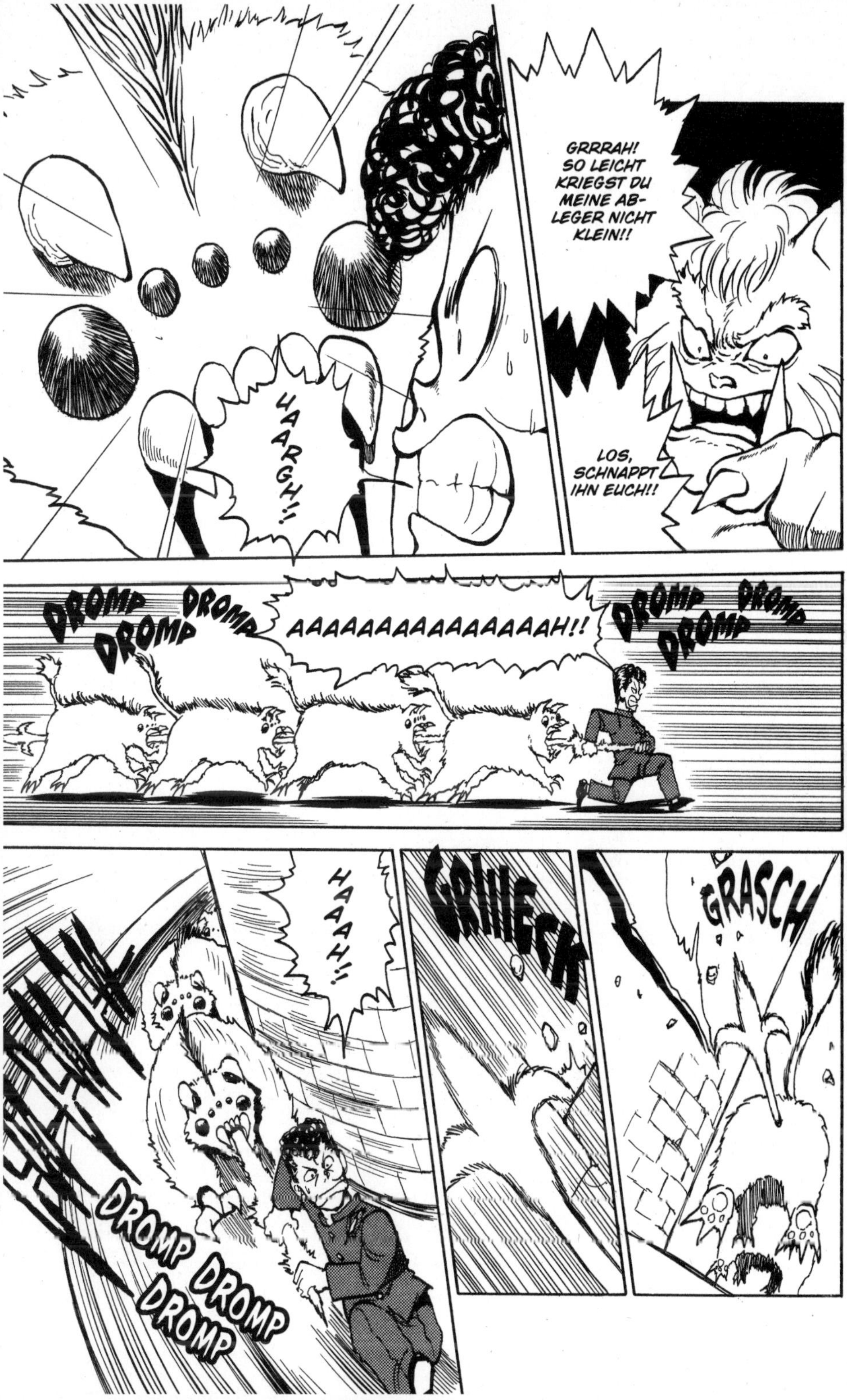
GRRRAH! SO LEICHT KRIEGST DU MEINE AB-LEGER NICHT KLEIN!!
LOS, SCHNAPPT IHN EUCH!!
UAARGH!!
DROMP DROMP DROMP
AAAAAAAAAAAAAAAH!!
DROMP DROMP DROMP
GRASCH
GRIIECK
HAAAH!!
DROMP DROMP DROMP

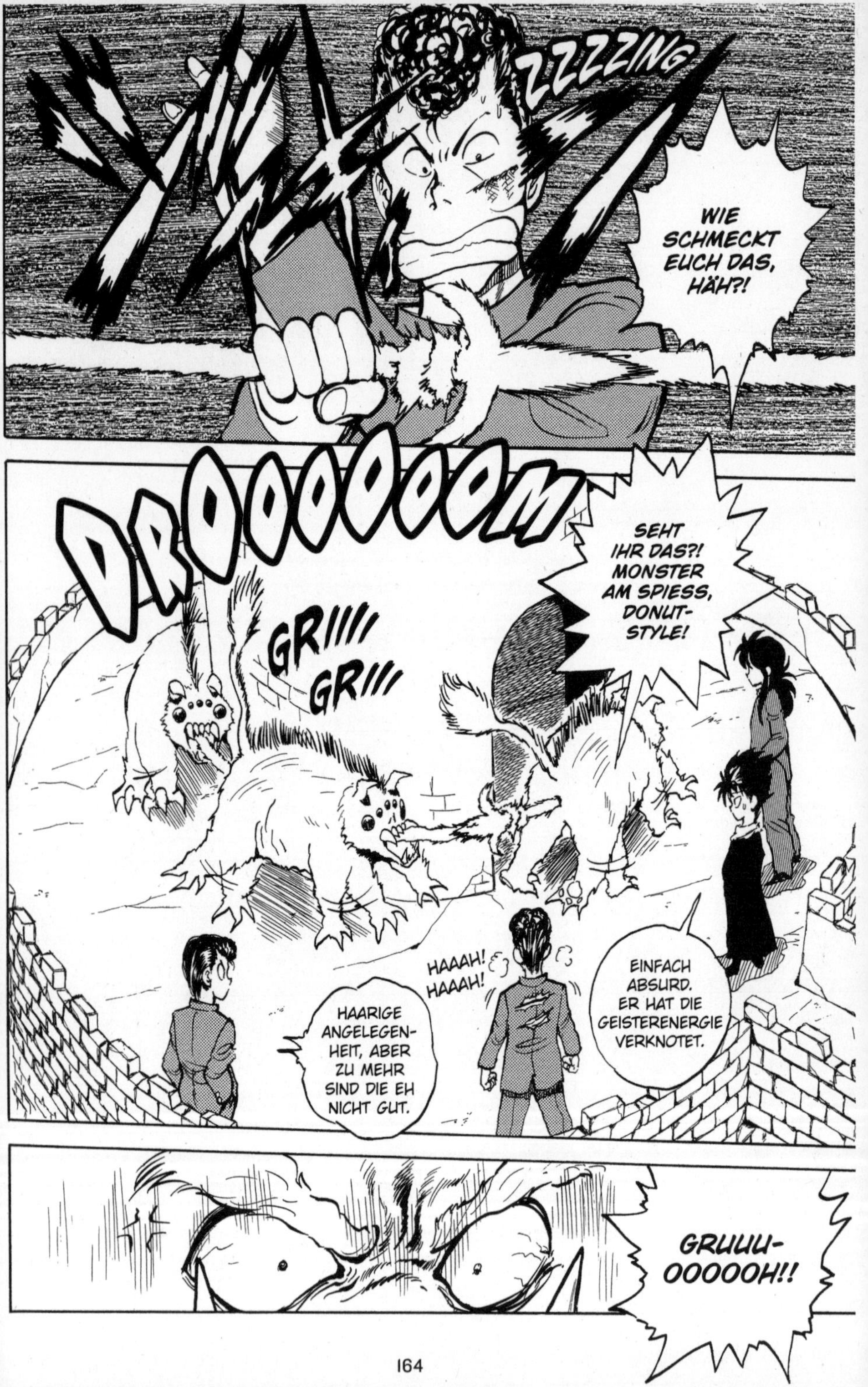
ZZZZZING
WIE SCHMECKT EUCH DAS, HÄH?!
DROOOOOOM
SEHT IHR DAS?! MONSTER AM SPIESS, DONUT-STYLE!
GR/// GR///
EINFACH ABSURD. ER HAT DIE GEISTERENERGIE VERKNOTET.
HAAAH! HAAAH!
HAARIGE ANGELEGENHEIT, ABER ZU MEHR SIND DIE EH NICHT GUT.
GRUUU-OOOOOH!!

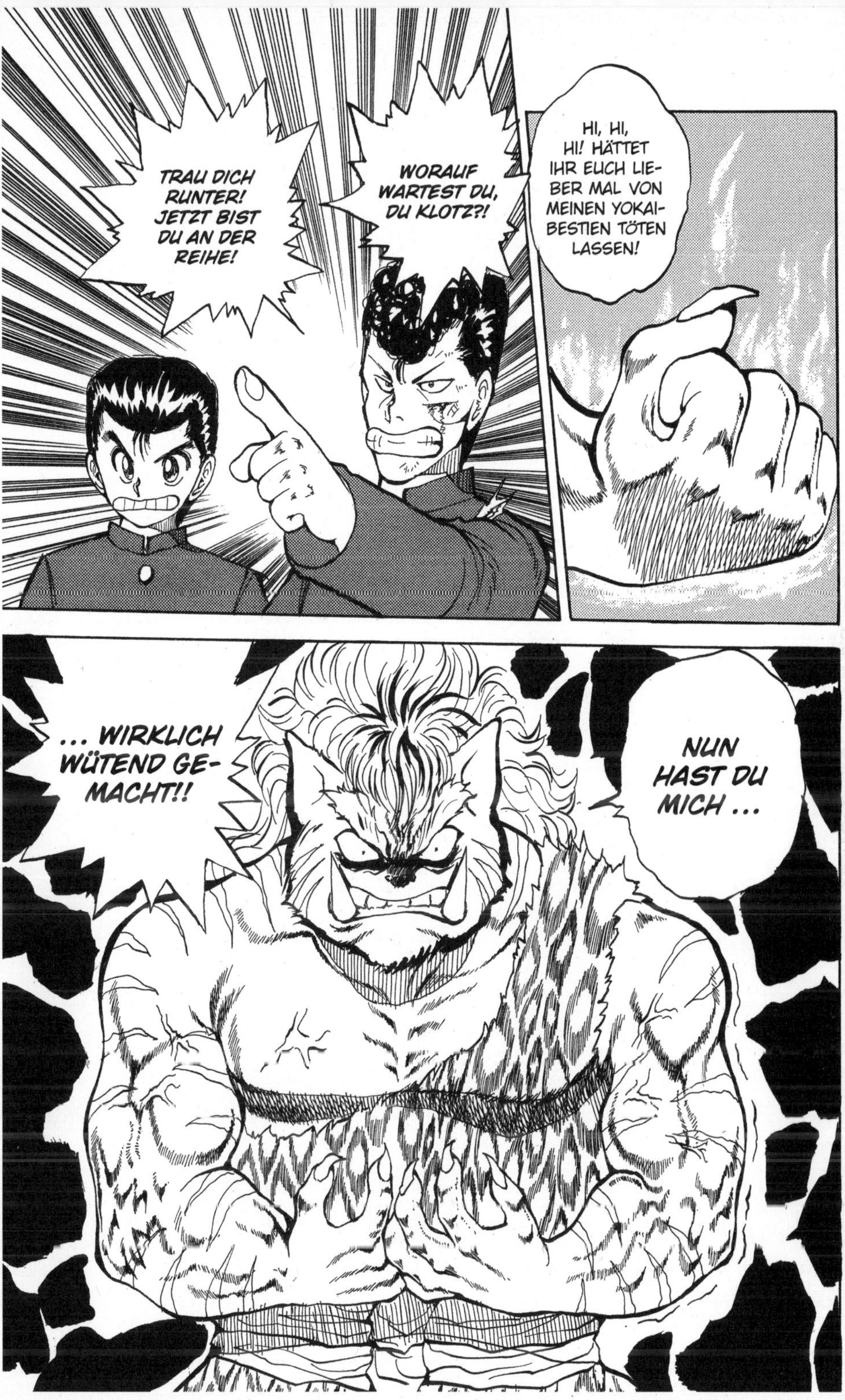
HI, HI, HI! HÄTTET IHR EUCH LIE-BER MAL VON MEINEN YOKAI-BESTIEN TÖTEN LASSEN!
WORAUF WARTEST DU, DU KLOTZ?!
TRAU DICH RUNTER! JETZT BIST DU AN DER REIHE!
NUN HAST DU MICH ...
... WIRKLICH WÜTEND GE-MACHT!!

YuYu Hakusho

Kapitel 37 Ein zweischneidiges Schwert!

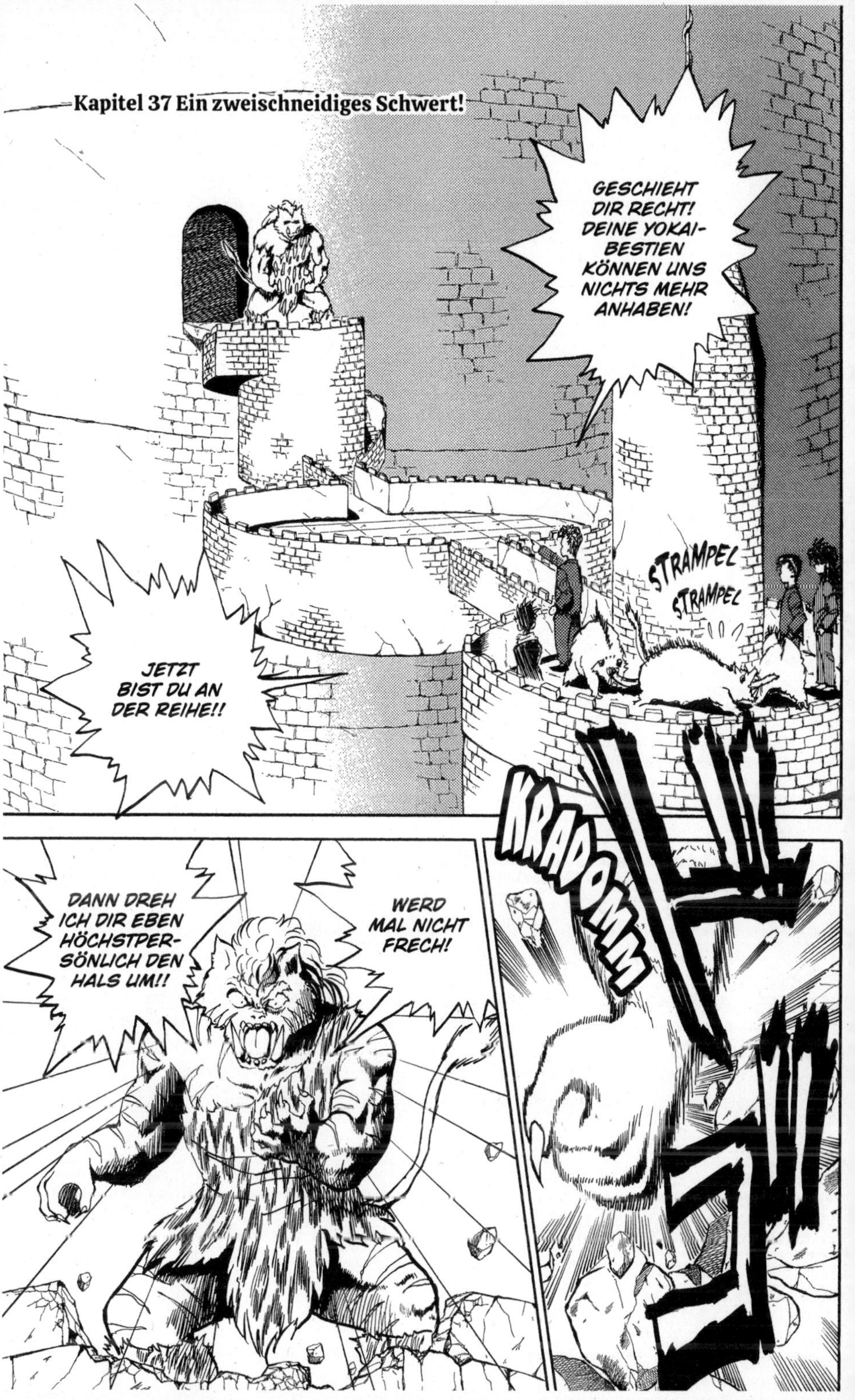

Kapitel 37 Ein zweischneidiges Schwert!

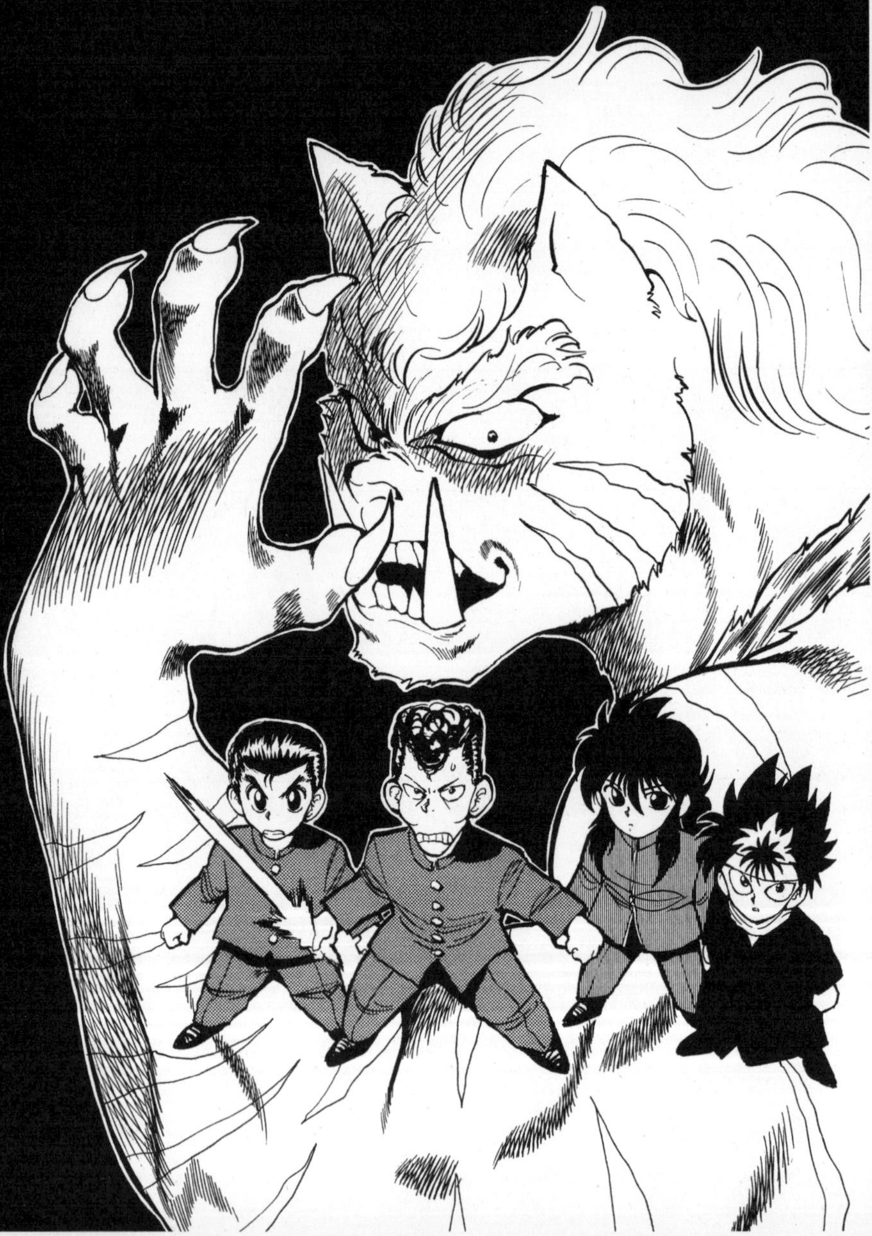

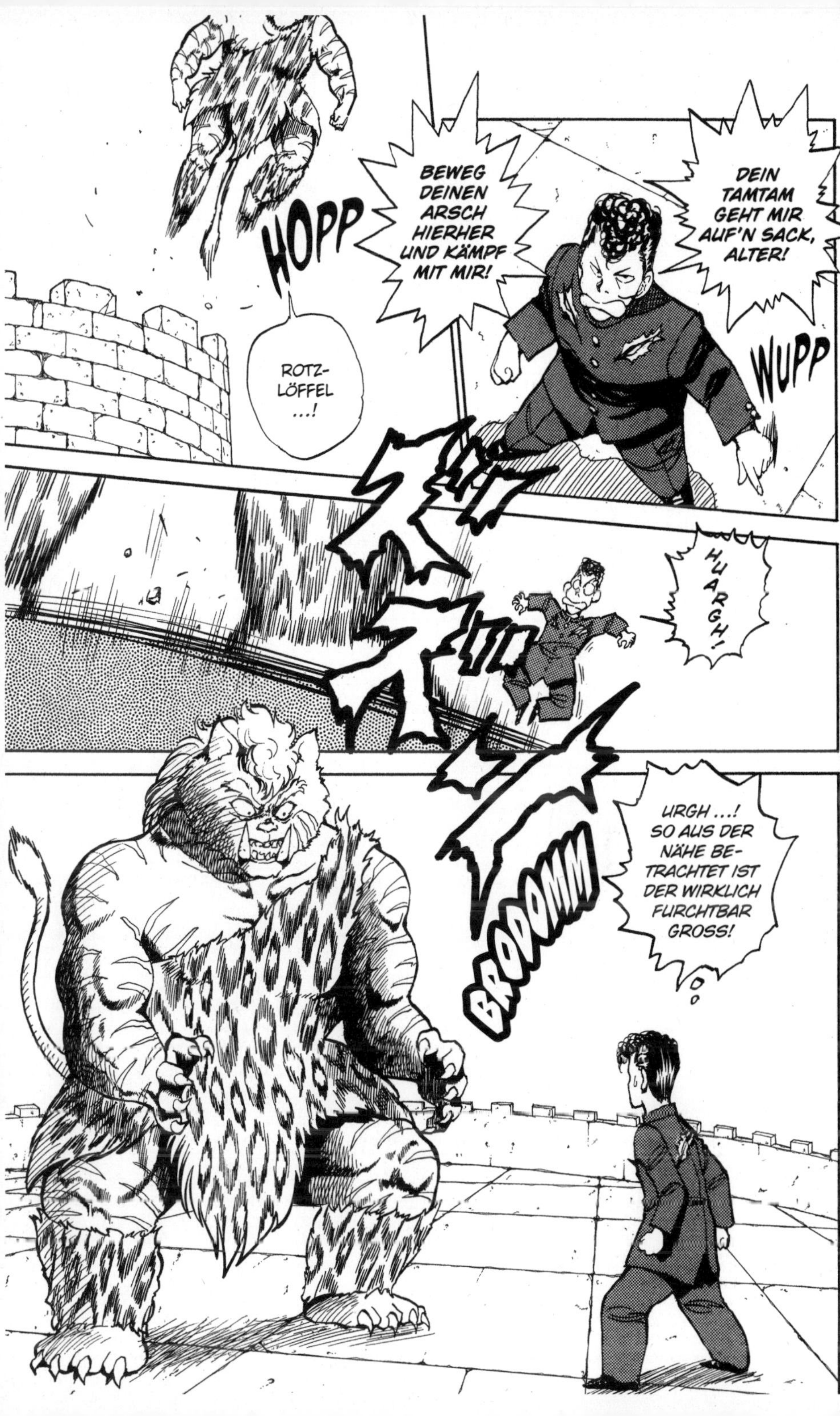
DEIN TAMTAM GEHT MIR AUF'N SACK, ALTER!
BEWEG DEINEN ARSCH HIERHER UND KÄMPF MIT MIR!
WUPP
HOPP
ROTZ-LÖFFEL ...!
HUARGH!
BRODOMM
URGH ...! SO AUS DER NÄHE BE-TRACHTET IST DER WIRKLICH FURCHTBAR GROSS!

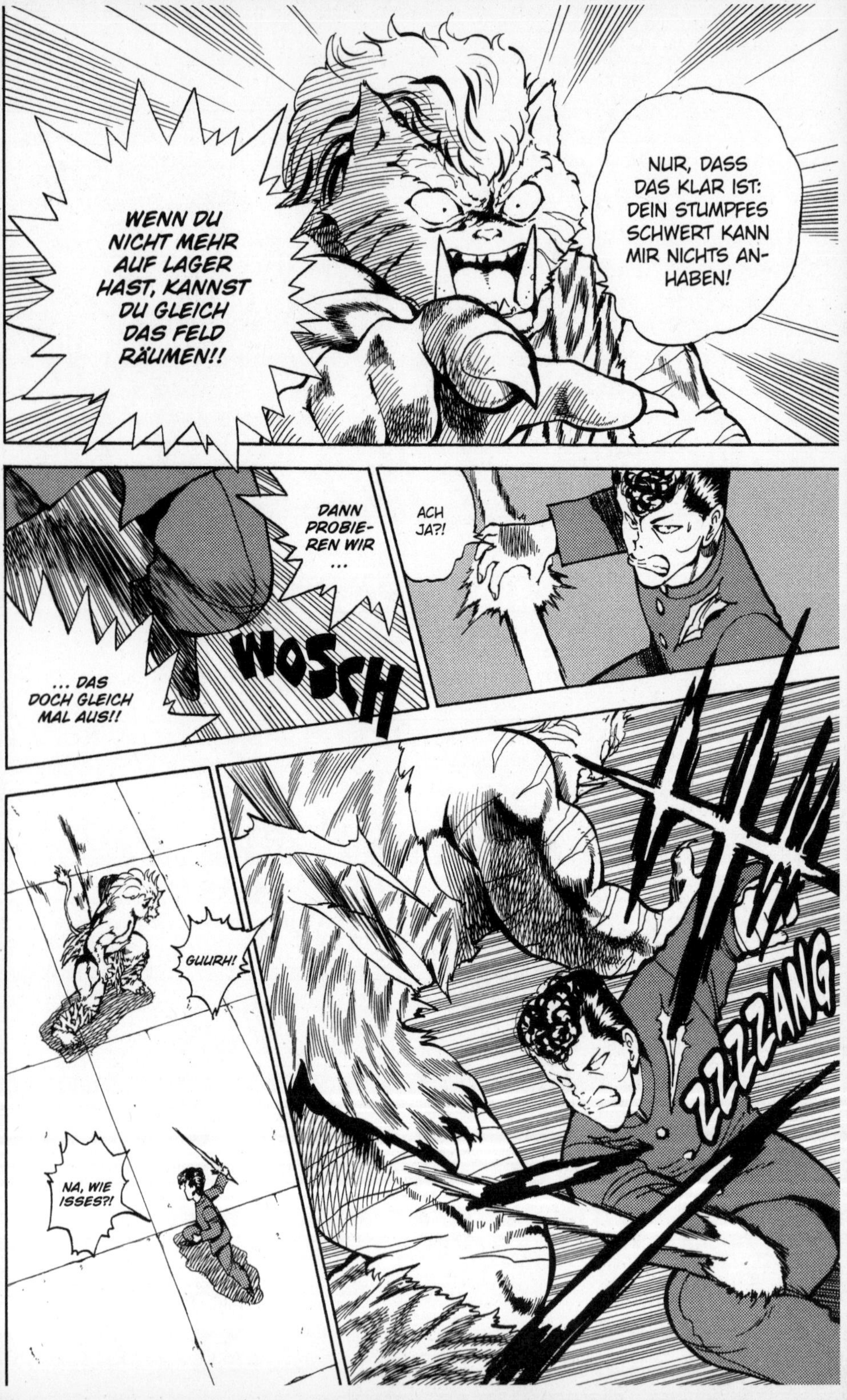
NUR, DASS DAS KLAR IST: DEIN STUMPFES SCHWERT KANN MIR NICHTS ANHABEN!
WENN DU NICHT MEHR AUF LAGER HAST, KANNST DU GLEICH DAS FELD RÄUMEN!!
ACH JA?!
DANN PROBIEREN WIR ...
WOSCH
... DAS DOCH GLEICH MAL AUS!!
ZZZZANG
GUURH!
NA, WIE ISSES?!

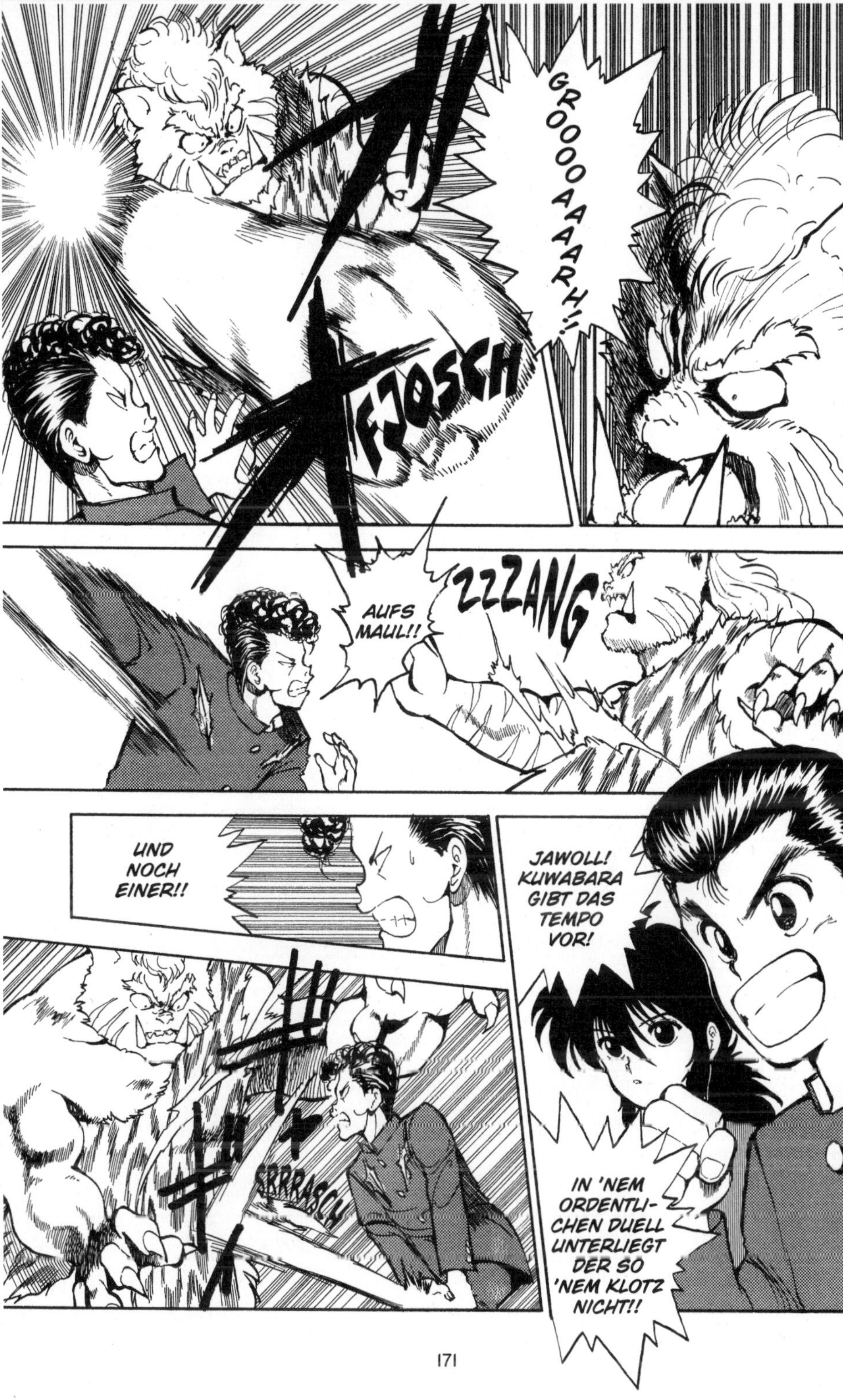
GROOOOAAAARH!!
FJOSCH
ZZZANG
AUFS MAUL!!
JAWOLL! KUWABARA GIBT DAS TEMPO VOR!
UND NOCH EINER!!
IN 'NEM ORDENTLI-CHEN DUELL UNTERLIEGT DER SO 'NEM KLOTZ NICHT!!
SRRRASCH

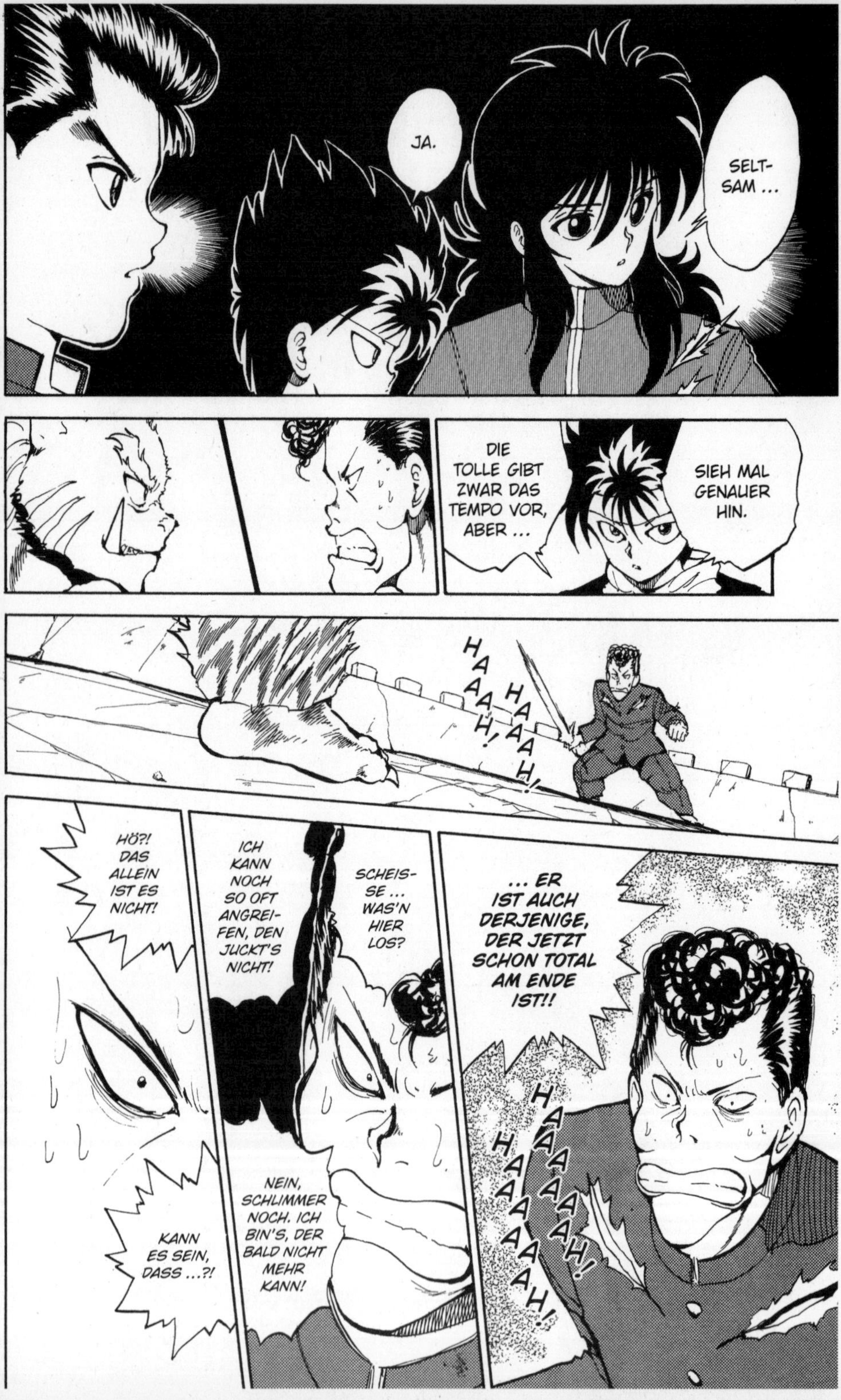
SELT-SAM …
JA.
SIEH MAL GENAUER HIN.
DIE TOLLE GIBT ZWAR DAS TEMPO VOR, ABER …
HAAAAAH!
HAAAH!
… ER IST AUCH DERJENIGE, DER JETZT SCHON TOTAL AM ENDE IST!!
HAAAAAAAAAAAAH!
SCHEIS-SE … WAS'N HIER LOS?
ICH KANN NOCH SO OFT ANGREI-FEN, DEN JUCKT'S NICHT!
NEIN, SCHLIMMER NOCH. ICH BIN'S, DER BALD NICHT MEHR KANN!
HÖ?! DAS ALLEIN IST ES NICHT!
KANN ES SEIN, DASS …?!

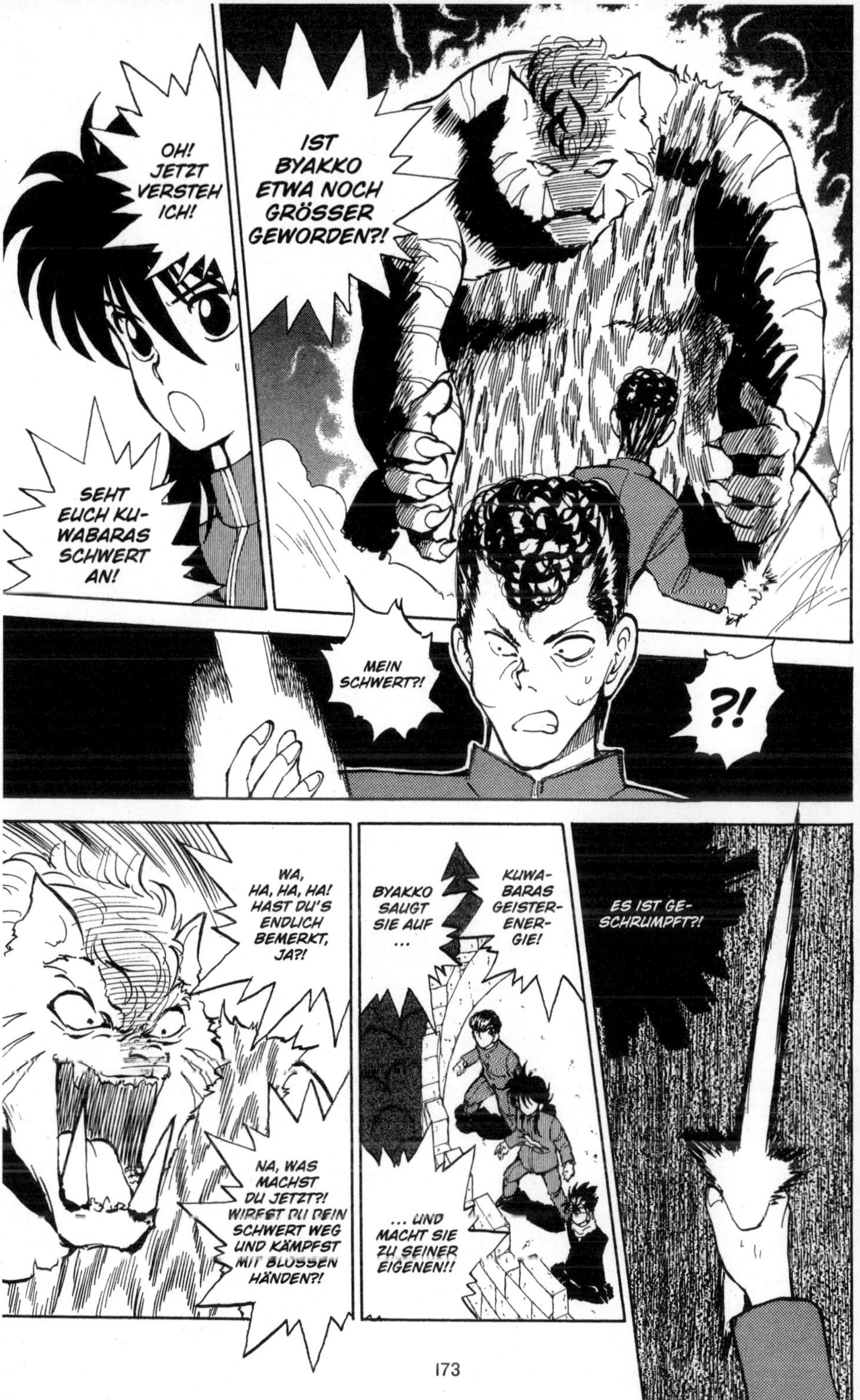
IST BYAKKO ETWA NOCH GRÖSSER GEWORDEN?!
OH! JETZT VERSTEH ICH!
SEHT EUCH KUWABARAS SCHWERT AN!
?!
MEIN SCHWERT?!
ES IST GESCHRUMPFT?!
KUWABARAS GEISTERENERGIE!
BYAKKO SAUGT SIE AUF …
… UND MACHT SIE ZU SEINER EIGENEN!!
WA, HA, HA, HA! HAST DU'S ENDLICH BEMERKT, JA?!
NA, WAS MACHST DU JETZT?! WIRFST DU DEIN SCHWERT WEG UND KÄMPFST MIT BLOSSEN HÄNDEN?!

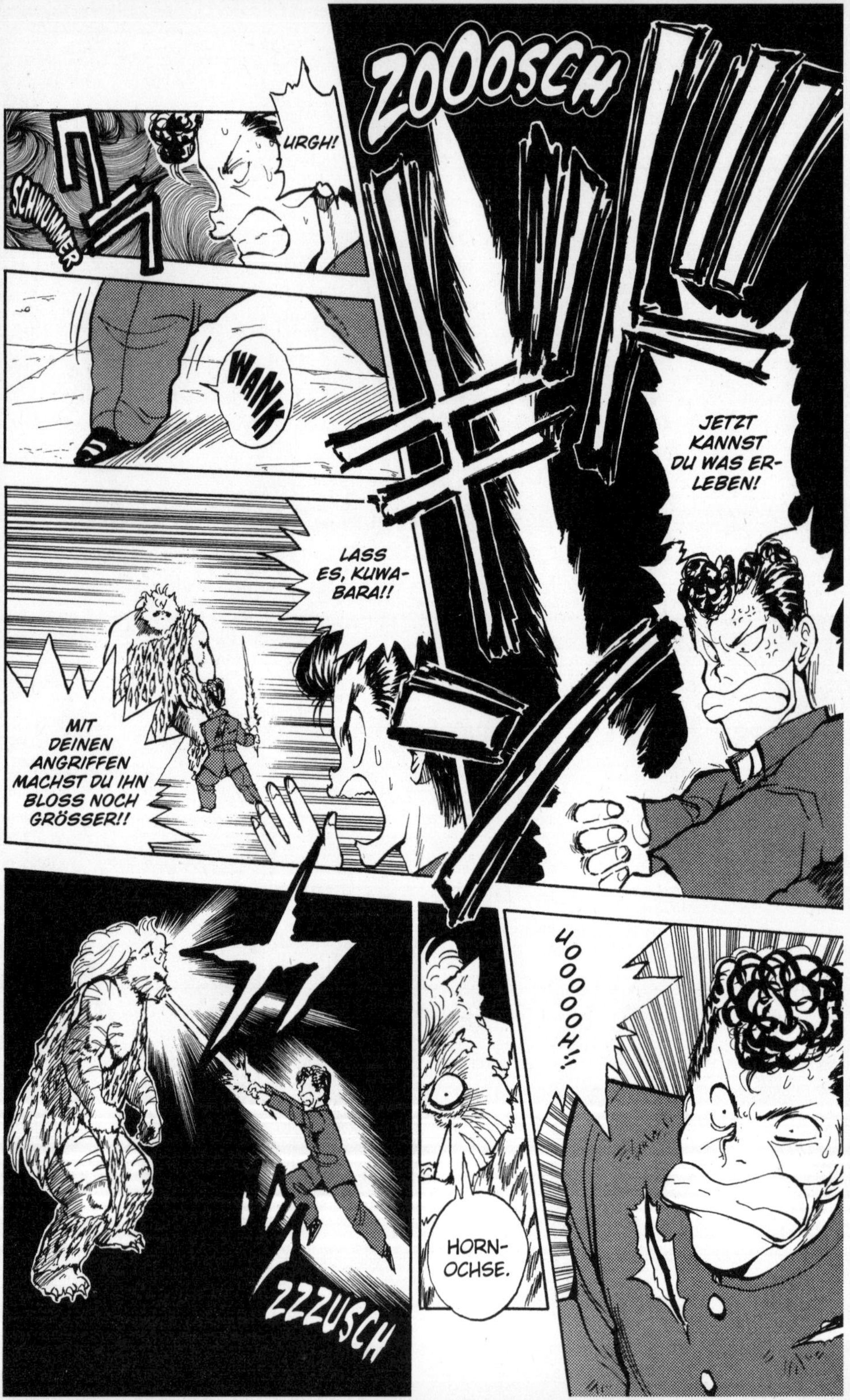

ZOOOSCH
URGH!
SCHWUMMER
WANK
JETZT KANNST DU WAS ERLEBEN!
LASS ES, KUWABARA!!
MIT DEINEN ANGRIFFEN MACHST DU IHN BLOSS NOCH GRÖSSER!!
UOOOOOH!!
HORN-OCHSE.
ZZZUSCH

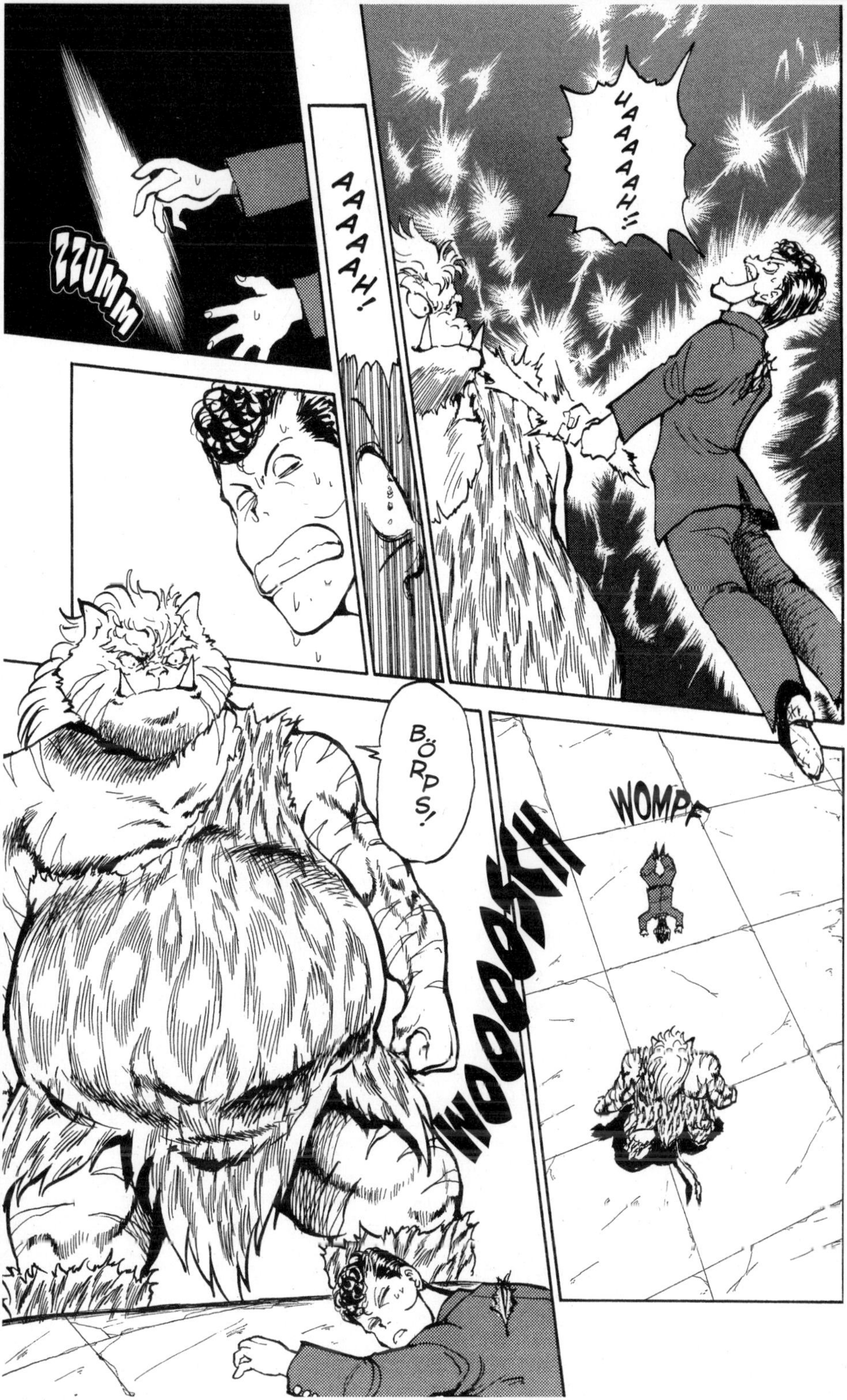
UAAAAAAH!!
AAAAAAH!
ZZUMM
WOMPF
BÖRPS!
WOOOSCH

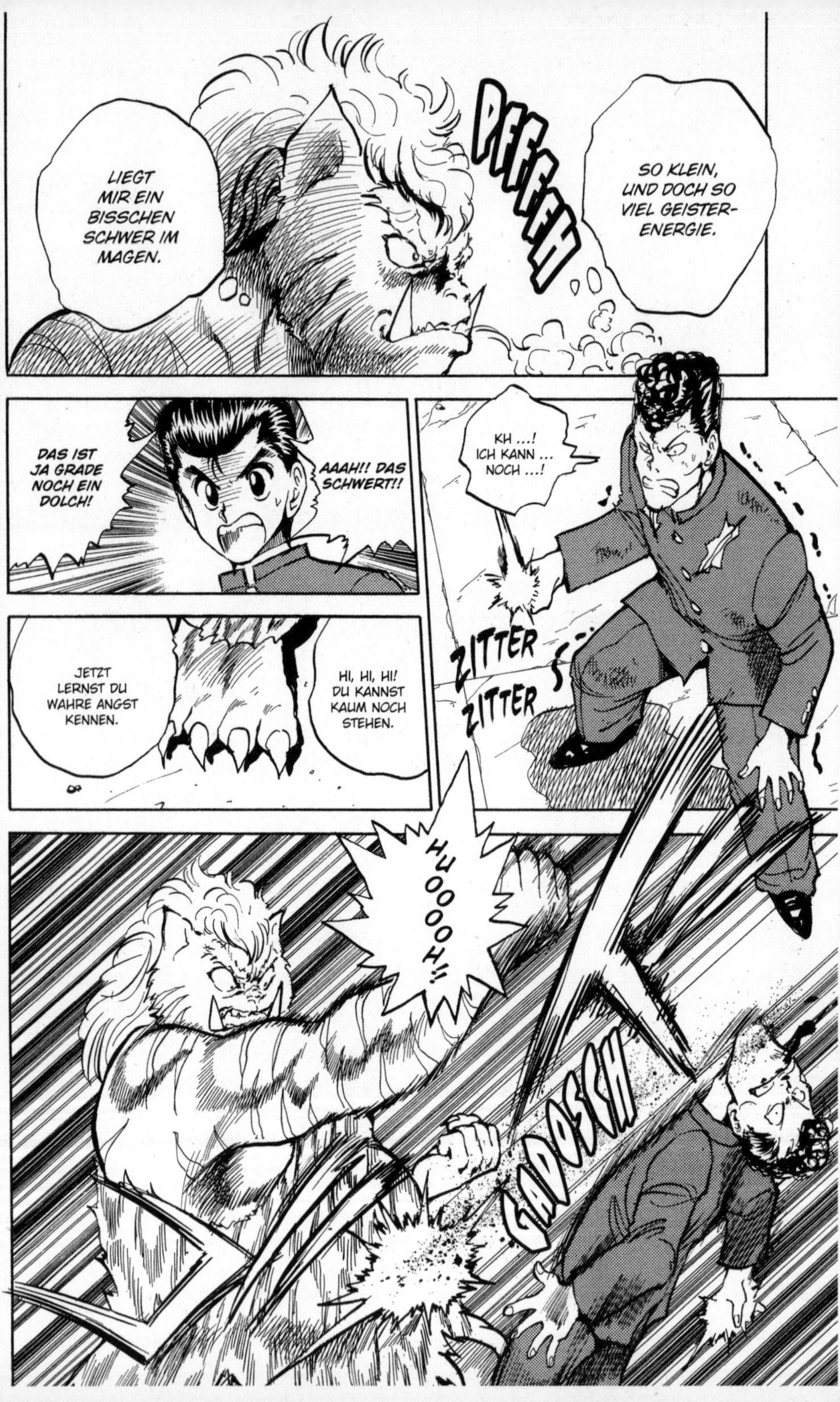
SO KLEIN, UND DOCH SO VIEL GEISTER-ENERGIE.
PFEEEH
LIEGT MIR EIN BISSCHEN SCHWER IM MAGEN.
KH ...! ICH KANN ... NOCH ...!
ZITTER
ZITTER
AAAH!! DAS SCHWERT!!
DAS IST JA GRADE NOCH EIN DOLCH!
HI, HI, HI! DU KANNST KAUM NOCH STEHEN.
JETZT LERNST DU WAHRE ANGST KENNEN.
HUOOOOH!!
GADOSCH

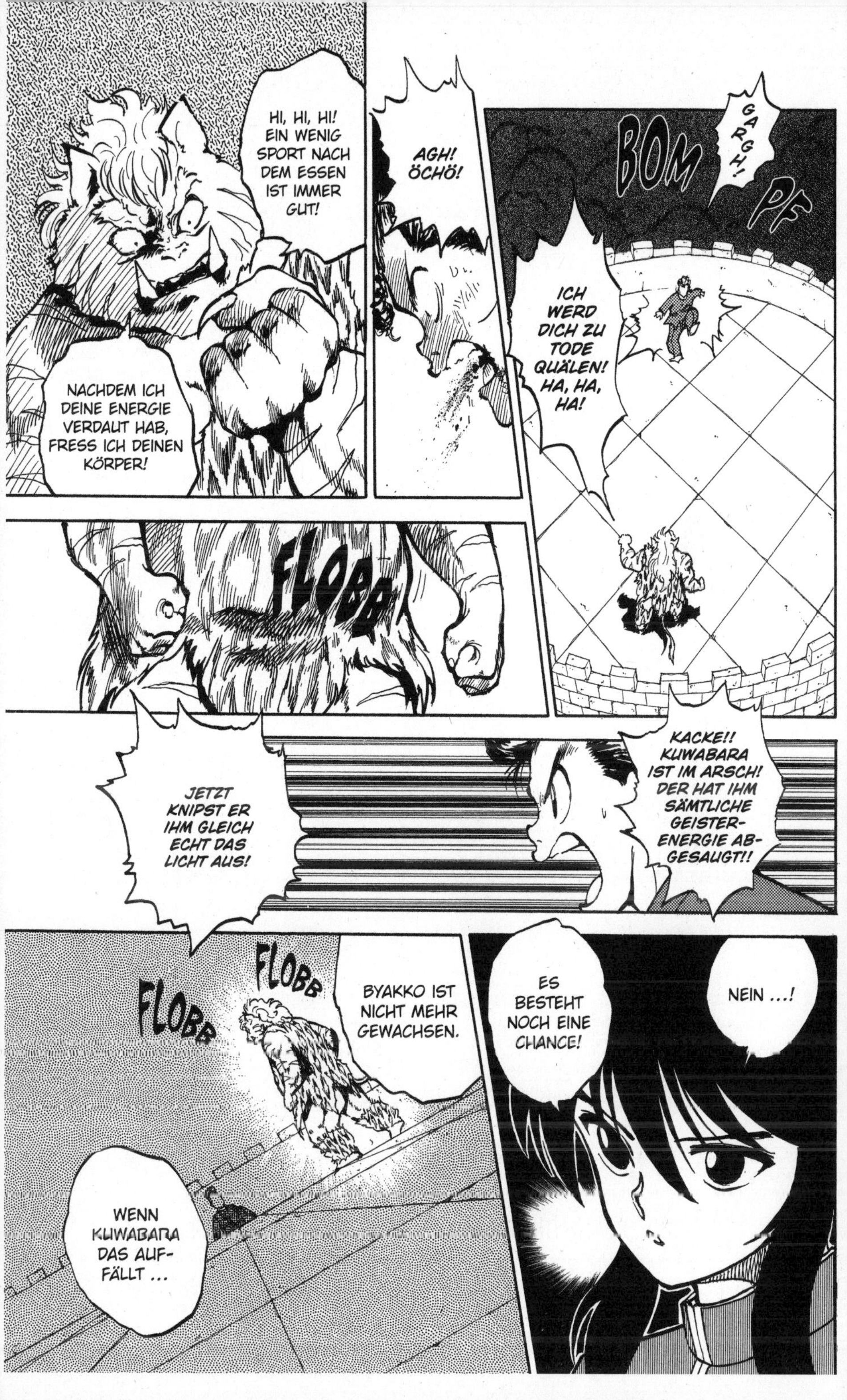

BOM
GARGH!
PF
AGH! ÖCHÖ!
HI, HI, HI! EIN WENIG SPORT NACH DEM ESSEN IST IMMER GUT!
ICH WERD DICH ZU TODE QUÄLEN! HA, HA, HA!
NACHDEM ICH DEINE ENERGIE VERDAUT HAB, FRESS ICH DEINEN KÖRPER!
FLOBB
KACKE!! KUWABARA IST IM ARSCH! DER HAT IHM SÄMTLICHE GEISTER-ENERGIE AB-GESAUGT!!
JETZT KNIPST ER IHM GLEICH ECHT DAS LICHT AUS!
NEIN ...!
ES BESTEHT NOCH EINE CHANCE!
BYAKKO IST NICHT MEHR GEWACHSEN.
FLOBB
FLOBB
WENN KUWABARA DAS AUF-FÄLLT ...

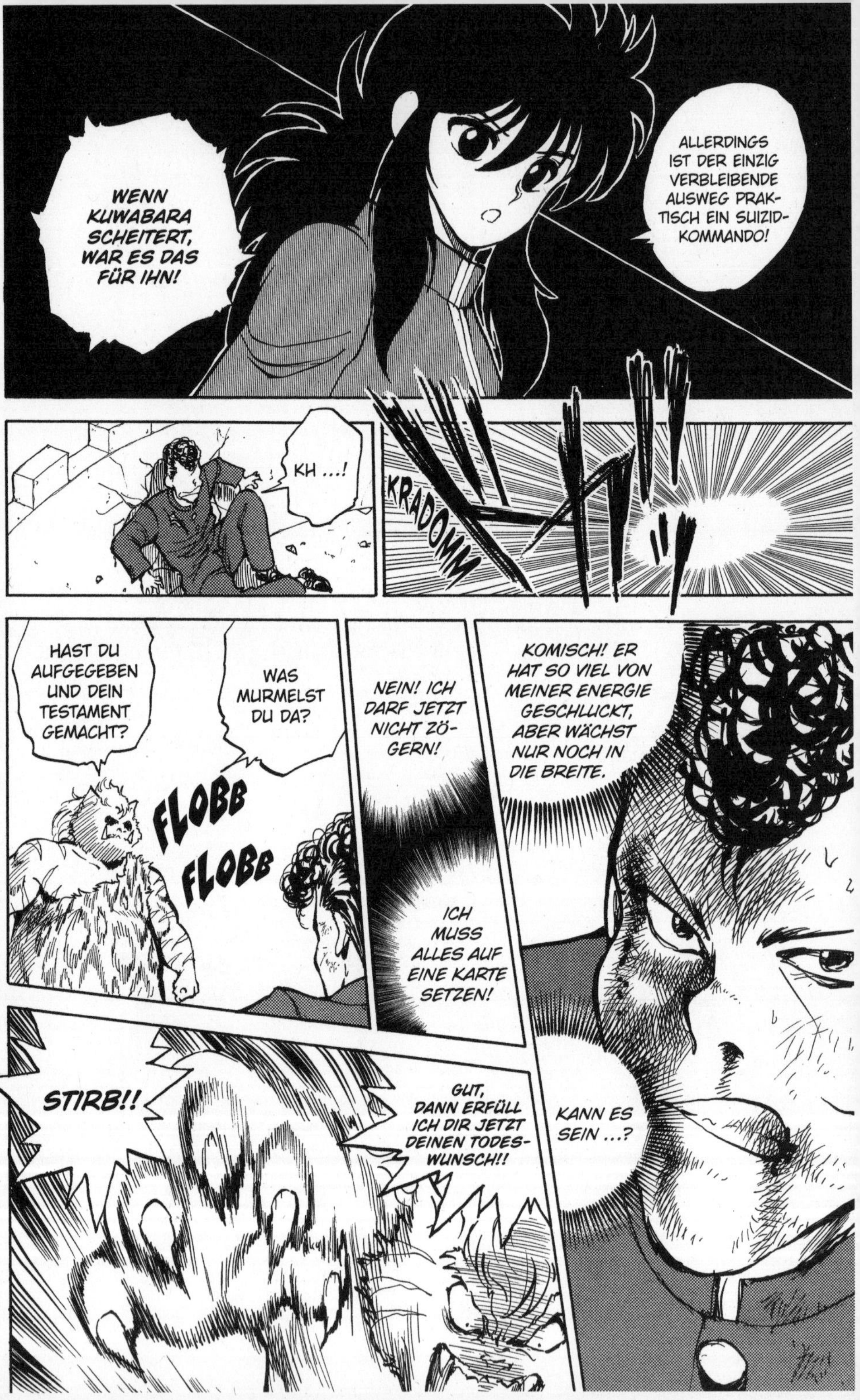

ALLERDINGS IST DER EINZIG VERBLEIBENDE AUSWEG PRAKTISCH EIN SUIZIDKOMMANDO!
WENN KUWABARA SCHEITERT, WAR ES DAS FÜR IHN!
KRADOMM
KH ...!
KOMISCH! ER HAT SO VIEL VON MEINER ENERGIE GESCHLUCKT, ABER WÄCHST NUR NOCH IN DIE BREITE.
NEIN! ICH DARF JETZT NICHT ZÖGERN!
ICH MUSS ALLES AUF EINE KARTE SETZEN!
WAS MURMELST DU DA?
HAST DU AUFGEGEBEN UND DEIN TESTAMENT GEMACHT?
FLOBB FLOBB
KANN ES SEIN ...?
GUT, DANN ERFÜLL ICH DIR JETZT DEINEN TODESWUNSCH!!
STIRB!!

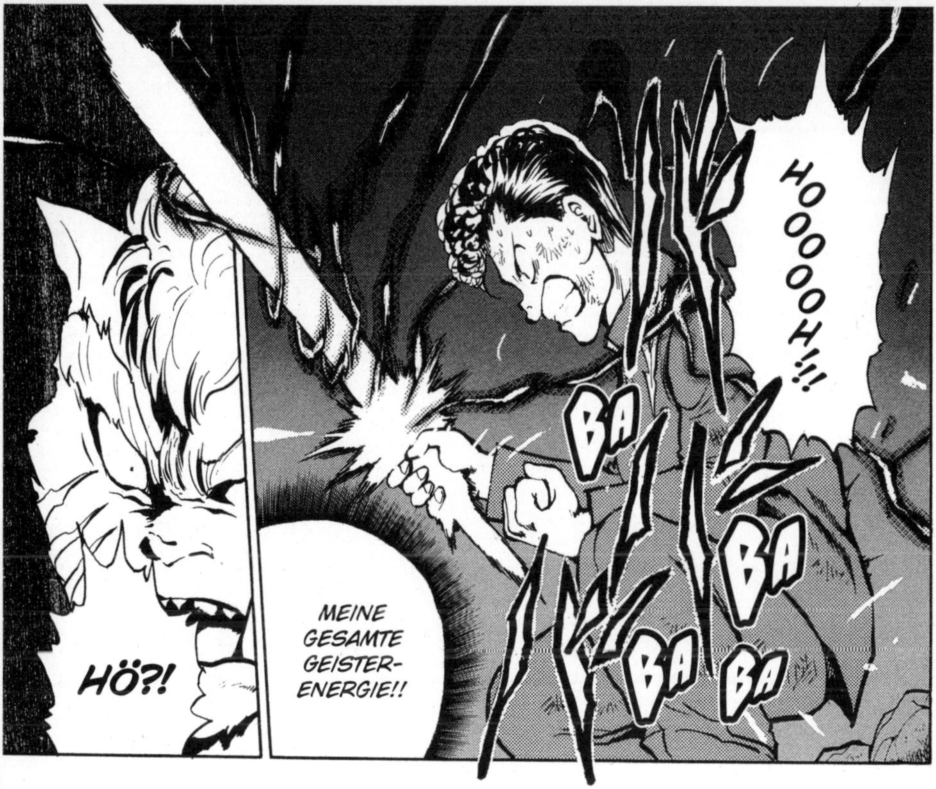
HOOOOOOH!!!
BA
BA
BA
BA
MEINE GESAMTE GEISTER-ENERGIE!!
HÖ?!

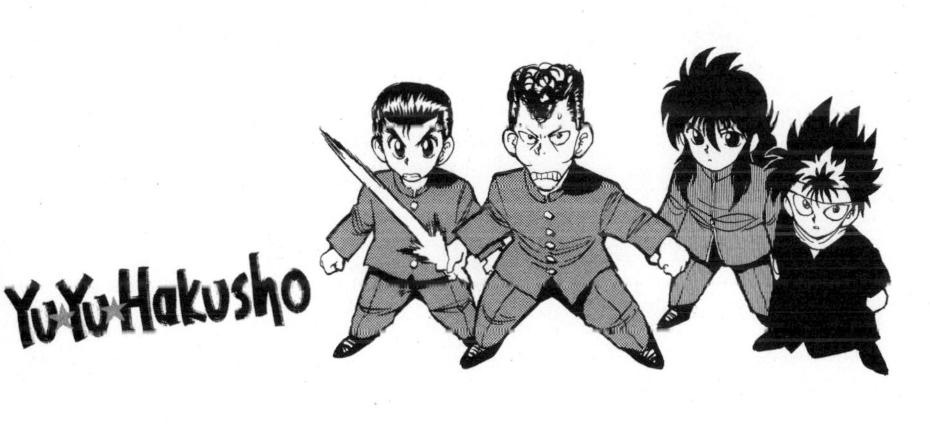
YuYuHakusho

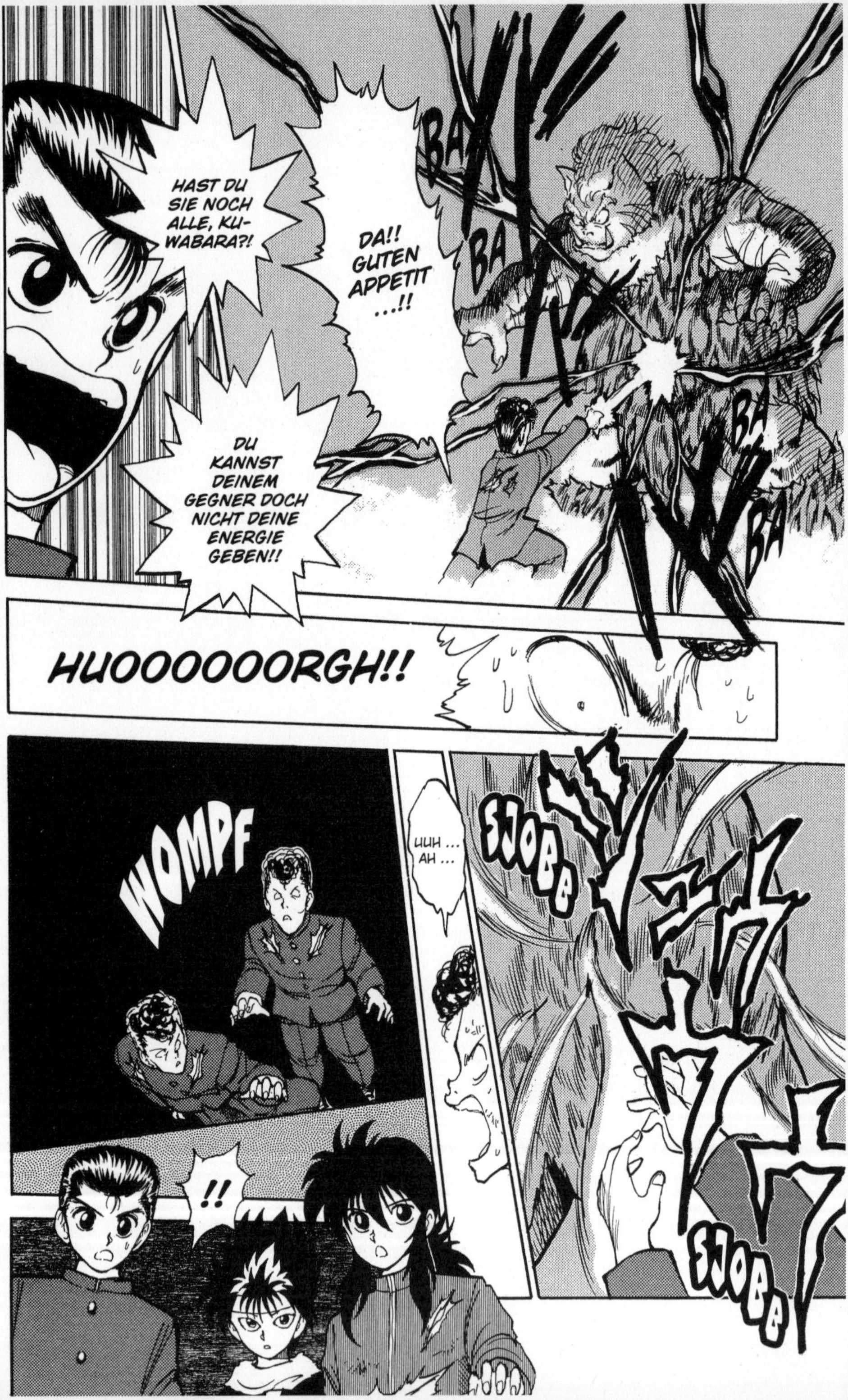

DA!! GUTEN APPETIT ...!!
HAST DU SIE NOCH ALLE, KU-WABARA?!
DU KANNST DEINEM GEGNER DOCH NICHT DEINE ENERGIE GEBEN!!
BA
BA
BA
BA
BA
HUOOOOOORGH!!
SJOBB
UUH ... AH ...
SJOBB
WOMPF
!!

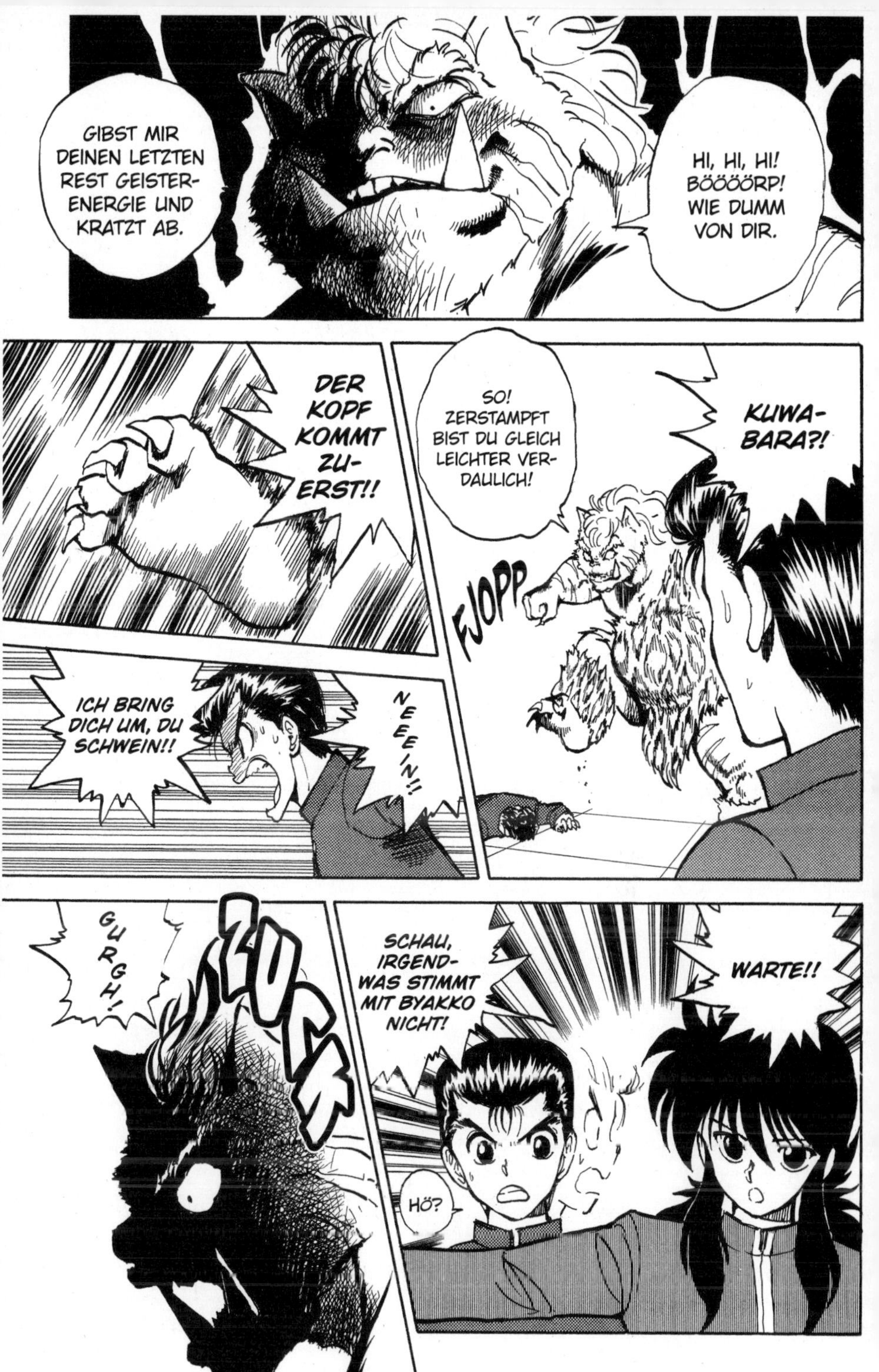
HI, HI, HI! BÖÖÖÖRP! WIE DUMM VON DIR.
GIBST MIR DEINEN LETZTEN REST GEISTER-ENERGIE UND KRATZT AB.
KUWA-BARA?!
SO! ZERSTAMPFT BIST DU GLEICH LEICHTER VER-DAULICH!
FJOPP
DER KOPF KOMMT ZU-ERST!!
NEEEIN!!
ICH BRING DICH UM, DU SCHWEIN!!
WARTE!!
SCHAU, IRGEND-WAS STIMMT MIT BYAKKO NICHT!
HÖ?
ZUCK
GURGH!

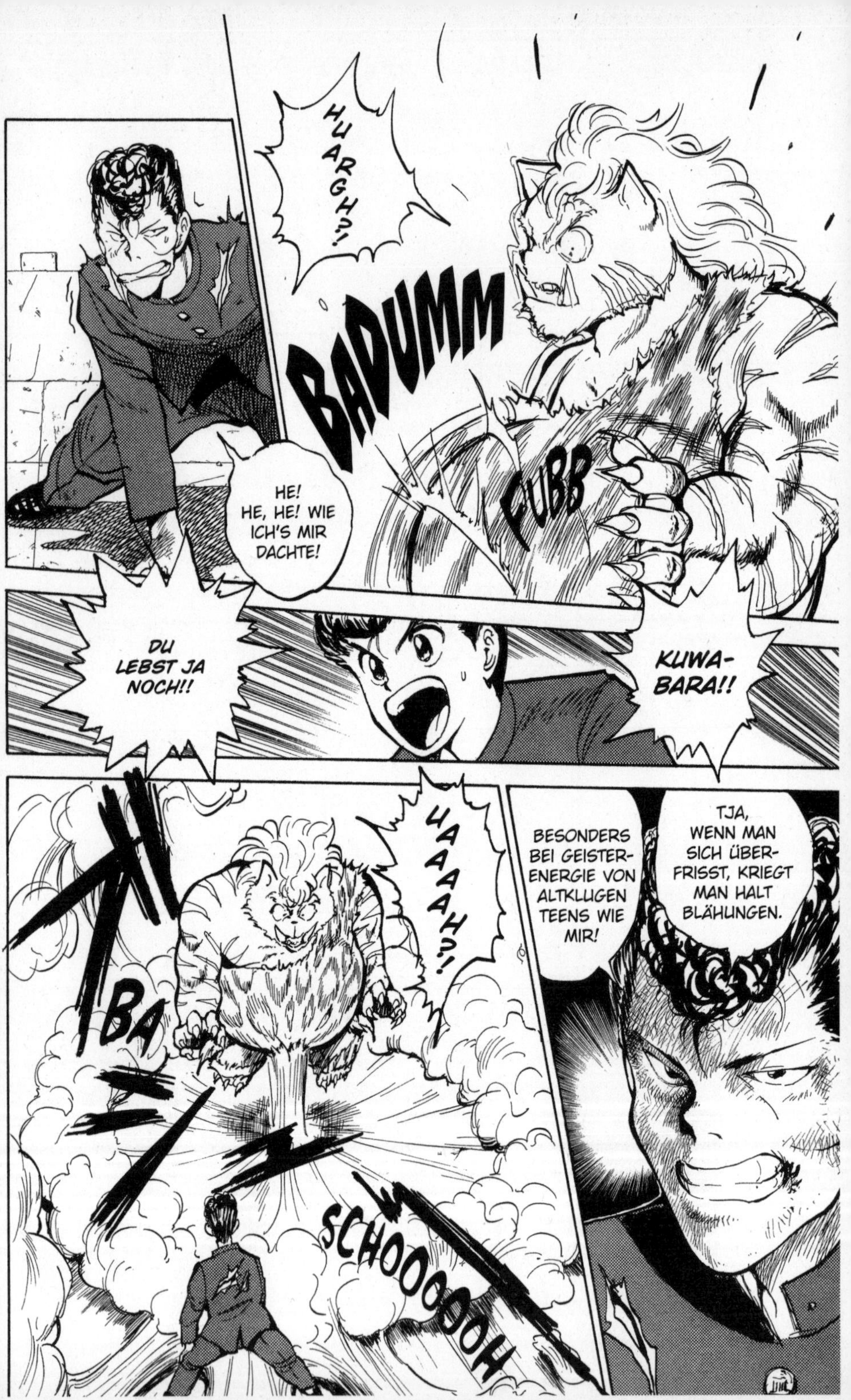
HUARGH?!
BADUMM
FUBB
HE!
HE, HE! WIE ICH'S MIR DACHTE!
KUWA-BARA!!
DU LEBST JA NOCH!!
TJA, WENN MAN SICH ÜBER-FRISST, KRIEGT MAN HALT BLÄHUNGEN.
BESONDERS BEI GEISTER-ENERGIE VON ALTKLUGEN TEENS WIE MIR!
UAAAAH?!
BA
SCHOOOOOOH

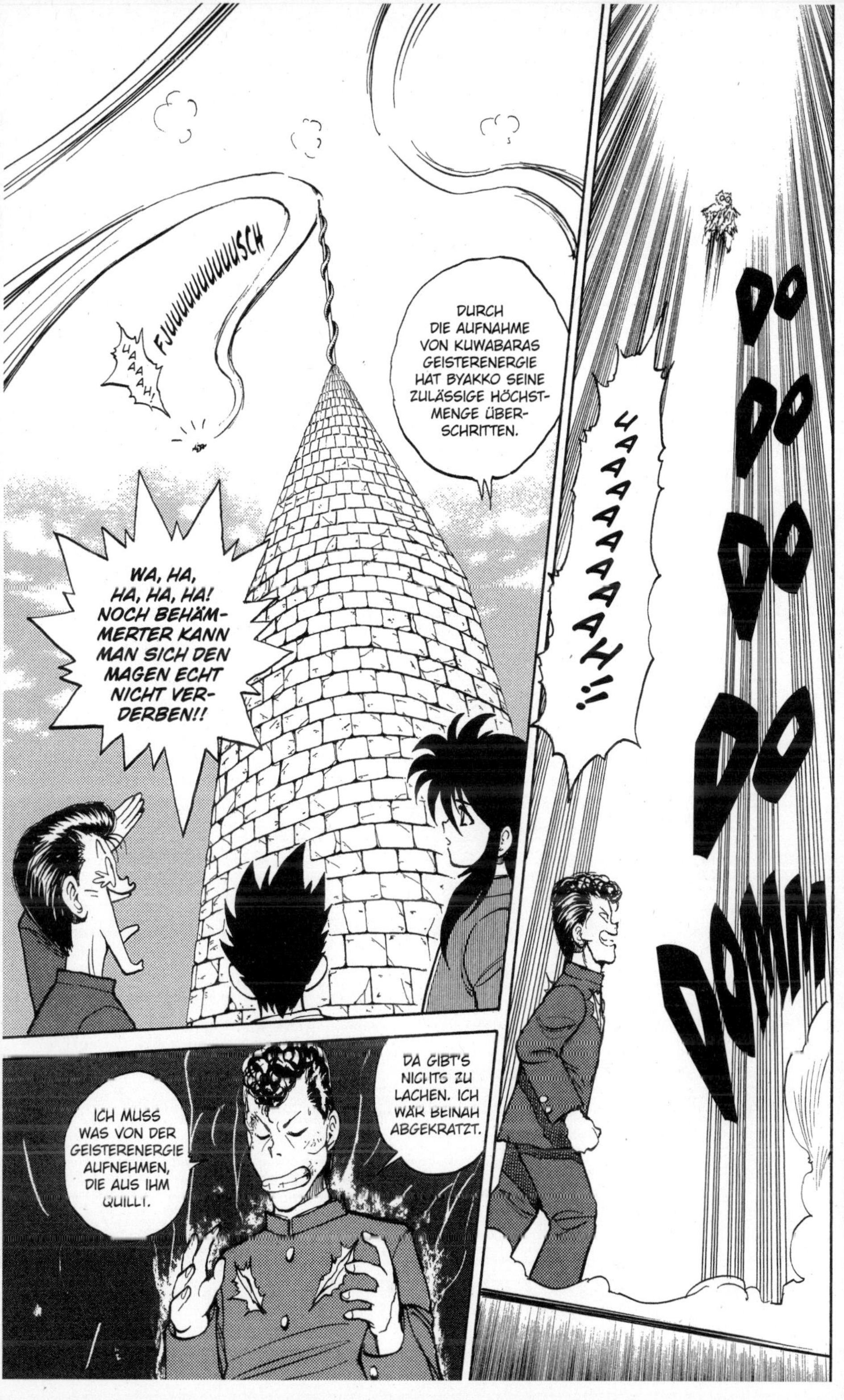
DURCH DIE AUFNAHME VON KUWABARAS GEISTERENERGIE HAT BYAKKO SEINE ZULÄSSIGE HÖCHSTMENGE ÜBERSCHRITTEN.
FJUUUUUUUUUUSCH
UAAAAH!
WA, HA, HA, HA, HA! NOCH BEHÄMMERTER KANN MAN SICH DEN MAGEN ECHT NICHT VERDERBEN!!
DO DO DO DO DO DOMM
UAAAAAAAAAAH!!
DA GIBT'S NICHTS ZU LACHEN. ICH WÄR BEINAH ABGEKRATZT.
ICH MUSS WAS VON DER GEISTERENERGIE AUFNEHMEN, DIE AUS IHM QUILLT.

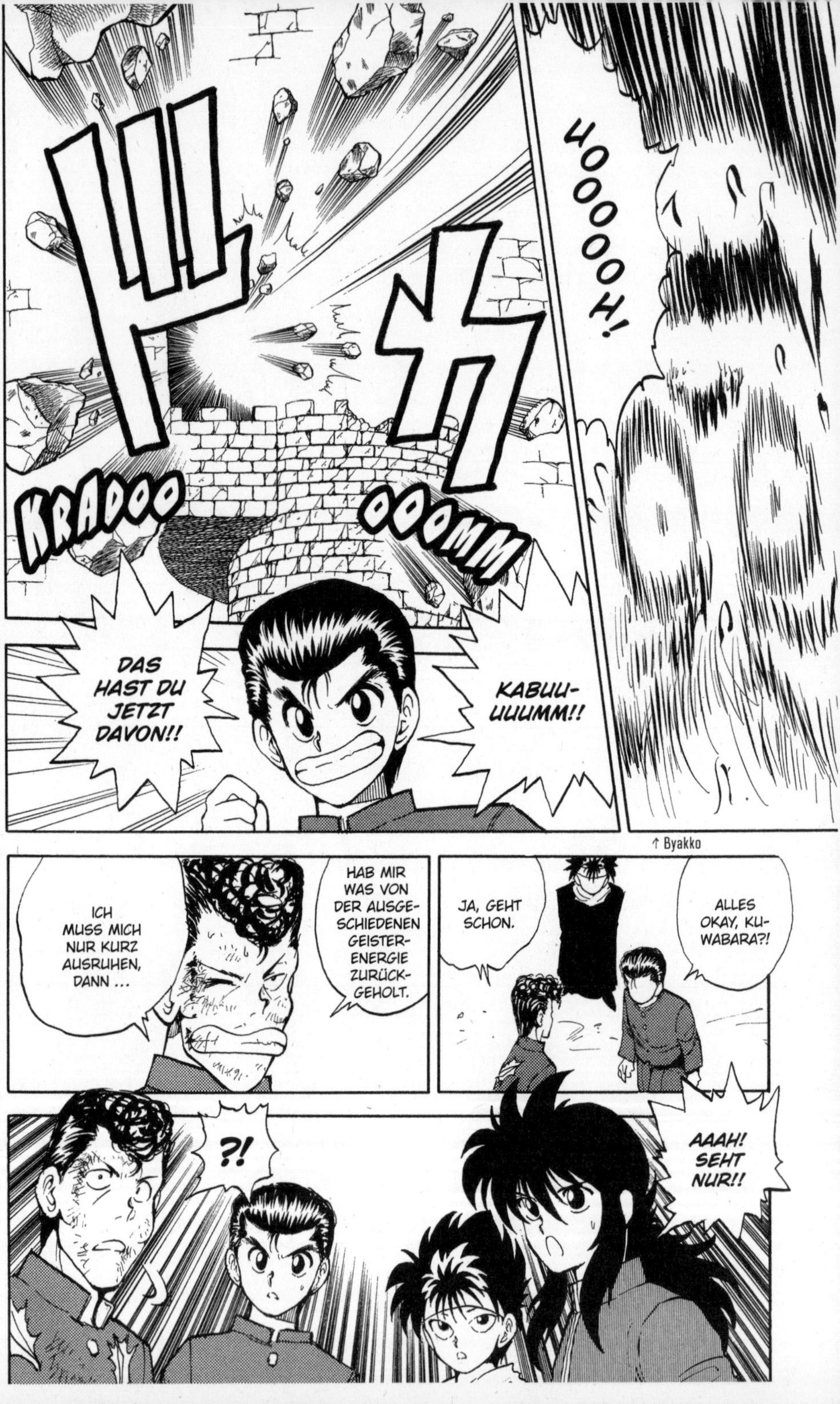
UOOOOOOH!
KRADOOOOOMM
KABUU-UUUMM!!
DAS HAST DU JETZT DAVON!!
↑ Byakko
ALLES OKAY, KU-WABARA?!
JA, GEHT SCHON.
HAB MIR WAS VON DER AUSGE-SCHIEDENEN GEISTER-ENERGIE ZURÜCK-GEHOLT.
ICH MUSS MICH NUR KURZ AUSRUHEN, DANN …
AAAH! SEHT NUR!!
?!

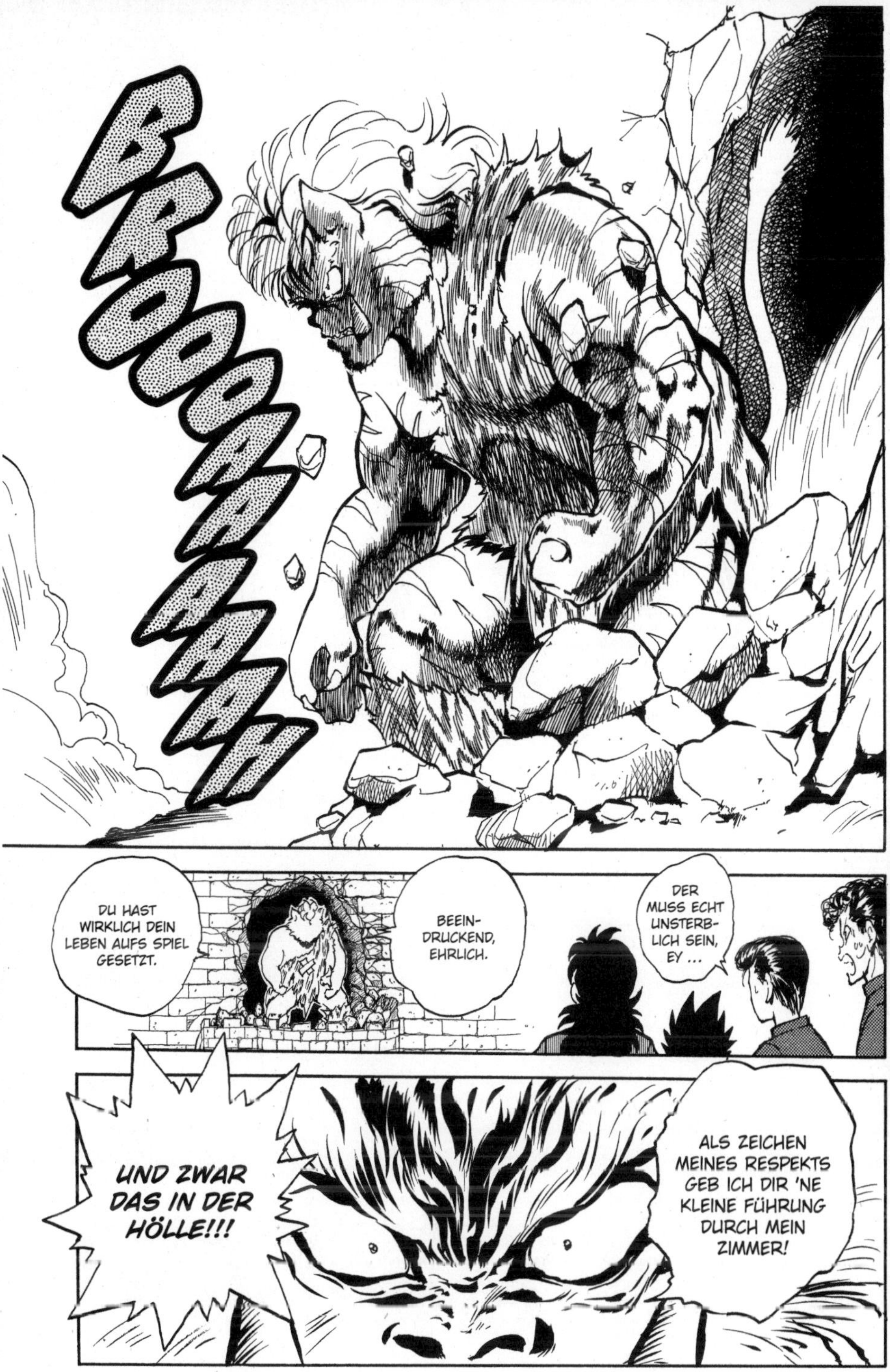
BROOOAAAAAH
DER MUSS ECHT UNSTERB-LICH SEIN, EY ...
BEEIN-DRUCKEND, EHRLICH.
DU HAST WIRKLICH DEIN LEBEN AUFS SPIEL GESETZT.
ALS ZEICHEN MEINES RESPEKTS GEB ICH DIR 'NE KLEINE FÜHRUNG DURCH MEIN ZIMMER!
UND ZWAR DAS IN DER HÖLLE!!!

YuYuHakusho

Kapitel 38 Die Tigergebrüll-zerstörungswelle!

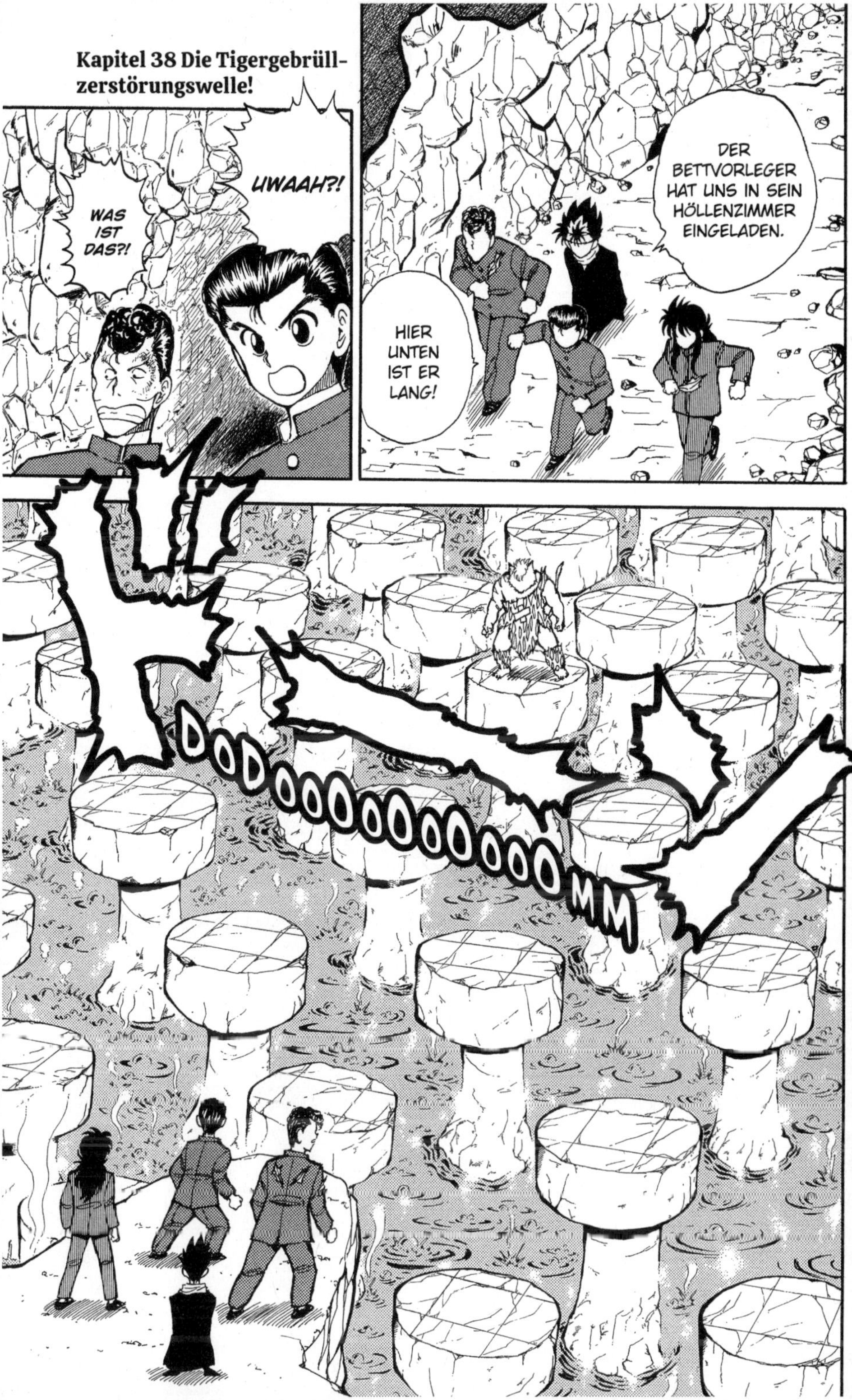

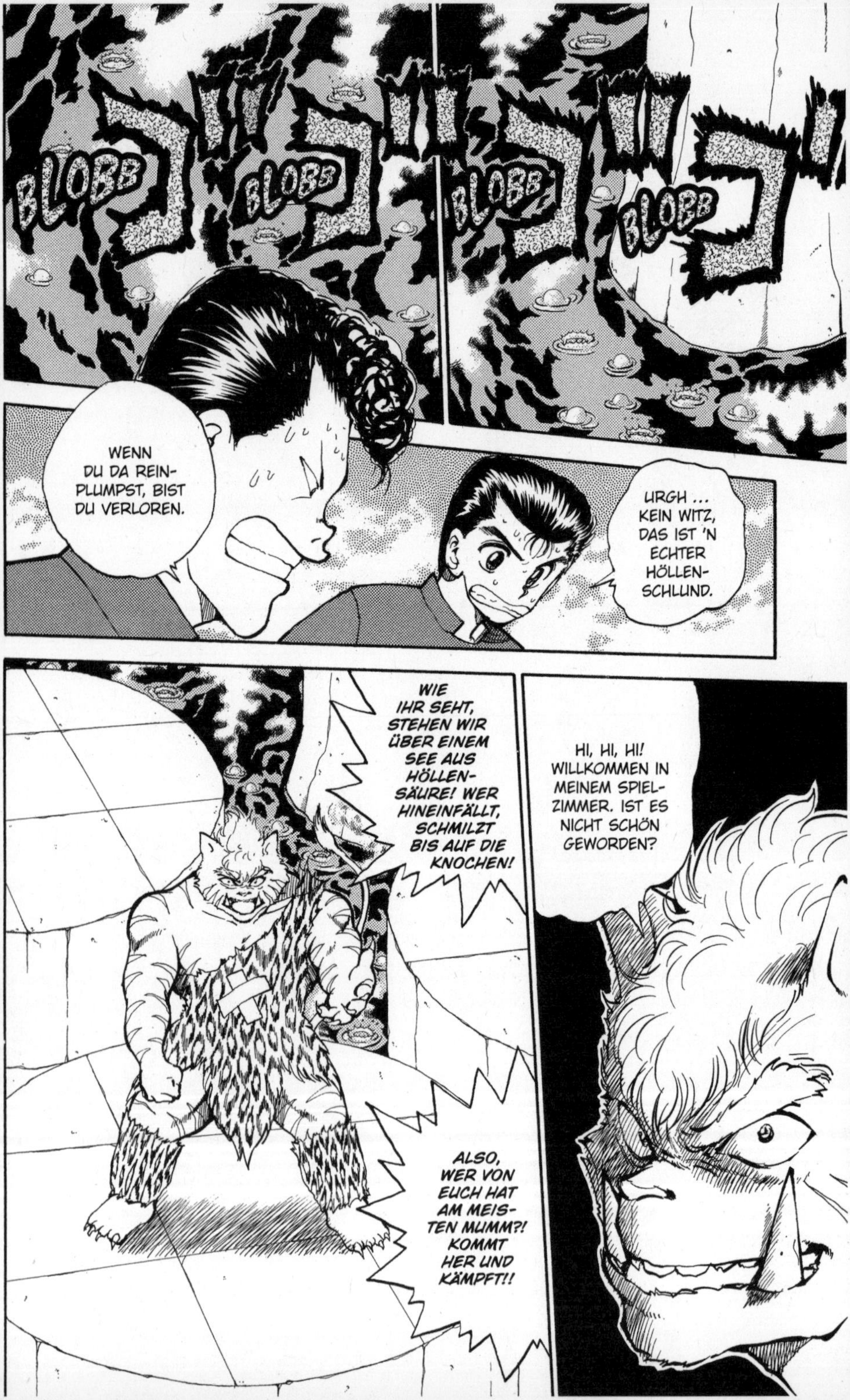
BLOBB
BLOBB
BLOBB
BLOBB
URGH ... KEIN WITZ, DAS IST 'N ECHTER HÖLLEN-SCHLUND.
WENN DU DA REIN-PLUMPST, BIST DU VERLOREN.
HI, HI, HI! WILLKOMMEN IN MEINEM SPIEL-ZIMMER. IST ES NICHT SCHÖN GEWORDEN?
WIE IHR SEHT, STEHEN WIR ÜBER EINEM SEE AUS HÖLLEN-SÄURE! WER HINEINFÄLLT, SCHMILZT BIS AUF DIE KNOCHEN!
ALSO, WER VON EUCH HAT AM MEIS-TEN MUMM?! KOMMT HER UND KÄMPFT!!

Kapitel 38 Die Tigergebrüllzerstörungswelle!

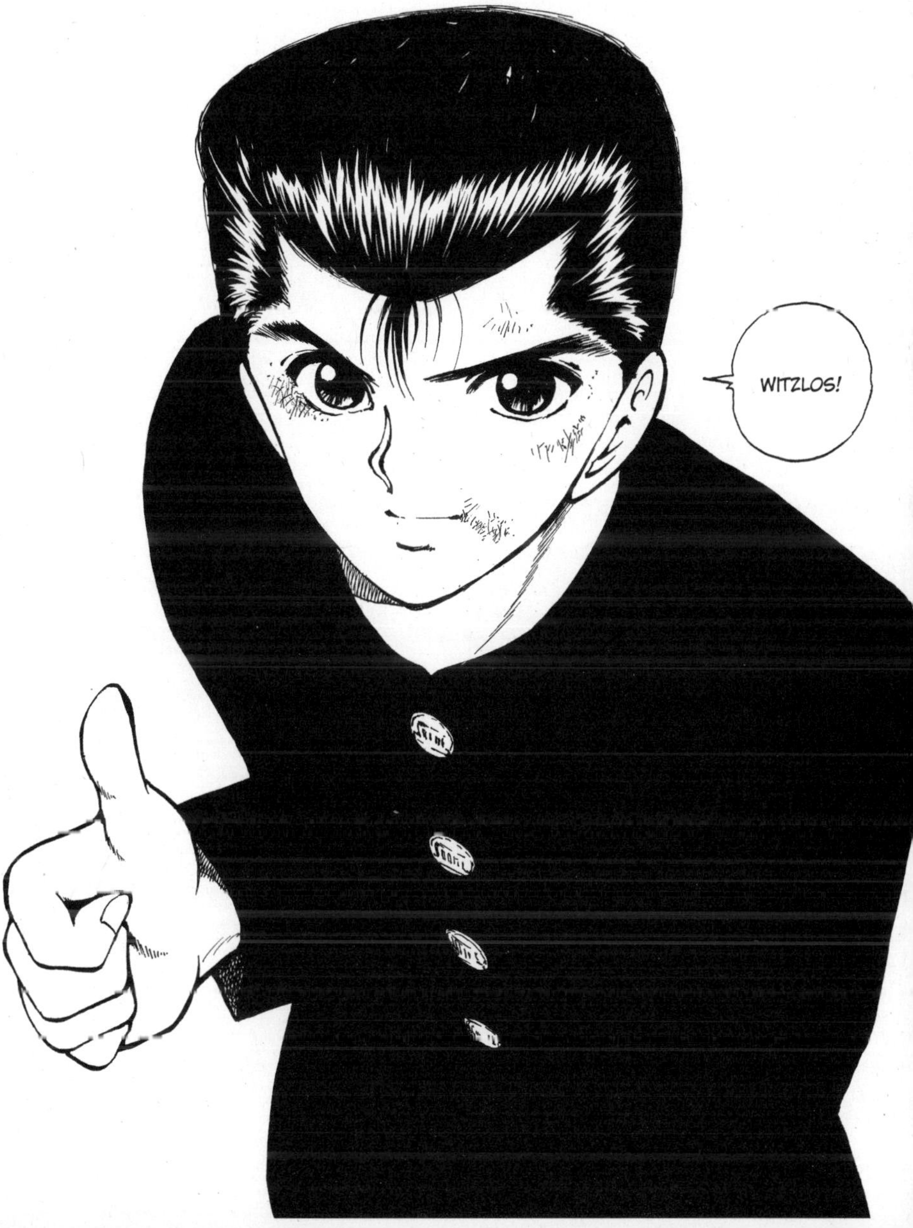

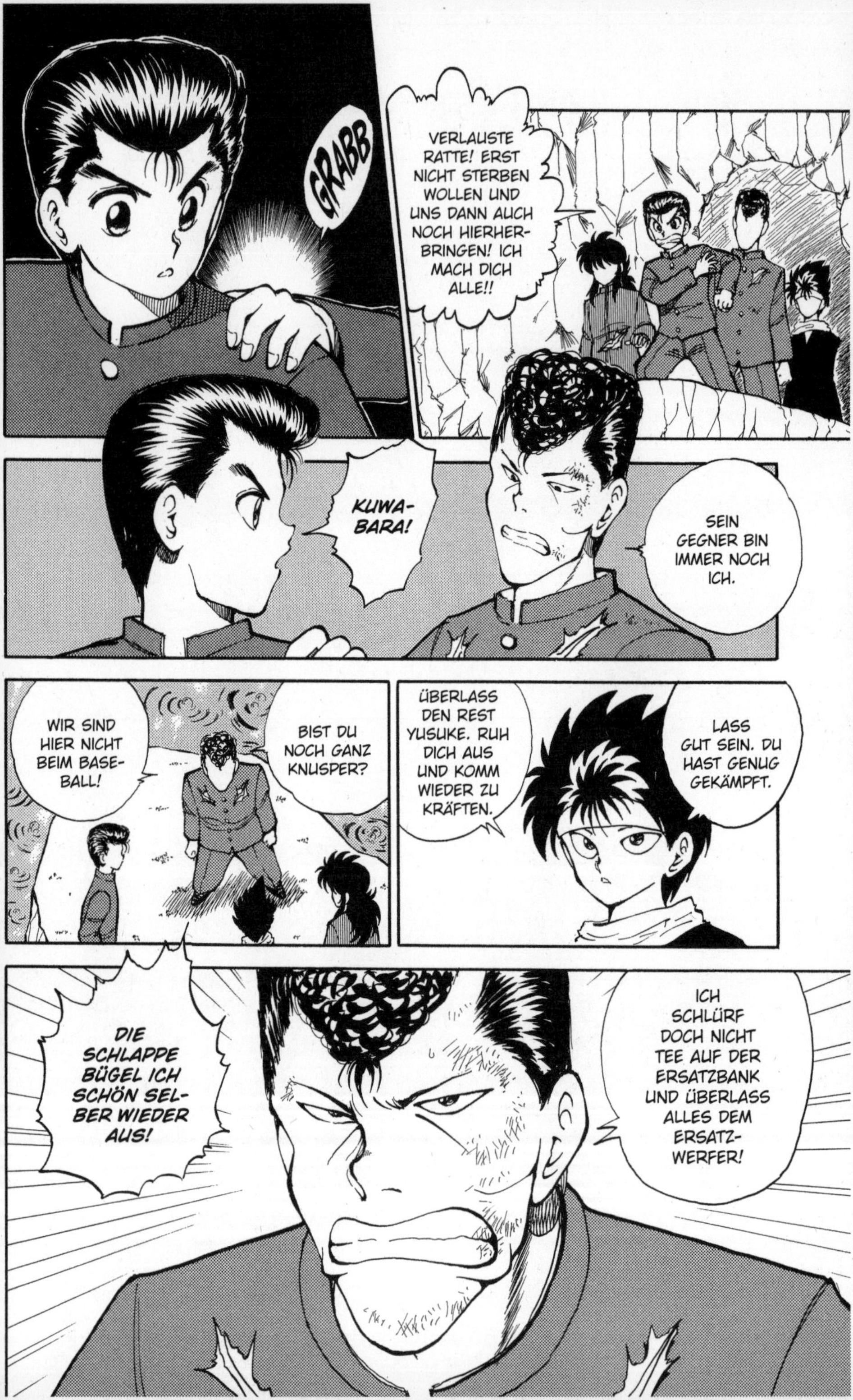
VERLAUSTE RATTE! ERST NICHT STERBEN WOLLEN UND UNS DANN AUCH NOCH HIERHER-BRINGEN! ICH MACH DICH ALLE!!
GRABB
SEIN GEGNER BIN IMMER NOCH ICH.
KUWA-BARA!
LASS GUT SEIN. DU HAST GENUG GEKÄMPFT.
ÜBERLASS DEN REST YUSUKE. RUH DICH AUS UND KOMM WIEDER ZU KRÄFTEN.
BIST DU NOCH GANZ KNUSPER?
WIR SIND HIER NICHT BEIM BASE-BALL!
ICH SCHLÜRF DOCH NICHT TEE AUF DER ERSATZBANK UND ÜBERLASS ALLES DEM ERSATZ-WERFER!
DIE SCHLAPPE BÜGEL ICH SCHÖN SEL-BER WIEDER AUS!

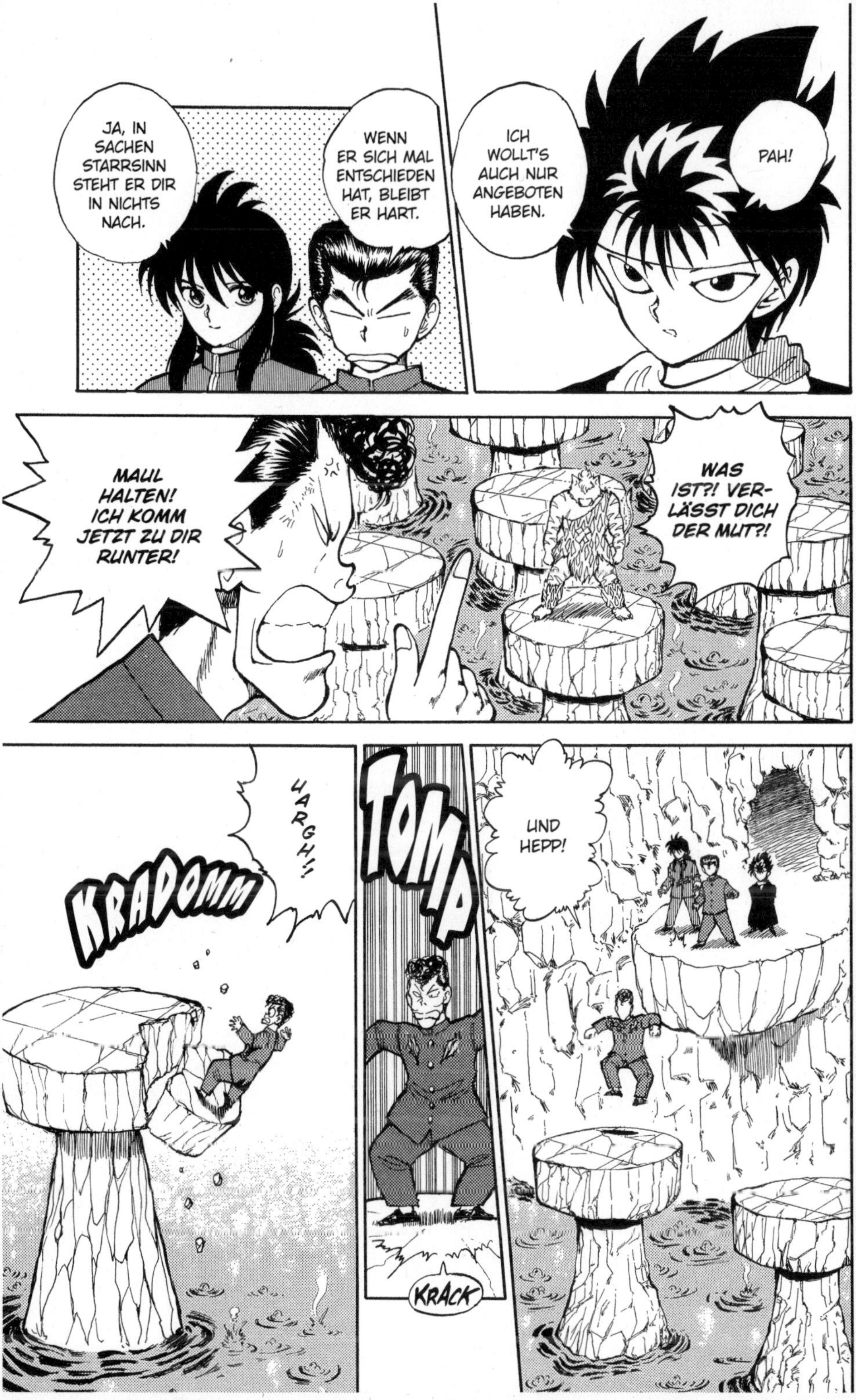
PAH!
ICH WOLLT'S AUCH NUR ANGEBOTEN HABEN.
WENN ER SICH MAL ENTSCHIEDEN HAT, BLEIBT ER HART.
JA, IN SACHEN STARRSINN STEHT ER DIR IN NICHTS NACH.
WAS IST?! VERLÄSST DICH DER MUT?!
MAUL HALTEN! ICH KOMM JETZT ZU DIR RUNTER!
UND HEPP!
TOMP
KRACK
UARGH!!
KRADOMM

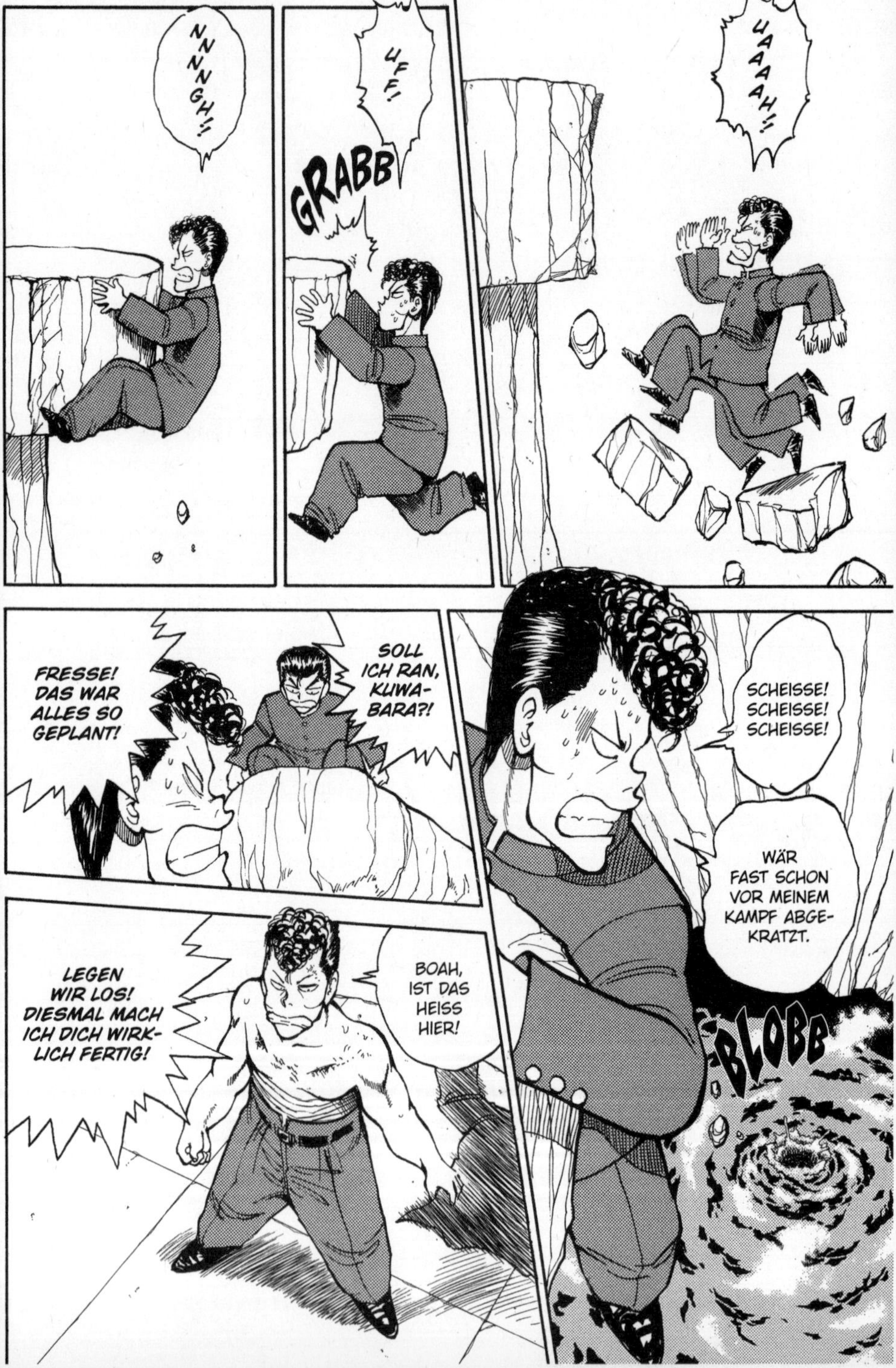
UAAAAH!!
UFF!
GRABB
NNNNGH!!
SCHEISSE! SCHEISSE! SCHEISSE!
WÄR FAST SCHON VOR MEINEM KAMPF ABGE-KRATZT.
BLOBB
SOLL ICH RAN, KUWA-BARA?!
FRESSE! DAS WAR ALLES SO GEPLANT!
BOAH, IST DAS HEISS HIER!
LEGEN WIR LOS! DIESMAL MACH ICH DICH WIRK-LICH FERTIG!

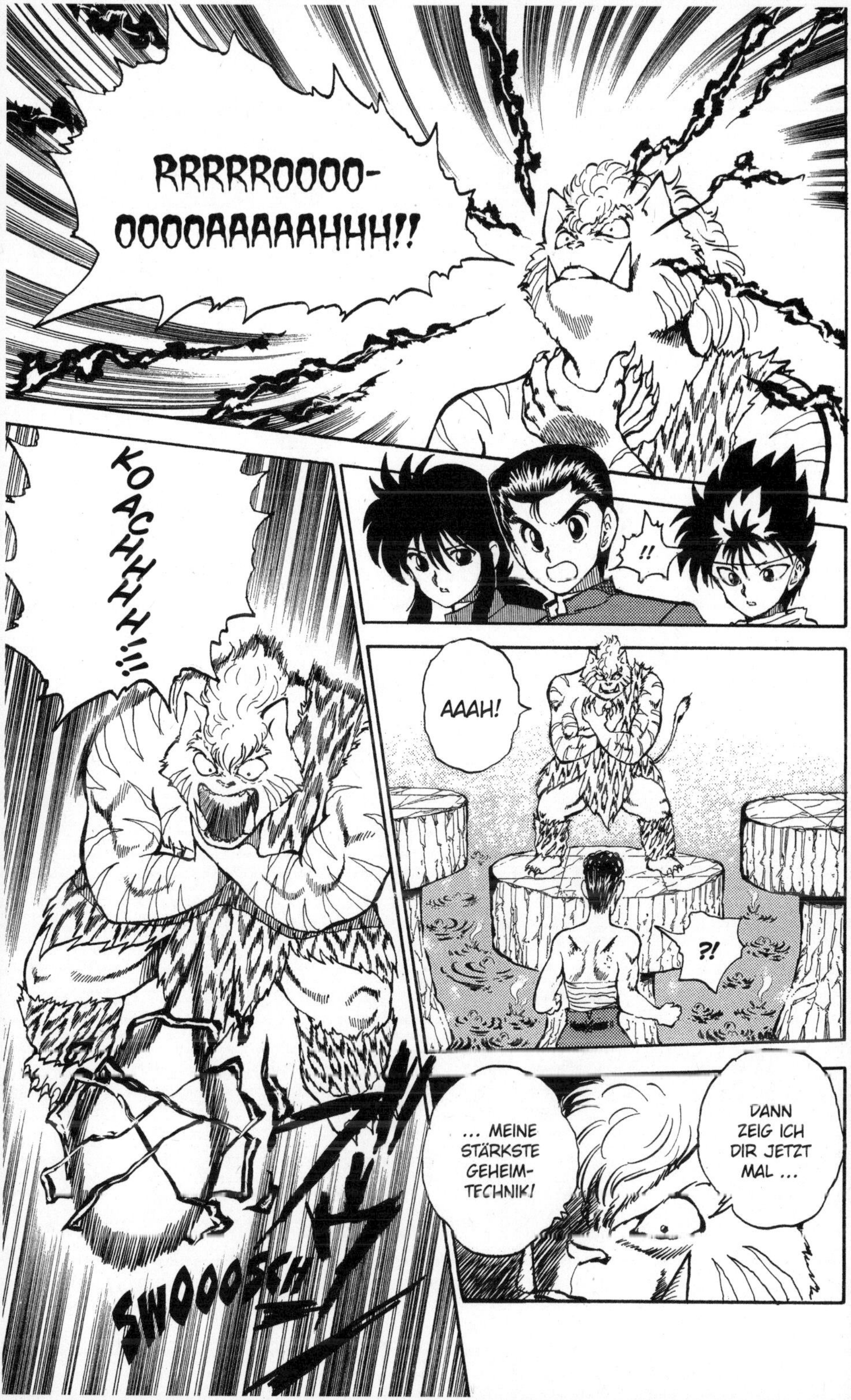
RRRRROOOO-
OOOOAAAAAHHH!!
!!
KOACHHHH!!!
AAAH!
?!
DANN ZEIG ICH DIR JETZT MAL ...
... MEINE STÄRKSTE GEHEIM-TECHNIK!
SWOOOSCH

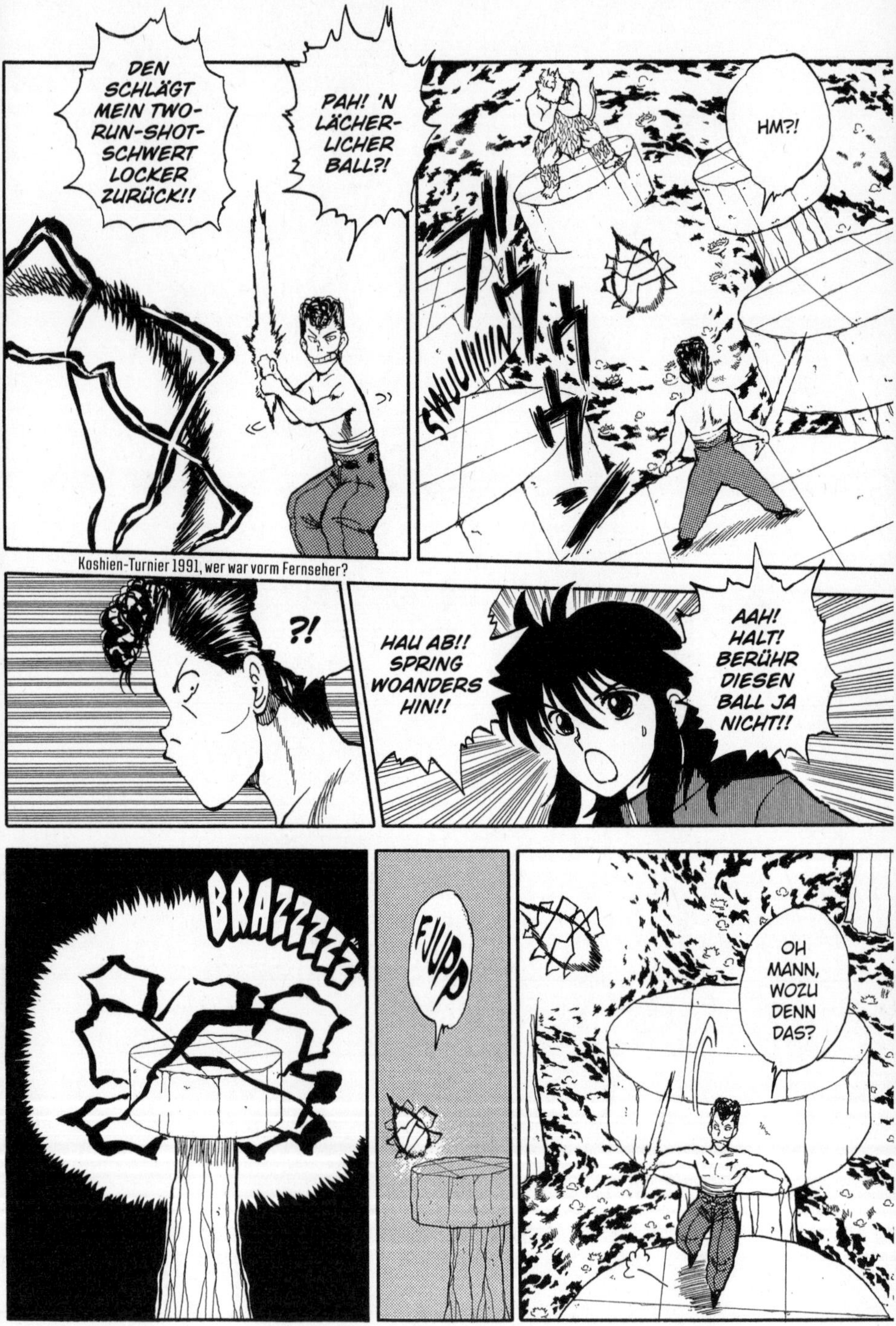
HM?!
SWUUIIIIIN
PAH! 'N LÄCHERLICHER BALL?!
DEN SCHLÄGT MEIN TWO-RUN-SHOT-SCHWERT LOCKER ZURÜCK!!
Koshien-Turnier 1991, wer war vorm Fernseher?
AAH! HALT! BERÜHR DIESEN BALL JA NICHT!!
HAU AB!! SPRING WOANDERS HIN!!
?!
OH MANN, WOZU DENN DAS?
FJUPP
BRAZZZZZZ

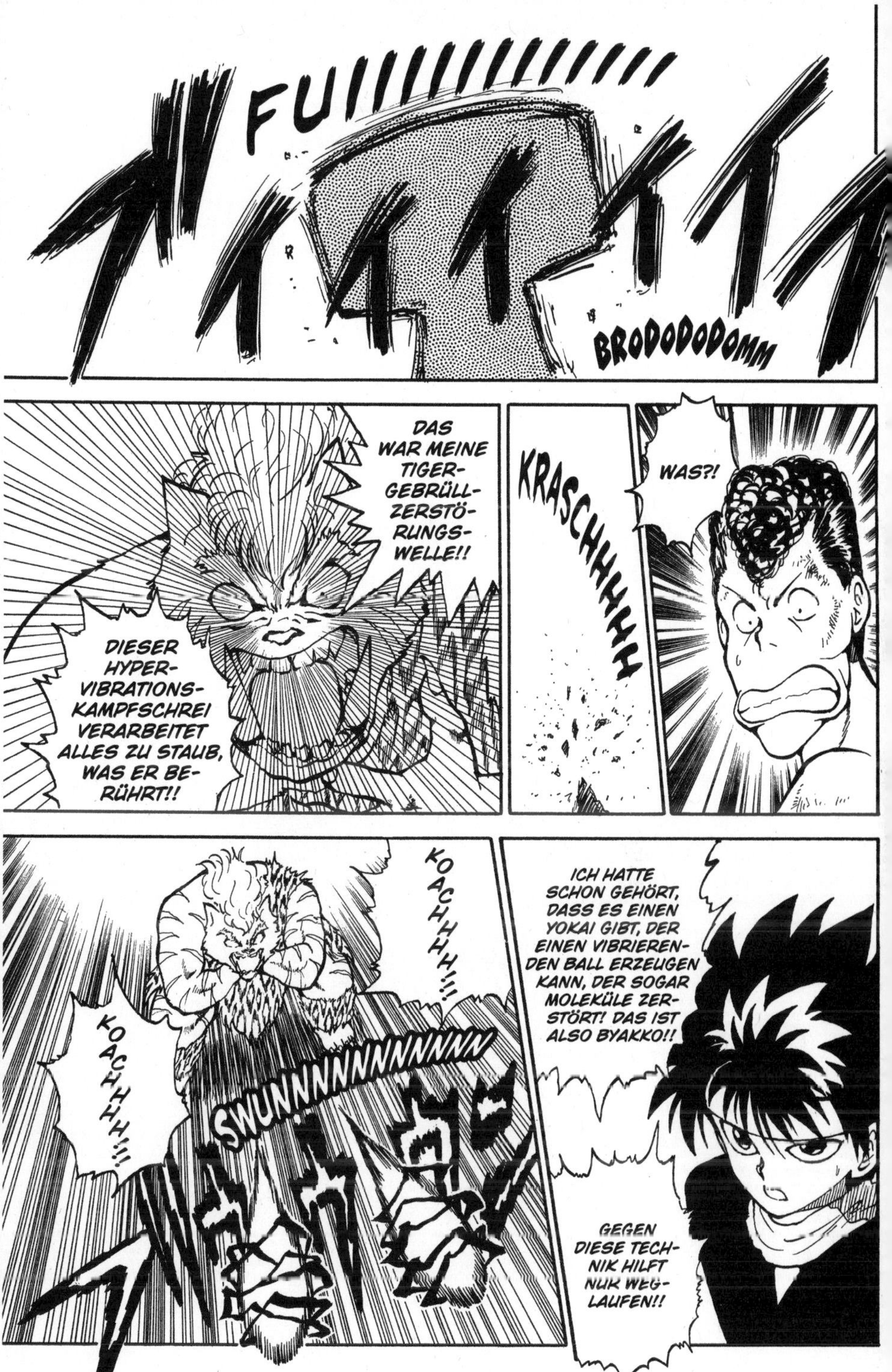
FUIIIIIIIIIIIII
BRODODODOMM
DAS WAR MEINE TIGER-GEBRÜLL-ZERSTÖRUNGS-WELLE!!
DIESER HYPER-VIBRATIONS-KAMPFSCHREI VERARBEITET ALLES ZU STAUB, WAS ER BE-RÜHRT!!
KRASCHHHHHHH
WAS?!
KOACHHHH!!!
KOACHHHH!!!
SWUNNNNNNNNNNNN
ICH HATTE SCHON GEHÖRT, DASS ES EINEN YOKAI GIBT, DER EINEN VIBRIEREN-DEN BALL ERZEUGEN KANN, DER SOGAR MOLEKÜLE ZER-STÖRT! DAS IST ALSO BYAKKO!!
GEGEN DIESE TECH-NIK HILFT NUR WEG-LAUFEN!!

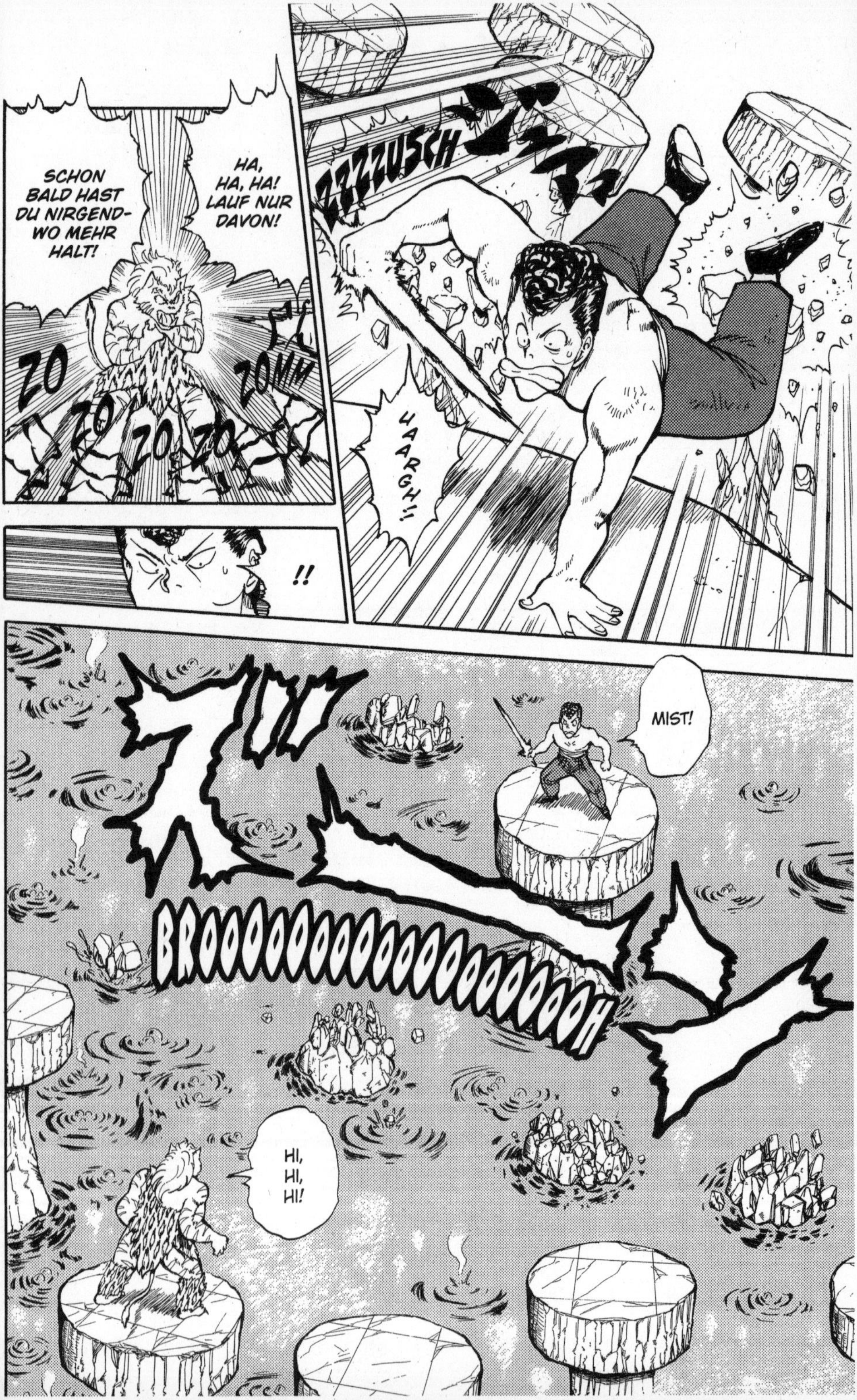
ZZZZUSCH
UAARGH!!
HA, HA, HA! LAUF NUR DAVON!
SCHON BALD HAST DU NIRGENDWO MEHR HALT!
ZO ZO ZO ZO ZOMM
!!
MIST!
BROOOOOOOOOOOOOOOOOOH
HI, HI, HI!

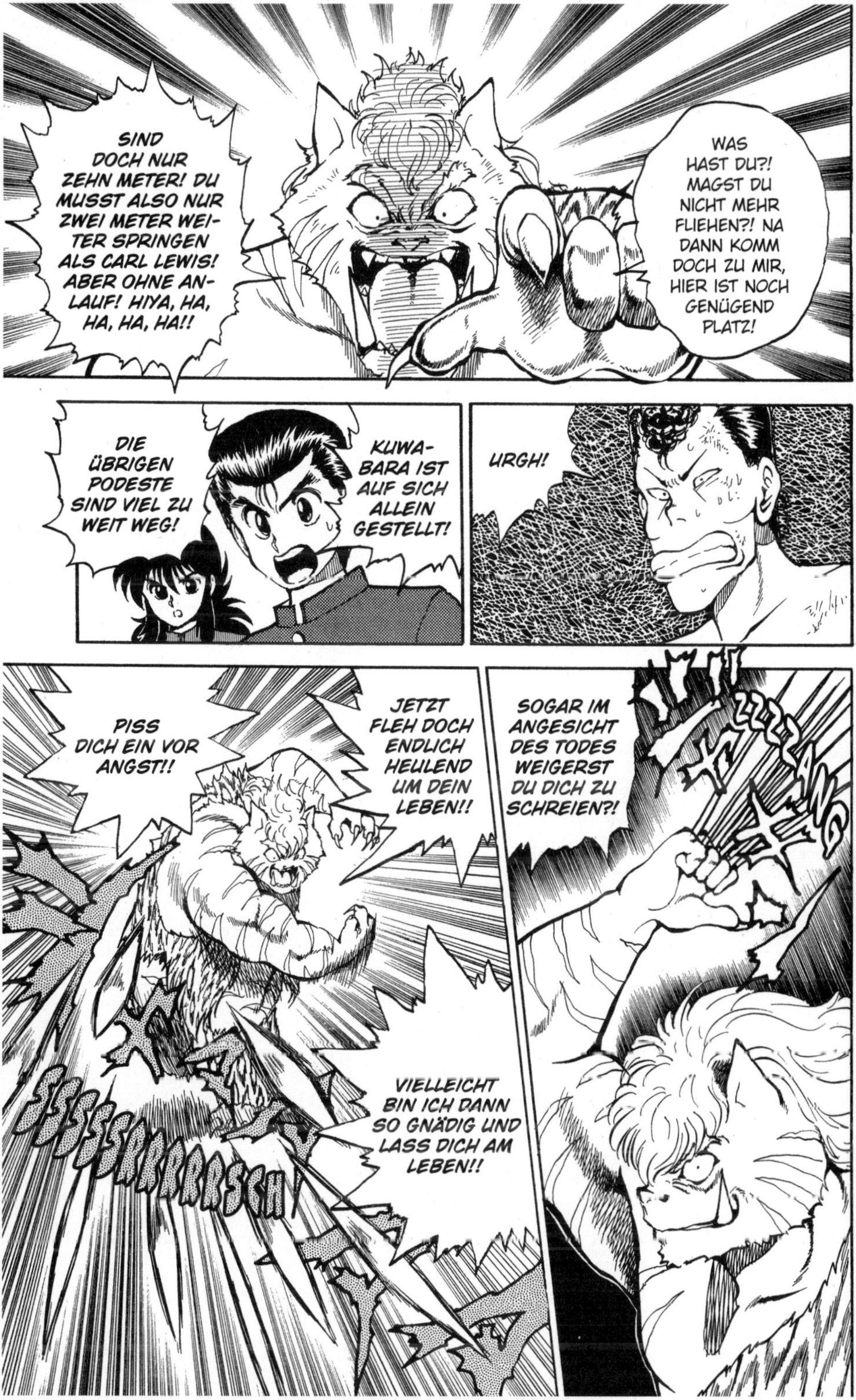
WAS HAST DU?! MAGST DU NICHT MEHR FLIEHEN?! NA DANN KOMM DOCH ZU MIR, HIER IST NOCH GENÜGEND PLATZ!
SIND DOCH NUR ZEHN METER! DU MUSST ALSO NUR ZWEI METER WEI-TER SPRINGEN ALS CARL LEWIS! ABER OHNE AN-LAUF! HIYA, HA, HA, HA, HA!!
URGH!
KUWA-BARA IST AUF SICH ALLEIN GESTELLT!
DIE ÜBRIGEN PODESTE SIND VIEL ZU WEIT WEG!
SOGAR IM ANGESICHT DES TODES WEIGERST DU DICH ZU SCHREIEN?!
JETZT FLEH DOCH ENDLICH HEULEND UM DEIN LEBEN!!
PISS DICH EIN VOR ANGST!!
VIELLEICHT BIN ICH DANN SO GNÄDIG UND LASS DICH AM LEBEN!!

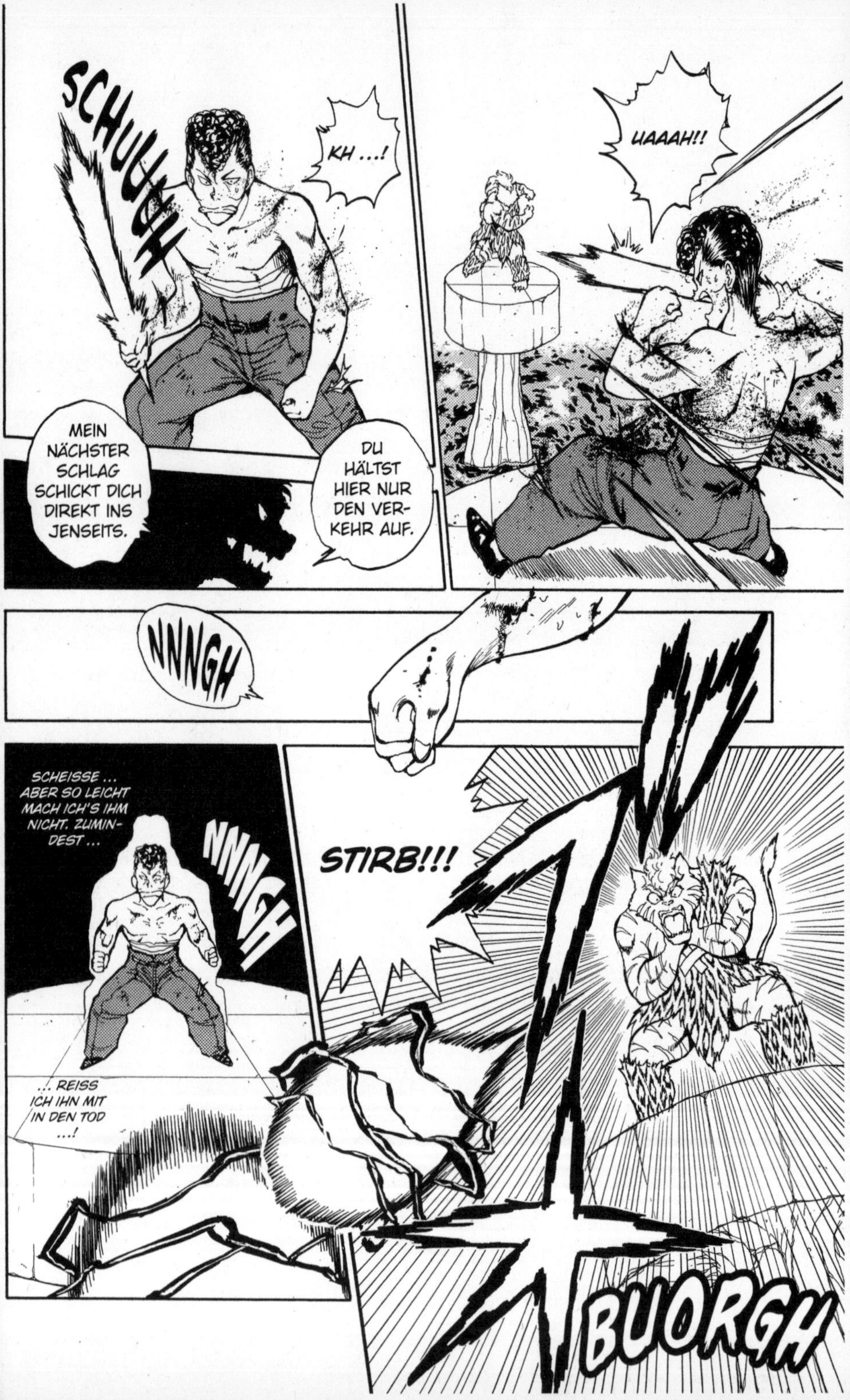
UAAAH!!
KH ...!
SCHUUUSCH
DU HÄLTST HIER NUR DEN VER- KEHR AUF.
MEIN NÄCHSTER SCHLAG SCHICKT DICH DIREKT INS JENSEITS.
NNNGH
STIRB!!!
SCHEISSE ... ABER SO LEICHT MACH ICH'S IHM NICHT. ZUMIN- DEST ...
NNNGH
... REISS ICH IHN MIT IN DEN TOD ...!
BUORGH

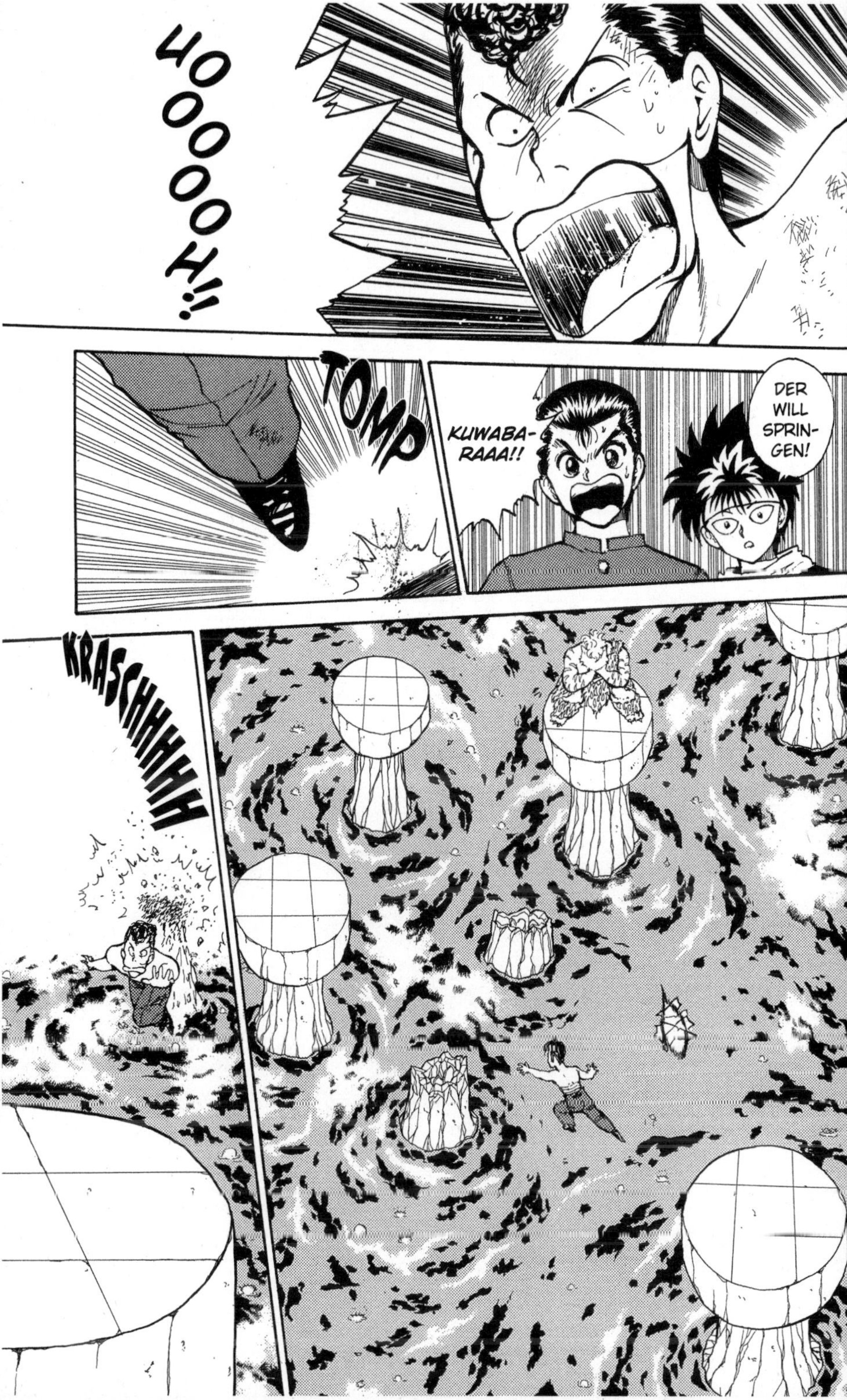
WOOOOOOH!!
DER WILL SPRIN-GEN!
KUWABA-RAAA!!
TOMP
KRASCHHHHH

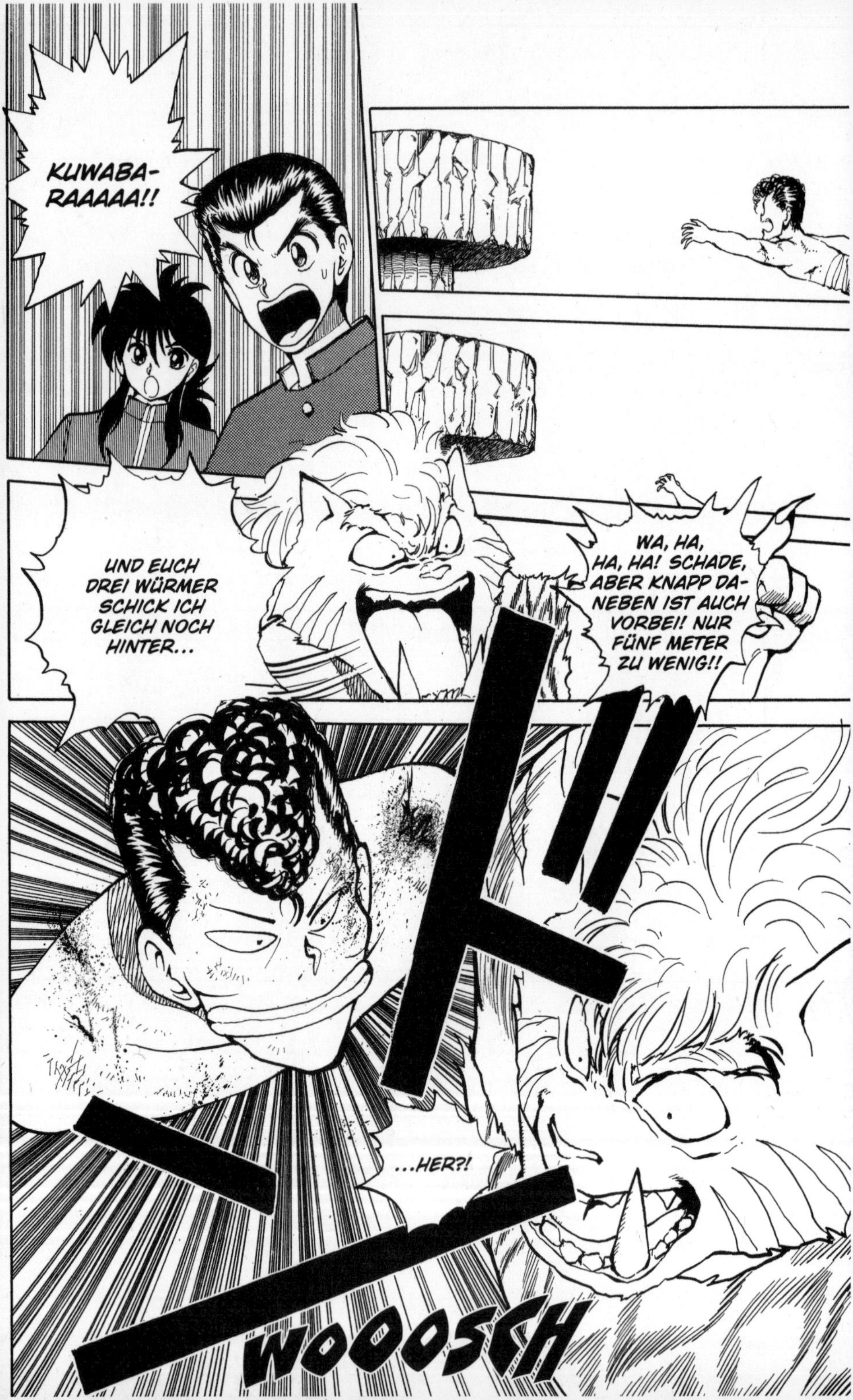
KUWABA-RAAAAA!!
WA, HA, HA, HA! SCHADE, ABER KNAPP DANEBEN IST AUCH VORBEI!! NUR FÜNF METER ZU WENIG!!
UND EUCH DREI WÜRMER SCHICK ICH GLEICH NOCH HINTER...
...HER?!
WOOOSCH

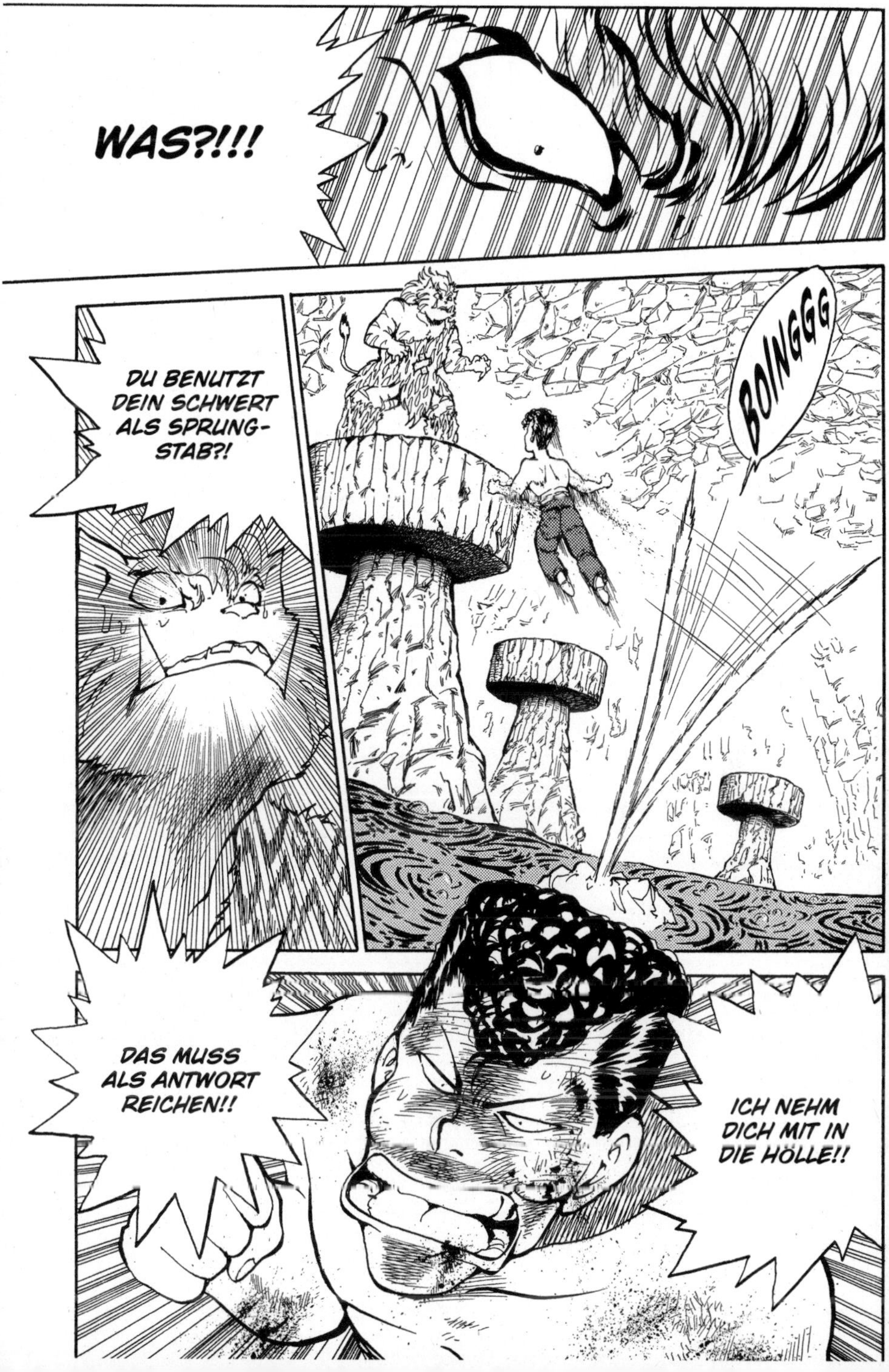
WAS?!!!
BOINGGG
DU BENUTZT DEIN SCHWERT ALS SPRUNG-STAB?!
ICH NEHM DICH MIT IN DIE HÖLLE!!
DAS MUSS ALS ANTWORT REICHEN!!

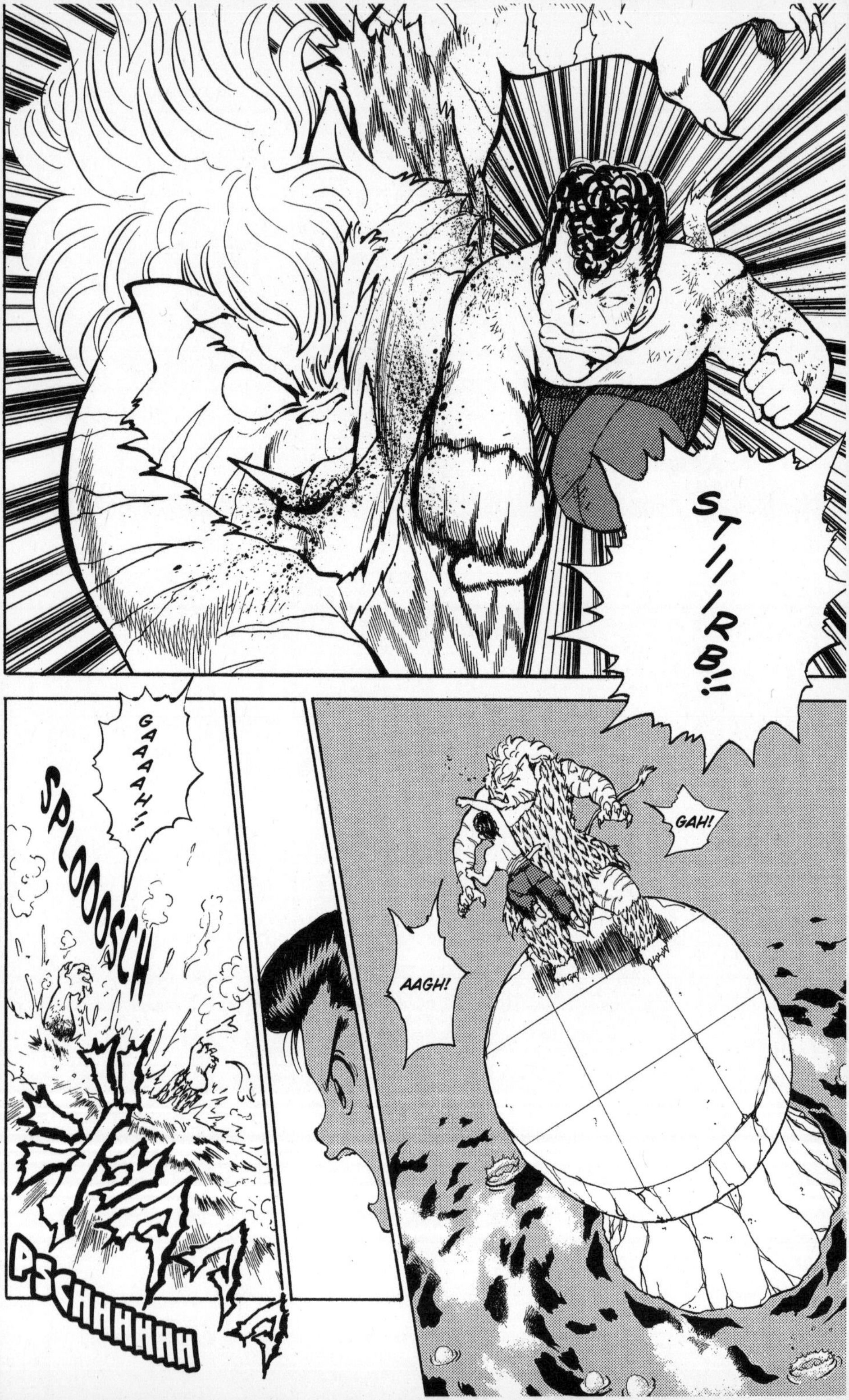
STIIIRB!!
GAH!
AAGH!
GAAAAH!!
SPLOOOOSCH
PSCHHHHHHH

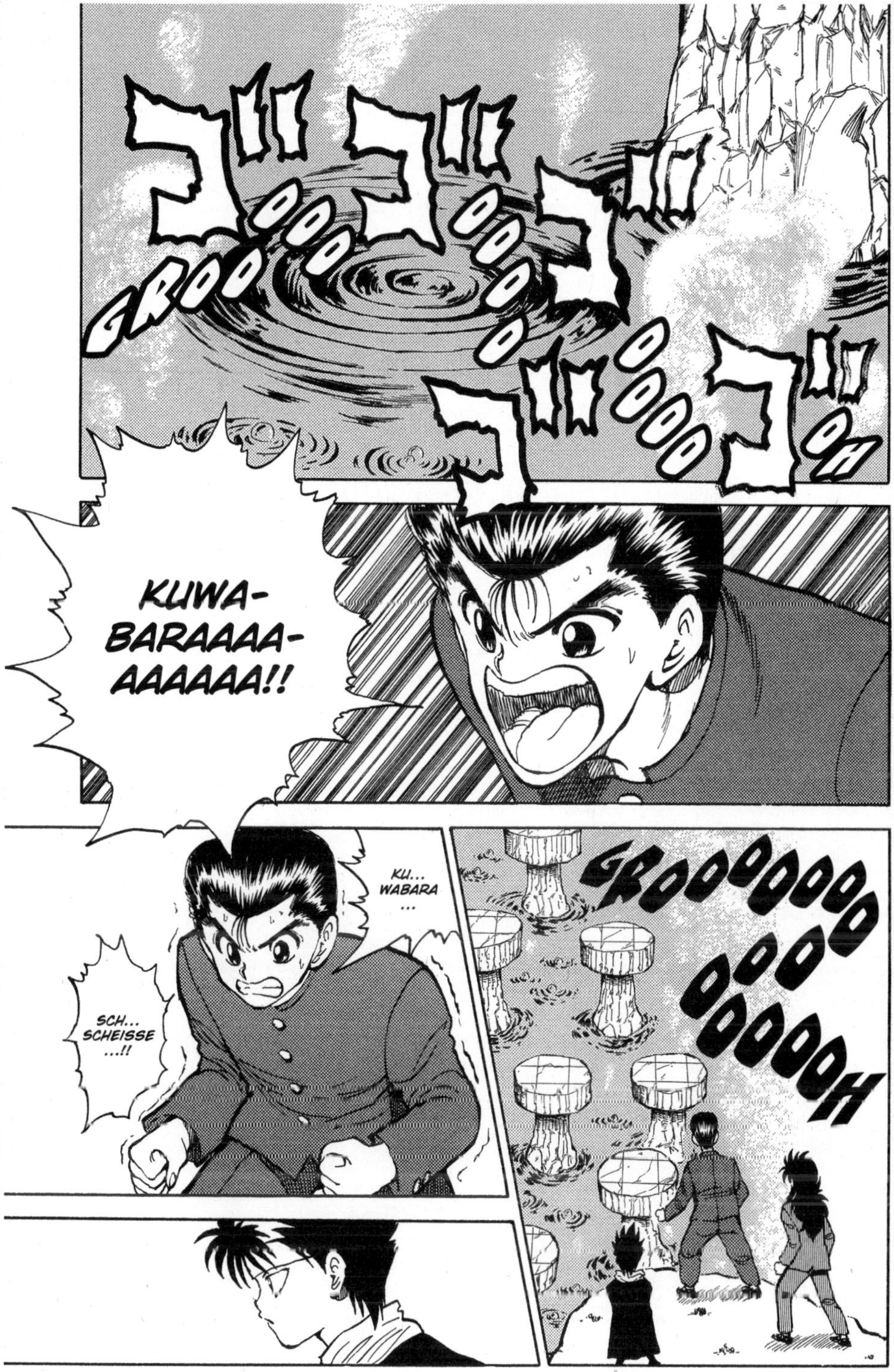
GROOOOOOOOOOOOOOH
KUWA-
BARAAAA-
AAAAAA!!
KU...
WABARA
...
SCH...
SCHEISSE
...!!
GROOOOOOOOOOOOOOOOH

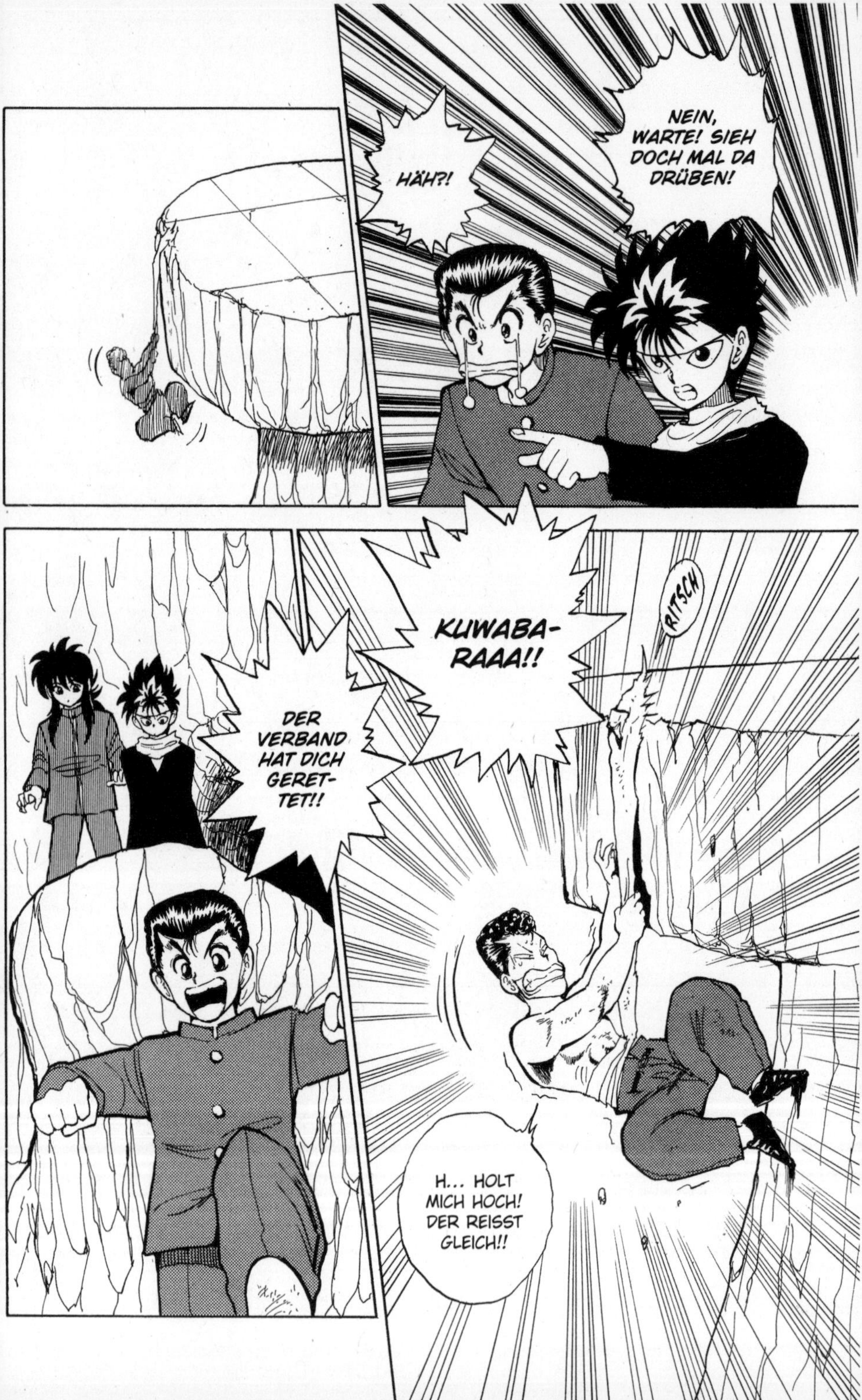
NEIN, WARTE! SIEH DOCH MAL DA DRÜBEN!
HÄH?!
RITSCH
KUWABA-RAAA!!
DER VERBAND HAT DICH GERET-TET!!
H... HOLT MICH HOCH! DER REISST GLEICH!!

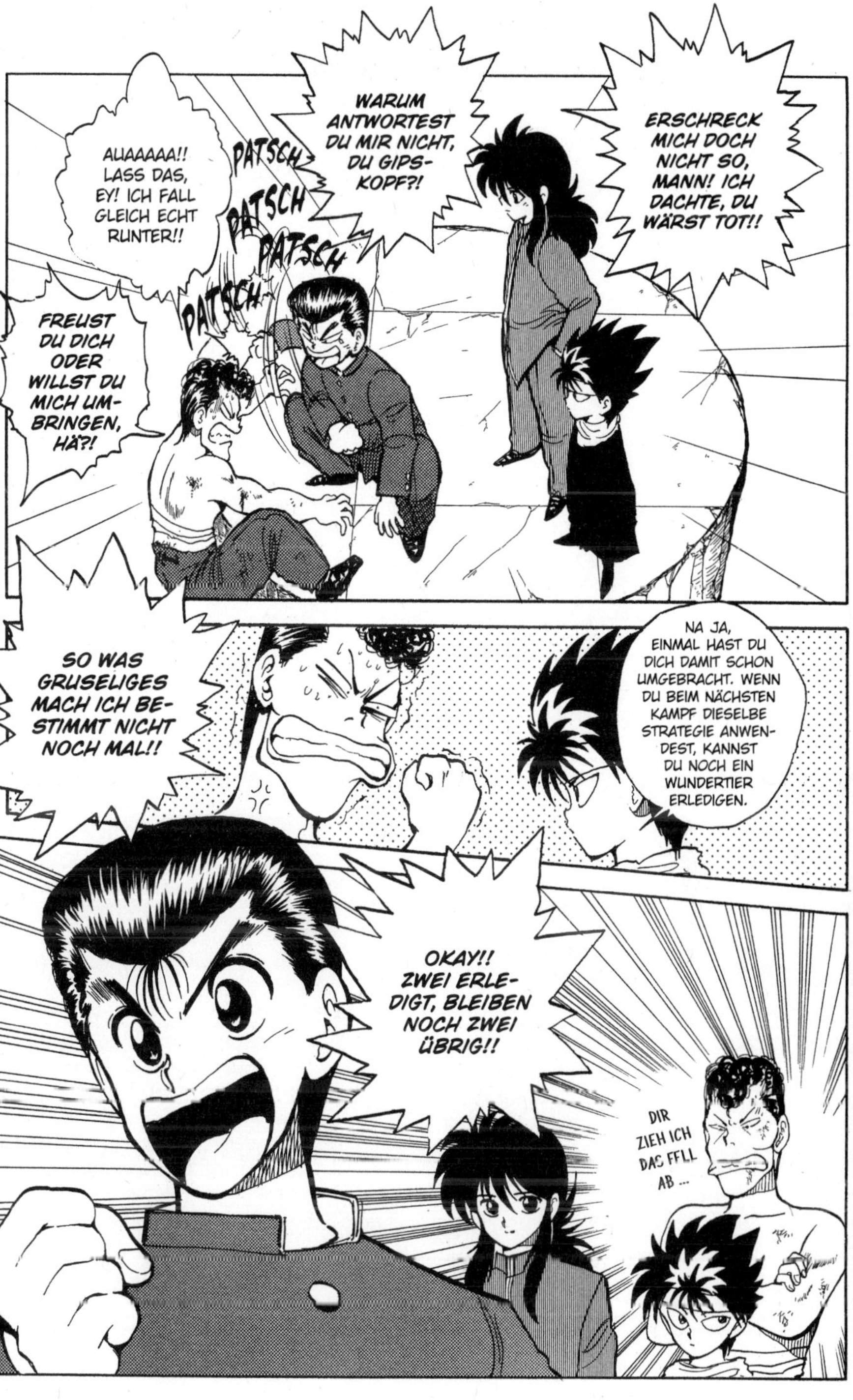
ERSCHRECK MICH DOCH NICHT SO, MANN! ICH DACHTE, DU WÄRST TOT!!
WARUM ANTWORTEST DU MIR NICHT, DU GIPS-KOPF?!
PATSCH
PATSCH
PATSCH
PATSCH
AUAAAAA!! LASS DAS, EY! ICH FALL GLEICH ECHT RUNTER!!
FREUST DU DICH ODER WILLST DU MICH UMBRINGEN, HÄ?!
NA JA, EINMAL HAST DU DICH DAMIT SCHON UMGEBRACHT. WENN DU BEIM NÄCHSTEN KAMPF DIESELBE STRATEGIE ANWENDEST, KANNST DU NOCH EIN WUNDERTIER ERLEDIGEN.
SO WAS GRUSELIGES MACH ICH BESTIMMT NICHT NOCH MAL!!
DIR ZIEH ICH DAS FELL AB ...
OKAY!! ZWEI ERLEDIGT, BLEIBEN NOCH ZWEI ÜBRIG!!

YuYu Hakusho

Kapitel 39 Hiei zieht in den Kampf!

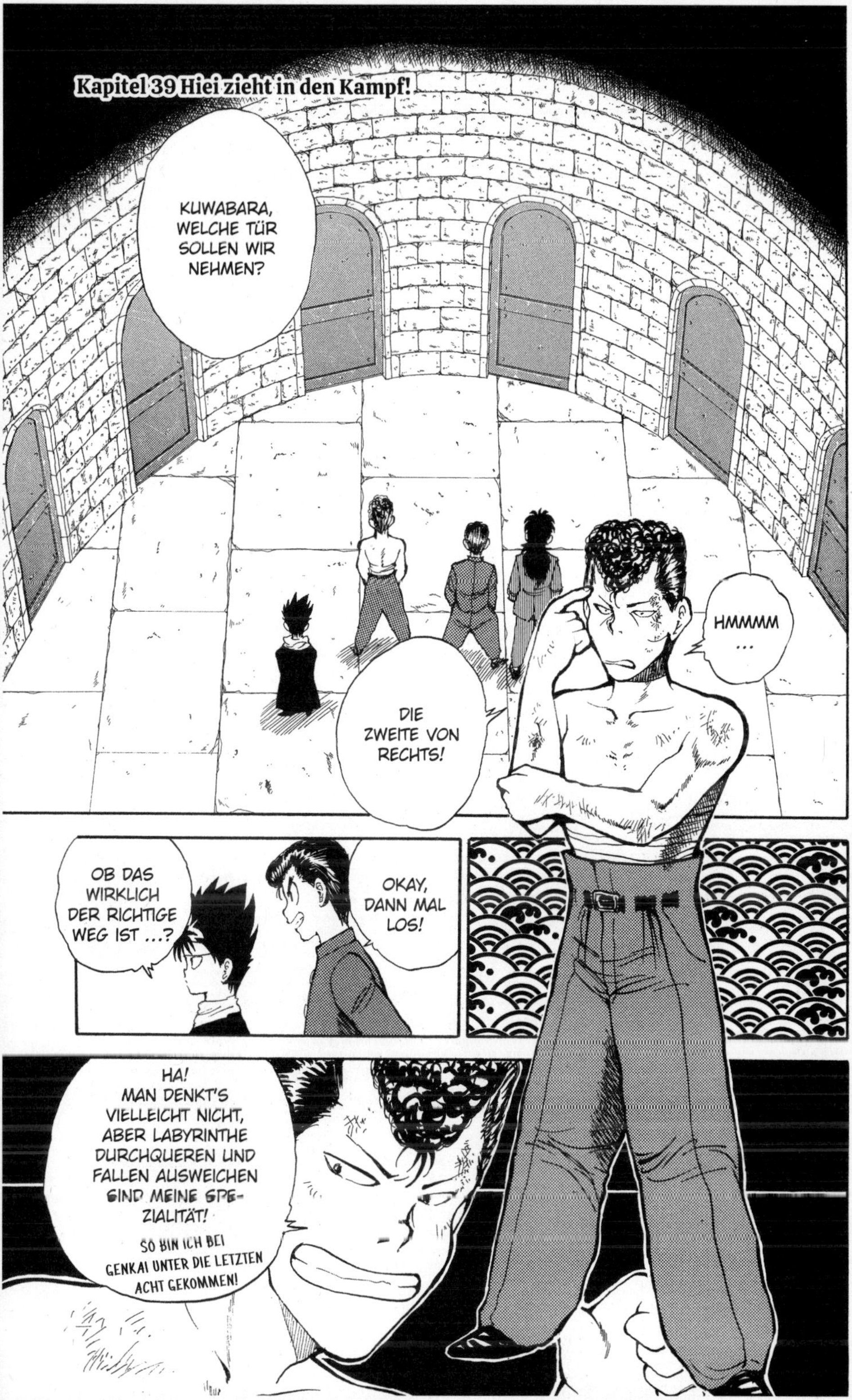

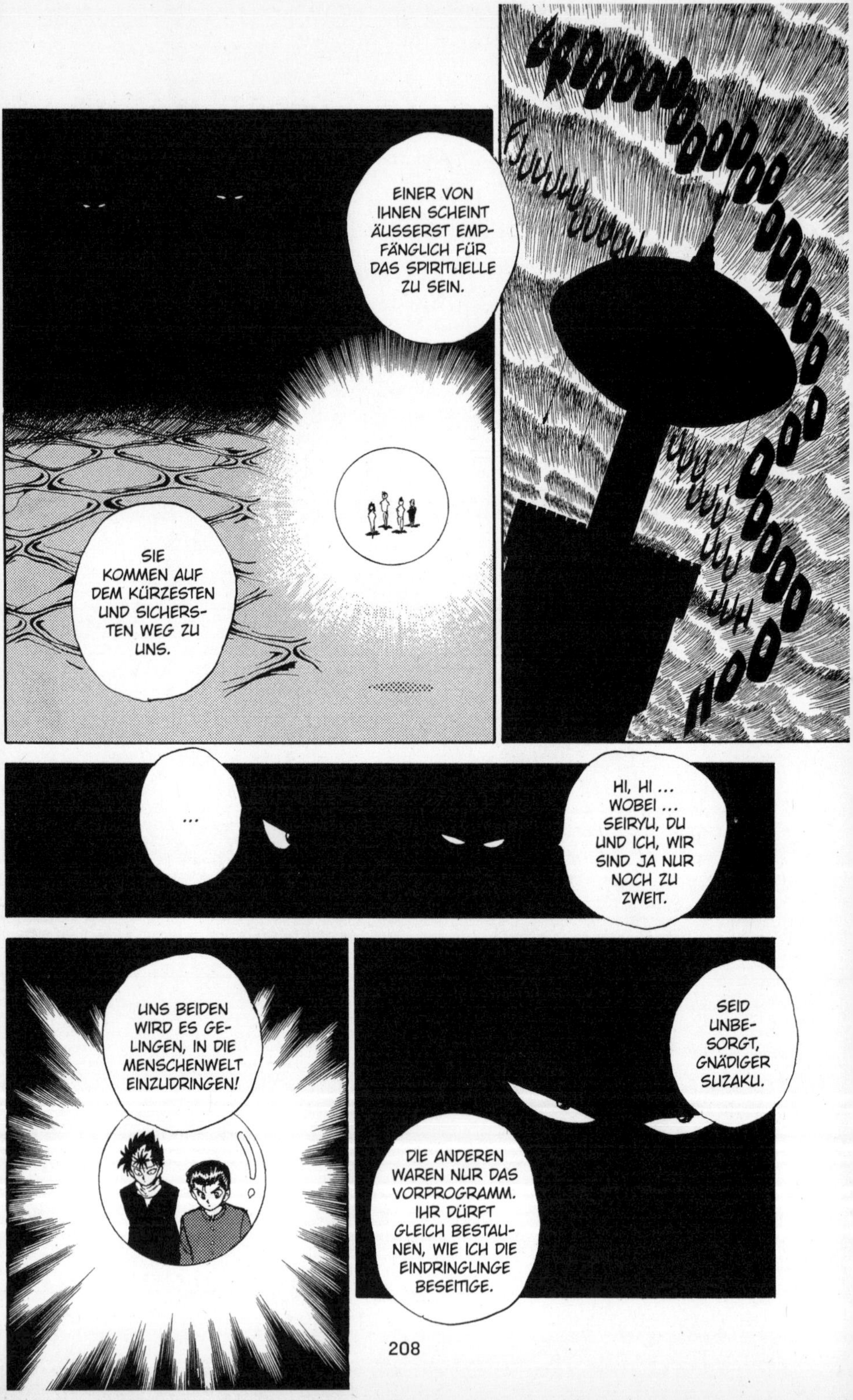
EINER VON IHNEN SCHEINT ÄUSSERST EMPFÄNGLICH FÜR DAS SPIRITUELLE ZU SEIN.
SIE KOMMEN AUF DEM KÜRZESTEN UND SICHERSTEN WEG ZU UNS.
HI, HI … WOBEI … SEIRYU, DU UND ICH, WIR SIND JA NUR NOCH ZU ZWEIT.
…
SEID UNBESORGT, GNÄDIGER SUZAKU.
DIE ANDEREN WAREN NUR DAS VORPROGRAMM. IHR DÜRFT GLEICH BESTAUNEN, WIE ICH DIE EINDRINGLINGE BESEITIGE.
UNS BEIDEN WIRD ES GELINGEN, IN DIE MENSCHENWELT EINZUDRINGEN!

Kapitel 39 Hiei zieht in den Kampf!

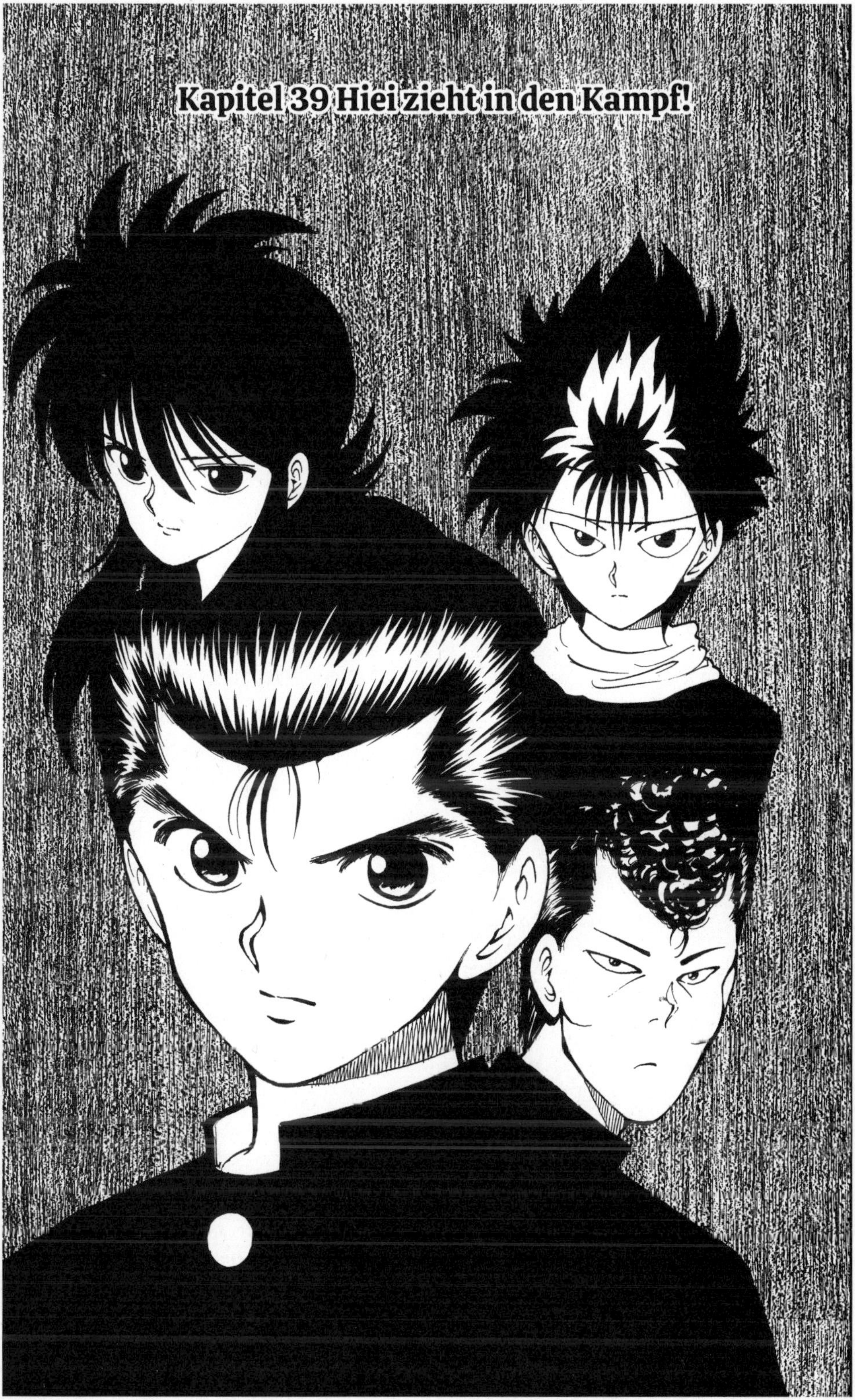

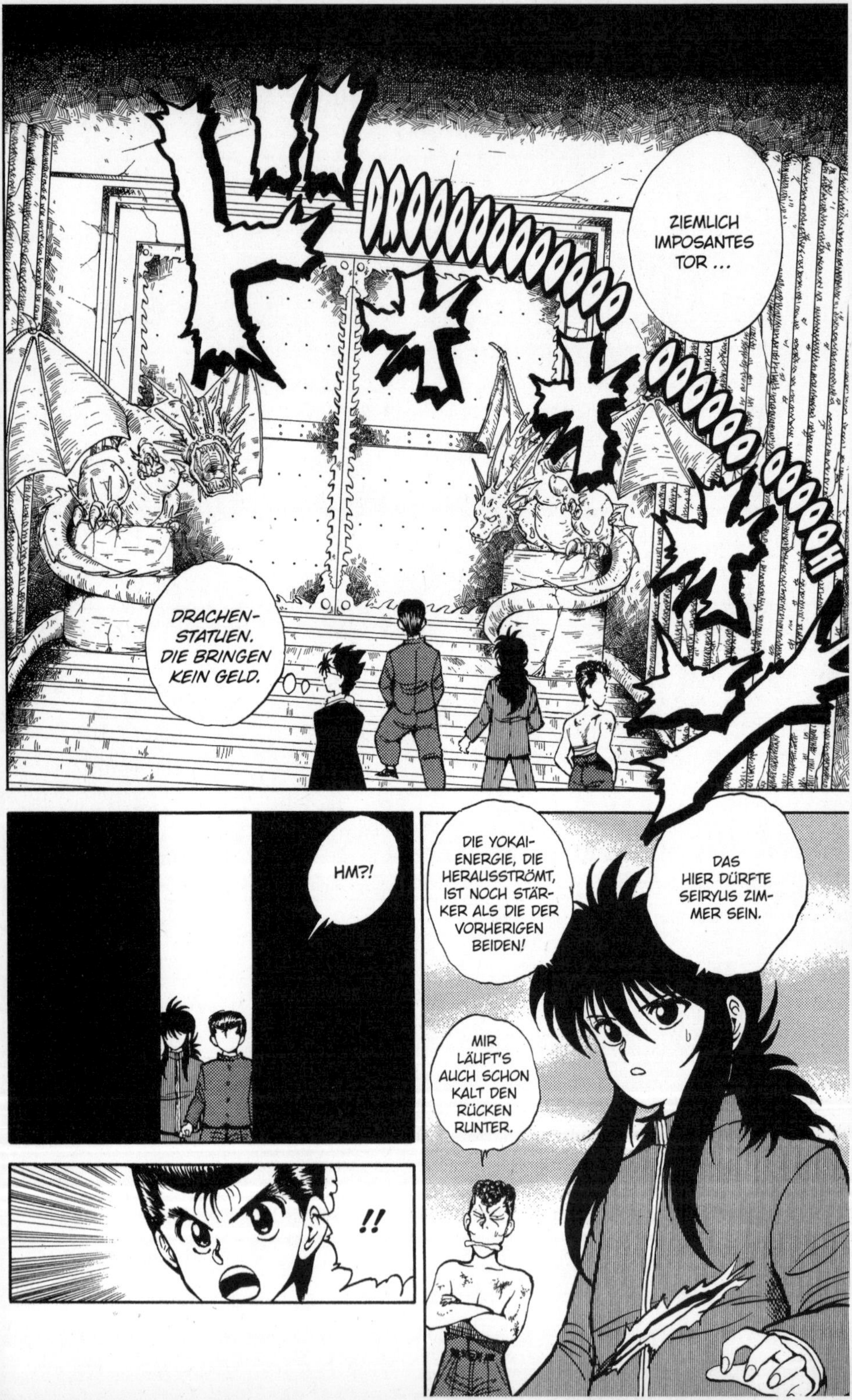
DROOOOOOOOOOOOOOOOOOOOOOOH
ZIEMLICH IMPOSANTES TOR …
DRACHEN-STATUEN. DIE BRINGEN KEIN GELD.
DAS HIER DÜRFTE SEIRYUS ZIMMER SEIN.
DIE YOKAI-ENERGIE, DIE HERAUSSTRÖMT, IST NOCH STÄRKER ALS DIE DER VORHERIGEN BEIDEN!
MIR LÄUFT'S AUCH SCHON KALT DEN RÜCKEN RUNTER.
HM?!
!!

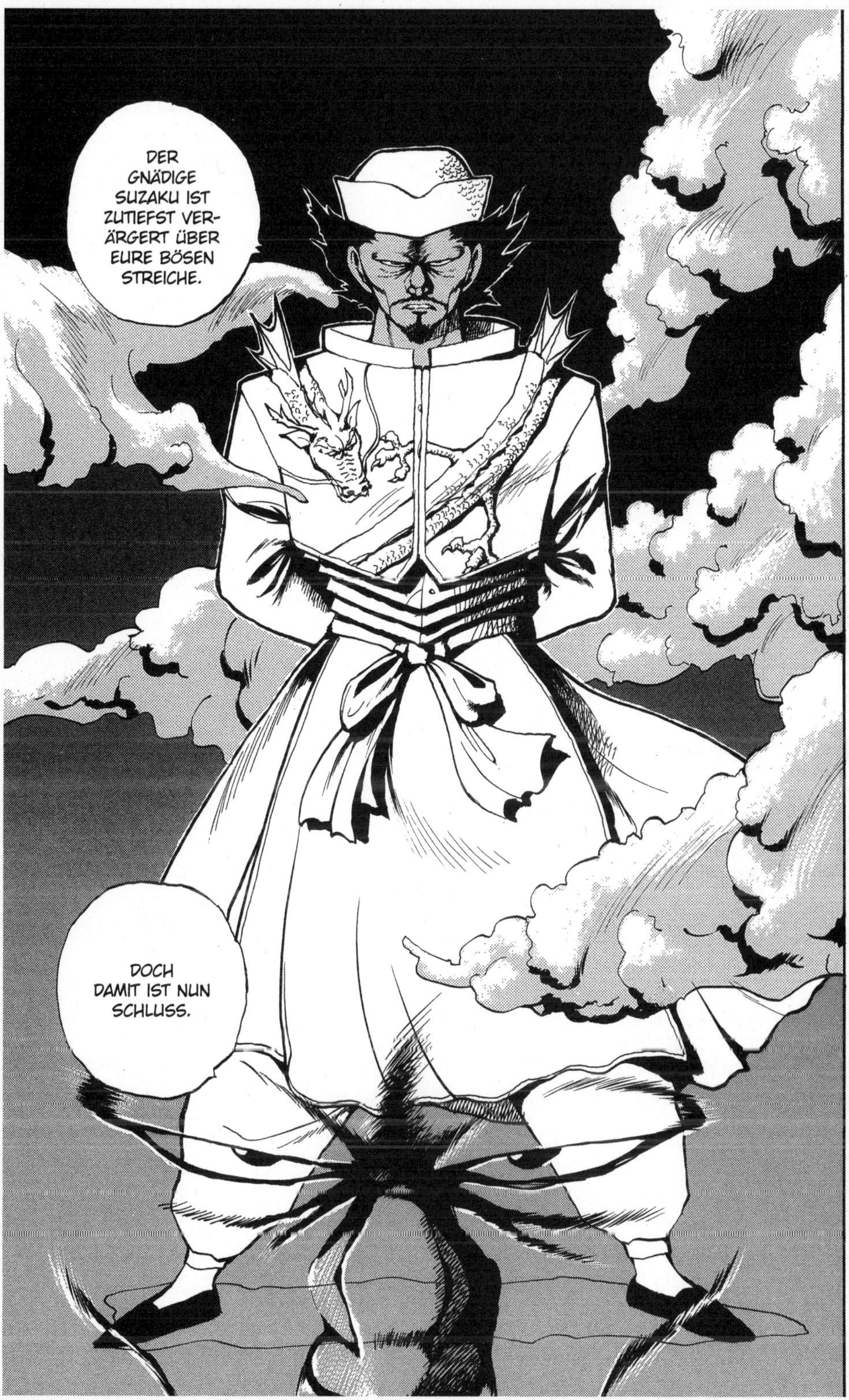
DER GNÄDIGE SUZAKU IST ZUTIEFST VER-ÄRGERT ÜBER EURE BÖSEN STREICHE.
DOCH DAMIT IST NUN SCHLUSS.

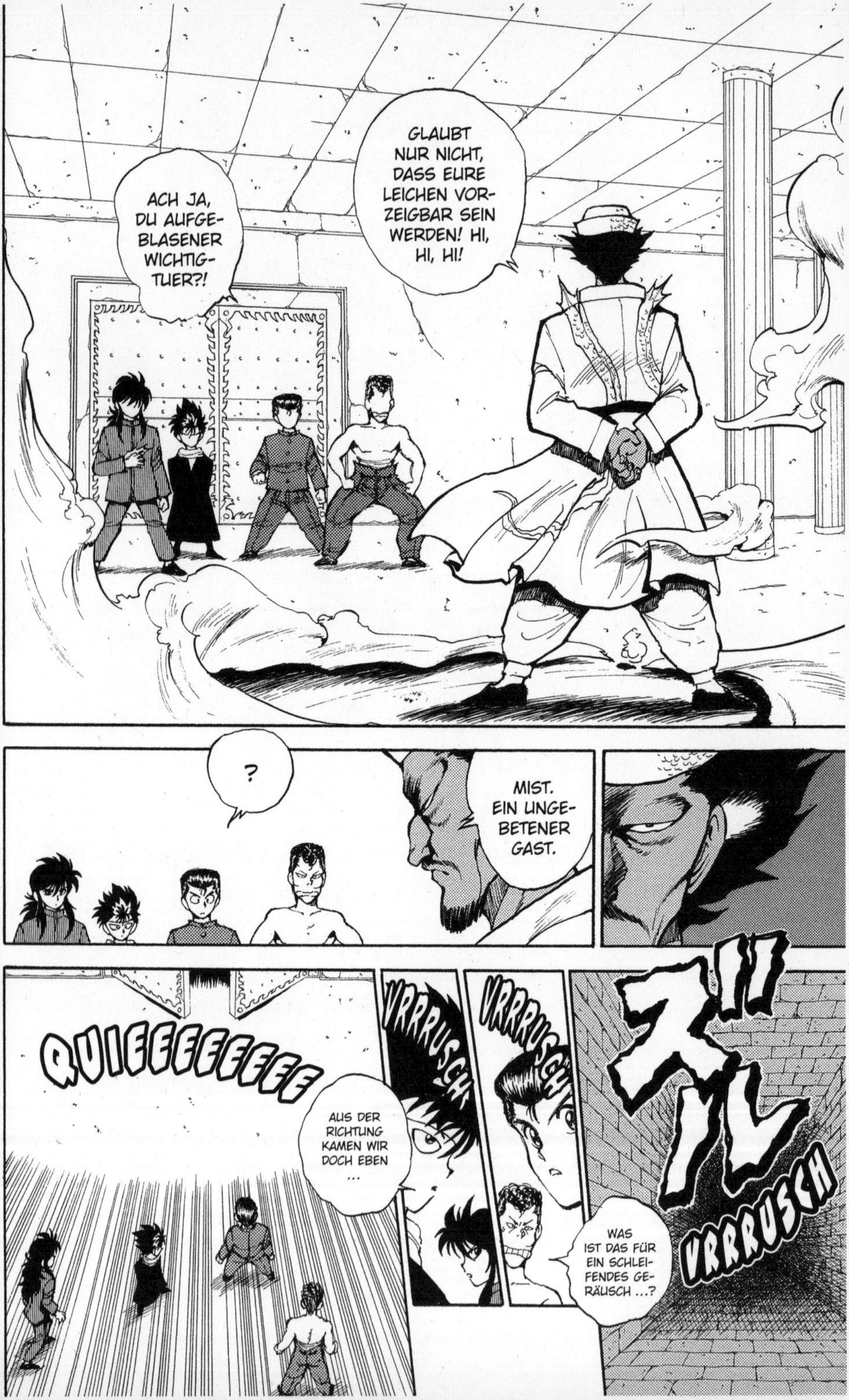
GLAUBT NUR NICHT, DASS EURE LEICHEN VORZEIGBAR SEIN WERDEN! HI, HI, HI!
ACH JA, DU AUFGEBLASENER WICHTIGTUER?!
MIST. EIN UNGEBETENER GAST.
?
ズル
VRRUSCH
WAS IST DAS FÜR EIN SCHLEIFENDES GERÄUSCH ...?
VRRRUSCH
VRRRUSCH
AUS DER RICHTUNG KAMEN WIR DOCH EBEN ...
QUIEEEEEEEEE

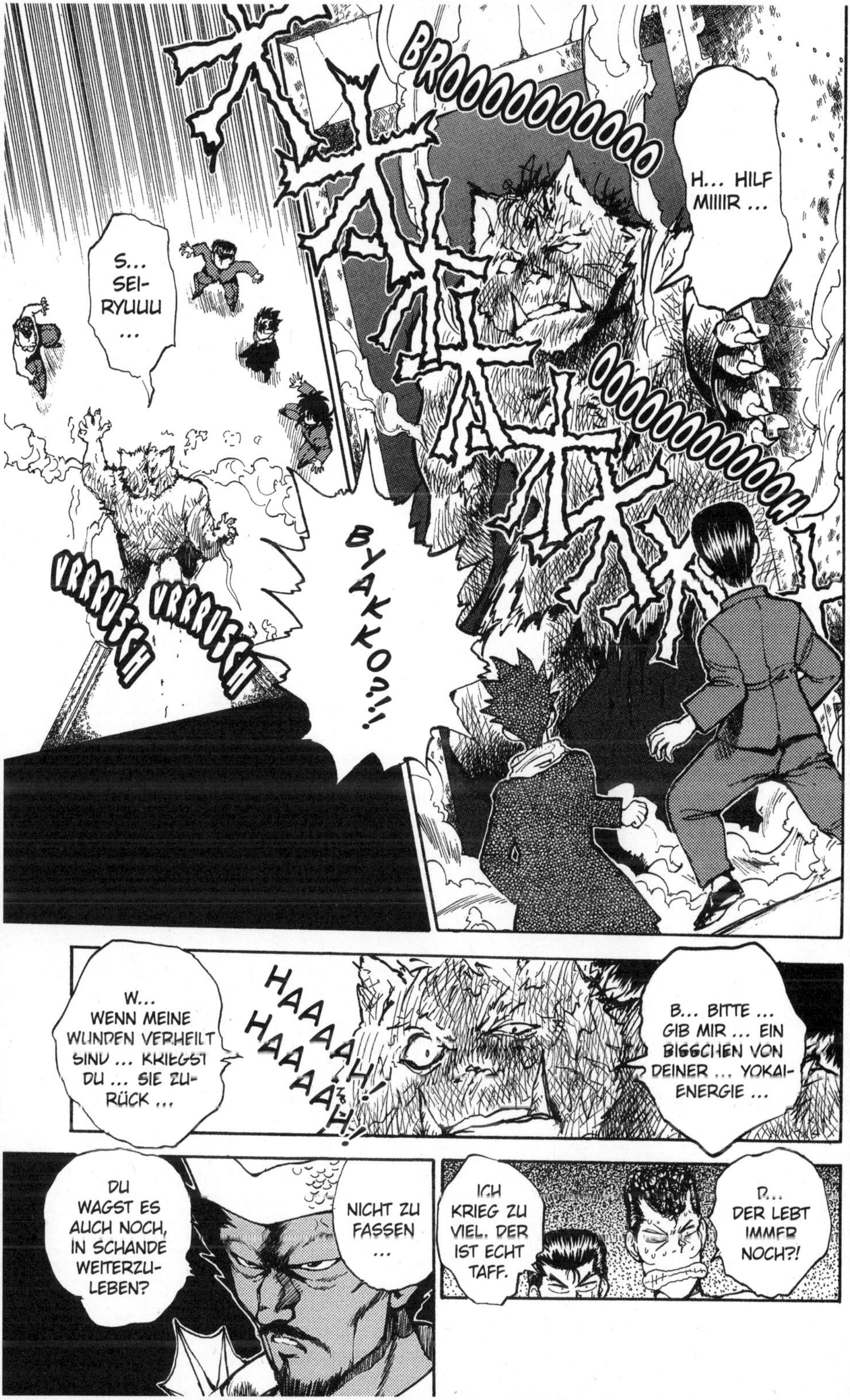
BROOOOOOOOOOOOOOOOOOOOOOOOOH
H… HILF MIIIR …
S… SEI-RYUUU …
VRRRUSCH
VRRRUSCH
BYAKKO?!!
B… BITTE … GIB MIR … EIN BISSCHEN VON DEINER … YOKAI-ENERGIE …
HAAAAAH! HAAAAAH!
W… WENN MEINE WUNDEN VERHEILT SIND … KRIEGST DU … SIE ZU-RÜCK …
D… DER LEBT IMMER NOCH?!
ICH KRIEG ZU VIEL. DER IST ECHT TAFF.
NICHT ZU FASSEN …
DU WAGST ES AUCH NOCH, IN SCHANDE WEITERZU-LEBEN?

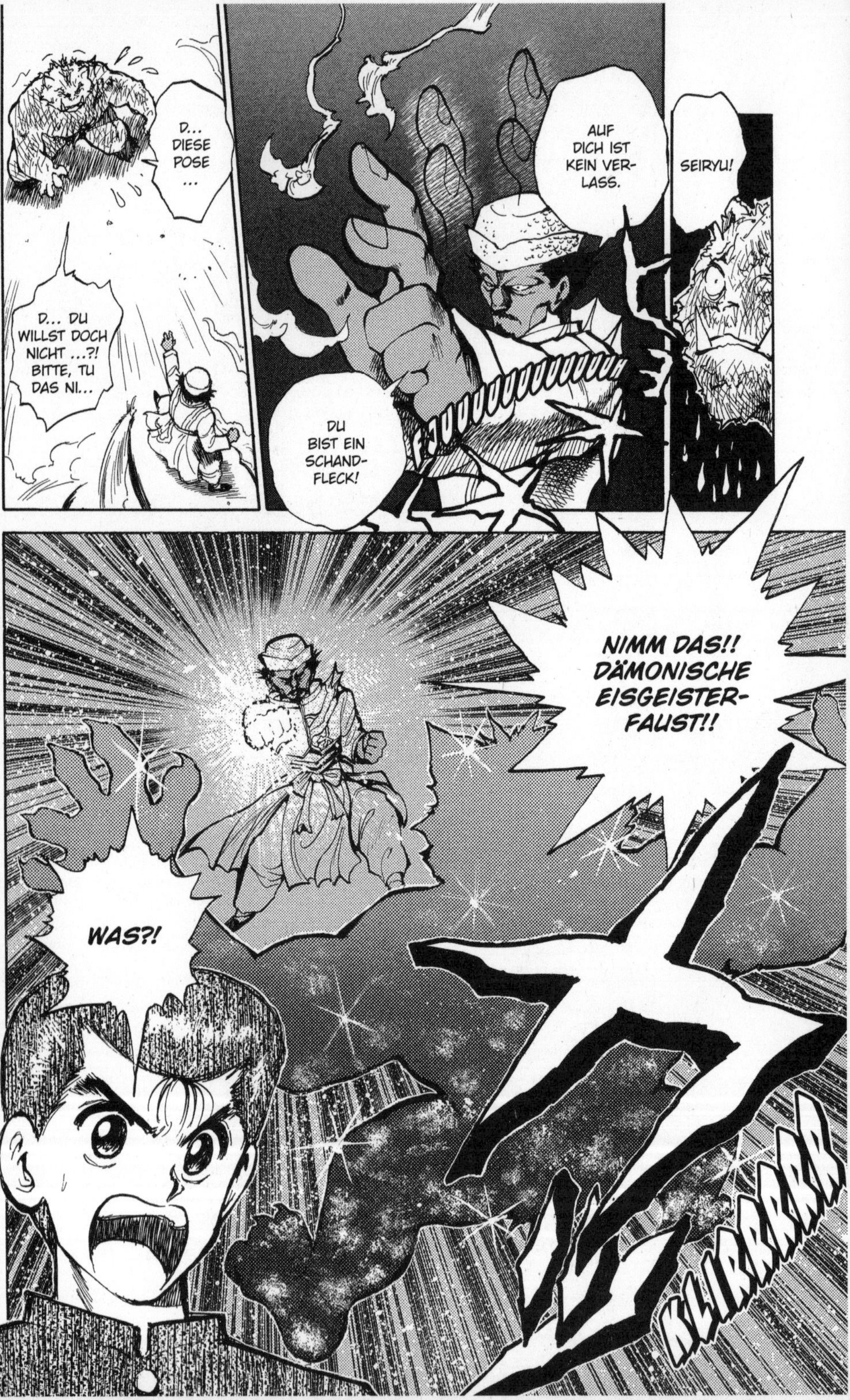
SEIRYU!
AUF DICH IST KEIN VERLASS.
DU BIST EIN SCHANDFLECK!
D... DIESE POSE ...
D... DU WILLST DOCH NICHT ...?! BITTE, TU DAS NI...
NIMM DAS!! DÄMONISCHE EISGEISTERFAUST!!
WAS?!
KLIRRRRR

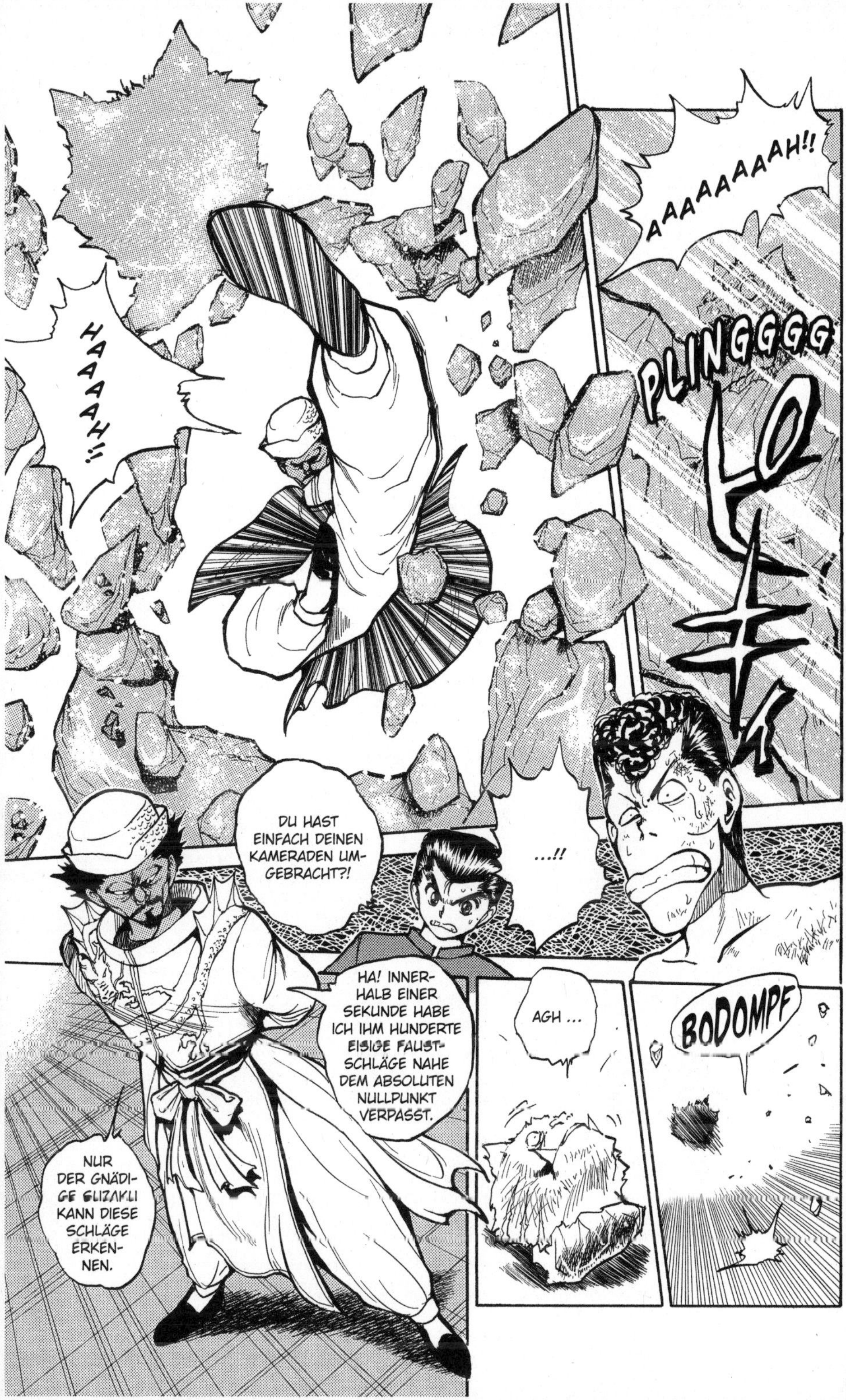
AAAAAAAAH!!
PLINGGGG
HAAAAAH!!
...!!
DU HAST EINFACH DEINEN KAMERADEN UMGEBRACHT?!
HA! INNERHALB EINER SEKUNDE HABE ICH IHM HUNDERTE EISIGE FAUSTSCHLÄGE NAHE DEM ABSOLUTEN NULLPUNKT VERPASST.
NUR DER GNÄDIGE ELIZAKLI KANN DIESE SCHLÄGE ERKENNEN.
BODOMPF
AGH ...

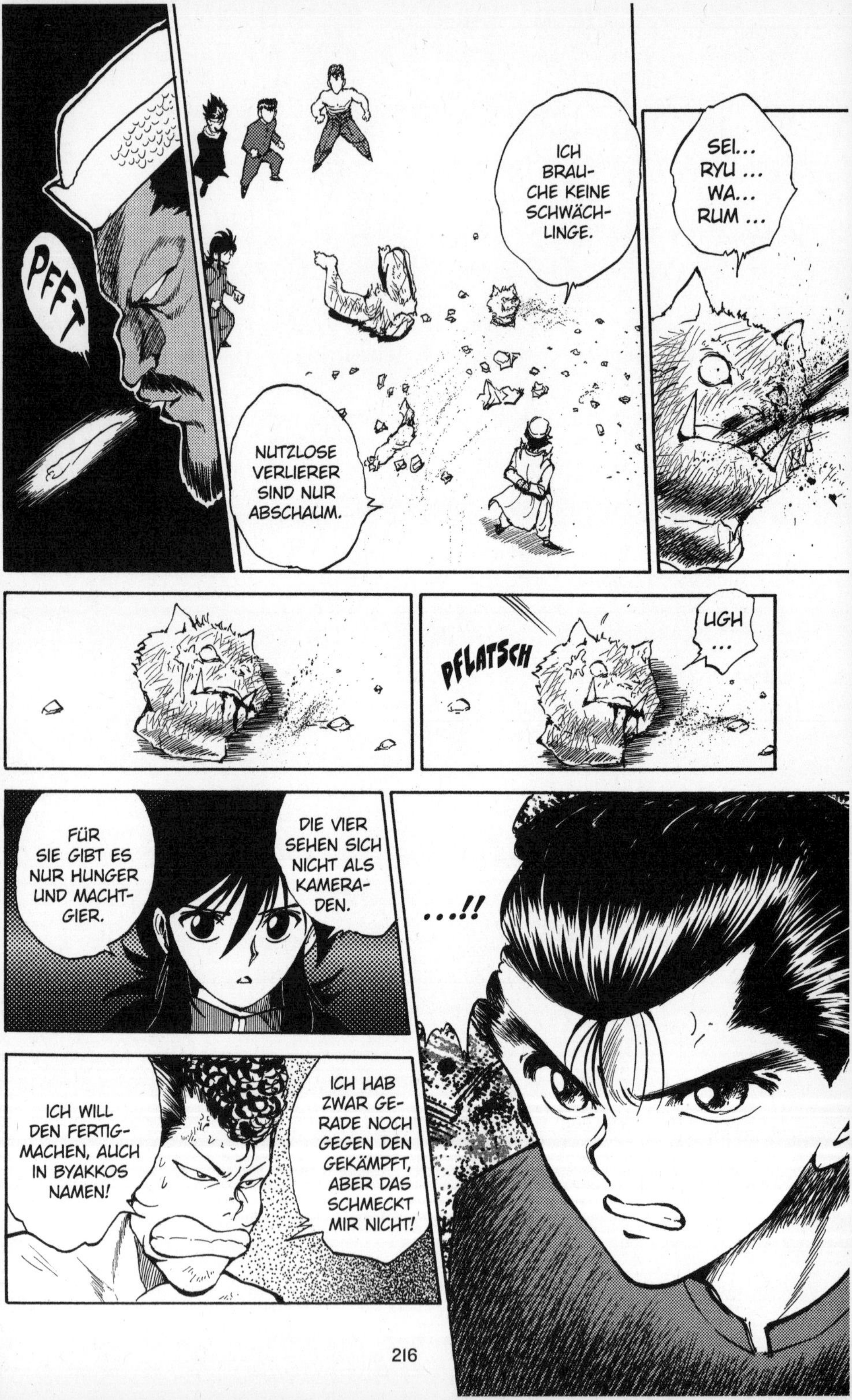
SEI... RYU ... WA... RUM ...
ICH BRAU-CHE KEINE SCHWÄCH-LINGE.
NUTZLOSE VERLIERER SIND NUR ABSCHAUM.
PFFT
UGH ...
PFLATSCH
...!!
DIE VIER SEHEN SICH NICHT ALS KAMERA-DEN.
FÜR SIE GIBT ES NUR HUNGER UND MACHT-GIER.
ICH HAB ZWAR GE-RADE NOCH GEGEN DEN GEKÄMPFT, ABER DAS SCHMECKT MIR NICHT!
ICH WILL DEN FERTIG-MACHEN, AUCH IN BYAKKOS NAMEN!

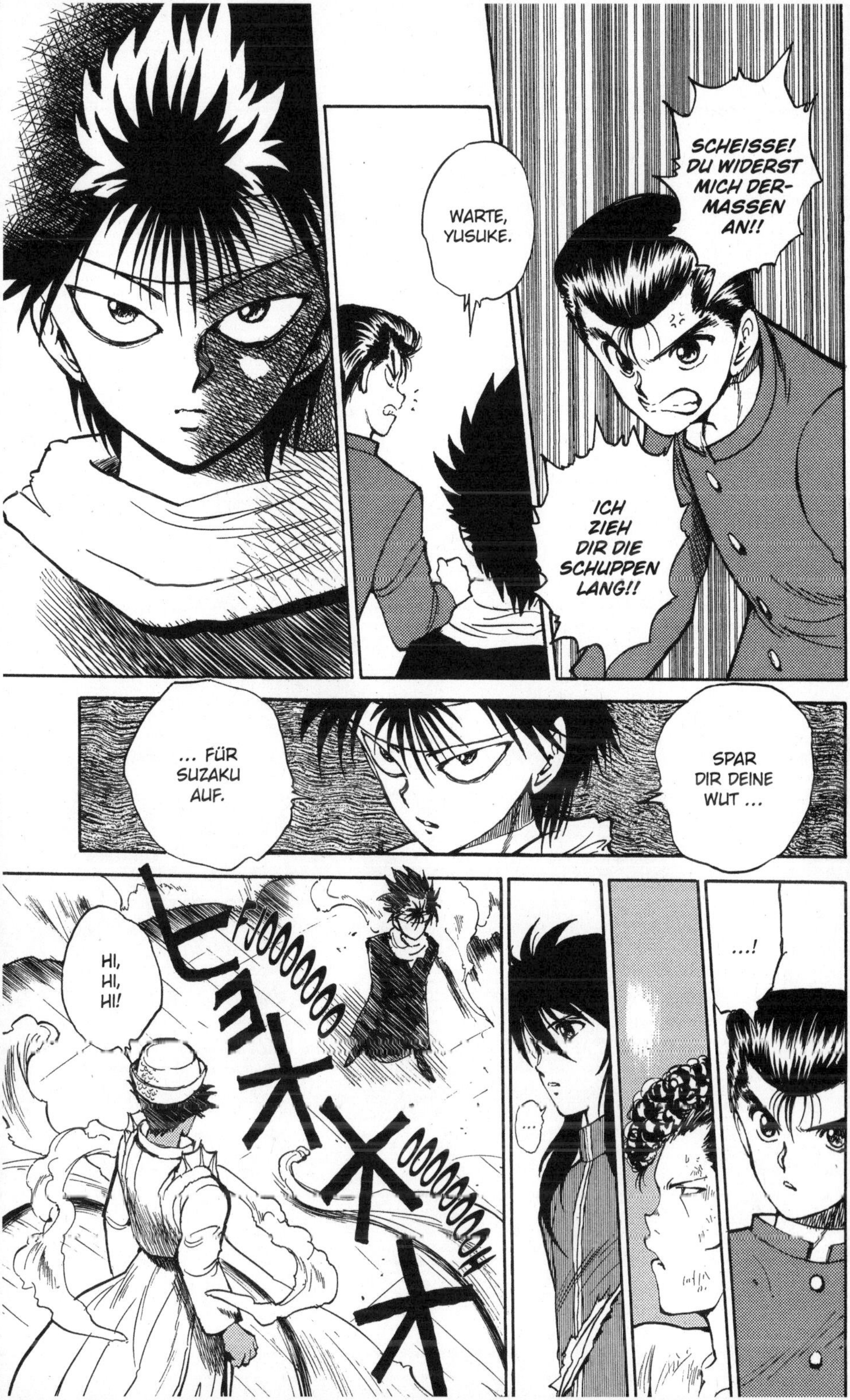
SCHEISSE! DU WIDERST MICH DERMASSEN AN!!
ICH ZIEH DIR DIE SCHUPPEN LANG!!
WARTE, YUSUKE.
SPAR DIR DEINE WUT …
… FÜR SUZAKU AUF.
…!
…
FJOOOOOOO
OOOOOOOOH
HI, HI, HI!

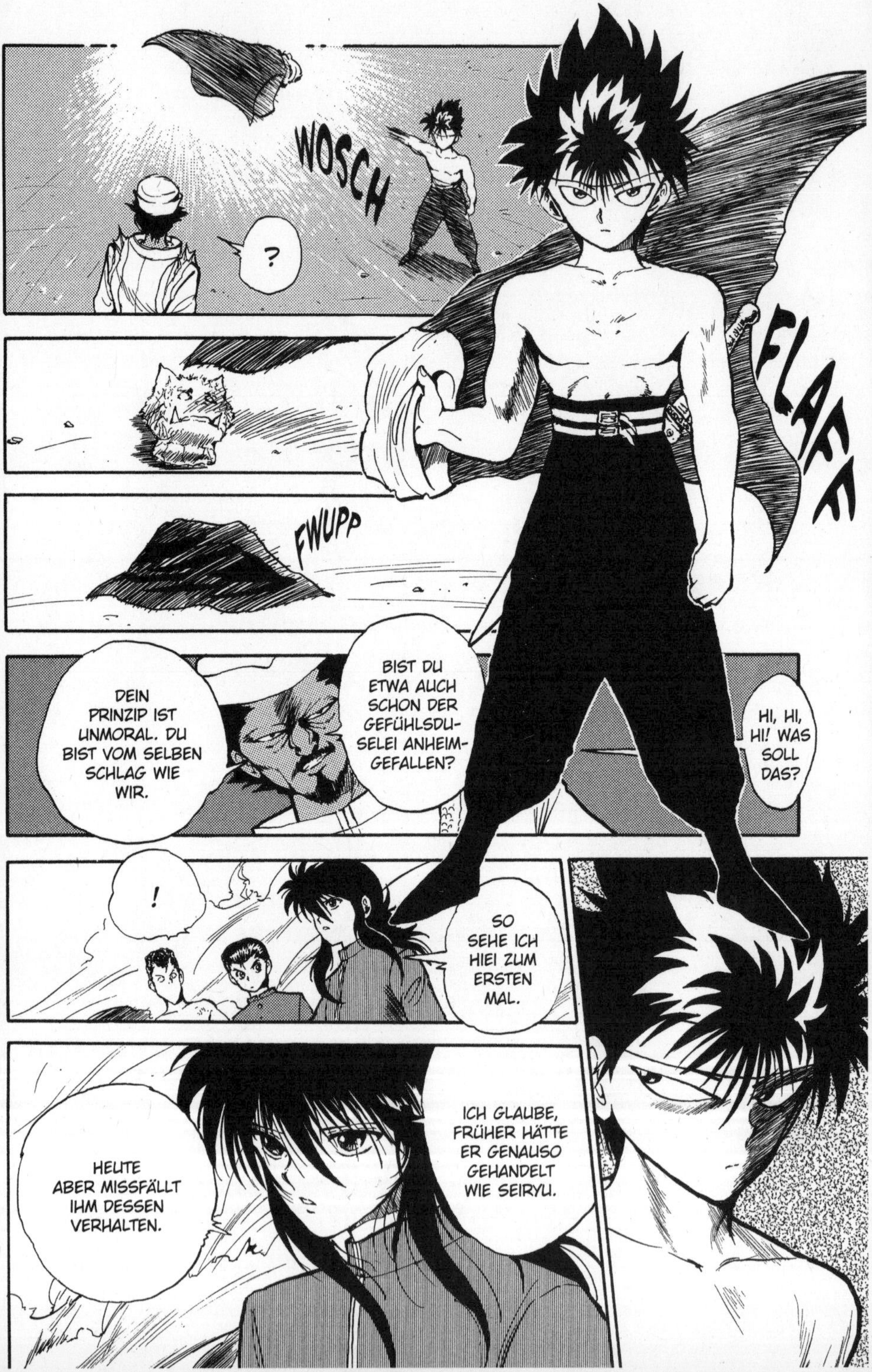

WOSCH
?
FLAFF
FWUPP
HI, HI, HI! WAS SOLL DAS?
BIST DU ETWA AUCH SCHON DER GEFÜHLSDUSELEI ANHEIMGEFALLEN?
DEIN PRINZIP IST UNMORAL. DU BIST VOM SELBEN SCHLAG WIE WIR.
SO SEHE ICH HIEI ZUM ERSTEN MAL.
!
ICH GLAUBE, FRÜHER HÄTTE ER GENAUSO GEHANDELT WIE SEIRYU.
HEUTE ABER MISSFÄLLT IHM DESSEN VERHALTEN.

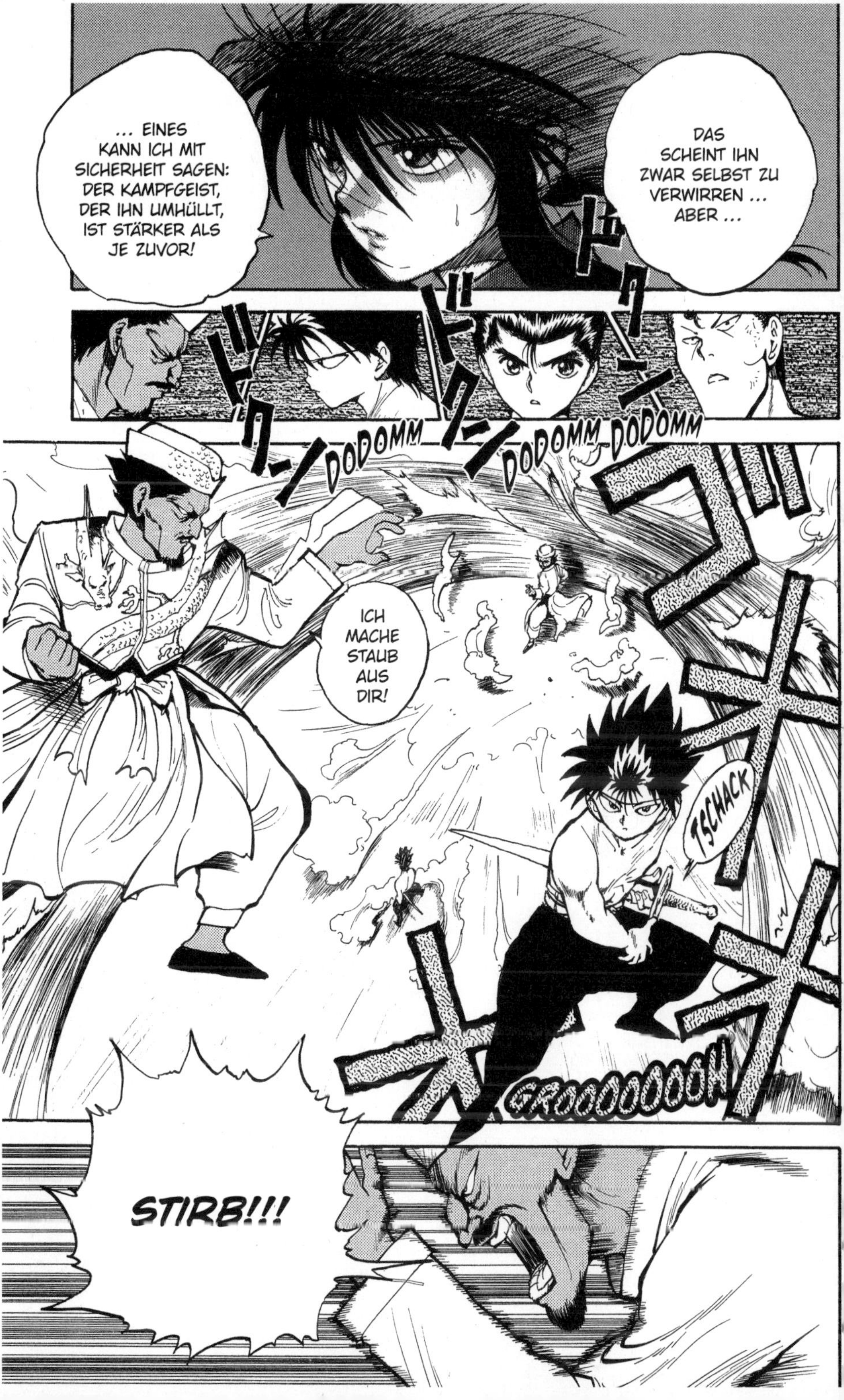
DAS SCHEINT IHN ZWAR SELBST ZU VERWIRREN … ABER …
… EINES KANN ICH MIT SICHERHEIT SAGEN: DER KAMPFGEIST, DER IHN UMHÜLLT, IST STÄRKER ALS JE ZUVOR!
DODOMM
DODOMM
DODOMM
ICH MACHE STAUB AUS DIR!
TSCHACK
GROOOOOOOOOH
STIRB!!!

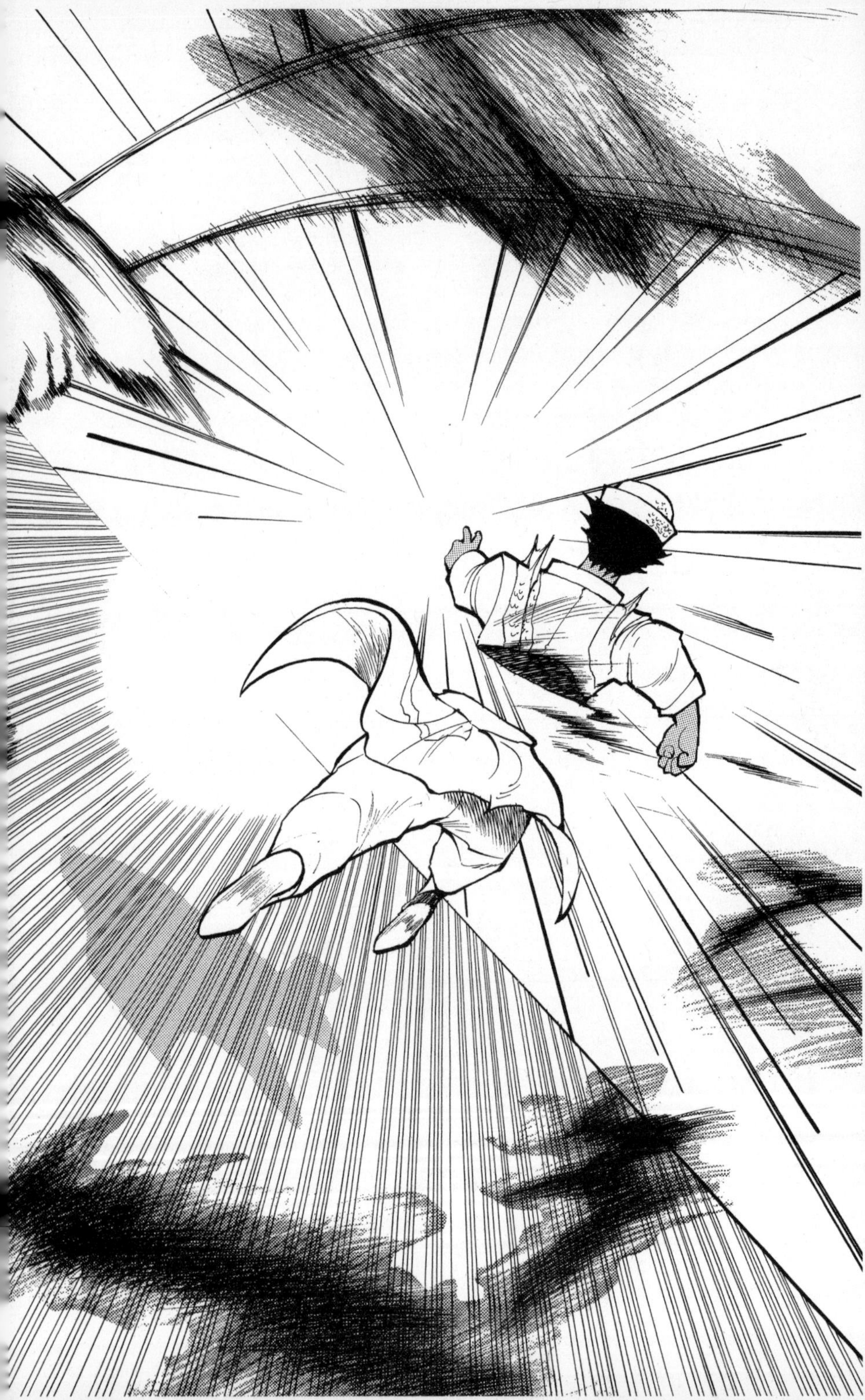

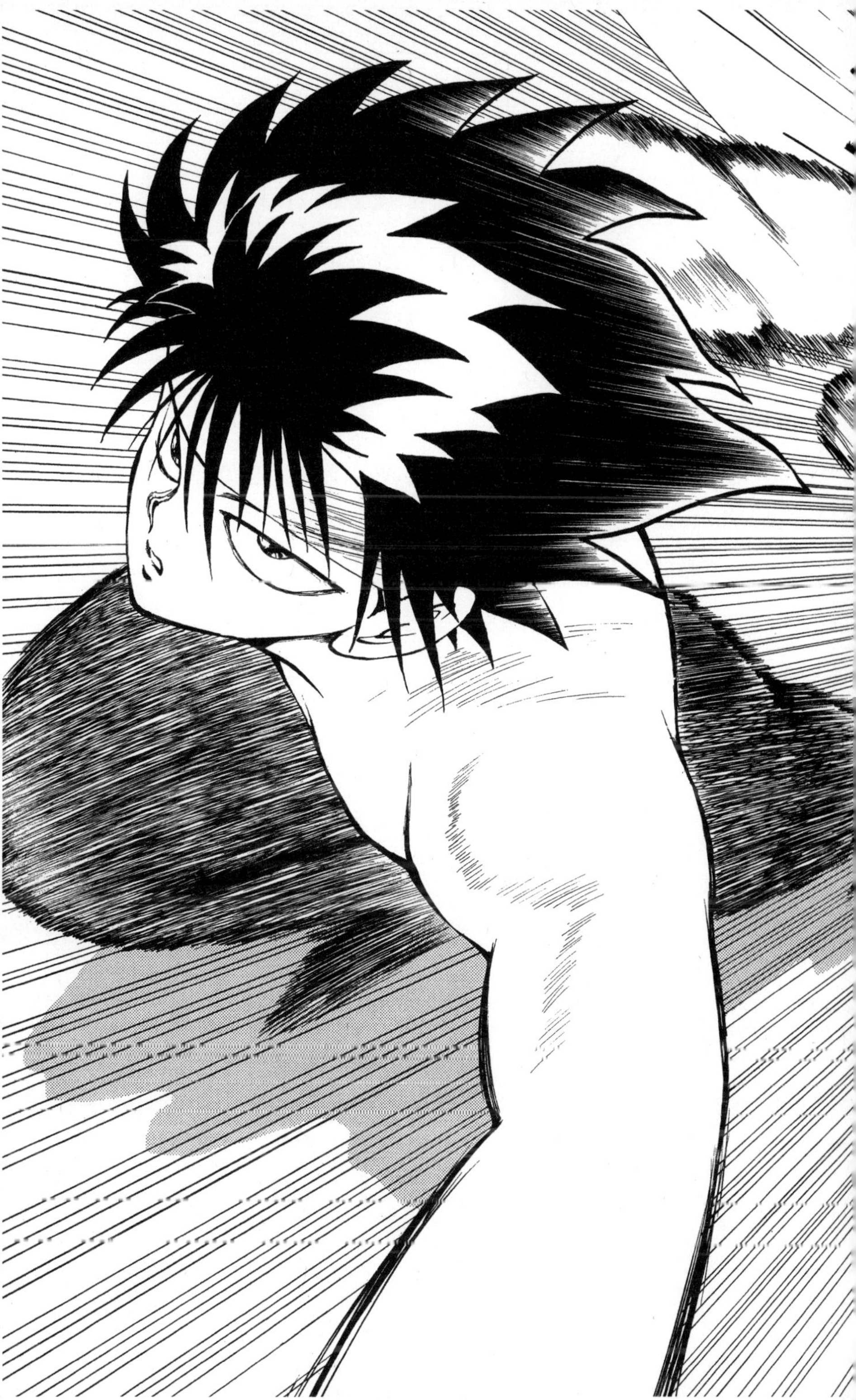

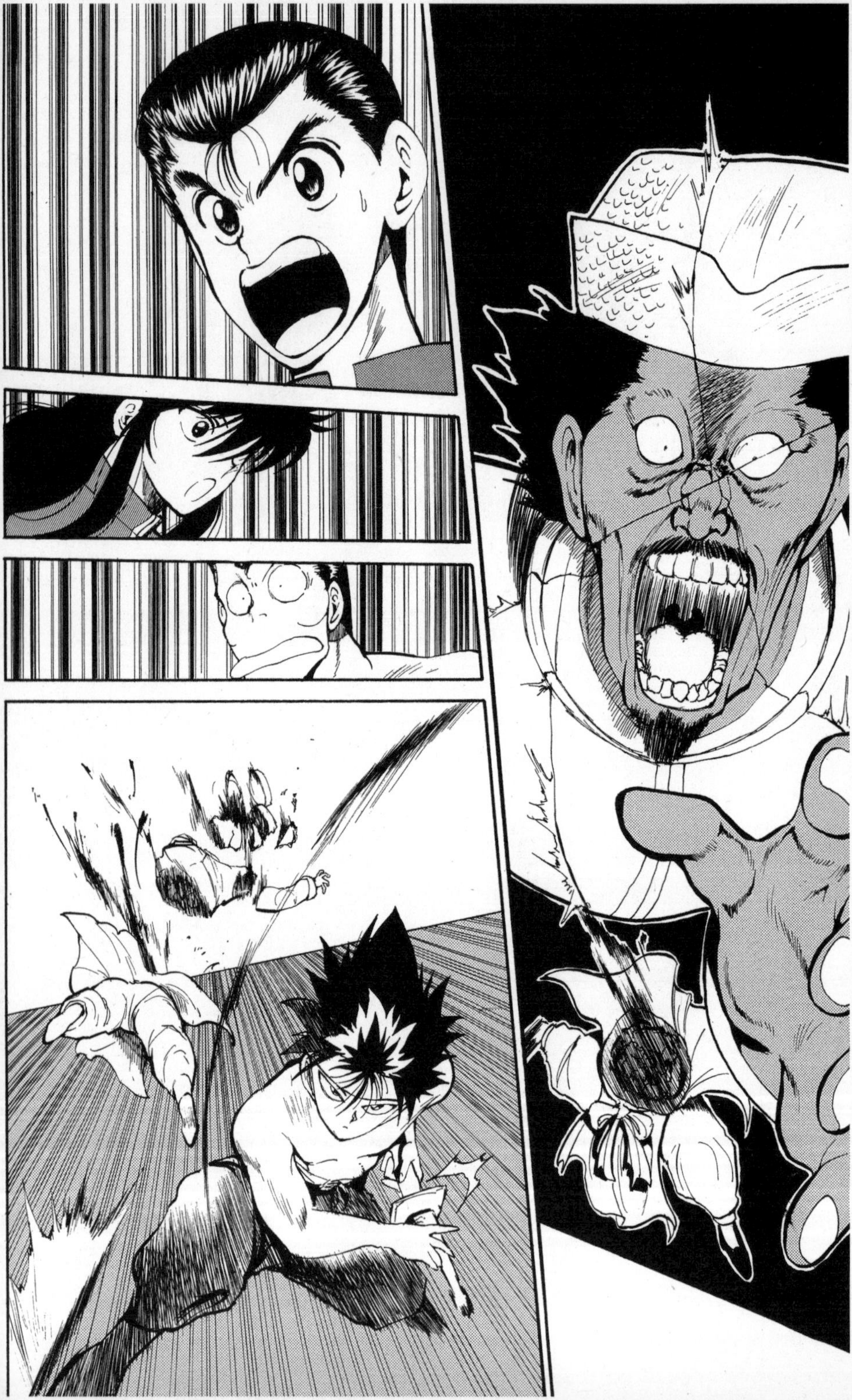

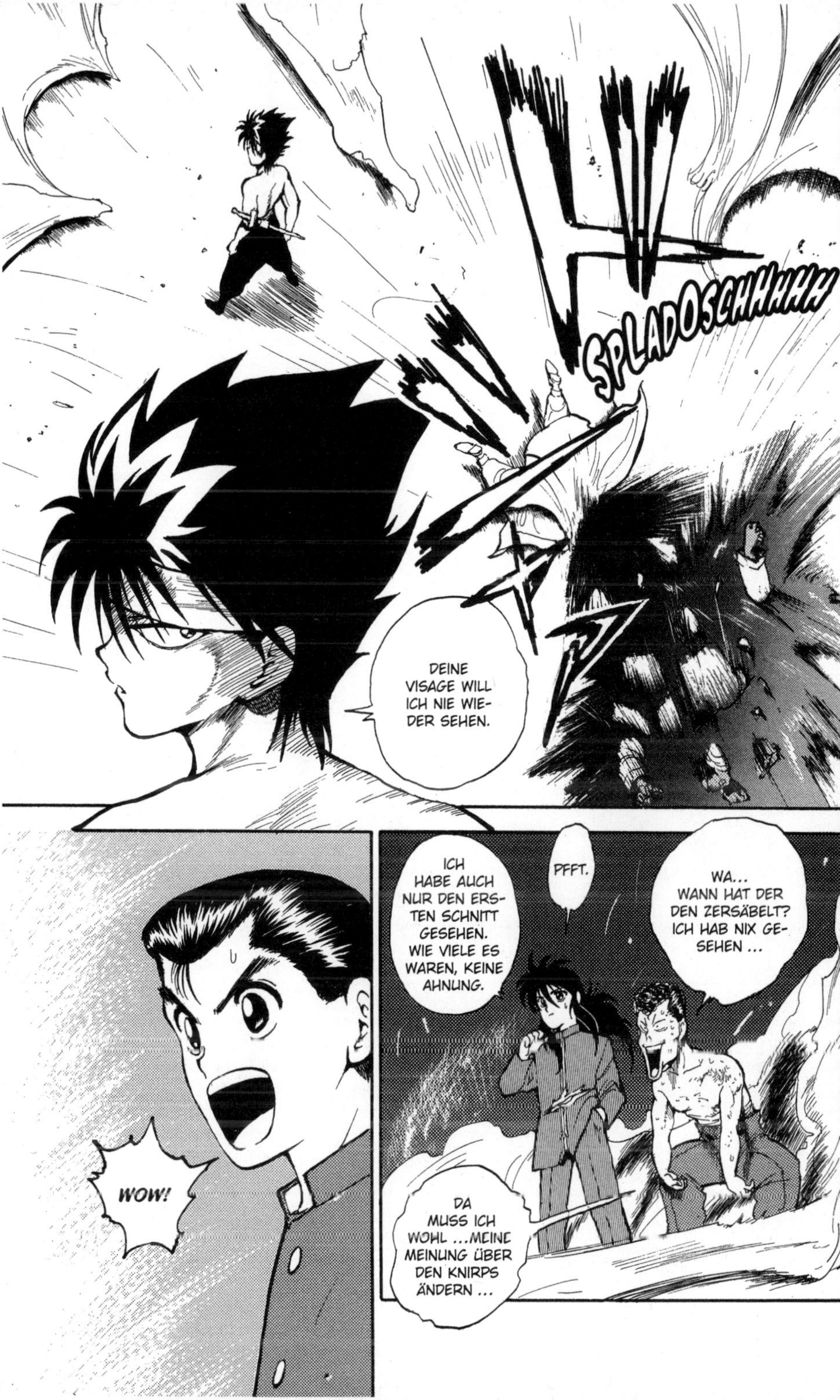
SPLADOSCHHHHH
DEINE VISAGE WILL ICH NIE WIEDER SEHEN.
WA... WANN HAT DER DEN ZERSÄBELT? ICH HAB NIX GESEHEN …
PFFT.
ICH HABE AUCH NUR DEN ERSTEN SCHNITT GESEHEN. WIE VIELE ES WAREN, KEINE AHNUNG.
DA MUSS ICH WOHL …MEINE MEINUNG ÜBER DEN KNIRPS ÄNDERN …
WOW!

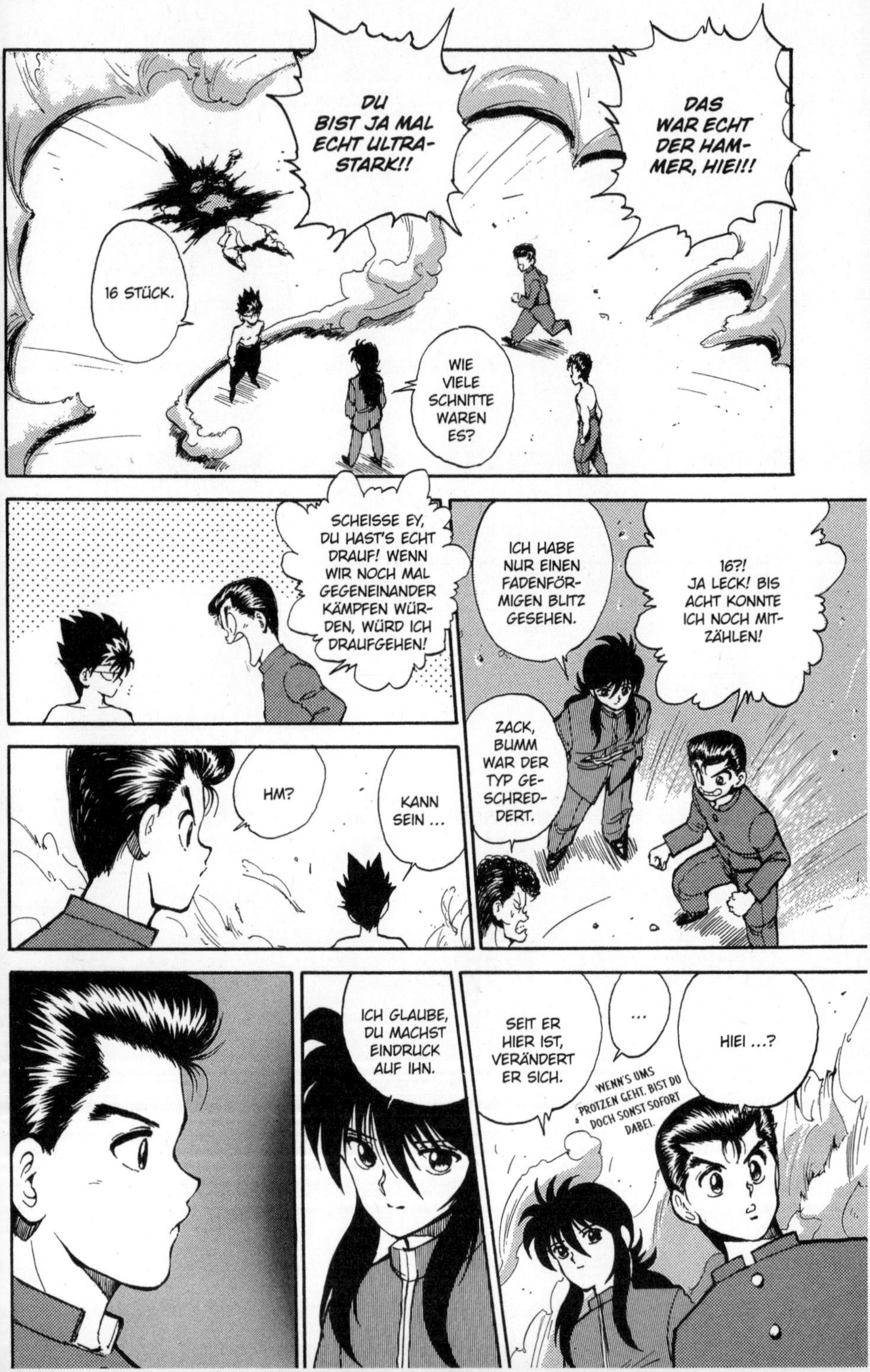
DAS WAR ECHT DER HAMMER, HIEI!!!
DU BIST JA MAL ECHT ULTRA-STARK!!
WIE VIELE SCHNITTE WAREN ES?
16 STÜCK.
16?! JA LECK! BIS ACHT KONNTE ICH NOCH MITZÄHLEN!
ICH HABE NUR EINEN FADENFÖRMIGEN BLITZ GESEHEN.
ZACK, BUMM WAR DER TYP GESCHREDDERT.
SCHEISSE EY, DU HAST'S ECHT DRAUF! WENN WIR NOCH MAL GEGENEINANDER KÄMPFEN WÜRDEN, WÜRD ICH DRAUFGEHEN!
KANN SEIN …
HM?
HIEI …?
…
WENN'S UMS PROTZEN GEHT, BIST DU DOCH SONST SOFORT DABEI.
SEIT ER HIER IST, VERÄNDERT ER SICH.
ICH GLAUBE, DU MACHST EINDRUCK AUF IHN.

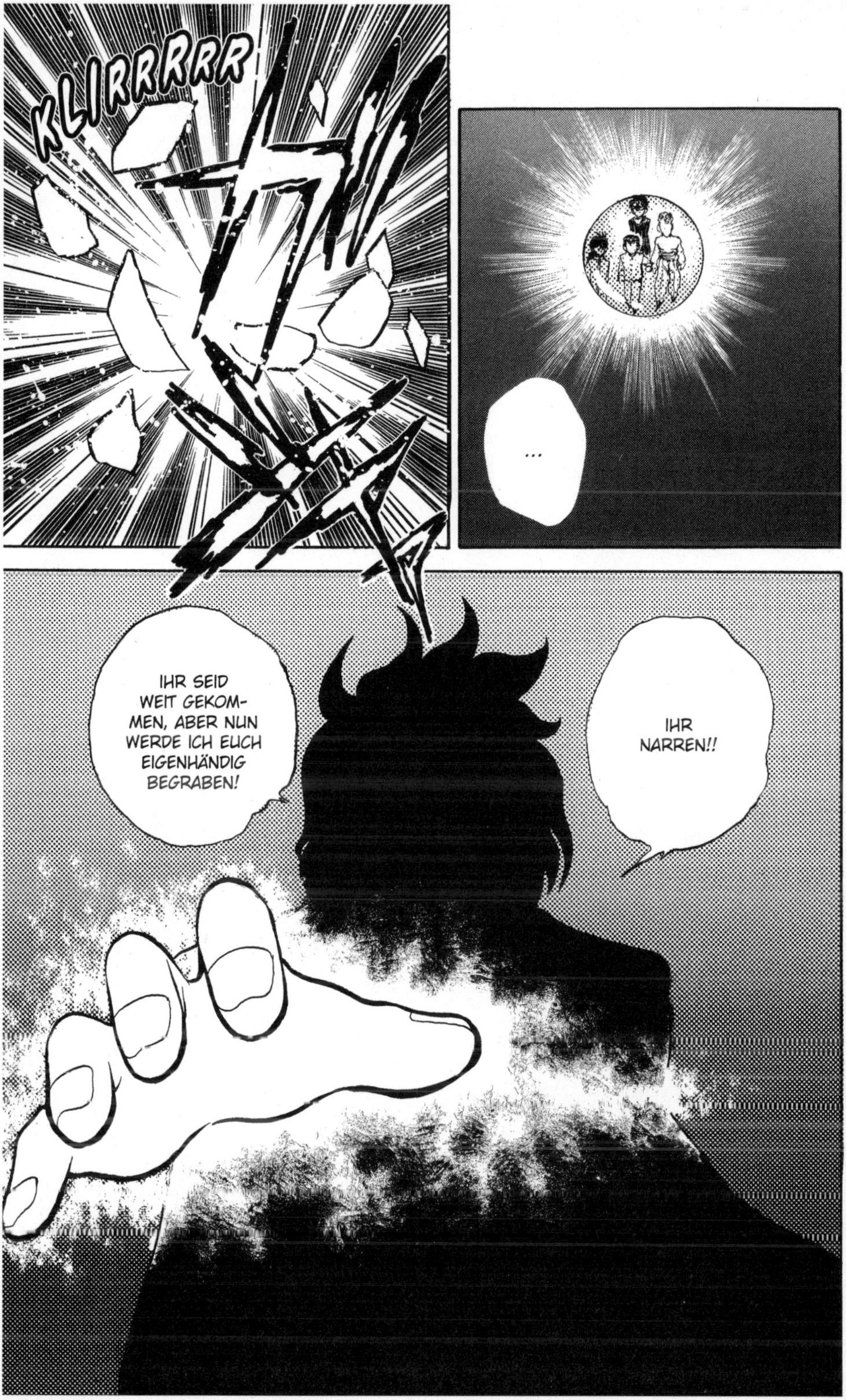
KLIRRRRR
...
IHR SEID WEIT GEKOMMEN, ABER NUN WERDE ICH EUCH EIGENHÄNDIG BEGRABEN!
IHR NARREN!!

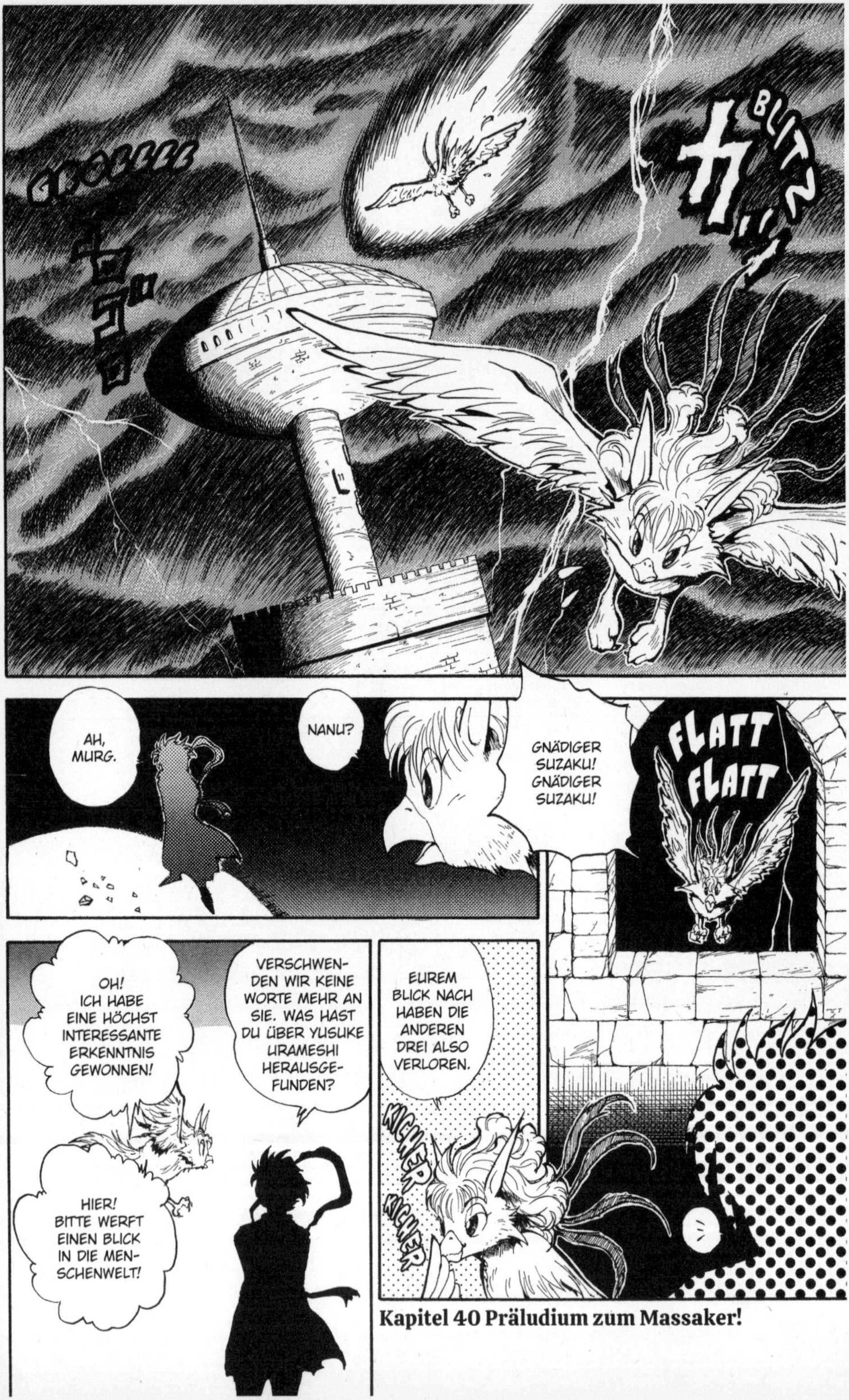

Kapitel 40 Präludium zum Massaker!

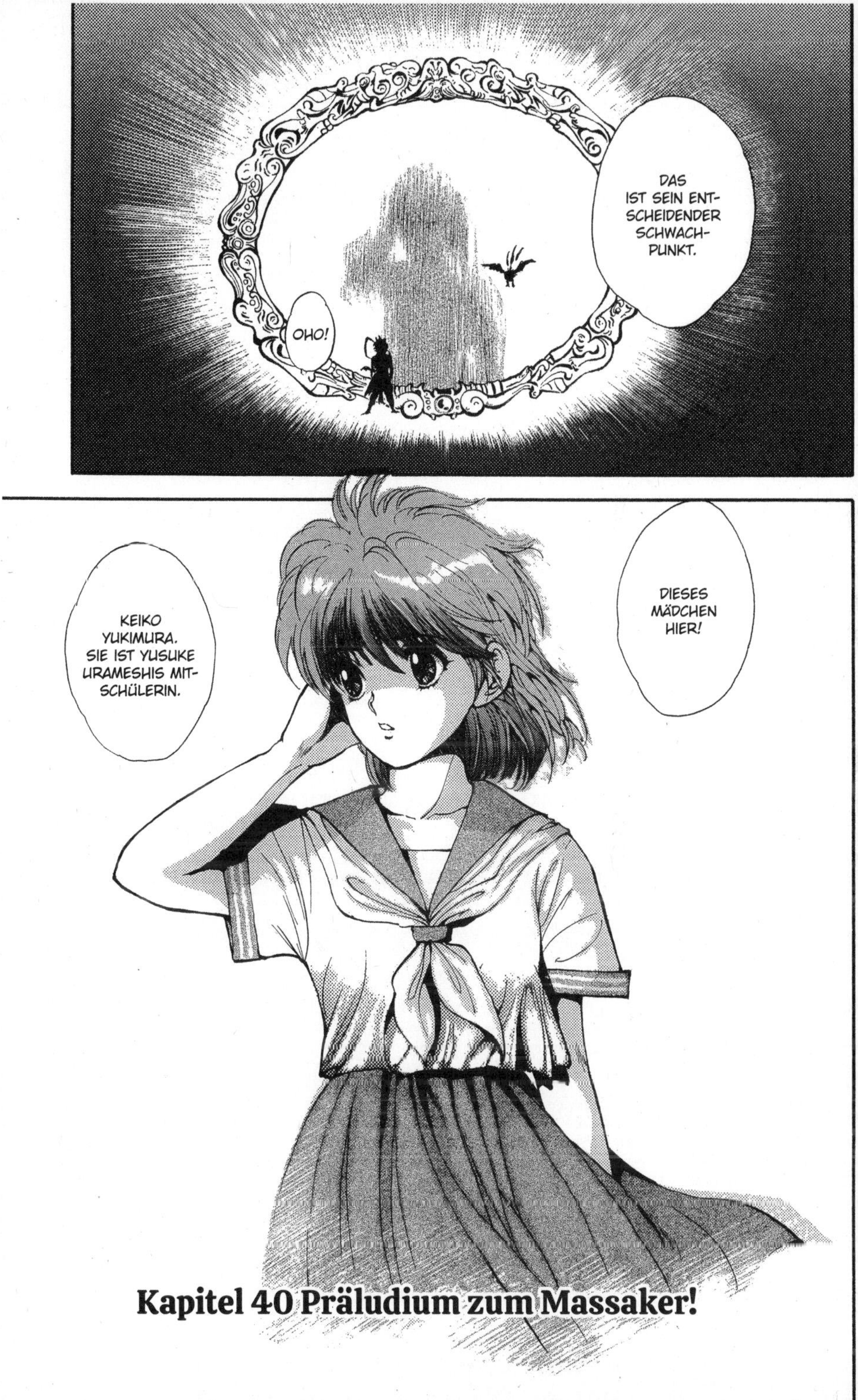

Kapitel 40 Präludium zum Massaker!

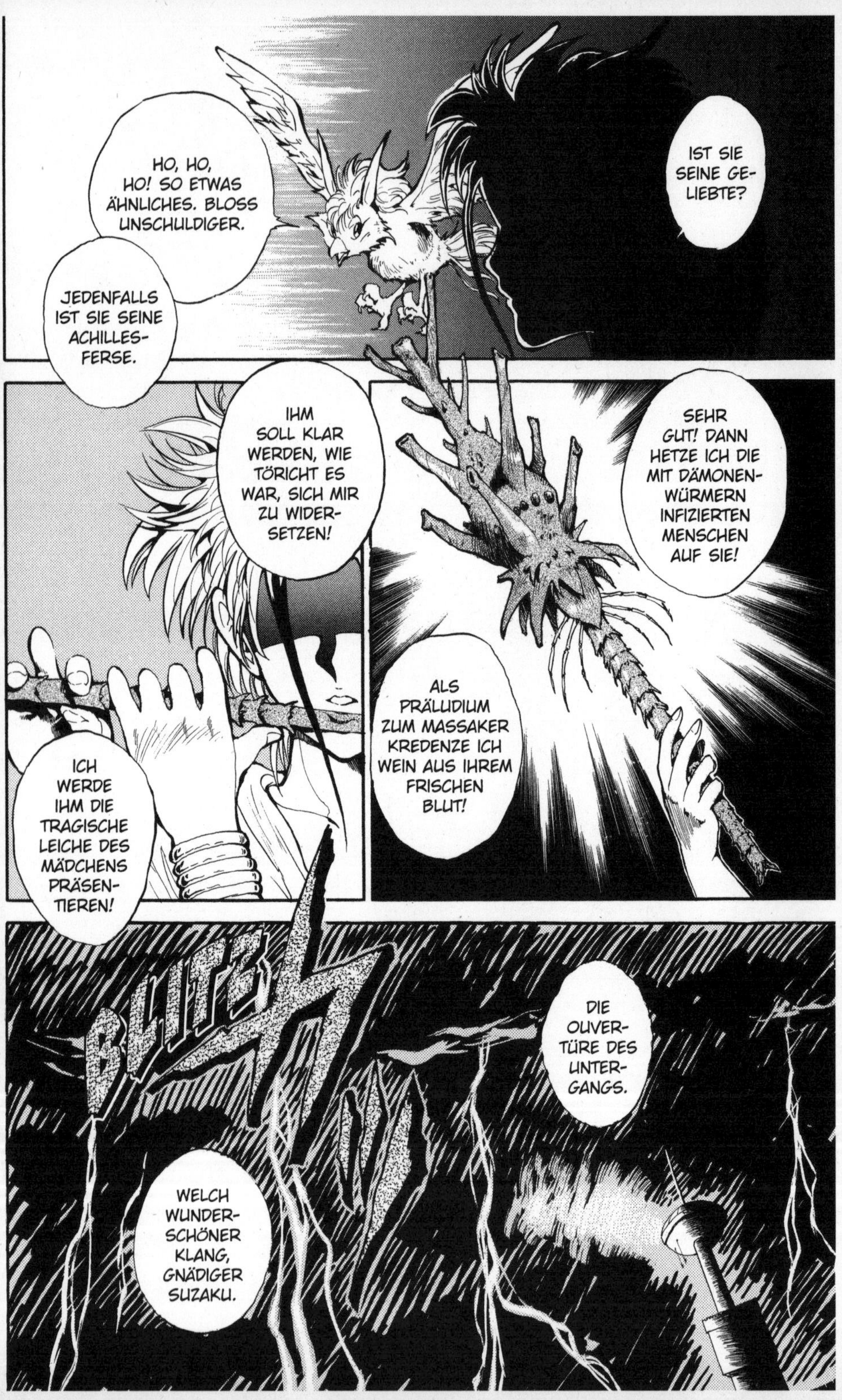
IST SIE SEINE GE-LIEBTE?
HO, HO, HO! SO ETWAS ÄHNLICHES. BLOSS UNSCHULDIGER.
JEDENFALLS IST SIE SEINE ACHILLES-FERSE.
SEHR GUT! DANN HETZE ICH DIE MIT DÄMONEN-WÜRMERN INFIZIERTEN MENSCHEN AUF SIE!
ALS PRÄLUDIUM ZUM MASSAKER KREDENZE ICH WEIN AUS IHREM FRISCHEN BLUT!
IHM SOLL KLAR WERDEN, WIE TÖRICHT ES WAR, SICH MIR ZU WIDER-SETZEN!
ICH WERDE IHM DIE TRAGISCHE LEICHE DES MÄDCHENS PRÄSEN-TIEREN!
DIE OUVER-TÜRE DES UNTER-GANGS.
BLITZ
WELCH WUNDER-SCHÖNER KLANG, GNÄDIGER SUZAKU.

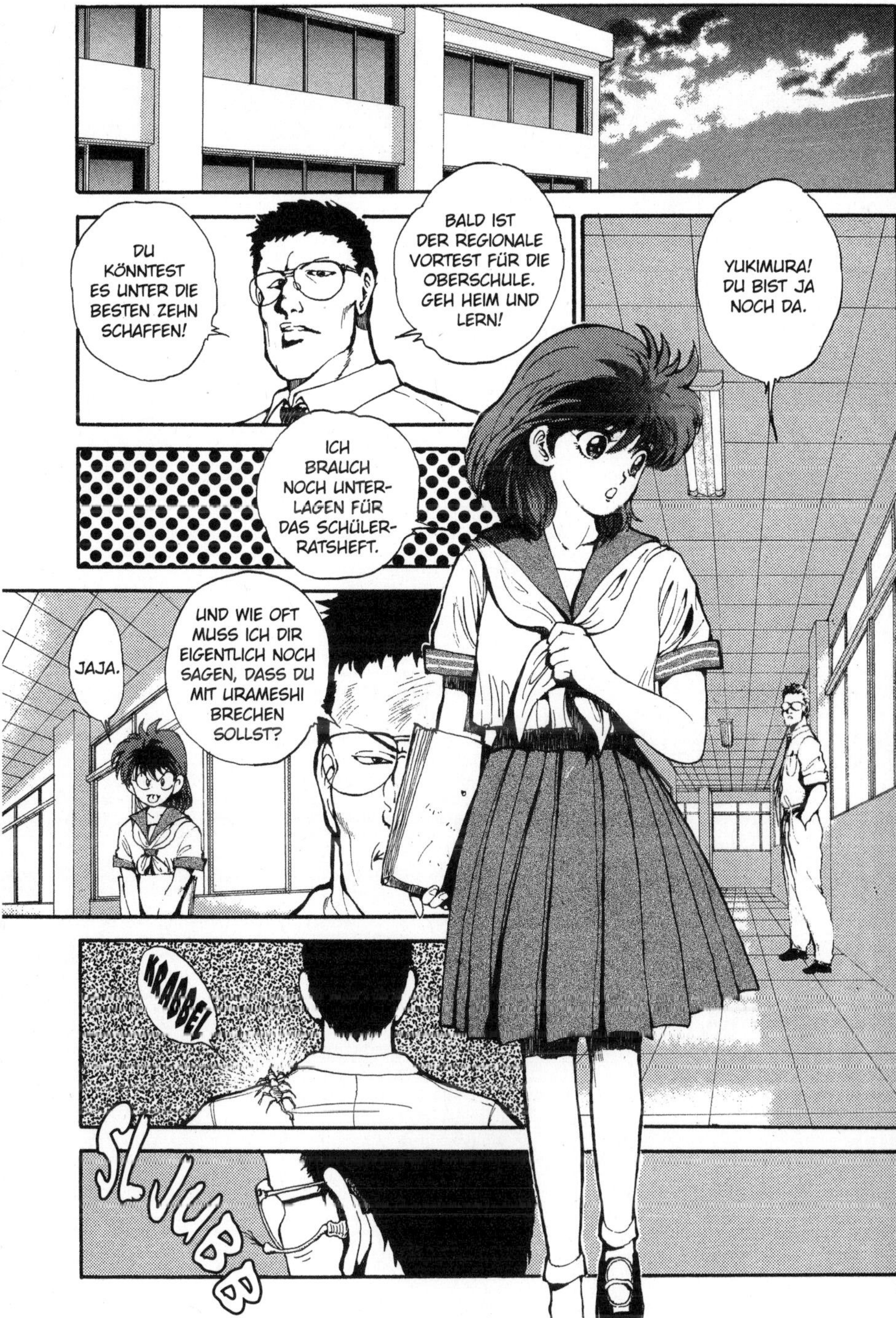
Yukimura! Du bist ja noch da.
Bald ist der regionale Vortest für die Oberschule. Geh heim und lern!
Du könntest es unter die besten zehn schaffen!
Ich brauch noch Unterlagen für das Schülerratsheft.
Und wie oft muss ich dir eigentlich noch sagen, dass du mit Urameshi brechen sollst?
Jaja.
KRABBEL
SLUBB

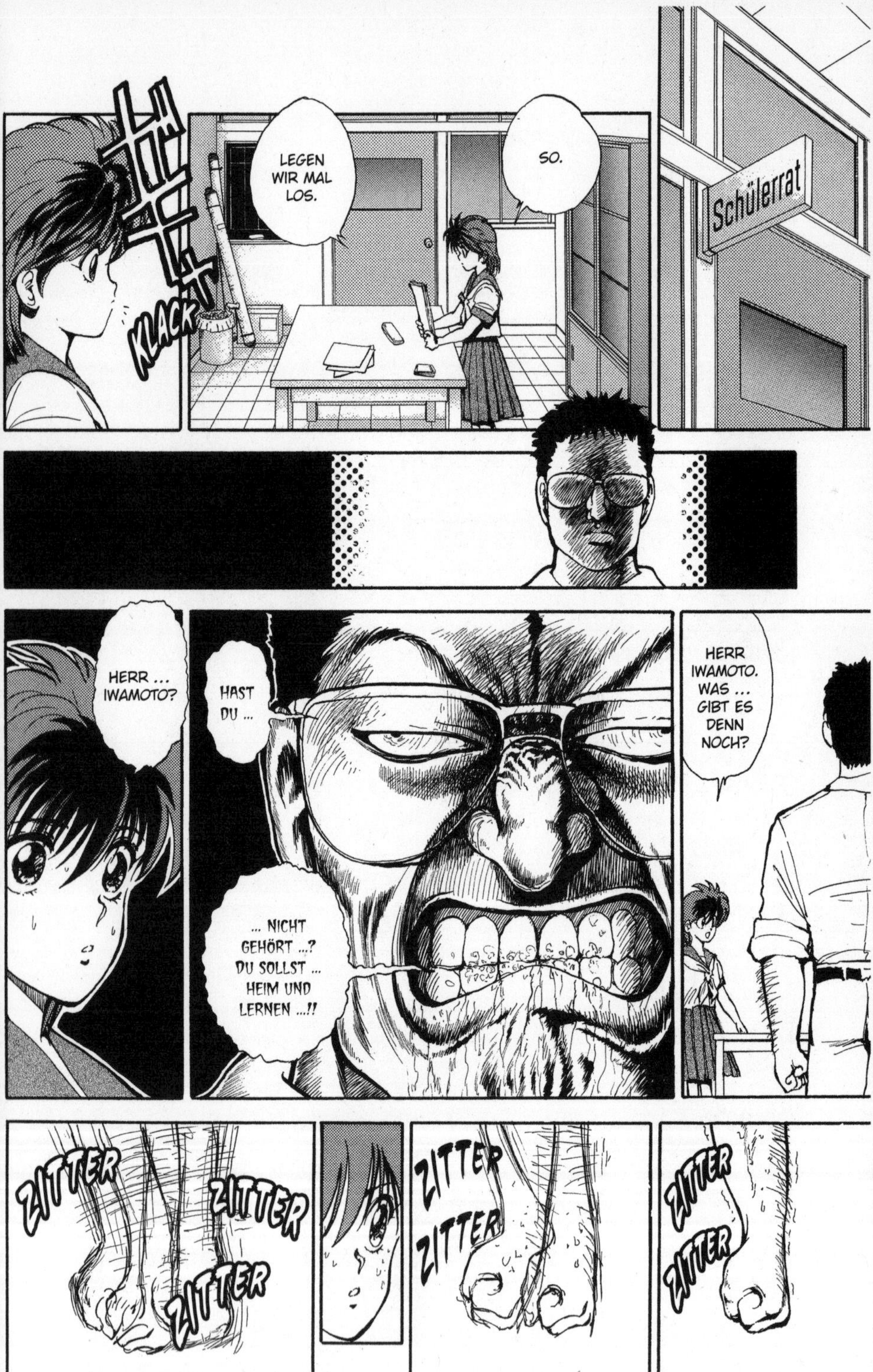
Schülerrat
SO.
LEGEN WIR MAL LOS.
KLACK
HERR IWAMOTO. WAS ... GIBT ES DENN NOCH?
HAST DU ...
... NICHT GEHÖRT ...? DU SOLLST ... HEIM UND LERNEN ...!!
HERR ... IWAMOTO?
ZITTER
ZITTER
ZITTER
ZITTER
ZITTER
ZITTER
ZITTER
ZITTER

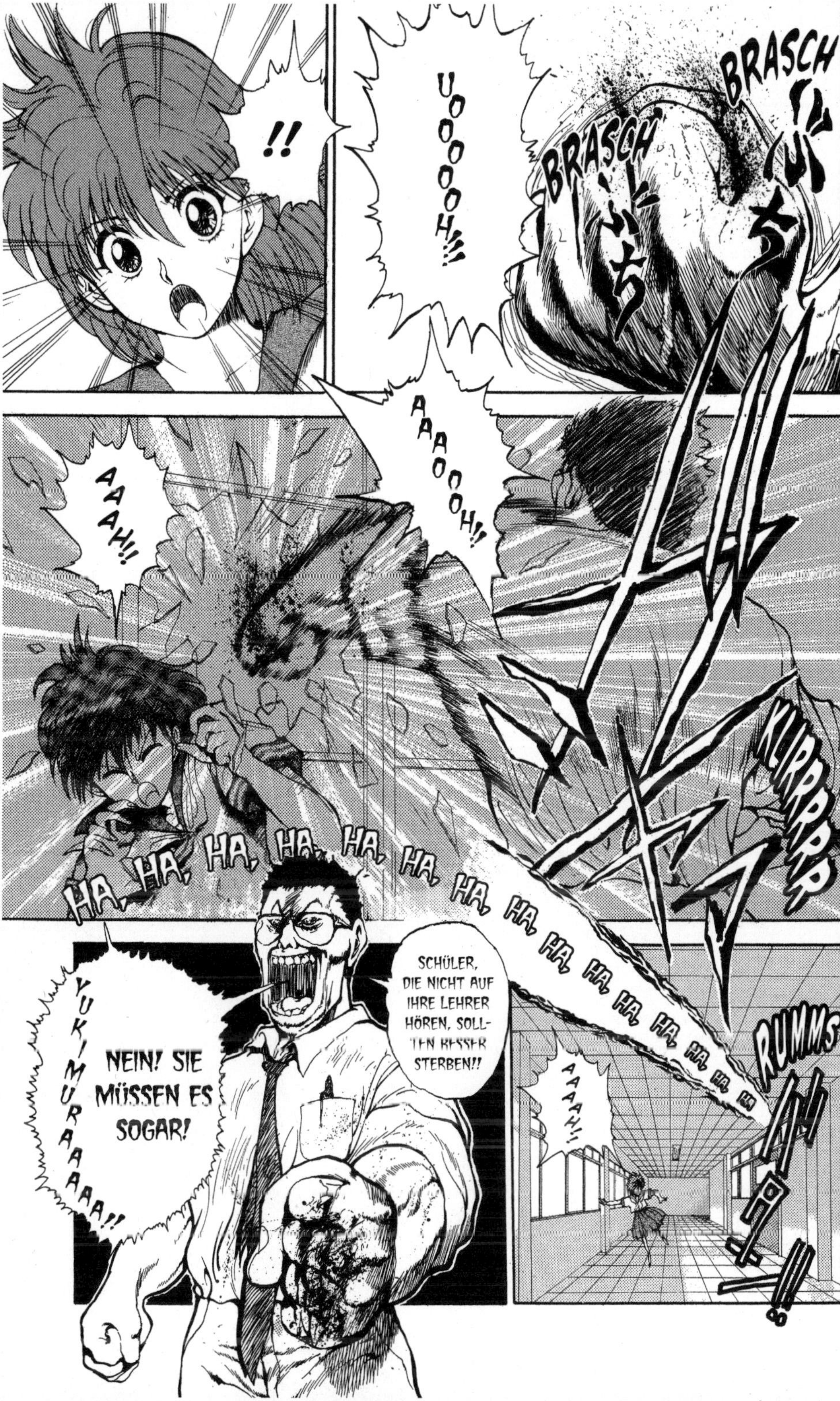
BRASCH
BRASCH
ぶち
ぶち
UOOOOOOH!!!
!!
AAAOOOH!!
AAAAH!!
KLIRRRRR
HA, HA, HA, HA, HA, HA, HA, HA, HA, HA, HA, HA, HA, HA, HA
SCHÜLER, DIE NICHT AUF IHRE LEHRER HÖREN, SOLLTEN BESSER STERBEN!!
YUKIMURAAAAA!!
NEIN! SIE MÜSSEN ES SOGAR!
RUMMS
AAAAH!!

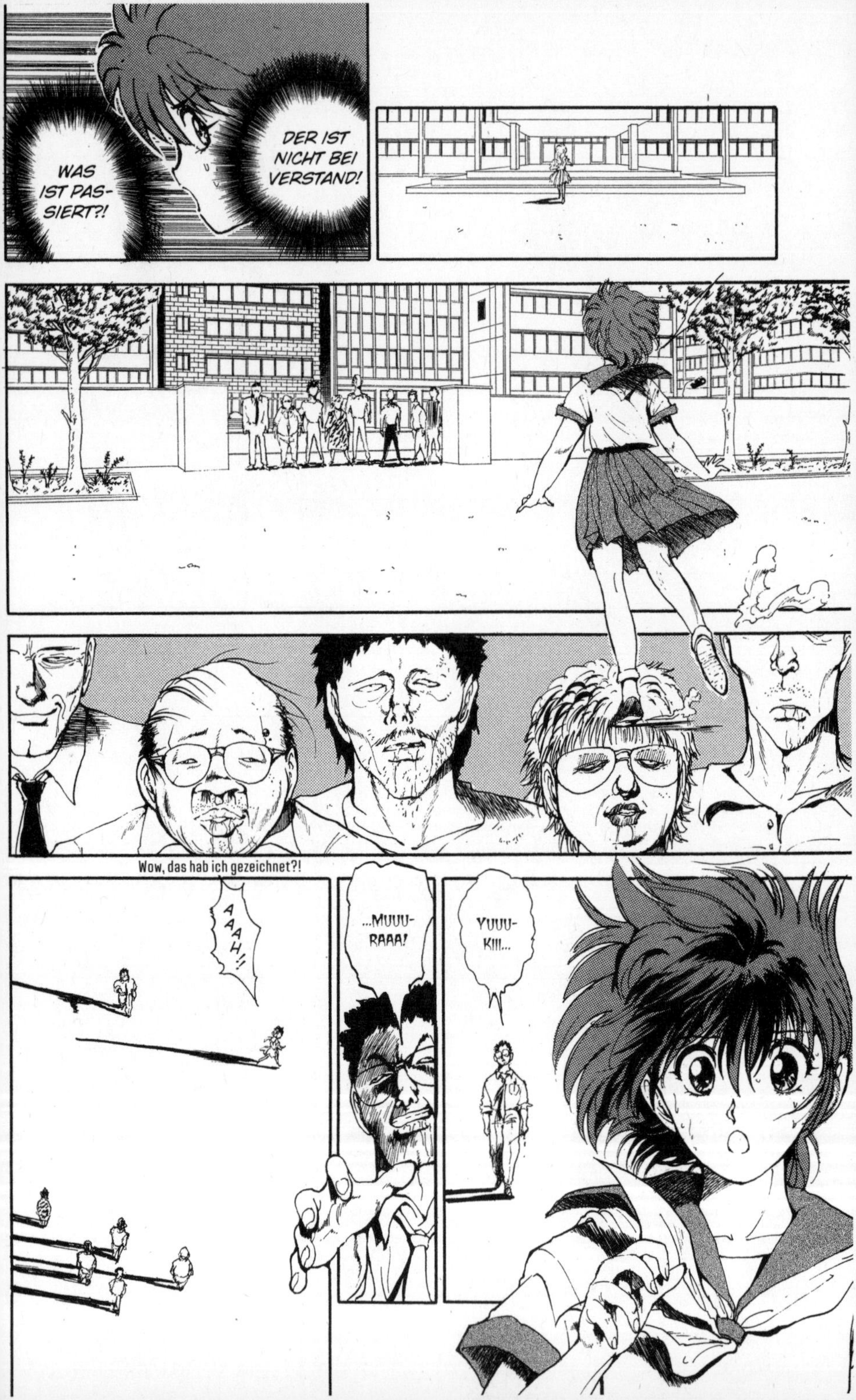
DER IST NICHT BEI VERSTAND!
WAS IST PAS-SIERT?!
Wow, das hab ich gezeichnet?!
YUUU-KIII...
...MUUU-RAAA!
AAAH!!

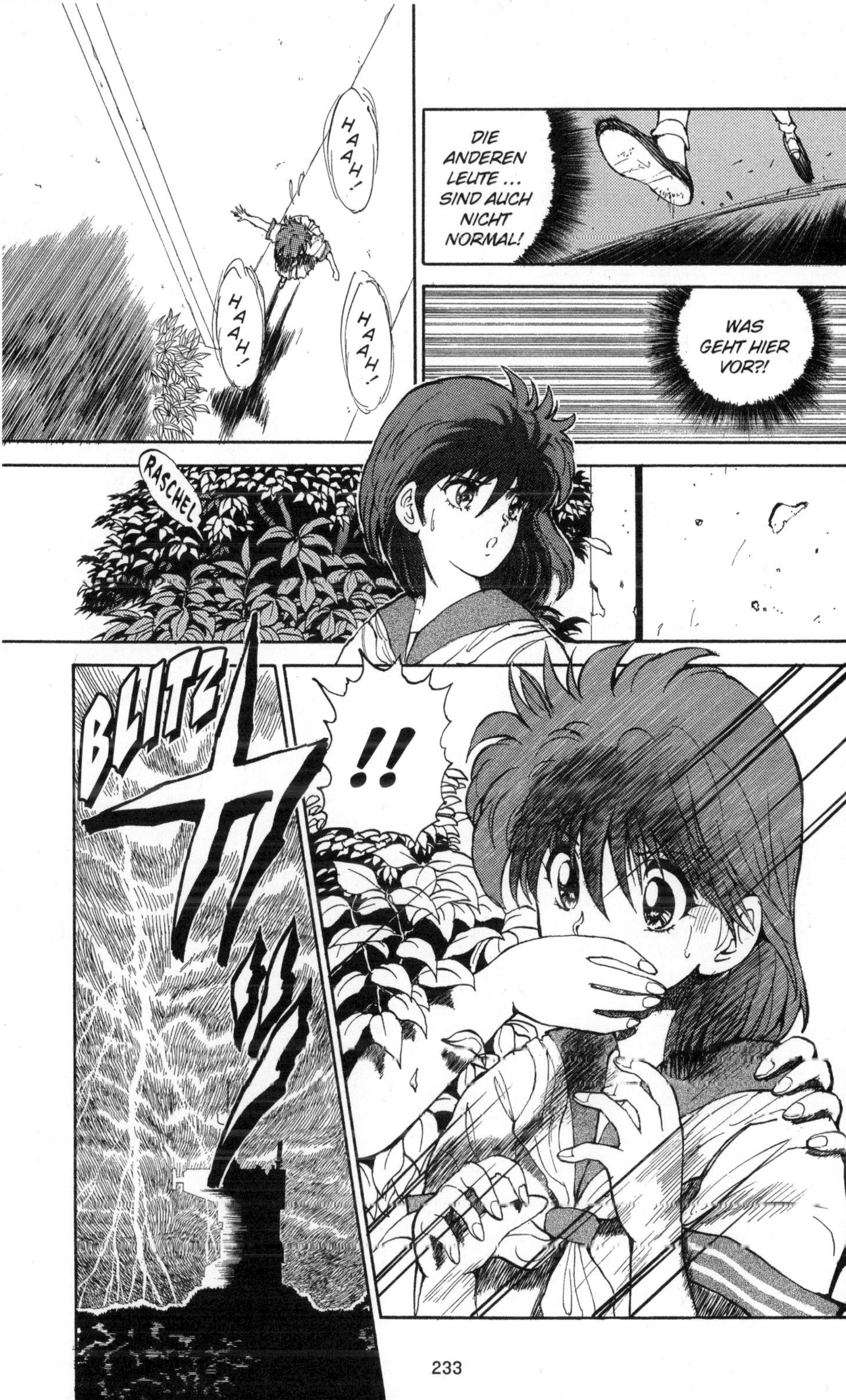
DIE ANDEREN LEUTE ... SIND AUCH NICHT NORMAL!
HAAAH!
HAAAH!
HAAAH!
WAS GEHT HIER VOR?!
RASCHEL
BLITZ
!!

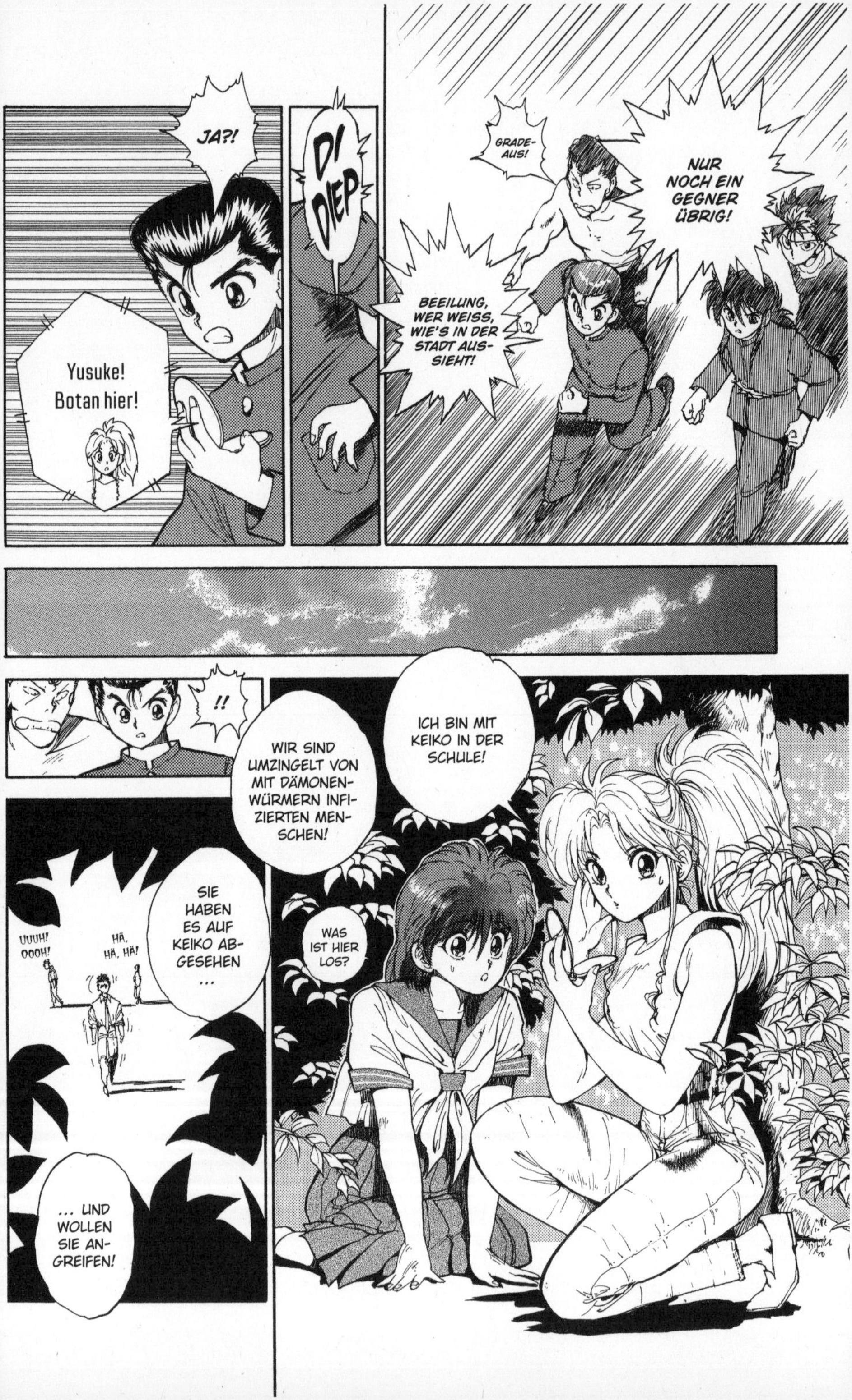
GRADE-AUS!
NUR NOCH EIN GEGNER ÜBRIG!
BEEILUNG, WER WEISS, WIE'S IN DER STADT AUSSIEHT!
DI DIEP
JA?!
Yusuke! Botan hier!
ICH BIN MIT KEIKO IN DER SCHULE!
WIR SIND UMZINGELT VON MIT DÄMONENWÜRMERN INFIZIERTEN MENSCHEN!
WAS IST HIER LOS?
!!
SIE HABEN ES AUF KEIKO ABGESEHEN …
UUUH! OOOH!
HÄ, HÄ, HÄ!
… UND WOLLEN SIE ANGREIFEN!

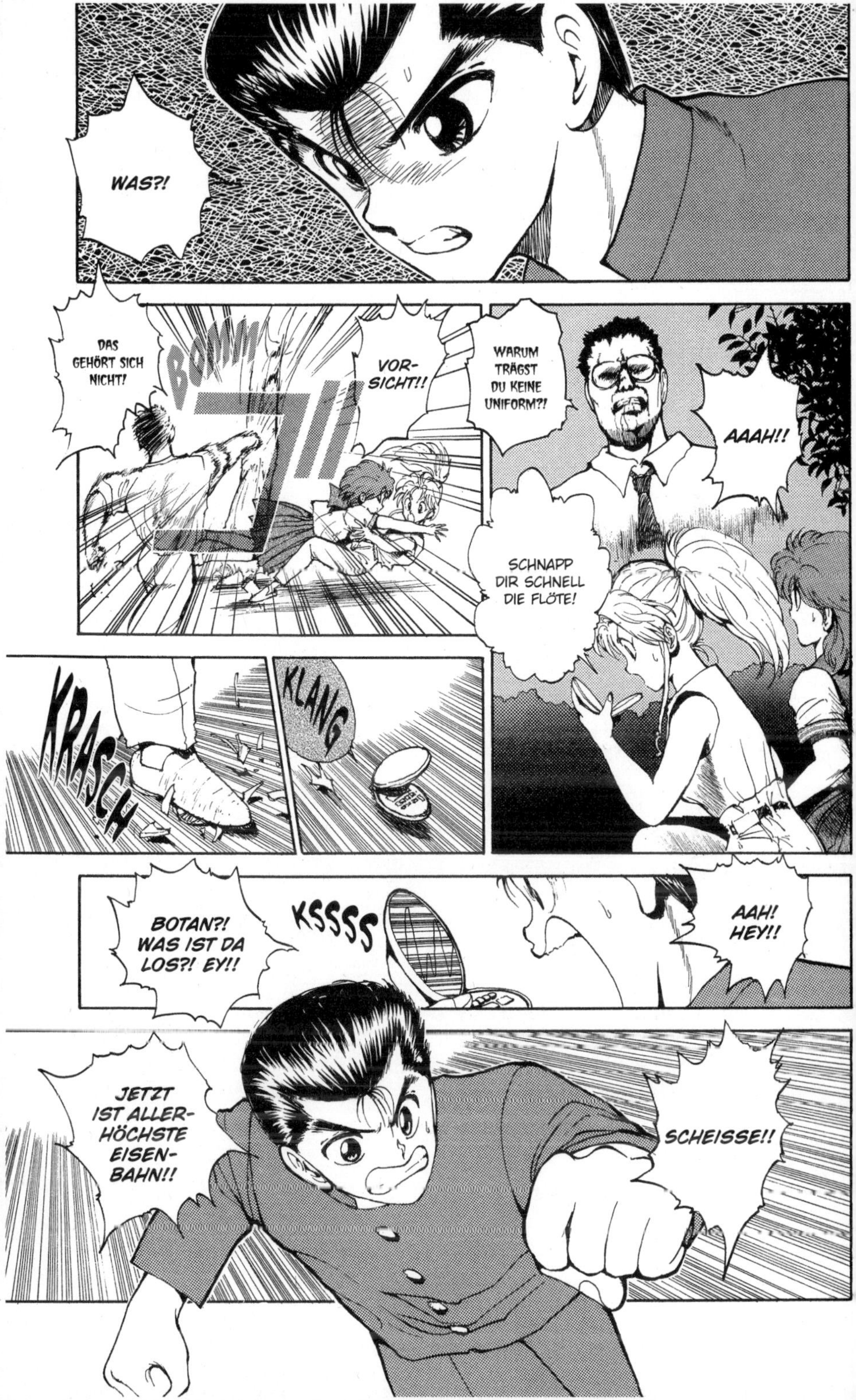
WAS?!
WARUM TRÄGST DU KEINE UNIFORM?!
AAAH!!
SCHNAPP DIR SCHNELL DIE FLÖTE!
VOR-SICHT!!
DAS GEHÖRT SICH NICHT!
BOMM
KLANG
KRASCH
AAH! HEY!!
KSSSS
BOTAN?! WAS IST DA LOS?! EY!!
SCHEISSE!!
JETZT IST ALLER-HÖCHSTE EISEN-BAHN!!

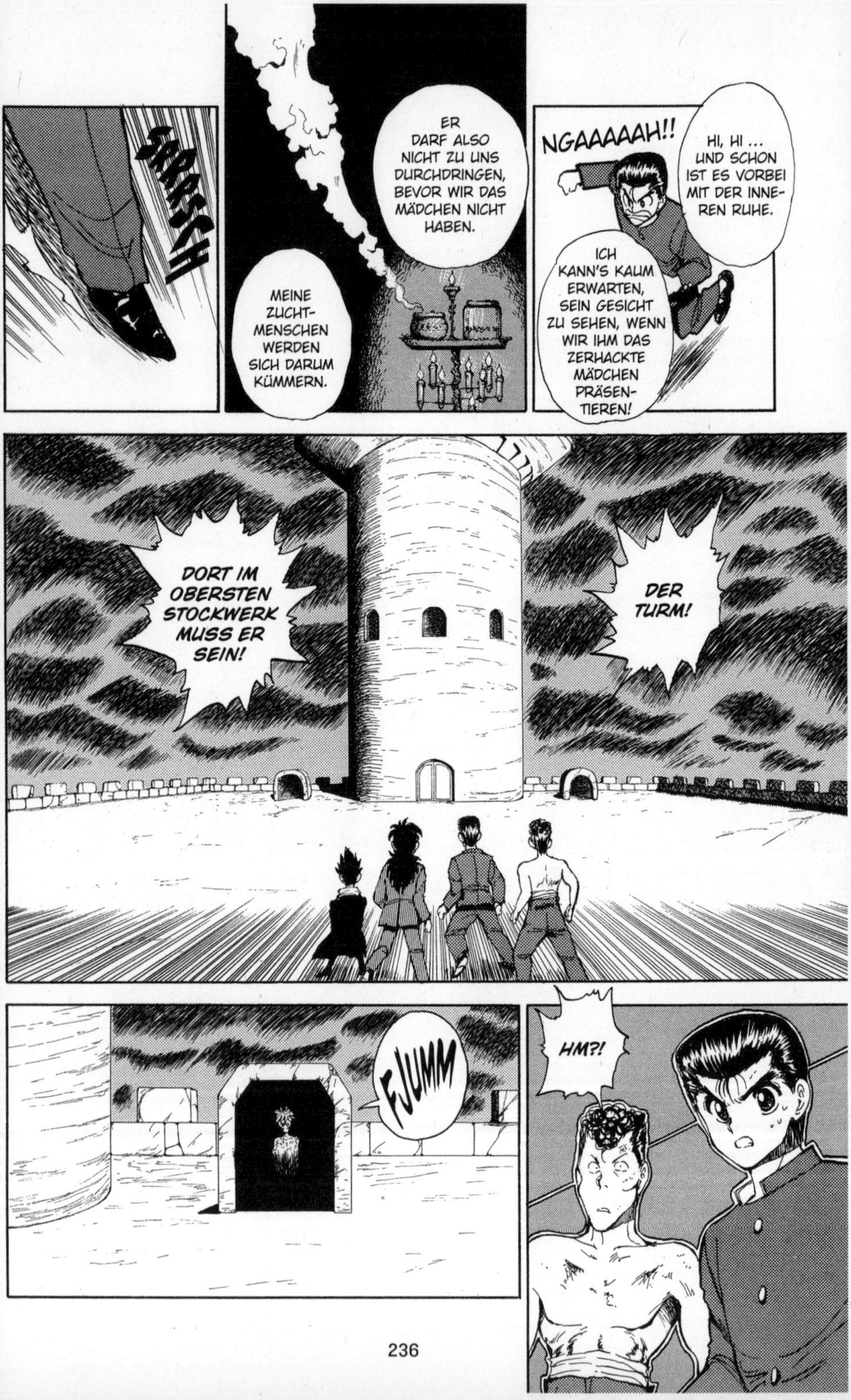
NGAAAAAH!!
HI, HI ... UND SCHON IST ES VORBEI MIT DER INNEREN RUHE.
ICH KANN'S KAUM ERWARTEN, SEIN GESICHT ZU SEHEN, WENN WIR IHM DAS ZERHACKTE MÄDCHEN PRÄSENTIEREN!
ER DARF ALSO NICHT ZU UNS DURCHDRINGEN, BEVOR WIR DAS MÄDCHEN NICHT HABEN.
MEINE ZUCHTMENSCHEN WERDEN SICH DARUM KÜMMERN.
SRRASCH
DER TURM!
DORT IM OBERSTEN STOCKWERK MUSS ER SEIN!
HM?!
FJUMM

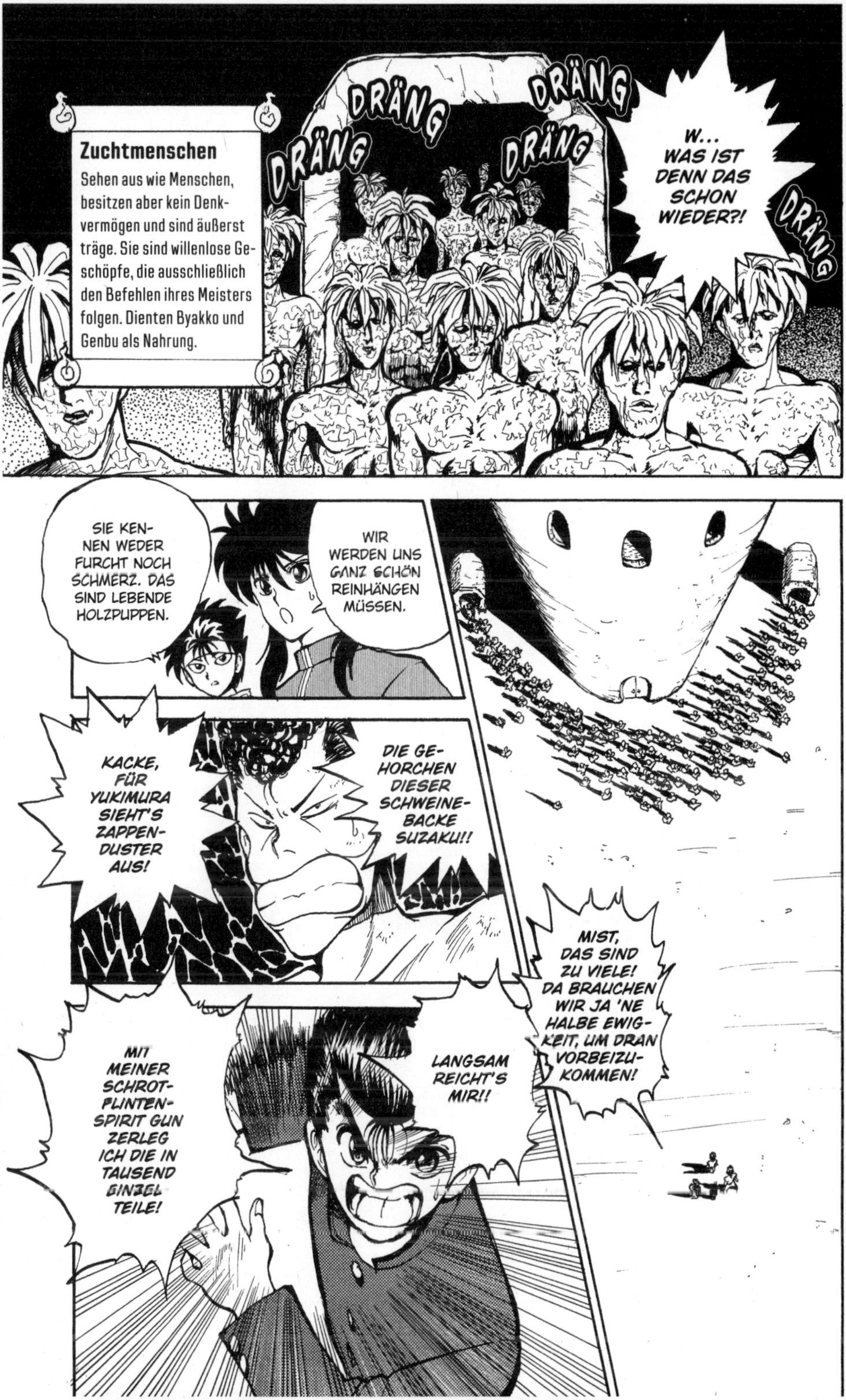
DRÄNG
DRÄNG
DRÄNG
DRÄNG
DRÄNG
W... WAS IST DENN DAS SCHON WIEDER?!
Zuchtmenschen
Sehen aus wie Menschen, besitzen aber kein Denkvermögen und sind äußerst träge. Sie sind willenlose Geschöpfe, die ausschließlich den Befehlen ihres Meisters folgen. Dienten Byakko und Genbu als Nahrung.
WIR WERDEN UNS GANZ SCHÖN REINHÄNGEN MÜSSEN.
SIE KENNEN WEDER FURCHT NOCH SCHMERZ. DAS SIND LEBENDE HOLZPUPPEN.
DIE GEHORCHEN DIESER SCHWEINEBACKE SUZAKU!!
KACKE, FÜR YUKIMURA SIEHT'S ZAPPENDUSTER AUS!
MIST, DAS SIND ZU VIELE! DA BRAUCHEN WIR JA 'NE HALBE EWIGKEIT, UM DRAN VORBEIZUKOMMEN!
LANGSAM REICHT'S MIR!!
MIT MEINER SCHROTFLINTEN-SPIRIT GUN ZERLEG ICH DIE IN TAUSEND EINZELTEILE!

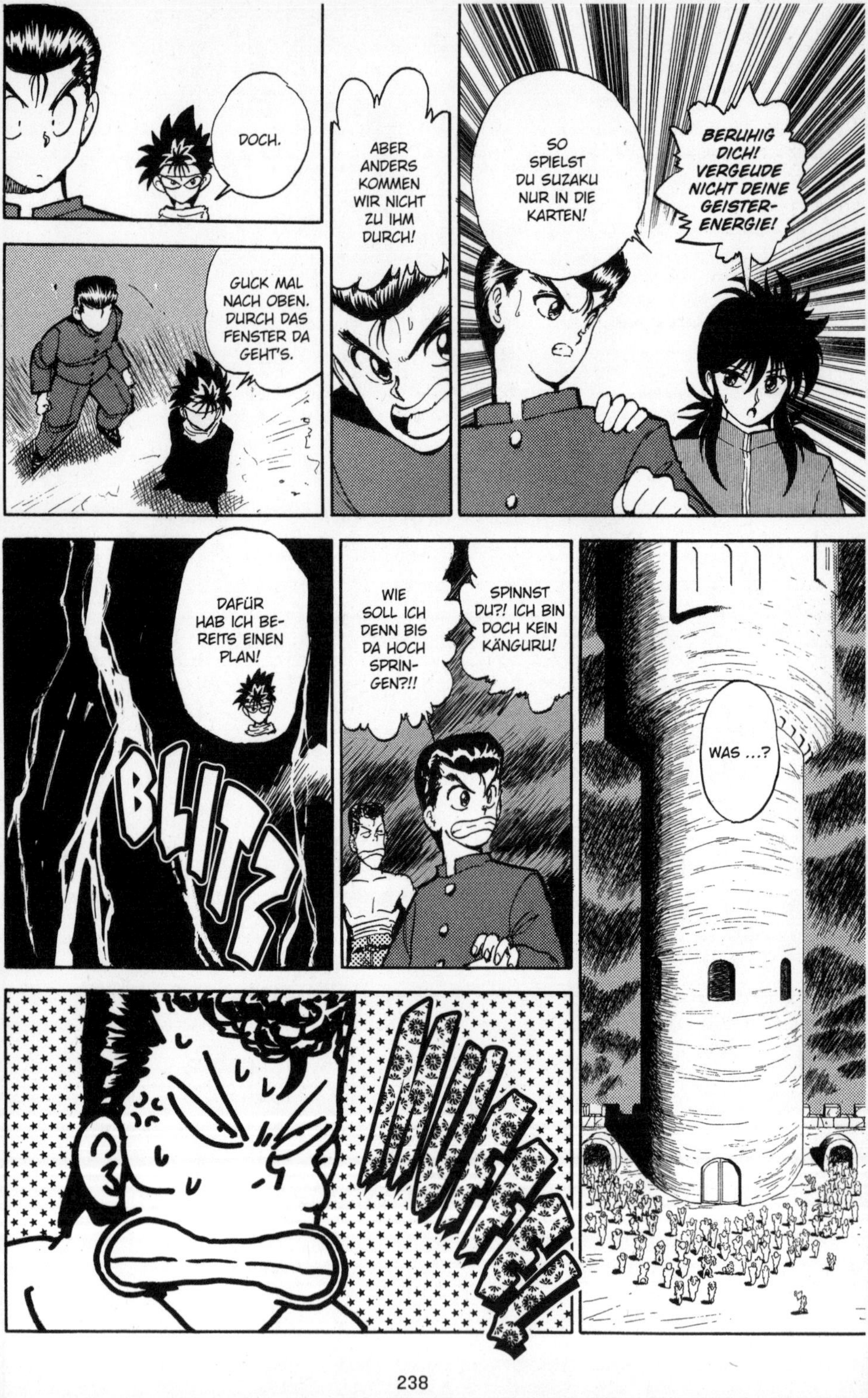
BERUHIG DICH! VERGEUDE NICHT DEINE GEISTER-ENERGIE!
SO SPIELST DU SUZAKU NUR IN DIE KARTEN!
ABER ANDERS KOMMEN WIR NICHT ZU IHM DURCH!
DOCH.
GUCK MAL NACH OBEN. DURCH DAS FENSTER DA GEHT'S.
WAS ...?
SPINNST DU?! ICH BIN DOCH KEIN KÄNGURU!
WIE SOLL ICH DENN BIS DA HOCH SPRIN-GEN?!!
DAFÜR HAB ICH BE-REITS EINEN PLAN!
BLITZ

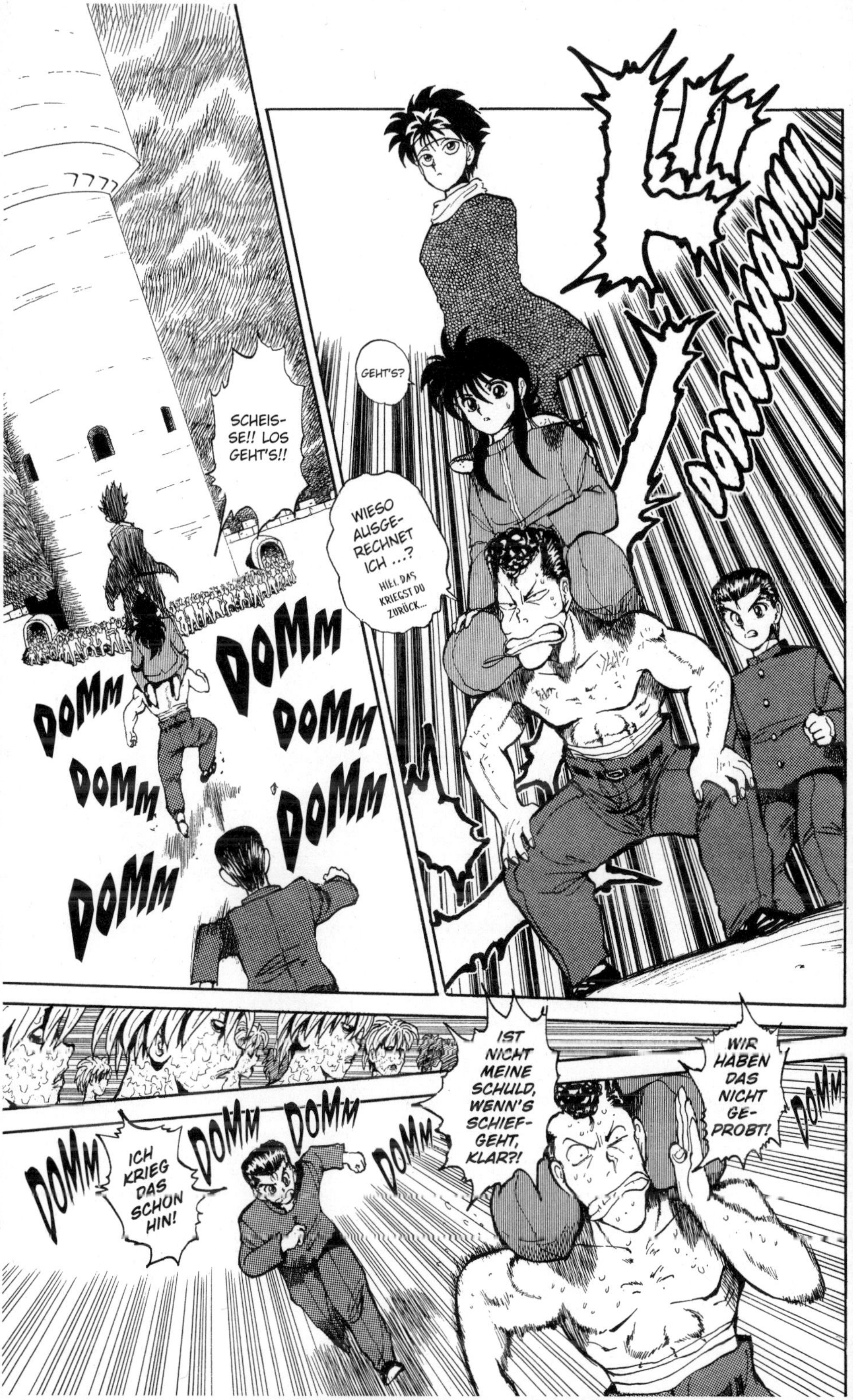
DODODODODOMM!!
GEHT'S?
WIESO AUSGE-RECHNET ICH ...?
HIEI, DAS KRIEGST DU ZURÜCK...
SCHEIS-SE!! LOS GEHT'S!!
DOMM
DOMM
DOMM
DOMM
DOMM
DOMM
WIR HABEN DAS NICHT GE-PROBT!
DOMM
IST NICHT MEINE SCHULD, WENN'S SCHIEF-GEHT, KLAR?!
DOMM
DOMM
DOMM
ICH KRIEG DAS SCHON HIN!
DOMM

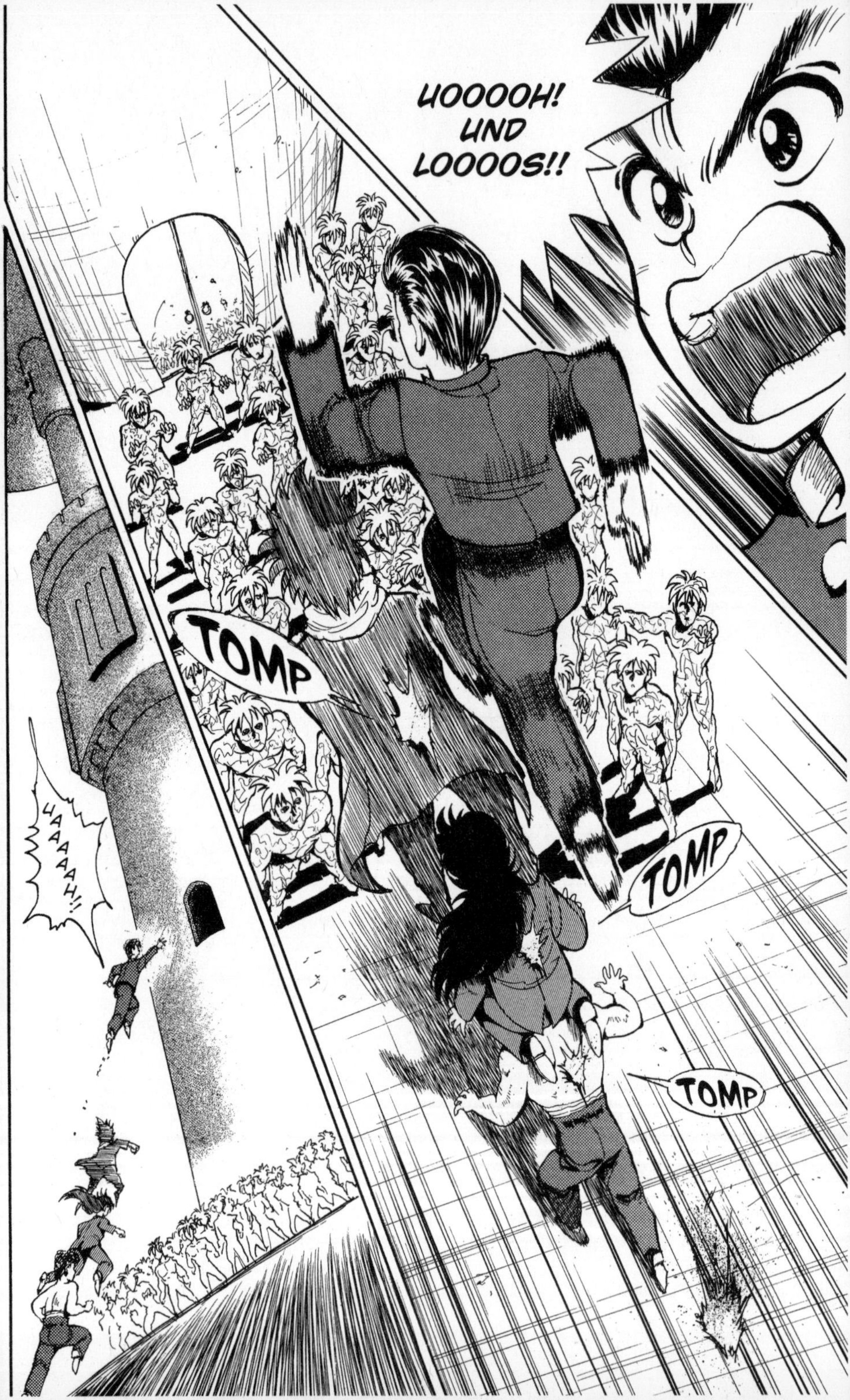
UOOOOH! UND LOOOOS!!
TOMP
TOMP
UAAAAAH!!
TOMP

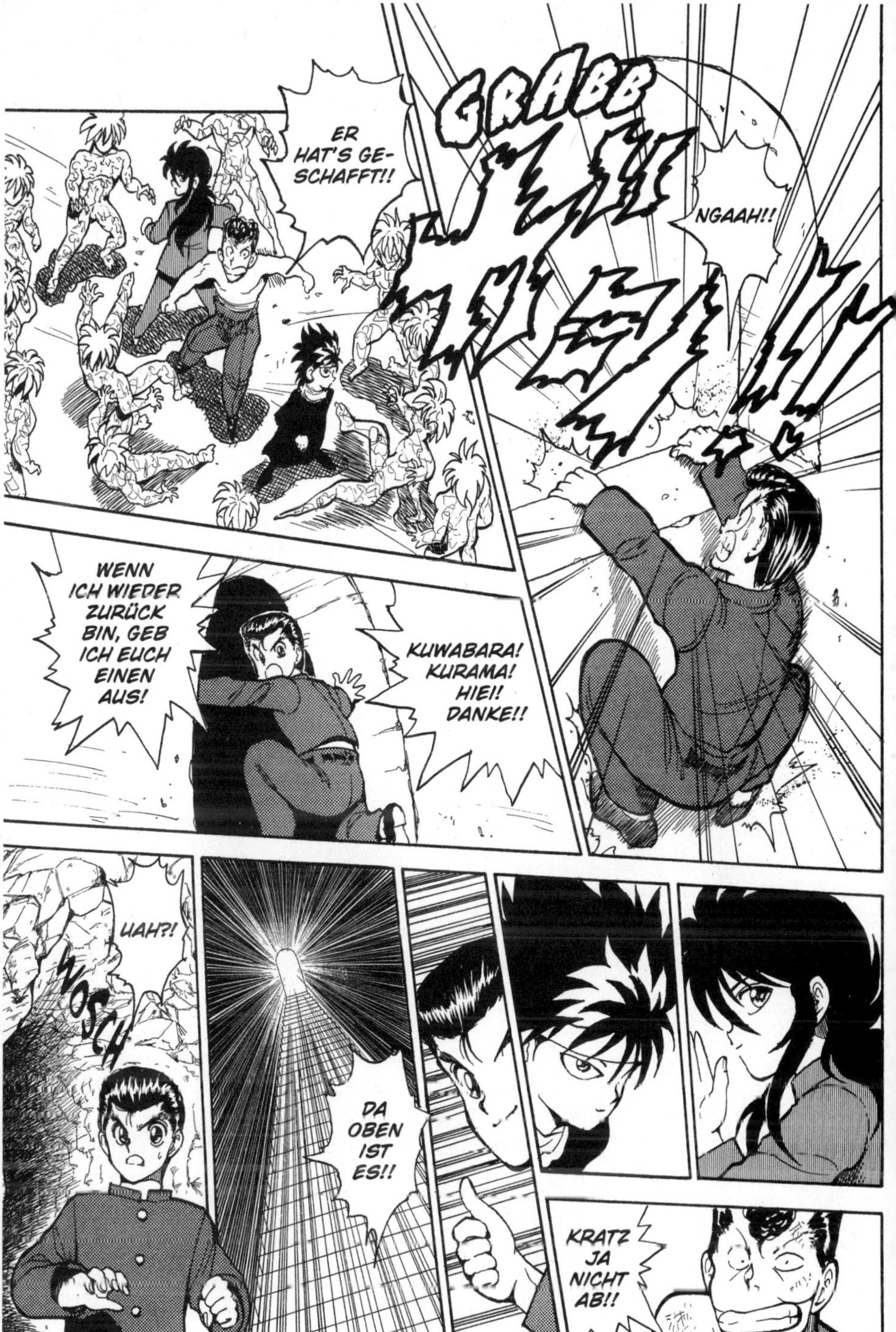
GRABB
NGAAH!!
ER HAT'S GE-SCHAFFT!!
KUWABARA! KURAMA! HIEI! DANKE!!
WENN ICH WIEDER ZURÜCK BIN, GEB ICH EUCH EINEN AUS!
KRATZ JA NICHT AB!!
DA OBEN IST ES!!
UAH?!
WOSCH

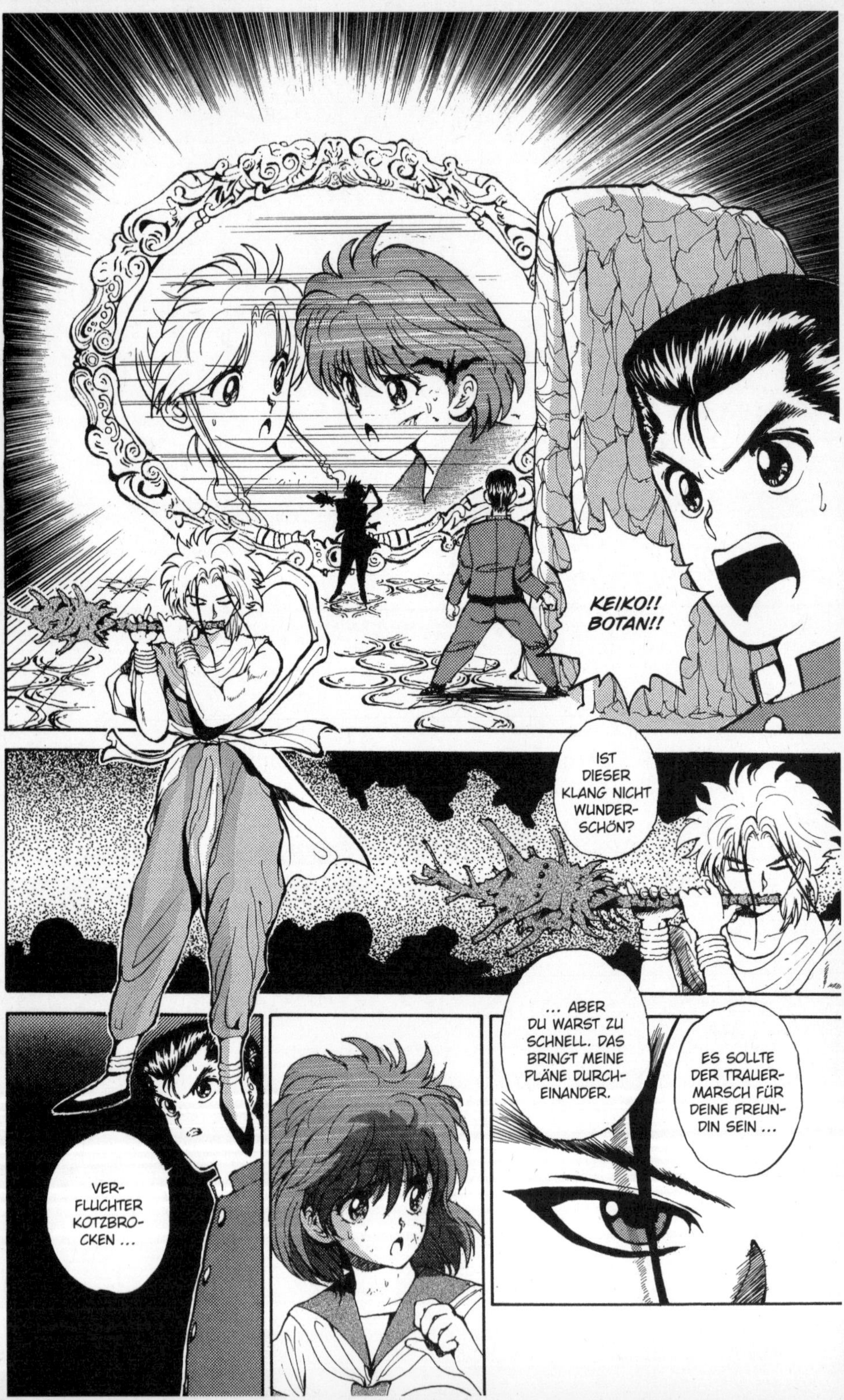
KEIKO!! BOTAN!!
IST DIESER KLANG NICHT WUNDERSCHÖN?
ES SOLLTE DER TRAUERMARSCH FÜR DEINE FREUNDIN SEIN …
… ABER DU WARST ZU SCHNELL. DAS BRINGT MEINE PLÄNE DURCHEINANDER.
VERFLUCHTER KOTZBROCKEN …

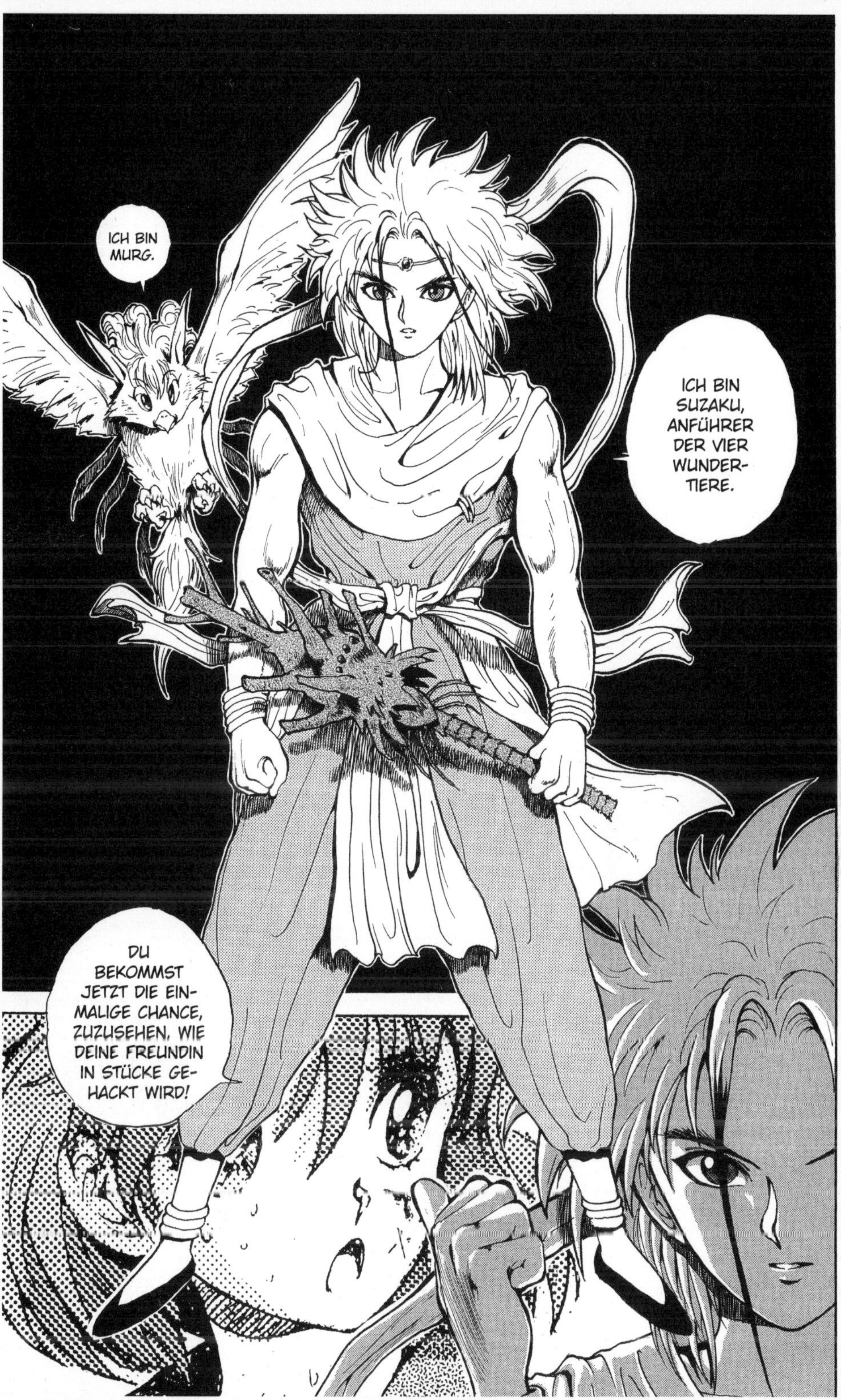

ICH BIN MURG.
ICH BIN SUZAKU, ANFÜHRER DER VIER WUNDERTIERE.
DU BEKOMMST JETZT DIE EINMALIGE CHANCE, ZUZUSEHEN, WIE DEINE FREUNDIN IN STÜCKE GEHACKT WIRD!

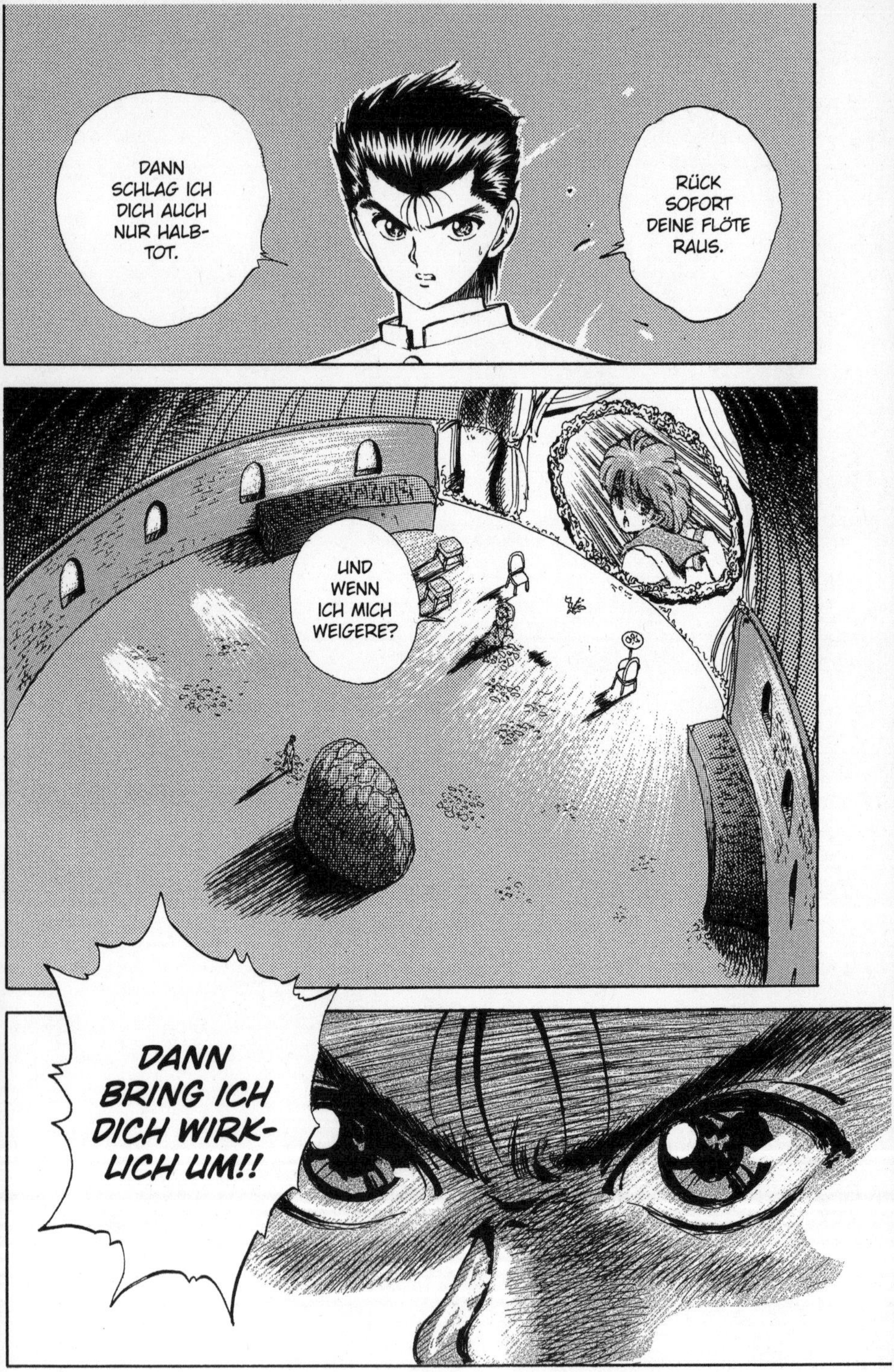
RÜCK SOFORT DEINE FLÖTE RAUS.
DANN SCHLAG ICH DICH AUCH NUR HALB-TOT.
UND WENN ICH MICH WEIGERE?
DANN BRING ICH DICH WIRK-LICH UM!!

YuYu Hakusho

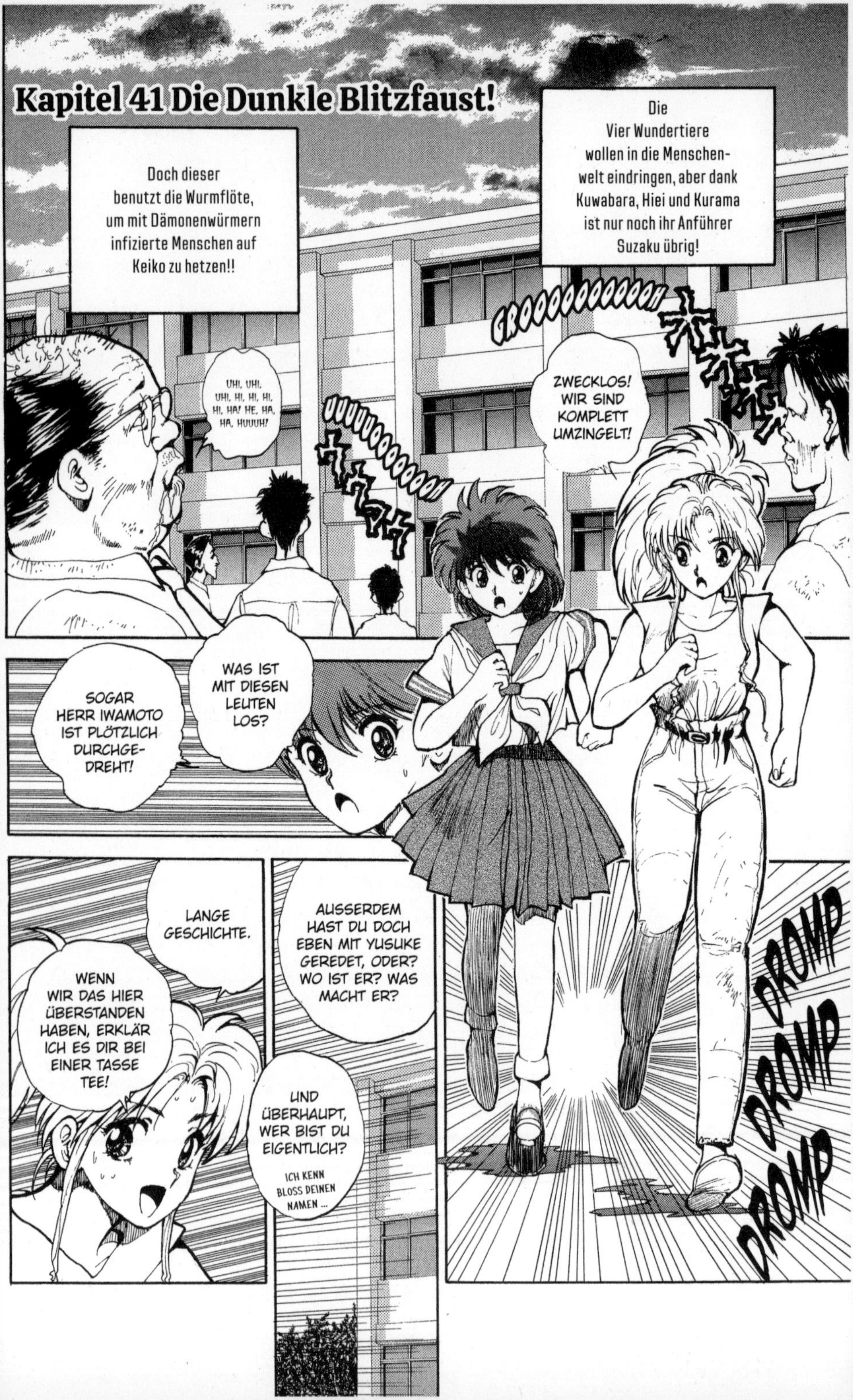

Kapitel 41 Die Dunkle Blitzfaust!
Die Vier Wundertiere wollen in die Menschenwelt eindringen, aber dank Kuwabara, Hiei und Kurama ist nur noch ihr Anführer Suzaku übrig!
Doch dieser benutzt die Wurmflöte, um mit Dämonenwürmern infizierte Menschen auf Keiko zu hetzen!!
GROOOOOOOOOOOH
ZWECKLOS! WIR SIND KOMPLETT UMZINGELT!
UUUUUOOOOOOOH
UHI, UHI, UHI, HI, HI, HI, HI, HA! HE, HA, HA, HUUUH!
WAS IST MIT DIESEN LEUTEN LOS?
SOGAR HERR IWAMOTO IST PLÖTZLICH DURCHGEDREHT!
DROMP DROMP DROMP DROMP
AUSSERDEM HAST DU DOCH EBEN MIT YUSUKE GEREDET, ODER? WO IST ER? WAS MACHT ER?
UND ÜBERHAUPT, WER BIST DU EIGENTLICH?
ICH KENN BLOSS DEINEN NAMEN ...
LANGE GESCHICHTE.
WENN WIR DAS HIER ÜBERSTANDEN HABEN, ERKLÄR ICH ES DIR BEI EINER TASSE TEE!

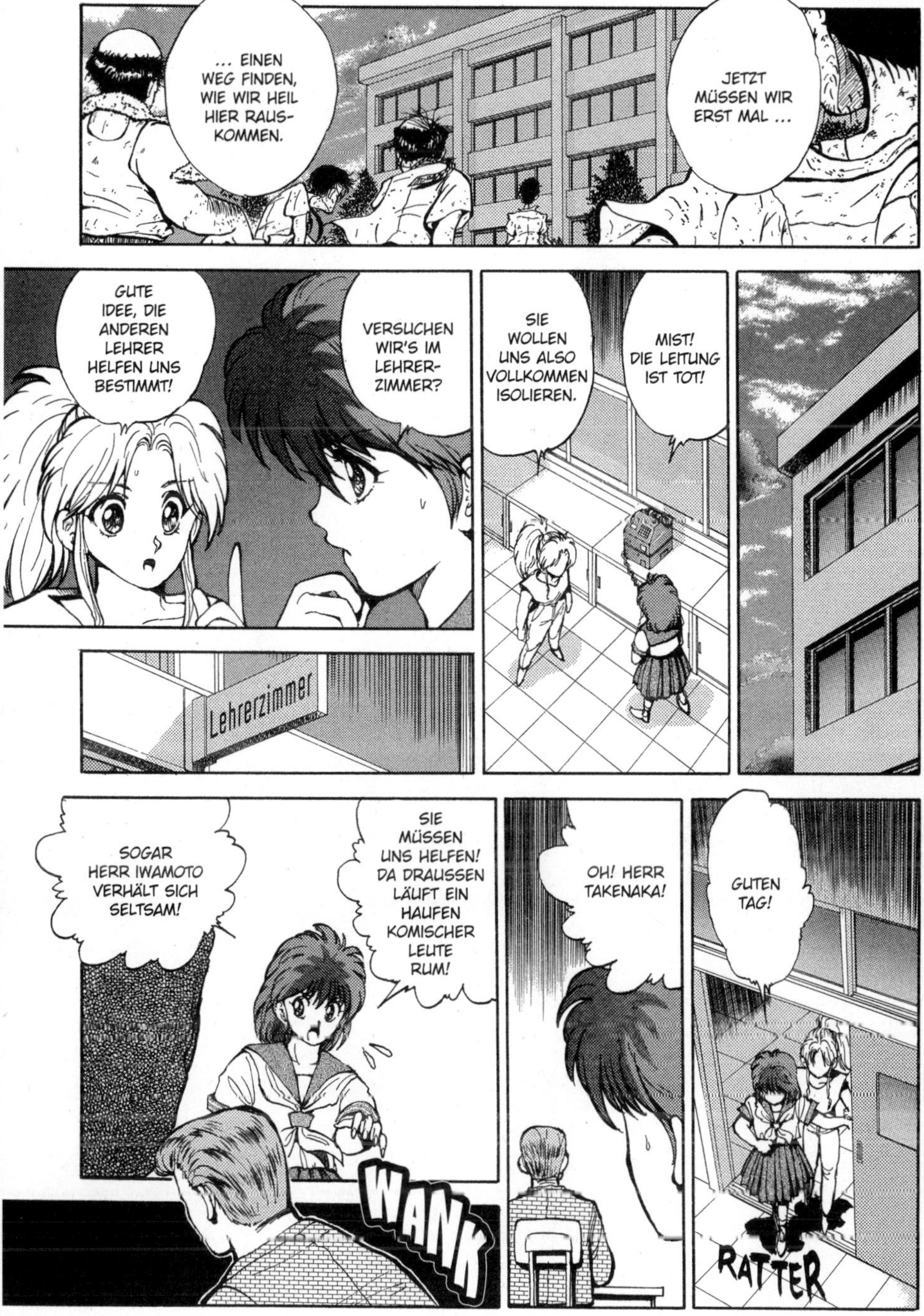
JETZT MÜSSEN WIR ERST MAL …
… EINEN WEG FINDEN, WIE WIR HEIL HIER RAUS-KOMMEN.
MIST! DIE LEITUNG IST TOT!
SIE WOLLEN UNS ALSO VOLLKOMMEN ISOLIEREN.
VERSUCHEN WIR'S IM LEHRER-ZIMMER?
GUTE IDEE, DIE ANDEREN LEHRER HELFEN UNS BESTIMMT!
Lehrerzimmer
GUTEN TAG!
RATTER
OH! HERR TAKENAKA!
SIE MÜSSEN UNS HELFEN! DA DRAUSSEN LÄUFT EIN HAUFEN KOMISCHER LEUTE RUM!
SOGAR HERR IWAMOTO VERHÄLT SICH SELTSAM!
WANK

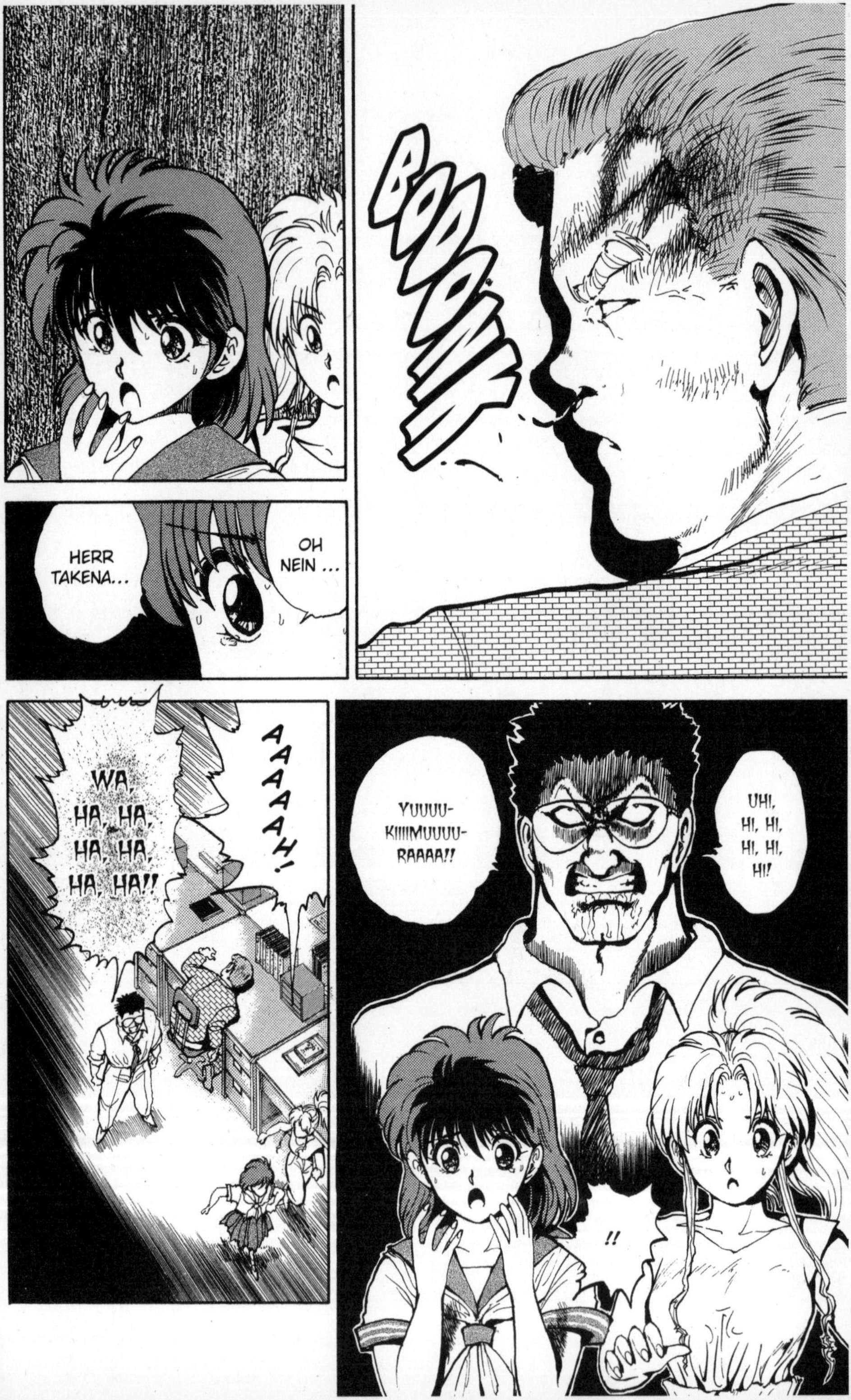
OH NEIN ...
HERR TAKENA...
UHI, HI, HI, HI, HI, HI!
YUUUU-KIIIIMUUUU-RAAAA!!
!!
AAAAAH!
WA, HA, HA, HA, HA, HA, HA!!

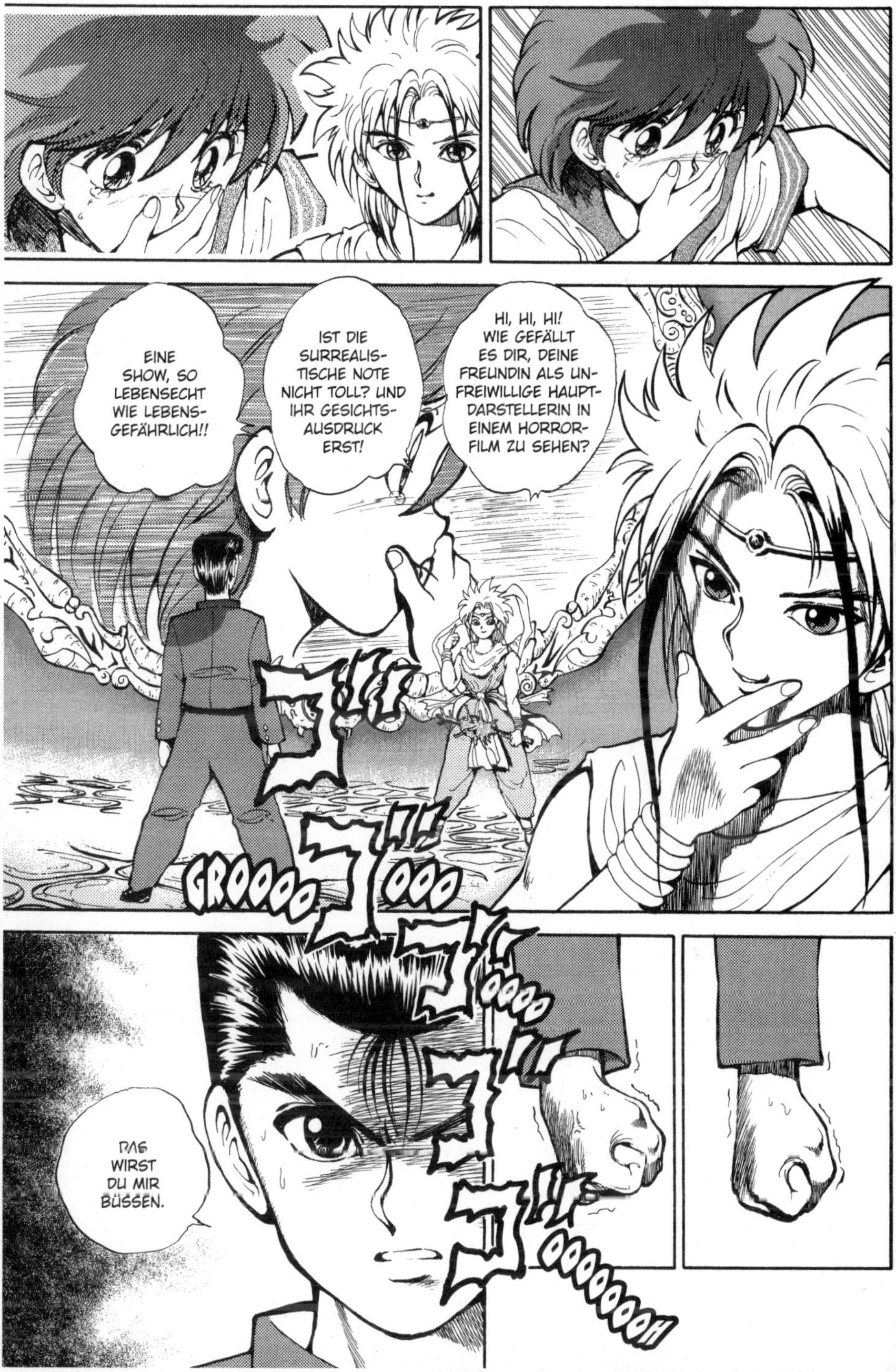
HI, HI, HI! WIE GEFÄLLT ES DIR, DEINE FREUNDIN ALS UNFREIWILLIGE HAUPTDARSTELLERIN IN EINEM HORRORFILM ZU SEHEN?
IST DIE SURREALISTISCHE NOTE NICHT TOLL? UND IHR GESICHTSAUSDRUCK ERST!
EINE SHOW, SO LEBENSECHT WIE LEBENSGEFÄHRLICH!!
GROOOO
OOO
OOOO
OOOOOOOH
DAS WIRST DU MIR BÜSSEN.

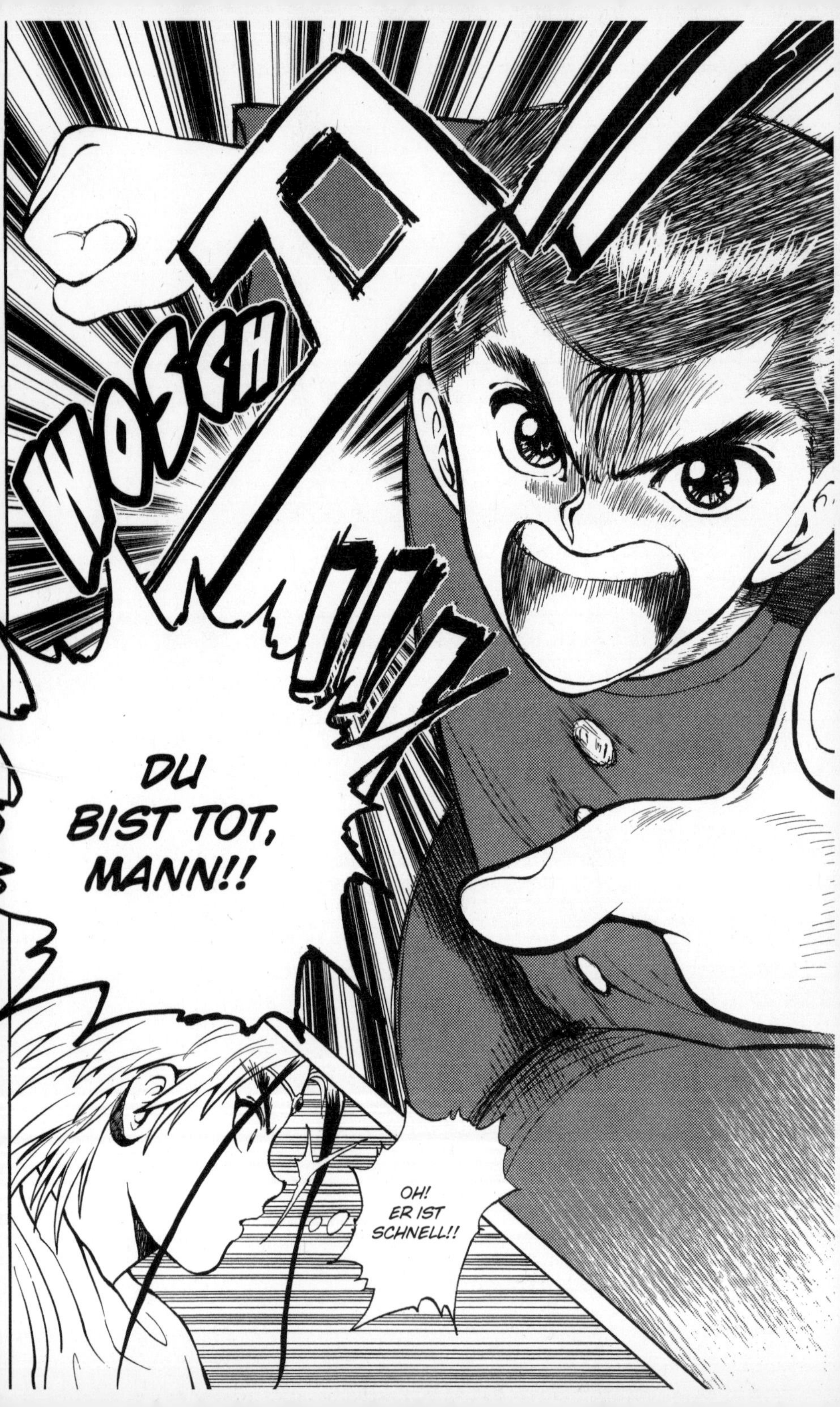
WOSCH
DU BIST TOT, MANN!!
OH! ER IST SCHNELL!!

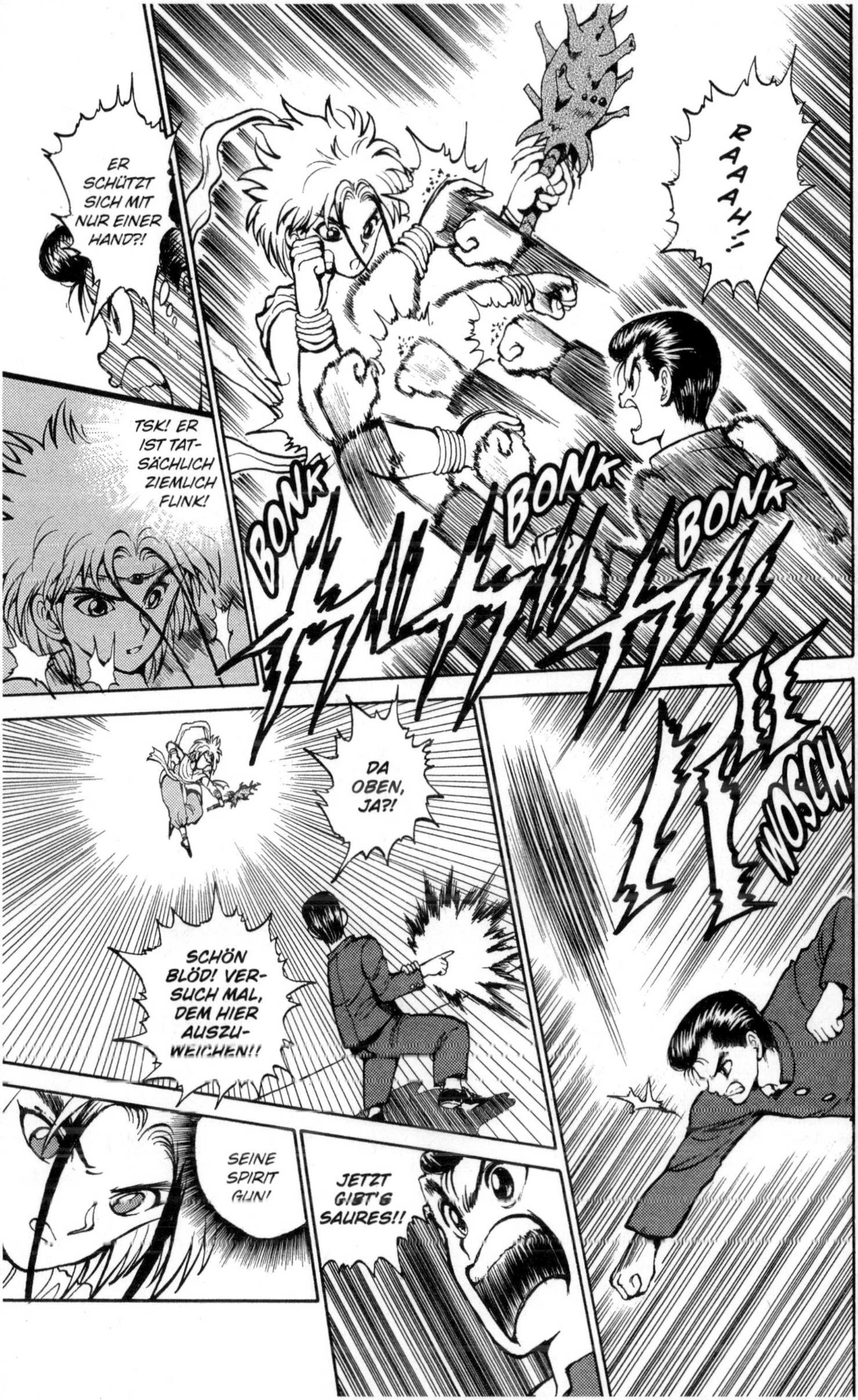
RAAAAH!!
ER SCHÜTZT SICH MIT NUR EINER HAND?!
BONK
BONK
BONK
TSK! ER IST TAT-SÄCHLICH ZIEMLICH FLINK!
WOSCH
DA OBEN, JA?!
SCHÖN BLÖD! VER-SUCH MAL, DEM HIER AUSZU-WEICHEN!!
JETZT GIBT'S SAURES!!
SEINE SPIRIT GUN!

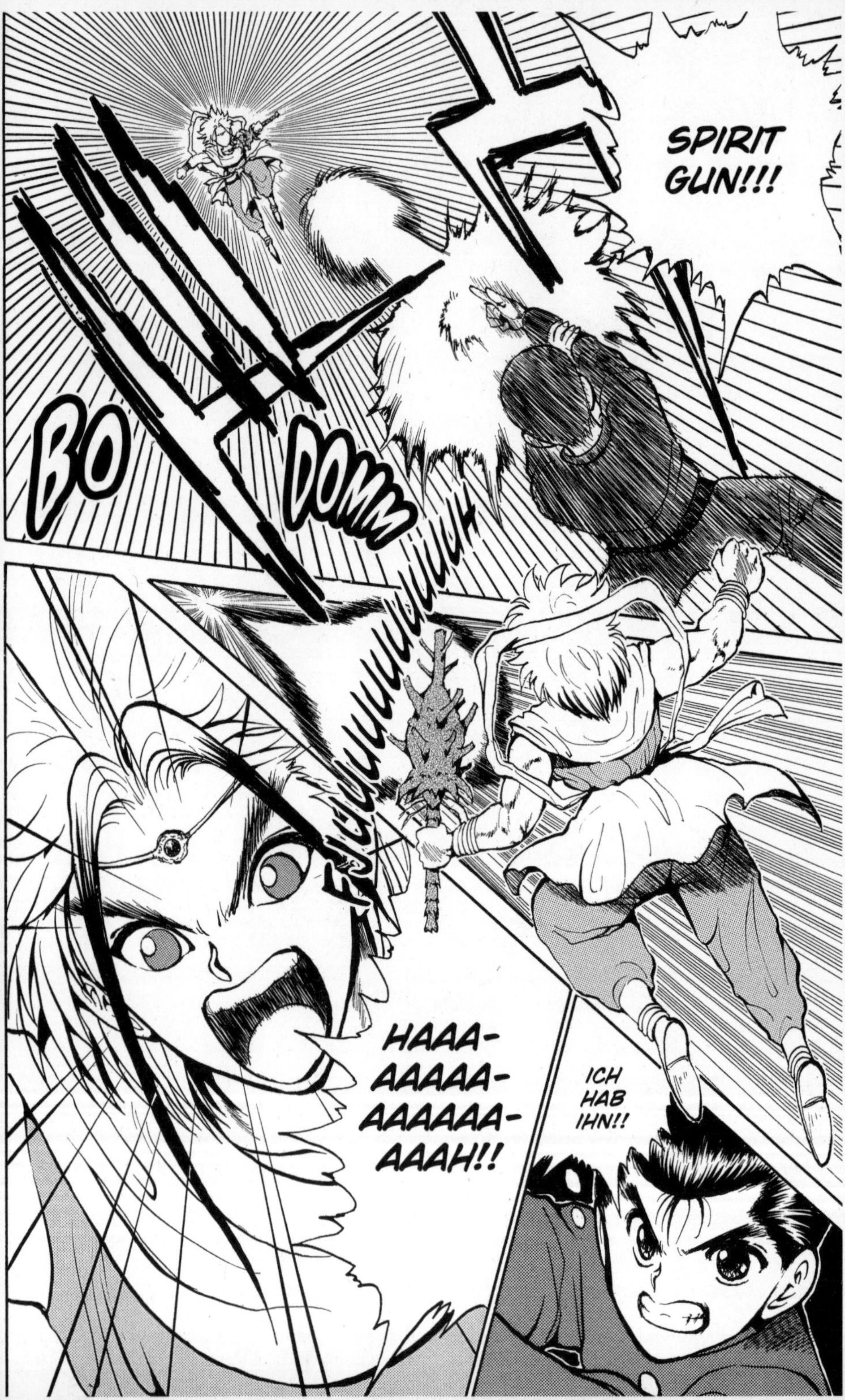
SPIRIT GUN!!!
BO DOMM
FUUUUUUUUUUH
ICH HAB IHN!!
HAAA-AAAAA-AAAAAA-AAAH!!

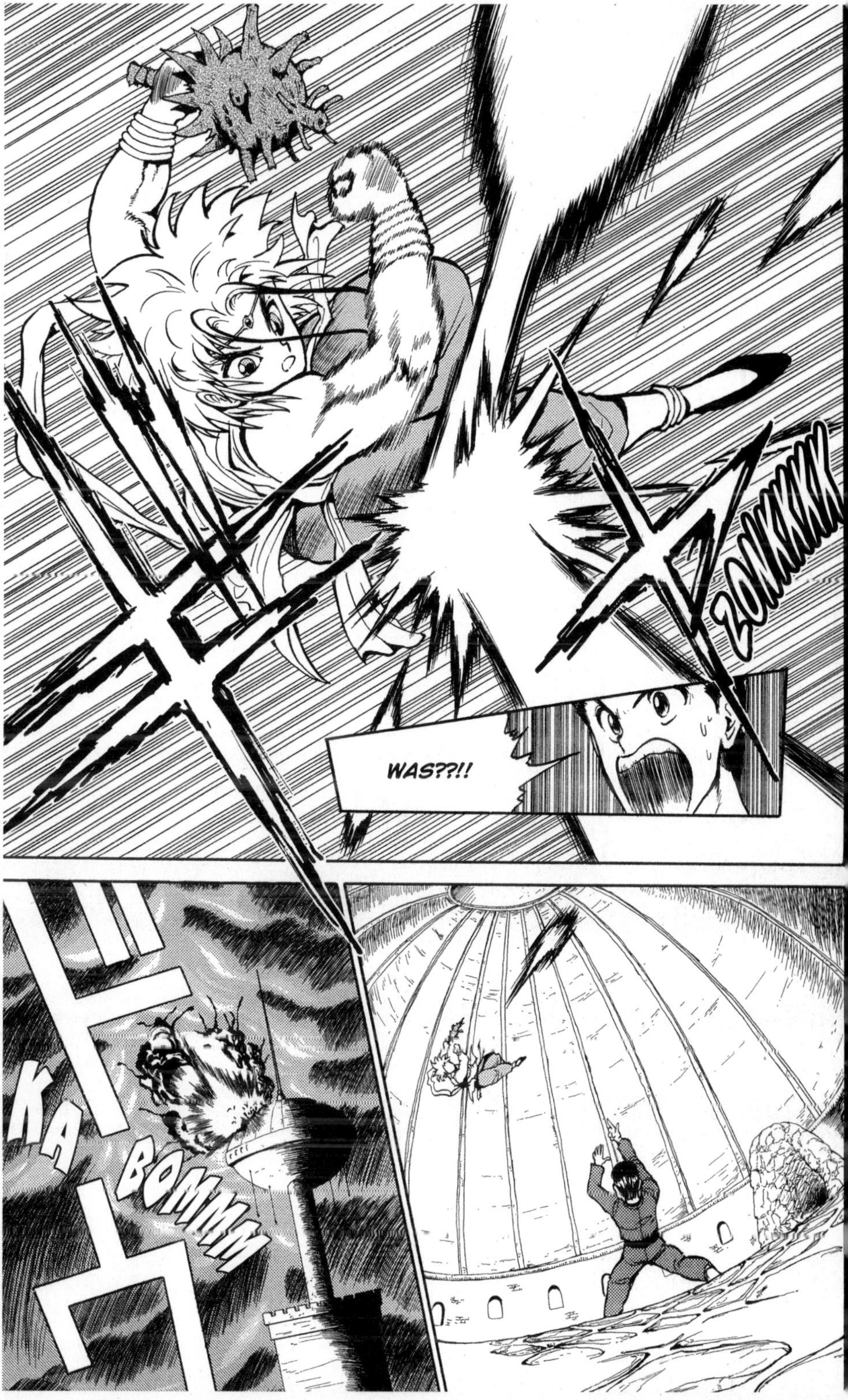
ZONKKKKK
WAS??!!
KA BOMMMM

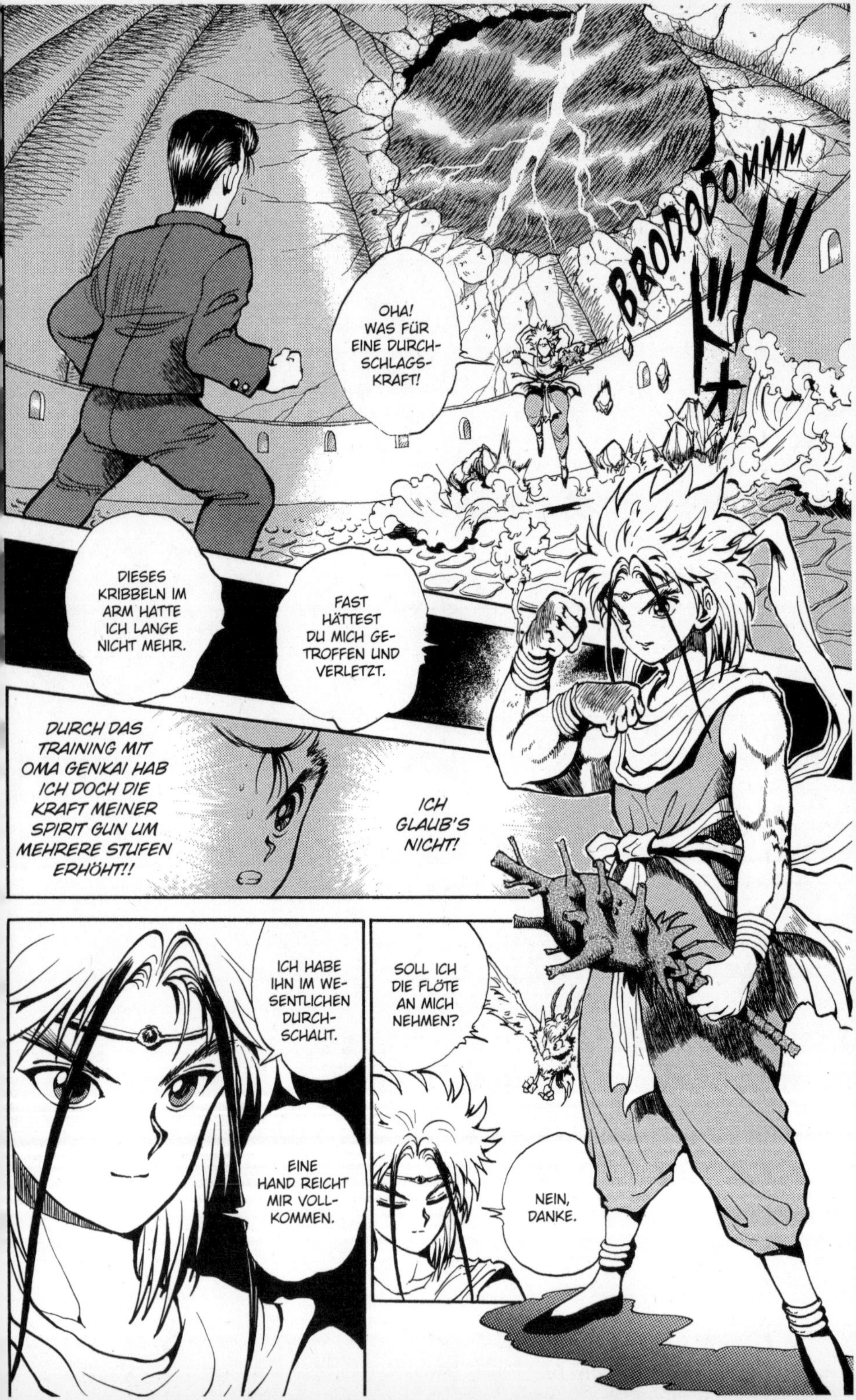
BRODODOMMM
OHA! WAS FÜR EINE DURCH-SCHLAGS-KRAFT!
FAST HÄTTEST DU MICH GE-TROFFEN UND VERLETZT.
DIESES KRIBBELN IM ARM HATTE ICH LANGE NICHT MEHR.
ICH GLAUB'S NICHT!
DURCH DAS TRAINING MIT OMA GENKAI HAB ICH DOCH DIE KRAFT MEINER SPIRIT GUN UM MEHRERE STUFEN ERHÖHT!!
SOLL ICH DIE FLÖTE AN MICH NEHMEN?
NEIN, DANKE.
ICH HABE IHN IM WE-SENTLICHEN DURCH-SCHAUT.
EINE HAND REICHT MIR VOLL-KOMMEN.

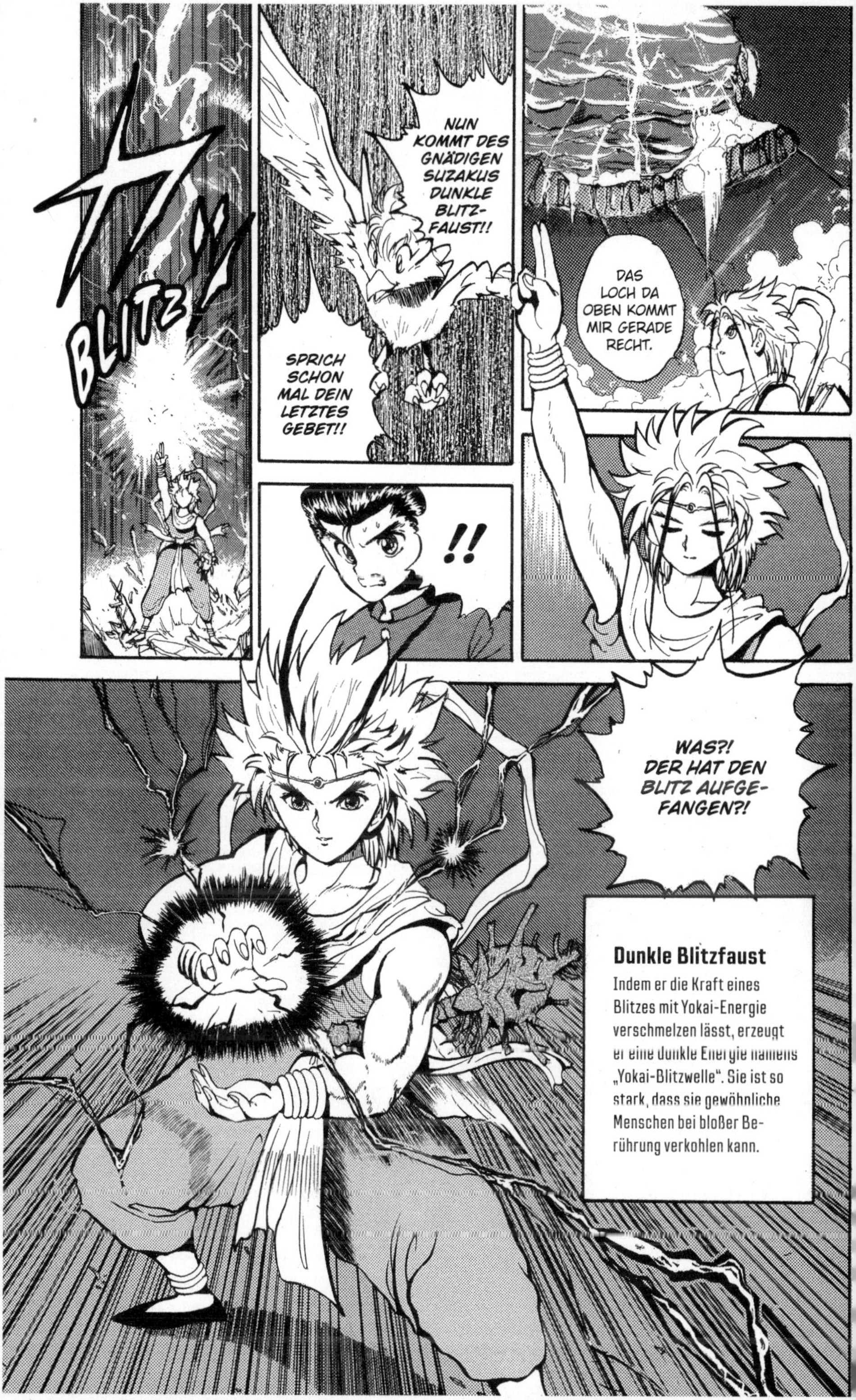
DAS LOCH DA OBEN KOMMT MIR GERADE RECHT.
NUN KOMMT DES GNÄDIGEN SUZAKUS DUNKLE BLITZ-FAUST!!
SPRICH SCHON MAL DEIN LETZTES GEBET!!
BLITZ
!!
WAS?! DER HAT DEN BLITZ AUFGE-FANGEN?!
Dunkle Blitzfaust
Indem er die Kraft eines Blitzes mit Yokai-Energie verschmelzen lässt, erzeugt er eine dunkle Energie namens „Yokai-Blitzwelle". Sie ist so stark, dass sie gewöhnliche Menschen bei bloßer Berührung verkohlen kann.

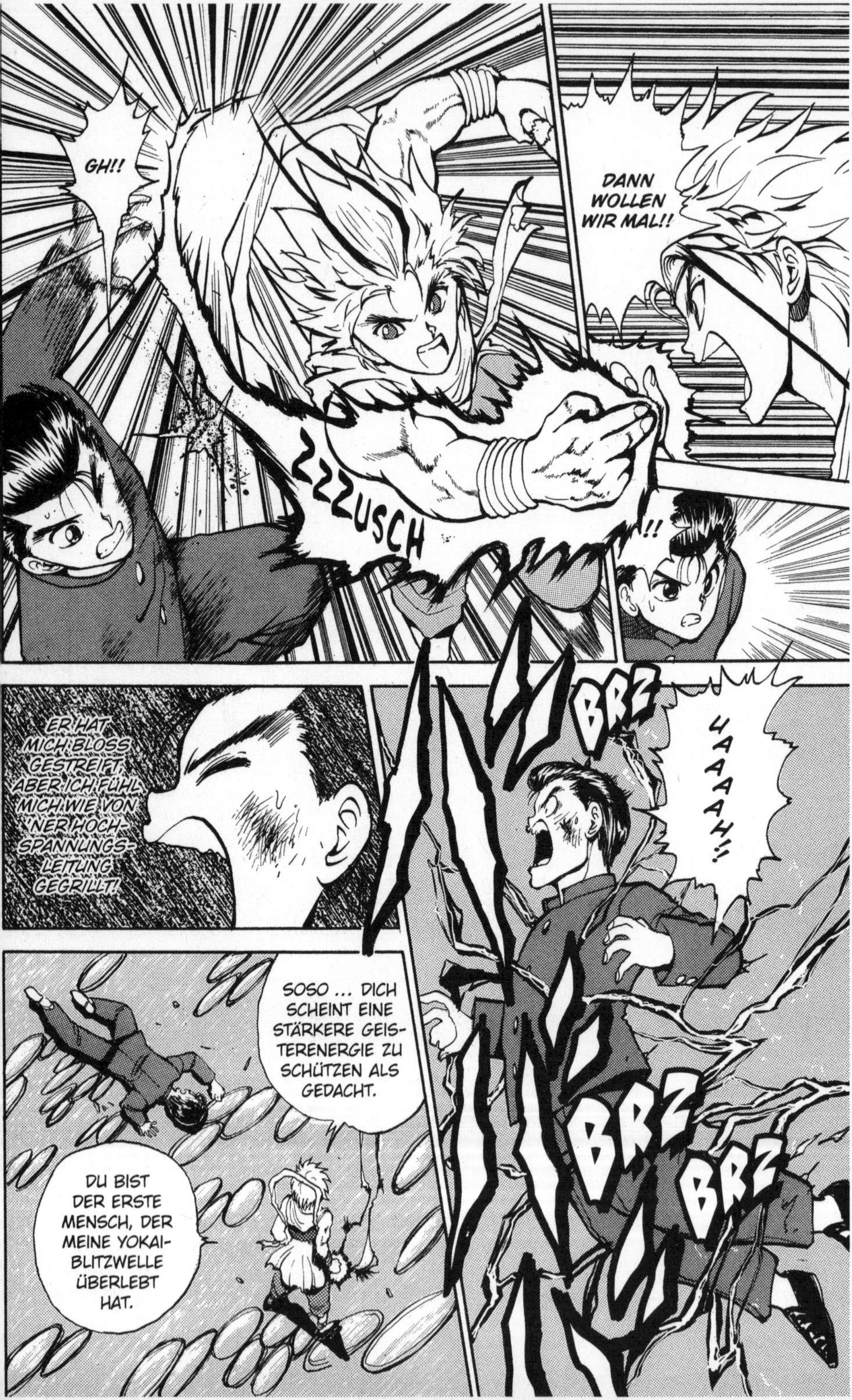
DANN WOLLEN WIR MAL!!
GH!!
ZZZUSCH
!!
UAAAAAH!!
BRZ
ER HAT MICH BLOSS GESTREIFT, ABER ICH FÜHL MICH WIE VON 'NER HOCH-SPANNUNGS-LEITUNG GEGRILLT!
BRZ
BRZ
SOSO ... DICH SCHEINT EINE STÄRKERE GEIS-TERENERGIE ZU SCHÜTZEN ALS GEDACHT.
DU BIST DER ERSTE MENSCH, DER MEINE YOKAI-BLITZWELLE ÜBERLEBT HAT.

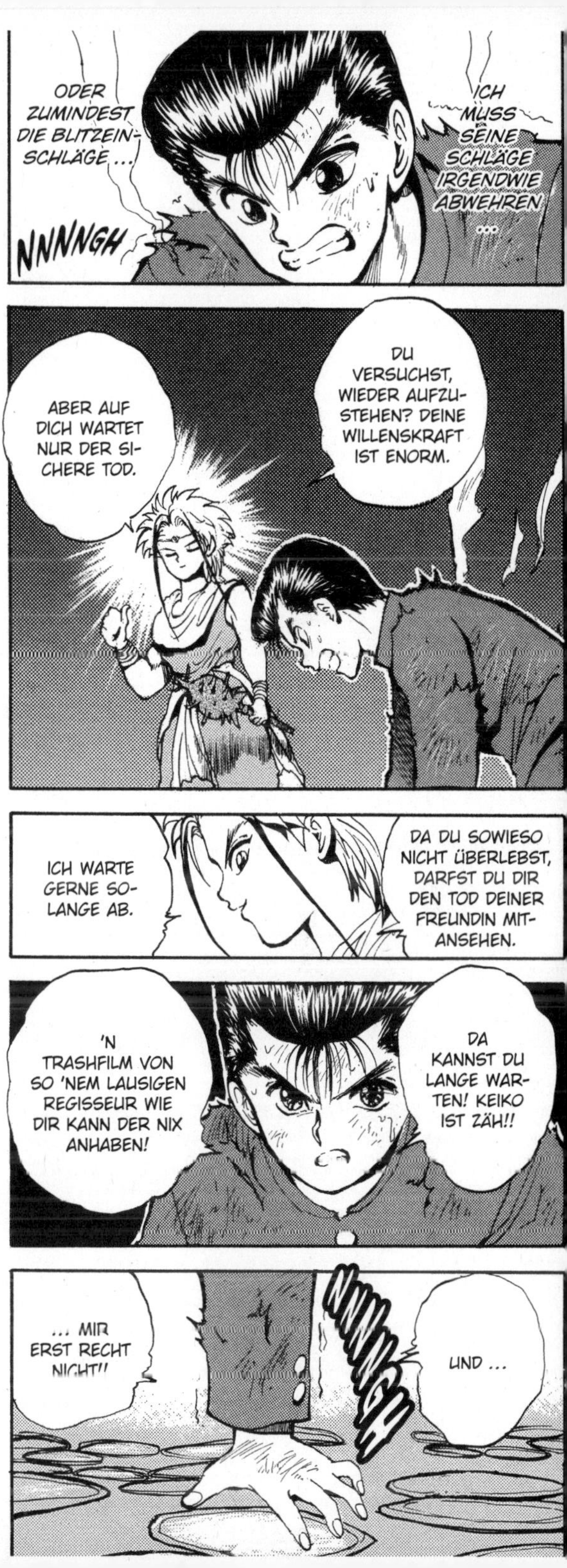
ICH MUSS SEINE SCHLÄGE IRGENDWIE ABWEHREN ...
ODER ZUMINDEST DIE BLITZEINSCHLÄGE ...
NNNNGH
DU VERSUCHST, WIEDER AUFZUSTEHEN? DEINE WILLENSKRAFT IST ENORM.
ABER AUF DICH WARTET NUR DER SICHERE TOD.
DA DU SOWIESO NICHT ÜBERLEBST, DARFST DU DIR DEN TOD DEINER FREUNDIN MITANSEHEN.
ICH WARTE GERNE SOLANGE AB.
DA KANNST DU LANGE WARTEN! KEIKO IST ZÄH!!
'N TRASHFILM VON SO 'NEM LAUSIGEN REGISSEUR WIE DIR KANN DER NIX ANHABEN!
UND ...
NNNNGH
... MIR ERST RECHT NICHT!!

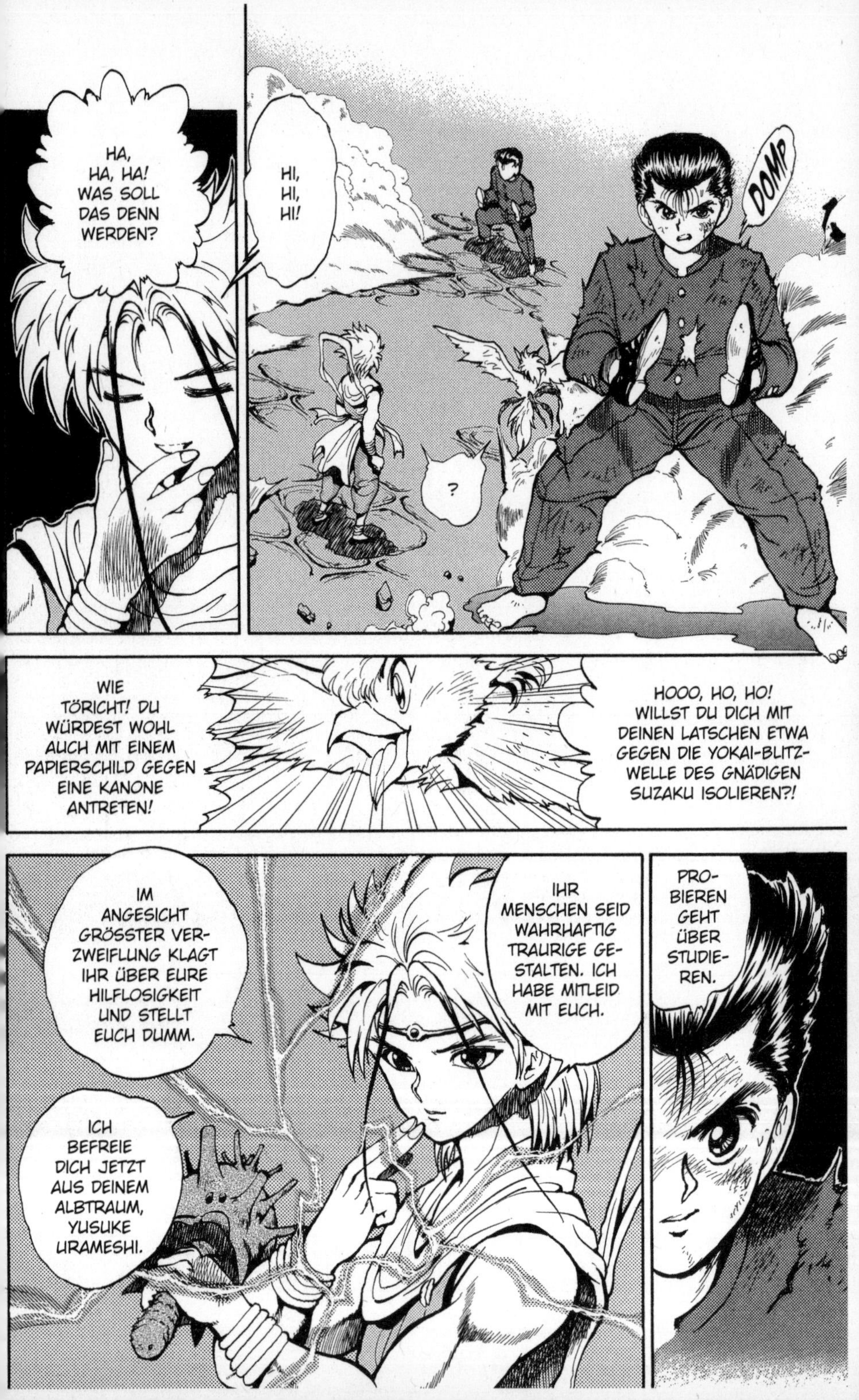
DOMP
?
HI, HI, HI!
HA, HA, HA! WAS SOLL DAS DENN WERDEN?
HOOO, HO, HO! WILLST DU DICH MIT DEINEN LATSCHEN ETWA GEGEN DIE YOKAI-BLITZ-WELLE DES GNÄDIGEN SUZAKU ISOLIEREN?!
WIE TÖRICHT! DU WÜRDEST WOHL AUCH MIT EINEM PAPIERSCHILD GEGEN EINE KANONE ANTRETEN!
PROBIEREN GEHT ÜBER STUDIEREN.
IHR MENSCHEN SEID WAHRHAFTIG TRAURIGE GESTALTEN. ICH HABE MITLEID MIT EUCH.
IM ANGESICHT GRÖSSTER VERZWEIFLUNG KLAGT IHR ÜBER EURE HILFLOSIGKEIT UND STELLT EUCH DUMM.
ICH BEFREIE DICH JETZT AUS DEINEM ALBTRAUM, YUSUKE URAMESHI.

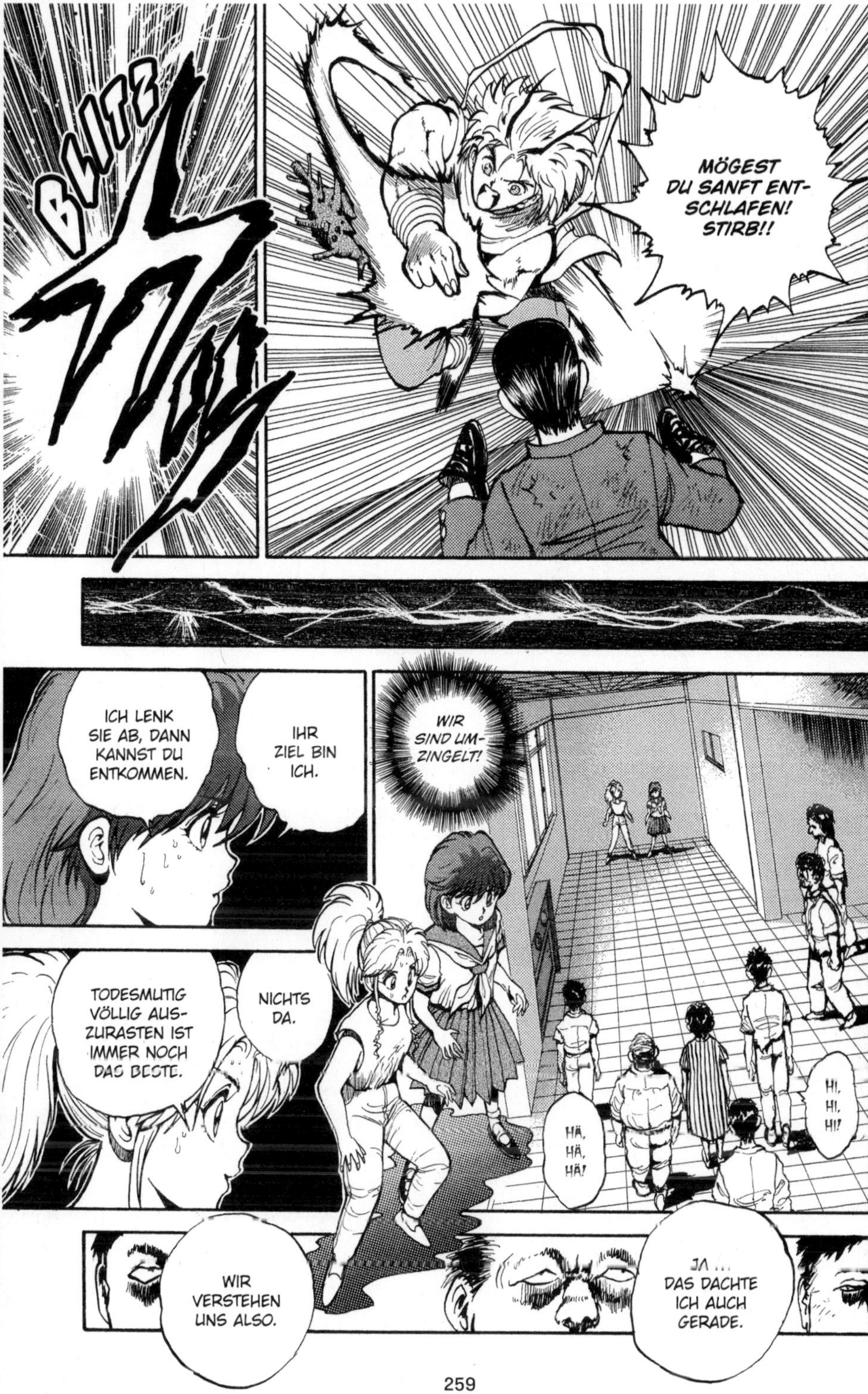
MÖGEST DU SANFT ENT-SCHLAFEN! STIRB!!
BLITZ
WIR SIND UM-ZINGELT!
HI, HI, HI!
HÄ, HÄ, HÄ!
IHR ZIEL BIN ICH.
ICH LENK SIE AB, DANN KANNST DU ENTKOMMEN.
NICHTS DA.
TODESMUTIG VÖLLIG AUS-ZURASTEN IST IMMER NOCH DAS BESTE.
JA ... DAS DACHTE ICH AUCH GERADE.
WIR VERSTEHEN UNS ALSO.

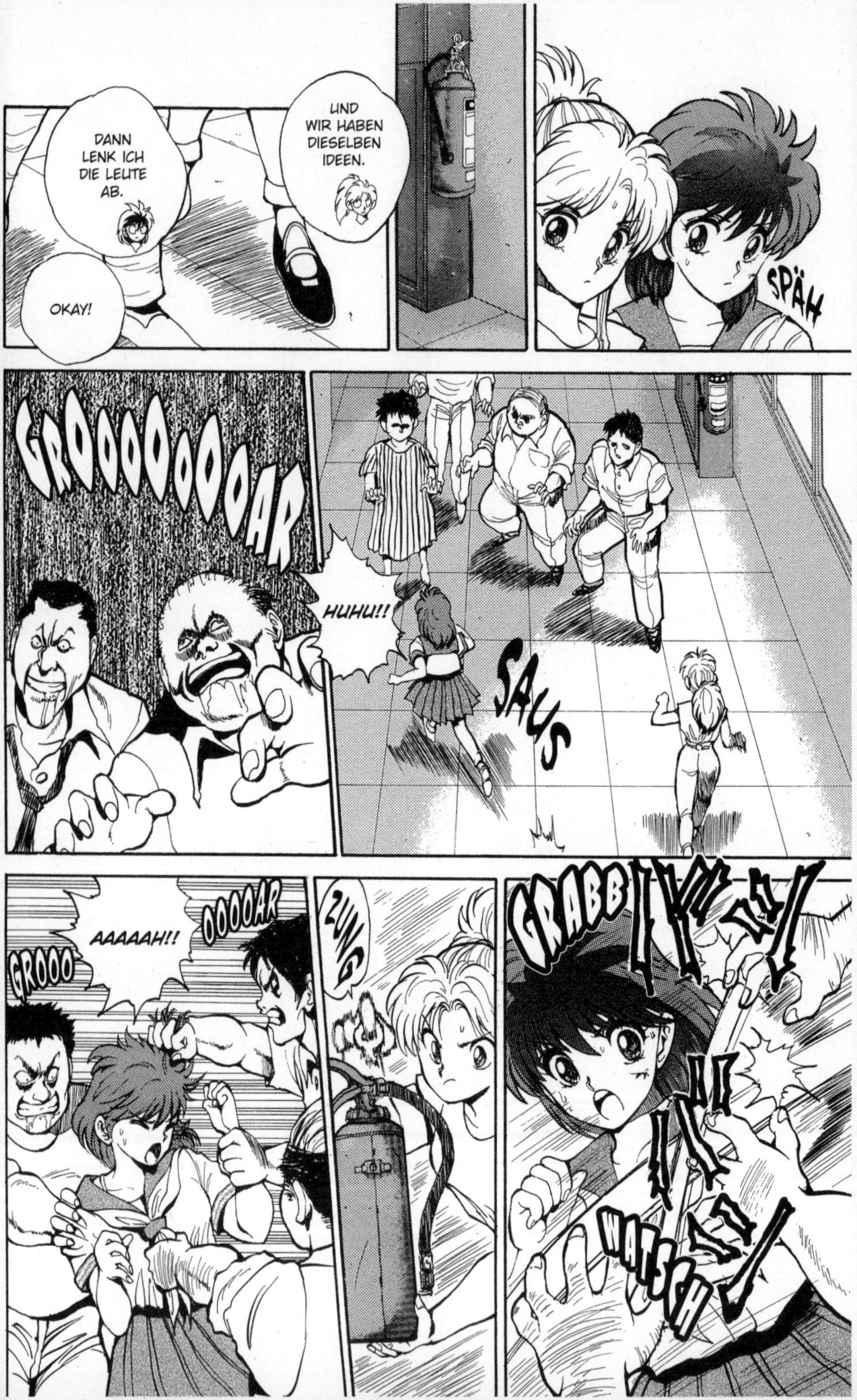
UND WIR HABEN DIESELBEN IDEEN.
DANN LENK ICH DIE LEUTE AB.
OKAY!
SPÄH
GROOOOOOOAR
HUHU!!
SAUS
OOOOAR
AAAAAH!!
GROOO
GRABB
ZUNG
WATSCH

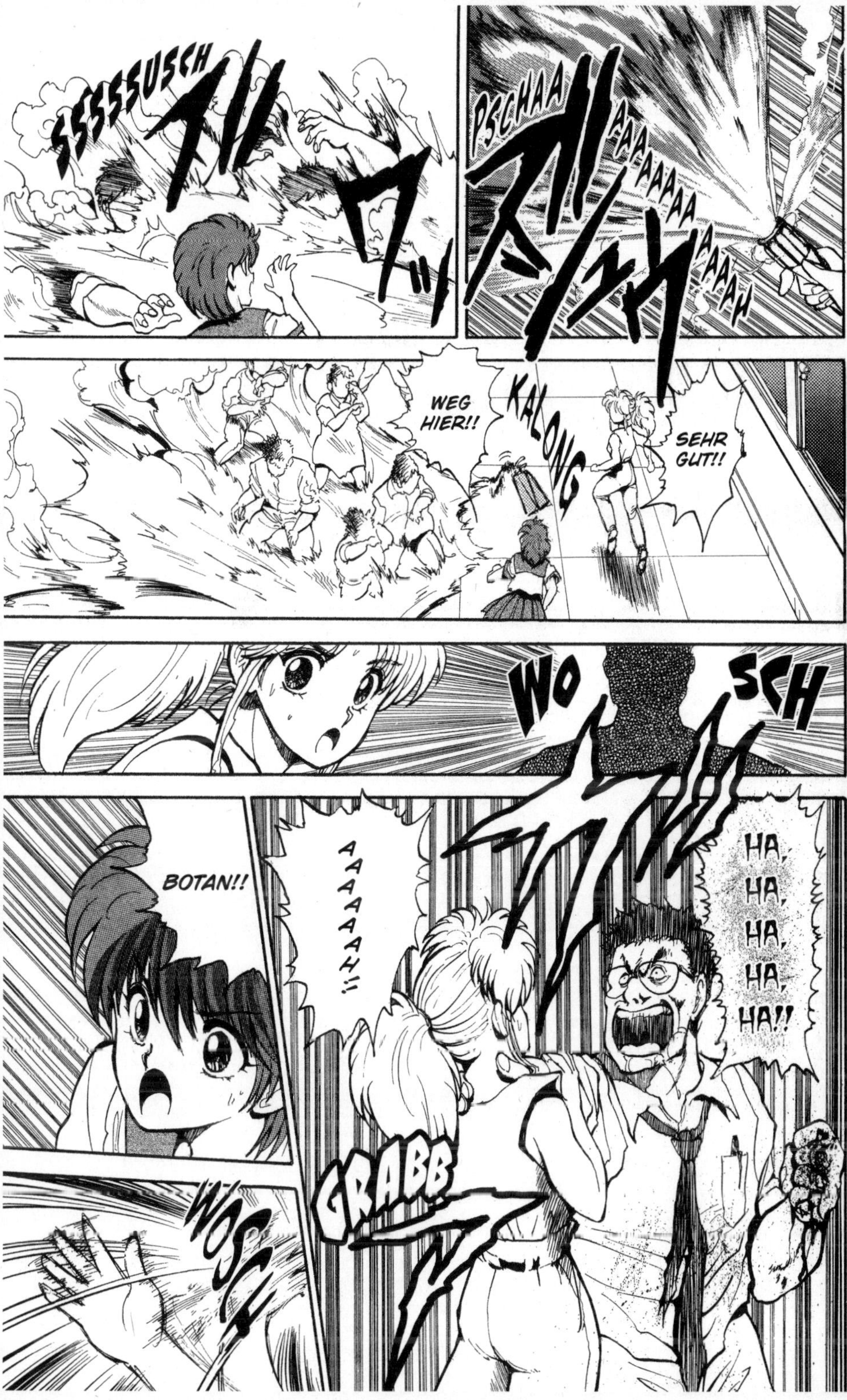
PSCHAAAAAAAAAAAAAAAAAAAH
SSSSSUSCH
SEHR GUT!!
KALONG
WEG HIER!!
WOSCH
HA, HA, HA, HA, HA!!
AAAAAAAH!!
GRABB
BOTAN!!
WOSCH

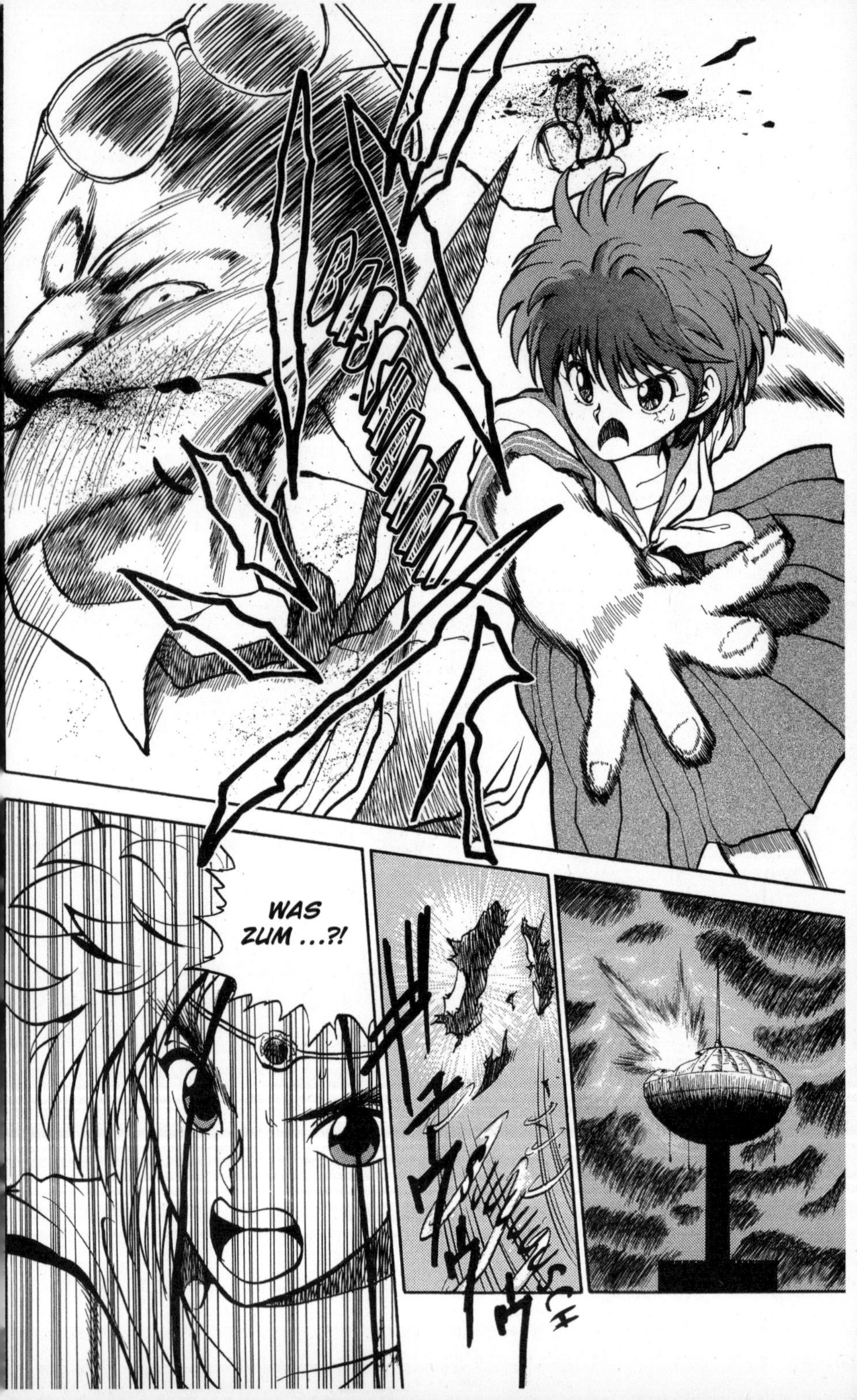
WAS ZUM ...?!

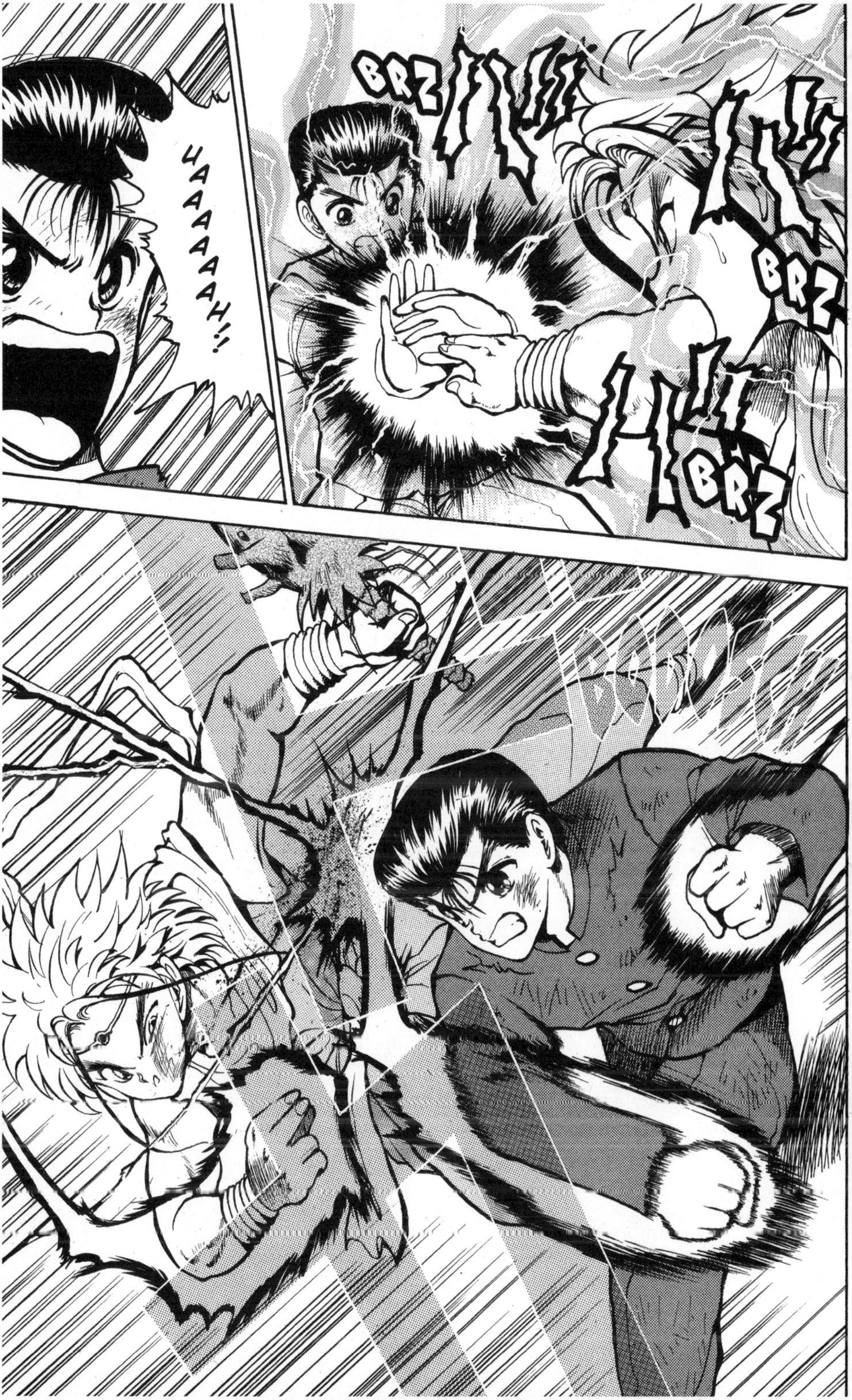
BRZ
BRZ
BRZ
BRZ
UAAAAAAAH!!

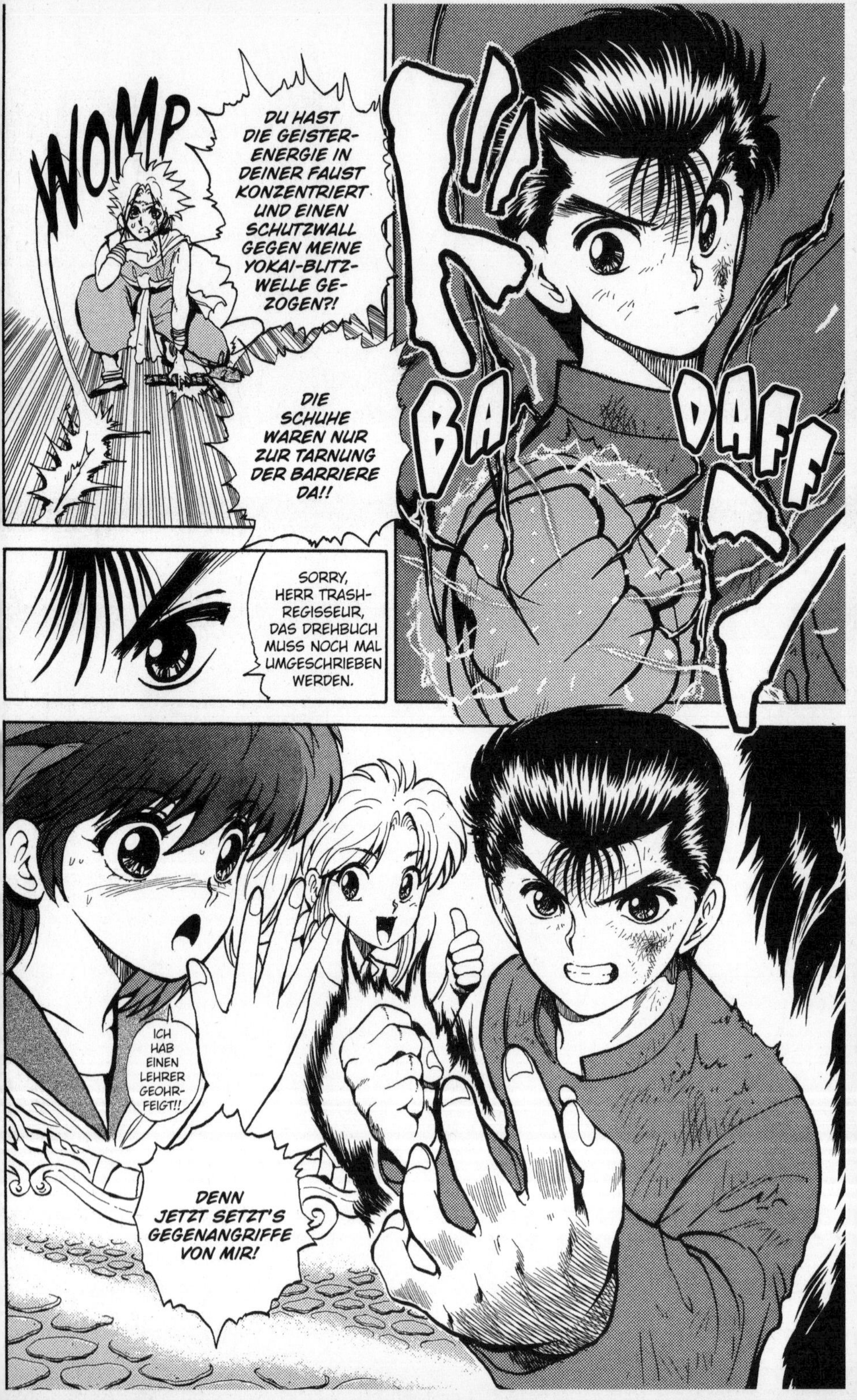
BA DAFF
WOMP
DU HAST DIE GEISTER-ENERGIE IN DEINER FAUST KONZENTRIERT UND EINEN SCHUTZWALL GEGEN MEINE YOKAI-BLITZ-WELLE GE-ZOGEN?!
DIE SCHUHE WAREN NUR ZUR TARNUNG DER BARRIERE DA!!
SORRY, HERR TRASH-REGISSEUR, DAS DREHBUCH MUSS NOCH MAL UMGESCHRIEBEN WERDEN.
ICH HAB EINEN LEHRER GEOHRFEIGT!!
DENN JETZT SETZT'S GEGENANGRIFFE VON MIR!

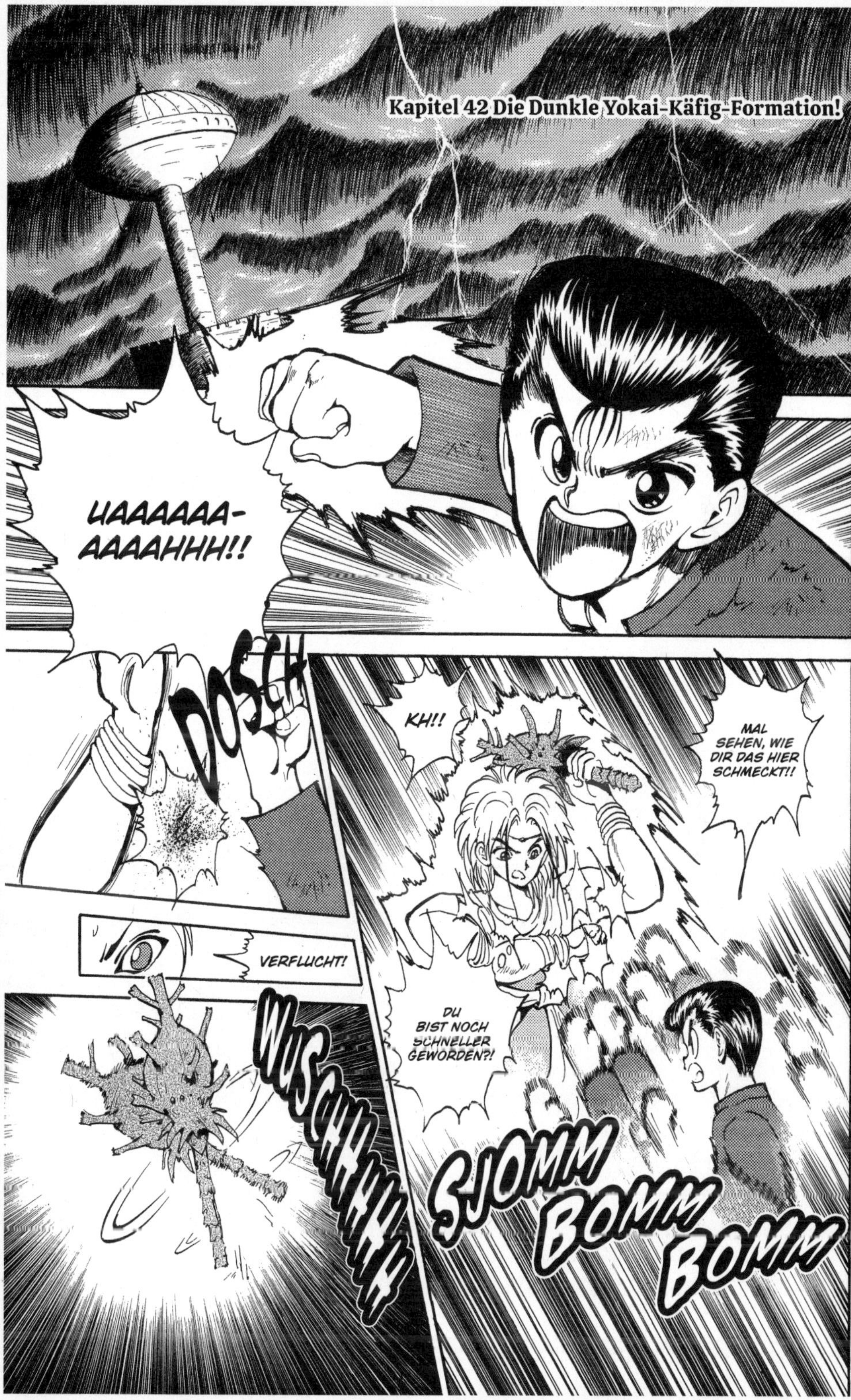
Kapitel 42 Die Dunkle Yokai-Käfig-Formation!
UAAAAAA-
AAAAHHH!!
DOSCH
KH!!
MAL SEHEN, WIE DIR DAS HIER SCHMECKT!!
DU BIST NOCH SCHNELLER GEWORDEN?!
VERFLUCHT!
WUSCHHHHH
SJOMM
BOMM
BOMM

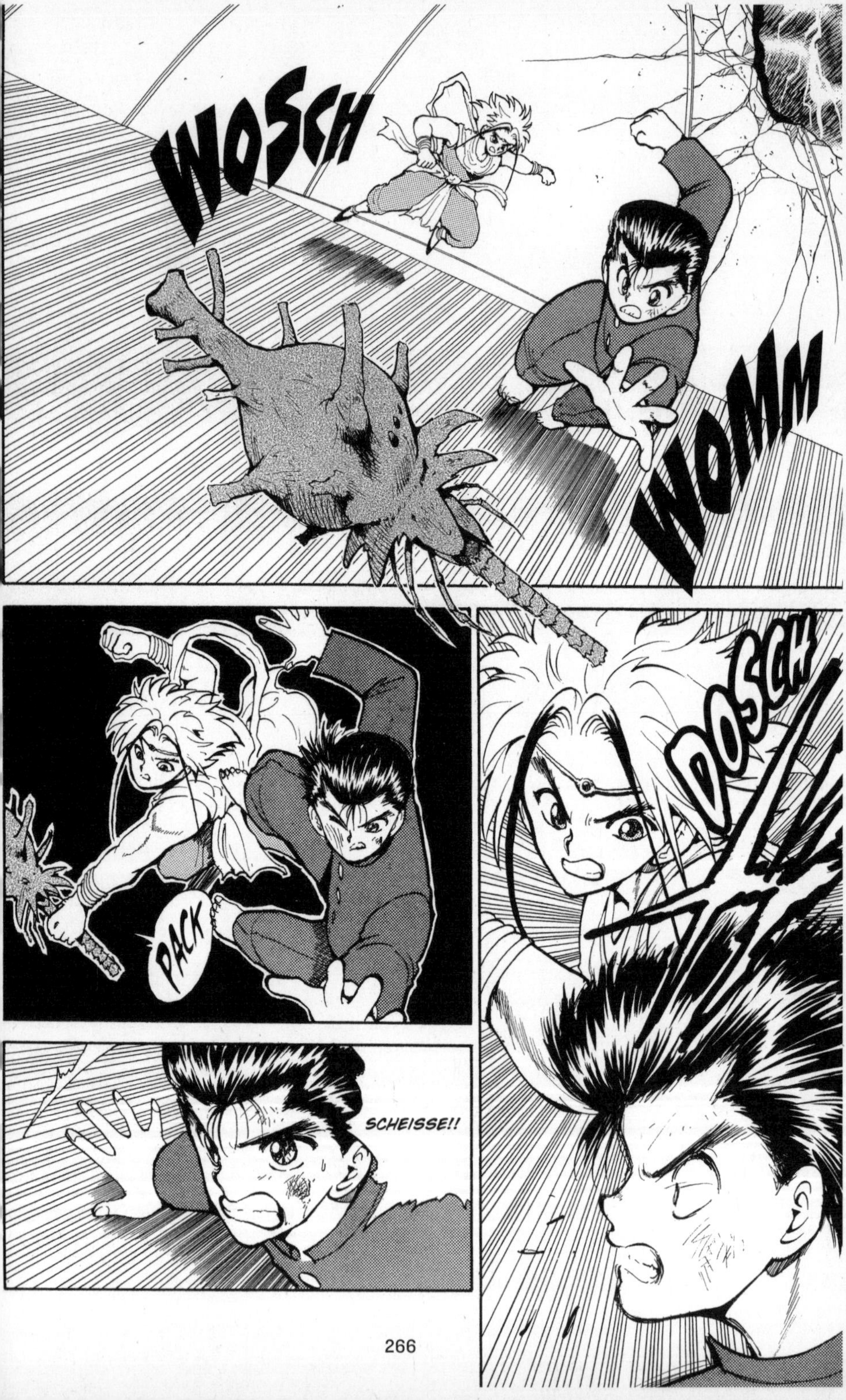
WOMM
WOSCH
DOSCH
PACK
SCHEISSE!!

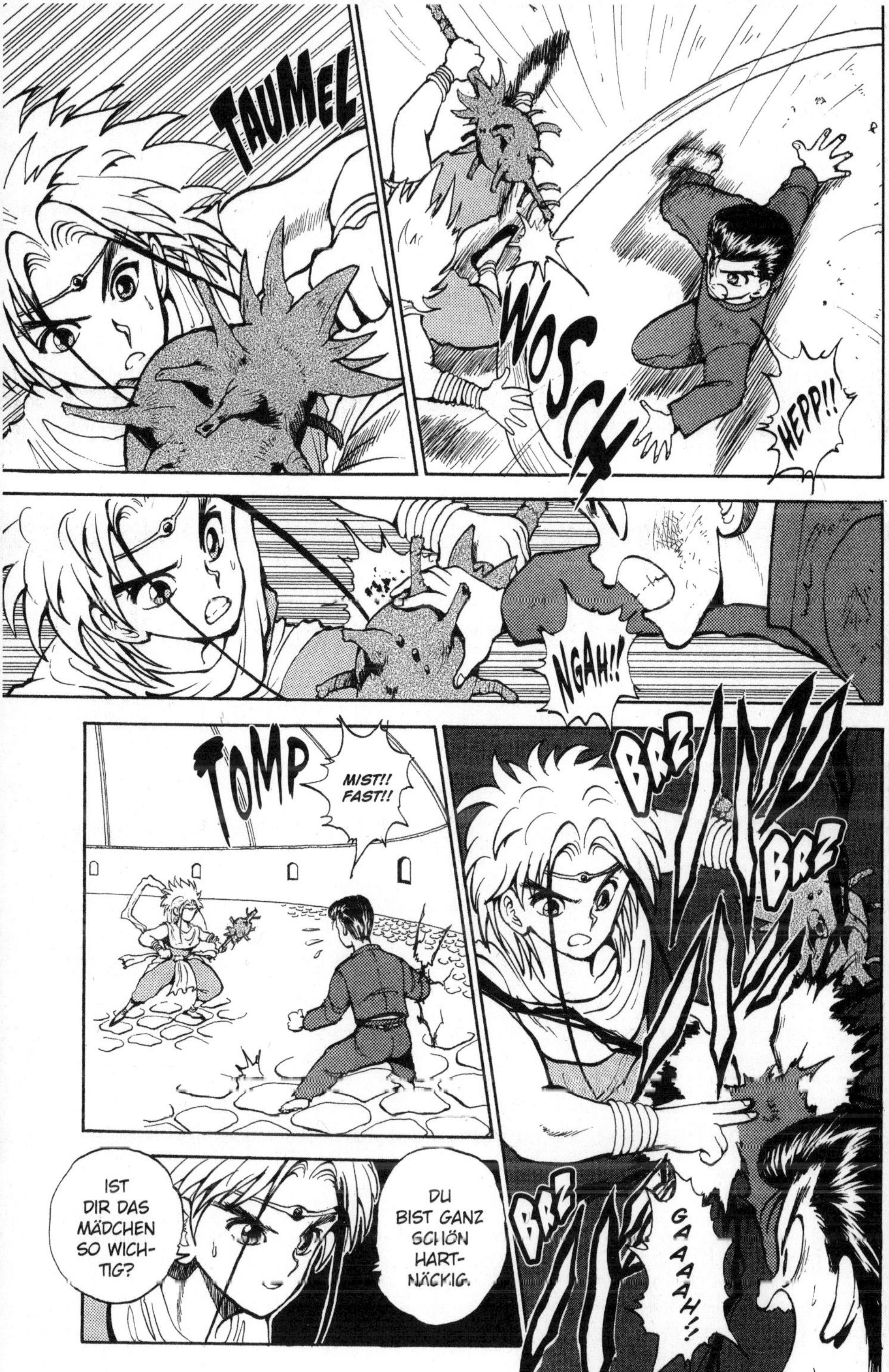
TAUMEL
WOSCH
HEPP!!
NGAH!!
TOMP
MIST!! FAST!!
BRZ
BRZ
BRZ
DU BIST GANZ SCHÖN HART-NÄCKIG.
IST DIR DAS MÄDCHEN SO WICH-TIG?
GAAAAH!!

Kapitel 42 Die dunkle Yokai-Käfig-Formation!

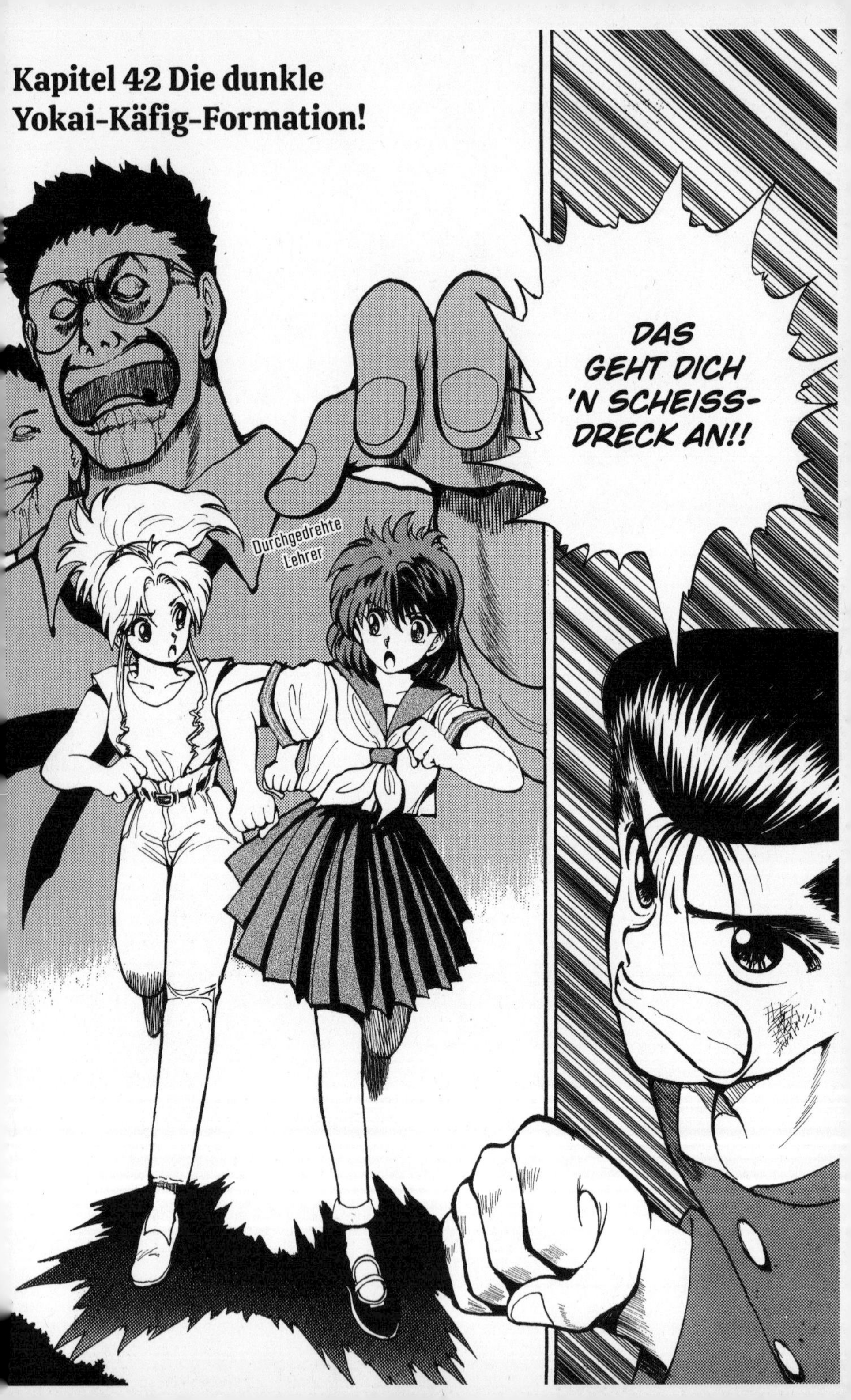

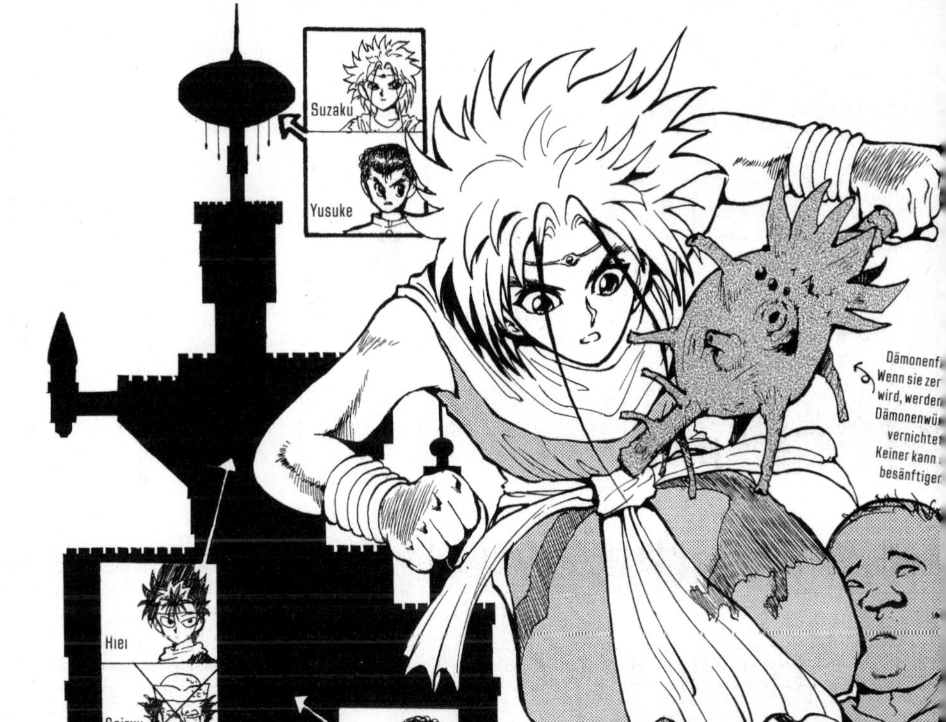

Was bisher geschah

Vier bösartige Yokai, die sogenannten „Vier Wundertiere“, wollen in die Menschenwelt einfallen! Mithilfe der Dämonenflöte lenken sie Dämonenwürmer, die sich in Menschen einnisten, die dunkle Gedanken in sich tragen. Um den Bösewichten einen Strich durch die Rechnung zu machen, haben sich Yusuke, Kuwabara, Hiei und Kurama auf den Weg zur verwinkelten Festung gemacht. Doch als sie das oberste Stockwerk erreichen, hat der Anführer Suzaku bereits mit Dämonenwürmern infizierte Menschen auf Keiko gehetzt. Yusuke und Suzaku liefern sich nun einen erbitterten Kampf um die Flöte! Beeil dich, Yusuke!!

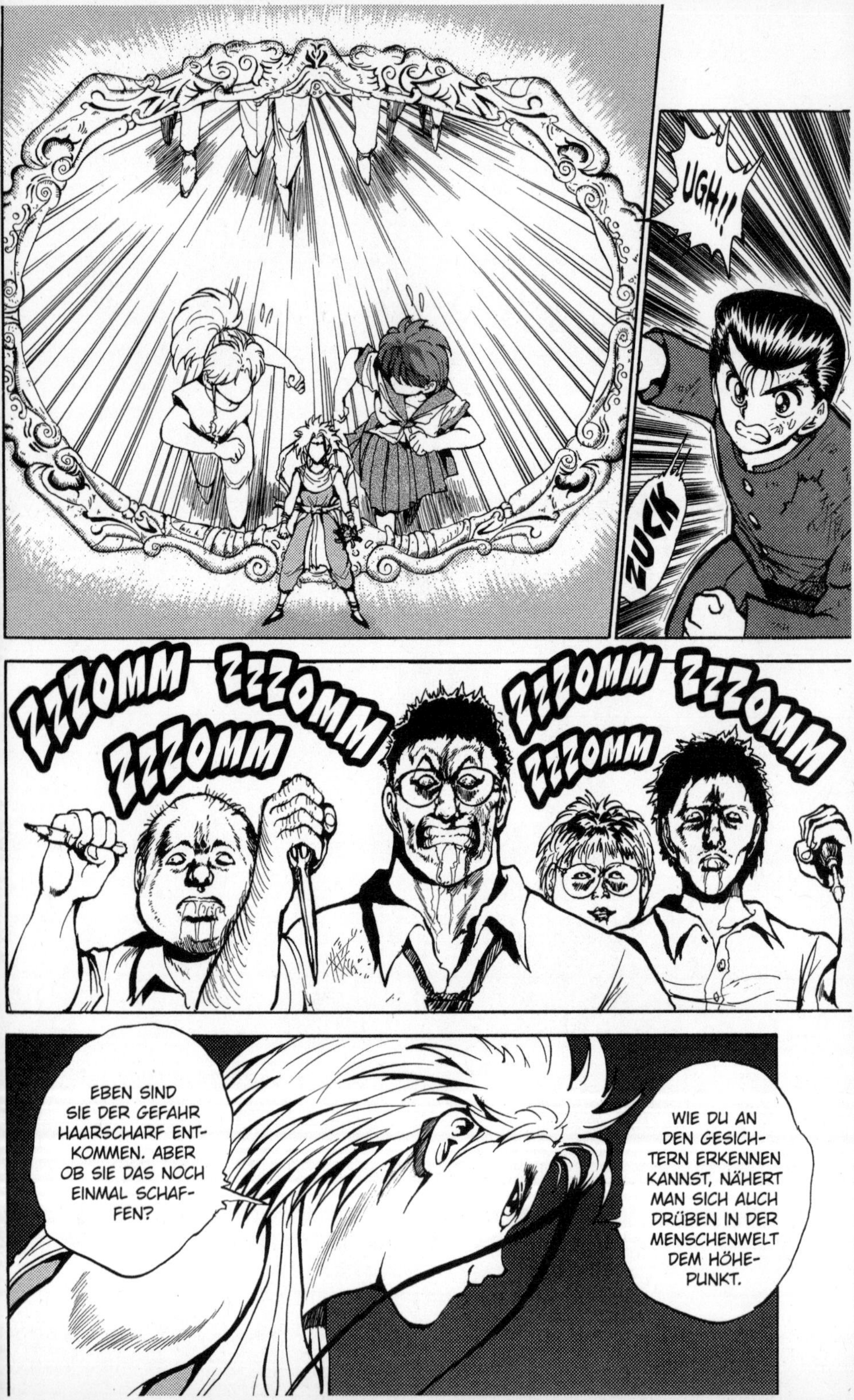
UGH!!
ZUCK
ZZZOMM ZZZOMM ZZZOMM
ZZZOMM ZZZOMM ZZZOMM
WIE DU AN DEN GESICHTERN ERKENNEN KANNST, NÄHERT MAN SICH AUCH DRÜBEN IN DER MENSCHENWELT DEM HÖHEPUNKT.
EBEN SIND SIE DER GEFAHR HAARSCHARF ENTKOMMEN. ABER OB SIE DAS NOCH EINMAL SCHAFFEN?

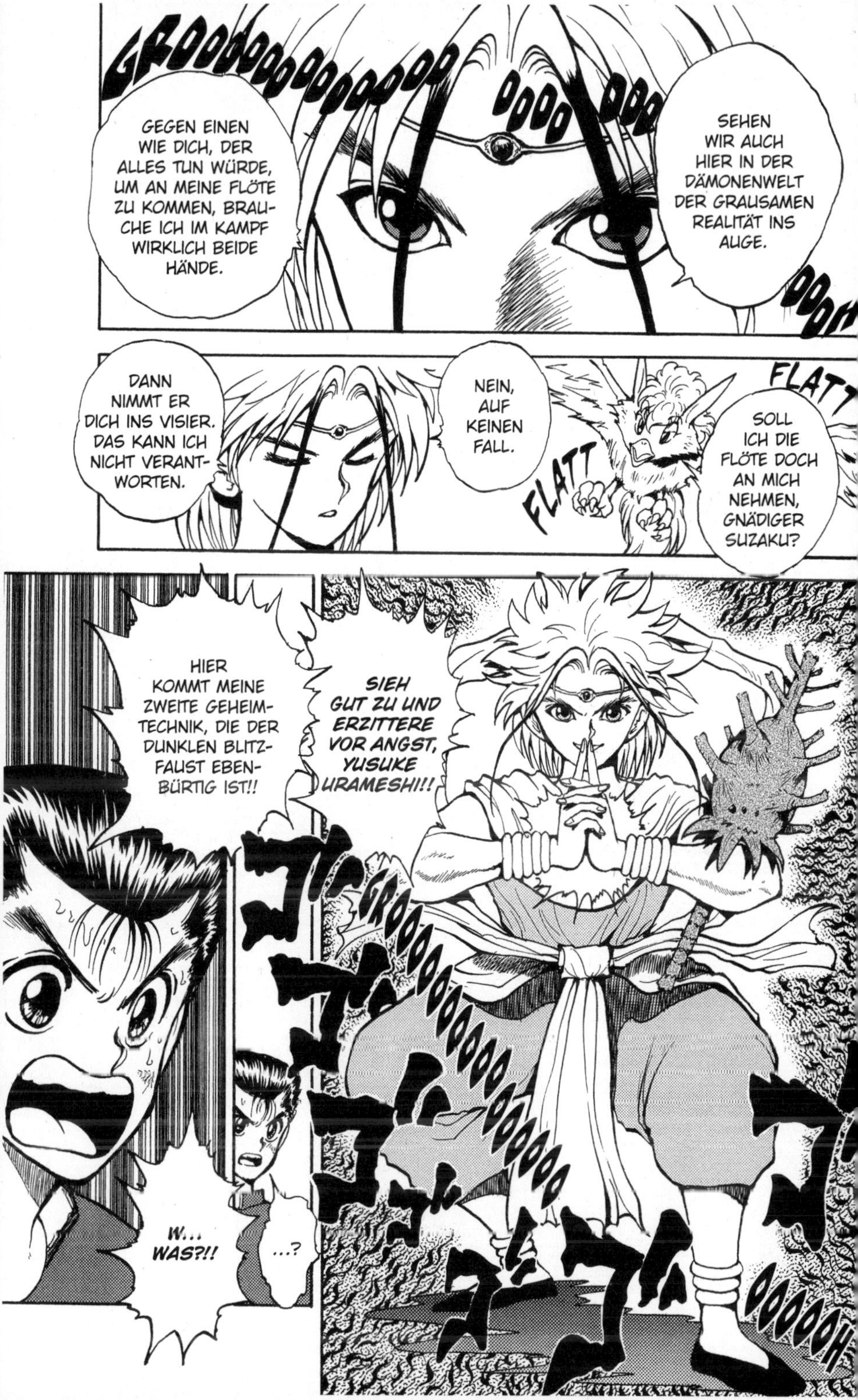
GROOOOOOOOOOOOOOOOOOOOOOOOOH
SEHEN WIR AUCH HIER IN DER DÄMONENWELT DER GRAUSAMEN REALITÄT INS AUGE.
GEGEN EINEN WIE DICH, DER ALLES TUN WÜRDE, UM AN MEINE FLÖTE ZU KOMMEN, BRAUCHE ICH IM KAMPF WIRKLICH BEIDE HÄNDE.
FLATT
SOLL ICH DIE FLÖTE DOCH AN MICH NEHMEN, GNÄDIGER SUZAKU?
FLATT
NEIN, AUF KEINEN FALL.
DANN NIMMT ER DICH INS VISIER. DAS KANN ICH NICHT VERANTWORTEN.
SIEH GUT ZU UND ERZITTERE VOR ANGST, YUSUKE URAMESHI!!!
HIER KOMMT MEINE ZWEITE GEHEIMTECHNIK, DIE DER DUNKLEN BLITZFAUST EBENBÜRTIG IST!!
GROOOOOOOOOOOOOOOOOOOOOH
...?
W... WAS?!!

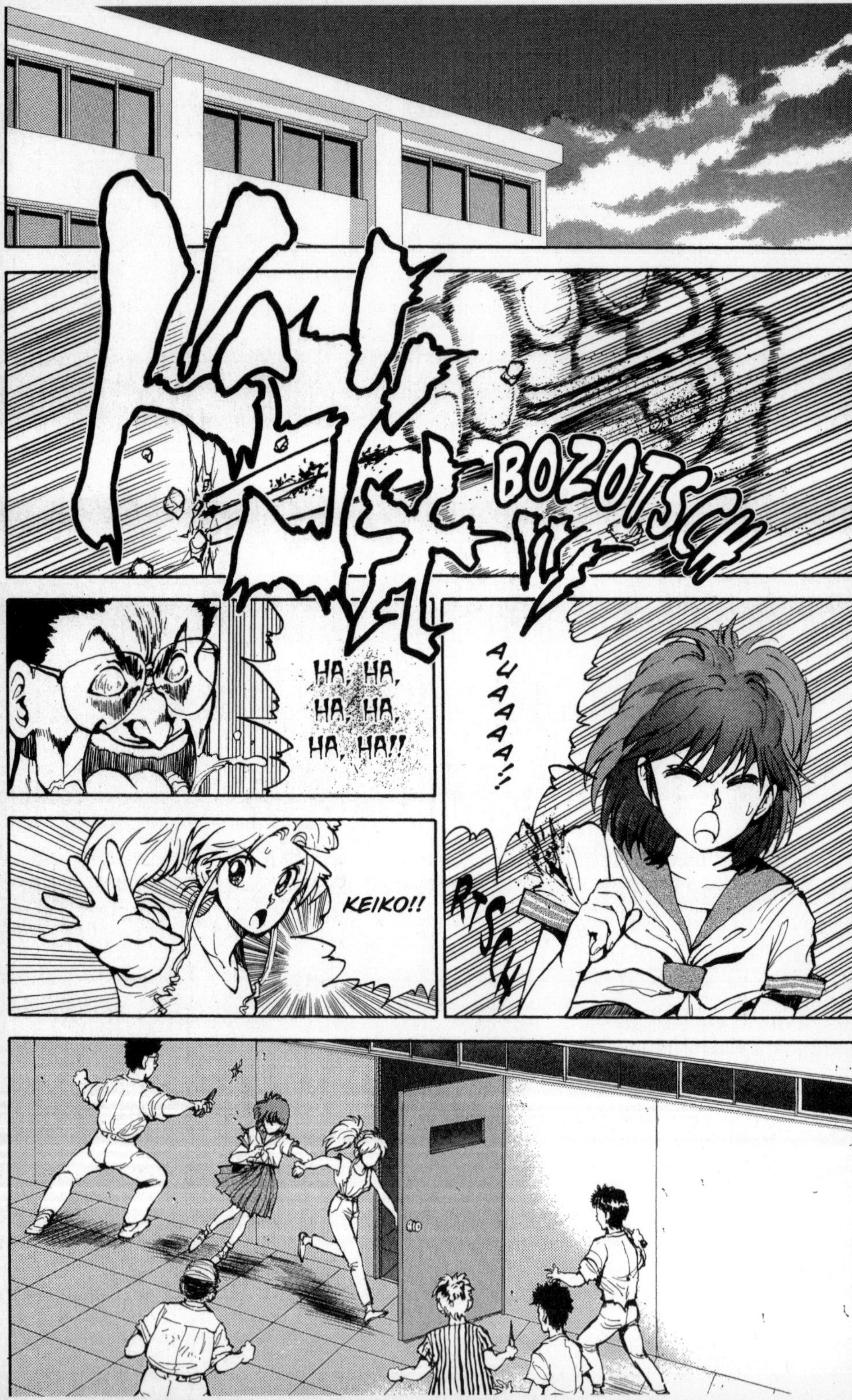
BOZOTSCH
AUAAAAA!!
HA, HA,
HA, HA,
HA, HA!!
RTSCH
KEIKO!!

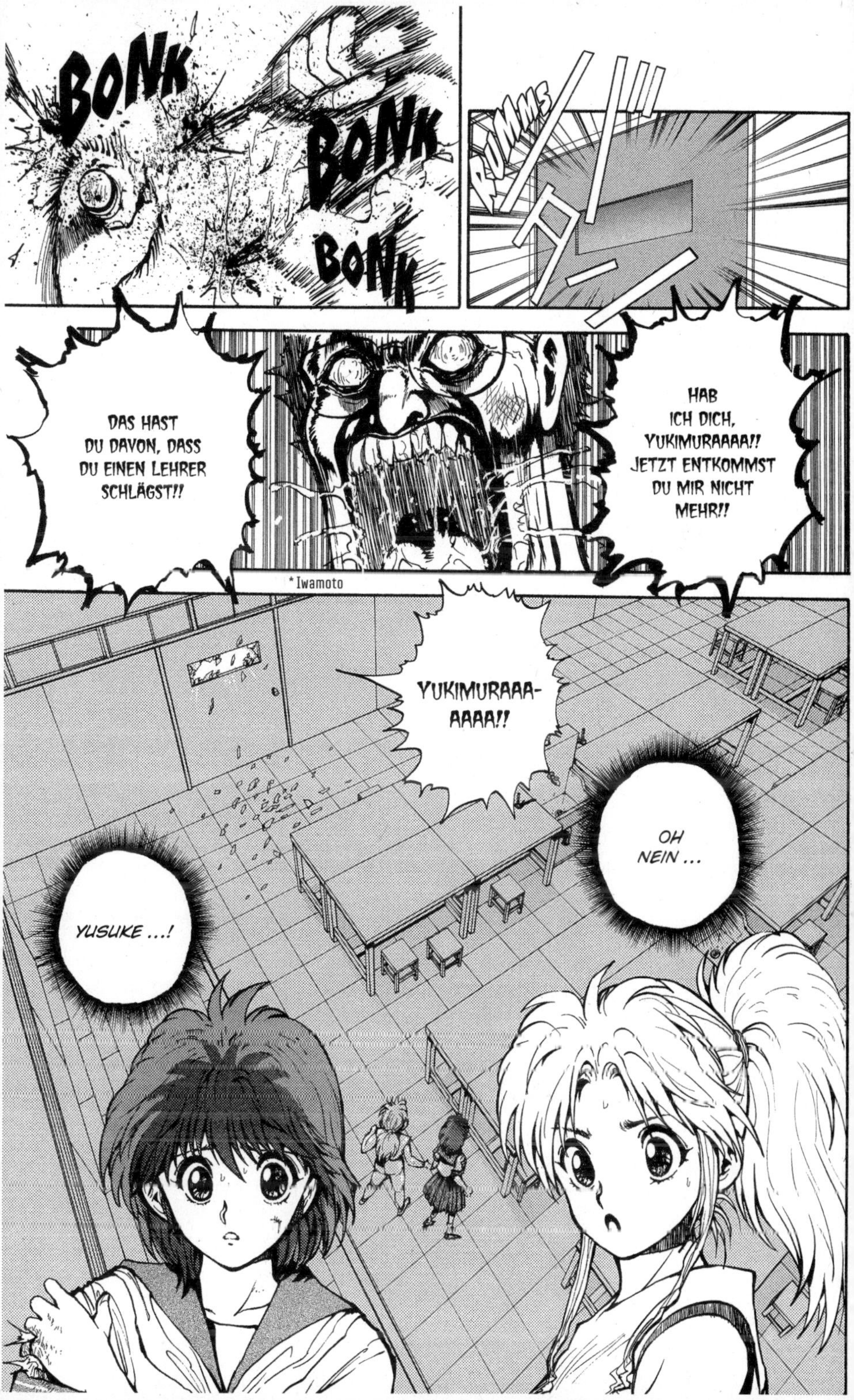
RUMMS
BONK
BONK
BONK
HAB ICH DICH, YUKIMURAAAA!! JETZT ENTKOMMST DU MIR NICHT MEHR!!
DAS HAST DU DAVON, DASS DU EINEN LEHRER SCHLÄGST!!
*Iwamoto
YUKIMURAAA-AAAA!!
OH NEIN ...
YUSUKE ...!

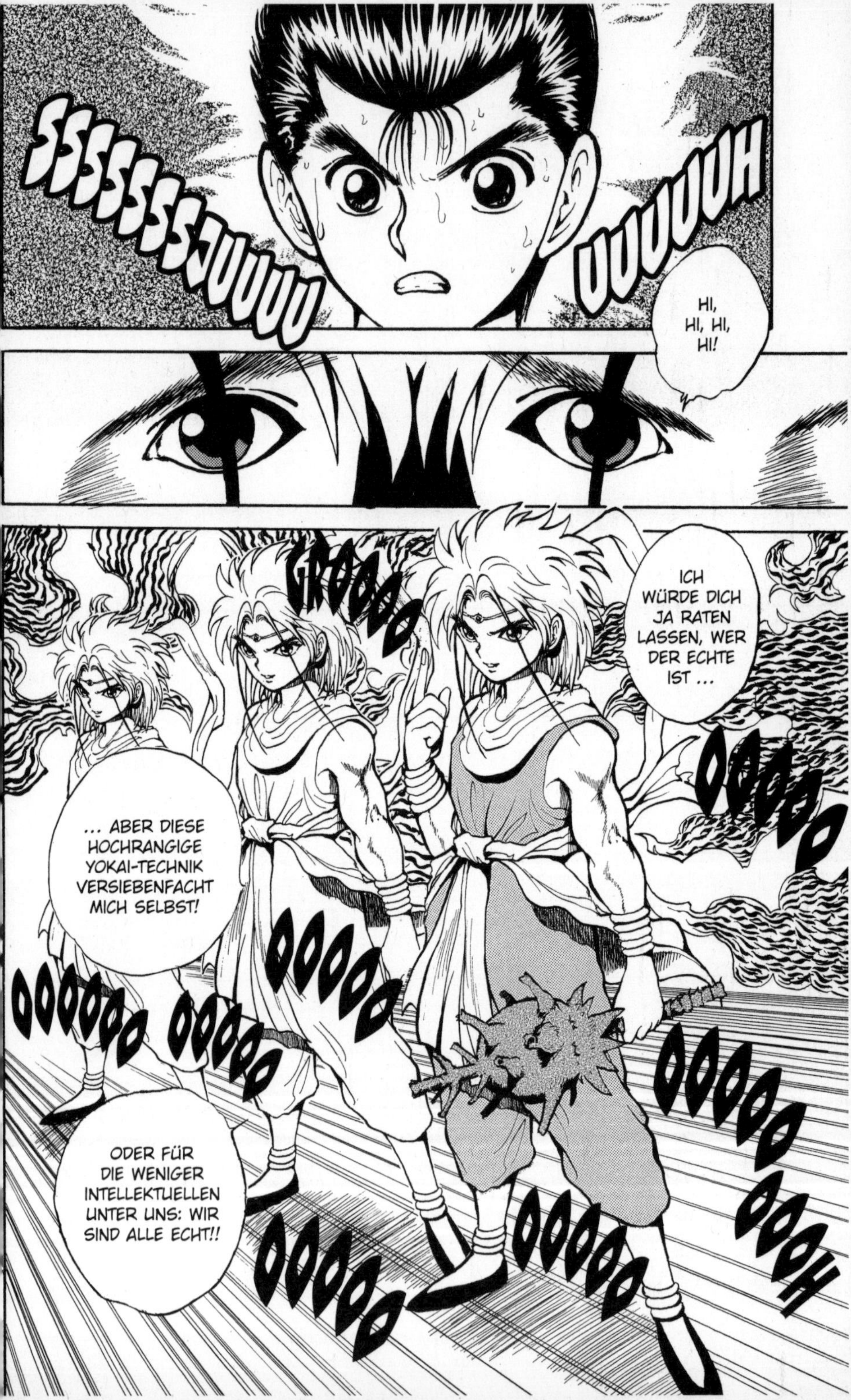
SSSSSSSUUUUU UUUUUUH
HI, HI, HI, HI!
ICH WÜRDE DICH JA RATEN LASSEN, WER DER ECHTE IST …
… ABER DIESE HOCHRANGIGE YOKAI-TECHNIK VERSIEBENFACHT MICH SELBST!
ODER FÜR DIE WENIGER INTELLEKTUELLEN UNTER UNS: WIR SIND ALLE ECHT!!

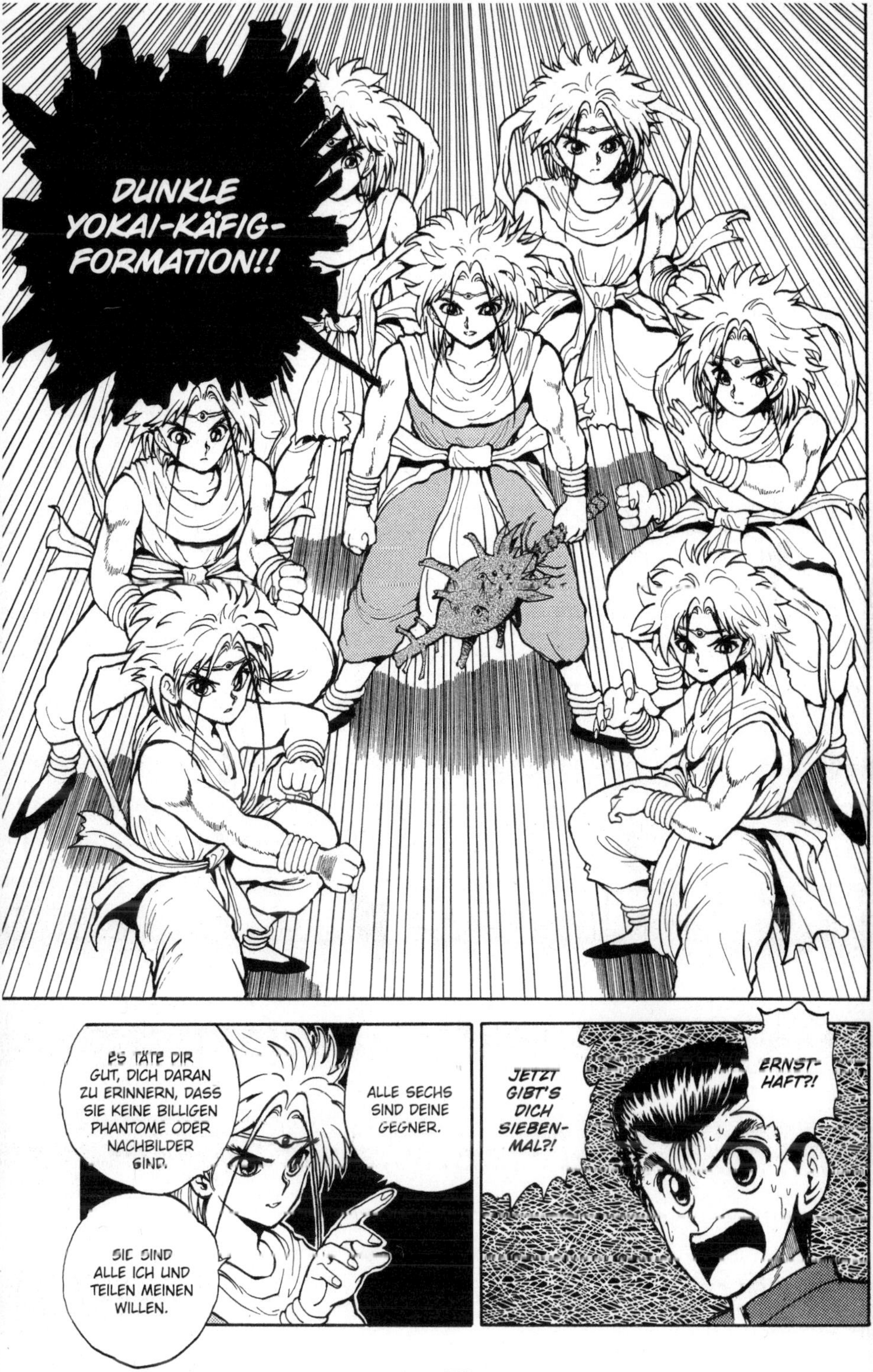
DUNKLE YOKAI-KÄFIG-FORMATION!!
ERNST-HAFT?!
JETZT GIBT'S DICH SIEBEN-MAL?!
ALLE SECHS SIND DEINE GEGNER.
ES TÄTE DIR GUT, DICH DARAN ZU ERINNERN, DASS SIE KEINE BILLIGEN PHANTOME ODER NACHBILDER SIND.
SIE SIND ALLE ICH UND TEILEN MEINEN WILLEN.

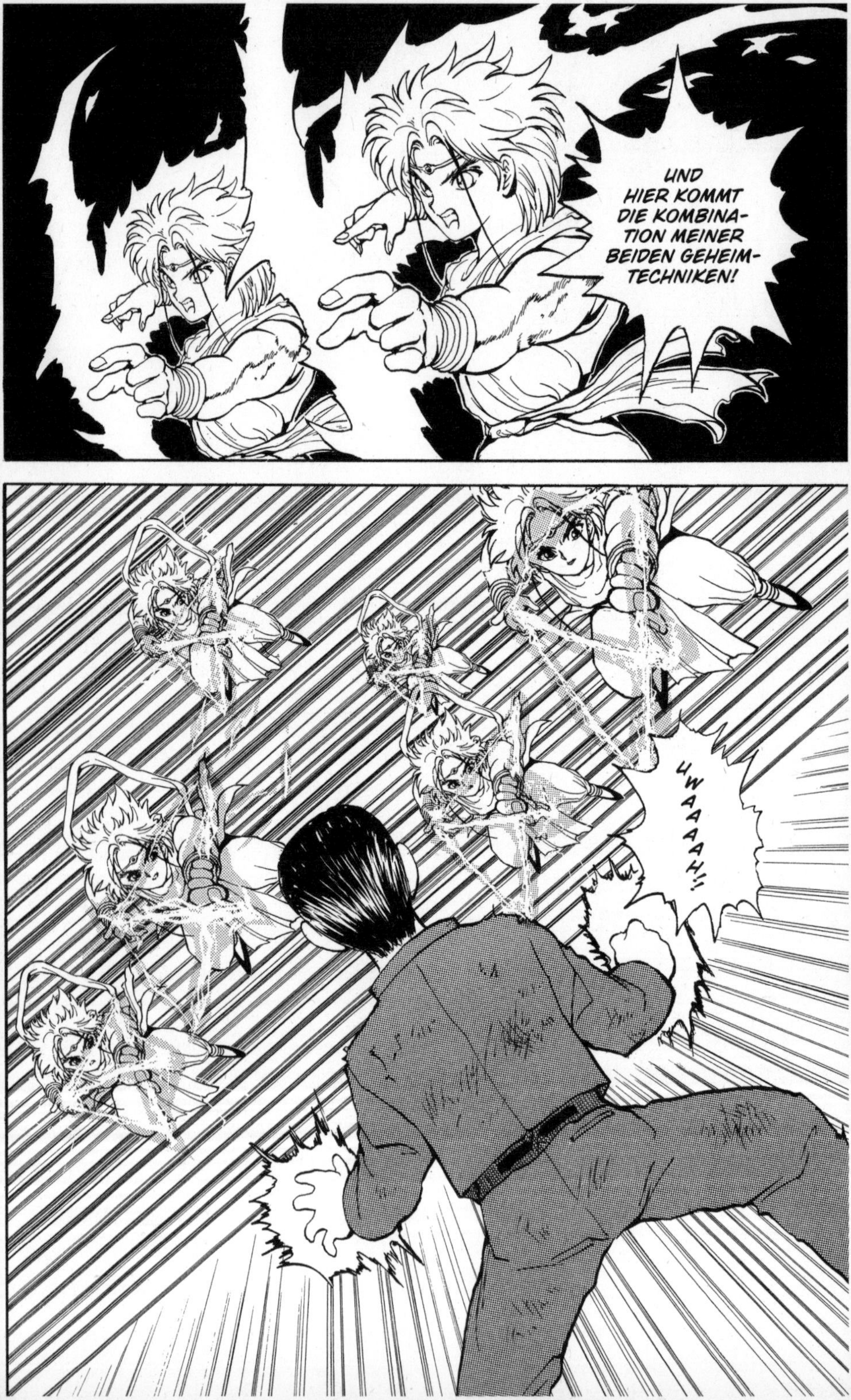
UND HIER KOMMT DIE KOMBINATION MEINER BEIDEN GEHEIMTECHNIKEN!
UWAAAAAH!!

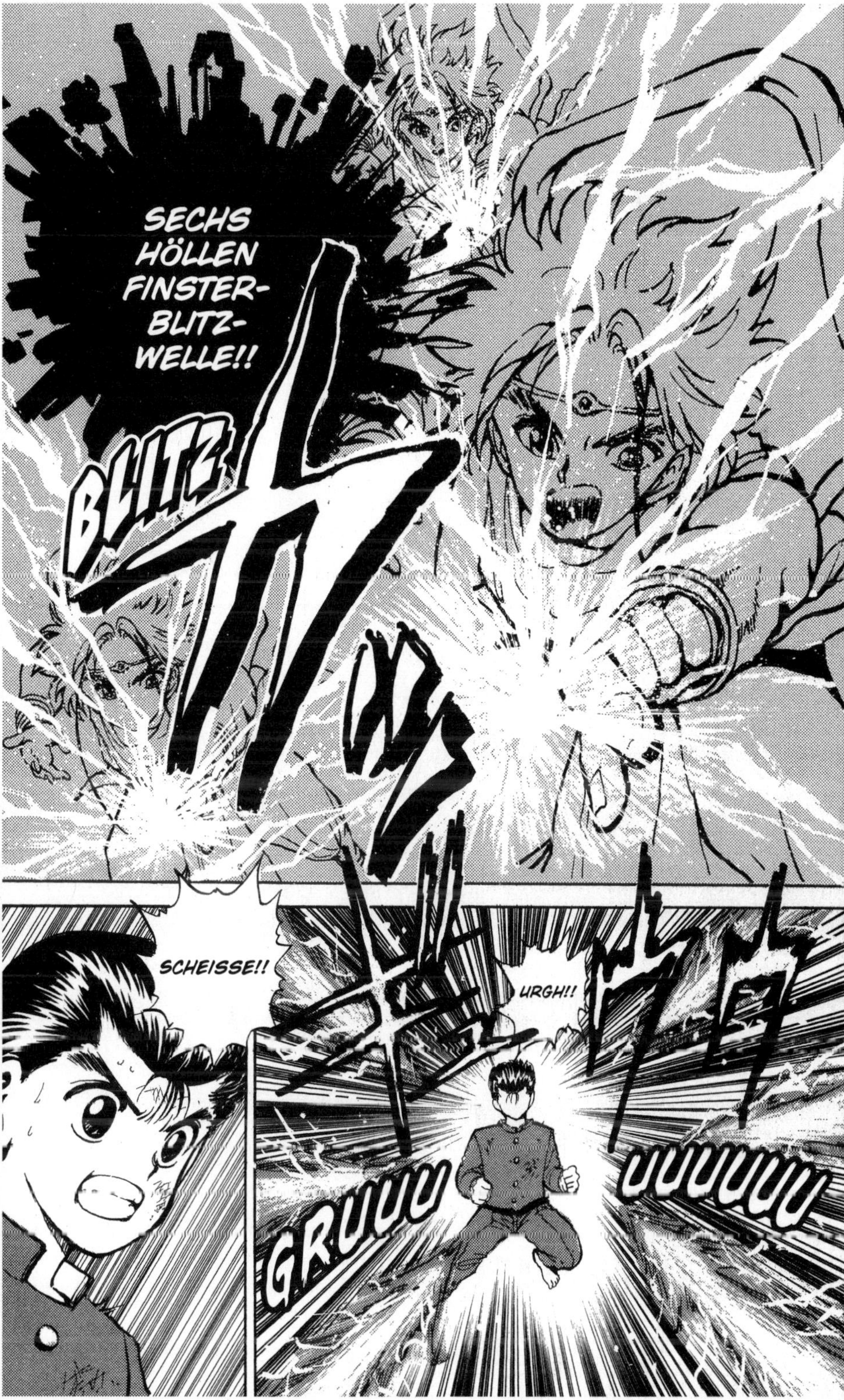
SECHS HÖLLEN FINSTER-BLITZ-WELLE!!
BLITZ
URGH!!
GRUUUU UUUUUUU
SCHEISSE!!

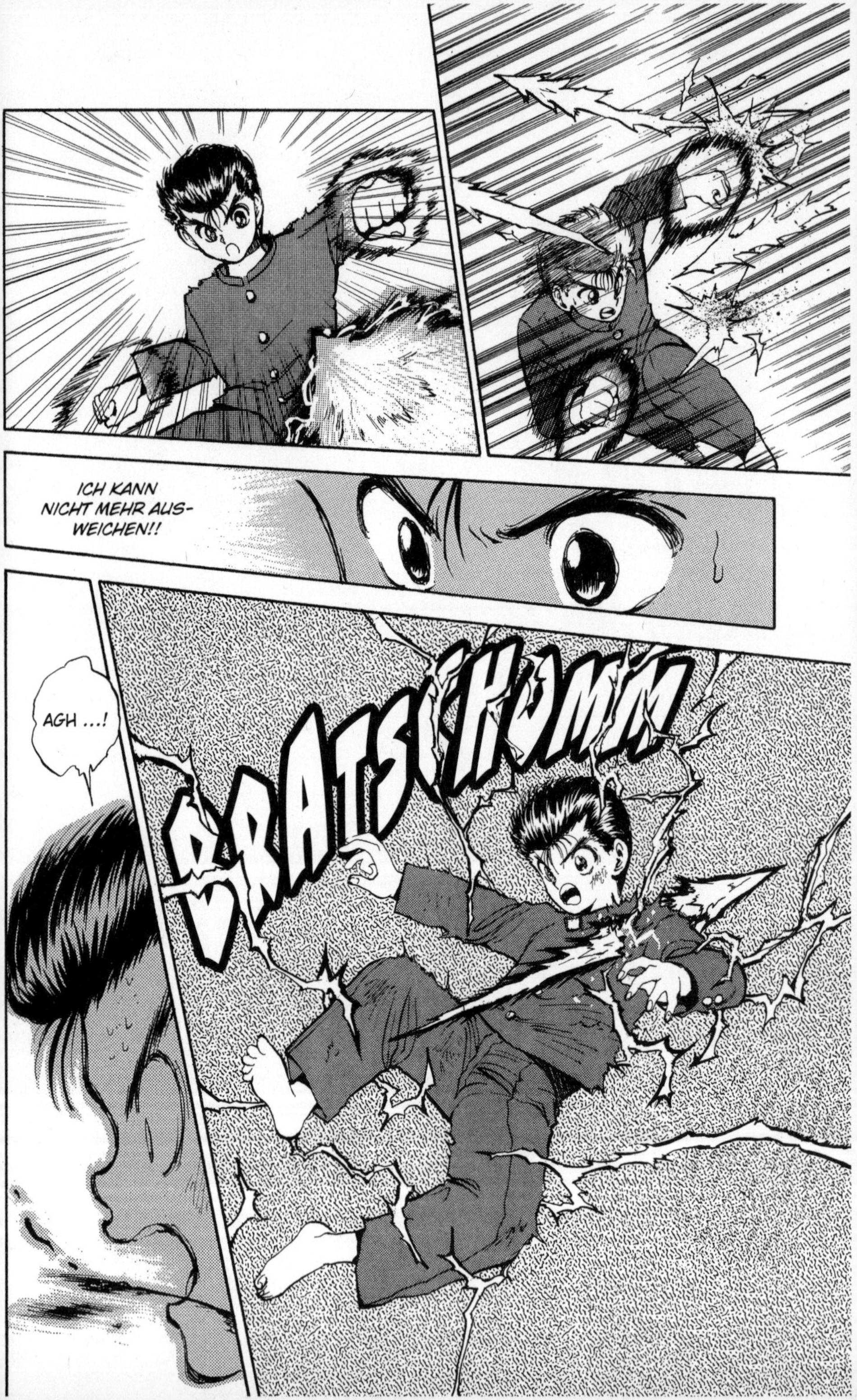
ICH KANN NICHT MEHR AUS-WEICHEN!!
AGH ...!
BRATSCHOMM

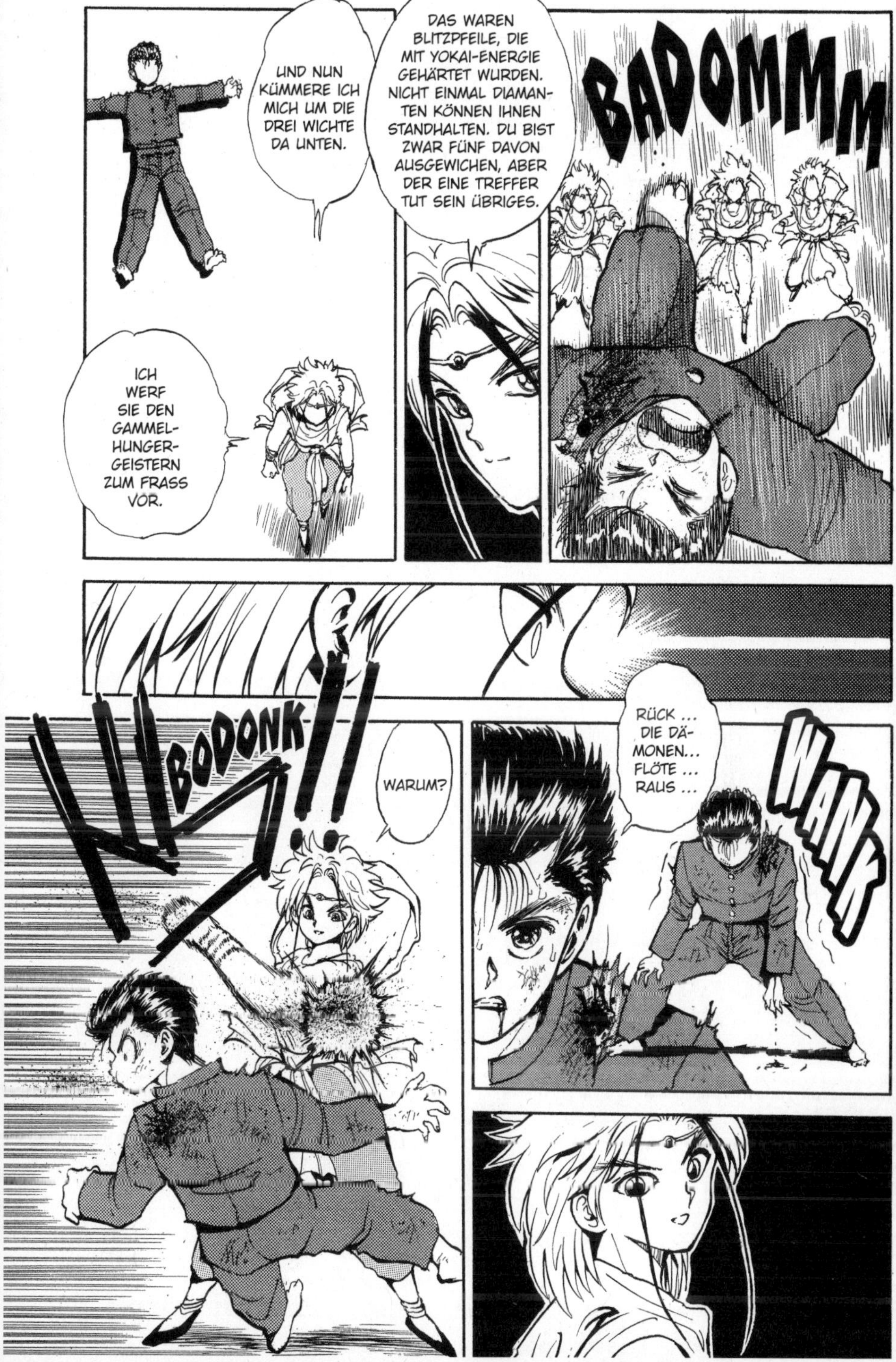
BADOMMM
DAS WAREN BLITZPFEILE, DIE MIT YOKAI-ENERGIE GEHÄRTET WURDEN. NICHT EINMAL DIAMANTEN KÖNNEN IHNEN STANDHALTEN. DU BIST ZWAR FÜNF DAVON AUSGEWICHEN, ABER DER EINE TREFFER TUT SEIN ÜBRIGES.
UND NUN KÜMMERE ICH MICH UM DIE DREI WICHTE DA UNTEN.
ICH WERF SIE DEN GAMMEL-HUNGER-GEISTERN ZUM FRASS VOR.
WANK
RÜCK … DIE DÄMONEN… FLÖTE … RAUS …
BODONK
WARUM?

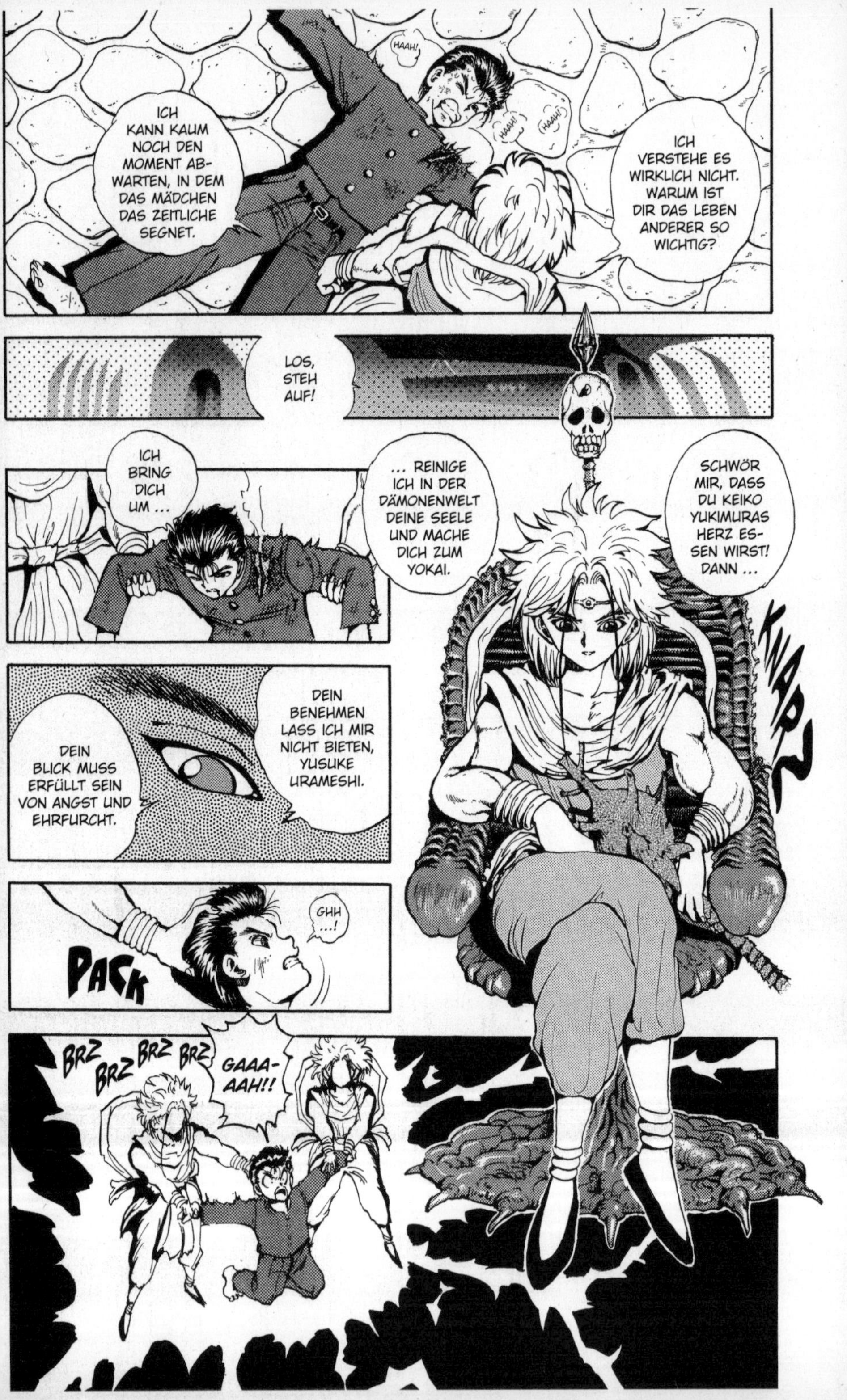
HAAH!
HAAH!
HAAH!
ICH VERSTEHE ES WIRKLICH NICHT. WARUM IST DIR DAS LEBEN ANDERER SO WICHTIG?
ICH KANN KAUM NOCH DEN MOMENT ABWARTEN, IN DEM DAS MÄDCHEN DAS ZEITLICHE SEGNET.
LOS, STEH AUF!
SCHWÖR MIR, DASS DU KEIKO YUKIMURAS HERZ ESSEN WIRST! DANN ...
... REINIGE ICH IN DER DÄMONENWELT DEINE SEELE UND MACHE DICH ZUM YOKAI.
ICH BRING DICH UM ...
KNARZ
DEIN BENEHMEN LASS ICH MIR NICHT BIETEN, YUSUKE URAMESHI.
DEIN BLICK MUSS ERFÜLLT SEIN VON ANGST UND EHRFURCHT.
GHH ...!
PACK
GAAA-AAH!!
BRZ BRZ BRZ BRZ

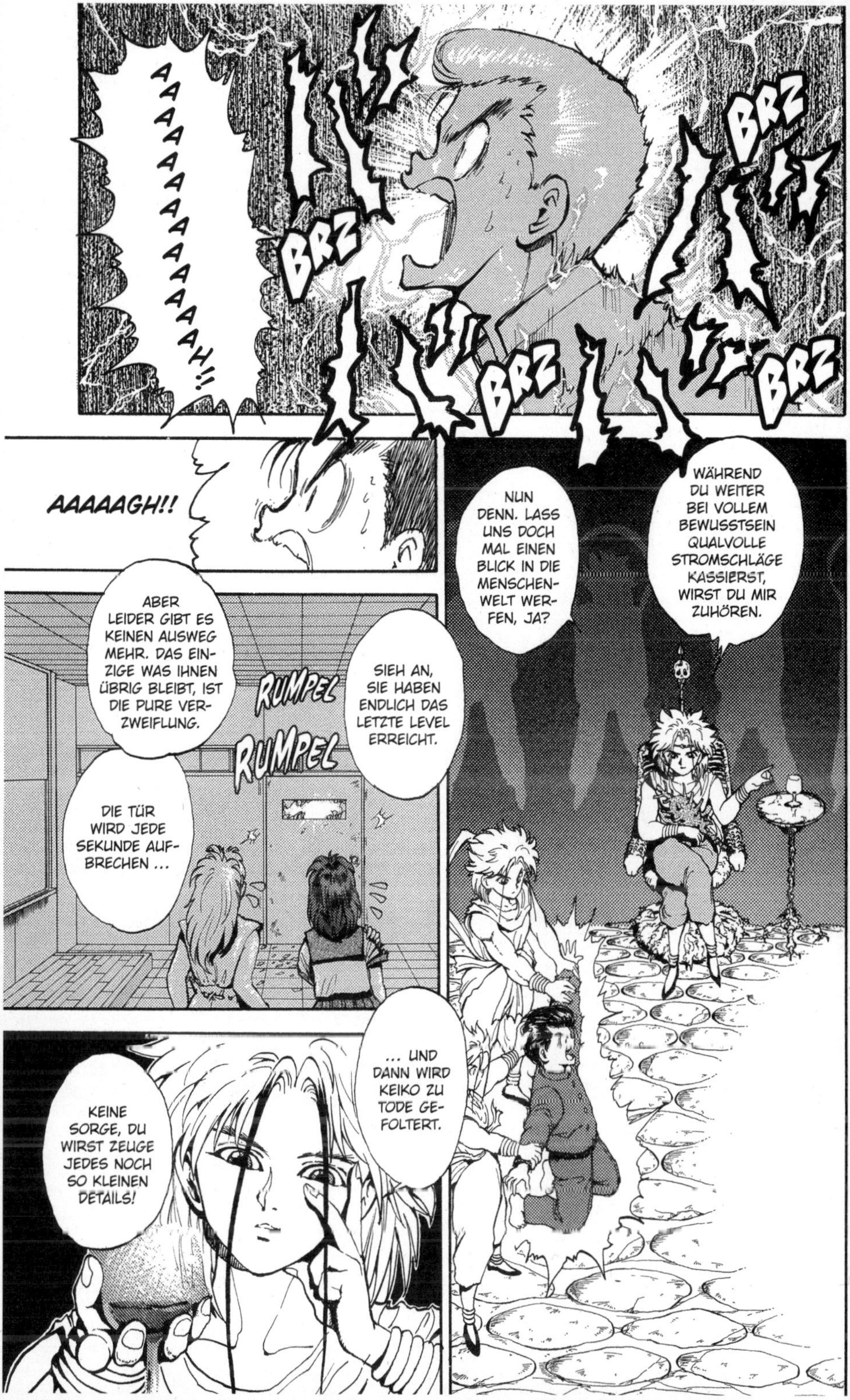

BRZ
BRZ
BRZ
BRZ
AAAAAAAAAAAAAH!!
WÄHREND DU WEITER BEI VOLLEM BEWUSSTSEIN QUALVOLLE STROMSCHLÄGE KASSIERST, WIRST DU MIR ZUHÖREN.
NUN DENN. LASS UNS DOCH MAL EINEN BLICK IN DIE MENSCHENWELT WERFEN, JA?
AAAAAGH!!
SIEH AN, SIE HABEN ENDLICH DAS LETZTE LEVEL ERREICHT.
ABER LEIDER GIBT ES KEINEN AUSWEG MEHR. DAS EINZIGE WAS IHNEN ÜBRIG BLEIBT, IST DIE PURE VERZWEIFLUNG.
RUMPEL
RUMPEL
DIE TÜR WIRD JEDE SEKUNDE AUFBRECHEN …
… UND DANN WIRD KEIKO ZU TODE GEFOLTERT.
KEINE SORGE, DU WIRST ZEUGE JEDES NOCH SO KLEINEN DETAILS!

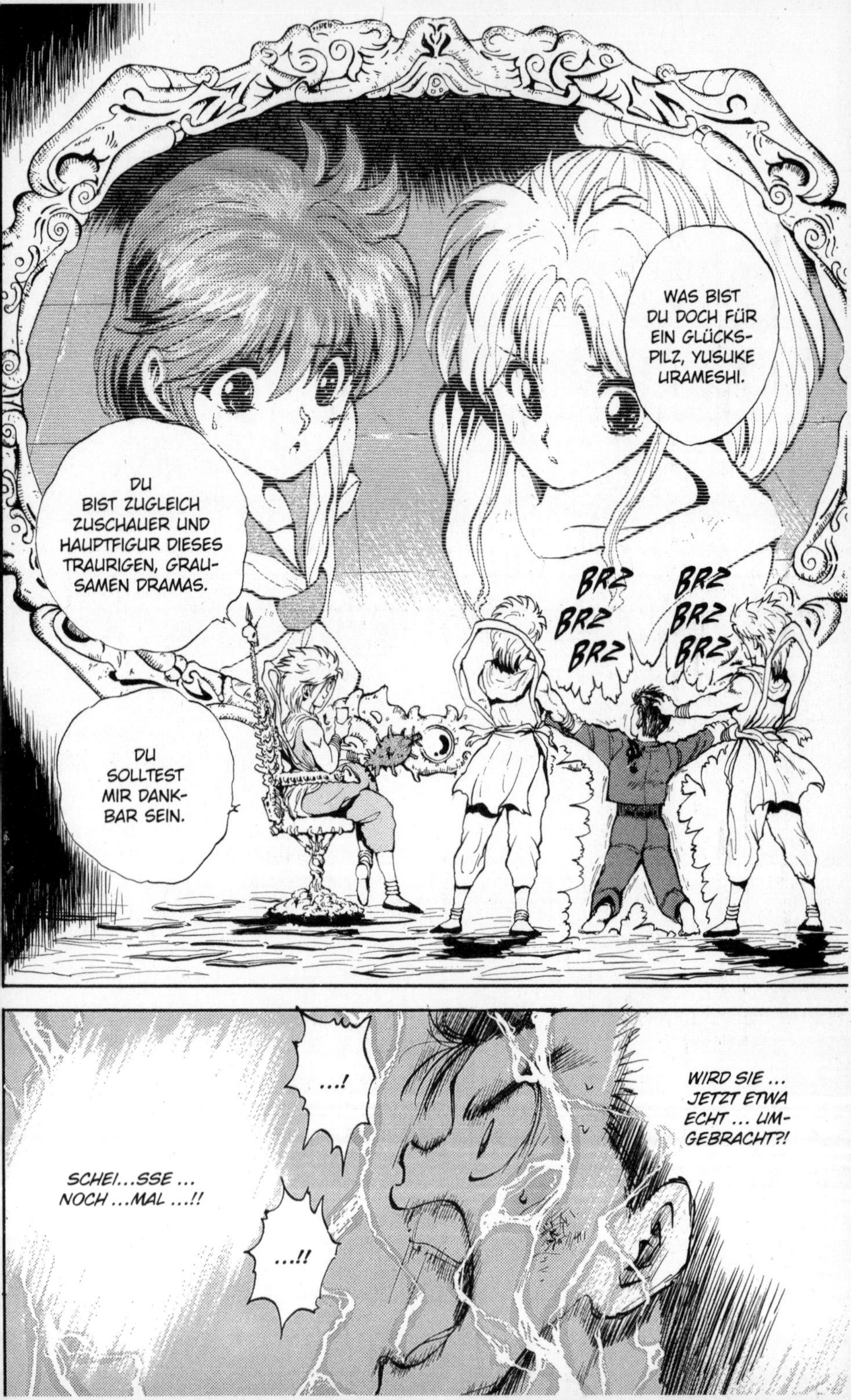
WAS BIST DU DOCH FÜR EIN GLÜCKS-PILZ, YUSUKE URAMESHI.
DU BIST ZUGLEICH ZUSCHAUER UND HAUPTFIGUR DIESES TRAURIGEN, GRAU-SAMEN DRAMAS.
BRZ BRZ BRZ
BRZ BRZ BRZ
DU SOLLTEST MIR DANK-BAR SEIN.
WIRD SIE … JETZT ETWA ECHT … UM-GEBRACHT?!
…!
SCHEI…SSE … NOCH …MAL …!!
…!!

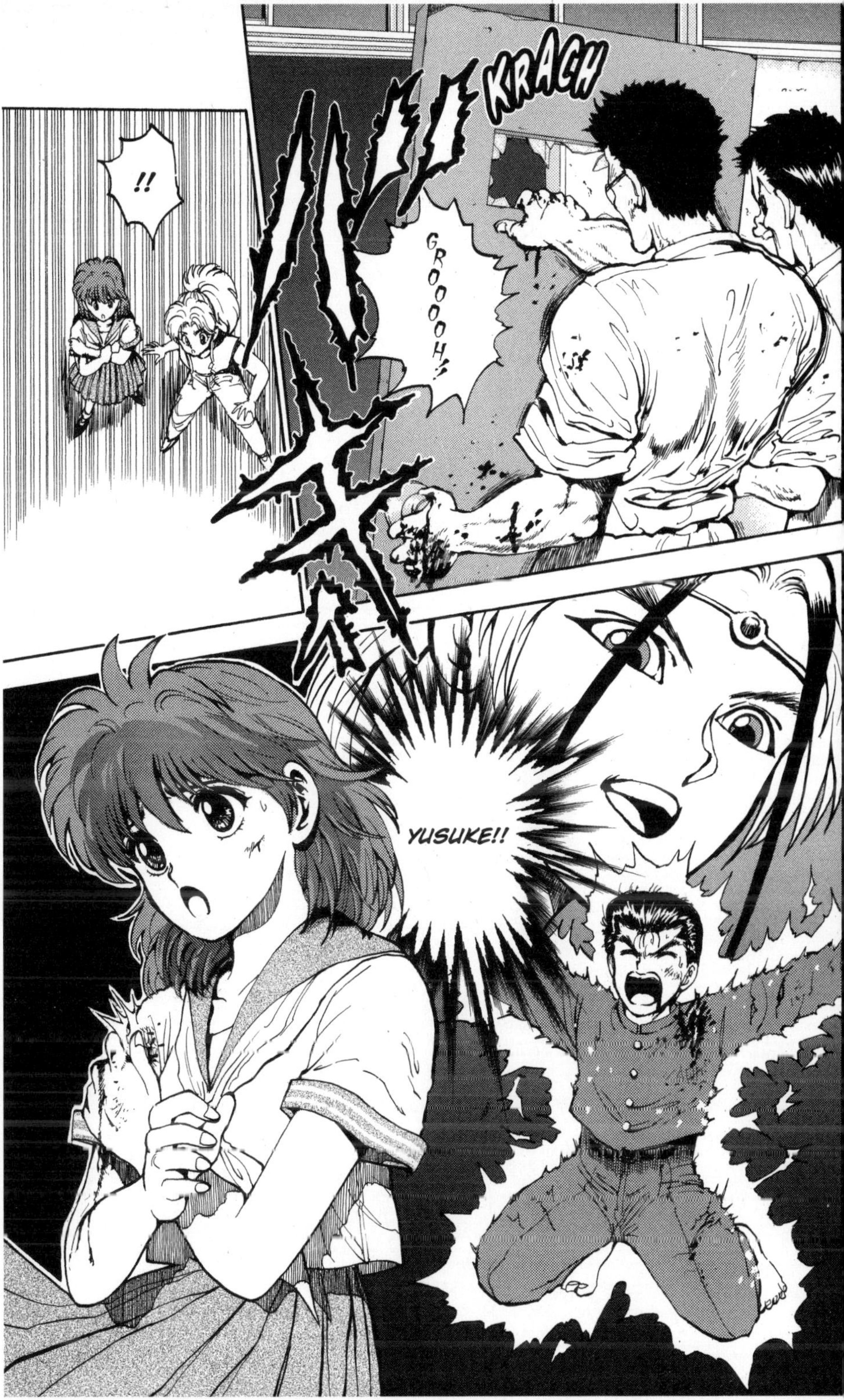
KRACH
GROOOOOH!!
!!
YUSUKE!!

YuYu Hakusho

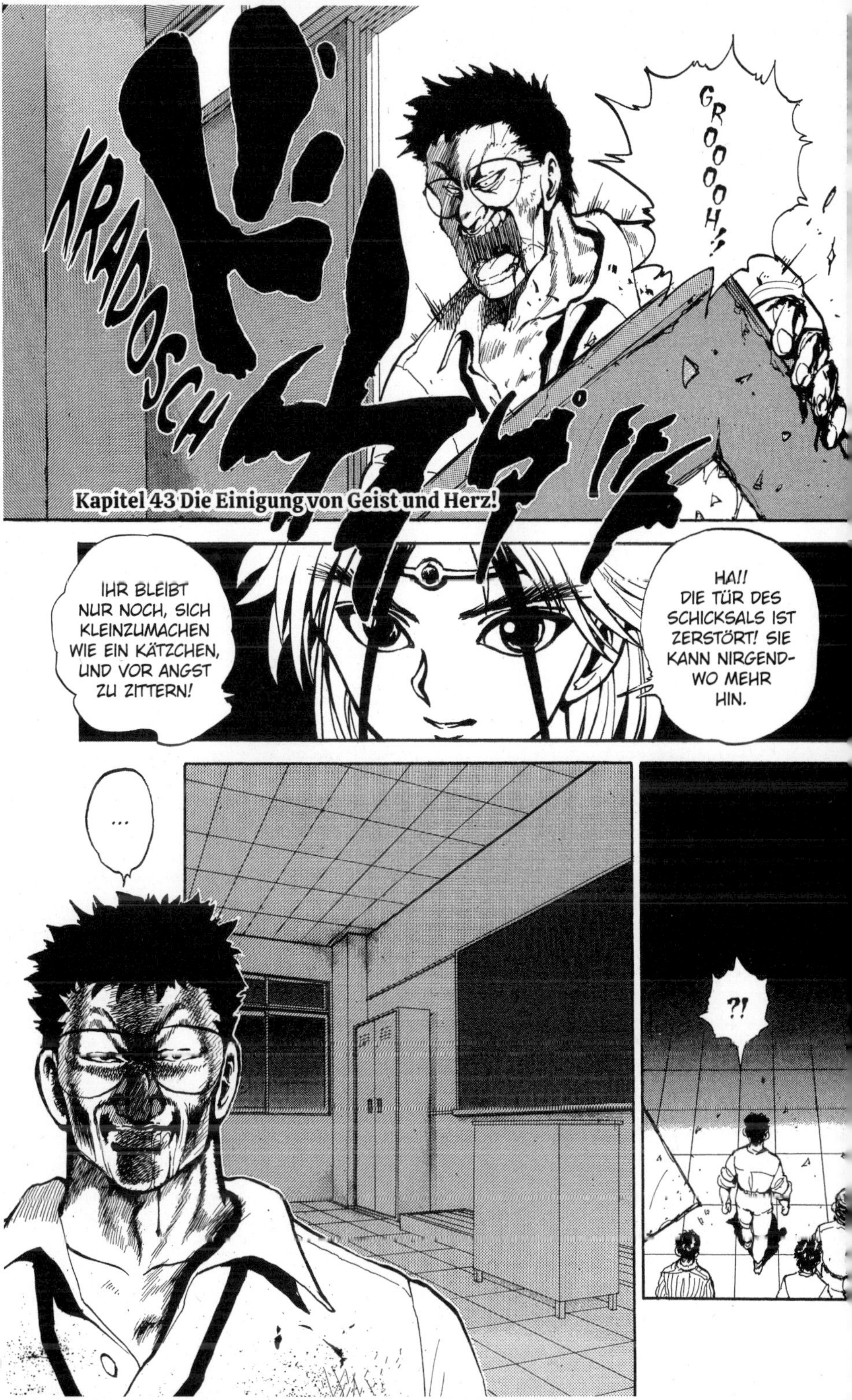
GROOOOH!!
KRADOSCH
Kapitel 43 Die Einigung von Geist und Herz!
HA!! DIE TÜR DES SCHICKSALS IST ZERSTÖRT! SIE KANN NIRGENDWO MEHR HIN.
IHR BLEIBT NUR NOCH, SICH KLEINZUMACHEN WIE EIN KÄTZCHEN, UND VOR ANGST ZU ZITTERN!
?!
...

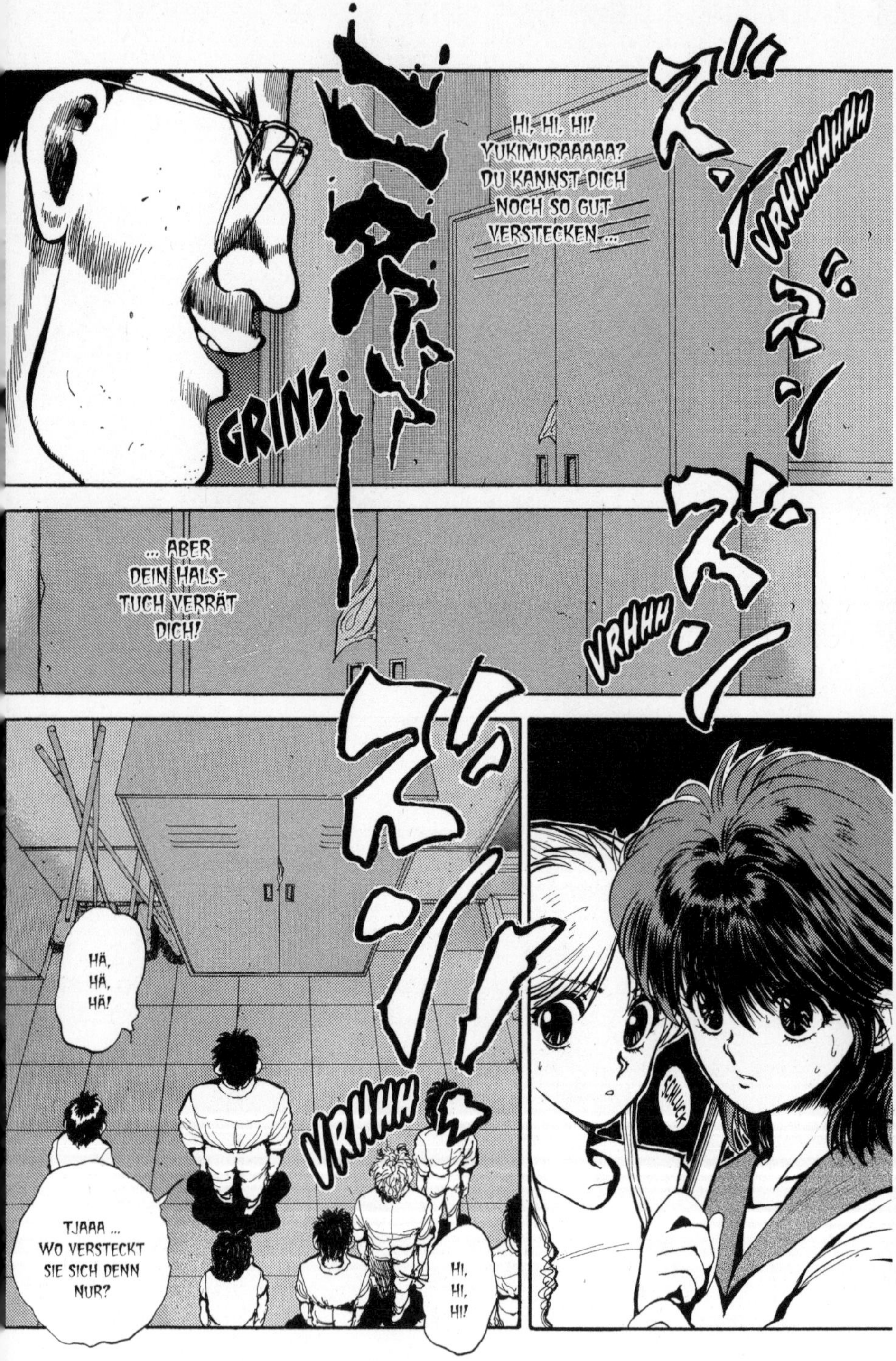
VRHHHHHHHH
HI, HI, HI! YUKIMURAAAAAA? DU KANNST DICH NOCH SO GUT VERSTECKEN ...
GRINS
VRHHH
... ABER DEIN HALS-TUCH VERRÄT DICH!
VRHHH
SCHLUCK
HÄ, HÄ, HÄ!
TJAAA ... WO VERSTECKT SIE SICH DENN NUR?
HI, HI, HI!

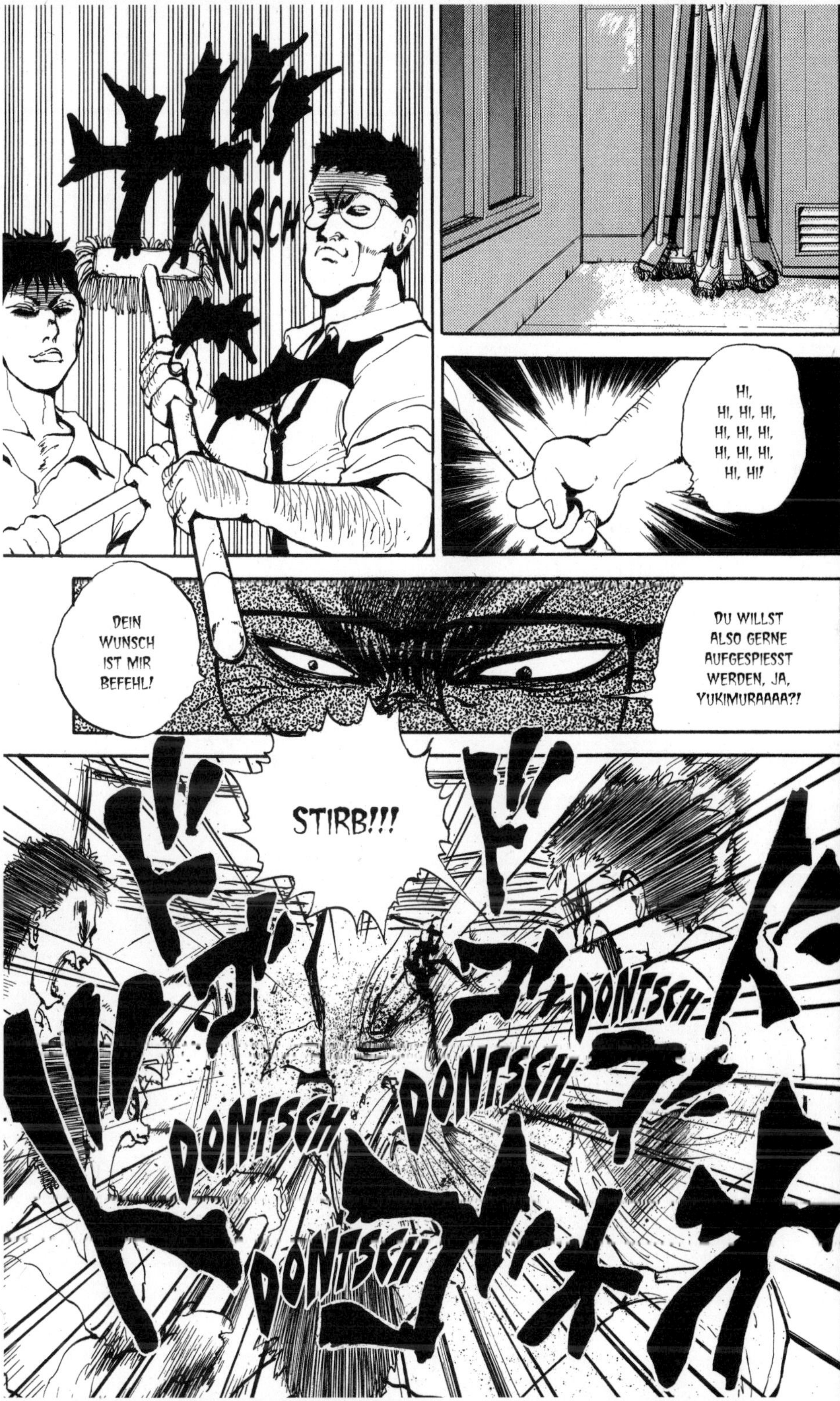
WOSCH
HI, HI, HI, HI, HI, HI, HI, HI, HI, HI, HI!
DU WILLST ALSO GERNE AUFGESPIESST WERDEN, JA, YUKIMURAAAA?!
DEIN WUNSCH IST MIR BEFEHL!
STIRB!!!
DONTSCH
DONTSCH
DONTSCH
DONTSCH

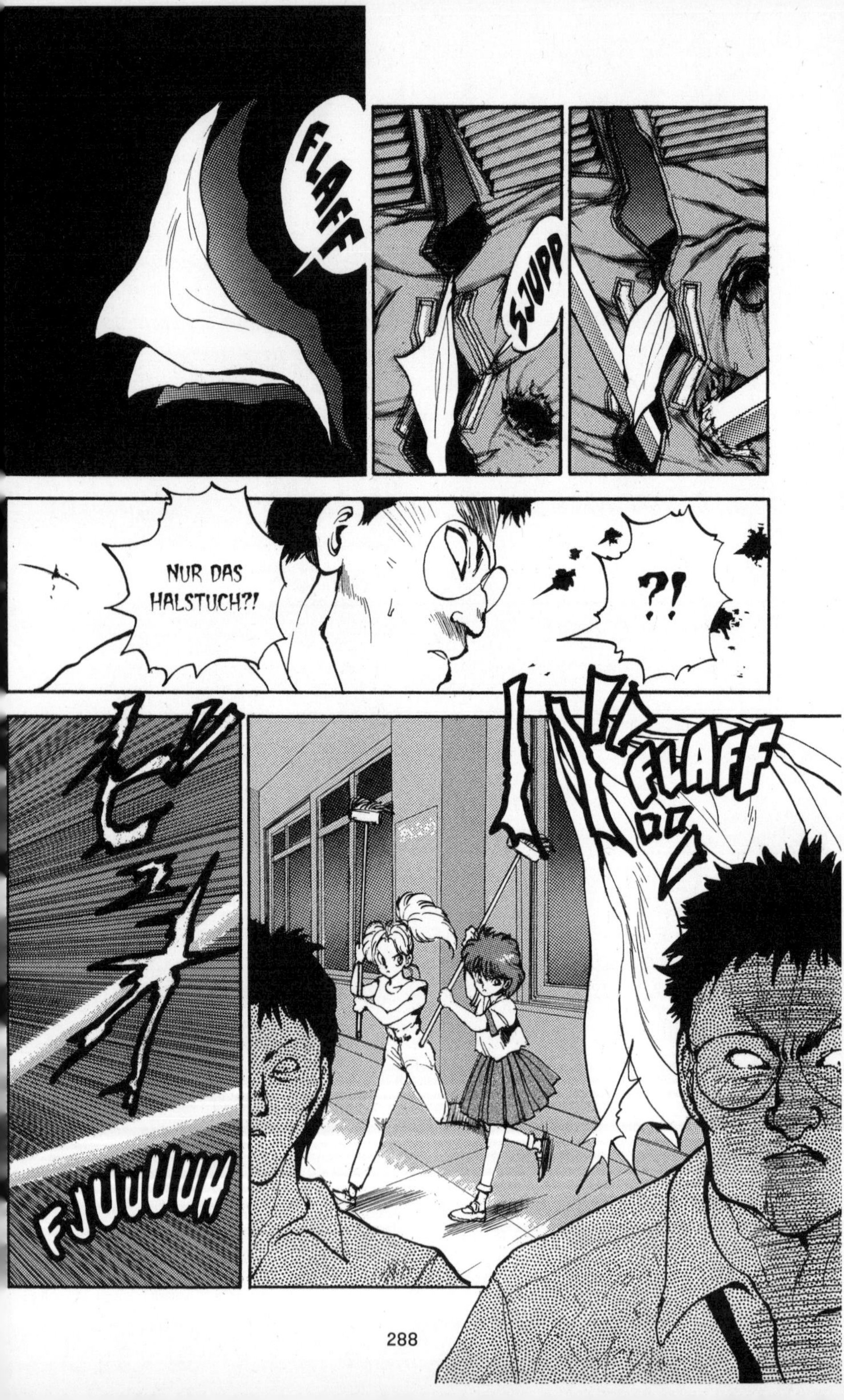
FLAFF
SJUPP
NUR DAS HALSTUCH?!
?!
FLAFF
FJUUUUH

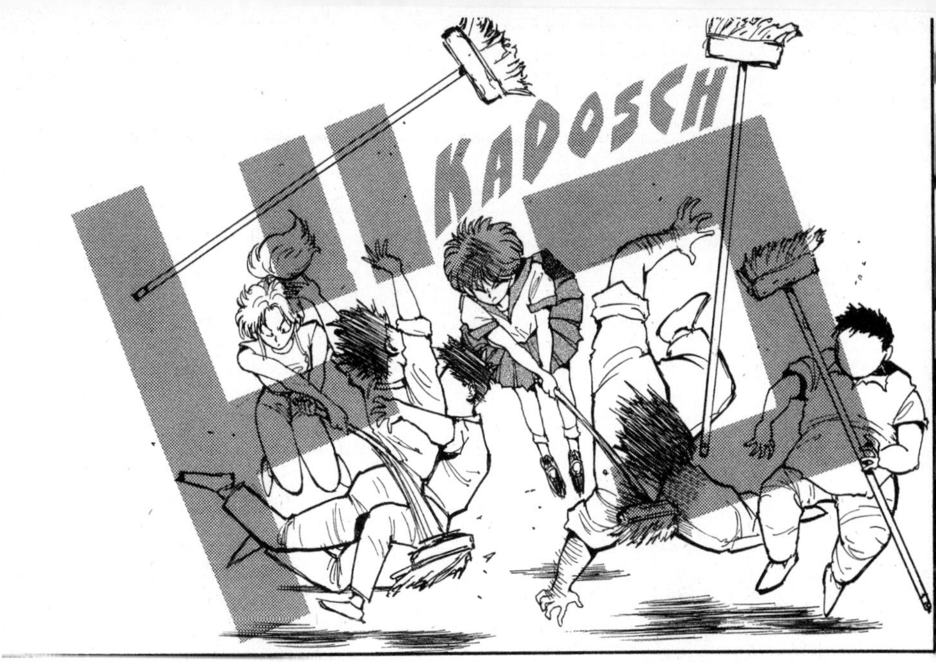

Kapitel 43 Die Einigung von Geist und Herz!

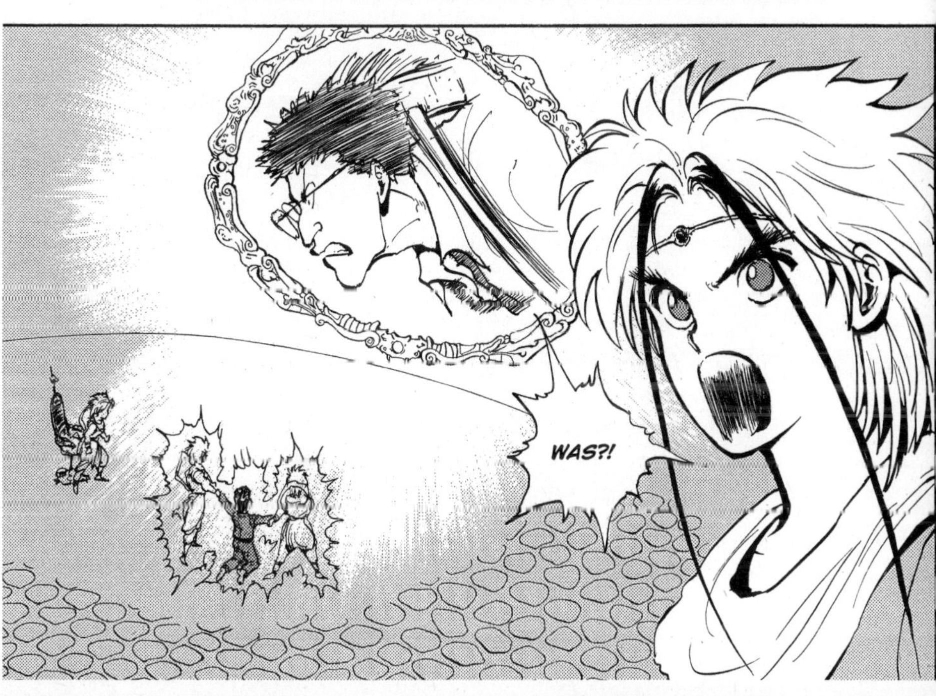

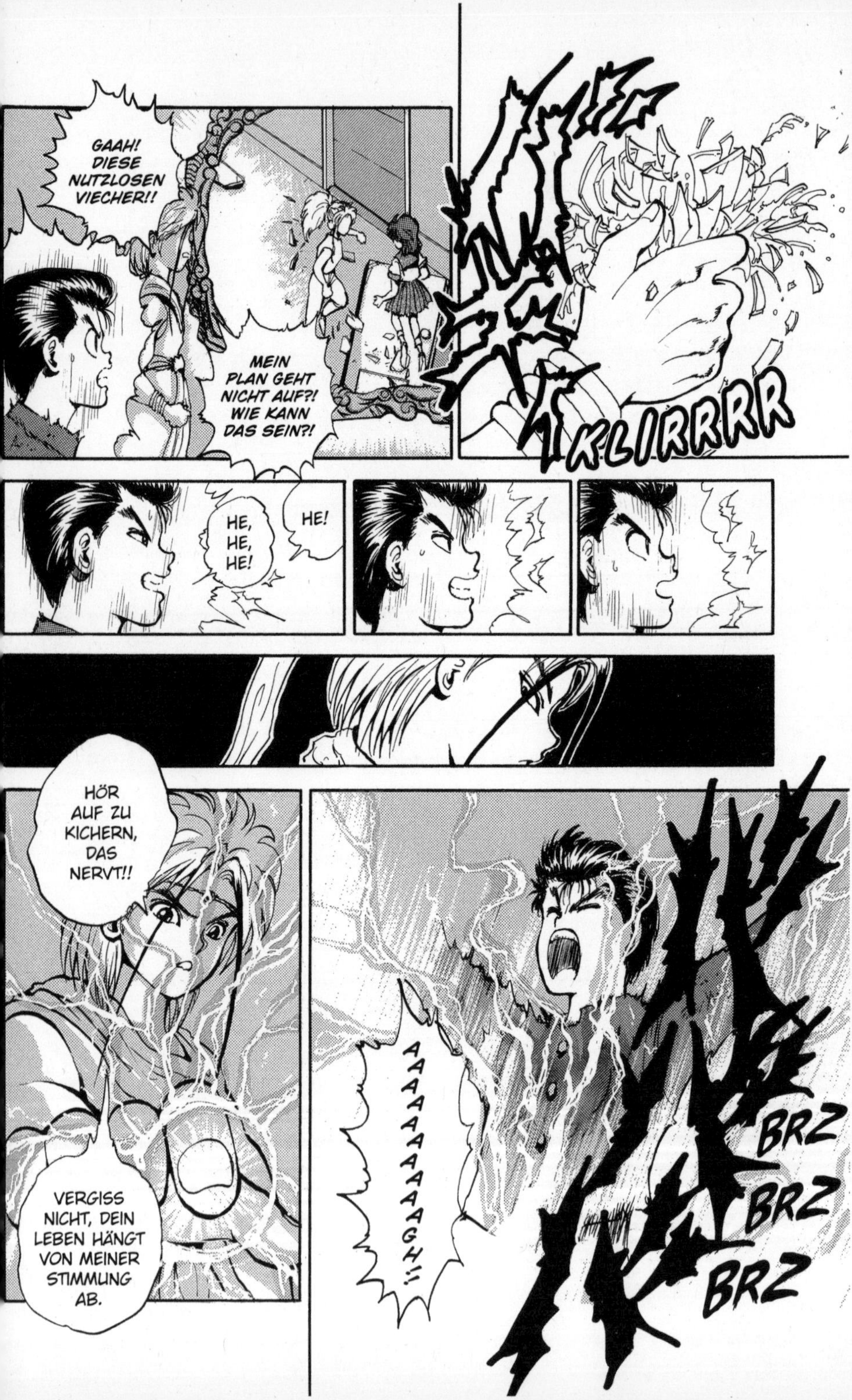
KLIRRRR
GAAH! DIESE NUTZLOSEN VIECHER!!
MEIN PLAN GEHT NICHT AUF?! WIE KANN DAS SEIN?!
HE!
HE, HE, HE!
BRZ
BRZ
BRZ
AAAAAAAAAAAAGH!!
HÖR AUF ZU KICHERN, DAS NERVT!!
VERGISS NICHT, DEIN LEBEN HÄNGT VON MEINER STIMMUNG AB.

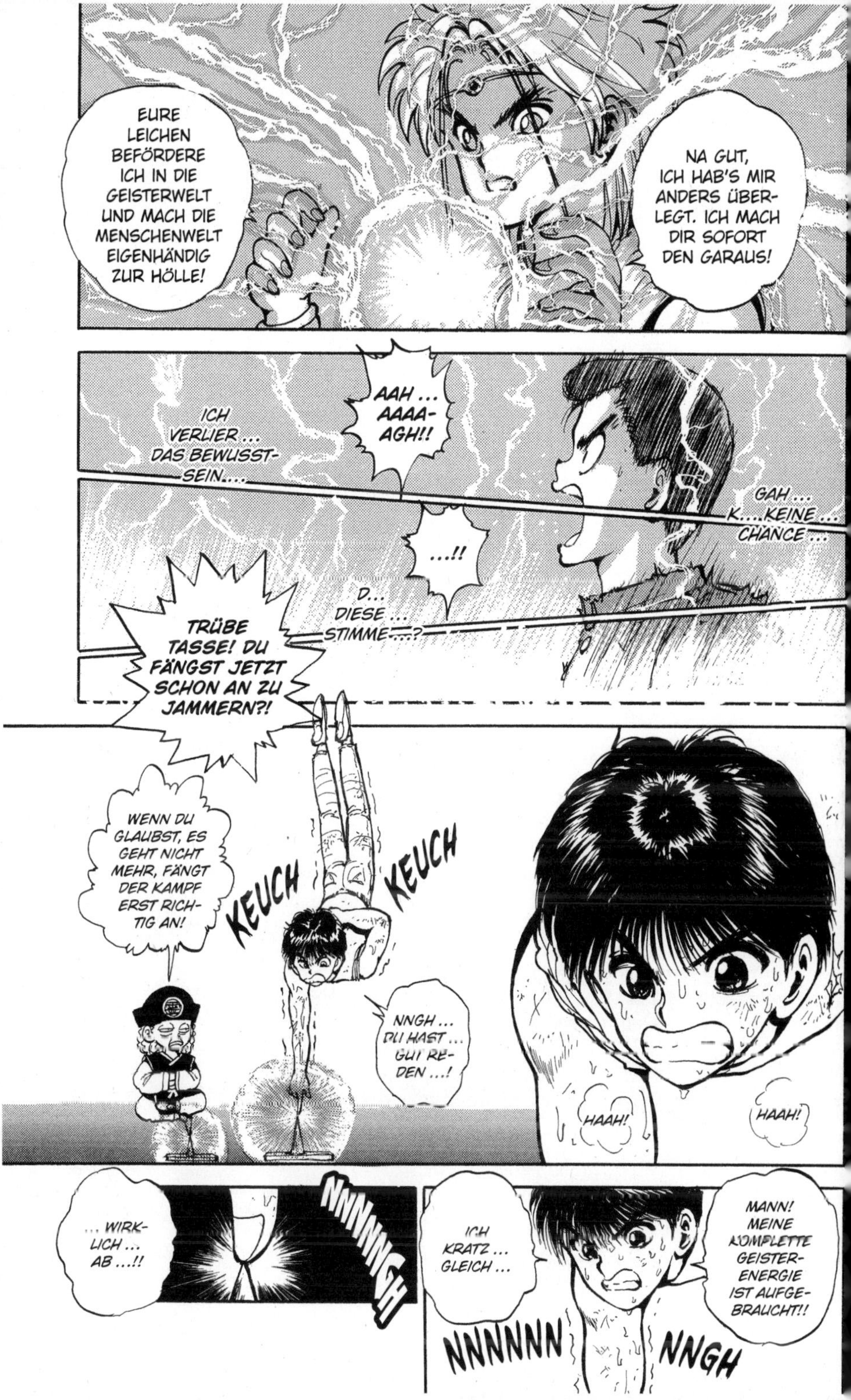
NA GUT, ICH HAB'S MIR ANDERS ÜBERLEGT. ICH MACH DIR SOFORT DEN GARAUS!
EURE LEICHEN BEFÖRDERE ICH IN DIE GEISTERWELT UND MACH DIE MENSCHENWELT EIGENHÄNDIG ZUR HÖLLE!
AAH ... AAAAA-AGH!!
ICH VERLIER ... DAS BEWUSST-SEIN ...
GAH ... K... KEINE ... CHANCE ...
...!!
D... DIESE ... STIMME ...?
TRÜBE TASSE! DU FÄNGST JETZT SCHON AN ZU JAMMERN?!
WENN DU GLAUBST, ES GEHT NICHT MEHR, FÄNGT DER KAMPF ERST RICHTIG AN!
KEUCH
KEUCH
NNGH ... DU HAST ... GUT REDEN ...!
HAAH!
HAAH!
MANN! MEINE KOMPLETTE GEISTER-ENERGIE IST AUFGE-BRAUCHT!!
ICH KRATZ ... GLEICH ...
... WIRK-LICH ... AB ...!!
NNNNNGH
NNNNNN NNGH

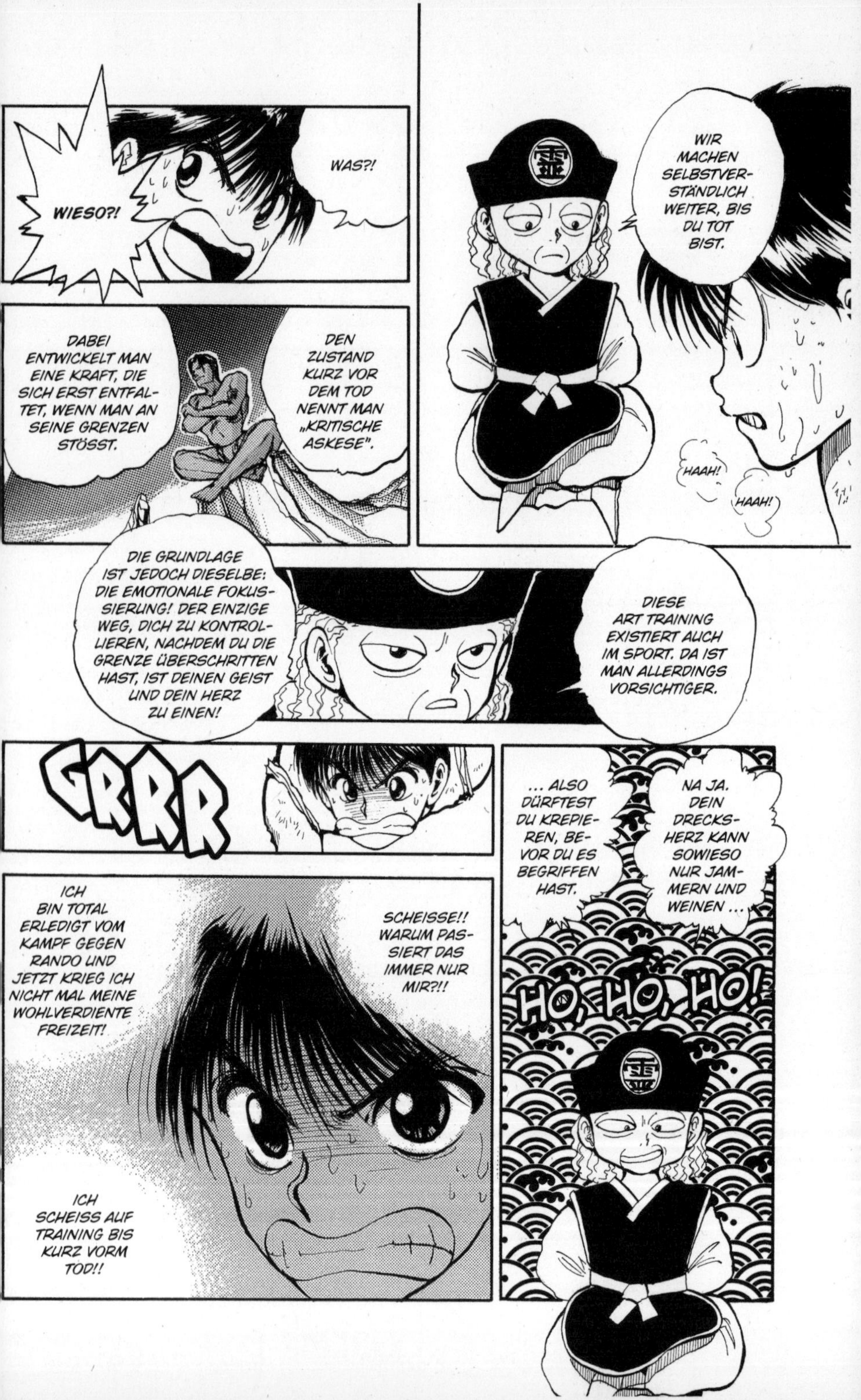
WIR MACHEN SELBSTVERSTÄNDLICH WEITER, BIS DU TOT BIST.
HAAH!
HAAH!
WAS?!
WIESO?!
DEN ZUSTAND KURZ VOR DEM TOD NENNT MAN „KRITISCHE ASKESE“.
DABEI ENTWICKELT MAN EINE KRAFT, DIE SICH ERST ENTFALTET, WENN MAN AN SEINE GRENZEN STÖSST.
DIESE ART TRAINING EXISTIERT AUCH IM SPORT. DA IST MAN ALLERDINGS VORSICHTIGER.
DIE GRUNDLAGE IST JEDOCH DIESELBE: DIE EMOTIONALE FOKUSSIERUNG! DER EINZIGE WEG, DICH ZU KONTROLLIEREN, NACHDEM DU DIE GRENZE ÜBERSCHRITTEN HAST, IST DEINEN GEIST UND DEIN HERZ ZU EINEN!
NA JA. DEIN DRECKSHERZ KANN SOWIESO NUR JAMMERN UND WEINEN …
… ALSO DÜRFTEST DU KREPIEREN, BEVOR DU ES BEGRIFFEN HAST.
HO, HO, HO!
GRRR
SCHEISSE!! WARUM PASSIERT DAS IMMER NUR MIR?!!
ICH BIN TOTAL ERLEDIGT VOM KAMPF GEGEN RANDO UND JETZT KRIEG ICH NICHT MAL MEINE WOHLVERDIENTE FREIZEIT!
ICH SCHEISS AUF TRAINING BIS KURZ VORM TOD!!

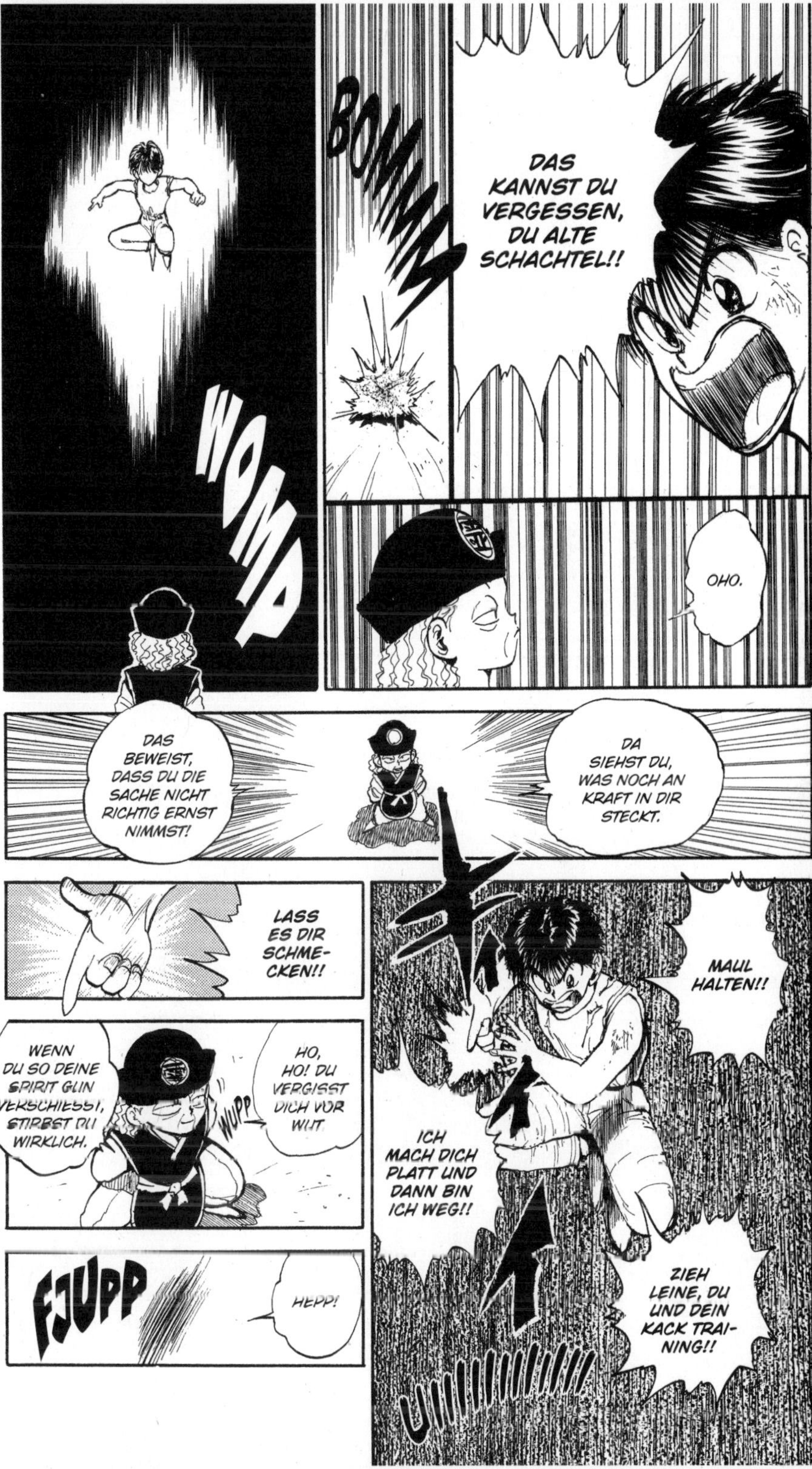
DAS KANNST DU VERGESSEN, DU ALTE SCHACHTEL!!
BOMMM
WOMP
OHO.
DA SIEHST DU, WAS NOCH AN KRAFT IN DIR STECKT.
DAS BEWEIST, DASS DU DIE SACHE NICHT RICHTIG ERNST NIMMST!
MAUL HALTEN!!
ICH MACH DICH PLATT UND DANN BIN ICH WEG!!
ZIEH LEINE, DU UND DEIN KACK TRAINING!!
UIIIIIIIIIIII!!!
LASS ES DIR SCHMECKEN!!
HO, HO! DU VERGISST DICH VOR WUT.
WUPP
WENN DU SO DEINE SPIRIT GUN VERSCHIESST, STIRBST DU WIRKLICH.
HEPP!
FJUPP

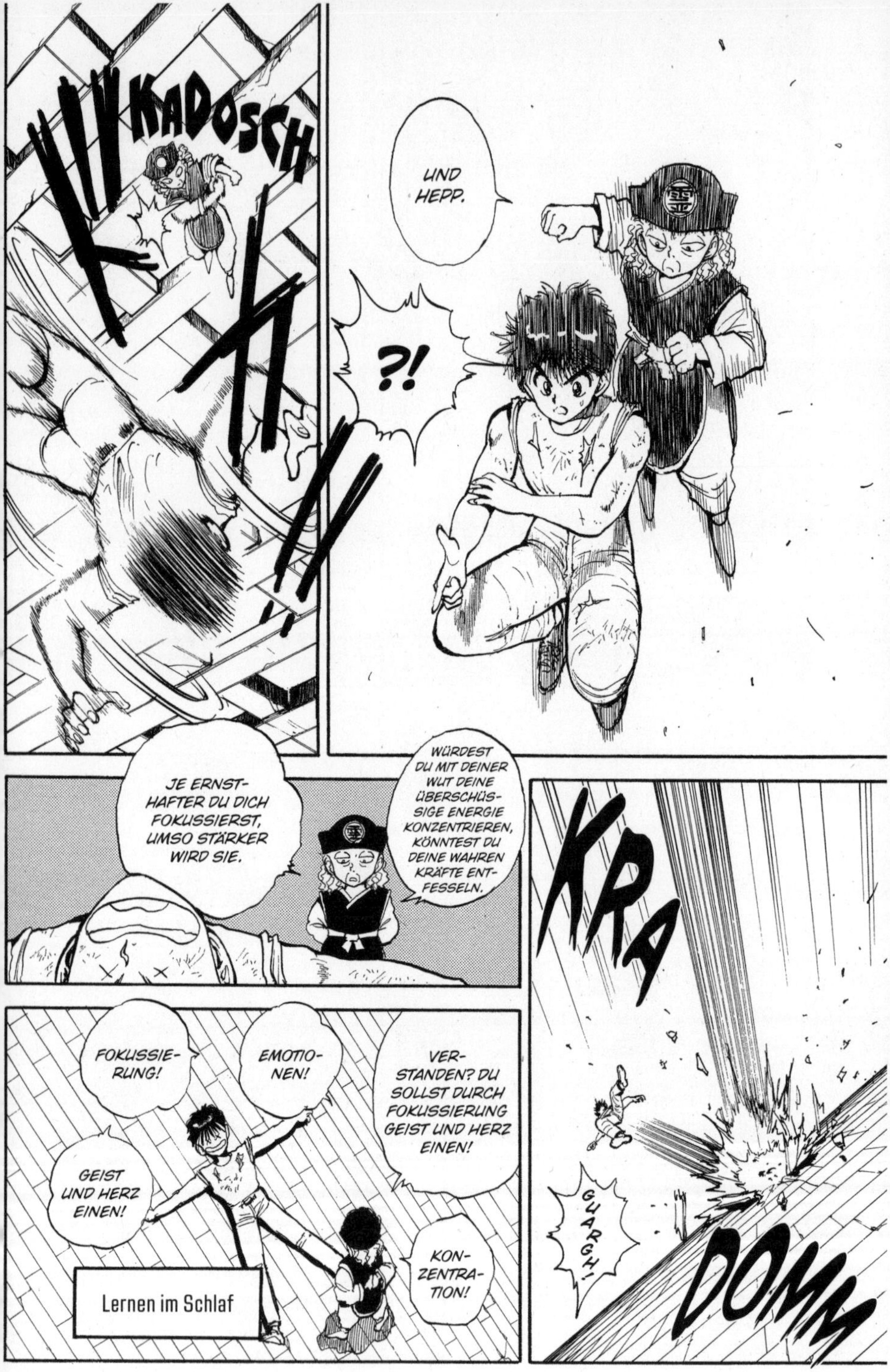
UND HEPP.
?!
KADOSCH
KRA
DOMM
GUARGH!
WÜRDEST DU MIT DEINER WUT DEINE ÜBERSCHÜSSIGE ENERGIE KONZENTRIEREN, KÖNNTEST DU DEINE WAHREN KRÄFTE ENTFESSELN.
JE ERNSTHAFTER DU DICH FOKUSSIERST, UMSO STÄRKER WIRD SIE.
VERSTANDEN? DU SOLLST DURCH FOKUSSIERUNG GEIST UND HERZ EINEN!
EMOTIONEN!
FOKUSSIERUNG!
KONZENTRATION!
GEIST UND HERZ EINEN!
Lernen im Schlaf

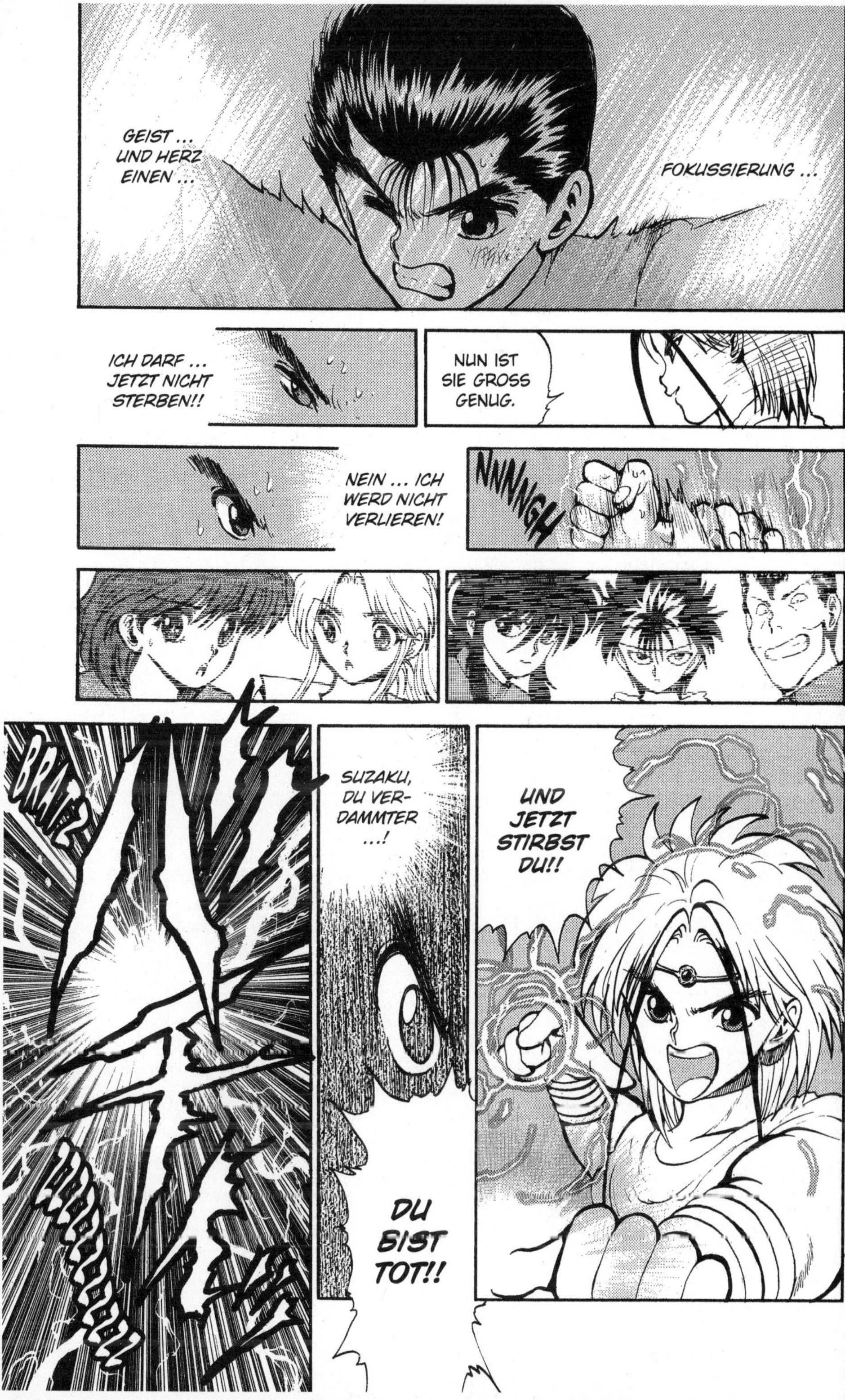
FOKUSSIERUNG …
GEIST … UND HERZ EINEN …
NUN IST SIE GROSS GENUG.
ICH DARF … JETZT NICHT STERBEN!!
NNNNGH
NEIN … ICH WERD NICHT VERLIEREN!
UND JETZT STIRBST DU!!
SUZAKU, DU VERDAMMTER …!
DU BIST TOT!!

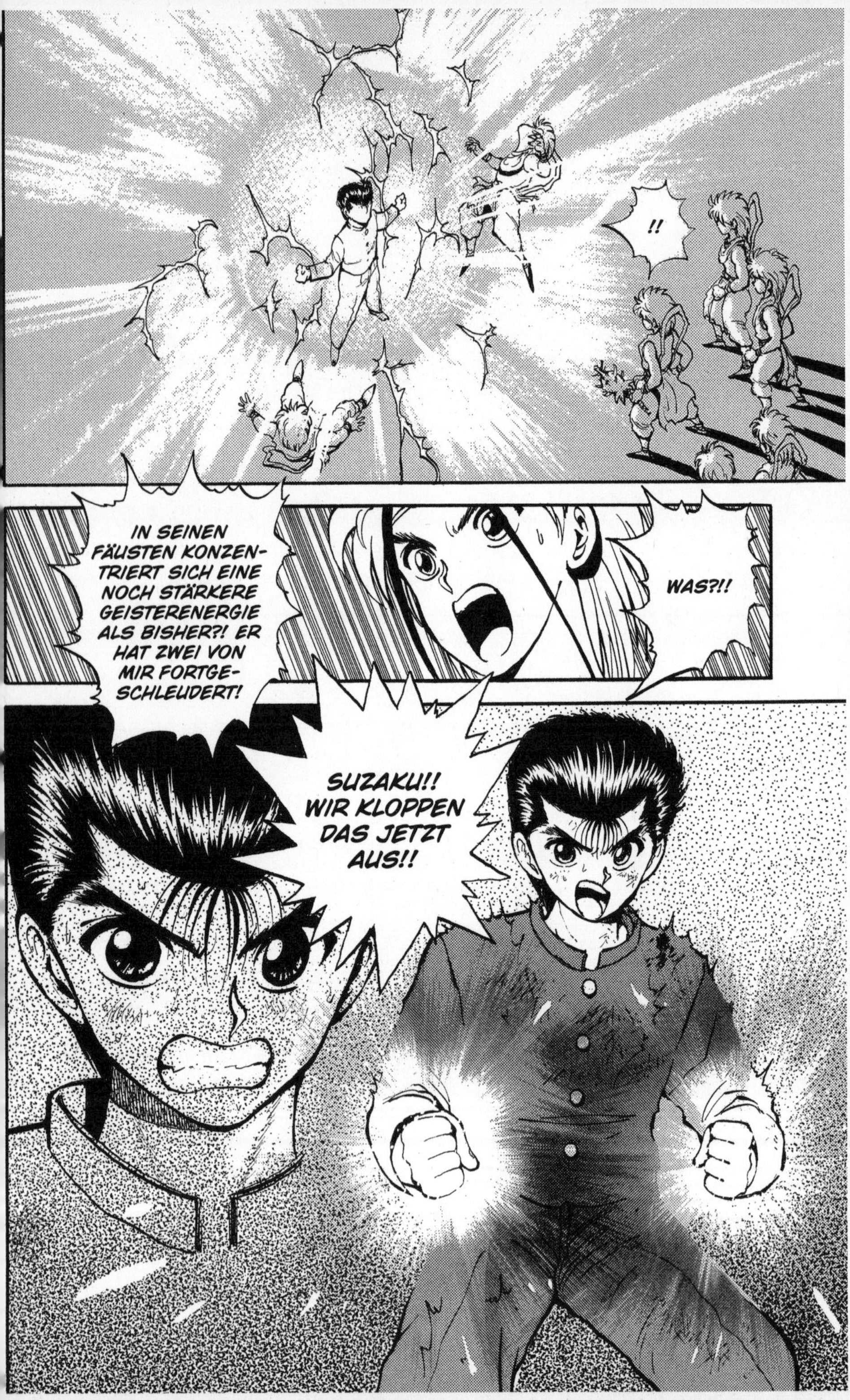
!!
WAS?!!
IN SEINEN FÄUSTEN KONZENTRIERT SICH EINE NOCH STÄRKERE GEISTERENERGIE ALS BISHER?! ER HAT ZWEI VON MIR FORTGESCHLEUDERT!
SUZAKU!! WIR KLOPPEN DAS JETZT AUS!!

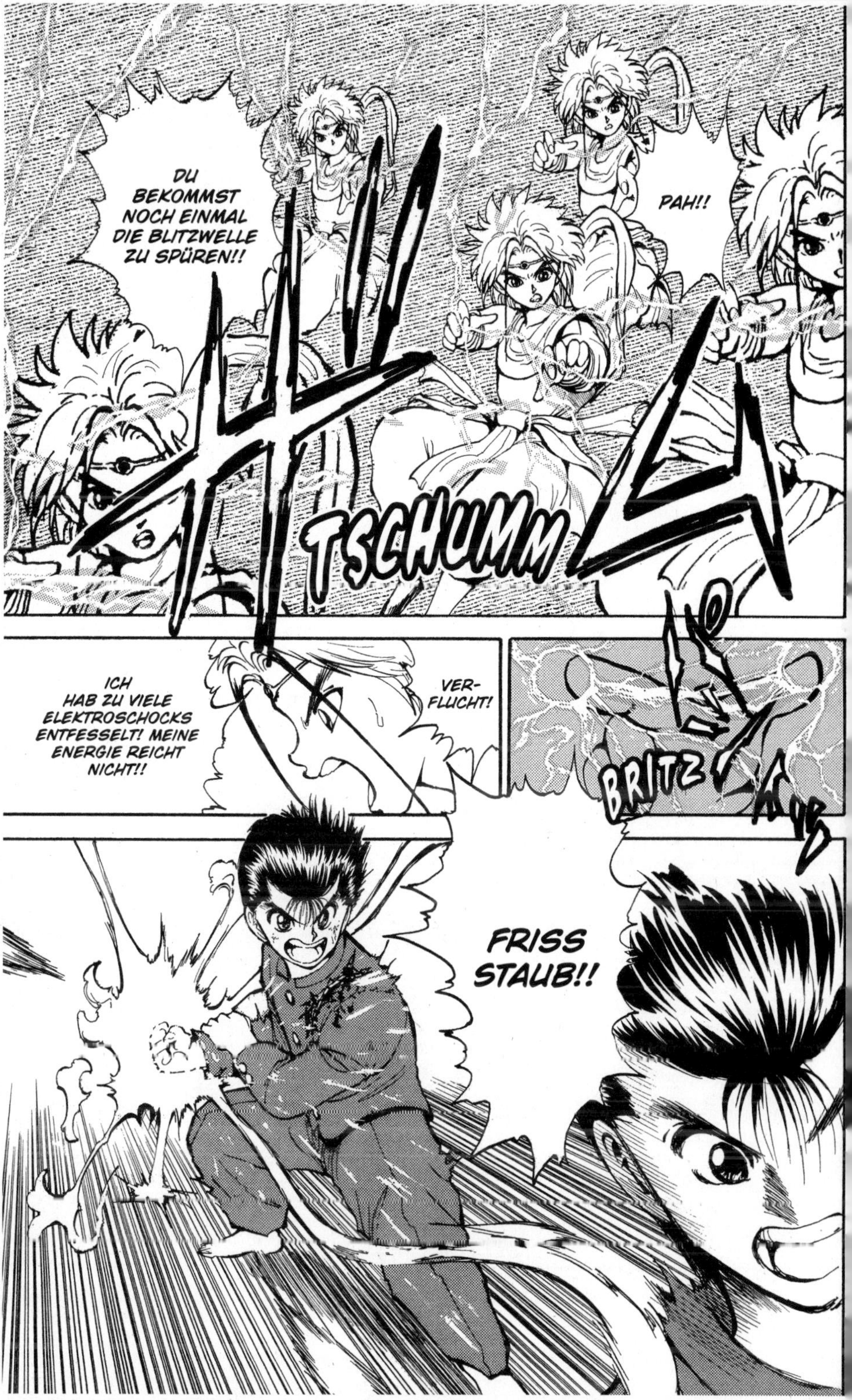
PAH!!
DU BEKOMMST NOCH EINMAL DIE BLITZWELLE ZU SPÜREN!!
TSCHUMM
BRITZ
VER-FLUCHT!
ICH HAB ZU VIELE ELEKTROSCHOCKS ENTFESSELT! MEINE ENERGIE REICHT NICHT!!
FRISS STAUB!!

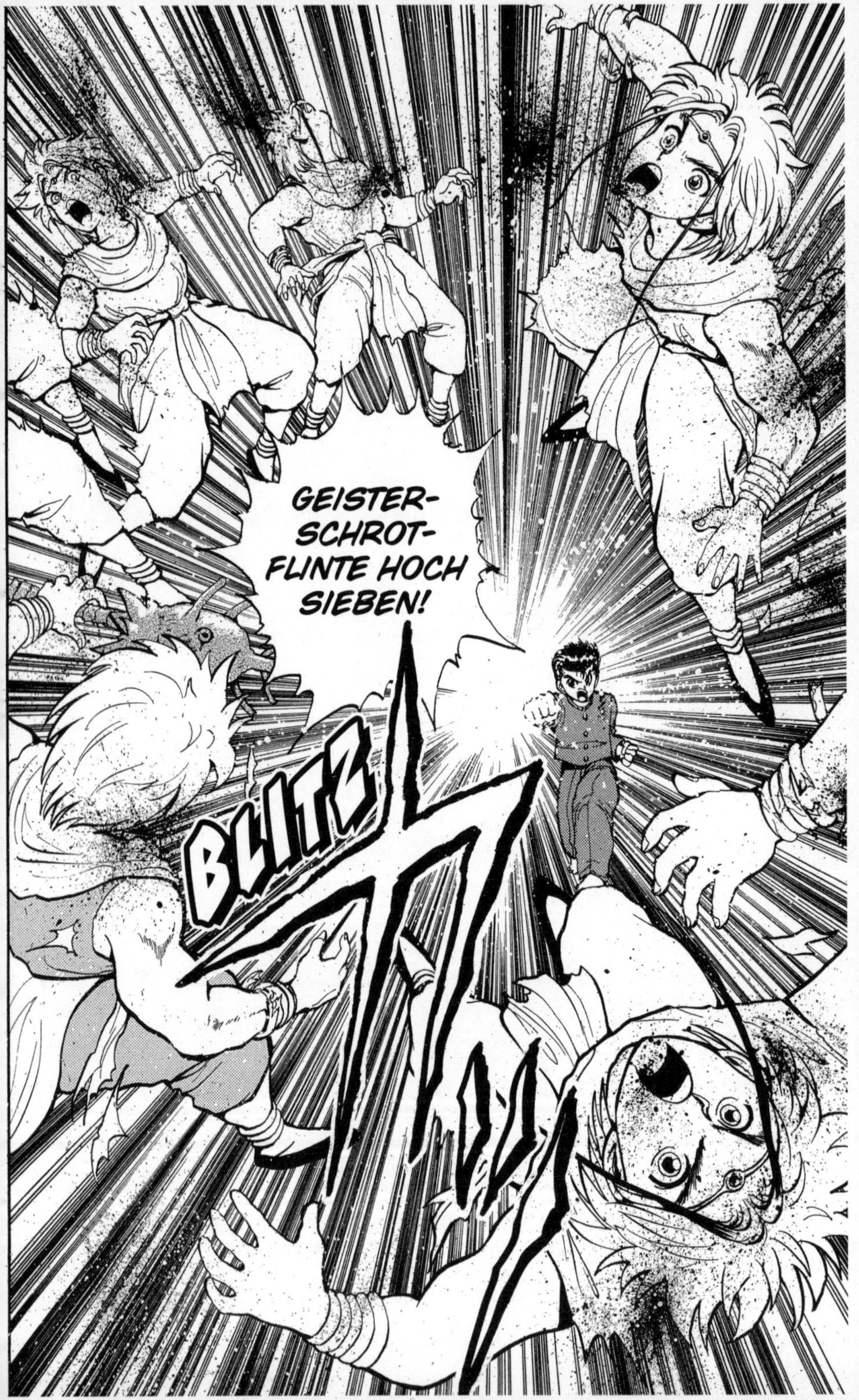
GEISTER-
SCHROT-
FLINTE HOCH
SIEBEN!
BLITZ

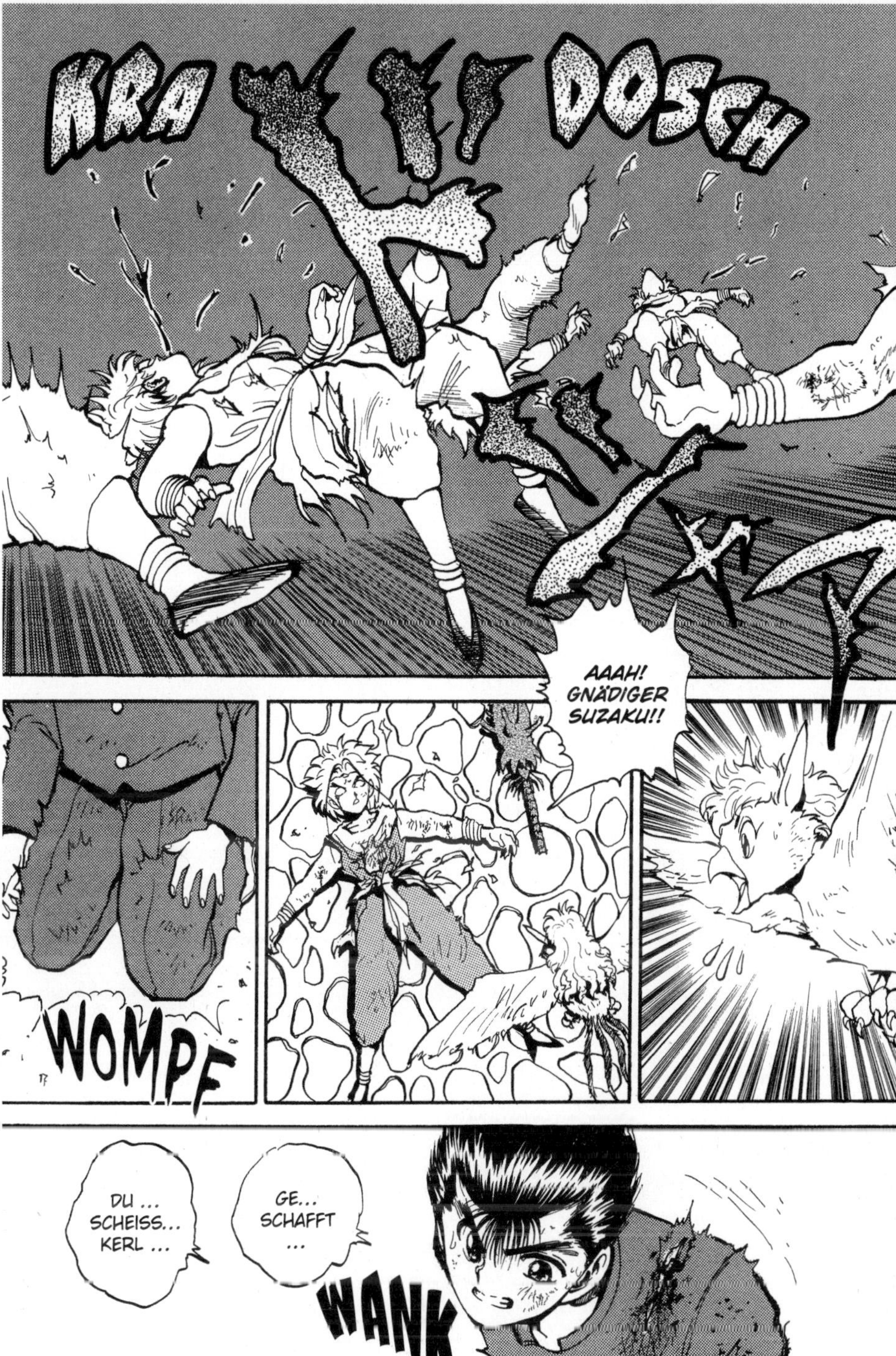
KRA
DOSCH
AAAH! GNÄDIGER SUZAKU!!
WOMPF
DU ... SCHEISS... KERL ...
GE... SCHAFFT ...
WANK

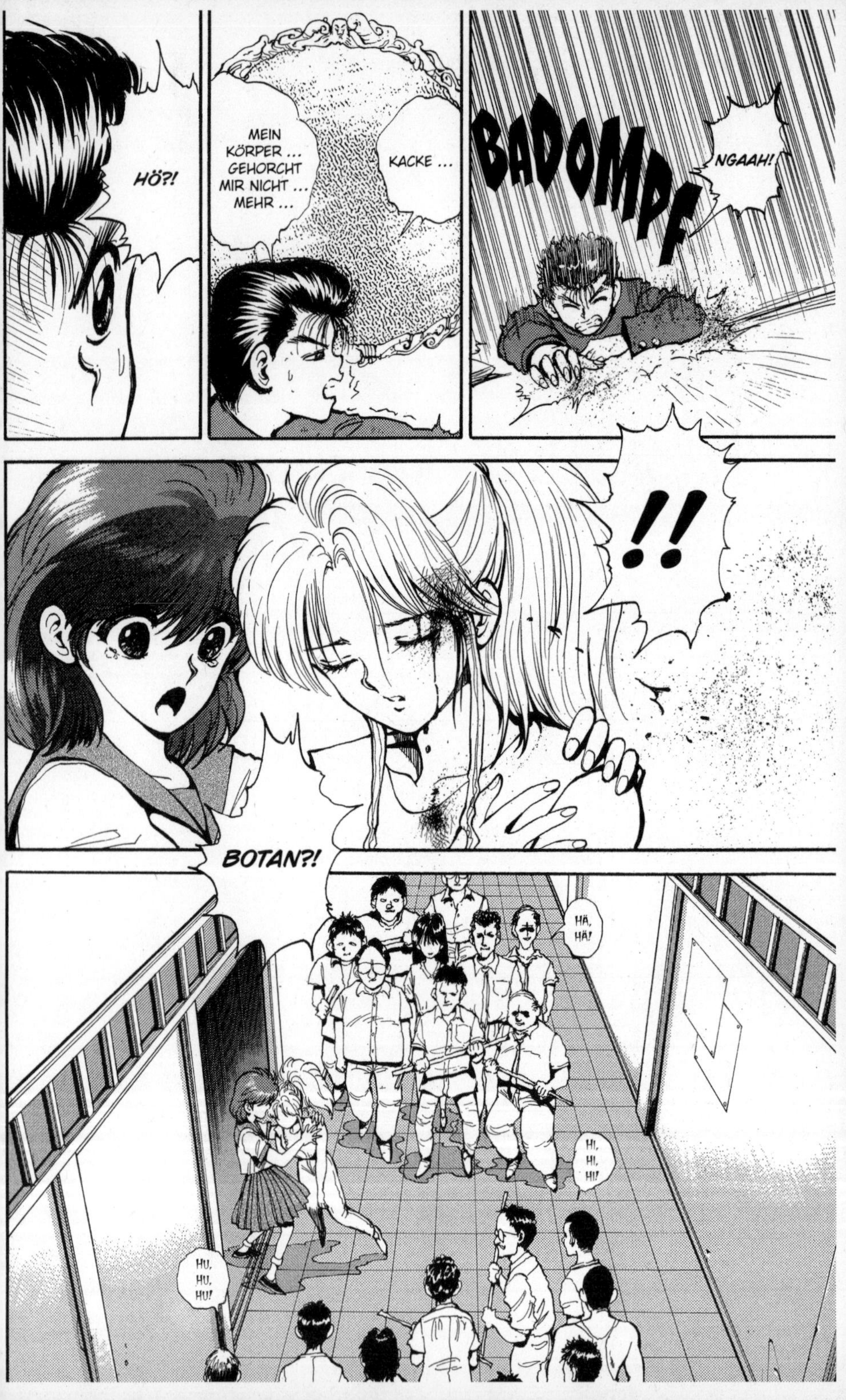
NGAAH!
BADOMPF
KACKE …
MEIN KÖRPER … GEHORCHT MIR NICHT … MEHR …
HÖ?!
!!
BOTAN?!
HÄ, HÄ!
HI, HI, HI!
HU, HU, HU!

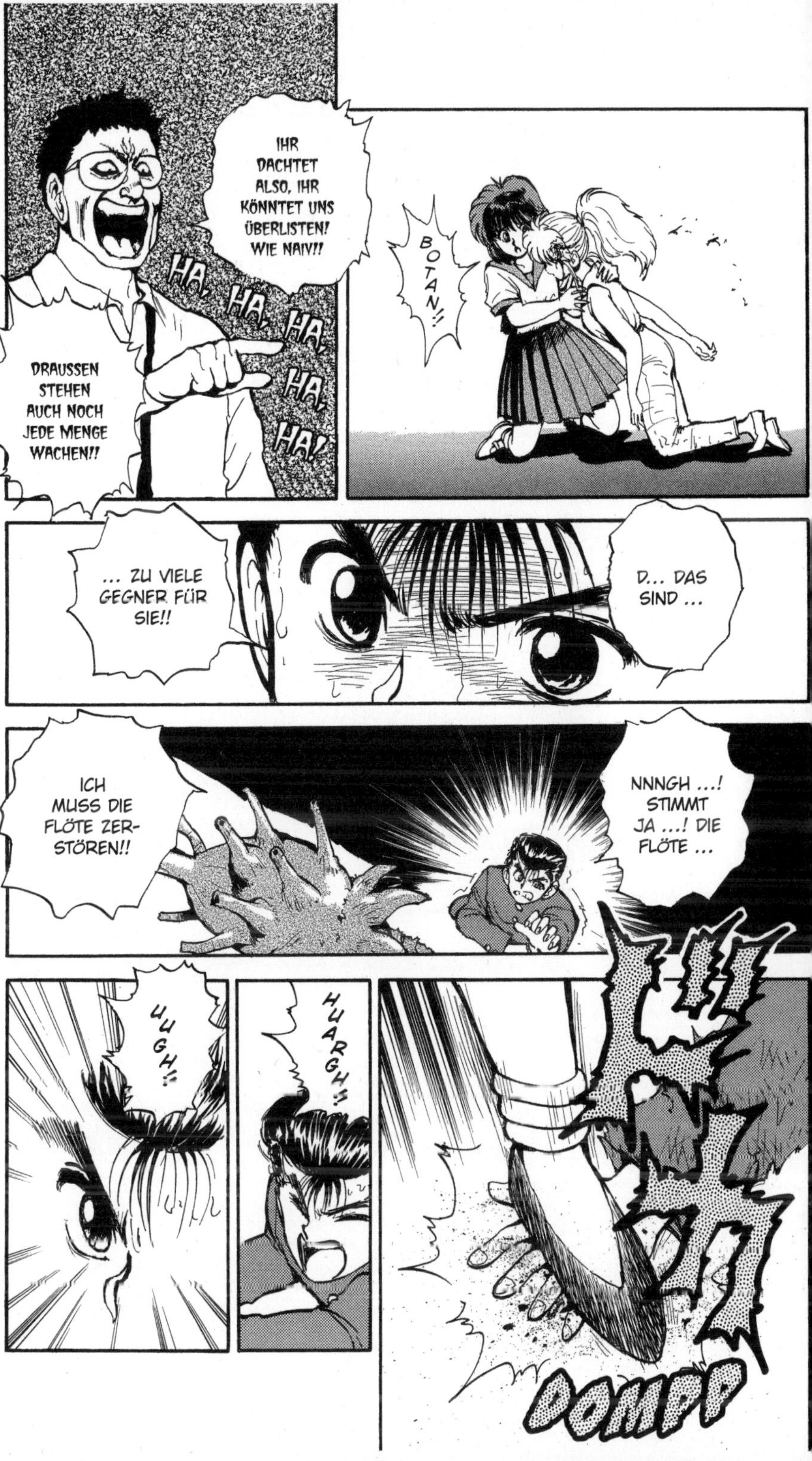
BOTAN!!
IHR DACHTET ALSO, IHR KÖNNTET UNS ÜBERLISTEN! WIE NAIV!!
HA, HA, HA, HA, HA!
DRAUSSEN STEHEN AUCH NOCH JEDE MENGE WACHEN!!
D... DAS SIND ...
... ZU VIELE GEGNER FÜR SIE!!
NNNGH ...! STIMMT JA ...! DIE FLÖTE ...
ICH MUSS DIE FLÖTE ZER-STÖREN!!
DOMPP
HUARGH!!
UUGH!!

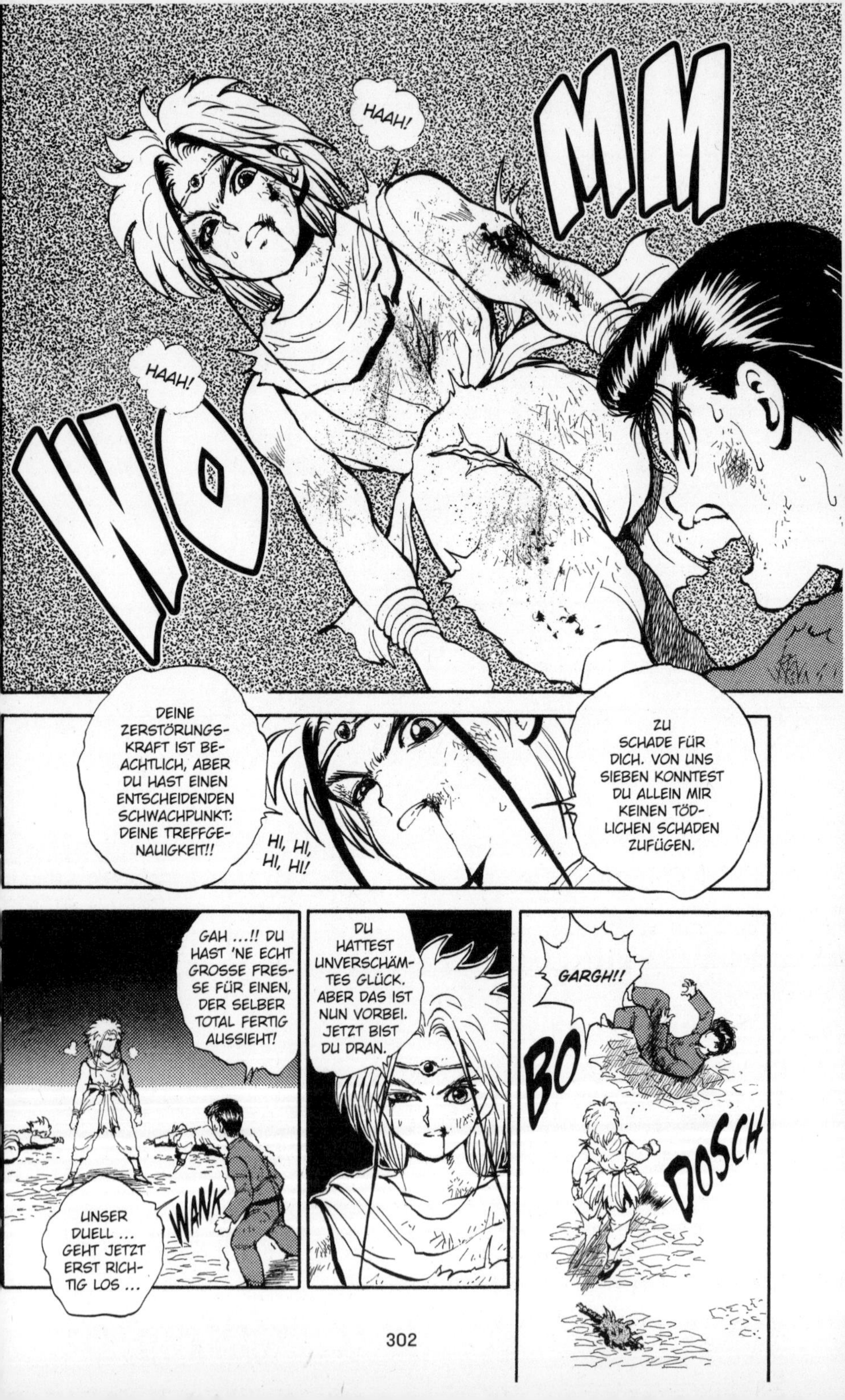
HAAH!
HAAH!
WOMM
DEINE ZERSTÖRUNGSKRAFT IST BEACHTLICH, ABER DU HAST EINEN ENTSCHEIDENDEN SCHWACHPUNKT: DEINE TREFFGENAUIGKEIT!!
HI, HI, HI, HI!
ZU SCHADE FÜR DICH. VON UNS SIEBEN KONNTEST DU ALLEIN MIR KEINEN TÖDLICHEN SCHADEN ZUFÜGEN.
GAH ...!! DU HAST 'NE ECHT GROSSE FRESSE FÜR EINEN, DER SELBER TOTAL FERTIG AUSSIEHT!
UNSER DUELL ... GEHT JETZT ERST RICHTIG LOS ...
WANK
DU HATTEST UNVERSCHÄMTES GLÜCK. ABER DAS IST NUN VORBEI. JETZT BIST DU DRAN.
GARGH!!
BO
DOSCH

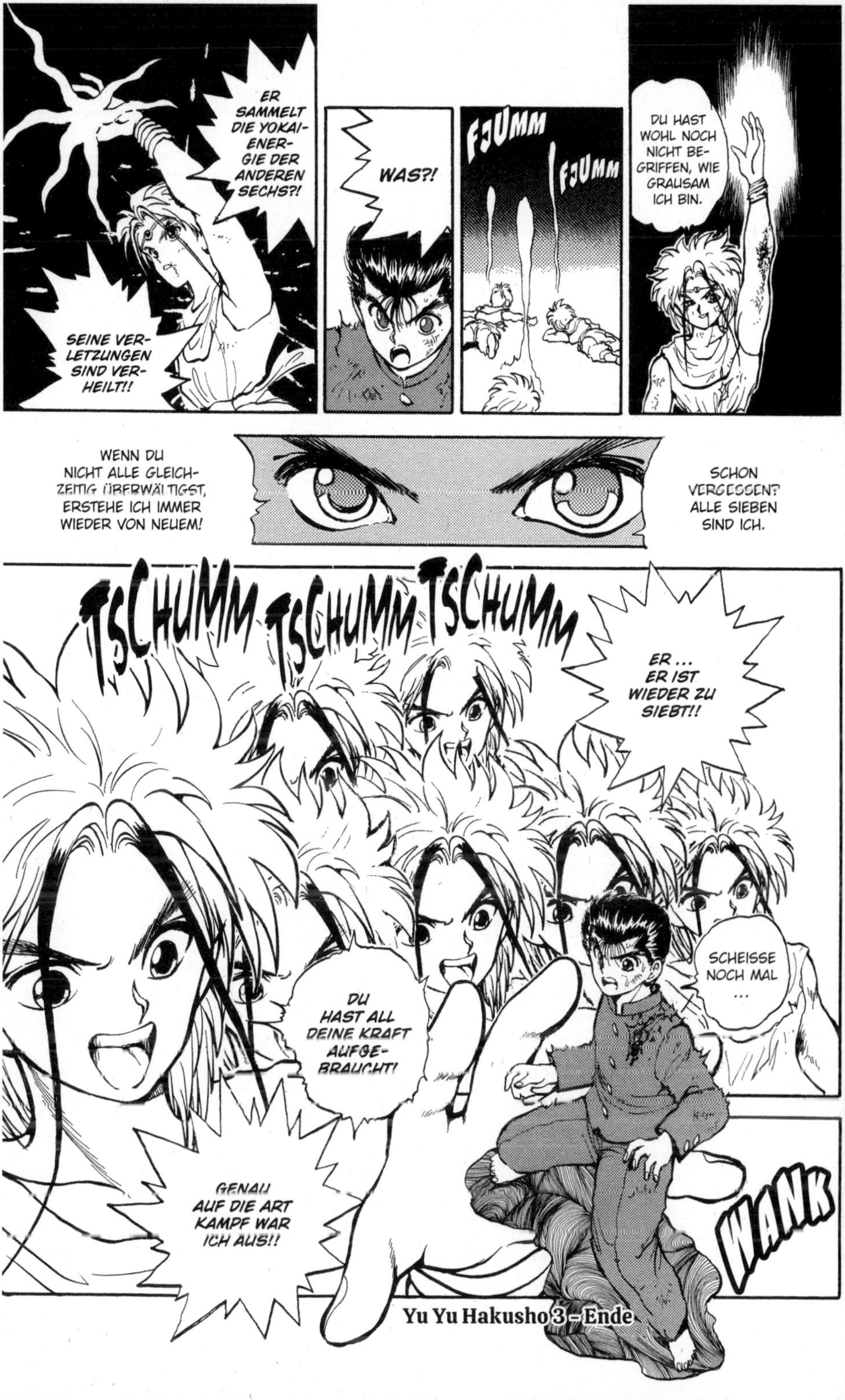

Yu Yu Hakusho 3 – Ende

YuYuHakusho

manga
漫画 cult

☐ Band 09 ISBN: 978-3-96433-691-0
☐ Band 10 ISBN: 978-3-96433-692-7
☐ Band 11 ISBN: 978-3-96433-693-4
☐ Band 12 ISBN: 978-3-96433-694-1
☐ Band 13 ISBN: 978-3-7573-0295-5
☐ Band 14 ISBN: 978-3-7573-0241-2
☐ Band 15 ISBN: 978-3-7573-0372-3 Januar 2025
☐ Band 16 ISBN: 978-3-7573-0373-0 März 2025
14x21 | SC | Drama | 16+
Band 01-08 € 10,– (D) | Band 09-16 € 12,– (D)

BLUE PERIOD
von Tsubasa Yamaguchi
☐ Band 01 ISBN: 978-3-96433-302-5
☐ Band 02 ISBN: 978-3-96433-312-4
☐ Band 03 ISBN: 978-3-96433-368-1
☐ Band 04 ISBN: 978-3-96433-369-8
☐ Band 05 ISBN: 978-3-96433-370-4
☐ Band 06 ISBN: 978-3-96433-419-0
☐ Band 07 ISBN: 978-3-96433-437-4
☐ Band 08 ISBN: 978-3-96433-446-6
☐ Band 09 ISBN: 978-3-96433-566-1
☐ Band 10 ISBN: 978-3-96433-576-0
☐ Band 11 ISBN: 978-3-96433-683-5
☐ Band 12 ISBN: 978-3-96433-819-8
☐ Band 13 ISBN: 978-3-96433-820-4
☐ Band 14 ISBN: 978-3-96433-821-1
☐ Band 15 ISBN: 978-3-96433-822-8 Januar 2025
14x21 | SC | Special | 15+
Band 01-12 € 10,– (D) | Band 13-15 € 12,– (D)

BRUTAL – Bekenntnisse eines Mordermittlers
von Kei Koga & Ryo Izawa
☐ Band 01 ISBN: 978-3-96433-773-3
☐ Band 02 ISBN: 978-3-96433-774-0
☐ Band 03 ISBN: 978-3-96433-775-7
☐ Band 04 ISBN: 978-3-96433-776-4
☐ Band 05 ISBN: 978-3-96433-777-1
14x21 | SC | Thriller | 18+
€ 12,– (D)

CELLS AT WORK!
von Akane Shimizu
☐ Band 01 ISBN: 978-3-96433-128-1
☐ Band 02 ISBN: 978-3-96433-158-8
☐ Band 03 ISBN: 978-3-96433-190-8
☐ Band 04 ISBN: 978-3-96433-222-6
☐ Band 05 ISBN: 978-3-96433-235-6
☐ Band 06 ISBN: 978-3-96433-511-1
14x21 | SC mit Klappen | Comedy | Science | 13+
€ 10,– (D) | **Abgeschlossen**

CELLS AT WORK! An die Arbeit, Blutplättchen!
von Yuko Kakihara & Yasu & Akane Shimizu
☐ Band 01 ISBN: 978-3-96433-401-5
☐ Band 02 ISBN: 978-3-96433-402-2
☐ Band 03 ISBN: 978-3-96433-403-9
☐ Band 04 ISBN: 978-3-96433-404-6
14x21 | SC | Comedy | 13+
€ 7,99 (D) | **Abgeschlossen**

AYANASHI
von Yukihiro Kajimoto
☐ Band 01 ISBN: 978-3-96433-100-7
☐ Band 02 ISBN: 978-3-96433-182-3
☐ Band 03 ISBN: 978-3-96433-215-8
☐ Band 04 ISBN: 978-3-96433-231-8
14x21 | SC | Science-Fiction | Action | 12+
€ 10,– (D) | **Abgeschlossen**

BLADE OF THE IMMORTAL 2in1 Perfect Edition
von Hiroaki Samura
☐ Band 01 ISBN: 978-3-96433-371-1
☐ Band 02 ISBN: 978-3-96433-372-8
☐ Band 03 ISBN: 978-3-96433-373-5
☐ Band 04 ISBN: 978-3-96433-374-2
☐ Band 05 ISBN: 978-3-96433-375-9
☐ Band 06 ISBN: 978-3-96433-376-6
☐ Band 07 ISBN: 978-3-96433-377-3
☐ Band 08 ISBN: 978-3-96433-420-6
☐ Band 09 ISBN: 978-3-96433-421-3
☐ Band 10 ISBN: 978-3-96433-504-3
☐ Band 11 ISBN: 978-3-96433-505-0
☐ Band 12 ISBN: 978-3-96433-506-7
☐ Band 13 ISBN: 978-3-96433-507-4
☐ Band 14 ISBN: 978-3-96433-508-1
☐ Band 15 ISBN: 978-3-96433-509-8
14x21 | SC mit Schutzumschlag | Action | 16+
€ 25,– (D) | **Abgeschlossen**

BLAME! 0: NOiSE Master Edition
von Tsutomu Nihei
☐ Einzelband ISBN: 978-3-96433-140-3
16x24 | HC | Science-Fiction | 16+
€ 20,– (D) | **Abgeschlossen**

BLAME! Master Edition
von Tsutomu Nihei
☐ Band 01 ISBN: 978-3-95981-445-4
☐ Band 02 ISBN: 978-3-95981-449-2
☐ Band 03 ISBN: 978-3-95981-453-9
☐ Band 04 ISBN: 978-3-95981-457-7
☐ Band 05 ISBN: 978-3-95981-461-4
☐ Band 06 ISBN: 978-3-95981-714-1
16x24 | HC | Science-Fiction | 16+
€ 28,– (D) | **Abgeschlossen**

BLAME! +: Die Flucht der Elektrofischer Master Edition
von Koutarou Sekine & Tsutomu Nihei & BLAME! Production Committee
☐ Einzelband ISBN: 978-3-96433-320-9
16x24 | HC | Science-Fiction | 16+
€ 20,– (D) | **Abgeschlossen**

BLOOD ON THE TRACKS
von Shuzo Oshimi
☐ Band 01 ISBN: 978-3-96433-601-9
☐ Band 02 ISBN: 978-3-96433-684-2
☐ Band 03 ISBN: 978-3-96433-685-9
☐ Band 04 ISBN: 978-3-96433-686-6
☐ Band 05 ISBN: 978-3-96433-687-3
☐ Band 06 ISBN: 978-3-96433-688-0
☐ Band 07 ISBN: 978-3-96433-689-7
☐ Band 08 ISBN: 978-3-96433-690-3

6TH BULLET
von Yusuke Osawa
☐ Einzelband ISBN: 978-3-96433-088-8
14x21 | SC | Science-Fiction | 16+
€ 15,– (D) | **Abgeschlossen**

A MAN AND HIS CAT
von Umi Sakurai
☐ Band 01 ISBN: 978-3-96433-512-8
☐ Band 02 ISBN: 978-3-96433-523-4
☐ Band 03 ISBN: 978-3-96433-524-1
☐ Band 04 ISBN: 978-3-96433-525-8
☐ Band 05 ISBN: 978-3-96433-526-5
☐ Band 06 ISBN: 978-3-96433-527-2
☐ Band 07 ISBN: 978-3-96433-696-5
☐ Band 08 ISBN: 978-3-96433-697-2
☐ Band 09 ISBN: 978-3-96433-698-9
☐ Band 10 ISBN: 978-3-96433-816-7
☐ Band 11 ISBN: 978-3-96433-817-4
☐ Band 12 ISBN: 978-3-96433-818-1
14x21 | SC | Slice of Life | 15+
€ 10,– (D)

A MAN AND HIS CAT: Fukumaru und das Sternenschiff des Glücks
von Umi Sakurai
☐ Einzelband ISBN: 978-3-98743-087-9
14x21 | HC mit Schutzumschlag | Slice of Life | 3+
€ 15,– (D) | **Abgeschlossen**

ABARA Master Edition
von Tsutomu Nihei
☐ Einzelband ISBN: 978-3-96433-717-7
16x24 | HC | Science-Fiction | 16+
€ 28,– (D) | **Abgeschlossen**

AFTERIMAGE SLOW MOTION
von Jyanome
☐ Einzelband ISBN: 978-3-96433-503-6
14x21 | SC | Boys Love | 16+
€ 10,– (D) | **Abgeschlossen**

ALMA
von Shinji Mito
☐ Band 01 ISBN: 978-3-7573-0342-6
☐ Band 02 ISBN: 978-3-7573-0343-3
☐ Band 03 ISBN: 978-3-7573-0344-0
☐ Band 04 ISBN: 978-3-7573-0345-7
14x21 | SC | Science-Fiction | 16+
€ 12,– (D) | **Abgeschlossen**

APOSIMZ – Das Land der Puppen
von Tsutomu Nihei
☐ Band 01 ISBN: 978-3-95981-706-6
☐ Band 02 ISBN: 978-3-96433-068-0
☐ Band 03 ISBN: 978-3-96433-116-8
☐ Band 04 ISBN: 978-3-96433-220-2
☐ Band 05 ISBN: 978-3-96433-291-2
☐ Band 06 ISBN: 978-3-96433-431-2
☐ Band 07 ISBN: 978-3-96433-432-9
☐ Band 08 ISBN: 978-3-96433-433-6
☐ Band 09 ISBN: 978-3-96433-434-3
14x21 | SC mit Klappen | Science-Fiction 15+ | € 10,– (D) | **Abgeschlossen**

APOSIMZ Full Color Master Edition
von Tsutomu Nihei
☐ Band 01 ISBN: 978-3-96433-324-7
16x24 | HC | Farbe | Science-Fiction | 15+
€ 30,– (D)

Änderungen und Irrtümer vorbehalten. Stand 09/2024

MANGA CULT Checkliste

DEMON SLAYER – Kimetsu no Yaiba: Einflügeliger Schmetterling Light Novel
von Koyoharu Gotouge & Aya Yajima
☐ Einzelband ISBN: 978-3-96433-887-7
14x21 | SC mit Ausklappposter | Action | 13+
€ 14,– (D) | **Abgeschlossen**

DEMON SLAYER – Kimetsu no Yaiba: Im Laufe der Jahre – Gesammelte Illustrationen von Koyoharu Gotouge **NEU**
von Koyoharu Gotouge
☐ Einzelband ISBN: 978-3-96433-967-6 TBA
☐ Einzelband LE ISBN: 978-3-7573-0281-8 TBA
DIN A4 | HC | Farbe | Action | 13+
€ 30,– (D) | LE € 66,66 (D)

DEMON SLAYER – Kimetsu no Yaiba: School Days!
von Natsuki Hokami & Koyoharu Gotouge
☐ Band 01 ISBN: 978-3-7573-0369-3
☐ Band 02 ISBN: 978-3-7573-0370-9
☐ Band 03 ISBN: 978-3-7573-0407-2
☐ Band 04 ISBN: 978-3-7573-0408-9 Dezember 2024
☐ Band 05 ISBN: 978-3-7573-0409-6 Februar 2025
14x21 | SC | Comedy | 13+
€ 8,99 (D)

DEMON SLAYER – Kimetsu no Yaiba: Wasser und Flammen
von Ryoji Hirano & Koyoharu Gotouge
☐ Einzelband ISBN: 978-3-96433-968-3
14x21 | SC | Action | 13+
€ 10,– (D) | **Abgeschlossen**

DIE BLUMEN DES BÖSEN – Aku no Hana 2in1 Edition
von Shuzo Oshimi
☐ Band 01 ISBN: 978-3-96433-528-9 3in1 Edition
☐ Band 02 ISBN: 978-3-96433-529-6
☐ Band 03 ISBN: 978-3-96433-530-2
☐ Band 04 ISBN: 978-3-96433-531-9
☐ Band 05 ISBN: 978-3-96433-532-6
14x21 | SC | Drama | 15+
Band 01 € 20,– (D) | Band 02-05 € 15,– (D)
Abgeschlossen

DIE CHRONIKEN DES KÖNIGREICHS
von Asumiko Nakamura
☐ Band 01 ISBN: 978-3-96433-877-8
☐ Band 02 ISBN: 978-3-96433-878-5
☐ Band 03 ISBN: 978-3-96433-879-2
☐ Band 04 ISBN: 978-3-96433-880-8
14x21 | SC | Fantasy | 16+
€ 12,– (D)

DIE DREI MUSKETIERE
von Cédric Tchao & Néjib
☐ Band 01 ISBN: 978-3-96433-976-8
☐ Band 02 ISBN: 978-3-7573-0277-1
14x21 | SC | Action | Abenteuer | 16+
€ 10,– (D) | **Abgeschlossen**

☐ Band 04 ISBN: 978-3-96433-124-3
☐ Band 05 ISBN: 978-3-96433-162-5
☐ Band 06 ISBN: 978-3-96433-194-6
☐ Band 07 ISBN: 978-3-96433-223-3
☐ Band 08 ISBN: 978-3-96433-236-3
☐ Band 09 ISBN: 978-3-96433-245-5
☐ Band 10 ISBN: 978-3-96433-288-2
☐ Band 11 ISBN: 978-3-96433-438-1
☐ Band 12 ISBN: 978-3-7573-0062-3
14x21 | SC mit Klappen | Fantasy | 12+
€ 10,– (D)

DEMON SLAYER – Kimetsu no Yaiba
von Koyoharu Gotouge
☐ Band 01 ISBN: 978-3-96433-280-6
☐ Band 02 ISBN: 978-3-96433-281-3
☐ Band 03 ISBN: 978-3-96433-282-0
☐ Band 04 ISBN: 978-3-96433-283-7
☐ Band 05 ISBN: 978-3-96433-284-4
☐ Band 06 ISBN: 978-3-96433-406-0
☐ Band 07 ISBN: 978-3-96433-407-7
☐ Band 08 ISBN: 978-3-96433-408-4
☐ Band 08 + Schuber ISBN: 978-3-96433-462-6 € 15,– (D)
☐ Band 01-08 + Schuber ISBN: 978-3-96433-701-6 € 75,– (D)
☐ Band 09 ISBN: 978-3-96433-409-1
☐ Band 10 ISBN: 978-3-96433-410-7
☐ Band 11 ISBN: 978-3-96433-411-4
☐ Band 12 ISBN: 978-3-96433-412-1
☐ Band 13 ISBN: 978-3-96433-413-8
☐ Band 14 ISBN: 978-3-96433-414-5
☐ Band 15 ISBN: 978-3-96433-415-2
☐ Band 16 ISBN: 978-3-96433-416-9
☐ Band 16 + Schuber ISBN: 978-3-96433-699-6 € 18,– (D)
☐ Band 09-16 + Schuber ISBN: 978-3-96433-702-3 € 80,– (D)
☐ Band 17 ISBN: 978-3-96433-477-0
☐ Band 18 ISBN: 978-3-96433-570-8
☐ Band 19 ISBN: 978-3-96433-479-4
☐ Band 20 ISBN: 978-3-96433-480-0
☐ Band 20 ISBN: 978-3-96433-881-5 LE + Postkartenset | € 15,– (D)
☐ Band 21 ISBN: 978-3-96433-481-7
☐ Band 22 ISBN: 978-3-96433-482-4
☐ Band 23 ISBN: 978-3-96433-394-0 € 12,– (D)
☐ Band 23 + Schuber ISBN: 978-3-96433-700-9 € 20,– (D)
☐ Band 17-23 + Schuber ISBN: 978-3-96433-703-0 € 75,– (D)
14x21 | SC | Action | 13+
Band 01-22 € 10,– (D) | Band 23 € 12,– (D)
Abgeschlossen

DEMON SLAYER – Kimetsu no Yaiba: Blume des Glücks Light Novel
von Koyoharu Gotouge & Aya Yajima
☐ Einzelband ISBN: 978-3-96433-771-9
14x21 | SC mit Ausklappposter | Action | 13+
€ 14,– (D) | **Abgeschlossen**

DEMON SLAYER – Kimetsu no Yaiba: Der Wind weist den Weg Light Novel
von Koyoharu Gotouge & Aya Yajima
☐ Einzelband ISBN: 978-3-96433-889-1
14x21 | SC mit Ausklappposter | Action | 13+
€ 14,– (D) | **Abgeschlossen**

CELLS AT WORK! BLACK
von Shigemitsu Harada & Issey Hatsuyoshiya & Akane Shimizu
☐ Band 01 ISBN: 978-3-96433-230-1
☐ Band 02 ISBN: 978-3-96433-243-1
☐ Band 03 ISBN: 978-3-96433-253-0
☐ Band 04 ISBN: 978-3-96433-292-9
☐ Band 05 ISBN: 978-3-96433-323-0
☐ Band 06 ISBN: 978-3-96433-425-1
☐ Band 07 ISBN: 978-3-96433-449-7
☐ Band 08 ISBN: 978-3-96433-510-4
14x21 | SC | Action | Science | 16+
€ 10,– (D) | **Abgeschlossen**

COFFEE MOON
von Mochito Bota
☐ Band 01 ISBN: 978-3-7573-0354-9
☐ Band 02 ISBN: 978-3-7573-0355-6
☐ Band 03 ISBN: 978-3-7573-0356-3 Dezember 2024
☐ Band 04 ISBN: 978-3-7573-0357-0 Februar 2025
14x21 | SC | Mystery | 15+
€ 10,– (D)

COLORLESS
von KENI
☐ Band 01 ISBN: 978-3-96433-797-9
☐ Band 02 ISBN: 978-3-96433-798-6
☐ Band 03 ISBN: 978-3-96433-799-3
☐ Band 04 ISBN: 978-3-96433-800-6
☐ Band 05 ISBN: 978-3-96433-801-3
☐ Band 06 ISBN: 978-3-96433-802-0
☐ Band 07 ISBN: 978-3-96433-803-7
14x21 | SC | Science-Fiction | 16+
€ 12,– (D) | **Abgeschlossen**

CUTIE AND THE BEAST
von Yuhi Azumi
☐ Band 01 ISBN: 978-3-96433-390-2
☐ Band 02 ISBN: 978-3-96433-391-9
☐ Band 03 ISBN: 978-3-96433-392-6
14x21 | SC | Romance | 13+
€ 7,99 (D)

DAI DARK
von Q-Hayashida
☐ Band 01 ISBN: 978-3-96433-779-5
☐ Band 02 ISBN: 978-3-96433-780-1
☐ Band 03 ISBN: 978-3-96433-781-8
☐ Band 04 ISBN: 978-3-96433-782-5
☐ Band 05 ISBN: 978-3-96433-783-2
☐ Band 06 ISBN: 978-3-7573-0282-5
☐ Band 07 ISBN: 978-3-7573-0292-4
14x21 | SC | Science-Fiction | 16+
€ 10,– (D)

DARLING IN THE FRANXX
von Kentaro Yabuki & Code:000
☐ Band 01 ISBN: 978-3-7573-0316-7
☐ Band 02 ISBN: 978-3-7573-0317-4
☐ Band 03 ISBN: 978-3-7573-0318-1 Dezember 2024
☐ Band 04 ISBN: 978-3-7573-0319-8 Februar 2025
14x21 | SC | Science-Fiction | 16+
€ 10,– (D)

DAS LAND DER JUWELEN
von Haruko Ichikawa
☐ Band 01 ISBN: 978-3-96433-104-5
☐ Band 02 ISBN: 978-3-96433-108-3
☐ Band 03 ISBN: 978-3-96433-112-0

☐ Band 10 ISBN: 978-3-96433-036-9
☐ Band 11 ISBN: 978-3-96433-040-6
☐ Band 12 ISBN: 978-3-96433-044-4
14x21 | SC mit Klappen | Science-Fiction |16+
Band 01-08 € 20,– (D) | Band 09-12 € 25,– (D)
Abgeschlossen

GANTZ:E
von Hiroya Oku & Jin Kagetsu
☐ Band 01 ISBN: 978-3-96433-476-3
☐ Band 02 ISBN: 978-3-96433-568-5
☐ Band 03 ISBN: 978-3-96433-569-2
☐ Band 04 ISBN: 978-3-96433-969-0
☐ Band 05 ISBN: 978-3-7573-0283-2
☐ Band 06 ISBN: 978-3-7573-0410-2
14x21 | SC | Science-Fiction | 16+
€ 10,– (D)

GANTZ:G – 3in1 Perfect Edition
von Hiroya Oku & Keita Iijka
☐ Einzelband ISBN: 978-3-96433-571-5
14x21 | SC | Science-Fiction
16+ | € 25,– (D) | **Abgeschlossen**

GIRLS' LAST TOUR
von Tsukumizu
☐ Band 01 ISBN: 978-3-7573-0324-2
☐ Band 02 ISBN: 978-3-7573-0325-9
☐ Band 03 ISBN: 978-3-7573-0326-6 Januar 2025
☐ Band 04 ISBN: 978-3-7573-0327-3 März 2025
14x21 | SC | Science-Fiction | 13+
€ 10,– (D)

GOLDEN KAMUY
von Satoru Noda
☐ Band 01 ISBN: 978-3-96433-256-1
☐ Band 02 ISBN: 978-3-96433-228-8
☐ Band 03 ISBN: 978-3-96433-241-7
☐ Band 04 ISBN: 978-3-96433-250-9
☐ Band 05 ISBN: 978-3-96433-294-3
☐ Band 06 ISBN: 978-3-96433-305-6
☐ Band 07 ISBN: 978-3-96433-318-6
☐ Band 08 ISBN: 978-3-96433-227-1
☐ Band 09 ISBN: 978-3-96433-240-0
☐ Band 10 ISBN: 978-3-96433-326-1
☐ Band 11 ISBN: 978-3-96433-436-7
☐ Band 12 ISBN: 978-3-96433-444-2
☐ Band 13 ISBN: 978-3-96433-450-3
☐ Band 14 ISBN: 978-3-96433-389-6
☐ Band 15 ISBN: 978-3-96433-493-0
☐ Band 16 ISBN: 978-3-96433-494-7
☐ Band 17 ISBN: 978-3-96433-495-4
☐ Band 18 ISBN: 978-3-96433-496-1
☐ Band 19 ISBN: 978-3-96433-497-8
☐ Band 20 ISBN: 978-3-96433-498-5
☐ Band 21 ISBN: 978-3-96433-499-2
☐ Band 22 ISBN: 978-3-96433-500-5
☐ Band 23 ISBN: 978-3-96433-501-2
☐ Band 24 ISBN: 978-3-96433-502-9
☐ Band 25 ISBN: 978-3-96433-826-6
☐ Band 26 ISBN: 978-3-96433-827-3
☐ Band 27 ISBN: 978-3-96433-828-0
☐ Band 28 ISBN: 978-3-96433-829-7
☐ Band 29 ISBN: 978-3-96433-830-3
☐ Band 30 ISBN: 978-3-96433-831-0
☐ Band 31 ISBN: 978-3-96433-832-7
14x21 | SC | Action | History | 16+
Band 01-20 € 10,– (D) | Band 21-31 € 12,– (D)
Abgeschlossen

EVERYDAY ESCAPE
von Shouichi Taguchi
☐ Band 01 ISBN: 978-3-96433-602-6
☐ Band 02 ISBN: 978-3-96433-680-4
☐ Band 03 ISBN: 978-3-96433-681-1
☐ Band 04 ISBN: 978-3-96433-682-8
14x21 | SC | Slice of Life | 13+
€ 7,99 (D) | **Abgeschlossen**

EX-ARM
von HiRock & Shin-ya Komi
☐ Band 01 ISBN: 978-3-96433-145-8
☐ Band 02 ISBN: 978-3-96433-178-6
☐ Band 03 ISBN: 978-3-96433-207-3
☐ Band 04 ISBN: 978-3-96433-229-5
☐ Band 05 ISBN: 978-3-96433-242-4
☐ Band 06 ISBN: 978-3-96433-251-6
☐ Band 07 ISBN: 978-3-96433-296-7
☐ Band 08 ISBN: 978-3-96433-306-3
☐ Band 09 ISBN: 978-3-96433-319-3
☐ Band 10 ISBN: 978-3-96433-384-1
☐ Band 11 ISBN: 978-3-96433-385-8
☐ Band 12 ISBN: 978-3-96433-386-5
☐ Band 13 ISBN: 978-3-96433-387-2
☐ Band 14 ISBN: 978-3-96433-388-9
14x21 | SC mit Klappen | Science-Fiction | 16+
Band 01-12 € 10,– (D) | Band 13-14 € 12,– (D)
Abgeschlossen

FIST OF THE NORTH STAR
Master Edition
von Buronson & Tetsuo Hara
☐ Band 01 ISBN: 978-3-96433-748-1
☐ Band 02 ISBN: 978-3-96433-749-8
☐ Band 03 ISBN: 978-3-96433-750-4
☐ Band 04 ISBN: 978-3-96433-751-1
☐ Band 05 ISBN: 978-3-96433-752-8
☐ Band 06 ISBN: 978-3-96433-753-5
☐ Band 06 ISBN: 978-3-96433-997-3
+ Schuber € 34,– (D)
☐ Band 07 ISBN: 978-3-96433-754-2
☐ Band 08 ISBN: 978-3-96433-755-9
☐ Band 09 ISBN: 978-3-96433-756-6 Dezember 2024
☐ Band 10 ISBN: 978-3-96433-757-3 März 2025
16x24 | HC | Action | 16+
€ 28,– (D)

FROM THE RED FOG
von Mosae Nohara
☐ Band 01 ISBN: 978-3-96433-961-4
☐ Band 02 ISBN: 978-3-96433-962-1
☐ Band 03 ISBN: 978-3-96433-963-8
☐ Band 04 ISBN: 978-3-96433-964-5
☐ Band 05 ISBN: 978-3-7573-0286-3
14x21 | SC | Mystery | 16+
€ 10,– (D) | **Abgeschlossen**

GANTZ – 3in1 Perfect Edition
von Hiroya Oku
☐ Band 01 ISBN: 978-3-96433-000-0 4in1 Edition
☐ Band 02 ISBN: 978-3-96433-004-8
☐ Band 03 ISBN: 978-3-96433-008-6
☐ Band 04 ISBN: 978-3-96433-012-3
☐ Band 05 ISBN: 978-3-96433-233-2
☐ Band 06 ISBN: 978-3-96433-248-6
☐ Band 07 ISBN: 978-3-96433-298-1
☐ Band 08 ISBN: 978-3-96433-316-2
☐ Band 09 ISBN: 978-3-96433-032-1

DIE TAGEBÜCHER DER APOTHEKERIN –
Geheimnisse am Kaiserhof
von Natsu Hyuuga & Itsuki Nanao & Nekokurage & Touco Shino
☐ Band 01 ISBN: 978-3-96433-557-9
☐ Band 02 ISBN: 978-3-96433-558-6
☐ Band 03 ISBN: 978-3-96433-559-3
☐ Band 04 ISBN: 978-3-96433-560-9
☐ Band 05 ISBN: 978-3-96433-561-6
☐ Band 06 ISBN: 978-3-96433-562-3
☐ Band 07 ISBN: 978-3-96433-563-0
☐ Band 08 ISBN: 978-3-96433-564-7
☐ Band 09 ISBN: 978-3-96433-565-4
☐ Band 10 ISBN: 978-3-96433-823-5
☐ Band 10 ISBN: 978-3-96433-960-7
+ Schuber € 18,– (D)
☐ Band 01-10 ISBN: 978-3-7573-0516-1
+ Schuber € 99,– (D)
☐ Band 11 ISBN: 978-3-96433-824-2
☐ Band 12 ISBN: 978-3-96433-825-9
☐ Band 13 ISBN: 978-3-7573-0482-9 Dezember 2024
☐ Band 13 ISBN: 978-3-7573-0510-9
LE + Booklet | € 14,– (D) | Dezember 2024
14x21 | SC | Mystery | 15+
€ 10,– (D)

DIE TAGEBÜCHER DER APOTHEKERIN –
Geheimnisse am Kaiserhof
Light Novel **NEU**
von Natsu Hyuuga & Touco Shino
☐ Band 01 ISBN: 978-3-7573-0547-5 März 2025
☐ Band 02 ISBN: 978-3-7573-0548-2 September 2025
14x21 | SC | Mystery | 15+
€ 16,– (D)

DOROHEDORO
2in1 Edition
von Q-Hayashida
☐ Band 01 ISBN: 978-3-96433-465-7 3in1 Edition
☐ Band 02 ISBN: 978-3-96433-483-1
☐ Band 03 ISBN: 978-3-96433-484-8
☐ Band 04 ISBN: 978-3-96433-485-5
☐ Band 05 ISBN: 978-3-96433-486-2
☐ Band 06 ISBN: 978-3-96433-487-9
☐ Band 07 ISBN: 978-3-96433-572-2
☐ Band 08 ISBN: 978-3-96433-489-3
☐ Band 09 ISBN:978-3-96433-490-9
☐ Band 10 ISBN: 978-3-96433-491-6
☐ Band 11 ISBN: 978-3-96433-492-3
14x21 | SC | Fantasy | 16+ | Band 01-07 € 15,– (D)
Band 08-09 € 18,– (D) | Band 10-11 € 20,– (D)
Abgeschlossen

DOU KYU SEI –
Verliebt in meinen Mitschüler
von Asumiko Nakamura
☐ Einzelband ISBN: 978-3-96433-206-6
14x21 | SC | Boys Love | 15+
€ 10,– (D) | **Abgeschlossen**

DOU SOU SEI –
Was danach geschah
von Asumiko Nakamura
☐ Band 01 ISBN: 978-3-96433-974-4
☐ Band 02 ISBN: 978-3-96433-975-1
14x21 | SC | Boys Love | 15+
€ 12,– (D) | **Abgeschlossen**

☐ Band 13 ISBN: 978-3-96433-679-8
☐ Band 14 ISBN: 978-3-96433-882-2
☐ Band 15 ISBN: 978-3-96433-883-9
☐ Band 16 ISBN: 978-3-96433-884-6
☐ Band 17 ISBN: 978-3-96433-885-3
☐ Band 18 ISBN: 978-3-7573-0411-9
Januar 2025
14x21 | SC | Fantasy | 13+
Band 01-14 € 10,– (D) | Band 15-18 € 12,– (D)

ICH BIN EINE SPINNE, NA UND?

von Okina Baba & Asahiro Kakashi

☐ Band 01 ISBN: 978-3-96433-132-8
☐ Band 02 ISBN: 978-3-96433-154-0
☐ Band 03 ISBN: 978-3-96433-186-1
☐ Band 04 ISBN: 978-3-96433-221-9
☐ Band 05 ISBN: 978-3-96433-234-9
☐ Band 06 ISBN: 978-3-96433-249-3
☐ Band 07 ISBN: 978-3-96433-287-5
☐ Band 08 ISBN: 978-3-96433-303-2
☐ Band 09 ISBN: 978-3-96433-451-0
☐ Band 10 ISBN: 978-3-96433-611-8
☐ Band 11 ISBN: 978-3-96433-674-3
☐ Band 12 ISBN: 978-3-96433-675-0
☐ Band 13 ISBN: 978-3-96433-676-7
14x21 | SC | Fantasy | Action | 13+
€ 10,– (D)

ICH BIN EINE SPINNE, NA UND? Die vier Schwestern

von Gratinbird & Okina Baba & Tsukasa Kiryu & Asahiro Kakashi

☐ Band 01 ISBN: 978-3-96433-533-3
☐ Band 02 ISBN: 978-3-96433-534-0
☐ Band 03 ISBN: 978-3-96433-535-7
☐ Band 04 ISBN: 978-3-96433-536-4
☐ Band 05 ISBN: 978-3-96433-672-9
☐ Band 06 ISBN: 978-3-96433-673-6
14x21 | SC | Fantasy | Comedy | 13+
€ 10,– (D) | **Abgeschlossen**

ICH KANN DICH NICHT ERREICHEN

von Mika

☐ Band 01 ISBN: 978-3-96433-608-8
☐ Band 02 ISBN: 978-3-96433-668-2
☐ Band 03 ISBN: 978-3-96433-669-9
☐ Band 04 ISBN: 978-3-96433-670-5
☐ Band 05 ISBN: 978-3-96433-671-2
☐ Band 06 ISBN: 978-3-96433-972-0
☐ Band 07 ISBN: 978-3-7573-0290-0
☐ Band 08 ISBN: 978-3-7573-0467-6
Dezember 2024
14x21 | SC | Boys Love | 15+
Band 01-05 € 7,99 (D) | Band 06-08 € 8,99 (D)

INSIDE MARI

von Shuzo Oshimi

☐ Band 01 ISBN: 978-3-7573-0360-0
☐ Band 02 ISBN: 978-3-7573-0361-7
Dezember 2024
☐ Band 03 ISBN: 978-3-7573-0362-4
Februar 2025
☐ Band 04 ISBN: 978-3-7573-0363-1
April 2025
14x21 | SC | Drama | 18+
€ 10,– (D)

HITORIJIME BOYFRIEND — NEU

von Memeco Arii

☐ Einzelband ISBN: 978-3-7573-0479-9
Januar 2025
14x21 | SC | Boys Love | 15+
€ 10,– (D)

HITORIJIME MY HERO

von Memeco Arii

☐ Band 01 ISBN: 978-3-96433-626-2
☐ Band 02 ISBN: 978-3-96433-627-9
☐ Band 03 ISBN: 978-3-96433-628-6
☐ Band 04 ISBN: 978-3-96433-629-3
☐ Band 05 ISBN: 978-3-96433-630-9
☐ Band 06 ISBN: 978-3-96433-631-6
☐ Band 06 ISBN: 978-3-96433-886-0
+ Schuber € 18,– (D)
☐ Band 07 ISBN: 978-3-96433-632-3
☐ Band 08 ISBN: 978-3-96433-633-0
☐ Band 09 ISBN: 978-3-96433-634-7
☐ Band 10 ISBN: 978-3-96433-635-4
☐ Band 11 ISBN: 978-3-96433-636-1
☐ Band 12 ISBN: 978-3-96433-637-8
☐ Band 12 ISBN: 978-3-7573-0284-9
+ Schuber € 18,– (D)
☐ Band 13 ISBN: 978-3-96433-638-5
☐ Band 14 ISBN: 978-3-7573-0296-2
☐ Band 15 ISBN: 978-3-7573-0511-6
März 2025
14x21 | SC | Boys Love | 15+
€ 10,– (D)

I THINK I TURNED MY CHILDHOOD FRIEND INTO A GIRL — NEU

von Azusa Banjo

☐ Band 01 ISBN: 978-3-7573-0503-1
März 2025
14x21 | SC | Boys Love | 15+
€ 10,– (D)

I'M IN LOVE WITH THE VILLAINESS

von Aonoshimo & Inori. & Hanagata

☐ Band 01 ISBN: 978-3-96433-739-9
☐ Band 02 ISBN: 978-3-96433-740-5
☐ Band 03 ISBN: 978-3-96433-741-2
☐ Band 04 ISBN: 978-3-96433-742-9
☐ Band 05 ISBN: 978-3-96433-971-3
☐ Band 06 ISBN: 978-3-7573-0297-9
☐ Band 07 ISBN: 978-3-7573-0478-2
März 2025
14x21 | SC | Girls Love | 15+
€ 10,– (D)

I'M STANDING ON A MILLION LIVES

von Naoki Yamakawa & Akinori Nao

☐ Band 01 ISBN: 978-3-96433-463-3
☐ Band 02 ISBN: 978-3-96433-464-0
☐ Band 03 ISBN: 978-3-96433-466-4
☐ Band 04 ISBN: 978-3-96433-467-1
☐ Band 05 ISBN: 978-3-96433-468-8
☐ Band 06 ISBN: 978-3-96433-545-6
☐ Band 07 ISBN: 978-3-96433-546-3
☐ Band 08 ISBN: 978-3-96433-547-0
☐ Band 09 ISBN: 978-3-96433-548-7
☐ Band 10 ISBN: 978-3-96433-549-4
☐ Band 11 ISBN: 978-3-96433-677-4
☐ Band 12 ISBN: 978-3-96433-678-1

GREEN WORLDZ

von Yusuke Osawa

☐ Band 01 ISBN: 978-3-95981-674-8
☐ Band 02 ISBN: 978-3-95981-678-6
☐ Band 03 ISBN: 978-3-95981-682-3
☐ Band 04 ISBN: 978-3-96433-048-2
☐ Band 05 ISBN: 978-3-96433-052-9
☐ Band 06 ISBN: 978-3-96433-056-7
☐ Band 07 ISBN: 978-3-96433-060-4
☐ Band 08 ISBN: 978-3-96433-064-2
14x21 | SC mit Klappen | Survival Horror 16+ | € 10,– (D) | **Abgeschlossen**

GTO – Great Teacher Onizuka

von Tōru Fujisawa

☐ Band 01 ISBN: 978-3-7573-0330-3
☐ Band 02 ISBN: 978-3-7573-0331-0
☐ Band 03 ISBN: 978-3-7573-0332-7
☐ Band 04 ISBN: 978-3-7573-0333-4
Januar 2025
☐ Band 05 ISBN: 978-3-7573-0334-1
März 2025
14x21 | SC | Comedy | 15+
€ 18,– (D)

HAPPINESS 2in1 Edition

von Shuzo Oshimi

☐ Band 01 ISBN: 978-3-96433-743-6
☐ Band 02 ISBN: 978-3-96433-744-3
☐ Band 03 ISBN: 978-3-96433-745-0
☐ Band 04 ISBN: 978-3-96433-746-7
☐ Band 05 ISBN: 978-3-96433-747-4
14x21 | SC | Mystery | 16+
€ 15,– (D) | **Abgeschlossen**

HEAVENLY DELUSION – Das verlorene Paradies

von Masakazu Ishiguro

☐ Band 01 ISBN: 978-3-96433-255-4
☐ Band 02 ISBN: 978-3-96433-295-0
☐ Band 03 ISBN: 978-3-96433-307-0
☐ Band 04 ISBN: 978-3-96433-445-9
☐ Band 05 ISBN: 978-3-96433-567-8
☐ Band 06 ISBN: 978-3-96433-610-1
☐ Band 07 ISBN: 978-3-96433-767-2
☐ Band 08 ISBN: 978-3-96433-768-9
☐ Band 09 ISBN: 978-3-96433-769-6
☐ Band 10 ISBN: 978-3-96433-770-2
März 2025
14x21 | SC | Science-Fiction | 15+
€ 10,– (D)

HI SCORE GIRL

von Rensuke Oshikiri

☐ Band 01 ISBN: 978-3-96433-254-7
☐ Band 02 ISBN: 978-3-96433-290-5
☐ Band 03 ISBN: 978-3-96433-304-9
☐ Band 04 ISBN: 978-3-96433-317-9
☐ Band 05 ISBN: 978-3-96433-378-0
☐ Band 06 ISBN: 978-3-96433-379-7
☐ Band 07 ISBN: 978-3-96433-380-3
☐ Band 08 ISBN: 978-3-96433-381-0
☐ Band 09 ISBN: 978-3-96433-382-7
☐ Band 10 ISBN: 978-3-96433-383-4
14x21 | SC | Slice of Life | 13+
€ 10,– (D) | **Abgeschlossen**

MANGA CULT Checkliste ☑

manga 漫画 Cult

LAYLA UND DAS BIEST, DAS STERBEN MÖCHTE
von Asato Konami & Eziwa Saita
☐ Band 01 ISBN: 978-3-96433-080-2
☐ Band 02 ISBN: 978-3-96433-084-0
☐ Band 03 ISBN: 978-3-96433-141-0
☐ Band 04 ISBN: 978-3-96433-170-0
14x21 | SC mit Klappen | Abenteuer | 12+
€ 10,– (D) | **Abgeschlossen**

LIFE LESSONS WITH URAMICHI
von Gaku Kuze
☐ Band 01 ISBN: 978-3-96433-550-0
☐ Band 02 ISBN: 978-3-96433-551-7
☐ Band 03 ISBN: 978-3-96433-552-4
☐ Band 04 ISBN: 978-3-96433-553-1
☐ Band 05 ISBN: 978-3-96433-554-8
☐ Band 06 ISBN: 978-3-96433-555-5
☐ Band 07 ISBN: 978-3-96433-704-7
☐ Band 08 ISBN: 978-3-7573-0285-6
☐ Band 09 ISBN: 978-3-7573-0414-0
14x21 | SC | Comedy | 15+
€ 7,99 (D)

LOVE OF KILL
von Fe
☐ Band 01 ISBN: 978-3-96433-575-3
☐ Band 02 ISBN: 978-3-96433-579-1
☐ Band 03 ISBN: 978-3-96433-580-7
☐ Band 04 ISBN: 978-3-96433-581-4
☐ Band 05 ISBN: 978-3-96433-582-1
☐ Band 06 ISBN: 978-3-96433-583-8
☐ Band 07 ISBN: 978-3-96433-584-5
☐ Band 08 ISBN: 978-3-96433-585-2
☐ Band 09 ISBN: 978-3-96433-586-9
☐ Band 10 ISBN: 978-3-96433-587-6
☐ Band 11 ISBN: 978-3-96433-833-4
☐ Band 12 ISBN: 978-3-96433-834-1
☐ Band 13 ISBN: 978-3-96433-835-8
☐ Band 14 ISBN: 978-3-7573-0484-3
Januar 2025
14x21 | SC | Action | 16+
Band 01-09 € 7,99 (D) | Band 10-14 € 8,99 (D)

LOVELOCK OF MAJESTIC WAR
von Tatsuya Shihira
☐ Band 01 ISBN: 978-3-96433-713-9
☐ Band 02 ISBN: 978-3-96433-714-6
☐ Band 03 ISBN: 978-3-96433-715-3
☐ Band 04 ISBN: 978-3-96433-716-0
14x21 | SC | Action | 16+
€ 10,– (D) | **Abgeschlossen**

MEIN GELIEBTER GAMING-FREUND IST MEIN FIESER BOSS?! Σ(･□･)
von Nmura
☐ Band 01 ISBN: 978-3-96433-612-5
☐ Band 02 ISBN: 978-3-96433-836-5
☐ Band 03 ISBN: 978-3-7573-0300-6
14x21 | SC | Boys Love | 15+
Band 01 € 14,– (D) | Band 02-03 € 10,– (D)

KANOJO MO KANOJO – Gelegenheit macht Liebe
von Hiroyuki
☐ Band 01 ISBN: 978-3-96433-538-8
☐ Band 02 ISBN: 978-3-96433-539-5
☐ Band 03 ISBN: 978-3-96433-540-1
☐ Band 04 ISBN: 978-3-96433-541-8
☐ Band 05 ISBN: 978-3-96433-542-5
☐ Band 06 ISBN: 978-3-96433-589-0
☐ Band 07 ISBN: 978-3-96433-590-6
☐ Band 08 ISBN: 978-3-96433-591-3
☐ Band 09 ISBN: 978-3-96433-592-0
☐ Band 10 ISBN: 978-3-96433-593-7
☐ Band 11 ISBN: 978-3-96433-594-4
☐ Band 12 ISBN: 978-3-96433-595-1
☐ Band 13 ISBN: 978-3-96433-596-8
☐ Band 14 ISBN: 978-3-96433-597-5
☐ Band 15 ISBN: 978-3-96433-980-5
☐ Band 16 ISBN: 978-3-96433-981-2
14x21 | SC | Comedy | Romance | 13+
Band 01-08 € 7,99 (D) | Band 09-16 € 8,99 (D)
Abgeschlossen

KNIGHTS OF SIDONIA Master Edition
von Tsutomu Nihei
☐ Band 01 ISBN: 978-3-96433-361-2
☐ Band 02 ISBN: 978-3-96433-362-9
☐ Band 03 ISBN: 978-3-96433-363-6
☐ Band 04 ISBN: 978-3-96433-364-3
☐ Band 05 ISBN: 978-3-96433-365-0
☐ Band 06 ISBN: 978-3-96433-366-7
☐ Band 07 ISBN: 978-3-96433-367-4
16x24 | HC | Science-Fiction | 16+
€ 28,– (D) | **Abgeschlossen**

KUHIME
von Hideo Takenaka
☐ Band 01 ISBN: 978-3-95981-718-9
☐ Band 02 ISBN: 978-3-95981-722-6
☐ Band 03 ISBN: 978-3-96433-092-5
☐ Band 04 ISBN: 978-3-96433-113-7
14x21 | SC mit Klappen | Horror | 16+
€ 10,– (D) | **Abgeschlossen**

LAID-BACK CAMP
von afro
☐ Band 01 ISBN: 978-3-96433-309-4
☐ Band 02 ISBN: 978-3-96433-322-3
☐ Band 03 ISBN: 978-3-96433-335-3
☐ Band 04 ISBN: 978-3-96433-336-0
☐ Band 05 ISBN: 978-3-96433-337-7
☐ Band 06 ISBN: 978-3-96433-426-8
☐ Band 07 ISBN: 978-3-96433-427-5
☐ Band 08 ISBN: 978-3-96433-428-2
☐ Band 09 ISBN: 978-3-96433-429-9
☐ Band 10 ISBN: 978-3-96433-430-5
☐ Band 11 ISBN: 978-3-96433-537-1
☐ Band 12 ISBN: 978-3-96433-577-7
☐ Band 13 ISBN: 978-3-96433-578-4
☐ Band 14 ISBN: 978-3-7573-0288-7
14x21 | SC | Slice of Life | 13+
€ 10,– (D)

IT'S MY LIFE
von Imomushi Narita
☐ Band 01 ISBN: 978-3-96433-202-8
☐ Band 02 ISBN: 978-3-96433-225-7
☐ Band 03 ISBN: 978-3-96433-238-7
☐ Band 04 ISBN: 978-3-96433-246-2
☐ Band 05 ISBN: 978-3-96433-285-1
☐ Band 06 ISBN: 978-3-96433-299-8
☐ Band 07 ISBN: 978-3-96433-310-0
☐ Band 08 ISBN: 978-3-96433-339-1
☐ Band 09 ISBN: 978-3-96433-340-7
☐ Band 10 ISBN: 978-3-96433-341-4
☐ Band 11 ISBN: 978-3-96433-418-3
14x21 | SC | Fantasy | 13+
€ 10,– (D) | **Abgeschlossen**

JOJO'S BIZARRE ADVENTURE – Part 1: Phantom Blood
von Hirohiko Araki
☐ Band 01 ISBN: 978-3-96433-395-7
☐ Band 02 ISBN: 978-3-96433-396-4
☐ Band 03 ISBN: 978-3-96433-397-1
14x21 | SC | Action | 16+
€ 12,– (D) | **Abgeschlossen**

JOJO'S BIZARRE ADVENTURE – Part 2: Battle Tendency
von Hirohiko Araki
☐ Band 01 ISBN: 978-3-96433-398-8
☐ Band 02 ISBN: 978-3-96433-399-5
☐ Band 03 ISBN: 978-3-96433-474-9
☐ Band 04 ISBN: 978-3-96433-475-6
14x21 | SC | Action | 16+
€ 14,– (D) | **Abgeschlossen**

JOJO'S BIZARRE ADVENTURE – Part 3: Stardust Crusaders
von Hirohiko Araki
☐ Band 01 ISBN: 978-3-96433-513-5
☐ Band 02 ISBN: 978-3-96433-514-2
☐ Band 03 ISBN: 978-3-96433-515-9
☐ Band 04 ISBN: 978-3-96433-516-6
☐ Band 05 ISBN: 978-3-96433-517-3
☐ Band 06 ISBN: 978-3-96433-518-0
☐ Band 07 ISBN: 978-3-96433-519-7
☐ Band 08 ISBN: 978-3-96433-520-3
☐ Band 09 ISBN: 978-3-96433-521-0
☐ Band 10 ISBN: 978-3-96433-522-7
14x21 | SC | Action | 16+
€ 14,– (D) | **Abgeschlossen**

JOJO'S BIZARRE ADVENTURE – Part 4: Diamond is Unbreakable
von Hirohiko Araki
☐ Band 01 ISBN: 978-3-7573-0287-0
☐ Band 02 ISBN: 978-3-7573-0293-1
☐ Band 03 ISBN: 978-3-7573-0378-5
☐ Band 04 ISBN: 978-3-7573-0379-2
Dezember 2024
☐ Band 05 ISBN: 978-3-7573-0380-8
Februar 2025
14x21 | SC | Action | 16+
€ 14,– (D)

KAINA OF THE GREAT SNOW SEA
von Tsutomu Nihei & Itoe Takemoto
☐ Band 01 ISBN: 978-3-7573-0302-0
☐ Band 02 ISBN: 978-3-7573-0303-7
☐ Band 03 ISBN: 978-3-7573-0413-3
14x21 | SC | Science-Fiction | 15+
€ 10,– (D)

Änderungen und Irrtümer vorbehalten. Stand 09/2024

- Band 09 ISBN: 978-3-96433-660-6
- Band 10 ISBN: 978-3-96433-661-3
- Band 11 ISBN: 978-3-96433-662-0
- Band 12 ISBN: 978-3-96433-663-7
- Band 13 ISBN: 978-3-96433-664-4
- Band 14 ISBN: 978-3-96433-665-1
- Band 15 ISBN: 978-3-96433-666-8
- Band 16 ISBN: 978-3-96433-667-5 Januar 2025
- Band 17 ISBN: 978-3-7573-0388-4 Februar 2025

14x21 | SC | Thriller | 16+
€ 10,– (D)

MY NEXT LIFE AS A VILLAINESS: Wie überlebe ich in einem DATING-GAME?
von Satoru Yamaguchi & Nami Hidaka
- Band 01 ISBN: 978-3-96433-325-4
- Band 02 ISBN: 978-3-96433-354-4
- Band 03 ISBN: 978-3-96433-355-1
- Band 04 ISBN: 978-3-96433-356-8
- Band 05 ISBN: 978-3-96433-447-3
- Band 06 ISBN: 978-3-96433-556-2
- Band 07 ISBN: 978-3-96433-600-2
- Band 08 ISBN: 978-3-96433-841-9
- Band 09 ISBN: 978-3-96433-842-6

14x21 | SC | Fantasy | 15+
€ 10,– (D)

OUR NOT-SO-LONELY PLANET TRAVEL GUIDE **NEU**
von Mone Sorai
- Band 01 ISBN: 978-3-7573-0498-0 Februar 2025

14x21 | SC | Boys Love | 15+
€ 10,– (D)

PUMPKIN NIGHT
von Masaya Hokazono & Seima Taniguchi
- Band 01 ISBN: 978-3-7573-0394-5
- Band 02 ISBN: 978-3-7573-0395-2 Dezember 2024
- Band 03 ISBN: 978-3-7573-0396-9 Februar 2025

14x21 | SC | Horror | 18+
€ 10,– (D)

QUIN ZAZA – Die letzten Drachenfänger
von Taku Kuwabara
- Band 01 ISBN: 978-3-96433-072-7
- Band 02 ISBN: 978-3-96433-076-5
- Band 03 ISBN: 978-3-96433-166-3
- Band 04 ISBN: 978-3-96433-198-4
- Band 05 ISBN: 978-3-96433-224-0
- Band 06 ISBN: 978-3-96433-237-0
- Band 07 ISBN: 978-3-96433-293-6
- Band 08 ISBN: 978-3-96433-358-2
- Band 09 ISBN: 978-3-96433-359-9
- Band 10 ISBN: 978-3-96433-360-5
- Band 11 ISBN: 978-3-96433-639-2
- Band 12 ISBN: 978-3-96433-695-8
- Band 13 ISBN: 978-3-96433-844-0
- Band 14 ISBN: 978-3-96433-845-7
- Band 15 ISBN: 978-3-96433-846-4
- Band 16 ISBN: 978-3-7573-0476-8 Januar 2025

14x21 | SC mit Klappen | Fantasy | 15+
Band 01-13 € 10,– (D) | Band 14-16 € 12,– (D)

MOBILE SUIT GUNDAM THE ORIGIN
von Yoshiyuki Tomino, Hajime Yatate, Kunio Okawara & Yoshikazu Yasuhiko
- Band 01 ISBN: 978-3-7573-0420-1
- Band 02 ISBN: 978-3-7573-0421-8 Februar 2025

14x21 | SC | Science-Fiction | 16+
€ 25,– (D)

MONONOGATARI – Die Wächter der Artefaktgeister
von Onigunsou
- Band 01 ISBN: 978-3-96433-862-4
- Band 02 ISBN: 978-3-96433-863-1
- Band 03 ISBN: 978-3-96433-864-8
- Band 04 ISBN: 978-3-96433-865-5
- Band 05 ISBN: 978-3-96433-866-2
- Band 06 ISBN: 978-3-96433-867-9
- Band 07 ISBN: 978-3-96433-868-6
- Band 08 ISBN: 978-3-96433-869-3
- Band 09 ISBN: 978-3-96433-870-9 Januar 2025
- Band 10 ISBN: 978-3-96433-871-6 März 2025
- Band 11 ISBN: 978-3-96433-872-3 Mai 2025

14x21 | SC | Fantasy | 13+
€ 10,– (D)

MUSHISHI Perfect Edition
von Yuki Urushibara
- Band 01 ISBN: 978-3-96433-301-8
- Band 02 ISBN: 978-3-96433-314-8
- Band 03 ISBN: 978-3-96433-342-1
- Band 04 ISBN: 978-3-96433-343-8
- Band 05 ISBN: 978-3-96433-344-5
- Band 06 ISBN: 978-3-96433-345-2
- Band 07 ISBN: 978-3-96433-346-9
- Band 08 ISBN: 978-3-96433-347-6
- Band 09 ISBN: 978-3-96433-348-3
- Band 10 ISBN: 978-3-96433-349-0

14x21 | SC | Fantasy | 15+
€ 15,– (D) | **Abgeschlossen**

MY BOY
von Hitomi Takano
- Band 01 ISBN: 978-3-96433-725-2
- Band 02 ISBN: 978-3-96433-726-9
- Band 03 ISBN: 978-3-96433-727-6
- Band 04 ISBN: 978-3-96433-728-3
- Band 05 ISBN: 978-3-96433-729-0
- Band 06 ISBN: 978-3-96433-730-6
- Band 07 ISBN: 978-3-96433-731-3
- Band 08 ISBN: 978-3-96433-732-0
- Band 09 ISBN: 978-3-96433-733-7

14x21 | SC | Drama | 15+
€ 10,– (D) | **Abgeschlossen**

MY HOME HERO
von Naoki Yamakawa & Masashi Asaki
- Band 01 ISBN: 978-3-96433-605-7
- Band 02 ISBN: 978-3-96433-606-4
- Band 03 ISBN: 978-3-96433-607-1
- Band 04 ISBN: 978-3-96433-655-2
- Band 05 ISBN: 978-3-96433-656-9
- Band 06 ISBN: 978-3-96433-657-6
- Band 07 ISBN: 978-3-96433-658-3
- Band 08 ISBN: 978-3-96433-659-0

MEIN SCHULGEIST HANAKO
von AidaIro
- Band 00 ISBN: 978-3-96433-544-9
- Band 01 ISBN: 978-3-96433-313-1
- Band 02 ISBN: 978-3-96433-331-5
- Band 03 ISBN: 978-3-96433-332-2
- Band 04 ISBN: 978-3-96433-333-9
- Band 05 ISBN: 978-3-96433-334-6
- Band 06 ISBN: 978-3-96433-439-8
- Band 07 ISBN: 978-3-96433-440-4
- Band 08 ISBN: 978-3-96433-441-1
- Band 09 ISBN: 978-3-96433-442-8
- Band 10 ISBN: 978-3-96433-443-5
- Band 11 ISBN: 978-3-96433-614-9
- Band 12 ISBN: 978-3-96433-615-6
- Band 13 ISBN: 978-3-96433-616-3
- Band 14 ISBN: 978-3-96433-617-0
- Band 15 ISBN: 978-3-96433-618-7
- Band 16 ISBN: 978-3-96433-619-4
- Band 17 ISBN: 978-3-96433-620-0
- Band 18 ISBN: 978-3-96433-986-7
- Band 19 ISBN: 978-3-96433-987-4
- Band 20 ISBN: 978-3-96433-988-1
- Band 20 ISBN: 978-3-7573-0377-8 LE + Booklet | € 12,– (D)
- Band 21 ISBN: 978-3-96433-989-8 März 2025

14x21 | SC | Fantasy | Mystery | 13+
Band 00-17 € 7,99 (D) | Band 18-21 € 8,99 (D)

MEIN SCHULGEIST HANAKO – After School
von AidaIro
- Band 01 ISBN: 978-3-96433-613-2
- Band 02 ISBN: 978-3-7573-0483-6 März 2025

14x21 | SC | Fantasy | Mystery | 13+
Band 01 € 7,99 (D) | Band 02 € 8,99 (D)

MEIN SCHULGEIST HANAKO ARTBOOK
von AidaIro
- Band 01 ISBN: 978-3-96433-588-3
- Band 02 ISBN: 978-3-96433-766-5

DIN A4 | HC | Farbe | Fantasy | Mystery | 13+
€ 30,– (D)

MIDNIGHT MONOLOGUE
von Jyanome
- Einzelband ISBN: 978-3-96433-804-4
- Einzelband ISBN: 978-3-96433-805-1 LE + Booklet | € 14,– (D)

14x21 | SC | Boys Love | 16+
€ 10,– (D) | **Abgeschlossen**

MIERUKO-CHAN – Die Geister, die mich riefen
von Tomoki Izumi
- Band 01 ISBN: 978-3-96433-609-5
- Band 02 ISBN: 978-3-96433-621-7
- Band 03 ISBN: 978-3-96433-622-4
- Band 04 ISBN: 978-3-96433-623-1
- Band 05 ISBN: 978-3-96433-624-8
- Band 06 ISBN: 978-3-96433-625-5
- Band 07 ISBN: 978-3-96433-837-2
- Band 08 ISBN: 978-3-96433-838-9
- Band 09 ISBN: 978-3-96433-839-6
- Band 10 ISBN: 978-3-96433-840-2 Februar 2025

14x21 | SC | Mystery | 15+
Band 01-07 € 7,99 (D) | Band 08-10 € 8,99 (D)

MANGA CULT Checkliste ☑

TONIKAWA – Fly me to the Moon
von Kenjiro Hata
☐ Band 01 ISBN: 978-3-96433-452-7
☐ Band 02 ISBN: 978-3-96433-453-4
☐ Band 03 ISBN: 978-3-96433-454-1
☐ Band 04 ISBN: 978-3-96433-455-8
☐ Band 05 ISBN: 978-3-96433-456-5
☐ Band 06 ISBN: 978-3-96433-457-2
☐ Band 07 ISBN: 978-3-96433-458-9
☐ Band 08 ISBN: 978-3-96433-459-6
☐ Band 09 ISBN: 978-3-96433-460-2
☐ Band 10 ISBN: 978-3-96433-461-9
☐ Band 11 ISBN: 978-3-96433-645-3
☐ Band 12 ISBN: 978-3-96433-646-0
☐ Band 13 ISBN: 978-3-96433-647-7
☐ Band 14 ISBN: 978-3-96433-648-4
☐ Band 15 ISBN: 978-3-96433-649-1
☐ Band 16 ISBN: 978-3-96433-650-7
☐ Band 17 ISBN: 978-3-96433-651-4
☐ Band 18 ISBN: 978-3-96433-652-1
☐ Band 19 ISBN: 978-3-96433-653-8
☐ Band 20 ISBN: 978-3-7573-0298-6
☐ Band 21 ISBN: 978-3-7573-0460-7
☐ Band 22 ISBN: 978-3-7573-0461-4
Januar 2025
☐ Band 23 ISBN: 978-3-7573-0462-1
März 2025
14x21 | SC | Romance | 13+
Band 01-10 € 7,99 (D) | Band 11-23 € 8,99 (D)

TRICKS DEDICATED TO WITCHES
von Shizumu Watanabe
☐ Band 01 ISBN: 978-3-96433-603-3
☐ Band 02 ISBN: 978-3-96433-604-0
☐ Band 03 ISBN: 978-3-96433-435-0
☐ Band 04 ISBN: 978-3-96433-644-6
14x21 | SC | Action | 15+
€ 10,– (D) | **Abgeschlossen**

TWILIGHT OUTFOCUS
von Jyanome
☐ Band 01 ISBN: 978-3-96433-469-5
☐ Band 02 ISBN: 978-3-96433-470-1
14x21 | SC | Boys Love | 16+
€ 10,– (D) | **Abgeschlossen**

TWILIGHT OUTFOCUS LONG TAKE
von Jyanome
☐ Band 01 ISBN: 978-3-7573-0375-4
☐ Band 01 ISBN: 978-3-7573-0376-1
LE+ Booklet | € 14,– (D)
14x21 | SC | Boys Love | 16+
€ 10,– (D)

TWITTERING BIRDS NEVER FLY
von Kou Yoneda
☐ Band 01 ISBN: 978-3-96433-315-5
☐ Band 02 ISBN: 978-3-96433-327-8
☐ Band 03 ISBN: 978-3-96433-328-5
☐ Band 04 ISBN: 978-3-96433-329-2
☐ Band 05 ISBN: 978-3-96433-330-8
☐ Band 06 ISBN: 978-3-96433-422-0
☐ Band 07 ISBN: 978-3-96433-423-7
☐ Band 08 ISBN: 978-3-96433-424-4
14x21 | SC | Boys Love | 16+
Band 01 € 10,– (D) | Band 02-08 € 12,– (D)

☐ Band 13 ISBN: 978-3-96433-654-5
☐ Band 14 ISBN: 978-3-96433-970-6
☐ Band 15 ISBN: 978-3-7573-0477-5
Januar 2025
14x21 | SC | Comedy | 13+
Band 01-13 € 7,99 (D) | Band 14-15 € 8,99 (D)

SOLOIST IN A CAGE
von Shiro Moriya
☐ Band 01 ISBN: 978-3-96433-640-8
☐ Band 02 ISBN: 978-3-96433-641-5
☐ Band 03 ISBN: 978-3-96433-642-2
14x21 | SC | Mystery | 16+
€ 14,– (D) | **Abgeschlossen**

SOMALI UND DER GOTT DES WALDES
von Yako Gureishi
☐ Band 01 ISBN: 978-3-96433-232-5
☐ Band 02 ISBN: 978-3-96433-244-8
☐ Band 03 ISBN: 978-3-96433-252-3
☐ Band 04 ISBN: 978-3-96433-297-4
☐ Band 05 ISBN: 978-3-96433-308-7
☐ Band 06 ISBN: 978-3-96433-321-6
14x21 | SC | Fantasy | 12+
€ 10,– (D)

SORA & HARA
von Asumiko Nakamura
☐ Einzelband ISBN: 978-3-96433-973-7
14x21 | SC | Boys Love | 15+
€ 14,– (D) | **Abgeschlossen**

SOTSU GYO SEI – Verliebt in meinen Mitschüler
von Asumiko Nakamura
☐ Band 01 ISBN: 978-3-96433-279-0
☐ Band 02 ISBN: 978-3-96433-289-9
14x21 | SC | Boys Love | 15+
€ 10,– (D) | **Abgeschlossen**

SURVIVING WONDERLAND
von Tabasa Iori
☐ Band 01 ISBN: 978-3-96433-096-3
☐ Band 02 ISBN: 978-3-96433-174-8
☐ Band 03 ISBN: 978-3-96433-211-0
14x21 | SC | Horror | Mystery | 16+
€ 10,– (D) | **Abgeschlossen**

THE HOLY GRAIL OF ERIS
von Kujira Tokiwa & Hinase Momoyama & Yu-nagi
☐ Band 01 ISBN: 978-3-96433-471-8
☐ Band 02 ISBN: 978-3-96433-472-5
☐ Band 03 ISBN: 978-3-96433-473-2
☐ Band 04 ISBN: 978-3-96433-405-3
☐ Band 05 ISBN: 978-3-96433-598-2
☐ Band 06 ISBN: 978-3-96433-599-9
☐ Band 07 ISBN: 978-3-96433-847-1
☐ Band 08 ISBN: 978-3-96433-848-8
☐ Band 09 ISBN: 978-3-96433-849-5
☐ Band 10 ISBN: 978-3-96433-850-1
Februar 2025
14x21 | SC | Mystery | 15+
Band 01-05 € 7,99 (D) | Band 06-10 € 8,99 (D)

THUS SPOKE ROHAN KISHIBE **NEU**
von Hirohiko Araki
☐ Band 01 ISBN: 978-3-7573-0468-3
Dezember 2024
☐ Band 02 ISBN: 978-3-7573-0469-0
Februar 2025
14x21 | SC | Action | 16+
€ 10,– (D)

RECORD OF RAGNAROK
von Shinya Umemura, Azychika & Takumi Fukui
☐ Band 01-03 ISBN: 978-3-7573-0452-2
Starterset | € 25,– (D)
☐ Band 01 ISBN: 978-3-7573-0432-4
☐ Band 02 ISBN: 978-3-7573-0433-1
☐ Band 03 ISBN: 978-3-7573-0434-8
☐ Band 04 ISBN: 978-3-7573-0435-5
Januar 2025
☐ Band 05 ISBN: 978-3-7573-0436-2
März 2025
14x21 | SC | Action | 16+
€ 10,– (D)

RG VEDA Master Edition
von CLAMP
☐ Band 01 ISBN: 978-3-96433-149-6
☐ Band 02 ISBN: 978-3-96433-150-2
☐ Band 03 ISBN: 978-3-96433-151-9
☐ Band 04 ISBN: 978-3-96433-257-8
☐ Band 05 ISBN: 978-3-96433-153-3
16x24 | HC | Fantasy | 12+
€ 28,– (D) | **Abgeschlossen**

SHADOWS HOUSE
von so-ma-to
☐ Band 01 ISBN: 978-3-96433-851-8
☐ Band 02 ISBN: 978-3-96433-852-5
☐ Band 03 ISBN: 978-3-96433-853-2
☐ Band 04 ISBN: 978-3-96433-854-9
☐ Band 05 ISBN: 978-3-96433-855-6
☐ Band 06 ISBN: 978-3-96433-856-3
☐ Band 07 ISBN: 978-3-96433-857-0
☐ Band 08 ISBN: 978-3-96433-858-7
☐ Band 09 ISBN: 978-3-96433-859-4
Dezember 2024
☐ Band 10 ISBN: 978-3-96433-860-0
Februar 2025
14x21 | SC | Mystery | 13+
€ 8,99 (D)

SHIKIMORI'S NOT JUST A CUTIE
von Keigo Maki
☐ Band 01 ISBN: 978-3-96433-784-9
☐ Band 02 ISBN: 978-3-96433-785-6
☐ Band 03 ISBN: 978-3-96433-786-3
☐ Band 04 ISBN: 978-3-96433-787-0
☐ Band 05 ISBN: 978-3-96433-788-7
☐ Band 06 ISBN: 978-3-96433-789-4
☐ Band 07 ISBN: 978-3-96433-790-0
☐ Band 08 ISBN: 978-3-96433-791-7
☐ Band 09 ISBN: 978-3-96433-792-4
☐ Band 10 ISBN: 978-3-96433-793-1
Januar 2025
☐ Band 11 ISBN: 978-3-96433-794-8
März 2025
14x21 | SC | Romance | 13+
€ 8,99 (D)

SHOJO-MANGAKA NOZAKI-KUN
von Izumi Tsubaki
☐ Band 01 ISBN: 978-3-96433-226-4
☐ Band 02 ISBN: 978-3-96433-239-4
☐ Band 03 ISBN: 978-3-96433-247-9
☐ Band 04 ISBN: 978-3-96433-286-8
☐ Band 05 ISBN: 978-3-96433-300-1
☐ Band 06 ISBN: 978-3-96433-311-7
☐ Band 07 ISBN: 978-3-96433-350-6
☐ Band 08 ISBN: 978-3-96433-351-3
☐ Band 09 ISBN: 978-3-96433-352-0
☐ Band 10 ISBN: 978-3-96433-353-7
☐ Band 11 ISBN: 978-3-96433-448-0
☐ Band 12 ISBN: 978-3-96433-543-2

Änderungen und Irrtümer vorbehalten. Stand 09/2024

MANGA CULT Checkliste

MEN OF THE HAREM **NEU**
von Yeongbin, HereLee & Alphatart
☐ Starterset ISBN: 978-3-98949-054-3
Band 01 + THE REMARRIED EMPRESS 01
€ 30,– (D) | Dezember 2024
☐ Band 01 ISBN: 978-3-98949-041-3
Dezember 2024
☐ Band 02 ISBN: 978-3-98949-042-0
März 2025
14,8x21 | SC | Fantasy | 15+
€ 18,– (D)

MURDEROUS LEWELLYN'S CANDLELIT DINNER
von MUK_BU, OL & Sumnagi
☐ Band 01 ISBN: 978-3-98949-035-2
☐ Band 02 ISBN: 978-3-98949-036-9
Dezember 2024
☐ Band 03 ISBN: 978-3-98949-037-6
Februar 2025
14,8x21 | SC | Boys Love | 16+
€ 18,– (D)

THE NEW RECRUIT **NEU**
von Zec, MOSCARETO
☐ Band 01 ISBN: 978-3-98949-055-0
März 2025
14,8x21 | SC | Boys Love | 18+
€ 18,– (D)

THE REMARRIED EMPRESS **NEU**
von SUMPUL, HereLee & Alphatart
☐ Starterset ISBN: 978-3-98949-054-3
Band 01 + MEN OF THE HAREM 01
€ 30,– (D) | Dezember 2024
☐ Band 01 ISBN: 978-3-98949-046-8
Dezember 2024
☐ Band 02 ISBN: 978-3-98949-047-5
Februar 2025
14,8x21 | SC | Romance | 15+
€ 18,– (D)

THE STAR SEEKERS mit TOMORROW X TOGETHER
von HYBE und WEBTOON
☐ Band 01 ISBN: 978-3-98949-023-9
☐ Band 02 ISBN: 978-3-98949-024-6
14,8x21 | SC | Fantasy | 13+
€ 18,– (D)

UNINTENTIONAL LOVE STORY
von PIBI
☐ Band 01 ISBN: 978-3-98949-010-9
☐ Band 02 ISBN: 978-3-98949-011-6
☐ Band 03 ISBN: 978-3-98949-012-3
Dezember 2024
☐ Band 04 ISBN: 978-3-98949-013-0
Februar 2025
14,8x21 | SC | Boys Love | 16+
€ 12,– (D)

☐ Band 11 ISBN: 978-3-7573-0415-7
☐ Band 12 ISBN: 978-3-7573-0416-4
Januar 2025
☐ Band 13 ISBN: 978-3-7573-0417-1
März 2025
14x21 | SC | Action | 15+
€ 10,– (D)

YU YU HAKUSHO
von Yoshihiro Togashi
☐ Band 01 ISBN: 978-3-7573-0304-4
☐ Band 02 ISBN: 978-3-7573-0305-1
☐ Band 03 ISBN: 978-3-7573-0306-8
☐ Band 04 ISBN: 978-3-7573-0307-5
Januar 2025
☐ Band 05 ISBN: 978-3-7573-0308-2
März 2025
14x21 | SC | Action | 13+
€ 15,– (D)

ZETMAN 2in1 Edition
von Masakazu Katsura
☐ Band 01 ISBN: 978-3-96433-806-8
☐ Band 02 ISBN: 978-3-96433-807-5
☐ Band 03 ISBN: 978-3-96433-808-2
☐ Band 04 ISBN: 978-3-96433-809-9
☐ Band 05 ISBN: 978-3-96433-810-5
☐ Band 06 ISBN: 978-3-96433-811-2
☐ Band 07 ISBN: 978-3-96433-812-9
☐ Band 08 ISBN: 978-3-96433-813-6
☐ Band 09 ISBN: 978-3-96433-814-3
Dezember 2024
☐ Band 10 ISBN: 978-3-96433-815-0
Februar 2025
14x21 | SC | Science-Fiction | 16+
€ 18,– (D)

manhwa 만화 Cult

7FATES: CHAKHO mit BTS
von HYBE und WEBTOON
☐ Band 01 ISBN: 978-3-98949-016-1
☐ Band 02 ISBN: 978-3-98949-017-8
14,8x21 | SC | Fantasy | 13+
€ 18,– (D)

DARK MOON: THE BLOOD ALTAR mit ENHYPEN
von HYBE und WEBTOON
☐ Band 01 ISBN: 978-3-98949-028-4
☐ Band 02 ISBN: 978-3-98949-029-1
Dezember 2024
14,8x21 | SC | Fantasy | 13+
€ 18,– (D)

JULY FOUND BY CHANCE
von Mor yu
☐ Band 01 ISBN: 978-3-98949-000-0
☐ Band 02 ISBN: 978-3-98949-001-7
☐ Band 03 ISBN: 978-3-98949-002-4
☐ Band 04 ISBN: 978-3-98949-003-1
Januar 2025
☐ Band 05 ISBN: 978-3-98949-004-8
März 2025
14,8x21 | SC | Drama | 15+
€ 16,– (D)

VERSUS
von ONE & Kyoutarou Azuma & bose
☐ Band 01 ISBN: 978-3-7573-0301-3
☐ Band 02 ISBN: 978-3-7573-0419-5
14x21 | SC | Action | 15+
€ 10,– (D)

WANDANCE
von Coffee
☐ Band 01 ISBN: 978-3-96433-718-4
☐ Band 02 ISBN: 978-3-96433-719-1
☐ Band 03 ISBN: 978-3-96433-720-7
☐ Band 04 ISBN: 978-3-96433-721-4
☐ Band 05 ISBN: 978-3-96433-722-1
☐ Band 06 ISBN: 978-3-96433-723-8
☐ Band 07 ISBN: 978-3-96433-724-5
☐ Band 08 ISBN: 978-3-96433-993-5
☐ Band 09 ISBN: 978-3-96433-994-2
☐ Band 10 ISBN: 978-3-96433-995-9
☐ Band 11 ISBN: 978-3-7573-0294-8
14x21 | SC | Special | 13+
€ 10,– (D)

WELCOME BACK, ALICE
von Shuzo Oshimi
☐ Band 01 ISBN: 978-3-96433-734-4
☐ Band 02 ISBN: 978-3-96433-735-1
☐ Band 03 ISBN: 978-3-96433-736-8
☐ Band 04 ISBN: 978-3-96433-737-5
☐ Band 05 ISBN: 978-3-96433-738-2
☐ Band 06 ISBN: 978-3-96433-996-6
☐ Band 07 ISBN: 978-3-7573-0289-4
14x21 | SC | Drama | 16+
€ 10,– (D) | **Abgeschlossen**

WITH YOU AND THE RAIN **NEU**
von Ko Nikaido
☐ Band 01 ISBN: 978-3-7573-0470-6
Dezember 2024
☐ Band 02 ISBN: 978-3-7573-0471-3
Februar 2025
14x21 | SC | Slice of Life | 13+
€ 8,99 (D)

YAKUZA FIANCÉ – Verliebt, verlobt, verpiss dich
von Asuka Konishi
☐ Band 01 ISBN: 978-3-7573-0346-4
☐ Band 02 ISBN: 978-3-7573-0347-1
☐ Band 03 ISBN: 978-3-7573-0348-8
☐ Band 04 ISBN: 978-3-7573-0349-5
☐ Band 05 ISBN: 978-3-7573-0350-1
Dezember 2024
☐ Band 06 ISBN: 978-3-7573-0351-8
Februar 2025
14x21 | SC | Romance | 16+
€ 10,– (D)

YAKUZA REINCARNATION
von Hiroki Miyashita & Takeshi Natsuhara
☐ Band 01 ISBN: 978-3-96433-705-4
☐ Band 02 ISBN: 978-3-96433-706-1
☐ Band 03 ISBN: 978-3-96433-707-8
☐ Band 04 ISBN: 978-3-96433-708-5
☐ Band 05 ISBN: 978-3-96433-709-2
☐ Band 06 ISBN: 978-3-96433-710-8
☐ Band 07 ISBN: 978-3-96433-711-5
☐ Band 08 ISBN: 978-3-96433-712-2
☐ Band 09 ISBN: 978-3-7573-0291-7
☐ Band 10 ISBN: 978-3-7573-0299-3

STOPP!

STOPP! DIES IST DIE LETZTE SEITE!

YU YU HAKUSHO ist ein Manga, und einen japanischen Comic liest man von hinten nach vorne. Auch die Lesereihenfolge der Bilder und Sprechblasen auf den Seiten ist anders als gewohnt: von rechts oben nach links unten.

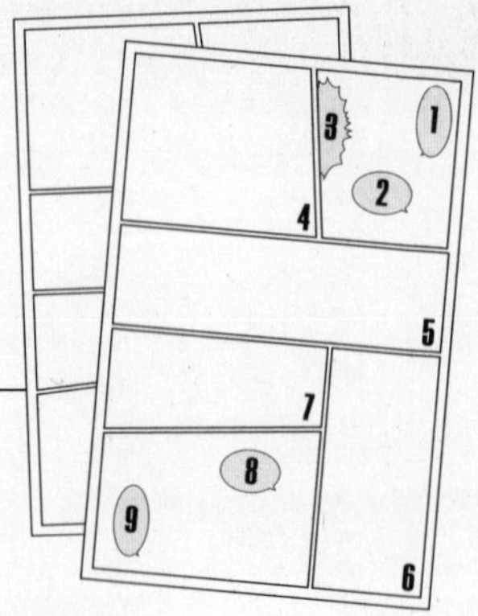

YU★YU★HAKUSHO 03
–POCKET EDITION–

von

Yoshihiro Togashi

1. Auflage, 2024
Deutsche Ausgabe/German Edition

Verlagsleitung: Andreas Mergenthaler & Luciana Bawidamann

Aus dem Japanischen von Verena Maser

Programmleitung: Alexandra Grimsehl
Redaktion & Korrektorat: Mareike Pieczarek
Lektorat: Christina Gohl
Grafik/Produktionsleitung: Elke Epple
Layout und Lettering: Manga Cult, Datagrafix GSP GmbH, Berlin
Druck: GGP Media GmbH, Pößneck

Print-ISBN: 978-3-7573-0306-8

www.manga-cult.de | November 2024